雪月花のことば辞典

宇田川眞人＝編著

角川文庫
22435

雪月花の勢揃い――「まえがき」に代えて

「雪月花」は、いうまでもなく日本の自然美を代表する「冬の雪」「秋の月」「春の花」を並び称したことばで、中国では「雪月花」というが、わが国では「月雪花」の順に並べる。**『万葉集』**巻十八に「**宴席にして雪、月、梅の花を詠みし歌一首**」と題詞して大伴家持が「**雪の上に照れる月夜に梅の花折りて送らむ愛しき児もがも**」、積もった雪を月が照らす夜に梅の花枝を折り取って贈るようなかわいい人がいたらなぁ、と一首のうちに「雪月花」を三ついちどきに詠み込んでいる。また鎌倉時代の仏教説話集『撰集抄』の巻八には、雪が降りやみ月が昇った夜の庭園が描かれている。あたり一面が白々と輝いて雪と梅の花と月の光の見分けがつかない中で、村上天皇が梅の花を折り取って来るよう命じたので、藤原公任は庭に下りると花枝を取って来て天皇に捧げた。この光景を詠った白づくしの和歌「**しらしらし白けたる夜の月かげに雪かきわけて梅の花折る**」について評論家の安東次男は「白中にしろをもとめるあじきなさも雪月花なら興になる」と評している。

しかし、このような和歌を別にすると「雪月花」が一日のうちに三つとも勢揃いすることはめったにない。明治の国文学者芳賀矢一の言によれば、明治四十一年四月に時ならぬ雪が降った折に雪月花の三つの眺めが揃ったことがあったが、艶陽（えんよう）の時期、春風駘蕩（たいとう）の花どきに雪が降るということは、むしろ景色のぶち壊しであって、決して美観とはいえなかった、と評している（『月雪花』）。

ところで二〇二〇年の春は、一、二月の暖冬の延長上で東京では、三月十四日に全国に先駆けて桜が開花し、一週間後には満開となった。しかし四月を目前にした二十九日には、一転して真冬のような寒さとなり雪が降った。都心では三十二年ぶりに積雪一センチを記録した。翌日の「朝日新聞デジタル」は「桜の名所で知られる千鳥ヶ淵では、満開の桜に雪が積もる季語『桜隠し』と、散った花びらが淵に落ちる前に肩を寄せ合うように水面に浮かぶ『花いかだ』の競演がみられた」と報じた。桜の花に雪が積もり、この日の月齢はほぼ上弦だったが、これで夕方中天高く月がかかればまさに「雪月花」が勢揃いすると期待された。が、残念ながら夜になっても雪雲は晴れず、珍しい「雪月花」の揃い踏みはならなかった。

久しぶりに「雪月花」が一時にそろいかけた三月二十九日は、惜しかったともいえるが、実現していたら実際は芳賀矢一の言のとおりだったかもしれない。

さて本書では、古代から現代まで日本を中心に洋の東西にわたる「雪月花のことば」二四七一項目を集め三部構成にして解説した。雪・月・花それぞれにまつわることばには、人びとの心情と文化と歴史が結晶している。四季の自然と暮らし、民俗の祭りや習俗、里山の風景や草木の花、そして詩歌・伝説・文芸等々。それらはこの日本列島に生きてきた人びとの生の軌跡であり、過ぎ去った美しく懐かしい「時」を言い留めたタイムカプセルである。

本書を繙くことによって、読者の皆さまはカプセルからあふれ出した古人の床しい心根や失われた美しい風景、詩情あふれることばの数々に際会することができるかもしれません。第一頁から巻末へとたどる通常の読書とは異なる、また必要な語彙の意味だけを検索する普通の辞書とは違う、たまたま開いたページで巡り合ったことばとの偶然の出会いを愉しむような、気ままな拾い読みに身を任せていただけたらと思います。そんなささやかなお願いを申し上げて、巻頭のご挨拶といたします。

二〇二〇年十二月

編著者

目次

月のことば　付(つけたり) 星のことば

❖月と星のことわざ・慣用句

花のことば

⊙コラム

❖花のことわざ・慣用句

❖凡例

一　本書は、現代日本語の中から「雪月花」にまつわることば二四七一項目を選び、「雪のことば　付霜と氷のことば」「月のことば　付星のことば」「花のことば」の三部編成とし、各部ごとに見出し語を五十音順に配列して語釈・解説を加え、適宜用例を付した。二四七一項目の内訳は、「雪のことば」六九六項目、「月のことば」七四六項目、「花のことば」一〇四三項目だが、「桜月夜」のように「花のことば」と「月のことば」の両方に数えている項目があるので、延べ項目数である。

二　語釈・解説を施すに際しては、エッセイ的な記述を取り入れ、引くだけでなく読んで面白い辞典を目指した。とくに物語性の強い雪月花の逸話については、本文中にコラムを別組みした。

三　「雪月花」にまつわる主要なことわざ・慣用句を、適宜本文中に配列・解説した。

四　詩歌の引用に際しては、参照した文献の表記に従った。但しわかりやすくするため仮名を漢字に改めたものがあり、古歌には現代語訳を付し、若干意訳した場合がある。引用句歌は見出し語の特徴を的確に捉えていることを優先した。振り仮名は現代仮名づかいとした。

五　引用文献のうち単行本は『　』、それ以外の著述は「　」で示し、本文中で省略した文献は、巻末の「参考文献」にまとめた。

六　〈　〉で囲んだ語は、別項に見出し項目として掲げてあることを示し、「⇩」は参照項目を案内している。

七　第三部「花のことば」は、小著『花のことば辞典』（講談社学術文庫）を増補して全面的に改稿したものであるが、ごく一部に同書の記述を再構成した項目がある。なお、花の分類は『広辞苑』第七版の最新の分類に拠った。見出し語の欧文表記では、ラテン語・ドイツ語など大文字で始めたものがある。

八　紙数の制約や執筆者の菲才（ひさい）から、見落としている語、また思い違いの語釈などのあることを怖れているが、お気づきの方はご批正を賜りたい。

雪のことば

付(つけたり) 霜と氷のことば

はじめに

雪——天から送られた手紙

雪とは何か——。世界的な雪氷学者として知られた中谷宇吉郎（なかやうきちろう）は「それは簡単にいえば、水が氷の結晶になったものであるということが出来る」と書いている。しかし水が凍れば雪になるかというとけっしてそうではなく「雪は水が氷の結晶となったものなのである」と重ねて定義した上で、「結晶」とは「物質を作っている原子が空間的に或る定まった配列をもって並んだものである」と付言している（『雪』）。

雪は、雪雲から降ってくる。大気中の水蒸気が、空中を浮遊しているイオンや、海水に由来する塩粒や細かい埃などの微粒子（エアロゾル＝凝結核）に付着し、雪雲の基となる氷晶核ができる。一般に、気体（水蒸気）は冷やされたり圧縮されると液体（水）となり、さらに冷やされると固体（氷）になる。しかし、とくに気温の低いところで水蒸気が凝縮すると、水の段階を飛び越していきなり氷に昇華する。この氷晶核にさらに水蒸気が付着・凝結して雪の結晶に成長し、やがて大きな雪片となって地上に落ちてくる。それが雪である。

水蒸気が一度水になってから凍り、それから降ってきた場合は雪でなく凍雨（とうう）となる。雪の結晶は六角形ないし針状・板状などさまざまな形をしている。気温が低いときは雪片の細かい「粉雪」になり、気温が高いと雪片がゆるんで大きな「牡丹雪」となる。

　雪はその美しさゆえに、古今の詩歌や文芸作品に絶えることなく取り上げられてきた。『古今集』巻六には「**夕されば衣手寒しみよし野の吉野の山にみ雪ふるらし**」、日が暮れたら服の袖のあたりが寒い。この分だと吉野の山には雪が降っているだろう、と詠まれ、中国・唐の白居易は詩「雪夜李郎中を訪い見るを喜ぶ」に「**雪は鵞毛に似て飛んで散乱し、人は鶴氅を被て立つて徘徊す**」(「鶴氅」は鶴の羽毛で織った着物、転じて雪が積もった衣服)と詠じている。近現代詩でも三好達治「雪」の「**太郎の屋根に雪降り積む　次郎の屋根に雪降り積む**」の民話的雪景は懐かしく忘れがたい。

　しかし、鈴木牧之の『北越雪譜』が繰り返し述べているように、大量の「積雪」に苦しむ雪国の人びとにとって、雪は美しいだけでは済まされない。「白魔」という異名さえあることを忘れてはならない。俳句では、もちろん冬の季語。

下京や雪つむ上の夜の雨　凡兆
いくたびも雪の深さを尋ねけり　正岡子規
奥白根かの世の雪をかゞやかす　前田普羅
雪はげし抱かれて息のつまりしこと　橋本多佳子

雪は、大気の高層で生まれ、地上に降ってくる間にさまざまな影響を受け、複雑な形になって地表に到達する。中谷宇吉郎は「このように見れば雪の結晶は、天から送られた手紙であるということが出来る。そしてその中の文句は結晶の形及び模様という暗号で書かれているのである」と記している（前掲書）。

以下には、そのような「雪のことば」に、類縁の「霜と氷のことば」を加えた六百余項目を集めて解説した。読者の皆さまには、これらの「天から送られてきた美しい手紙」を楽しく読み解いていただけたらと思います。

あ行

アイスバーン　Eisbahn

ドイツ語で固く凍結した雪面をいう。積雪の表面が一度解けたあと再び堅く凍りつき氷面となった状態。⇩〈堅雪〉

アイスバブル　ice bubble

北海道上士幌町ぬかびら温泉郷にある糠平ダム湖では、冬の極寒期になると、湖底に生えている藻から排出するメタンガスが浮上する途中、凍りはじめた湖水の中に閉じこめられ、湖面の直下に大小の氷の泡が連なる神秘的な光景を作り出す。これを「アイスバブル」といい、世界の厳寒の湖水で見られる珍しい現象だという。氷上に雪が積もると見えなくなってしまう。

赤い雪　あかいゆき

文明九年（一四七七）春、北陸一帯や信濃国などから「赤い雪」が降ったとの報告が朝廷に届いた。当時の気象庁予報官にも相当する陰陽博士は、「赤い雪」はつい先ごろまで戦闘が繰り返されていた「応仁の乱」で死んだ人々の血がまじったものと占ったという。しかし日本の気象ジャーナリストの草分けとして知られた倉嶋厚は、この「赤い雪」は中国の奥地で発生した砂嵐によって上空に巻き上げられた黄砂が日本列島に運ばれ、雪にまじって降ったものであることはほぼ間違いないと思う、という。「近年も同じような雪が北陸に降ったことがあり、そのときは天気図上ではっきりと黄砂の流入が確認できた」と解説している（『お天気博士の四季暦』）。

赤雪　あかゆき

春の高山や極地などで見られる赤い色のついた雪のこと。寒地の氷雪中に繁殖する緑藻属のクラミドモナスなどの作用によると考えられている。「紅雪」ともいう。

秋の霜　あきのしも

霜は冬の季語だが、立冬の前に降りた霜をいう。〈秋霜（しゅうそう）〉とも。秋の季語。

秋の霜老いは胎児に似て眠る　長谷川朝風

秋の雪　あきのゆき

晩秋、北海道や中央アルプスなどの高山の頂にいち早く降った雪。大雪山や十勝岳などでは、紅葉と白雪との共存が美しい。平地に降った「秋の雪」ははかなく、すぐ解けてしまう。〈秋雪（しゅうせつ）〉「秋の初雪」ともいう。秋の季語。

秋の雪北岳高くなりにけり　飯田蛇笏

灰振り　あくふり

積雪地帯で早春、雪を早く消すために田畑の積雪の上に藁灰（わらばい）などをまくこと。

朝の雪　あさのゆき

夜明けごろから降り出した雪。朝起きて雨戸を開けると外が銀世界に一変していて驚くことがある。「明けの雪」〈今朝の雪〉ともいう。

利休忌の読経しずかに朝の雪　及川貞

アスピリン・スノー

解熱鎮痛剤のアスピリン（アセチルサリチル酸）の粉末のようにさらさらとした粉雪のこと。和製英語。

頭の雪　あたまのゆき

白髪を雪や霜にたとえていう。「かしらのゆき」とも「頭の霜」ともいう。

厚氷　あつごおり

庭の池あるいは川や湖などに厚く張った氷。冬の季語。

厚氷割つたる歓喜童子かな　川崎展宏

跡隠し雪　あとかくしゆき

年中行事の「大師講」が行われる旧暦十一月二十三日の夜に降る雪。ある貧しい老婆がお大師様を家に泊めたもののもてなす食べ物がないため、やむなく人の畑から盗んできた。だが老婆の足には指がなく、地面についた足跡を見れば犯人が誰かわかってしまう。哀れんだお大師様は、信心に免じて罪を許し、足跡を隠すために雪を降らせた。だからこの夜はかならず雪が降るのだという。いっぽうお大師様自身が擂粉木（すりこぎ）のような一本足で、その足跡を隠すために降らせる雪だと言い伝える民俗もあり、この晩の雪を「足跡隠し」〈擂粉木隠し〉ともいう。

跡隠しの雪降る闇に沸く怒濤　加藤楸邨

雨霰　あめあられ

①雨と霰。②砲弾や落下物が雨や霰のようにさかんに落ちてくることの形容。

雨雪　あめゆき

雨が混じった水分の多い雪。〈霙（みぞれ）〉。「あまゆき」ともいい、方言で「あめゆじゅ」ともいう。宮沢賢治「永訣の朝」は、死期の近い妹がのどの渇きをいやすためだろうか、外に降っている「あめゆじゅを取ってきて」と兄にたのむ言葉をリフレインにして、哀切な別れを詩（うた）っている。「けふのうちにとほくへいってしまふわたくしのいもうとよ　みぞれがふっておもてはへんにあかるいのだ　（あめゆじゅとてちてけんじゃ）…青い蓴菜（じゅんさい）の模様のついた　これらふたつのかけた陶碗に　おまへがたべるあめゆきをとらうとして　わたくしはまがったてっぽうだまのやうに　このくらいみぞれのなかに飛びだした　（あめゆじゅとてちてけんじゃ）…」。

雨雪をためて地蔵の掌のくぼみ　桐原妙

霰　あられ

雪の結晶に過冷却（〇度以下でも凍らない）の水滴が付着し、白色不透明の氷まじりの氷雨となって降ってきたもの。〈雹〉と同じく、上空で融解・凍結を繰り返して落下してきた直径二〜五ミリメートルほどの大きな氷の粒。『古事記』下に「笹葉に打つや霰の　たしだしに　率寝てむ後は人は離ゆとも　愛しと…」、霰が笹の葉をパラパラとまぎれない音を立てて打つように、共寝したあとならあなたが離れて行ってもいい、愛しく思って寝たあとならいい、と歌う軽皇子の歌。允恭天皇が薨去したあと、皇太子の軽皇子は禁断の愛を通わせている同母妹の軽大郎女に愛を告げる。異母兄妹なら婚姻が認められていた古代日本でも同母兄妹の恋はタブーだった。タブーを犯した兄と妹は時の朝廷や人々から強い非難を受け、やがて心中に追い込まれてゆく。霰には、雪まじりのゆるい〈雪あられ〉と積乱雲から降る堅い〈氷あられ〉がある。源実朝の名歌「武士の矢並つくろふ籠手の上に霰たばしる那須の篠原」の霰は「氷あられ」のようだ。日本海沿岸地方に多く、急に降りだして地面を跳ねて転げ回ると、またすぐ止むことが多い。笹の葉や屋根を打つ音が印象的で、大粒の立派なものを〈玉霰〉という。冬の季語。

鉄鉢の中へも霰　種田山頭火

淡雪　あわゆき

春先などに降る、泡のように柔らかく解けやすい雪。「沫雪」「泡雪」とも書く。気温が高くなっているから雪の結晶が解けかかって水気が多く雪片が大きい。降るそばからすぐ消える。『古今集』巻十一に「**淡雪の溜ればがてに砕けつつ我が物思ひの繁き頃かな**」、淡雪がたまることもできずに消えてしまうように、私の決意もすぐ砕けてしまって物思いばかりがしきりにふえることのごろだなぁ、と。柿本人麻呂の「**巻向の檜原も未だ雲居ねば小松が末ゆ沫雪流る**」は『万葉集』では冬の雑歌に載っていたが、『新古今集』では大伴家持「**巻向の檜原のいまだ曇らねば小松が原に淡雪ぞ降る**」として春の歌に分類されている。鎌倉時代初期の歌学書『八雲御抄』では「**淡雪は冬の初めつかたの雪なり**」とされていたが、江戸時代中期ごろからは〈牡丹雪〉〈綿雪〉などとともに春の雪として分類されるようになったと、山本健吉『基本季語五〇〇選』にある。春の季語。

沫雪の水際ばかり光りけり　佐藤鬼房

泡雪羹　あわゆきかん

和菓子の水ようかんの一つで、寒天を煮溶かしたところに白砂糖を入れ、篩で漉したあと泡立てた卵白と香料を加えて固める。口の中に入れると淡雪のように消えてしまう。ほかに大根おろし・おぼろ豆腐・くず粉をだし汁で煮てみそ汁に入れた「泡雪汁」、蕎麦に泡立てた卵白をかけた「泡雪蕎麦」、柔らかいあんかけ豆腐の「泡雪豆腐」、白身魚に泡立てた卵白をかけて蒸した「泡雪蒸」など「泡雪・淡雪」の名を冠した食べ物はたくさんある。

凍つ　いつ

厳しい寒気で凍りつく。「冱つ」とも書き「凍む」ともいう。「凍道」「頬凍つる」「風凍つる」「月凍つる」「凍空」「凍霞」など多様に展開する。現代語では「凍てる」。冬の季語。

木曾谷に凍てて落ちゆく四日月　築山能波
星冱てて人のこころに溺れけり　松村蒼石

凍て　いて

ものが凍りついて、硬く動かないように感じられること。

天山は月を忘れて四方の凍(いて)　塩尻青笳

「凍上り(いてあがり)」は、寒冷地で冬に土の中の水分が凍って膨張し、上にある舗装道路や建物などを押し上げる現象。舗装に亀裂が生じたり建物が傾いたりなどの被害が生じる。「凍上り(しみあがり)」〈凍上(とうじょう)〉ともいう。また「凍土(いてつち)」は土中の水分とともに凍りついた土。いずれも冬の季語。

凍土をなほ縛(いま)しむる木の根かな　富安風生

凍雲　いてぐも

寒々とした冬空の、凍りついたように見える雲。「凍曇り(いてぐもり)」ともいう。冬の季語。

大空に月ぶら下り雲凍てぬ　池山浩山人

凍蝶　いてちょう

冬の寒さに痛めつけられながらも生き永らえ、たどたどしく舞い上がるとみえてすぐ木に止まり、生きているのか死んだのか、凍ったようにじっと動かないでいる蝶。冬の季語。

凍蝶の己が魂追うて飛ぶ　高浜虚子

凍鶴　いてづる

霜夜あるいは寒中に、片脚立ちの鶴が首を後ろにそらして嘴(くちばし)を翼の中に差し入れ、固まったように動かない姿をいう。冬の季語。

凍鶴の啼くとき頸を天にせる　岸風三楼

凍晴　いてばれ

よく晴れているがゆえに寒気がひときわ厳しく感じられる日。冬の季語。

凍滝　いてだき

極寒の山岳地帯などで山川が凍りついてできた滝。半ば凍った厳冬の時季の滝は、他の季節とは違う凄絶な姿を顕わす。冬の季語。

凍滝のうす緑なる襞の数　高浜年尾

凍雪　いてゆき

降った雪が夜間の寒気で凍りついたもの。昼間の気温上昇で表面が解けかけた雪が夜の冷え込みで再び硬く凍ったもの。〈堅雪〉ともいう。

出勤の坂凍て雪に立ちすくむ　当山佐道

犬の伯母　いぬのおば

伯母さんが来るとお土産や小遣いをもらえご馳走も出るので子どもが喜ぶように、雪が降ると犬が庭を駆けまわって喜ぶところから、雪のことを「犬の伯母」と洒落た。

薄雪　うすゆき

うっすらと降り積もった雪。『源氏物語』初音に「月の、曇りなく澄みまさりて、薄雪すこし降れる庭の、えならぬに…」、光源氏三十六歳の正月、男たちが足を踏み鳴らして踊る「男踏歌」の行列が源氏の住む六条院にやってきたころには、月は皓々と澄みわたり、雪がうっすら積もった庭はえもいわれぬ風情だった、と。

薄雪の笹にすがりて雫かな　成美

薄雪草　うすゆきそう

葉の裏側に白い綿毛が密生し、薄く雪におおわれたように見えるところからその名がついたキク科の多年草。山間の草地や小石まじりの土地に生え、七、八月ごろ茎の先に灰白色の頭花をつける。ヨーロッパ・アルプスの名花として知られる〈エーデルワイス〉の和名のように思われているが、実際は同属だが別種。近縁種に「深山薄雪草」や「姫薄雪草」がある。夏の季語。⇩「花のことば」の〈薄雪草〉

薄雪草咲く尾根夕日朝日さす　岡田日郎

薄氷　うすらひ

まだ寒気の厳しい春先にうっすらと張る氷。「うすらい」。『万葉集』巻二十に「佐保川に凍り渡れる薄ら氷の薄き心を我が思はなくに」、佐保川一面に張っている薄氷のような薄情な気持ちで私は思ってなどいないのに、と。〈淡雪〉が雪でありながら春の季語であるように、「薄氷」も冷たい氷ではあるが、春の季語に転じた。「薄氷（うすごおり）」〈春の氷〉ともいう。

薄氷の裏を舐（な）めては金魚沈む　西東三鬼

雨雪　うせつ

雨と雪。『正法眼蔵』行持下に「天大いに雨雪ならずとも、深山高峰の冬夜は、おもひやるに、人物の窓前に立地すべきにあらず。竹節なほ破す。おそれつべき時候なり」、中国禅宗の第二祖となる慧可（えか）は悟りを求めて初祖達磨大師のもとに参じた。十二月初旬のことで、天は大雪を降らせるわけではないが、深山の高く聳えた峰の冬の夜の寒気の峻烈さは、想像するに、人が窓近く立つこともできず、竹の節が割れるほど恐るべき時節だった、と。その中で慧可は初祖に教えを請うが、一顧だにされない。白々と夜が明けたころ、ようやく雪中に立ち尽くす慧可を哀れんだ初祖は「少しばかりの知恵や高慢な心で、軽はずみに仏の教えを求めても無駄な骨折りだ」と諭してあきらめさせようとした。すると慧可は鋭利な刃を取り出すと、己の求道の志の痛切さを証しだてるために自らの左の肘を切り落とし、初祖の前に置いた。これを見た達磨は慧可の仏道への熱意が本物であることを知り、自分について修行することを許した。世に伝わる「慧可断臂（えかだんぴ）」の一場である。

卯月の雪　うづきのゆき

卯月すなわち旧暦の四月に降る雪とは、雪とみまがう純白の花を咲かせる「卯の花」のこと。

ウパシキキリ

アイヌ語で、雪の降る前触れとされていた雪虫のこと（『お天気博士の四季暦』）。

雨氷　うひょう

冬の山地などで、過冷却した（氷点下になっても液体のままの）霧雨が、木の枝や枯草にふれたとたん氷結し透明な状態になったもの。〈樹氷〉などに比べるとスケールは小さいが、氷におおわれた姿がガラスでできた枝のように輝いて美しい。冬の季語。

みちのくの出湯溢るる雨氷かな　深尾正夫

雨露霜雪　うろそうせつ

雨や露や霜や雪を、人が人生を歩んで行くときに直面するさまざまな困苦にたとえた。

上葺　うわぶき

葺いてある屋根の上に雪や落花などが積もり重なっているさまをいう。鎌倉時代後期に成立した私撰和歌集『夫木抄（ふぼくしょう）』巻十八に「益荒男が羽生（はにゅう）の小屋の棟弱み幾重になりぬ雪の上葺」、山で獣を狩る男の粗末な小屋は棟木も傷み、屋根の上には幾重になっていることだろう雪の重なりが、と。平安時代後期の女流歌人大弐（だいに）の『大弐集』に「見せばやなささの庵に春風のたくみにおろす花のうはふき」、見せたいものですね、笹で葺いた草庵の屋根の上に春風が花びらをみごとに敷きつめている光景を、と。

詠雪の才　えいせつのさい

詩歌作りや文才のある女性へのほめ言葉。中国・晋の謝道韞（しゃどううん）という女性が雪の詩を作るときとっさに、雪を春に美しく舞う柳絮（りゅうじょ）（柳の綿毛）にたとえたという『晋書』列女伝の故事に基づく言葉。

枝の雪　えだのゆき

①木の枝に積もっている雪。雪が垂り落ちるにつれてたわんでいた枝がはねて戻る。雪が落ちずに重さに耐えきれなくなると〈雪折れ〉となる。

枝の雪落ちし水輪の重なれる　本宮歌子

②苦学すること。〈窓の雪〉と同意。貧しくて油が買えず、冬の夜は窓辺の木に積もった雪の明りで書を読んだという、唐代に成立した訓蒙書『蒙求』にある晋の孫康の故事から。『源氏物語』乙女に「世界の栄花にのみ戯れ給ふべき御身をもちて、窓の蛍をむつび、枝の雪を馴らし給ふ心ざしの、勝れたる由を…」、光源氏の子の夕霧は、身分の高い家柄に生まれて世の中の栄華を尽くせる身であるのに、夏は蛍を集めた光で、冬は窓の雪明りで書物を読むような苦学をいとわない優れたご気性で、と。

大霜　おおしも

あたり一面に下りた霜。「深霜」〈強霜〉などともいう。冬の季語。

大霜の朝日が染めし木々の蔓　水原秋櫻子

大雪　おおゆき

大量にいつまでも降りしきる雪。一般には地方気象台の「大雪注意報」の基準を超える多量の降雪をいう。『万葉集』巻二に「わが里に大雪降れり大原の古りにし里に降らまくはのち」、私のいる所に大雪が降っている。そなたのいる大原の古い里に降るのはまださきのことだよ、と天武天皇が藤原鎌足の娘に言っている。

大雪となる夜の雪の静かなる　中沢大赫

御降り　おさがり

もとは雨をいう女房詞だが、元日ないし三が日に降る雨・雪をいうようになった。元日に「御降り」があるとその年は豊作だという。〈富正月〉ともいう。新年の季語。

鶏の声うるみお降り雪となる　檜野子草

遅霜　おそじも

作物が芽や葉を出す晩春になってから下りる霜。〈晩霜〉ともいい農家は〈霜くすべ〉をして霜の害を防ぐ。⇩〈晩霜〉

御神渡り　おみわたり

冬の厳寒期の長野県諏訪湖でみられる現象で、湖が全面的に結氷したあと夜間さらに冷え込むと氷面が収縮して割れる。すると割れ目に湖水が上がってきて凍り、朝方気温の上昇にともなって割れ目の部分の氷が盛り上がって道のようになる。これを「御神渡り」といい、現地では、諏訪大社上社の男神が下社の女神のところに通う恋路だと言い伝えている。また「御神渡り」の形状によってその年の作物の出来具合を占うという。同様の現象は北海道の屈斜路湖などでもみられる。

⊙大雪注意報

大量の降雪によって災害の起きる可能性のある場合に、地方気象台から出される注意を促す予報。「大雪注意報」の基準は地方気象台ごとに異なり、東京都心では「今後一二時間後に五センチ以上」の積雪が見込まれる場合で、多雪地帯では「三五センチ」とするところなどがある。

予想される災害の重大性が、「注意報」「警報」「特別警報」の順に大きくなり、「大雪警報」になると都心では「今後一二時間後に一〇センチ」、関東地方の山沿いなどでは「五〇センチ以上」の積雪が見込まれる場合で、さらに「大雪特別警報」は数十年に一度の大量の降雪が予想される場合となる。

か行

皚皚　がいがい

雪が降り霜が下りて、あたり一面が白く見渡される光景をいう。「皚」は白く清らかなこと。後漢の歴史家班固（はんこ）の父班彪（はんぴょう）の「北征賦」に「雲霧これ杳杳（ようよう）と飛び、積雪これ皚皚と渉る（つらな）」、雲と霧はぼんやりと空中を移動し、積雪は白々とあたり一面をおおっている、と。

回雪　かいせつ

強風に吹き回される雪。「回雪の袖」というと、雪が風に吹き回されるように袖をひるがえす巧みな舞姿の形容。

皚雪　がいせつ

白く清らかな雪の形容。

解氷　かいひょう

冬の間結氷していた川や海が春になって解けること。その時期のことを「解氷期」という。春の季語。

山に湖に日の遍照す解氷期　吉村ひさ志

陰解け　かげどけ

日陰に消え残っていた残雪が解けること。佐藤春夫「春のおとづれ——挨拶のさまざま」に「大降（おおぶり）の後（のち）三日四日　異なお天気でごわしたが　かげどけしやす今日あたり春でごわすぞこれからは」（『佐久の草笛』）と。

陰雪　かげゆき

春になっても木陰や日の射さない物陰などに消え残っている雪。〈残雪〉は意味が似ているが、かならずしも日陰とは限らない山の峰や山腹に残る雪のこともいうから、ニュアンスに違いがある。春の季語。

陰雪や神と祠らる野面石　市川柳石

笠の雪　かさのゆき

かぶっている笠の上に積もった雪。重く感じるもののたとえとされるが、俗に「我がものと思えば軽し笠の雪」などといわれ、これは宝井其角の句「我が雪と思えば軽し笠の上」を言い換えた慣用句とされる。

風花　かざはな

冬の空からひらひら舞い落ちてくる雪片を、古人が「風の花」のようだと美しく言いなした言葉。遠い山に降った雪が風に吹き送られてきたもの。「かぜはな」「かざばな」ともいうが、このような美しい現象は音の効果を大事にしたいので「かざはな」というのがいいと山本健吉は言っている（『基本季語五〇〇選』）。日本海側から飛来することもあり、群馬県地方ではこれを〈吹越〉と呼んでいる。冬の季語。

風花や干されて暗き割烹着　竹内公子

風雪崩　かぜなだれ

凍りついた〈根雪〉の上に新しく積もった粉雪が、強風に吹かれて斜面を滑り落ちる現象。遠望する分には、雪煙を上げた光景が美しいが、巻き込まれれば遭難事故となる。春の季語。

帷子雪　かたびらゆき

夏に着る単衣の帷子のように薄く降り積もった雪。

堅雪　かたゆき

昼間すこし解けた雪が、夜の寒気で再び凍りついて堅くなったもの。日本の気象キャスターの草分けの倉嶋厚『お天気博士の四季暦』に「春が近づくと強い日差しや日中のプラス気温でとけた積雪の表面が、夜の冷え込みで再度凍結し、しだいに固まってクラスト（外殻）になり、人が歩いても沈まないようになる。…北海道では雪のクラストを堅雪と呼んでいる」とある。雪の表面が汚れている場合を〈雪垢〉〈雪泥（ゆきどろ）〉という。ドイツ語では〈アイスバーン(Eisbahn)〉といい、車のスリップ事故の原因となる。冬の季語。

堅雪の日なり葬列真直ぐに　北光星

かまくら

秋田県横手市や新潟県地方などで行われる小正月の子どもの行事。積雪を踏み固めて切り出した雪の板を重ねたり、道端に積み上げた雪に横穴を掘ったりして「室（むろ）（かまくら）」を作る。その中に水神を祭り、餅を焼いて食べたり甘酒を飲んだりする。一月十五日（現在は二月十五・十六日）の朝「かまくら」の前で火を焚き、鳥追い歌を唄うなどする。もともとは正月の門松などを焼いて厄除けを願う左義長（さぎちょう）と農作物を食害する鳥を追い払う鳥追いの農事が融合したもので、常陸（ひたち）から横手に国替えになった城主とともにもたらされた行事だという。「かまくら」の語は、鳥追い歌の冒頭の「鎌倉の鳥追いは…」に由来するという。新年の季語。

かまくら佳し炭火の真赤（まっか）蜜柑の黄　久保田博

かまくらは一夜の祭更けてゆく　高木晴子

上雪　かみゆき

長野県地方で春先、太平洋側を南岸低気圧が通るときに降る雪。春の〈どか雪〉になることが多い。反対に冬、大陸からの寒気の吹き出しによって日本海側に降る雪は〈下雪（しもゆき）〉。

寒花　かんか

①寒い冬に咲く花。②雪を冬に咲いた花にたとえた語。

雁木　がんぎ

北陸・信越などの豪雪地帯で、積雪期でも通行できるよう道路に沿って平行に軒から差し掛けられた深い庇。鈴木牧之『北越雪譜』二編の山東京山が加筆した箇所に「江戸の町にいふ店下を、越後に雁木又は庇といふ。…これは、雪中にこの庇下を往来の為なり」と。冬の季語。

　酒買ひにかけ込む雁木通りかな　小林樹巴

かんじき

雪や氷の上を歩くとき、滑ったり足が雪の中に埋没したりしないよう、靴や履物の下につける輪や枠の形をした補助具。漢字で書くと「樏」。『太平記』二十九に「時節、雪おびただしく降つて、馬の足も立たざりければ、兵を皆馬より下ろし、橇を掛けさせて」、折しも大雪が降って馬の足も埋まってしまうほどだったので、軍勢をみな馬から下ろし樏をはかせて、と。冬山登山などに用いる金属製のものは「アイゼン」。冬の季語。

　樏に歩み疲れし雪を食ふ　島村茂雄

冠雪　かんせつ

雪が降って白い冠をかぶったようになること。山などがその年初めて雪を戴くことを〈初冠雪〉という。「かんむりゆき」と読めば、門柱や電柱のてっぺんに雪が積もって綿帽子をかぶったようになることで「雪冠」ともいう。

　冠雪の富士を手繰りて峠道　源中房吉

気霜　きじも

寒い朝吐く息が白く見えるのは、呼気の水蒸気が冷やされて凝結し、一瞬霧になるから。この白い息を「気霜」と呼ぶ、と(『日本の空をみつめて』)。

木の根明く　きのねあく

早春、気温が上がってきて、光を浴びた木の幹が暖まるとその熱が伝わって木の根の周辺の雪が円く解ける現象。「根明け」〈根開き〉ともいう。円は南側に長い楕円形となっていく。春の季語。

木の根明く胎児は何を見てをるや　宮坂静生

急雪　きゅうせつ

にわかに降り出した雪。また、激しく降りしきる雪。

驚霰　きょうさん

急に音高く降り出して、人を驚かす霰(あられ)。「急霰(きゅうさん)」ともいう。

暁霰　ぎょうさん

明け方パラパラ降ってくる霰。

狂雪　きょうせつ

強風に吹かれて斜めに激しく舞い狂う雪。中国・初唐の詩人李嶠(りきょう)の「楊柳枝」に「狂雪風に随い馬を撲(う)って飛ぶ」と。『梅花無尽蔵注釈・別巻』の「釣雪斎の詩並びに叙」に「風声を逐ひて、斜々する者を、狂雪と云ふ」とある。

⊙雪と氷の境目

雪と氷の違いについて倉嶋厚はおおよそ次のように説明している。

雪も広い意味の氷の一種であるが、積もりたての雪の密度は〇・一で、体積の九割は空気を含んだすき間である。時間がたつと縮まってきて、密度は〇・五ぐらいになるが、空隙率(くうげきりつ)五〇パーセントで、まだ積雪である。積雪と氷の違いは空気を通すか通さないかにあり、雪氷学者によれば、密度が〇・八二以上になると、もう積雪とはいわず、氷と呼ぶ、と（『お天気博士の四季暦』）。

玉塵　ぎょくじん
雪を意味する雅語。舞い落ちる雪片を白玉の削りくずの塵と言いなした。「玉屑」ともいう。

❖雪・霜・氷のことわざ・慣用句：蛍雪の功
「蛍雪」は、中国の唐代に成立した訓蒙書の『蒙求』にある「**孫康は雪に映じ、車胤は蛍を聚む**」にもとづくことば。晋の孫康は貧しく灯火を点す油が買えなかったので冬の夜は雪明りで勉強し、車胤は同じく夏の夜は蛍をたくさん採取してその光で書を読んだという故事から、苦学することを「蛍雪の功」という。鎌倉時代の仏教説話集の『沙石集』一に「**蛍雪の功年つもりて、碩学のきこえありけり**」と。

極冠　きょっかん
火星の南北両極にある白く輝く部分をいい、冬には面積が拡大し夏には縮小するところから雪ないしドライアイスだと考えられている。

銀花　ぎんか
銀色に輝く雪の形容。「銀雪」ともいう。雪が降りしきることを「銀花乱れる」などという、と（『日本の空をみつめて』）。

銀世界　ぎんせかい
見わたすかぎり雪が降り積もった地上の光景。

銀嶺　ぎんれい
雪を戴いて銀色に輝いている峰々。

暮の雪　くれのゆき
年の暮に降る雪。⇩〈雪の暮〉

クレバス　crevasse
氷河の流れあるいは雪崩などによって雪渓にできた大きく深い裂け目。冬山の登山者が転落して遭難する危険がある。

軽霰　けいさん

ほんのちょっとパラついた霰(あられ)。

勁雪　けいせつ

いつまでも解けない堅い雪。「勁」は強いの意。

今朝の雪　けさのゆき

朝起きてみたら降っている雪、積もっている雪。冬の季語。

されば こそ夜着重ねしが今朝の雪　信徳

結氷　けっぴょう

氷が張ること。厳寒の時季に川や海が氷で鎖(とざ)されること。冬の季語。

蝶墜(お)ちて大音響の結氷期　富沢赤黄男

玄冬素雪　げんとうそせつ

「玄」は黒、「素」は白で、黒く寒い冬と白い雪。『平家物語』灌頂(かんじょう)巻「六道」に「玄冬素雪のさむき夜は褄(つま)を重ねて暖かにす」、平家滅亡のあと、大原寂光院の陋屋(ろうおく)に逼塞(ひっそく)する建礼門院は、過ぎし栄耀の日々を、酷暑の夏は泉の水を汲んで心を慰め、白雪降りしきる玄冬の夜は夜具を重ね暖かくして眠ったものでしたが、と後白河法皇に語る。

香雪　こうせつ

〈梅〉〈杏〉などのよい香りのする白い花びらが雪のように散ること。北宋の詩人・文人蘇軾(そしょく)の「月夜(げつや)客と杏花の下に飲す」に「花間に酒を置けば清香発し、争うて長條を挽きて香雪落つ」、花をつけた樹々の間に酒を置くと清々しい香りが漂うのは、長い木の枝を風が争うように吹き揺すって芳香のある花びらを雪のように散らすからだ、と。

紅雪　こうせつ

⇩〈赤雪(あかゆき)〉

豪雪　ごうせつ

降雪量がおびただしく多いこと。〈大雪〉よりもさらに多量の雪が降り甚大な被害をもたらす。昭和三十八年の〈三八豪雪〉、昭和五十五～五十六年の「五六豪雪」、平成十七～十八年の「一八豪雪」が知られる。「豪雪地帯」は北海道・東北・北陸・山陰など冬季に雪が大量に降る地域。

豪雪に光断たれし昼の闇　得永春風

❖雪・霜・氷のことわざ・慣用句：紅炉上（こうろじょう）一点の雪

『朱子語類』巻第四十一に、楊道夫が記録した言葉として「顔子の克己、紅炉上一点の雪の如し」、孔子の弟子顔淵の克己は、赤く燃えさかる囲炉裏の上に置いた少しの雪が跡形もなく消えるように胸中に一点の「私」も無い、と。臨済宗の仏書『碧巌録』にもある言葉で、己（おのれ）に克って私心を跡形もなく去り、悟りの境地に達していることをいう。

降雪量　こうせつりょう

地上に降り積もった雪の量。雪は地上に積もると、雪自体の重さで時間の経過とともに沈下する。従って降雪量と積雪量は一致せず、積雪量は降雪量の五〇～七〇パーセントぐらいだという。

降雹　こうひょう

雹が降ること。

香炉峰の雪　こうろほうのゆき

ある雪の日、一条天皇の中宮定子（ていし）にしたがう女房たちは、寒いので早めに格子を下ろし炭櫃（すびつ）の火を囲んで語り合っていた。そのとき中宮が「**少納言よ、香炉峰の雪いかならん**」と問いかけると、清少納言は女官の一人に格子を上げさせ自ら立って行き、中宮の前に降りていた御簾（みす）をくるくると巻き上げた。すると中宮は少納言の所作にわが意を得たという顔をして愉快そうに笑った。清少納言は『白氏文集』第十六にある白居易の「遺愛寺の鐘は枕を欹てて聴き、香炉峰の雪は簾を撥げて看る」という詩句を心得ていて、即座に機転を利かせたのだった。和文のみでなく漢詩にも教養の深かった清少納言の面目躍如たる挿話である（『枕草子』二九九）。

氷　こおり

氷が摂氏零度以下で固体になったもの。通学路の水たまりに張った薄氷からワカサギ釣りでにぎわう凍結した湖面、北海に押し寄せる流氷、そして南氷洋を航行する船舶を閉ざす氷海まで、氷の種々相には限りがない。日本人の冬の暮らしに密着している氷だけに、派生した言葉は〈薄氷〉〈初氷〉〈蟬氷〉〈氷海〉〈氷面鏡〉〈氷の声〉〈氷の花〉等々多様に展開する。『古今集』巻十一に「春立てば消ゆる氷の残りなく君が心は我にとけなむ」、春になれば消えてしまう氷のようにあなたの心が残らず私に打ち解けてほしいものだ、と。いずれも冬の季語。

　叩きたる氷の固さ子等楽し　中村汀女

氷霰　こおりあられ

雪混じりのゆるい〈雪霰〉に対して、粒状に固く凍った氷の霰をいう。冬の季語。春先や夏に積乱雲から降る小粒の雹をいうこともある。

氷解く　こおりとく

春になって、凍っていた川・滝や湖面が解け出すこと。同意の〈解氷〉は、規模の大きな海や大河などの氷が解けるニュアンスがある。春の季語。

　氷解け湖の青さに戻りけり　塚越志津枝

氷と炭　こおりとすみ
氷と炭のように正反対・対照的で相容れないこと。⇩〈氷炭〉

氷雪崩　こおりなだれ
極寒の高地などで、氷河から落下した氷塊が衝撃となって発生する雪崩。岩石まじりの雪氷が高速で雪崩れ下る。

❖雪・霜・氷のことわざ・慣用句：**氷に座す**
水面に張った氷の上に座していれば体温で氷が解けて水中に転落する。そのように極めて危険な状態にあることのたとえ。

氷の声　こおりのこえ
気温が下がって氷が張りはじめるときの微妙な音を聞きなして言う。冬の季語。

氷の衣　こおりのころも
木の枝や物の表面を氷が覆っているのを、氷の衣をまとっているとみて言う。

氷の花　こおりのはな
氷の結晶や表面の模様を花びらに見立てていう。「氷の花」とも。倉嶋厚は、子どものころ住んでいた北信濃の冬の思い出を記している。寒い朝、窓ガラスの内側に、シダの葉に似た霜がたくさんついていた。室内の水蒸気が氷の結晶となって付着したもので、ときに「冬の花」のように見えることもあった、と。そして一首の短歌を紹介している。「**冬の花香もなく咲けりしんしんと凍て深き朝の窓の氷の花**」。北海道には〈窓霜〉という言葉もあるという（『お天気博士の四季暦』）。「氷の花」は、冬の季語。⇩〈窓霜〉

氷の刃　こおりのやいば
氷のように冷たく研ぎ澄まされた刀身の比喩。「抜けば玉散る氷の刃」。「氷の剣」ともいう。

氷橋　こおりばし

冬、川や湖などに厚く張った氷の上に藁（わら）や柴を敷いて人が渡れるようにした仮の橋。冬の季語。

眼に妻を促しわたる氷橋　橋本鶏二

❖雪・霜・氷のことわざ・慣用句：氷は水より出でて水より寒し

教え子が先生よりも優れていることをいう。『荀子』勧学の「青は藍より出でて藍より青し」（出藍の誉れ）の対句。

氷る・凍る　こおる

厳しい寒さで水が凝結すること。『古今集』巻六に「大空の月の光し清ければ影見し水ぞまづ氷りける」、空にかかっている月の光が冷たく澄んで清らかなので、その月影を映した水が最初に氷った、と。「凍（こお）る」と書けば、さらに土や月光やひいては鐘の音などまでが凍（い）てつく場合にも用いる。冬の季語。

氷る田を音ばりばりと動きおこす　相馬遷子

ものすべて凍る地上へ羽毛落つ　右城暮石

コーン・スノー　corn snow

「corn」はトウモロコシ。トウモロコシの粒のようなざらめ状の雪。

小米雪　こごめゆき

搗（つ）いて砕いた小米のように細かい雪。「粉米雪」とも書く。冬の季語。

小米雪むかし高下駄履きしこと　木船史舟

梢の雪　こずえのゆき

梢に咲いた白い花を雪に見たてた語。鎌倉時代末期の勅撰集『続後拾遺集』春に「**見るままに梢の雪はかつはれて散りかひくもる山桜かな**」、見ているうちに梢の雪と見えた花びらは散り乱され花の雲につつまれてしまった山桜だなぁ、と。また、文字どおり梢に積もっている雪のこと。

去年の雪　こぞのゆき

正月前に降った雪が岩陰・木陰などに消え残っているもの。〈残雪〉〈陰雪(かげゆき)〉とも。『堀河百首』に「**道たゆといとひし物を山里はきゆるはをしき去年雪哉**(こぞのゆきかな)」、道が行きどまりになるから困ると思ったけれど春の山里では消えてしまうのが惜しい気もする去年の残り雪だ、と。長男の死を悼んだ中原中也の詩「こぞの雪今いずこ」は、フランソワ・ヴィヨンの詩「疇昔(ちゅうせき)の美姫(びき)の賦」の第一連の終句「Mais ou sont les neiges d'antan?」が踏まえられているとされる。春の季語。

粉雪　こなゆき

粉のようにさらさらした細かい雪。大気の上層から氷晶が降ってくる場合、気温が地表付近までずっと低いと氷晶は合着しないため、個々の結晶のまま地表に達する。さらさらしていて手で握っても固まらない。積もった雪を靴で踏むとキュッキュッという音がする。このような雪を、雪片が大きな〈牡丹雪〉に対して「粉雪」と呼ぶ。雪氷学者の中谷宇吉郎は、北海道で風の無い日の夕方から小形の牡丹雪が降り始めたときなど「その中に一陣の風が来ると急に雪の形が変って、今度は極めて細(こま)かい個々の結晶が硼酸(ほうさん)の結晶をまくように降って来る。何だか耳を澄ますと空でサラサラという音を立てているような感じである。こんな時の降雪の状態も粉雪ということになっている」と書いている(『雪』)。「こゆき」ともいう。冬の季語。

粉雪の夕べとなりぬ積りゐし　高島のぶ

一力ののれんにかゝる粉雪(こゆき)かな　松根東洋城

小糠雪　こぬかゆき

小糠のように細かい〈粉雪〉。「小糠雨」からの類想であろう。

小雪　こゆき

少しばかり降りかかる雪。短時間だけ降ってやむ雪。中原中也に「汚れつちまつた悲しみに　今日も小雪の降りかかる　汚れつちまつた悲しみに　今日も風さへ吹きすぎる」と。

麦の芽のうごかぬ程に小雪ちる　蝶夢

粉雪　こゆき

⇩〈粉雪(こなゆき)〉

滾々　こんこん

雪や霰(あられ)・雨などが尽きず途切れず降りつづくことの形容。一〇〇年以上も前の尋常小学唱歌『雪』に「雪やこんこ　あられやこんこ　降っても降っても　まだ降りやまぬ

⊙風のこ

「風の子」といえば一般には、冬の寒風の中でも元気いっぱいに遊んでいる子どもを指す言葉だが、作家の佐多稲子の随筆にはそれとは違う「風のこ」が出てくる。

雪が見たくなって以前に作品の執筆のために長逗留した岩手県花巻の志戸平という山の温泉を再訪した。「部屋の前の渓流を挟んだ向いの岩山には陽が光っている。が、その陽差しの中に、絶えず粉雪がちらちら舞っている。風に吹かれて舞う雪片なのであろう。雪国の人はこれを風のこ、という」と。

前回滞在したとき帳場にいた文学好きの青年の消息を尋ねてみると「あれは先年、病気で亡くなりました」との答えだった。「雪を見にきて、雪には逢わず、若い人の死を聞くめぐり合せになって、それが私の思いを深めた」(『きのうの虹』)。

犬は喜び庭かけまわり　猫はこたつでまるくなる」。水が絶えず湧き出ることも言う。

さ 行

細氷 さいひょう
極寒の地や高山などで、微小な氷の結晶が大気中を浮遊する現象。〈氷霧〉〈ダイヤモンドダスト〉なども「細氷」の一種。

採氷 さいひょう
池・湖などに張った天然氷を切り出すこと。冬の季語。
　採氷の傷痕深き湖心かな　星紫陽子

砕氷船 さいひょうせん
南氷洋・オホーツク海など冬季に厚く氷で閉ざされる氷海で、氷を割って航路を開く船。船腹の前後に水槽などを備え、船の前進後退にともない水槽の中の水を移動させその衝撃で氷を割る。冬の季語。

海馬(とど)来たる砕氷船の後より　広中白骨

桜隠し　さくらかくし

新潟県地方などで、開花した桜を覆い隠すように積もる「春の雪」をいう。倉嶋厚『お天気博士の四季暦』によれば、各地の気象台の記録で雪のもっとも遅い日付を調べてみると、東京四月十七日、新潟四月二十三日、札幌五月二十五日となっている。つまり、以前から東京以西では桜が咲いたあと、北日本ではライラックが咲いたあとにも雪の降ることがわかる。春の季語。

笹起きる　ささおきる

早春、気温が上がり日射しが雪を解かし始めるにつれ、山地などで雪の下に埋まっていた笹の葉が雪を跳ね上げて姿を現すことをいう（宮坂静生『語りかける季語　ゆるやかな日本』）。春の季語。

笹起きる谷の光を安房越　宮坂静生

細雪　ささめゆき

「牡丹雪」のように大粒でなく、細かく降る雪。また、密に降りしきるのでなくまばらに舞う雪。冬の季語。⇩コラム「⦿細雪」

瞬(また)きて過去よりもどる細雪　福永耕二

里雪　さとゆき

北陸地方の日本海沿いなどで平野部を中心に降る雪をいう。短時間に大量に降る豪雪となることが多く〈どか雪〉などといわれる。山地に降る〈山雪〉よりも交通などの社会生活に対する影響が大きい。

淺い の風　さらいのかぜ

降り積もった雪を吹きさらって行く烈風。室町時代の成立という和歌の解説書『秘蔵抄』に「ふるよりもさらひの風ぞすさまじきよし野の山のすそののさとは」、降る雪よりも積もった雪を巻き上げる「さらいの風」のほうが凄まじい、吉野山の麓の里は、と言っている。

ざらめ雪

積もった雪の表面がいったん解け、夜にまた凍り、溶解と凍結を繰り返しているうちに粗いざらめ状になった雪。漢字で書けば「粗目雪（ざらめゆき）」。雪質には〈新雪〉〈しまり雪〉「ざらめ雪」などの種類がある。冬の季語。

ザラメ雪シュプールもなくスキー飛ぶ　山岸巨狼

残雪　ざんせつ

高い峰や岩陰などに春になっても消えずに残っている雪。「雪残る」〈去年（こぞ）の雪〉などともいう。春の季語。

残雪は獅子の形の深山かな　星野紗一

三白　さんぱく

①正月の三が日に降る雪。②南画の題材にする三つの白いもの。たとえば雪・白鷺・

⊙『細雪』

谷崎潤一郎が昭和十八年（一九四三）に雑誌連載をはじめたものの、軍部によって時局に添わないと中断させられ、敗戦後にようやく完結した長編小説。栄華に翳（かげ）りを見せはじめた大阪船場の商家蒔岡（まきおか）家の四人姉妹、鶴子・幸子（さちこ）・雪子・妙子をめぐる当時の阪神の上流家庭の有閑な暮らしぶりを、四季折々の自然を背景に絢爛たる絵巻物のように描いた谷崎文学の最高傑作。長女の鶴子が婿を取った本家が東京に移転したあと、未婚の雪子と妙子を預る幸子の芦屋の家で進行する雪子の縁談と妙子の恋愛事件を中心に物語は展開していく。

雪子は、すでに三十歳を過ぎていながら、人前では自己主張どころか意思表示すらはきはきとはできない純真で慎ましやかな女性であり、対照的に末っ子の妙子はしばし白梅など。

三八豪雪　さんぱちごうせつ

昭和三十八年（一九六三）一月、北陸を中心に東北・山陰地方に多大な被害をもたらした記録的な大雪。これを機に「裏日本」という呼び方を避けることが決定的になったという（『日本の空をみつめて』）。

時雨雪　しぐれゆき

時雨のようにひとしきり降ってすぐ降りやむ雪。語順を入れ替えた〈雪時雨〉に時雨がいつの間にか雪に変わった含意があるとすれば、「時雨雪」には「通り雪」とでもいうべき一過性の意味合いがありそうだ。

⇩〈雪時雨〉

山の湯を恋ひ来て時雨雪に遭ふ　星田白径

垂り雪　しずりゆき

木の枝や電線などに積もった雪が風に吹かれて、あるいは解けゆるんで落ちること。

ば恋愛事件を起こし、ついにはふがいない恋人と絶縁するために新しい情人の子どもを身ごもるような奔放な娘である。知人の世話で何度も見合いを繰り返す雪子の縁談をとおして、関西の上流階級の人びとの家格や経済力を第一に考える価値観や人生観があらわとなり、それに基づいた行動の駆け引きや手管が描かれる。そこに阪神・芦屋の上流階級という一つの確固とした文化的存在が明らかにされて行く。

不思議なことに、上・中・下三巻の長大な物語の中に、風雨や春爛漫の桜をいつくしむシーンや行事は幾度も出てくるのに、標題となっている「細雪」は、ちらつく場面はおろか「雪」という文字さえ、地唄舞の題名以外には一度も登場しない。それなのになぜこの物語が「細雪」と題されたのかを考えてみると、それはやはり主人公雪子ただ「しずり」とも「雪しずれ」ともいう。冬の季語。

大塔を二段に落ちるしづり雪　手嶋秀壺

下消え　したぎえ

積もっている雪の下の方から解けはじめること。『古今集』巻十二に「**かきくらし降る白雪の下消えに消えて物思ふ頃にもあるかな**」、あたりを見えなくするほど降りしきった白雪が下のほうでは解けて消えて行くように、私もいま消え入ってしまいそうな恋に苦しんでいます、と。

湿雪　しっせつ

水分の多い湿った雪。さらさらとした粉雪に対して、水っぽい雪。

篠の小吹雪　しののおふぶき

①篠竹やススキの穂を吹き乱す雪まじりの強風。鎌倉時代後期の『夫木抄』に「**草わくる衣手うすしあだしののしののをふぶき**

の比類のないたおやかな美貌、人前ではロクにものも言えず電話に出ることさえためらうような純真無垢な人柄に作者がある反時代的な理想を付与して、それをはかなくも美しい「細雪」になぞらえたゆえであろうか。

しかし、作者はこの雪子を手放しで讃仰しているわけではないことが、長い物語の進行につれて明らかになってゆく。すでに三十五歳を目前にした雪子は、物語がはじまってからだけでも五人目の見合い相手とようやく婚儀が調い、嫁入り道具一式も揃って婚姻の地である東京へ旅立つ日を迎える。すると雪子の体調に異変が生じる。胃腸をこわしたようで「毎日五六回も下痢するので、ワカマツやアルシリン錠を飲んで見た」が、効きめがあらわれず、そのまま上京の日になってしまう。当日の夕方姉の幸

こころしてふけ」、草をかき分けて進む私の着物の袖は薄いから化野(あだしの)の篠竹を吹き乱す雪風よ、それを心得て手加減して吹いておくれ、と。

②「小吹雪」は雪風ではなく、植物の「蕗(ふき)」の古称「ふふき」に接頭語がついた「小蕗(おふぶき)」で、実は小さな女の子の比喩。平安時代の「催馬楽(さいばら)」逢路(おうみじ)に「**近江路の　篠の小蕗(おふぶき)　早引かず　子持ち待ち痩せぬらむ　篠の小蕗や　さきむだちや**」、近江路のいたいけな少女を早く引き取らないので、あの子持ち女は待ち焦がれて痩せてしまっているだろう、と。「さきむだちや」は囃し言葉だという。

地吹雪　じふぶき

地上の雪が烈風に吹きあおられて空中を乱れ飛ぶ光景。倉嶋厚『お天気博士の四季暦』は「地吹雪」について「地上に降り積もった雪が烈風によって巻き上げられ、空中を横なぐりに飛び乱れるようすをいう」としている。さらに「地吹雪を報じるシベリアの測候所の気温は氷点下三〇度を越えているであろう。雪煙が原野を激しく流れ、針葉樹の梢だけが見える荒涼とした風景が目に浮かんでくる」と。〈ブリザード〉。冬の季語。

子夫婦に付き添われて東京行きの夜行列車に乗りこんだ最後のシーンの、大長編『細雪』全編を閉じる末尾の一行はこうである――「下痢はとうとうその日も止まらず、汽車に乗ってからもまだ続いていた」。雪子は、阪神の土地柄に強い愛着を抱いていて、作者と同じように、野蛮な東京を無意識が抗拒することの生理的な表明なのであった。

南部富士地吹雪寄する中に聳（た）つ　高橋青湖

しまき

雪まじりの烈風。〈雪しまき〉の略で、「風（し）巻（まき）」と書き〈吹雪〉のこと。そのような強風をもたらす冬の暗雲を「しまき雲」という。ともに冬の季語。

知床の山容奪ふしまきかな　戸川幸夫

梅寒し野に一塊のしまき雲　内藤吐天

しまり雪　しまりゆき

雪が降ってから時間がたち、雪自体の重さで氷の粒がつぶれてつながり、きめ細かく締まった状態になった雪。降りたての新雪は結晶の形をとどめているが、積雪後は雪自体の重さで結晶がつぶれて合体し網目構造に変化してゆく。日本雪氷学会の分類では、「新雪」「こしまり雪」「しまり雪」「ざらめ雪」「こしもざらめ雪」「しもざらめ雪」の種類がある。冬の季語。

凍雪　しみゆき

積もった雪が夜間の寒さで凍りついたもの。堀辰雄の随筆的小説『雪の上の足跡』の主人と学生との対話で、学生が雪面に獣の足跡がついていたので歩けるだろうと踏み込んだら腰のあたりまで埋まってしまった、というのを聞いた主人の答え。「もういくぶん春めいて来てゐるから、凍雪（しみゆき）もゆるんで来てゐるのだらう」と。

凍みる　しみる

強い寒さが加わって凍りつくこと。『源氏物語』若菜下に「はづかしく、かたじけなく、かたはらいたきに、朝夕、涼みもなき頃なれど、身もしむる心地して、言はん方なくおぼゆ」、柏木は、光源氏の妻の一人女三宮への恋情を抑えきれず密通してしまう。女三宮は妊娠したうえ、柏木からの恋文を光源氏に読まれてしまう。驚愕した柏木は、恥ずかしくも畏れ多く、いたたまれない気持ちで、涼しくもない暑熱の候なのに、身体が凍りついたようで言うにいえない焦燥感に打ちのめされている、と。冬の季語。

凍渡り　しみわたり

雪国では、降った雪が夜の間に凍り、その上に雪が積もってそれがまた凍ることを繰り返す。そのようにしてカチカチに凍りつき、人が歩いても沈まない状態になることを新潟県地方で「凍渡り」という。生活のなかから生まれた厳しくも美しい響きのこもる言葉だと、野澤節子は言う（『日本大歳時記』）。

小学校ひきよせて子の凍渡　千保霞舟

霜　しも

冬の晴れて風のない夜、放射冷却によって気温が三度以下に下がると、地に接した空気中の水蒸気が強く冷やされ、昇華して氷の結晶となる。それが地面・屋根瓦・草木の葉などに付着したものが「霜」。霜は本質的には雪と同じだが、無定形な氷からなるものと結晶質の氷からなるものの二種類があり、前者は比較的暖かいとき、後者は気温が零下一〇度ないしそれ以下のときにできる。ただし「霜柱」は土の中の水が凍ったもので「霜」とは成因が違い、外国ではあまり見られないと中谷宇吉郎は言っている（『雪』）。古人は「**露結びて霜とはなるなり。別物にあらず**」（『八雲御抄』）と地物に下りた露が凍って霜になると考えていたが、実際は大気中の水蒸気または地中の水分が地物の表面に凍りついたものである。結晶の形を観察すると、うろこ状・針状・柱状などがあり、本質的には雪の結晶と変わらない。

その年最初の霜を〈初霜〉、斑（まだら）に置いた霜を〈はだれ霜〉、霜が一面に下り敷いた光景を「たたみ霜」、晩春を過ぎて下りる時季外れの霜を〈遅霜〉、しんしんと冷え込む霜夜の張りつめた静寂を霜の下りる気配のように聞きなして〈霜の声〉などという。『万葉集』巻一に「**蘆辺行く鴨の羽がひに霜降りて寒き夕（ゆうべ）は大和し思ほゆ**」、蘆の周りを泳いでいる鴨の羽が打ち重なったところに霜が下りているが、こんな寒い日暮はひとりでに大和のことが思い浮かんでくる、と。冬の季語。

霜つよし蓮華とひらく八ヶ岳　前田普羅

霜傷み　しもいたみ

霜が葉などに下りて、草木が萎（しお）れたりすること。「霜荒れ」ともいう。

霜傷みせる葉牡丹の花時計　冨田渓水

霜覆　しもおおい

野菜や庭の花木などを霜から守るための覆い。霜除け。冬の季語。

山畠や菜に笹さして霜覆ひ　宗居

霜折れ　しもおれ

霜は、冬の寒さが厳しい時季の、晴れて無風の放射冷却で冷えこんだ夜に下りることが多い。つまり冬の高気圧におおわれている夜ということになるが、高気圧が意外に早く移動すると、朝どんより曇って寒いのに霜が下りず雨模様に変わって行くことがある。そのような、霜が途中で中折れしたような天候を「霜折れ」という。しかし「霜折れ」という字面、ないし〈霜枯れ〉からの連想ゆえか、霜柱が解け折れること、あるいは花や作物が霜のために萎（しお）れ伏したようになるさまに用いている例もある。鎌倉中期の『新撰六帖』第一に「**今日はまた山の朝けの霜折れに空かきくもり雨は降り**

つつ」、今朝の山は明け方に霜がおりず曇り空から雨が降り出している、と。冬の季語。

霜折れの道のべを行くソフトかな　三橋鷹女

霜折れや出しては仕舞ふ干筵　鹿島富枝

霜囲　しもがこい

作物や庭木を霜の害から守る囲い。冬の季語。⇩〈霜除け〉

霜枯れ　しもがれ

霜が下りるほどの厳しい寒気のために野の草木が萎れ枯れること。『万葉集』巻十に「霜枯れの冬の柳は見る人の縵にすべく萌えにけるかも」、冬の寒さで霜枯れしていた柳に、見る人が髪飾りにできるほど新芽が萌えてきたなぁ、と。〈霜傷み〉「霜荒れ」「冬枯れ」ともいう。冬の季語。

霜くすべ　しもくすべ

霜枯道旅人一人また一人　桜木俊晃

「くすべ」は漢字で書けば「燻べ」で、炎を立てず煙らせながら燻すこと。晩春に遅霜予報が出ると農家は、作物の若葉や新芽が霜でやられないよう、籾殻や古タイヤなどを燻して煙を立て霜害を防ぐ対策をする。春の季語。

霜くすべ星も煙につつまれて　里見次子

霜焦げ　しもこげ

霜の下りた草木や作物の葉が焦げたように萎れ傷むこと。〈霜焼け〉ともいう。

霜焦げのつむりのぞける寒つくし　塩崎緑

霜雫　しもしずく

朝日が昇って霜が解け、水滴になったもの。冬の季語。

霜雫して大根の葉の怒り　田鎖雷峰

霜畳　しもだたみ

畳を敷きつめたように、霜が一面に下りた光景。冬の季語。

霜月　しもつき

旧暦十一月の和名。「霜降月(しもふりづき)」「雪待月(ゆきまちづき)」「雪見月」などともいう。冬の季語。

霜月の晦日(みそか)よ京のうす氷　言水

霜凪　しもなぎ

霜は風の弱い青天の寒夜に下りることが多いが、霜が下りそうな晴れて無風の夜をいう。冬の季語。

霜の声　しものこえ

寒夜、霜の下りる気配。また、静まり返った冬の夜、しんしんと霜の下りる音が聞こえるような気がすること。冬の季語。

灯を消せば歳月のこゑ霜の声　古賀まり子

霜の花　しものはな

冬の早朝、氷点下に冷え込んだ地面の石や草の葉に触れた水蒸気は氷結して霜となり、白い花が咲いたように見える。冬の季語。

切り株は神の円座よ霜の花　大内迪子

霜柱　しもばしら

冬の畑や川べりなど湿気の多い土中の水分を凍らせて立ち上がる氷の柱。〇度以下になって地面が凍るとき、土の中の水分が毛細管現象で凍み上(し)がり氷結してできる。長さは数ミリメートルから一〇センチ以上のものまである。冬の季語。

むらさきは月の匂ひの霜ばしら　千代田葛彦

霜晴　しもばれ

霜が下りた夜の無風青天が、朝になってもつづいている。冬の季語。

霜晴や山の寝息のほどの風　郡山トク子

霜日和　しもびより

霜の下りた翌朝の青天。霜は晴れた夜の放射冷却で冷えた地上物に大気中の水蒸気が触れて凝結するものだから、翌朝は好天のことが多い。〈霜晴〉〈霜凪〉も同意。冬の季語。

空色の山は上総か霜日和　一茶

霜焼け　しもやけ

厳しい寒さに曝(さら)されていた皮膚が火傷をしたように赤くなって痛痒(いたがゆ)くなること。また霜が下りた草木や作物の葉が萎(しお)れ傷むこと。〈霜焦げ〉ともいう。冬の季語。

霜焼の耳美しき燈火かな　中西正史

霜雪　しもゆき

霜と雪。雪と同じく霜も天から降ると考えられていた。『源氏物語』若菜下に「**空の月星を動かし、時ならぬ霜雪を降らせ、雲雷(いかずち)を騒がしたる例(ためし)、あがりたる世にはありけり**」、春の朧月夜に光源氏は子息の夕霧たちを相手に音楽談義をしている。あの『宇津保物語』の主人公の俊蔭などという大名人は、琴の音色によって月や星を動かしたり、季節外れの霜雪を降らせたり、雲や雷を呼びよせたりできたという例が昔はあったものだ、と。

下雪　しもゆき

信州方言で冬、大陸からの寒気団の襲来によって日本海側に降る雪をいう。反対に南岸低気圧の通過にともなって南信側に降る春のどか雪を〈上雪(かみゆき)〉という。

霜夜　しもよ

寒気厳しく、星が凍り霜が下りる冬の夜。よく晴れて風も弱い冬の夜は雲による保温効果がないので、放射冷却で地面の温度が氷点下になり霜が下りる。『新古今集』巻五に「**きりぎりす鳴くや霜夜のさむしろに衣片敷きひとりかも寝む**」、こおろぎが鳴き霜が下りる寒い夜に、わたしは寒い狭筵(さむしろ)に自分の衣だけを敷いて独り寝をするのかなぁ、と。冬の季語。

ひとつづつ霜夜の星のみがかれて　相馬遷子

霜除け　しもよけ

野菜や庭木などを霜の害から守るために藁(わら)などで覆いをすること。〈霜囲(しもがこい)〉〈霜覆(しもおおい)〉ともいう。冬の季語。

霜除の中に蕾(つぼみ)し冬牡丹　鈴木花蓑

❖雪・霜・氷のことわざ・慣用句：霜を履(ふ)んで堅氷(けんぴょう)至る

霜を履む時節のあとには、厚氷の張る厳寒の時季がやってくる。何事も小さな兆しがあってから主たる出来事が起きるように、物事は順を追って動いていくということ。また、小さな災いの兆候があれば、いずれ大きな災難に見舞われるから用心せよという戒めでもある。『易経』坤卦(こんか)の言葉。

霜割れ　しもわれ

極寒の地で冬季、樹木の外側の柔らかい辺(へん)材(ざい)の中の水分が凍って膨張し、樹皮は逆に寒気で収縮するため、幹に裂け目ができること。〈凍裂(とうれつ)〉ともいう。

尺雪　しゃくせつ

一尺（約三〇センチ）余りも積もった大雪。『晋書』陸機(りくき)伝に「大風(たいふう)木を折り、平地尺雪」と。

秋雪　しゅうせつ

立冬前の秋のうちに、北海道や中央アルプスの高山などに降る雪。秋の季語。⇩〈秋の雪〉

秋雪のみじろぎもなき甲斐の山　有泉七種

終雪　しゅうせつ

降りじまいの雪。〈雪の果〉〈名残の雪〉〈終(つい)の雪〉などともいう。春の季語。

終(つい)の雪ひとひら亀にのりにけり　宇佐美魚目

秋霜　しゅうそう

霜はふつう冬の景物だが、まだ晩秋のうちに下りた霜をいう。「秋霜烈日」といえば、刑罰またはある人の人格などが秋の霜・夏の烈しい日射しのように仮借がないこと。「秋霜」は秋の季語。

秋霜の降らんばかりの衾（しとね）かな　原石鼎

宿雪　しゅくせつ

消え残っている雪。〈残雪〉。

樹氷　じゅひょう

氷点下の冬山などで、過冷却になった霧粒や大気中の水分が木の枝や地物に付着して白く凍ったもの。枝などをおおった〈霧氷〉が風上に向かって羽毛状に伸びて行く。しかし有名な蔵王の「樹氷」は、主に木の枝に積もった雪が凍りついたもので、本来の「樹氷」とはでき方が異なる。雲仙地方では「花ぼろ」、長野県地方では「木花」などともいう。冬の季語。⇩〈霧氷〉

樹氷咲く一樹の北に白馬岳　堀口星眠
（枝に霧氷がついた樹氷）

樹々氷り立ち向ふ人の如くなる　吉川春藻
（枝の雪が凍った蔵王の樹氷）

シュプール　Spur

スキーが滑走したあとの雪の上に残る滑り跡。「スキー痕（あと）」ともいう。冬の季語。

雪渓に日の出の紅きスキー痕　山田孝子

春霰　しゅんさん

春の積乱雲から降ってくる氷あられ。小粒で固く物を打つと意外に大きな音がする、と飯田龍太は言う（『日本大歳時記』）。「春（はる）霰（あられ）」ともいう。春の季語。

浮御堂（うきみどう）鳴らし春霰湖（うみ）へ去る　甲斐虎童

春水　しゅんすい

春になり雪や氷が解けだして流れる水。中国・六朝時代、東晋の詩人陶淵明の「四時」に「春水四沢（したく）に満ち　夏雲奇峰多し　秋月明輝を揚（かか）げ　冬嶺孤松（こしょう）秀づ」、春の雪解け水は何処（いずこ）の沢にも満々と水をたたえ、夏の雲は雄渾に聳える入道雲が多い。秋の月は皓皓と輝いて中天高く懸り、冬の山巓(さんてん)には一本松が高々と緑鮮やか、と。「春の水」ともいう。春の季語。

春水に浮くものの影花の形　右城暮石

春雪　しゅんせつ

関東地方などでは春先、太平洋岸を低気圧が通過するときに雪の降ることが多い。〈春の雪〉。春の季語。

春雪のあとの夕日を豆腐売　大串章

春霜　しゅんそう

早春の霜。立春は過ぎたがまだ冬型の気圧配置の夜、放射冷却で冷えこんだ晴天から下りた〈春の霜〉。「はるしも」ともいう。春の季語。

春霜や袋かむれる葱坊主　松本たかし

春泥　しゅんでい

雪や霜が解けてできる春のぬかるみ。〈春の泥〉ともいう。春の季語。

春泥や一学童の松葉杖　河野静雲

小雪　しょうせつ

二十四節気(にじゅうしせっき)の一つで、立冬から十五日後、現行暦の十一月二十二、三日ごろをいう。平地ではまだ雪が降る時季ではないが、徐々に北風が強くなる。「小雪」はさらに「虹かくれてみえず」「樹葉みな落つ（朔風(さくふう)葉を払う）」「橘(たちばな)はじめて黄なり」の三候に分けられる。冬の季語。

小雪や実の紅(くれない)の葉におよび　鷹羽狩行

消雪パイプ　しょうせつパイプ

「消雪」は雪を溶かし消すこと。雪国では道路上にパイプを敷設(ふせつ)して地下水を流し、ノズルから水を噴出させて雪を溶かす。

雪やんで消雪パイプ虹生めり　小松沙陀夫

丈余の雪　じょうよのゆき

一丈つまり約三メートルを超えるほど積も

った大雪。

　道一縷丈余の雪の壁底に　木ノ下木鶏

処女雪　しょじょゆき

降ったままでまだ誰も足を踏み入れていない新雪。

除雪　じょせつ

家回りや道路の積雪を取り除くこと。〈雪掻き〉と同じだが、「除雪車」が登場するような大がかりな感じがある。冬の季語。

　除雪車の雪噴き落す千曲川　高森青雨

絮雪　じょせつ

雪が舞うように飛散する柳の花のことをいう。「絮」は綿のこと。春に飛ぶ綿毛をもった柳の種を「柳絮」という。

白瀬氷河　しらせひょうが

南極大陸の昭和基地の南一〇〇キロメートルほどのところにある日本隊が発見した氷河。明治時代末に南極を探検した陸軍軍人

⊙工場雪

北海道などの寒冷地の工場地帯では、市内は晴れているのに工場周辺だけに雪がちらつくことがある。旭川地方気象台ではこの現象を「工場雪」と名づけている。旭川の「工場雪」は、旧国策パルプ旭川工場から排出された煤煙と蒸気から雪片と雪の結晶が生成されて降る、自然雪と「人工雪」との中間物だったという。

「工場雪」ができるメカニズムはこうだ。旭川のある上川盆地特有の無風状況下で放射冷却が起きると、上空の気温が高く地上が強く冷えこむ「接地逆転」が発生する。すると工場の煙突と排気口からの排出物や水蒸気が低温下で作用して雪の結晶が生成される、と考えられている（日本雪氷学会「雪氷」vol.32)。

俳句作者たちはこの人工雪をも面白く感じ、

白瀬矗の名にちなんで命名された。

白雪　しらゆき

白い雪の美称。『古今集』巻一に「**春立てば花とや見らむ白雪のかかれる枝に鶯の鳴く**」、立春になったので梅の木の枝に積もった雪を花と勘ちがいしているのか、鶯が来て鳴いている、と。また後世、源義経の愛妾静御前は、源頼朝の追及を逃れて逃避行をつづける途中、吉野山で義経と別れた。囚われ人となって鎌倉に連行され、厳しい詮議を受けたあと頼朝の前で舞を舞うよう強いられた。鶴岡八幡宮の舞殿で心ならずも舞う静の口ずさんだ歌謡は『新古今集』の古歌の変奏で、「**吉野山峯の白雪ふみわけて入りにし人の跡ぞ恋しき**」、義経を慕う真率な恋心だった。冬の季語。

白い物　しろいもの

白雪をまとひて越の泣羅漢　赤岡東女

雪を婉曲にいう。「白い物が降って来た」などと。

白田　しろた

一面を雪でおおわれた白い冬の田。

師走八日吹　しわすようかぶき

旧暦の十二月八日に雪をともなって吹く強風。東北地方や山陰地方では、師走八日は事納めや針供養の日に当たり、必ず〈吹雪〉になると言い伝えた。冬の季語。

人工雪　じんこうゆき

雲の中に沃化銀やドライアイスなどを撒き、雲粒を雪の結晶に変えるなどして人為的に降らせる雪。「人工降雪」ともいう。一九八八年二月、カナダで開催されたカルガリー・オリンピックでは、雪の結晶核にバク

早速冬の季語として取り上げている。

大雪山の晴れわたる日の工場雪　赤岡東女

テリアを用いて結晶の大きさを操作した結果、選手たちから「天然の雪より滑りやすい」と称賛されるほどの「人工雪」を作りだした。自然の雪が十分ある中で「人工雪」に踏み切った理由は、この時季ロッキー山脈には一夜のうちに雪を解かしてしまう「シヌック」という「雪食い＝スノーイーター」の異名をもつ「フェーン」のような風が吹く恐れがあったからだった。この人工雪を降らせるスノーガンの製造には当時の金額で五億五〇〇〇万円かかり、このためカルガリー・オリンピックはハイテク・オリンピックと呼ばれた（『日本の空をみつめて』）。

深々　しんしん

雪が音もなく降り積もっていくさまを表現する言葉。また、静かに夜が更けたり、寒気が深く身に染み入ったりすることにもいう。「沈々」とも書く。

しんしんと雪降る空に鳶の笛　川端茅舎

新雪　しんせつ

新しく降り積もった雪。顔を近づけて見ると、まだ六角形の結晶の形をとどめている。冬の季語。

新雪を掘れば雪穴青く澄む　関谷昌子

深雪　しんせつ

深く降り積もった雪。『梅花無尽蔵注釈・別巻』の「釣雪斎の詩並びに叙」に「其の積むや尺に過ぎて、丈を越ゆる者は、深雪と云ふ」と。「丈」は、周尺で約一・七メートル。また「尺」の十倍とすれば約三メートル。〈深雪（みゆき）〉ともいう。

瑞雪　ずいせつ

豊年の吉兆となる雪。

スキー　ski

ノルウェーが発祥の地とされる冬の代表的

なスポーツ。足が雪にめり込まないよう靴の下に履く板樏（いたかんじき）から発達した。時雨音羽作詞の唱歌「スキー」に「山は白銀（しろがね）　朝日を浴びて／滑るスキーの　風切る速さ」。伊藤整「雪の記憶」には「こんな山奥で、こんな雪の中でもしスキイが完全に役に立たない様に折れたとしたならば、それは夏期の登山家が深山で脚を折った場合と同じか、あるいはそれ以上だ」（『自伝的スケッチ他』）とある。冬の季語。

　スキー穿（は）く旗風天に鳴りやまず　中島斌雄

隙間雪　すきまゆき

閉めたはずの戸口や窓の隙間からいつの間にか吹きこんでいる雪。雪氷学者で文筆家としても知られた中谷宇吉郎は、普通の〈粉雪〉とは違ううどん粉のような平板状の結晶をした粉雪について書いている。「部屋の中でストーヴに暖（あたた）まって話をしているうちに、ふと立って廊下に出てみると、何処から吹き込んだかわからぬように一面に真っ白に、水晶の粉のような雪がまかれる。かなり建てつけがよくなっていると思われるような硝子戸の隙からも、この種の粉雪は平気で舞い込むのである」（『雪雑記』）と。

スケート　skate

鋼鉄製の刃（エッジ）のついた靴を履き氷上を滑るスポーツ。スピードスケート・フィギュアスケート・アイスホッケーの三種がある。冬の季語。

　スケートの少女独楽（こま）なす円舞曲　西山青皇

捨雪　すてゆき

雪下しや除雪によって捨てられる雪。

　捨雪の海に浮く間も無く沈む　長野深郷

スノーチェーン　snow chain

ドライバーが雪道や凍結した路面でのスリ

ップを防ぐためにタイヤに巻く鎖。最近は「スノータイヤ」も普及しているが、積雪量が多くなるとさらに「スノーチェーン」を着用するのが安全。

旧街道スノーチェーンの音過ぎゆく　戸川稲村

スノードロップ　snowdrop

ヨーロッパ・西南アジア原産で球根を秋に植えると早春、純白の楚々とした花をうつむき加減につけるヒガンバナ科の球根植物。直訳すれば「雪の雫」の意で、さながら清純な雪の妖精を思わせる。和名は〈待雪草〉。春の季語。⇩「花のことば」の〈スノードロップ〉

スノーボール　snowball

雪玉。雪の斜面を転がり落ちてくる雪塊。雪庇や樹氷などが割れ落ちてきたものの直撃を受けると非常に危険である。

スノーモンスター

蔵王の〈樹氷〉などがさらに成長して巨大化したものをいう。

擂粉木隠し　すりこぎかくし

旧暦十一月二十三日の「大師講」の夜に降る雪をいう。⇩〈跡隠し雪〉

青女　せいじょ

中国・漢代の思想書『淮南子』に書かれている、霜・雪を降らすという女神。冬の寒い夜、空閨の女が織布の艶を出すために打つ砧の上、あるいは深山に住む隠者の鬢の上に真白な霜を置くという。転じて〈霜〉の別名。

積雪　せきせつ

降って地上に積もった雪。気象観測上は、観測所の周囲の地面が二分の一以上雪で覆われている状態をいう。日本雪氷学会の「積雪分類表」では、〈新雪〉〈しまり雪〉〈ざらめ雪〉に大別され、さらに細かくも分類される。雪質は「かわき雪」「しめり雪」「ぬれ雪」「べたぬれ雪」「みず雪」に分類される。冬の季語。

積雪量　せきせつりょう
地上に積もっている雪の量。積雪は時間がたつと自分の重さで沈むから、降った雪の量を意味する〈降雪量〉とは必ずしも一致しない。⇩〈降雪量〉

雪意　せつい
雪が降りだしそうな気配。〈雪気（ゆきげ）〉〈雪催い〉「雪気（せつき）」も同意。冬の季語。

雪華　せっか
雪を花に見立てた語。「雪花」とも書き、雪のように白い花のこともいう。冬の季語。
⇩〈雪の花〉

雪塊　せっかい
雪のかたまり。
　雪塊を積み鎮魂のケルンとす　細川朝子

雪害　せつがい
大量の降雪が人の生活にもたらす災害。農作物や果樹の折損、家屋の倒壊、交通の途絶、雪崩による被害などさまざまある。

雪肌　せっき
色が白く雪のように美しい肌。〈雪膚（せっぷ）〉ともいう。北宋の蘇軾「再び楊公済（ようこうせい）の梅花十絶を和す」〔七〕に「鉛華を洗ひ尽くして雪肌を見る、真色を将（も）て生枝を闘はさむと要す」、粉飾を洗い落として雪のような素肌を見る、その生枝の真の色で競うことが必要だ、と。「鉛華」は白粉（おしろい）。

雪景　せっけい
雪景色。雪のある風景。広重の「東海道五十三次（保永堂版）」のうち「雪景」は、十五「蒲原　夜の雪」と四十六「亀山　雪晴」の二場面。

雪渓　せっけい

冬の間に降り積もった雪が、高山の岩間や窪地に夏になっても解けずに残っているもの。その爽快な白さが夏山の登山者の目を楽しませる。雪渓の表面は指で触れると雪の再結晶が進んでいてかなり固い。北アルプスの白馬岳、山形県の月山などの雪渓が有名。夏の季語。

落石音夜の雪渓に吸はれたり　岡田貞峰

雪原　せつげん

雪でおおわれた広い野。また極地や高山地帯で、積もった雪が夏でも解けずに残っている広い平坦な土地。「雪の原」「雪田」ともいう。冬の季語。

没日(いりひ)の後雪原海の色をなす　有働亨

雪後　せつご

雪が降りやんだあと。中国・宋の詩人林逋(りんぽ)の詩「梅花」に「**雪後の園林纔(わずか)に半樹、水**

⦿雪月花①

自然の美しさを象徴するものとして、冬の雪・秋の月・春の桜を数えあげた言葉。わが国では「月雪花(つきゆきはな)」というが、中国では「雪月花」の順に並べる。夏の景物がないが、夏の自然の代表は何だろう。「風」か「海」か「空」か？『枕草子』一八二に白楽天の「**殷協律(いんきょうりつ)に寄す**」にまつわる話が出ている。平安時代には『白氏文集』がよく読まれ「**五歳優游(ゆうゆう)して同じく日を過ごし、一朝消散して浮雲に似たり。琴詩酒の伴は皆我を抛(なげう)ち、雪月花の時最も君を憶ふ**」、君とは五年間ゆったりと一緒に過ごしたが、あるとき浮雲のように別れた。弦楽や詩や酒を共にした友が皆去って行った今、雪月花のよき折にはとりわけ君のことを思い出す、との詩句は宮廷人の必須の教養だった。ある雪がやみ月が明るく顔を見せた夜、村

辺の籬落忽ち横枝」、雪が降りやんだ梅林はまだやっと五分咲き、水辺の籬から早くも横枝が伸びて、と。「雪後の天」といえば、雪の降りやんだ翌日の深雪晴のこと。

さえざえと雪後の天の怒濤かな　加藤楸邨

雪姑　せっこ

鳴くと雪が降ると言われる鶺鴒の異名。

雪行　せっこう

深雪の中をラッセルして進むこと。

雪濠　せつごう

雪が吹きだまって濠のようになった冬山の窪地。

雪山　せつざん

雪が白く積もっている山。また一年中雪が消えない高山。「せっせん」ともいう。『後漢書』班超伝の注に「**西域に白山有り**。**通歳雪有り**。**亦雪山と名づく**」、中国の西方に白い山がある。一年中雪が消えないので、

上天皇は器に梅花を生けさせ「雪月花」の三つを設えた上で「**これに歌よめ**。**いかがいふべき**」と女房の兵衛の蔵人に問いかけた。すると蔵人は、歌を詠まずにただ「**雪月花の時**」とだけ言上したところ、その素っ気ない答えがかえって御感にあずかったという。この話を引いた上で山本健吉は、蔵人の短答は背後に「**最も君を憶ふ**」つまり誰よりも君をお慕い申しておりますという、歌詠以上の心のこもった答えだったからだ、と解説している（『基本季語五〇〇選』）。

名づけて雪山という、と。

雪上車　せつじょうしゃ

積雪や氷の上を移動しやすいようにキャタピラを付けた乗用あるいは牽引用の自動車。人や貨物の運搬、また雪中での作業に使用される。冬の季語。

❖雪・霜・氷のことわざ・慣用句：雪上霜を加う
①降雪の上に霜まで加わる、ということは、不運の上にさらに災難が重なること。中国・北宋の禅の教学書『景徳伝燈録』八にある言葉で、「雪上加霜(せつじょうかそう)」ともいう。②白い雪の上に白い霜を加えるとは、無意味なお節介をすること。中国・宋の臨済の仏書『碧巌録』にある言葉。道元は、自分すらまだ真に悟達していないのに衆生を発心させようなどとは「雪上加霜」のお節介ではないかと以前は思ったこともあったが、自分が仏になろうと努力するばかりでなく、衆生を発心に導くことは単なるお節介ではなく大事なことだ、と思い直す。一方、仏道を悟った者がさらに法を学んで仏果を積み、その上で改めて菩提心を発する「雪上加霜」は、より堅固な信仰に達する「本証

雪上車傾く車中にて怺(こら)ふ　橋本美代子

雪色　せっしょく

①雪の白い色。中国・盛唐の杜甫の詩「臘(ろう)日(じつ)」に「今年臘日凍(こおり)全く消ゆ　雪色を侵陵するは還(ま)た萱草(けんそう)」、今年の年送りの臘日(大晦日)は例年になく氷が完全に解けた。雪の白さを追いやったのは芽吹いた忘れ草の緑だ、と。②雪景色をいう。雪景。

雪線　せっせん

高山などで年間を通して積雪が溶けずに残っている最低地域を示す線。日本の中部山岳地帯ではおよそ海抜二七〇〇メートルといわれ、赤道付近では海抜五〇〇〇メートルといわれる。

雪像　せつぞう

雪で人物・鳥獣から巨大な建造物、また物語の名場面などを造形したもの。毎年二月に札幌大通公園で開催される「さっぽろ雪

妙修」の行いでもあるとされる（『正法眼蔵』発菩提心）。

❖雪・霜・氷のことわざ・慣用句：雪辱
報復して汚名を晴らすこと。「雪」は「すすぐ」で、辱(はじ)をきれいに消し去る。以前に受けた恥や敗戦の名誉回復をする。〈雪恥〉も同じ。

まつり」の雪像が有名。

時計台の針は顫(ふる)はず雪の像　新田汀花

雪恥　せっち
恥を雪(すす)いで晴らすこと。「雪辱」に同じ。中国・唐の太宗が辺境の諸民族を平定して唐王朝を樹立したときの詩に「**恥を雪ぎて百王に酬い、兇を除きて千古に報ず**」、屈辱を除いて歴代の王たちの恨みをはらし、凶賊を平らげて古来の人々に報恩することができた、と。

雪中　せっちゅう
雪が降っている最中、また雪が積もっている中で、の意。鈴木牧之『北越雪譜』に、新潟県名産の「越後縮(ちぢみ)」は「**雪中に糸となし、雪中に織り、雪水に洒(そそ)ぎ、雪上に曬(さら)す。雪ありて縮(ちぢみ)あり、されば越後縮は雪と人と気力相半(あいなかば)して名産の名あり。魚沼郡の雪は縮の親といふべし**」と記されている。

雪中花　せっちゅうか
冬から早春にかけて、寒さに強く雪の中でも咲く〈水仙〉の別名。室町時代の漢字・漢語の辞書『下学集』草木門の「水仙華」の項に「**日本の俗名(なづ)けて雪中華と曰ふ也**」と。

雪堤　せってい
豪雪地帯で冬、崩れ落ちてきた雪で線路が埋まるのを防ぐため、雪のブロックで造る防護堤。

雪泥　せつでい

雪が解けたぬかるみ。〈雪泥(ゆきどろ)〉。

雪天　せってん

雪が降りだしそうな空模様。雪空。冬の季語。

雪天に峡の残照短かかる　宇野犂子

雪田　せつでん

高山などで夏でも雪が消え残っている平らな雪渓。冬の季語。

雪田にひかりと影の岩つばめ　田島桐影

雪洞　せつどう

①雪山登山で野営しなければならなくなったとき、雪を掘って造る横穴。②「せっとう」と読むと、茶の湯をわかす風炉の覆いのこと。また「ぼんぼり」。

雪白　せっぱく

雪のように真白なこと。徳冨蘆花

⊙雪中の狩人

ブリューゲルの名画「雪中の狩人」について作家の中野孝次が書をものしている。一面深い雪に埋もれた冬の厳しい自然の中、着ぶくれた子供たちが遊び、人びとは背をまるくして道を急ぐ。しんと寒気に静まりかえった自然の中で繰りひろげられている生の営みの現場へ、いま三人の屈強の猟師が貧しい獲物を背に、疲れ切った犬とともに帰ってくる。「猟師はいま深い雪のなかの空しい労働を終え、ようやく村を俯瞰するこの丘まで辿りついた。…くろぐろと直立する裸の木々が、この一団を囲み、まるで世界から孤立したように自分の力だけで歩む姿を強調する」。絵は、これこそが人間の生だと語りかけているように見える。いま自然は雪と氷と寒気によって、人間にはかりしれぬ魔力の面を示し、生の惨苦に

❖**雪・霜・氷のことわざ・慣用句：雪中四友**
南画家などが冬の景を描く画題としてよく用いる玉梅・臘梅（ろうばい）・山茶（椿）・水仙の四つをいう。

❖**雪・霜・氷のことわざ・慣用句：雪中の松柏**
節操や志の一貫した信念の人を、枝葉を雪に覆われながらも緑の色を失わない松や柏にたとえた。

❖**雪・霜・氷のことわざ・慣用句：雪中の筍（たかんな）**
深い孝心があれば天に届くことのたとえ。「筍（たかんな）」は「たけのこ」。中国・三国時代の呉の孝子孟宗が冬のさなか竹林に入って母親に好物の筍を食べさせたいと熱願したところ天に届いて、寒中にはあり得ないはずの筍を見つけることができたという『呉志』孫皓伝の故事によるとされる。「雪の筍」ともいう。

耐えることを教える。作家はそう述べた上で、後に「私がその絵から受けた感動は、一言でいえば、われわれが忘れている自然のさなかの生というものであったと思う」と記している（『ブリューゲルへの旅』『うちなる山々』）。

『不如帰（ほととぎす）』の最終盤、女主人公浪子は臨終の床にある。「**去年の夏に新たに建てられし離家（はなれ）の八畳には…大いなる寝台（ねだい）一つ据えられたり。その雪白なる敷巾（シーツ）の上に、目を閉じて、浪子は横たわりぬ**」と。いっぽう、行いが潔白なことをいう。

雪庇　せっぴ
冬山の急斜面の風下側に庇（ひさし）のように伸びた雪の出っ張り。震動や気温の上昇で崩れ落ちると雪崩を引き起こす。冬の季語。

雪庇いま落下のまへの反り保つ　薗田踏子

❖雪・霜・氷のことわざ・慣用句：雪泥の鴻爪(こうそう)

渡り鳥の鴻(ひしくい)（雁の一種）は、帰るときにまた次に来るときの目印になるよう雪の上に爪痕を残して行くというが、実際には来るころには雪が解けてしまうから爪痕など跡形もない。北宋の文人蘇軾の「子由の澠池(めんち)に旧を懐(おも)ふに和す」に「**人生到る処知(し)んぬ何にか似たる　応(まさ)に飛鴻(ひこう)の雪泥を踏むに似たるべし　泥上偶然として指爪(しそう)を留む　鴻飛んで那(なん)ぞ復(また)東西を計らん**」、人の一生とはどんなものかといえば、まさにヒシクイが雪解けのぬかるみの上を歩いたようなものだ。地面にたまたま爪の痕がついても、すぐ消えてしまって西も東も定かではなくなる。人の営みも時がたてば歴史のぬかるみの中に跡形もなく呑み込まれてしまう儚(はかな)いものだ、と。

雪眉　せつび

老人などの雪のように白い眉。

雪氷　せっぴょう

雪と氷。氷雪。

雪膚　せっぷ

雪のように白く美しい肌。〈雪肌(せっき)〉に同じ。中国・中唐の白居易「長恨歌」に「**中に一人あり字(あざな)は太真。雪膚花貌参差(せっぷかぼうしんし)として是(これ)なり**」、安史の乱のさなかに落命した楊貴妃を忘じがたい玄宗皇帝が、幻術を使う道士にその幽魂を尋ねさせると、はるかな海上に仙人の住む山があり、その楼閣にはたくさんの仙女がいた。中にひとり太真という名の仙女がおり、雪のような白い膚と花のように美しい顔(かんばせ)は、まさしく楊貴妃そっくりだった、と。

雪片　せっぺん

降ってくる雪のひとひら。雲の中の水蒸気

が冷えて凝結した雪の結晶が、くっついて大きくなって降ってきたもの。冬の季語。

雪片と耶蘇名ルカとを身に着けし　平畑静塔

雪峰　せっぽう

雪が積もっている山の峰。中国・中唐の杜甫「暮れに四安寺の鐘楼に登りて裴十迪に寄す」に「**暮れに高楼に倚りて雪峰に対す、僧来たりて語らず自ら鐘を鳴らす**」、日の暮に高殿にもたれて雪の峰を遠望していると、坊さんがやってきて黙って自分で鐘をついた、と。

雪面　せつめん

①雪のように白い顔。中国・唐の政治家楊炎の詩「元載の歌妓に贈る」に「**雪面淡眉天上の女**」、雪のように白い顔と淡々とした眉はまさしくこの世ならぬ天女だ、と。
②積もった雪の表面。

雪盲　せつもう

雪面からの反射光や紫外線によって目の角膜や結膜が炎症を起こし、見えなくなること。〈雪眼〉。

雪夜　せつや

雪の降っている夜。樋口一葉『別れ霜』に「**皚々たる雪夜の景に異りはなけれど大通りはさすがに人足足えず雪に照り合ふ瓦斯燈の光り皓々として**」と。

雪余　せつよ

雪の降ったあと。〈雪後〉。

雪裏　せつり

雪が降っているさなか。中国・中唐の詩人杜甫の「草堂即事」は、成都の浣花渓の草堂から見える景色を「**雪裏に江船渡り、風前に竹径斜めなり**」、雪の降る中を川船が渡って行き、風に揺れる竹林の中を小道が斜めにつづいている、と描写している。

雪稜　せつりょう

「稜線」といえば山の峰と峰とを結ぶ尾根のことだから、「雪稜」は雪に覆われた山の尾根筋のこと。

雪稜の日影が移り無人駅　黒部祐子

雪林　せつりん

雪が降り積もり、木々の梢が雪を戴いている林。

雪林に動くものなし朝日さす　岡田日郎

雪嶺　せつれい

遠く山頂に雪を戴いて白く気高く聳（そび）える峰々。中唐の詩人盧綸（ろりん）の「従軍行」に「雪嶺人跡無し」と。冬の季語。

白さもて魅惑す朝の雪嶺は　相馬遷子

蟬氷　せみごおり

蟬の翅（はね）のように薄く張った氷。歳時記に「冬の季語」として載せられており、山本健吉の『基本季語五〇〇選』は「薄い氷は蟬の羽根のようだから蟬氷とも」言う、と特筆しているが、例句は少ない。

掬ふ手を逸れ蟬氷失せにけり　田村園子

洗雪　せんせつ

恥や汚名を洗い雪（すす）ぐこと。「雪辱」。

全層雪崩　ぜんそうなだれ

冬山の積雪が雨や気温の上昇によって地面の方から解けはじめると、雪と土との間に雪解け水が発生し、ついには積雪全体が一気に斜面を崩れ落ちる。そのような雪崩を「全層雪崩」といい、すさまじい轟音とともに樹木や岩石を巻き込んで崩落して甚大な被害を引き起こす。〈底雪崩〉ともいう。

霜害　そうがい

厳しい寒気によって下りた霜により、作物や庭木が損なわれること。「八十八夜の別れ霜」という言葉はよく知られているが、五月の初旬ごろでも大陸から高気圧が張り出してくると、夜間の放射冷却で〈晩霜〉が下り、茶や桑などの新芽や新葉に「霜害」を与えるから、生産者は防護策を講じる。春の季語。

　霜害を防ぐ手だての火を焚きて　河野美奇

霜雪　そうせつ

①霜と雪。転じて、白髪や白い髭(ひげ)などのたとえ。『おくのほそ道』平泉に「光堂(ひかりどう)は三代の棺を納め、三尊の仏を安置す。七宝散り失せて、珠の扉(とぼそ)風に破れ、金(こがね)の柱霜雪に朽ちて」と。②志操が潔白で厳格なこと。

霜旦　そうたん

霜が下りた寒気の厳しい早朝。

　霜旦の鶏鳴悲鳴にも似たり　宮津昭彦

霜野　そうや

霜が下りた野原。霜枯れた野。

底雪崩　そこなだれ

春になって山の積雪が底の方から緩み、ついに積雪全体が一気に斜面を崩れ落ちる現象。〈全層雪崩〉。一方、固い根雪の上に新しく積もった粉雪が、強風に吹かれて滑り落ちるのは〈風雪崩〉。春の季語。

素雪　そせつ

「素」は白だから、白い雪のこと。〈玄冬素雪〉などと対句にして用いる。

空知らぬ雪　そらしらぬゆき

「空の知らない雪」すなわち空には降らした覚えのない雪とは、風に吹かれて雪のように舞い落ちる桜の白い花びらのこと。一種の修辞であり、洒落である。平安時代の『貫之集』第九に「空しらぬ雪かと人のいふときく桜の冬は風にざりける」、花びらのことを空の知らない雪だと人が言っているのを聞くと、桜にとっての冬は風なのだなぁ、と。

橇　そり
雪深い北国で人や荷物を乗せて運ぶ運搬具。材木などを運ぶ馬橇、南極探検で知られた犬橇などがある。冬の季語。

青炎の星空に澄む橇の鈴　沢　聡

た行

大雪　たいせつ
①二十四節気の一つで、立冬より三十日後の、現行暦で十二月七、八日ごろをいう。日本列島の西南部でも霜が下り始め、やがて初雪の季節となる。②〈大雪(おおゆき)〉の音読み。冬の季語。

頽雪　たいせつ
崩れ落ちる雪。〈雪崩〉。

ダイヤモンドダスト　diamond dust
冬の寒冷地や高山などで、大気中の微粒子を核にしてできた微細な氷の結晶が、日射しを受けてキラキラ輝きながら空中を浮遊するように降る現象。「簡単にいえば霧の凍ったもの」だと中谷宇吉郎は言っている（『雪』）。晴れていても天候としては雪に分類され、日光が一方から射す早朝の川辺などでよく見える。〈細氷〉〈氷晶〉〈氷霧〉なども同様。

滝凍る　たきこおる

厳冬の時季は水量が少なくなっていることもあって滝が凍ることがある。氷結した「華厳の滝」などは凄絶な美しさを醸す。〈凍滝〉〈滝氷柱〉ともいう。冬の季語。

　岩々のまとふ青さに滝凍る　木村蕪城

滝氷柱　たきつらら

最厳寒期、水量の少なくなった山川の滝がつらら状に凍結すること。

　水神を封じて大き滝氷柱　永井芙美

嶽回り　たけまわり

新潟県地方などで初冬、高い山々に降雪の白い痕跡が点々としるされて行くこと。『北越雪譜』の「雪意」の項に、越後では九月の末になると「天気朦朧たる事数日にして遠近の高山に白を点じて雪を観せしむ。これを里言に嶽廻といふ」と。川端康成『雪国』にも「この国では木の葉が落ちて風が冷たくなるころ、寒々と曇り日が続く。雪催いである。遠近の高い山が白くなる。これを岳廻りという」と描かれている。

棚氷　たなごおり

南極大陸やグリーンランドなどで、陸地をおおった厚い氷が海に棚状に張り出して浮いているもの。厚さは二〇〇〜一〇〇〇メートルに達する。先端部が割れて海へ流れ出すと、テーブル状氷山になる。「氷棚」ともいう。

種蒔きおっこ　たねまきおっこ

「おっこ」は翁ないしおじさんで「種蒔き翁」。苗代に籾を蒔く時季になったことを知らせる「翁」の形の残雪模様をいう。春先の山腹に現れる山肌と残雪が描き出す模様を〈雪形〉といい、麓の農家では人や動物に見立てて農作業の時期を知らせる目安としてきた。

太平雪　たびらゆき
雪片の大きな春の淡雪。〈牡丹雪〉〈綿雪〉も同様。去来・凡兆共編の『猿蓑』に「**鶯の音に太平雪降る　凡兆**」。

玉霰　たまあられ
霰の美称。また大粒の立派な霰。冬の季語。
玉霰生簀（いけす）の魚をおどろかす　平田想白

玉の屑　たまのくず
ひらひらと舞う雪片を白玉（はくぎょく）の削りくずのように言いなした雅語。「玉の塵」ともいう。

垂氷　たるひ
雪解け水などが凍りつき垂れ下がっているもの。軒先や木の枝から垂れ下がる小さいものから、滝の水が凍りついた大きいものまである。〈氷柱（つらら）〉の古語。『枕草子』三〇二に「日ごろ降りつる雪の今日はやみて、風などいたう吹きつれば、垂氷いみじうしだり」、何日間も降りつづいた雪が今日は止み、かわって風が強く吹いたので、つららがいっぱい垂れ下がっている、と。冬の季語。
岩風呂の岩の垂氷のけぶりけり　本田一杉

俵雪　たわらゆき
強風が吹きつけて雪の塊を転がしたり積雪の表層をまくり上げたりして、俵のような形になった雪。⇩〈雪捲（まく）り〉

着雪　ちゃくせつ
雪が木の枝などの地上物に付着すること。送電線などに湿った重い雪が着雪すると、しばしば災害の基となる。

着氷　ちゃくひょう

氷点下の寒気の中で、大気中の水蒸気が木の枝などに付着し凍って白くなること。また冬の海で航行し操業する艦船は、海面からの水しぶきを船体に浴びると氷点下の冷気の中でたちまち氷に覆われる。多量に着氷した船は重心が変わり、バランスを崩して沈没の危険に陥る。「著氷」とも書く。

著氷の鱈船救助乞ふ無電　奥山金銀洞

朝霰　ちょうさん

朝方降る霰。

終の雪　ついのゆき

春になってから降る、降りじまいの雪。〈終雪〉〈雪の果〉〈名残雪〉〈忘れ雪〉などともいう。春の季語。

終の雪一ひら亀にのりにけり　宇佐美魚目

月雪花　つきゆきはな

日本の美しい自然と四季を代表する月と雪と花。⇩「月のことば」の〈月雪花〉

月夜の大霜　つきよのおおしも

冬の風が弱い月夜は冷え込みが強くなって霜が多く下りるということ。晴れて風の弱い夜の強い放射冷却による現象。

筒雪　つつゆき

電線などに付着した雪が凍って筒状になったものをいう。重さで電線が切れることもある。

粒雪　つぶゆき

粒々の形をした雪。太宰治『津軽』は「序編」を始める前の冒頭に「津軽の雪　こな雪　つぶ雪　わた雪　みづ雪　かた雪　ざらめ雪　こほり雪」とあり、「『東奥年鑑』より」と注記している。

露霜　つゆじも

①露が晩秋の冷えでなかば霜となったもの。『万葉集』巻十に「**秋萩の枝もとををに露霜置き寒くも時はなりにけるかも**」、秋萩

の枝がたっぷりしなるほど露霜が置いて、寒い時節になったものだなぁ、と。また江戸中期の諸国方言を集めた『物類称呼』に「関西にて、露霜（いまだ霜の形にならざるをいふ）といふを、関東にて、水霜といふ」と。

②露と霜の両方をいう。『古今集』巻四に「萩が花散るらむ小野の露霜に濡れてをゆかむ小夜は更くとも」、萩の花が散りこぼれているだろう秋野の中を露や霜に濡れながらでも行こうと思う、たとえ夜は更けてもね、と。秋の季語。

露霜の籬に猫の捨てられし　巌谷小波

強霜　つよしも

普段にも増しておびただしく下りた霜。〈大霜〉「深霜」などともいう。冬の季語。

強霜や朝あかねして駒の嶮　飯田蛇笏

強霜の富士や力を裾までも　飯田龍太

⦿雪中の合戦

日本史の中で雪中の合戦はいくつもあった。とくに平治の乱のとき、源義朝と平重盛が激突した「待賢門の戦い」は軍書に目覚しく描かれている。平氏の総帥平清盛の御曹司重盛が五百騎の軍勢を駆って待賢門に押し寄せるや、「われは桓武天皇の後裔平清盛が嫡男、左衛門佐重盛生年二十三なるぞ」と名乗りを上げ、待賢門を打ち破って御所の大庭まで攻め入った。これを見た源氏の大将源義朝が「悪源太はおらぬか。待賢門が破られたぞ」と呼ばわる。すると義朝の嫡男悪源太義平は「われこそ清和天皇九代の後胤左馬頭源義朝が嫡子、鎌倉悪源太義平なり。いざいざ見参」と大音声に名乗りを上げる。重盛が新手の五百騎を率いて攻め寄せると、弓を小脇に手挟む義平は重盛に向かって「汝も平家の嫡子なら、

氷柱　つらら

軒先や木の枝から滴る水が次々に凍って棒状に垂れ下がった氷の柱。〈垂氷〉ともいう。『源氏物語』末摘花に「朝日さす軒のたるひは解けながらなどかつらゝのむすぼほるらむ」、常陸宮の忘れ形見の姫君（末摘花）に光源氏は心惹かれるが、姫は恥ずかしがっているばかりでなかなか打ち解けようとしない。そこで源氏が詠みかけた歌「朝日を浴びて軒から下がった氷の柱は解けているのに、あなたの胸のつららが固く結ぼれたままなのはどうしてでしょう」、と。「軒氷柱」のほかに、雄大な〈滝氷柱〉もある。冬の季語。

人の世の往き来映れる氷柱かな　伊藤柏翠

デブリ

フランス語で雪崩の跡に散乱する土砂や樹木まじりの雪塊・氷塊をいう。最近では原子力発電所の原子炉がメルトダウンしたあとの融けた核燃料や格納容器の残骸のことを言ったので知られた。

捜索隊デブリの谷を迂回して　秋山さつき

凍雨　とうう

凍りつくように冷たい冬の雨。氷雨。霙。上空の〇度以上の空気の層で生じた雨滴が、落下する途中で氷点下の空気の層を通過するとき凍って地上に降ってきたもの。

吾は源氏の嫡男。よき敵ござんなれ。組打ちせむ」と叫んで駿馬を攻めかける。時に平治元年（一一五九）十二月二十七日、紫宸殿の前の白雪を蹴立てて、色糸縅も鮮やかな鎧装束に身を固めた源氏と平家の若武者が、抜き身の太刀をはっしと打ち合わせる有様は、さぞや一幅の大和絵を見るがごとき情景であったであろう。

凍雲　とううん

雪催いの冷たく凍りついたような雲。晩唐の詩人方干の「冬日」に「凍雲暮色に愁へ、寒日斜暉（しゃき）澹（あわ）し」、凍ったような雲が夕景の中で愁いをおびて浮かび、寒々とした夕日は斜めから淡く射している、と。「斜暉」は斜めに射す夕日。

凍原　とうげん

北極海の沿岸などに見られる、森林北限と極地の雪氷帯の中間に位置する永久凍土地帯。ツンドラ。夏の一時期だけ地表の凍土が解け、コケ・地衣類・低木などが生育する。

凍湖　とうこ

結氷した湖。〈氷湖〉ともいう。反対に北限にあっても冬に凍結しない湖は「不凍湖」。冬の季語。

月一輪凍湖一輪光りあふ　橋本多佳子

凍港　とうこう

冬に氷で鎖される極北の地の港湾。北海道東部の釧路や厚岸（あっけし）などは厳寒の時季「凍港」となると航行困難になる。逆に高緯度地帯にあっても近くを流れる暖流などの影響で冬でも凍らない港は「不凍港」という。冬の季語。

凍港や天主の鐘の夕告ぐる　堀端蔦花

凍江　とうこう

シベリアやかつての満州（中国東北部）、また北海道の一部など極寒の地では、冬には川が結氷し人や犬が行き来できるようになる。「氷江」「凍河」ともいう。冬の季語。

凍江や渡らんとして人遅々と　高浜年尾

凍上　とうじょう

酷寒の地では冬季、土中の水分が凍って膨張し、鉄道の線路や舗装道路・建物などを押し上げて被害を生じさせる。とくに「凍上」した線路の下には厚い氷の板ができていることがあって、春になり氷が解けると持ち上げられた線路の下に空隙ができて非常に危険な状態になる、と中谷宇吉郎が警告していた（『雪』）。このような現象を「凍上」といい、「凍上り（いてあがり）」「凍上り（しみあがり）」ともいう。

凍上の鉄路保線夫たむろして　佐藤進

胴鳴　どうなり

雪が降る前兆といわれる、山や海が鳴動するような音。

凍裂　とうれつ

寒地の樹木で、極寒期に心材を取り巻く柔らかい辺材（へんざい）の中の水分が凍って膨張し、外側の樹皮は逆に収縮するため、幹に縦に裂け目ができること。音をたてて裂け〈霜割れ〉ともいう。冬の季語。

凍裂の木が凍裂の叫び聴く　北光星

遠雪崩　とおなだれ

早春、遠くの山で雪崩が起きている音。

遠雪崩ひとりの旅寝安からず　藤田湘子

どか雪　どかゆき

いちどきに大量に降り積もる雪。

どか雪を掻きしばらくは腑抜けゐる　大畑善昭

時知らぬ山　ときしらぬやま

季節の推移など知らぬげに、一年中雪を戴いている富士山の異名。『伊勢物語』九段に「**時知らぬ山は富士の嶺いつとてか鹿の子まだらに雪のふるらむ**」、季節に無縁な山である富士山は、今がどんな時季だと思って子鹿の背中のまだら模様のように雪を降らせているのだろう、と。

年の雪　としのゆき

年を経るに従って目立つ白髪を雪にたとえた語。平安後期に成立した勅撰集の『拾遺集』巻四に「**あたらしき春さへ近くなりゆけば降りのみまさる年の雪かな**」、新春になるとまた一つ年を取るがその分、頭の雪も増えて行くばかりだ、と。

富正月　とみしょうがつ

元日あるいは三が日に降る雨または雪をいう。〈御降り（おさがり）〉ともいい、農家では豊作のしるしとして歓迎する。

友待つ雪　ともまつゆき

次の雪が降ってくるのを待っている消え残りの雪が「友待つ雪」で、その上に降ってくる新参の雪を「雪の友」という（『お天気博士の四季暦』）。『源氏物語』若菜上に「白き御衣（おんぞ）どもを着給ひて、花をまさぐり給ひつつ、友待つ雪の、ほのかに残れる上に、うち散りそふ空を、眺め給へり」、光源氏は死期の近づいた朱雀院の願いを入れて正妻の紫の上を差し置き、院の姫の女三宮を六条院に受け入れる。しかし宮はまだ幼くて物足りず、源氏は早々に紫の上のところへ戻ってゆく。当然紫の上のご機嫌は芳しくない。板挟みの源氏は、白い衣服を着て縁先に出、梅の花を手にもてあそびながら、次の雪の降るのを待っている消え残りの雪の上に散りかかる雪の空を所在なげに見上げている、と。

ドラゴンアイ

直訳すれば「竜の目」。岩手県と秋田県にまたがる八幡平（はちまんたい）の山頂付近にある「鏡沼」に雪解けのころにだけ出現する巨大な竜の目玉のような残雪模様のこと。雪解けが進むと山頂付近の残雪の中に碧い鏡沼が姿を現すが、沼の中央にはまだ解けない雪が円く白く残るので、高いところから見下ろすとまるで竜の目玉のように見える。地元ではこの光景を「八幡平ドラゴンアイ」と名づけ、観光の目玉にしようとしている（「朝日新聞」二〇一七年五月二十三日朝刊）。

永遠の雪　とわのゆき

北海道や本州の高山などで見られる、夏になっても解けないで残っている氷雪。〈万年雪〉ともいわれるが、実際にはひと冬の間に形成される雪渓や雪田（せつでん）をいう。

青あらし穂高にひかるとはの雪　加藤岳雄

な行

中谷宇吉郎　なかやうきちろう

雪の結晶を初めて低温実験室内で作ることに成功した物理学者。寺田寅彦に師事し、北海道大学教授を務めた。世界で初めて実験室で雪の結晶を作ったときには、天然雪のように空中に浮遊する雪の結晶核が付着するための細い繊維を探した結果、兎の腹毛が最適なことがわかったという。主著に『雪の結晶の研究』『雪』。

名残の雪　なごりのゆき

春になってから冬の名残のように降る雪。「雪の名残」〈忘れ雪〉ともいう。また春になったのに消え残っている雪のこともいう。

イルカが歌ってヒットしたフォークの名曲「なごり雪」に「なごり雪も　降る時を知り／ふざけすぎた　季節のあとで／今春が来て君は　きれいになった」。春の季語。

再びの名残の雪と思ひけり　高木晴子

> **❖雪・霜・氷のことわざ・慣用句：不匂花（におわずのはな）**
> 匂いのしない花、すなわち雪のこと。「匂」は国字で音がないから「不匂花」と書いて「におわずのはな」と読む。「不香（ふきょう）の花」「匂わぬ花」ともいい、いずれも「雪」のこと。

雪崩　なだれ

山の斜面に積もった雪が崩れ落ちる「雪なだれ」のこと。「雪崩」には、大別して三つのパターンがある。第一に、気温の上昇や雨による融雪または急激で大量の降雪ないし強い震動などによって積雪全体が一気に斜面を滑り落ちる〈全層雪崩〉。樹木や岩石の崩落をともなって大きな被害をもたらし〈底雪崩〉ともいう。次に、凍てついた〈根雪〉の上に積もった新雪が、強風や震動のため上層部分だけずり落ちる〈表層雪崩〉。冬山の遭難事故はこのケースが多い。第三に、凍った積雪の上に降った粉雪が風に吹かれて斜面を滑り落ちる〈風雪崩〉。災害統計によると、雪害による死者の多い第一は雪崩で、第二は積雪荷重による家屋の倒壊だという（『お天気博士の四季暦』）。〈底雪崩〉が起こった凄まじい痕跡を「雪崩跡」、雪崩にともなう轟音・地響きを「雪崩音（おん）」という。春の季語。

青天に音を消したる雪崩かな　京極杞陽

俄雪　にわかゆき

急に降り出したと思ったらすぐにやむ雪。

❖雪・霜・氷のことわざ・慣用句：抜けば玉散る氷の刃
刀の鞘から抜き放った刀身が、研ぎ澄まされていかにも斬れ味鋭いさまの形容。無声映画の時代の時代劇で、活動写真の弁士が斬り合いの描写に用いた常套句。

濡れ雪　ぬれゆき
水分の多い春の雪。春の季語。

濡れ雪の雫伝はる母の墓　尾崎泉艸

涅槃雪　ねはんゆき
お釈迦様が入滅した旧暦二月（現行暦で三月）十五日の涅槃会のころに降る雪。雪の降りじまいとなることが多く、〈雪涅槃〉ともいう。春の季語。⇩〈雪の果〉

雪涅槃となりにける身のほとりかな　岸田稚魚

根開き　ねびらき
積雪地帯の山林などで早春、強くなった日射しが木の幹を暖め、あるいは根が活発に水を吸い上げるようになった結果、幹の温度が上がりその熱で木の根の周辺の雪が円く解ける現象。俳句では〈木の根明く〉「根明け」などともいう。

根雪　ねゆき
降り積もったまま解けず、その上に新しい雪が何度も降り重なり、氷のように堅く凍って春まで残っている雪。一般に年内に降った雪はいったん解けて消え、新年になってから降った雪が積もって「根雪」となることが多いという。冬の季語。

ふるさとに東歌あり根雪ふむ　軽部烏頭子

根雪解く　ねゆきとく
本格的な春の訪れで〈根雪〉が解けだすこと。

根雪解け水車の水に加はりぬ　宮崎氷滴

残雪の嶺のひとつが屹立す　杉良介

軒氷柱　のきつらら

屋根や庇（ひさし）に積もった雪が昼間解け、滴（したた）っていた雫が夜間の冷え込みで再び凍り、軒から氷柱となってぶら下がっているもの。

陋屋の華やかなりし軒氷柱　伊藤宇太子

軒雪崩　のきなだれ

軒に積もっていた雪が気温の上昇で解け、ドシンと雪崩（なだ）れ落ちたもの。⇩〈屋根雪崩〉

軒雪崩湯治の宿の午報とも　星田白径

残る雪　のこるゆき

春になっても消え残っている雪。「のこんの雪」ともいう。〈残雪〉と同じだが、あえて言えば〈残る雪〉は庭の隅や樹陰、畦などに消え残っている雪で、「残雪」は遠望する山の頂などに残っている雪の含意がある。春の季語。

残る雪鴉（からす）の乗りて越後の田　宮津昭彦

は行

バージンスノー　virgin snow

〈処女雪〉。

排雪　はいせつ

雪を取り除くこと。雪掻き、除雪。

❖**雪・霜・氷のことわざ・慣用句：白扇（はくせん）倒（さかしま）にかかる**

白い扇が逆さまになっている、とは雪を戴いて聳（そび）える冬の富士山の形容。徳川家康の家臣で江戸時代初期の漢詩人石川丈山の詩「富士山」の「**白扇倒（さかしま）に懸る東海の天**」に基づく表現。

パウダースノー　powder snow

〈粉雪〉のこと。

白皚皚　はくがいがい

〈皚皚〉だけで雪や霜が一面に白く拡がっている光景の形容だが、頭に「白」をつけて語形を整え強調した。

白銀　はくぎん

降り積もった雪を修飾することばの一つ。「白銀の世界」。

白雪　はくせつ

しらゆき。登山家で随筆家の村井米子の「雪の尾瀬の静けさ」に「**眺めて優美な白芙蓉、富士の高嶺の白雪も、また、その氷雪の冬に攀（よ）じ登ってみれば、たわやかに、人を寄せつけぬ厳しさであった**」（『山恋いの記』）と。

薄雪　はくせつ

うっすらと降った〈薄雪（うすゆき）〉の音読み。

❖雪・霜・氷のことわざ・慣用句：薄氷を踏む

「薄氷」は薄く張った氷。「薄氷を踏む」で非常に危険な状況にあることのたとえ。『詩経』小雅に「戦々兢々として、深淵に臨むが如く、薄氷を踏むが如し」と。

白魔　はくま

雪が人の暮らしに災いをもたらす側面をいう言葉。雪は美しくめでたいばかりでなく、限度を過ぎれば都市の交通を遮断し、雪国の生活に大きな脅威をもたらす。

蓮氷　はすごおり

流氷が海上や川を漂ううちにぶつかり合ってくっつき、縁取りができて蓮の葉の形のようになったものをいう。「蓮葉氷」。

蓮氷運河に青く来る忌日　酒井とみ子

はだれ霜　はだれじも

「はだれ」は、まばら・まだらの意。まだら模様に置いた霜。冬の季語。

竹もなき藪の垣根のはだれ霜　鈴木道彦

⊙**温暖型雪国と寒冷型雪国**

倉嶋厚『お天気博士の四季だより』には、多雪地帯といわれる北陸地方の一月の月平均気温は、金沢二・九度、福井二・五度というデータが紹介されていて、北陸地方は意外に暖かい「温暖型雪国」とされている。温暖型雪国の雪は、雨との境目の気温で降り、〈牡丹雪〉となることが多い。これに対して東北地方の北部や北海道は、一月の月平均気温は氷点下の「寒冷型雪国」であって、雪が降りだすと〈粉雪〉となることが多いという

斑雪　はだれゆき

春先、うっすらと積もって地面にまだら模

様を描く春の雪。ただ「はだれ」ともいい「はだら雪」ともいう。雪がまだらに消え残っている野山を「斑雪山（はだれやま）」「斑雪野（はだれの）」などという。鎌倉末期に成立した『夫木抄』巻十八に「はだれ雪あだにもあらで消えぬめりよにふることやものうかるらむ」、うっすら積もった春の雪ははかないと思う間もなく消えてしまったようだ。この世にありつづけることすら気が進まなかったのだろう、と。春の季語。

深夜訪へど終に会へざりはだれ雪　松崎鉄之介

斑雪野（はだれの）の月夜を水の流れくる　飯田龍太

初霰　はつあられ

その年初めての霰。冬の季語。

初霰めざめの子らを待たで消ゆ　相生垣瓜人

初冠雪　はつかんせつ

倉嶋厚は「初冠雪とは、里から見上げる山の頂が、その秋に初めて雪で白く見えること」と定義している。山頂の雪は数日前に降ったのに、山が雲で隠れて見えなかったために「初冠雪」の日付が遅れることもあるという（『お天気博士の四季暦』）。また、富士山頂の日平均気温の平年値は、八月上旬はプラス六・二度だが、九月二十九日にはマイナス〇・二度に下がり、初めて氷点下になる。山頂の初冠雪の平年日は九月二十七日で、河口湖測候所から見た場合は九月二十九日だ、御殿場測候所からでは同二十九日だ、とも記している（『お天気博士の四季だより』）。

御岳の初冠雪に目覚めけり　金子里美

初化粧　はつげしょう

山などに初雪が降り、白く姿を変えること。新年の季語。

初氷　はつごおり

その冬初めて水が凍ること。薄い氷であることが多く、発見したときに新鮮な驚きがある。冬の季語。

紙漉(かみすき)のすき残してや初氷　巴静

❖雪・霜・氷のことわざ・慣用句：八朔(はっさく)の雪
江戸時代の遊里吉原で、旧暦八月一日に遊女が白無垢を着て勢揃いしたさまを雪にたとえた語。

初霜　はつしも

晩秋から冬にかけてその年初めて下りた霜。「初霜」の平年日はおおよそ、北海道では十月上旬、東北では同下旬、関東では十一月中旬、関西では同下旬、四国・九州では十二月下旬～一月上旬だという。朝起きて、庭や屋根にうっすら白く霜がおりていると、身が引き締まり本格的な冬の到来を感じる。ただ「霜」といえば冬の季語で、立冬前におりた霜は〈秋霜〉といい、旧暦十月を「初霜月」という。冬の季語。

初霜や物干竿の節の上　永井荷風

初雪　はつゆき

冬になって初めて降る雪。また、新年になって最初の雪のこともいう。『北越雪譜』の「初雪」の項には、暖国の江戸では初雪をことさら賞でて遊楽するのと、雪国の越後で苦しみと悲しみの始まりとするのとでは雲泥の違いだ、とある。北海道や東北・北陸では、十月の終わりから十一月には「初雪」がある。降ったばかりの純白の雪は〈新雪〉。平安末期の勅撰集の『金葉集』巻一に「**あらたまの年のはじめに降りしけばはつゆきとこそいふべかるらむ**」、新年の年頭に降りしくからこそ初雪と呼ぶことができるのだろう、と。また『万葉集』巻二十に「**初雪は千重に降りしけ恋ひしくの多かる我は見つつ偲(しの)はむ**」、初めての雪は幾重にも積もるとよい。雪を見ながら私はつのる恋しさを思い出そう、と。冬の季語。

初雪の見参　はつゆきのげんざん

うしろより初雪降れり夜の町　前田普羅

初雪が降ると殿上人・諸臣が宮中に参内した平安時代の慣習。室町時代の有職故実書の『公事根源』に「昔、初雪の降る日、群臣参内し侍るを初雪見参（はつゆきのげんざん）と申すなり」と。

はつれ雪

「はつる」は「ほつれる」つまり解けほぐれることで、〈斑雪（はだれゆき）〉のこと。

花に雪　はなにゆき

爛漫と咲く桜の花に雪が降りかかること。そう度々あることではないが、近年では一九八八年と二〇一五年のともに四月八日、二〇二〇年三月二十九日、満開の桜に雪が降り積もった。

花弁雪　はなびらゆき

花びらのように雪片の大きな「ぼた雪」。「綿帽子雪」ともいう。

春の霰　はるのあられ

冬の霰より小粒な氷あられ。固いから物に当たって高い音をたて、植物の新芽や苗を傷めることがある。「春あられ」「春霰（しゅんさん）」ともいう。春の季語。

傘さして春の霰の音聞けり　吉水淡草

春の氷　はるのこおり

春先、寒（かん）が戻った寒い朝に薄く張り、割るとせりせりとやさしい音を立てる氷。〈薄氷（うすらひ）〉。春の季語。

三十番札所の春の氷かな　岸田稚魚

春の霜　はるのしも

春先に下りる霜。〈春霜（しゅんそう）〉ともいう。四月中旬を過ぎたころ急に寒気が戻って下りるのは〈晩霜〉ないし〈遅霜（おそじも）〉。春の季語。

先見ゆるいのちなりけり春の霜　石塚友二

春の泥　はるのどろ

雪解けや霜解けのために、舗装されていない小道などがぬかるむこと。〈春泥（しゅんでい）〉。春の季語。

ゆる〳〵と児の手を引いて春の泥　杉田久女

春の雹　はるのひょう

〈雹〉は積乱雲から雷雨とともに降ってくる氷の塊で、夏の季語だが、まれに春降ることもある。

暮んとす春の狂ひや雹ふる　几董

春の霙　はるのみぞれ

春寒の雨催いの午後、ふと気がつくと雨脚に白いものが混じっている。いつのまにか霙に変わったのだ。牡丹雪が「春みぞれ」になることもある。春の季語。

もろ〳〵の木に降る春の霙かな　原石鼎

春の雪　はるのゆき

⊙解けない雪

連歌師の宗祇（そうぎ）が修行をしていたころ、知人から「『ちゃんきのもんき』とは何か」と「謎かけ」をしかけられた。考えたすえ宗祇は「富士の雪」と答えた。その心は、「どうしても解けぬ」。『万葉集』巻三に「富士の嶺に降り置く雪は六月（みなづき）の十五日（もち）に消（け）ぬればその夜降りけり」、昔から「富士山の雪」は、前年の残雪が消えたと思ったらその日の夜に初雪が降ったといわれるほど一年中消えることがない。

山部赤人の長歌に、「天地（あめつち）の分れし時ゆ　神さびて　高く貴き　駿河なる　富士の高嶺を　天の原　振り放（さ）け見れば　渡る日の　影も隠らひ　照る月の　光も見えず　白雲も　い行きはばかり　時じくそ　雪は降りける　語り継ぎ　言ひ継ぎ行かん　富士の高嶺は」と。「時じく」は時を選ばず、い春先の雪は、気温が上がり結晶が解けかかっているため、水気の多い大きな雪片となる。ひらひらと舞い下りて降るそばから解けてゆく。〈淡雪〉〈牡丹雪〉〈綿雪〉などは〈春の雪〉である。〈春雪（しゅんせつ）〉ともいう。春の季語。

松よりも椿に残る春の雪　高浜虚子

春吹雪　はるふぶき

北海道や北陸では、三月半ばを過ぎてからも大雪に見舞われることは珍しくない。春の季語。

北国の春吹雪して彼岸来る　中森信三

春水　はるみず

春の「雪解け水」のこと。⇩〈春水（しゅんすい）〉

晴雪　はれゆき

青空から舞い落ちてくる雪片。遠くの山で降っている雪が風に乗って運ばれてきたのだろう。〈風花〉。

つも、の意。

晩霜　ばんそう

五月近くなっても夜間の放射冷却などで下りる〈遅霜〉のこと。茶や桑など作物に霜害を与える。〈忘れ霜〉〈別れ霜〉などともいう。春の季語。

晩霜の予想出てゐる星座濃し　福山理正

氷　ひ

氷（こおり）。『万葉集』巻十三に「立ち待つに　わが衣手に　置く霜も　氷（ひ）にさえ渡り　降る雪も　凍りわたりぬ」、あなたを立って待っているうちに、私の衣の袖に下りた霜はすっかり凍りつき、降った雪も凍てついてしまった。あなたはもう来てはくれないのだろう、と心まで冷え切っている。

日陰雪　ひかげゆき

春になったのに日陰に消え残っている雪。

春の季語。⇩〈陰雪〉

日陰雪そのままにして無人駅　中村治平

氷雨　ひさめ

夏、発達した積乱雲から急に降ってくる氷まじりの雨雪。雹や霰の別称。『日本書紀』神武紀に「**時に忽然にして天陰けて氷雨ふる。乃ち金色の霊しき鵄有りて、飛び来りて皇弓の弭に止れり**」、天皇軍は長髄彦軍を相手に苦戦していた。そのとき空が急に暗くなり雹が降ってきたかと思うと、金色の不思議な鵄が飛んできて天皇の弓の先端に止まった、と。他方で、冬や春に降る〈霙〉「氷雨」「雨雪」をいうこともある。雹をいうときは夏の季語だが、霙や氷雨をいうときは冬の季語。

寧日の川洲をうちて氷雨すぐ　桜井藤江

（「寧日」は平穏な日）

氷雨降りし雲をさまらず最上河　乙二

霏霰　ひさん

飛び散るように降る霰。中国・北宋の政治家・書家蔡襄の「詩」に「**楼外の陰雲暁を迎えて合し、陌頭の霏霰風と倶にあり**」と。「陌頭」は道ばた。

飛雪　ひせつ

強風に吹き飛ばされるように降る雪。積雪が風に吹き上げられて舞い散るさま。冬の季語。

飛雪中いまどの家か曲激つ　森澄雄

微雪　びせつ

ほんの少し降る雪。〈薄雪〉。

眉雪　びせつ

眉に置いた雪。年寄の白い眉。

霏々　ひひ

雪などがしきりに降りつづくさまの形容。徳冨蘆花『落穂の掻き寄せ』の「雪」に「蒼白い雪の黄昏である。眼の届く限り、耳の届く限り、人通りもない、物音もしない。唯(ただ)雪が霏々また霏々と限りもなく降って居る」と。

氷室　ひむろ

真冬に池などに張った氷を夏まで貯蔵しておく山陰の洞穴や室。『日本書紀』仁徳紀六十二年の条に、山の上から見ると廬(いおり)のようなものが見えたので、あれは何かと侍臣に問うと「**氷室なり**」と言った。さらに何を入れてあるのかと尋ねると、土に穴を深く掘って上を草で葺(ふ)き、下に萱(かや)や薄(すすき)を厚く敷いて氷を置けば夏まで解けないので、暑い時季になったら「**水酒に漬(ひた)して用(つか)ふ**」と答えたとある。

氷面鏡　ひもかがみ

池の水面に張った氷がきらきら光りながら物を映すのを鏡にたとえた。つまみに紐のついた「紐鏡」と懸けている。室町時代後期の公卿三条西実隆の家集『雪玉集(せつぎょくしゅう)』に「**枝に今とけゆく花のひもかがみ結ぶやうつる春の池水**」、枝の花が紐鏡の紐のほどけるようにほころんでいくさまを、水面に結んだ氷面鏡が映している春の池の水、と。「氷の鏡」ともいう。冬の季語。

濃く淡く木々影落とす氷面鏡　池内友次郎

雹　ひょう

春から夏にかけ、発達した積乱雲から降ってくる直径五ミリを超える氷の粒ないし塊(かたまり)。屋根や物置に当たって高い音を立て、地面を転げまわる。雲の中にできた氷晶が雪になって落ちてくる途中で、過冷却の水滴を付着させて氷の粒となったもので、直径数センチからときには拳骨大になることもある。雷をともなって降ることが多い。狭い地域に短時間しか降らないが、人間・建物・自動車・農作物などに被害をもたらす。気象ジャーナリストの倉嶋厚が、朝のうち暖かい南のそよ風が吹いてうららかに晴れていた明るい空が、突風とともに急に日暮れのように暗くなり「雷光がきらめき雷鳴がとどろき、大粒の雨が斜めに白い雨脚を描き、トタン屋根を『ひょう』が激しくたたき、冷たい北寄りの風に変る。これこそ、寒冷前線の通過にともなう春のあらしだ」と記している（『お天気博士の四季だより』）。夏の季語。

雹晴れて豁然とある山河かな　村上鬼城

氷花　ひょうか

草木に氷が付着し、日射しを受けて白い花のように見えるもの。作家の中村真一郎が浅間山麓で見た「氷花の林」を描写している。「ある冬の朝、起き抜けに谷を見下した私は、下の林が突然にガラス製に変って、それに日の光が戯れて、キラキラと輝いているのを見て茫然となった」（『氷花の詩』）と。「木氷（もくひょう）」ともいう。一方、窓ガラスなどに氷の結晶が花のように付着したものをいうこともある。冬の季語。

山の宿湯小屋の窓に氷花咲く　水野竹山人

氷河　ひょうが

極寒の陸地や山岳地帯に長年累積した〈万年雪〉が、自重によって圧縮・再結晶化して膨大な氷層となり、低地に向かってゆっくりと河のように流動していくもの。下流では海に落下し流氷となって漂流するが、上流部では新たな氷雪が加わるので全体としてはほぼ一定している。しかし以前は地球の全陸地の一〇パーセントを覆っているとされていた氷河だが、近年は地球温暖化の影響などにより縮小しているといわれる。

氷塊　ひょうかい

氷のかたまり。厳寒で凍結した氷が割れて、川や海上を流れ漂っているもの。冬の季語。
氷塊の深部の傷が日を反す　橋本多佳子

氷海　ひょうかい
氷の塊や流氷が漂う北の海。一面氷が張りつめた海。冬の季語。
氷海や雲表を翔つ尾白鷲　最乗羊々子

氷解　ひょうかい
疑念が氷の解けるように消え失せること。

雹害　ひょうがい
雹に打たれた農作物・園芸作物・建物・自動車等々の被害。

❖雪・霜・氷のことわざ・慣用句：**氷消瓦解**
氷が解けて消え、瓦が一つ外れるとすべて崩れるように、組織や物事が消滅したりばらばらに崩壊したりすること。

氷原　ひょうげん
目路一面が結氷して氷の平原のようになった景色。白く凍りついた原野。冬の季語。
氷原を白き貂ゆく光あり　長谷川櫂

氷湖　ひょうこ
冬の寒地で厚く氷結した湖。その上でスケートをしたり、ワカサギ釣りをしたりできる。冬の季語。
トロイカの灯もなくわたる月の氷湖　伊藤凍魚

氷晶　ひょうしょう
冬の北海道や高山など、厳寒地域で見られる大気中に漂う微細な氷の結晶。〈氷霧〉「氷塵」も同じ。冬の季語。
ひかりさへ氷晶となり草絶えたり　高屋窓秋

氷針　ひょうしん
極寒の地や冬山などで、空中を浮遊する微小な針状の氷の結晶。

氷雪　ひょうせつ
氷と雪。「冰雪」とも書く。冬の季語。

氷雪の吐く息に濡れお花畑　矢島渚男

氷雪帯　ひょうせつたい

南極大陸やグリーンランドの内陸部の、一年中雪と氷に閉ざされた地域。ブリザードが吹き荒れ、植物は生育しない。

氷像　ひょうぞう

雪祭に出展したり、夏に涼気を演出したりするために氷を削って造った像。

❖雪・霜・氷のことわざ・慣用句：氷炭相愛

「氷炭相容れず」が常識の世の中では、あり得ないことのたとえ。一方、まれに異質の者同士が互いに戒め合って切磋することをいう。

表層雪崩　ひょうそうなだれ

古い根雪の表面に降り積もった新雪が、強風や震動によって滑り落ちる現象。春が近づき一度解けかけた積雪が寒気の戻りで再び凍った上に霰（あられ）状の新雪が積もると、以前の雪との境界面のザラメ状の雪があたかも車輪のベアリングのような作用をして、上層の雪の滑落が勢いを増すという（市島謙吉『春城筆語』）。冬山や早春の山の遭難事故は「表層雪崩」によることが多い。二〇一七年三月二十七日、栃木県那須町のファミリースキー場で登山講習会に参加していた県内の高校生と教員が、午前八時半ごろ突如発生した雪崩に襲われ八名が死亡した。悪天候で雪崩注意報が出ていたさなかの「表層雪崩」だった。いっぽう春暖のために根雪も緩み、積雪全体が崩れ落ちるのは〈全層雪崩〉。

氷炭　ひょうたん

氷と炭。正反対・対照的で相容れないこと。「氷炭相容れず」といえば、正反対・対照的で決して協調・並立しない両者。

氷点下　ひょうてんか

水が凍る〇度以下の温度。「零下」ともいう。冬の季語。

妻の息白し寒厨氷点下　日野草城

氷瀑　ひょうばく

厳冬期に結氷した滝。冬の季語。

風響くなり氷瀑の大伽藍（カテドラル）　高澤良一

氷壁　ひょうへき

山の切り立った岩壁が冬季に結氷して氷の壁のように聳えているもの。「雪壁」ともいう。冬の季語。

氷壁に夕雲の来てゐたりけり　岡田日郎

氷霧　ひょうむ

大気中の水蒸気が急激に冷えて凝結し、霧のように漂う現象。「こおりぎり」、〈氷晶〉〈ダイヤモンドダスト〉。冬の季語。

氷紋　ひょうもん

外気が氷点下になったとき、窓ガラスの外側についた水滴が凍結してできる文様。また、湖沼の水面が凍結したのち亀裂し裂孔から噴出した水が凍るなどしてできた痕跡。冬の季語。

氷紋の玻璃に赤岳夜も迫る　秋山幹生

比良の暮雪　ひらのぼせつ

琵琶湖西岸の比良山地の夕方の雪景色。中国の洞庭湖の美しさを主題とする「瀟湘（しょうしょう）八景」に倣（なら）い十六世紀に選定された「近江八景」の一つ。ほかに「石山の秋月」、「堅田の落雁」など。

魞（えり）を挿す舟のほかなく比良暮雪　浜田冬歩

（「魞」は川や湖に仕掛けて魚を捕る漁具）

風雪　ふうせつ

風をともなって吹きつける雪。風と雪を合わせた言葉で、比喩的に人生の苦労や困難をいう。冬の季語。

とどまつは風雪に耐へ芽を花と　山口青邨

風霜　ふうそう

霜の気配をふくんだ北風のことで、厳しく苦難に満ちた歳月などについていう。

❖**雪・霜・氷のことわざ・慣用句：風霜之気**
霜気をふくんだ寒風のように峻厳で凜冽な気概をそなえた名文章の形容。

❖**雪・霜・氷のことわざ・慣用句：不香(ふきょう)の花**
香りのない花すなわち雪を花にたとえた言葉。「不匂花(におわずのはな)」ともいう。

富士の農男　ふじののうおとこ

雪解けの始まった春の富士山の山腹に出現する、農民の姿を思わせる雪形。

富士の初雪　ふじのはつゆき

富士山頂では真夏でも雪の降ることがあるので、実は前年の〈終雪〉と次の年の〈初雪〉との区別がはっきりつかない。『万葉集』巻三に「富士の嶺に降り置く雪は六月(みなづき)の十五日(もち)に消(け)ぬればその夜降りけり」、前の年の雪が六月にようやく消えたと思ったらその夜、早くも次の初雪が降ったといっている。しかし、それもあながち誇張だと決めつけることはできない。今ではその年の一日の平均気温の最も高かった日を「高極日」とし、高極日前の最終降雪を終雪とし、高極日以後の初めての降雪を初雪としている。そうすると富士山の初雪の平均日は九月六日になるという（平井照敏『新歳時記』）。「富士の初雪」は秋の季語。

遠富士の初雪父母の墓洗ふ　依田由基人

富士の雪解　ふじのゆきげ

⇩〈雪解富士〉

衾雪　ふすまゆき

衾（夜具）のように物を厚く覆って降り積もった雪。江戸時代後期の『俳諧歳時記栞草』に「衾雪　氷の水を蔽ひたるを氷の衣といふに同じく、雪の物を厚く蔽ひ包みたるを、衾にたとへていふなるべし」と。平安中期の歌人源道成の家集『道成集』に「とし毎に冬ふるものと知りながらとこめづらなるふすま雪かな」、冬には毎年降るものだと知ってはいるけれどいざ降ってみると、いつでも新鮮に思われる衾雪だなぁ、と。冬の季語。

　あをみたる古潭の蕗に衾雪　飯田蛇笏

吹越　ふっこし

寒風に乗って山の向こうから飛んでくる雪片。いわゆる〈風花（かざはな）〉のことで、群馬県の一部などで「吹越」と呼ぶ。冬の季語。

　吹越やつぎつぎに嶺夕日脱ぐ　千代田葛彦

吹雪　ふぶき

視界を失わせるほどに吹きすさぶ、烈しい風まじりの雪。雪氷学の中谷宇吉郎が「北海道の荒野の吹雪の景色ほど陰惨なものは無かろう」と書いている。「背の高いポプラの木が吹き折られそうに曲がり、人も馬も雪の中に埋まり、暗澹（あんたん）たる四囲の中をただ雪のみが横なぐりに吹いて殆ど水平に飛ぶ」と（『雪雑記』）。地面に積もった雪が強風で激しく巻き上げられている状況はとくに〈地吹雪〉という。平安末期の勅撰集『千載集』巻六に「雪つもる嶺に吹雪や渡るらむこしのみそらにまよふしら雲」、雪の積もった峰々を吹雪が吹き渡っているのだろう、越路の空に乱れて動いている白い雪雲、と。〈雪しまき〉ともいい、「雪吹（ふぶき）」「乱吹（ふぶき）」とも書く。冬の日本海沿いの豪雪地帯や山岳地域で、猛烈な吹雪に巻き込まれて遭難し凍死することを「吹雪倒れ」という。冬の季語。「花吹雪」「紙吹雪」は花や紙が風で舞い散るたとえ。

一の倉沢谺も絶えて吹雪くなり　小野宏文

怖しや吹雪倒れの谷はこゝ　池内たけし

冬化粧　ふゆげしょう

冬になって降雪のために白くおおわれた野山を化粧した姿にたとえた。〈雪化粧〉。

降り埋む　ふりうずむ

雪が降り積もって地物を埋没させること。『源氏物語』浮舟に「京には友待つばかり、消え残りたる雪、山深く入るままに、やや降り埋みたり」、光源氏の孫にあたる匂宮と、源氏の妻女三宮と柏木との間の不義の子薫とはともに浮舟を愛していたが、匂宮は一計を案じて薫を出し抜き浮舟を我がものにしてしまう。二月の雪の日、匂宮は再び浮舟に会いに宇治を訪ねる。京は消え残りの雪が次の雪を待つばかりの淡い雪景色

⊙雪吹と花吹雪

鈴木牧之は『北越雪譜』の中で「吹雪」を一貫して「雪吹」と表記している。「雪吹は樹などに積りたる雪の風に散乱するをいふ。其状優美ものゆゑ花のちるを是に比して花吹雪といひて古歌にもあまた見えたり。是東南寸雪の国の事也、北方丈雪の国我が越後の雪深きところの雪吹は雪中の暴風雪を巻騰颸也。雪中第一の難義これがために死する人年々也。…寸雪の雪吹のやさしきを観人の為に丈雪の愕眙を示す」として一つの哀話を明かしている。あるとき妻の実家に初孫の顔を見せに行く途中で天気が急変し、雪吹に巻き込まれて雪に埋もれた若い夫婦の話である。翌朝、打って変わった晴天の中に赤ん坊の泣き声を聞きつけた村人が雪を掘ってみると、手を固くつなぎ合ったまま息絶えている若夫婦の死

だったが、山深く入ってくると、あたりはすっかり雪の下に埋もれてしまっていた、と。『東海道中膝栗毛』二に「清見が関の風景も、ふりうづみて見る方もなく」と。

降り暮らす　ふりくらす

雪や雨が一日中降りつづいて、日暮れまで家の中で過ごすこと。

降り籠める　ふりこめる

雪や雨がひどく降って外出できず家に閉じ込められること。『伊勢物語』八十五に「雪こぼすがごと降りてひねもすにやまず。みな人ゑひて《雪にふりこめられたり》といふを題にて歌ありけり」、入れ物をひっくり返したように雪が降りしきって一日中やまないので、みんなすっかり酔っぱらい《雪で外出できない》というのを題にして歌を詠んだ、と。

ブリザード　blizzard

極地やシベリアなどで低気圧の通過にともない吹き荒れる猛吹雪。〈雪嵐〉〈暴風雪〉ともいう。降雪をともなわず地面の雪を巻き上げる場合は〈地吹雪〉。南極の昭和基地では水平方向に見通せる距離が一キロメートル未満で、風速一〇メートル以上の強風雪が六時間以上継続した場合を「ブリザ

骸と母親の懐にしっかり抱かれて泣いている赤子を見つけた。この話を紹介したあと鈴木牧之は「雪吹の人を殺す事大方右に類す。暖地の人花の散るに比て美賞する雪吹と其異こと、潮干に遊びて楽と洪濤に溺て苦との如し」、暖かい土地の人々は風に散る雪を花吹雪になぞらえて詩歌に詠んだりしてきたが、雪深い越後では雪吹のために年々人が死んでいくという冷厳な事実に注意を促している。

ード」と定義し、外出禁止などの安全対策を行うという。

降り積む　ふりつむ

雪・落葉・思い出などが時間とともに積み重なっていくこと。『古今集』巻十七に「小竹(ささ)の葉に降り積む雪のうれを重みもとくたち行く我が盛りはも」、笹の葉に積もった雪の重さで根元から傾いてゆくように衰えてきた我が人生の盛りだなぁ、と。三好達治「雪」に「太郎を眠らせ、太郎の屋根に雪ふりつむ。／次郎を眠らせ、次郎の屋根に雪ふりつむ」。簡潔な日常語で民話的な詩世界の無限の郷愁がとらえられている。

降り吹雪く　ふりふぶく

多量の雪が強風とともに横なぐりに吹きつけること。『蜻蛉日記』中に「それより立つほどに、雨風いみじく降りふぶく。三笠山をさして行くかひもなく、濡れまどふ人多かり」、そこを出発したところが、風雨がひどく吹き荒れている。三笠山を指して(差して)行くかいもなくびしょ濡れになってうろたえている人がいっぱいいる、と。

降り乱る　ふりみだる

烈風に乱れて雪が降りかかること。『源氏物語』浮舟に「雪、にはかに降り乱れ、風など烈しければ、御遊び、疾(と)くやみぬ」、宮中で詩作の会があり匂宮も薫大将も出席したが、雪が急に降りだし、風まで激しく吹きはじめたので、会は早々に中止となった、と。

降り物　ふりもの

俳諧や連歌で、雪・霰(あられ)・雨・露・霜など空から降ってくるものを総称していう。

降る雪　ふるゆき

空から降ってくる雪。

降る雪や明治は遠くなりにけり　中村草田男

べた雪　べたゆき
水分の多い雪。「べと雪」ともいう。〈湿雪〉。

偏形樹　へんけいじゅ
強風が始終吹いている多雪地の針葉樹に見られる特殊な樹形で、冬に雪に埋もれる下部では枝は風上側にも風下側にも等しく伸びているが、積雪面より上部では強風の影響で風上側は切り落としたように枝が無くなる。風下側にも枝が無いことがあるが、それは強風で吹きつけられる氷雪の粒が木の芽を削り取るためとも、雪中で活動する動物が雪上の葉や芽を食べてしまうためともいう（吉野正敏『風の世界』）。

防雪林　ぼうせつりん
宅地や耕地の周縁、あるいは道路や線路沿いに樹木を植栽し、冬季の風雪害を防ぐ人工林。

泡雪崩　ほうなだれ
厳寒期の山岳地帯で、多量の降雪の直後のまだ積雪が安定しない時期に発生する猛烈な雪崩。雪の塊が滑り落ちる普通の雪崩と違って、降って間もない表層の雪が爆発でも起こしたように激しく雪煙を上げて急斜面を高速で流れ下る。その破壊力はすさまじく、新潟県・富山県地方では「ホウ」とか「アワ」と呼んで怖れられてきた。

暴風雪　ぼうふうせつ
猛吹雪で風速二〇メートルを超えるような〈ブリザード〉のこと。

北越雪譜　ほくえつせっぷ
江戸時代後期の越後塩沢の富商で文人だった鈴木牧之（すずきぼくし）が、豪雪地帯の自然・民俗・地誌を記述した二編七巻の随筆。越後の雪は、他の土地のごとく鵞鳥の羽毛が舞うように降ることは稀で、白砂を撒いたようにさらさら降る。そして湿気がないから凍ることはなく、鉄石のように固く凍るのは昼間解けた雪が夜に凍るからで、春の近づいた兆しだという。雪にまつわる雪崩や雪吹が多くの人命を奪った悲話に加えて、雪中に思いもよらぬ洪水が襲うという話、山で遭難した薪取りの農民が数十日を熊の巣穴で熊と共に暮らして生還した話、雪におおわれた地中から火（天然ガス？）が燃え出た話等々の奇譚が記述されている。地方の無名人の著作が出版されるまでには紆余曲折があり、山東京伝・京山兄弟の商業主義的介入によって牧之の初志が損なわれた経緯もあった。しかし、日本を代表する雪国の自然と雪にまつわる人々の生活・機織り業・民俗、そして狐の妖異譚から蝶の不思議の生態、鮭漁悲話・雪中の幽霊噺までを含め

⦿ホワイトアウト　whiteout

極地や極寒の地では、地上の積雪と雪雲・霧などで視界が白一色に閉ざされ、天地の区別もつかなくなることがある。また、冬山や豪雪地帯で、暴風雪や猛烈な地吹雪のために視界が白一色と化し、方角や地形がわからなくなる。こうした現象を「ホワイトアウト」という。遭難事故・交通事故、ときに航空機の墜落などの原因となる。

仏文学者の吉江喬松が、奥信濃の姫川沿いの雪深い村の冬の暮らしについて書いている。村人は、雪の夜はどんな用事があっても決して一歩も戸外に出る者はないが、道に慣れない旅人がつい泊まり遅れて、夕方から夜にかけて谿合いの道でも歩いていようものなら、それこそ命を失ってしまう、と。降りしきる雪で、「今迄通って来た道も曲がり角も見えなくなる、通って来た跡

た貴重な民俗誌として無類の価値をもつ。

暮雪　ぼせつ

夕方になって降りだした雪。中国・南北朝時代の文人沈約（しんやく）の「桐賦」に「**枝暮雪を封じ、葉昼虹を映ず**」、木の枝は日暮れに降り出した雪を厚く積もらせ、葉は昼の虹を映している、と。〈比良の暮雪〉は「近江八景」の一つとして知られる雪の夕景。冬の季語。

里の灯へこころ傾く暮雪かな　佐々木京子

牡丹雪　ぼたんゆき

地上に達する前に空中で雪の結晶がくっつき、牡丹の花びらのような大きな雪片となって降る雪。「ぼた雪」ともいう。中谷宇吉郎のエッセイに「気温の高い地方での降雪が大形の牡丹雪になることは事実であって、土佐などでは稀に雪が降るのであるが、その時は径十センチ以上の牡丹雪となって

を振返って見ても殆（ほと）んど消えて分らない。豁だか道だか自分の行くては只茫（ぼう）っとしていて見当がつかない。少し風でも烈しく上からおろして来ようものなら一寸先も見えなくなる」。そしてやがて四、五月になり、ようやく雪が消えると、伸びはじめた青い草の間に笠が残っていたり、厚い衣類の中に包まれて白骨が出たりすることがある、という（『寂光集』）。

降るという話を聞いたことがある」（『雪雑記』）と。春の季語。

みづからを問ひつめゐしが牡丹雪　上田五千石

ぼたん雪地に近づきて迅く落つ　鈴木六林男

ほどろ

雪などがほどけるようにはらはらと降るさまの形容。雪がまばらに降ること。『万葉集』巻八に「**沫雪（あわゆき）のほどろほどろに降りし**

けば奈良の都し思ほゆるかも」、泡のような雪がはらはらと降り敷くのを見ていると、奈良の都のことが思い出される、と。作者大伴旅人は大宰帥(だざいのそち)として筑紫の大宰府にいて都を偲んでいる。

ま行

斑雪　まだらゆき

まばらに降り地面にまだら模様を作る春先の雪。〈斑雪(はだれ)〉。春の季語。

松の雪　まつのゆき

松の木に降り積もった雪。『古今集』巻一に「み山には松の雪だに消えなくにみやこは野べの若菜摘みけり」、山深いこのあたりでは松に積もった雪さえ消えていないのに、都ではもう野に萌え出た若菜を摘んでいるのだなぁ、と。

窓霜　まどじも

極寒の地で外気温が氷点下一〇度近くまで冷え込むと、一重窓の場合人の呼気や室内の湿気が窓ガラスに氷の結晶となって付着する。「窓の霜（ウインドウ・フロスト）」ともいう。北海道の季語を集めた歳時記には冬の季語として採択されているという。氷点下二〇度くらいになると、寝息が布団に凍りついて「襟霜（えりじも）」になるという。

山小屋の窓霜に描く詩一篇　辺見一空

窓の雪　まどのゆき

①窓のあたりに積もっている雪。暖かい室内から見ているのだろう。浴室の曇りガラス越しにも雪が降っているのが見える。

窓の雪女体にて湯をあふれしむ　桂信子

窓の雪美しと見て湯に沈む　中曾根康弘

②中国・唐代の訓蒙書の『蒙求』に、晋の孫康は貧しく灯火用の油が買えなかったので冬は窓辺に積もった雪明りで読書したという故事から、苦学することをいうようになった。〈枝の雪〉ともいう。

万年雪　まんねんゆき

高山や極寒の地で夏になっても解けずに消え残っている雪。〈永遠（とわ）の雪〉ともいうが、実際にはひと冬の間に形成されることが多い。言葉の本来の意味の「万年雪」は、ヒマラヤや南アメリカの高山などで、融雪量よりも降雪量が多いため年々雪が積み重なり、圧縮と溶融・凍結を繰り返すうちに固い氷塊に性質を変え、やがては氷河にもなって行くような積雪をいう。

水霜　みずしも

冷えこみの強まった晩秋など、露が凍りかけてでき、すぐ消えてしまうような霜。秋の季語。

水霜を浴びて白菜緊まりけり　阿波野青畝

水雪　みずゆき

水分をたくさん含んだ雪。霙雪（みぞれゆき）。冬の季語。

赤彦の歌碑水雪にひた濡れて　藤森常雄

霙　みぞれ

雨まじりに降る雪。雪が上空から降ってくる間に〇度以上の場所を通過することによって半ば解け水気を帯びたもの。『日本書紀』皇極紀に「是の月（二月）に、風ふき雷なりて雨氷ふる。冬の令を行へばなり」と。また南北朝期の勅撰集の『風雅集』に「夕暮のみぞれの庭や氷るらむほどなく積もる夜半の白雪」、夕方降り始めたときは霙だったのが、知らぬ間に本格的な雪となり夜中には一面の雪景色になった、と。〈霙〉は初雪のころあるいは〈終雪〉のころに多い。清少納言は「降るものは雪。霰。霙はにくけれど、白き雪のまじりて降る、をかし」、霙は好ましくはないけれど、雪が白く混じっているようすは趣がある、と言っている（『枕草子』二五〇）。「氷雨」ともいう。冬の季語。

みぞれとはやさしき名なり積るかも　渡辺水巴

霙れる　みぞれる

霙が降りだすこと。「霙る」とも。平安末期の勅撰集の『千載集』巻二に「春雨にちる花見ればかきくらしみぞれし空の心地こそすれ」、春雨に濡れて散っていく花を見ていると、気持ちが霙模様の空のように暗澹としてくる、と。

峰の雪　みねのゆき

山の峰に白く見える雪。残雪ないし万年雪か。

峰の雪しみでて開く水芭蕉　浅野長江

深雪　みゆき

山野に深く降り積もった雪。早稲田大学図書館長などを務めた随筆家の市島謙吉が、新潟県高田市（現上越市）の「深雪」について書いている。越後の市街地の中でも高田は最も雪の深いところで、『高田市史』

によれば天和元年（一六八一）には、雪原の上に「此下に高田あり」という高札が建てられたことさえあったという。つまり町村全体が完全に雪の下に埋もれたのだ。市史には大雪の年の積雪量について一丈六尺（約四・八メートル）などという数字があげられている。『北越雪譜』に、按摩が天窓から囲炉裏端に落ちてきたと記されているのはおそらく実話で、冬季には雪道が屋根以上の高さのところにできるからである、とも書いている（『春城筆語』）。「御雪」と書くと雪の美称。冬の季語。

鳥落ちず深雪がかくす飛驒の国　前田普羅

深雪晴　みゆきばれ

大雪の次の日のまばゆいばかりの青天。快晴無風の下、物音が絶え普段見なれた日常の光景が一変し「無垢の天地」が出現する、と飯田龍太はいう（『日本大歳時記』）。冬の季語。

槍の穂は雪をとどめず深雪晴　福田蓼汀

深雪道　みゆきみち

雪が深く積もった「深雪野」の中を通う道。

深雪道来し方行方相似たり　中村草田男

無垢の雪　むくのゆき

汚れのない潔白な雪。

六つの花　むつのはな

雪の結晶が六角形をしているところから、雪を詩的に表現した言葉。〈六花〉ともいう。冬の季語。

霧氷　むひょう

氷点下の野山で大気中の水蒸気や霧の中の過冷却した細かい水滴が草木の葉や地物に凍りついたものをいう。見下ろすと野一面に白い花が咲いたような美しい光景となる。霧氷に包まれた木立を「霧氷林」という。霧氷は気象学的には「樹霜」「樹氷」「粗氷」の三つに分けられるが、有名な蔵王の〈樹氷〉は枝に積もった雪が凍りついたもので霧氷による樹氷とはでき方が違う。雲仙地方では「花ぼろ」、長野県地方では「木花（木華）」という。冬の季語。

霧氷咲いてうすむらさきの朝日影　伊藤凍魚

斑消　むらぎえ
積雪のところどころがまばらに消えていること。平安時代中期の女流歌人和泉式部の『和泉式部集』に「**見わたせば槙の炭焼く気をぬるみ大原山の雪のむら消え**」、見わたすと杉や槙の木を炭焼きしている煙の温かさで大原の里山の雪はまばらに消えている、と。

餅雪　もちゆき
餅のように白くふんわりした雪。「綿雪」も似ている。冬の季語。

や行

夜雪　やせつ
夜降る雪。中唐の白居易の詩「夜雪」に「**已に衾枕の冷かなるを訝り、復た窗戸の明かなるを見る。夜深けて雪の重きを知り、時に折竹の声を聞く**」、蒲団が寒いのはなぜかと訝っていたが、窓のあたりが明るんでいるのが見える。夜更けて雪が積もってきたのだとわかり、時々竹の雪折れする音が聞こえる、と。

屋根雪崩　やねなだれ
冬の間屋根に降り積もっていた雪が気温の上昇とともにゆるんで、あるとき一気に滑り落ちること。倉嶋厚『お天気博士の四季暦』にこんな話が載っている。昼間外出した主婦が夜になっても帰って来ない。家中が心配して、まさかと思ったが、念のため家の脇の屋根落雪の山を掘ってみると、虫の息のお母さんが見つかったなどということが、春先の雪国ではときどきある、と。落雪事故が多いのは二月、三月で、時おり暖かい日があって雪崩が起こりやすくなるためだという。

❖雪・霜・氷のことわざ・慣用句：**柳の枝に雪折れなし**
柳の枝は細くて弱そうだが、よくしなうので雪が重く積もっても折れることがない。柔軟な者は屈強の者よりかえってよく逆境に耐えるということ。

山に雪　やまにゆき
村里から見上げる山の頂が雪化粧すること。冬到来のしるし。

山雪　やまゆき
冬に日本海沿いの山岳地帯で大量に降る雪。いわゆる西高東低の冬型の気圧配置のとき、シベリアから南下してきた寒気団は日本海で多量の水蒸気の供給を受け、その後山脈にぶつかると大量の雪を降らせる。平野部に降る〈里雪〉に対する言葉。

山雪解　やまゆきげ
山の雪解けがはじまること。

水門の水位上がりぬ山雪解　定梶じょう

夕霰　ゆうあられ
冷えこんだ夕方に降り出した霰。冬の季語。

夕霰等身のチェロはこばるる　塚本邦雄

夕凝　ゆうごり
夕方になって寒気が募り、積雪や霜が固く凍りつくこと。『万葉集』巻十一に「**夕凝**

りの霜置きにけり朝戸出にいたくし踏みて人に知らゆな」、夕方下りた霜が凍てついている。明日の朝帰るとき強く踏んで音を立て家の者に知られないようにね、あなたが泊まったことを、と。

融雪溝　ゆうせつこう

北の多雪地帯で、発電所からの温排水などを道路脇の側溝に流して雪を解かす仕組み。雪害から交通を守るため除雪した雪を投入して解かす。

たまの旭に融雪溝のわきあふる　飯山修

融雪洪水　ゆうせつこうずい

春先の気温上昇で雪解けが急速に進み、河川があふれて起きる洪水。日本海沿いの降雪地帯などで、春の低気圧の接近で気温が上昇し、さらに雨が降り出して引き起こされる。

融雪注意報　ゆうせつちゅういほう

気温の上昇によって雪解けが進み、雪崩や「浸水」「土砂災害」などが想定される場合に地方気象台から出される予報の一つ。気象庁は天候の変化によって重大な災害が予想される場合に警告を発する。予想される災害が軽い順に「注意報」「警報」「特別警報」となる。

夕霙　ゆうみぞれ

夕方の霙。冬の夕方、気温の低下とともに雨が雪に変わろうとしている。西条八十作詞で美空ひばりが歌った知られざる名曲「ら・あさくさ」に「ほおずき市の天の川羽子板市の夕みぞれ　恋の古傷いつまで洗う　セーヌによく似た隅田川」と。

朝みぞれ夕みぞれとてさやぐ木よ　細谷源二

雪垢　ゆきあか

消え残っている堅雪の表面についた泥や汚れ。〈雪泥〉ともいう。春の季語。

雪垢を踏みわたりし子隣より　村上しゅら

雪明り　ゆきあかり
積もった雪がわずかな光を反映して、夜の闇がほの白く感じられること。冬の季語。
雪明りゆらりとむかし近づきぬ　堤白雨

雪足　ゆきあし
茨城県地方で「竹馬」のことをいう。

雪遊び　ゆきあそび
雪合戦や雪達磨作りなど、雪の中でする遊び。冬の季語。
母織れる窓の下なる雪あそび　皆吉爽雨

雪穴　ゆきあな
雪山登山や雪中行軍で、野営などのために雪を掘って作る穴。

雪雨　ゆきあめ
中国・四国地方などで雨まじりの雪、つまり〈霙(みぞれ)〉のことをいう。

雪嵐　ゆきあらし
暴風をともなった降雪。雪の嵐。⇩〈吹雪〉

雪霰　ゆきあられ
雪まじりの、水気の多いゆるい霰(あられ)。固いのは〈氷霰(こおりあられ)〉。冬の季語。

雪安居　ゆきあんご
「安居」は僧侶が一定期間托鉢に出ず、堂に籠って仏道の修行をすること。旧暦十月一日から一月十五日ごろまでの「安居」をいう。旧暦四月半ばから三か月間の「夏安居(げあんご)」に対する語。「冬安居」ともいう。冬の季語。
訪ねたる近江の一寺雪安居　森澄雄

雪傷み　ゆきいたみ
霜が葉に下りて植物が被害を受けることを〈霜傷み〉というが、同様に雪で草木・建物などが傷むこと。

雪兎　ゆきうさぎ

①盆などの上に雪を兎の形に作り、赤い目を南天の実、耳をゆずり葉で作って楽しむ子どもの遊び。冬の季語。

雪うさぎ日射しに負けて耳倒る　谷迪子

②褐色の夏毛が冬になり白く変わった兎のこと。

雪原の一兎雪煙の先に出づ　高田貴霜

雪打ち　ゆきうち

⇩〈雪合戦〉

雪占　ゆきうら

春が来て山肌や野に現れる〈雪形〉により、農事をはじめる時期やその年の農作物の出来を占ったりすること。

雪覆い　ゆきおおい

雪崩（なだれ）や雪害から線路・道路・建物・作物などを守るために設置するさまざまな覆い。

雪起し　ゆきおこし

冬の日本海沿岸地方で、寒冷前線が通過するときに鳴る雷。それが合図のようにやがて雪が降ってくるところから言う。江戸時代の歳時記・季語解説書の『華実年浪草』に「雪作（ゆきおこし）」として「北地、雪の将（まさ）に作（おこ）らんとする時、必ず雷これに応ずることあり、是なり」とある。〈雪の雷〉「雪雷（ゆきがみなり）」ともいう。冬の季語。

雪起し一瞬あをき闇つくる　大竹孤悠

雪男　ゆきおとこ

①ヒマラヤ山中で姿や足跡が目撃される二足歩行をする動物。容姿は人間に似ているといわれるが、旧人（ネアンデルタール人など）の生き残りだとか類人猿とか熊だとか諸説があり、正体は確認されていない。②男の雪の精。「雪坊主」「雪鬼」ともいう。

雪鬼　ゆきおに

吹雪の夜道などに現れて旅人を驚かせる雪

の精。〈雪女〉の類。

雪折れ　ゆきおれ

積もった雪の重みで木の枝や竹が折れること。冬も葉の落ちない松・杉などの常緑樹や竹で多く、折れるとき鋭い音が響きわたる。一方「柳に雪折れなし」という。雪の多い地方では、積雪期の到来に先立って雪(ゆき)吊(つり)をし「雪折れ」を防ぐ。冬の季語。

　月さすや雪折ひびく能舞台　竹中春男

雪下し　ゆきおろし

①屋根に積もった雪を掻き落とすこと。積雪地では、屋根の雪を落とさないと、雪の重みで戸や窓枠が歪んで開かなくなる。最悪の場合は棟が傾くことさえある。日がたつと雪が凍りつくので、降ったらなるべく早く下す。「雪卸」とも書く。児童文学者の杉みき子が、雪おろしはひとりでやるものではないといわれると書いている。「あやまって落ちたりしたときに、そばに気づいてくれる人がいなければ危険だというせいもあるが、それ以上に、広大な自然にひとりで立ちむかうさびしさに耐えられないのである」と(『がんぎの町から』)。「雪捨て」ともいう。冬の季語。

　雪卸す雪憎しとも愛しとも　加藤有水

②雪まじりに山から吹き下ろす風。「雪(ゆき)颪(おろし)」とも書く。

雪女　ゆきおんな

雪の降る夜に出没するという雪の精。雪の夜に白い顔で白い衣を着て現れ、美女だともいえば、怖ろしげな老婆だったともいう。民俗研究的には零落した年神が妖怪化したものとされる。〈雪女郎〉「雪娘」ともいう。雪女郎は雪女より性悪(しょうわる)で、人をたぶらかすという。柳田国男『遠野物語』一〇三に**「小正月の夜、または小正月ならずとも冬**

の満月の夜は、雪女が出でて遊ぶともいう。童子をあまた引き連れてくるといえり」と。里の子どもたちは、冬は近所の丘などで暗くなるまで橇(そり)遊びをするが、旧暦一月十五日の夜にかぎり、雪女が出るから早く帰れと戒められるという。「されど雪女を見たりという者は少なし」とも。冬の季語。

雪をんなこちふりむいてゐたともいふ　長谷川素逝

雪返し　ゆきがえし

雪掻きをする道具。

雪掻き　ゆきかき

積もった雪を掻いて取り除くこと。冬の季語。

雪掻いて雪つけて妻華やげる　塚原巨矢

雪垣　ゆきがき

多雪地帯で風雪を防ぎ通路などを確保するために家の軒回りに筵(むしろ)や葭簀(よしず)などをめぐらして作った垣根。江戸時代の歳時記『華実年浪草』に「北国など雪深き処にては、庇(ひさし)の下を往来するゆへ、庇のかぎりに垣をゆひ雪を隔てるなり」とある。〈雪囲い〉「雪構え」〈雪除(ゆきよけ)〉なども同意。冬の季語。「雪垣解く」といえば春の季語。

雪垣の一隅(ひとすみ)パセリ青みけり　樋笠文

雪掻き箆　ゆきかきべら

木や金属で作った雪掻き用の箆。

雪囲い　ゆきがこい

雪国や風雪の厳しい北陸地方で、高く積もった積雪から家の出入り口を確保し吹雪から家を守るため、家の北西側などにめぐらす囲い。丸太を組み粗莚(あらむしろ)や葭簀(よしず)でおおって防雪する。また雪害から草木などを守るための囲いのこともいう。〈雪除(ゆきよけ)〉〈雪垣〉も同意。冬の季語。

どの家も出口一つや雪囲　漾ひとし

一方「雪囲とる」といえば、春になり「雪

囲い」を取り除くことで、春の季語。

雪囲ひ解くや夕凪ぐ七つ島　黒田桜の園

雪風　ゆきかぜ

雪が降りだすのを誘うように吹く風。また雪と風、あるいは雪まじりの風のこともいう。鹿児島県肝属（きもつき）郡地方では吹雪のことをいう。冬の季語。

雪風や骨のなるごと木の鳴つて　佐藤みよし

雪形　ゆきがた

春先、山腹に残雪と山肌とが描き出す模様。地元ではさまざまの姿に見立てて、農事をはじめる目安とした。富士山の「農男」、白馬岳の「代掻き馬」、爺（じじ）ヶ岳（だけ）の「種蒔き爺（じじ）」などが知られる。春の季語。⇩〈種蒔きおっこ〉

仙丈の雪形親し籾を蒔く　塩崎はじめ

雪合戦　ゆきがっせん

雪が積もったのを喜び、子どもたちが雪玉（雪つぶて）を作ってぶつけ合う遊び。〈雪投げ〉「雪打ち」ともいう。冬の季語。

雪合戦泣く子が泣いて終りけり　上島清子

雪合羽　ゆきがっぱ

雪国の人が雪の日の外出に着る合羽。古くは〈雪蓑（ゆきみの）〉だった。冬の季語。

火に寄れば皆旅人や雪合羽　細見綾子

雪がて　ゆきがて

雪が交じること。雪まじり。「がて」は「かてて加えて」というように混ぜて一緒にするの意の動詞「かてる」の連用形「かて」が連濁で濁音に変わったもの。漢字で書けば「雪糅（が）て」。平安時代中期の勅撰集『後撰集』巻八に「神無月時雨ばかりはふらずしてゆきがてにさへなどかなるらむ」、神無月のいま時雨だけが降るのではなく、そのうえどうして雪まじりになるのだろう、そうか、もう冬がはじまったからだな、と。

雪冠　ゆきかむり

門柱や電柱のてっぺんに積もって冠(かんむり)か茸(きのこ)の笠のような形になった雪。「冠雪(かんせつ)」とも。

雪消　ゆきぎえ

春になって雪が解けて消えること。⇩〈雪解(ゆきげ)〉

雪消月　ゆきぎえづき

雪が消えはじめる旧暦二月の別称。

雪切り　ゆききり

北国で三月ごろ、家の周囲などに固く凍りついている根雪をスコップなどを振るって切ったり割ったりして、雪解けをうながすこと。〈雪割り〉〈雪解(ゆきげ)〉ともいう。春の季語。

雪切りの雪ぞろぞろと流しけり　斎藤草村

雪崩れ　ゆきくずれ

⇩〈雪崩(なだれ)〉

雪癖　ゆきぐせ

⊙**『雪国』——島村と駒子・葉子**

「国境の長いトンネルを抜けると雪国であった」の書き出しで知られる川端康成の小説。無為徒食の自由人島村は新緑の季節、山歩きをした帰りに温泉町に降りた。折から道路工事落成の宴会で芸者が出払っていて、島村の相手をしたのは温泉場の踊りの師匠の家にいる娘だった。娘は一度東京に売られて半玉で出て、客に身請けされたものの間もなく旦那が死んでしまい、温泉町に出戻ってきたいわば半素人の娘だった。その娘に島村は夜伽の芸者を世話してくれと頼むが、娘の返事は要領を得ない。押し問答するうちに島村は、清潔で思いがけないほど美しく真摯なこの娘に強く惹かれ、交情が始まり結ばれる。半年たった冬、島村が「国境の長いトンネル」を抜けて再び温泉町を訪れたとき、娘は踊りの師匠の息降り癖がついたように繰り返し雪が降ること。

夫（つま）の忌はいつも雪ぐせ十年経ぬ　阿部信子

雪沓　ゆきぐつ

雪道を歩くためのくつ。藁（わら）で作った長靴のように深く保温性のあるものから浅い草履（ぞうり）状のものまで各種あり、土地ごとに呼び名がある。最近はゴムやナイロン、ポリエステル製などの雪靴・スノーブーツに移行している。冬の季語。

雪沓に唐辛子入れ山の僧　河村静香

雪国　ゆきぐに

冬季に雪が多く降る地方。北海道・東北も多雪地帯だが、川端康成『雪国』の影響か、北陸・日本海沿岸地方のイメージが強く感じられる。冬の季語。

雪国に子を生んでこの深まなざし　森澄雄

雪雲　ゆきぐも

冬空にどんよりと垂れこめ雪を降らせる雲。

子の行男の病院代を作るために芸者駒子となっていた。ここへ来る汽車の中で病気の行男をかいがいしく介抱していた若い娘が葉子だった。葉子は刺すような美しい目をした娘で島村は、次第に駒子以上に、この危険な魅力を放つ得体の知れない葉子に惹かれて行く。越後湯沢と思われる「雪国」の温泉町を舞台に、都会の無為と倦怠の中に生きる島村と、駒子、葉子の三者が織りなす心理のゆきたてを通して、人間の生の宿命的な哀しみが、抒情的かつ繊細な筆致で描き出されて行く。『雪国』は、一九三五年から四七年にかけて発表された、近代日本抒情文学の最高の到達であり、川端康成にノーベル文学賞をもたらした代表作である。

倉嶋厚が「冬型の気圧配置になると、日本海に発生した雪雲が白い筋となって越しの国々（北陸地方の各県）に押し寄せているようすが、気象衛星の写真に写っています。そんな夜は、**《雪の新潟　吹雪で暮れる佐渡は寝たかよ　灯も見えぬ》**という『佐渡おけさ』の歌詞を思いだします」と書いている（『お天気博士の四季だより』）。〈雪空〉ともいう。冬の季語。

　雪雲に青空穴のごとくあく　高浜年尾

雪曇り　ゆきぐもり

冬雲が垂れこめ雪が降りだしそうな雲合い。〈雪空〉〈雪暗(ゆきぐれ)〉ともいう。冬の季語。

　崖の上に犬吠えたつる雪曇り　加藤楸邨

雪暗　ゆきぐれ

雪雲に覆われ夕方のように暗くなること。鎌倉時代初期の「民部卿家歌合」に「**埋(うず)もれて梢にかはる深山路(みやまじ)もまた跡たえぬ雪ぐれの空**」、鬱蒼と繁る梢にかわった深い山路に分け入ると、さらに人の通う気配も絶えた雪雲で暗くなった空、と。冬の季語。

　雪暗に木の実の朱き裏通り　白崎美津子

雪気　ゆきげ

雪が降り出しそうな気配。〈雪催い〉。冬の季語。

雪解　ゆきげ

雪が解けて消えること。「雪消(ゆきげ)」とも書く。雪解け、雪消(ゆきぎえ)。〈雪解風〉〈雪解川〉〈雪解(ゆきげ)雫(しずく)〉〈雪解水(ゆきげみず)〉などという。「雪消月」は旧暦二月の異称。『万葉集』巻十に「**君がため山田の沢にゑぐ摘むと雪消の水に裳の裾濡れぬ**」、あなたのために山田の流れでエグを摘んでいたら雪解で増水した水で服の裾が濡れてしまった、と。「ゑぐ」は食用にする黒慈姑(ぐわい)。春の季語。

　水底の石うつくしき雪解かな　成毛亀満

雪解雨　ゆきげあめ

雪を解かす春の雨。春の季語。

竹を伐る人にやむなし雪解雨　前田普羅

雪解風　ゆきげかぜ

雪解けをさそう春風。水原秋櫻子は待望の春が到来した雪国の雪解けについて「雪解風の吹きわたる下に、日に日に解けてゆく。解けた雪は流れて雪解水となり、雪解川はいそいそと春の歌を唄う。軒端(のきば)に絶え間ない楽しげな呟(つぶや)きは、雪解雫(しずく)の滴(したた)る音である」と数え上げている（『俳句歳時記』）。春の季語。

雪解風月山はまだ天のもの　市村究一郎

光堂(ひかりどう)より一筋の雪解水　有馬朗人

雪解川大きく曲がる人の世へ　松本旭

雪解川　ゆきげがわ

雪解の水を集めて濁り、流れの速い春の川。春の季語。

雪解川名山けづる響かな　前田普羅

雪消し　ゆきけし

①農家などが積もった雪を割ったり上に土を撒いたりして雪解けを促すこと。②昔、本格的な雪の季節が到来する旧暦十一月、寒さと雪の憂さを慰めるため、果物や菓子などを贈答し合った習俗のこと。

雪景色　ゆきげしき

雪が降りしきっている光景。また一面雪におおわれている景色。『古今集』巻六に「**朝ぼらけありあけの月と見るまでに吉野の里に降れる白雪**」、早朝目が覚めると外がいつになく明るいので有明月のせいだろうと雨戸を開けてみたら、夜の間に吉野の里の庭一面が雪景色に変わっていた、と。「雪景」。冬の季語。

皇居前広場の宵の雪景色　三笠宮ゆかり

雪解雫　ゆきげしずく
軒や樹々の枝からしたたり落ちる雪解けの雫。「雪雫」ともいう。春の季語。
にぎはしき雪解雫の伽藍かな　阿波野青畝

雪化粧　ゆきげしょう
雪が降ったあと、あたり一面白粉（おしろい）を塗ったように白くなった景色。冬の季語。
碑を越して見し早池峰の雪化粧　能村登四郎

雪下駄　ゆきげた
和装で雪中を歩くために、普通の下駄より歯を高くし滑り止めの金具を打ち、爪先に皮の覆い（爪皮）をつけた下駄。女性の場合は防寒草履。冬の季語。
雪下駄が雪嚙み町へバス待つ間　米田一穂

雪解田　ゆきげだ
春になり雪が斑（むらぎ）消えになっている田んぼ。春の季語。
雪解田に空より青き空のあり　篠原梵

雪解野　ゆきげの
雪解けの時季を迎えた春野。雪がまだらに残る間から枯草や土が顔をのぞかせている。春の季語。
雪解野にまづ捜しみる蕗の薹　恩塚典子

雪解富士　ゆきげふじ
富士山の雪は五月ごろから解けはじめるが、ほとんど消えるのは七月中旬ごろになる。雪が消え新緑に包まれ、夏山らしくなった富士山。夏の季語。
山椒の棘（とげ）やはらかし雪解富士　福田甲子雄

雪解星　ゆきげぼし
春の季語。⇩「月のことば」の〈雪解星〉

雪解水　ゆきげみず
春になり南風が吹いて雨が降ると雪解けは一気に加速し、増水した川は濁流となって洪水を起こす。『万葉集』巻十八の長歌に「…射水川　雪消（ゆきげ）溢（はふ）りて　行く水の　いや増しにのみ」、射水川に雪解け水があふれ、水かさが増して流れて行くように、あなたへの想いが募って、と歌っている。春の季語。

雪解道　ゆきげみち
雪解けでぬかるんでいる道。「雪解け道」。春の季語。

雪解け道下がり眼の子の菓子袋　川崎展宏

雪解水田にあふれをり大鴉　角川源義

雪解村　ゆきげむら
雪解けがはじまった春の村里。〈雪解川〉の水かさが増し、家々の軒から〈雪解水〉のしたたる音が聞こえてくる。春の季語。

空へ向け放つ音楽雪解村　今瀬剛一

雪煙　ゆきけむり
粉雪が、強風や人の動きなどで空中に巻き上げられ、煙のように立つこと。冬の季語。

燃ゆる日や晴天翔ける雪煙　相馬遷子

雪解靄　ゆきげもや
雪国で早春、雪解け水が蒸発して立ちのぼる靄。「雪靄」。新潟県・長野県などでは「雪ねぶり」ともいう。春の季語。

雪解靄しづかに空にとけ入りぬ　副島いみ子

雪解山　ゆきげやま
春が長け雪解けがはじまった春山。「雪解山河」ともいう。一方「雪解谷」は雪解け水が流れる谷あい。いずれも春の季語。

風に聴く雪解山河の慟哭を　相馬遷子

雪解谷きのふの旅の人にあふ　矢島渚男

雪漕ぎ　ゆきこぎ
①深く積もっている雪をかき分けて進むこと。チェーンを装着した四輪駆動車などで雪山を走破することなどにもいうようだ。②雪国で冬の戸外作業に着る〈雪袴〉のこと。

雪籠り　ゆきごもり

雪に降りこめられて外出できないこと。冬の季語。

夜がきてまた夜がきて雪ごもり　長谷川素逝

雪転がし　ゆきころがし

雪玉を転がしてだんだん大きなかたまりにすること。〈雪達磨〉を作る。「雪まろげ」。

雪こんころ　ゆきこんころ

石川県地方などで、身体じゅう雪だらけになることをいう。

雪竿　ゆきざお

積雪の深さを測るために立てる目盛のついた竿。〈雪尺〉ともいう。また雪に埋もれて見えなくなる山道や農作物の在り処などの目印に立てる竿。『山家集』中に「**嶺渡しにしるしのさをや立てつらん木挽待ちつる越の名香山**」、峰々を吹き渡る風の中で、冬には雪に埋もれてしまう山道の在り処を示す目印に竿を立てているらしい、その杣人を待っている越の名香山、と。「越の名香山」は、現在の新潟県の妙高山という。冬の季語。

雪竿の上に見ゆるや佐渡ヶ島　伊藤松宇

雪桜　ゆきざくら

春、やや枝垂れた枝に白い小花をたくさんつけるバラ科の落葉低木〈雪柳〉の別名。

雪裂け　ゆきさけ

常緑樹の枝などが、積もった雪の重みに耐えかねて裂け折れること。

雪晒　ゆきざらし

縮織りや麻布などを雪の上に晒して日に当て、発生するオゾンの漂白作用で布を白くすること。川端康成『雪国』に「自分の縮を島村は今でも『雪晒し』に出す。誰が肌につけたかしれない古着を、毎年産地へ晒しに送るなど厄介だけれども、昔の娘の雪ごもりの丹精を思うと、やはりその織子の土地でほんとうの晒し方をしてやりたいのだった」と。冬の季語。

雪路　ゆきじ
雪の積もっている道。「雪道」。

雪時雨　ゆきしぐれ
冬の時雨がいつの間にか雪まじりに変わったもの。〈霙〉。語順を逆にした〈時雨雪〉は急に降り出したと思ったらすぐにやむ「通り雪」。同じようで微妙に違い、「雪時雨」のほうに趣と響きがある。飯田龍太は「雪時雨」を「たいへん美しい言葉で、気象用語の中では秀抜」と讃え、今後多く用いられるようになる季語だろうと言っている（『日本大歳時記』）。冬の季語。

海かけて暗むと見れば雪しぐれ　飯塚友二

雪地獄　ゆきじごく
北国が冬の豪雪によって強いられている極

⦿雪乞い
「雨乞い」と同様、雪が降るよう神仏に祈願すること。作家の松下竜一に「雪乞いの里」という作品がある。小浦島に住むきょうちゃんばぁばの夫は数年前の冬、胃がんで亡くなった。死ぬ半月前からほとんど食べ物がのどを通らなくなった。わずかな流動食も受けつけなくなったが、死ぬ二日前、雪が降ったとき、窓越しに見える雪を食べてみたいと言った。きょうちゃんばぁばが椀にすくってやると、おいしそうに口にふくんで呑みこんだ。それが最期となった。以来毎年冬に雪が積もると、きょうちゃんばぁばはきれいな雪を椀に盛って夫の位牌の前に供えてきた。そのことは村中のみんなが知っている。ところが今年は二月の末になっても雪が降らない。きょうちゃんばぁばは島の小さな神社に日参し、潮汲みし限的な雪害を言い表わした言葉。昭和十三年（一九三八）一月一日、新潟県十日町（現十日町市）の映画館の屋根が雪の重みで崩落し、死者六十九人、負傷者九十二人を出す大惨事となった。その後に建立された深雪観音旬街堂の献額に記されていた句に、「**雪じごく父祖の地なれば住みつけり**」。雪害対策が日本人全体の問題とならなかったのは、日本の多くの住まいと政治の中心が冬晴れ地帯にあったためであろう、と倉嶋厚は記している（『お天気博士の四季暦』）。

雪垂り　ゆきしずり

解けて緩んだ雪が、家の屋根や軒先、木の枝などから滑り落ちること。

雪支度　ゆきじたく

冬を前にした冬支度の中で、庭木の〈雪吊（ゆきづり）〉などとくに雪への対策。「雪用意」ともいう。冬の季語。

て「雪乞い」の願をかけている。潮汲みはもともとは日照りのときの「雨乞い」だが、雪乞いにも効くのではないか。このまま雪が降らなかったらきょうちゃんばぁばはどんなに落胆することだろう。そう思った里の女たちは、みんなで日の出前の浜に降りて潮汲みをすることにした。はたして女たちの「雪乞い」はかなえられるだろうか……。結末は、ぜひ作品で（『松下竜一その仕事2』）。

雪質　ゆきしつ

雪の性質や成分。日本雪氷学会の「積雪分類表」で決めている雪のさまざまな性質。「かわき雪」「しめり雪」「ぬれ雪」「べたぬれ雪」「みず雪」に分類される。

雪しまき　ゆきしまき

激しい雪まじりの風。吹雪。「しまき」は

「風巻」と書き、強風・旋風のこと。江戸時代前期の松永貞徳の俳諧式目書『俳諧御傘』の「しまき」の項に「しまきと云ふは吹雪と似たるものなり。吹雪は雪と風ばかり。雪しまきは時雨と雪と風と三色なり」とある。俳句では、ただ「しまき」だけで「雪しまき」を指すようになっている。冬の季語。

雪しまき港の景をうばひけり　五十嵐播水

雪尺　ゆきじゃく

気象台で積雪の深さを測るのに使う物差し。金属製のほうが丈夫だが、熱伝導が大きく雪が早く溶けてしまうので木製の「雪尺」を用いたという（『日本の空をみつめて』）。

雪浄土　ゆきじょうど

純白の雪に包まれた清浄な世界を浄土に見立てて言う。

雪女郎　ゆきじょろう

〈雪女〉のこと。雪女郎は雪女よりさらに妖怪じみて悪性であると石原八束はいう（『日本大歳時記』）。冬の季語。

瀬に下りて目玉を洗ふ雪女郎　秋元不死男

雪汁　ゆきしる

春が来て、野山や田畑に積もっていた雪が解けて流れ出した水。『源平盛衰記』三十四に「正月十日余の事なれば、富士のすそのの雪汁に、富士の河水増りつつ、東西の岸を浸したれば、輙く渡すべき様なし」と。〈雪代〉ともいう。春の季語。

雪標　ゆきしるべ

北海道地方で、一面雪におおわれた雪原で埋もれた道すじを示す道標（『お天気博士の四季暦』）。

雪しるべ天塩の川の吹だまり　津田露水

雪代　ゆきしろ

〈雪汁〉の転訛で、雪解け水のこと。東北

地方などで、山の雪が解けて上流に流れこんだため川が増水することをいう。山川に雪代が流れこむ時季になると、渓流釣りが解禁となり「雪代イワナ」「雪代ヤマメ」が釣れる。春の季語。

雪しろの逆白波や祭くる　きくちつねこ

釣られたる雪代山女魚(やまめ)身を反らす　田川江道

雪白　ゆきしろ

雪のごとく真白なこと。

雪捨て　ゆきすて

〈雪下し〉や〈除雪〉をした雪をトラックなどで運んで川や海に捨てること。

雪戯え　ゆきそばえ

「そばえ」はふざけている意で「天気雨」のことをいうが、〈霙(みぞれ)〉のことを「雪そばえ」という地方がある。

雪空　ゆきぞら

雪が降り出しそうな空模様。冬の季語。

雪空の羊にひくし出羽の国　幸田露伴

雪倒れ　ゆきだおれ

長野県地方など冬の豪雪地帯や山岳地域で、吹雪に巻かれて凍死することをいう。「吹雪倒れ」。

雪叩き　ゆきたたき

下駄の歯などに挟まった雪をたたいて落とすこと。

雪溜り　ゆきだまり

雪が吹き寄せられて溜まっているところ。

雪ダム　ゆきだむ

たいていのダムは大きめの河川の上流にあり、周辺の山には冬の間に多量の雪が積もっている。山に積もった大量の雪は、春以降に解けてダムに流れこむのだから、山の雪はもう一つの貯水場すなわち「雪ダム」と考えてよい。冬山には「雪ダム」があるということになる。

雪便り　ゆきだより
秋が深まり北国から届きはじめる初雪の知らせ。春の花便りと同じように用いられる。

雪達磨　ゆきだるま
雪の塊（かたまり）を転がして作った大小の雪玉を重ねて頭と胴体に見立て、顔に炭や炭団（たどん）をはめて目鼻とし、ダルマの形に完成させた雪人形。雪玉を転がすとだんだん大きくなっていくように、ひとりでに増えていくようすを「雪だるま式」という。冬の季語。

酔ひ帰る教師に夜の雪だるま　新田祐久

雪月夜　ゆきづきよ
昼間の雪がやんで月の出た夜。雪の積もった地上を月光が照らしている夜。冬の季語。

墨絵めく古都の家並雪月夜　折尾未醒

雪椿　ゆきつばき
早春、雪消えがはじまる山地で山茶花（さざんか）に似た小型の赤花を咲かせる椿。東北・北陸地方の多雪地帯に咲く。春の季語。⇩「花のことば」の〈雪椿〉

潮鳴れば雪にあくがれ雪椿　松本進

雪礫　ゆきつぶて
雪を丸めてこぶし大に固めたもの。〈雪合戦〉などで投げ合う。冬の季語。

女医未婚にて雪礫よくあたる　吉田吐志男

雪釣り　ゆきつり
細紐の先に炭を結んで垂らし、雪をくっつけて釣り上げる子どもの遊び。冬の季語。

雪吊　ゆきづり
多雪地帯で本格的な雪のシーズンを前に、庭園の木や果樹が雪折れしないよう、支柱を立て枝を細縄や針金などで吊り上げておくこと。冬の季語。

木場ゆけば雪吊の松小料理屋　三宅清三郎

「雪吊解く」は「雪吊」を外すことで春の季語。

雪点前　ゆきてまえ

雪見を兼ねて行う茶事。「雪見の茶事」ともいう。

雪訪い　ゆきどい

雪が降ったあと、親しい人が難儀していないか案じて訪ねてみること。〈雪見舞〉。

雪灯籠　ゆきどうろう

子どもが雪の大きな塊（かたまり）を作って穴をあけ、その中に灯をともして灯籠のようにしたもの。

❖雪・霜・氷のことわざ・慣用句：雪と墨
物事が正反対であること、また、二つの物事の相違がはなはだしいことのたとえ。

雪解け　ゆきどけ

春になって雪が解けること。〈雪解（ゆきげ）〉。倉嶋厚が三月下旬に北海道を訪れたとき目にした光景を記している。「石狩平野は、約一メートル（一〇〇〇ミリ）の積雪に覆われ、春分過ぎの明るい光を浴びて鎮まりかえっていました。積雪の密度は約〇・三ですから、雨量にして三〇〇ミリもの水が平野一面にたまっているのです。やがて雪解け水は勢いよく石狩川などに流れ込みます。…北国の四月は《水の春》です」（『お天気博士の四季だより』）。春の季語。

雪解けの水くろがねの音こぼす　山上樹実雄

雪怒濤　ゆきどとう

怒濤が襲いかかるように激しく吹きすさぶ吹雪。

雪止め　ゆきどめ

屋根に積もった雪が滑り落ちて人や庭木などを損なわないよう、軒に取り付ける落下防止具。

雪鳥　ゆきどり

一面の雪景色の中で群がり飛んでいる野鳥。乏しい餌を求めて競っているのか、あるいは水浴びの代わりに「雪浴び」をしているのか。

雪泥　ゆきどろ

春が近づくと積雪の表面は昼間いったん解け、夜間の冷えこみで再び凍り堅雪となることを繰り返すが、堅雪の表面に着いた汚れや泥を「雪泥（ゆきどろ）」〈雪垢〉という。〈雪泥（せつでい）〉とも。春の季語。

雪泥の港明るし荷馬の咳　西村公鳳

雪菜　ゆきな

雪国で栽培される菜類で、雪に埋もれると柔らかくなる。山形県米沢地方で食用に栽培される小松菜の一種をいう。「冬菜」のひとつ。冬の季語。

雪の冬菜男鍬ついて立てりける　杉風

⦿雪のぬかるみ

作家水上勉に「雪の中の瞽女（ごぜ）たち」という聞き書きがある。「瞽女」とは、旅回りをしながら三味線を弾き唄って米や金銭を得ていた盲目の女旅芸人のこと。昔は盲目の女子が生きてゆくのは今以上にむずかしかった。作家には幼少時、盲目の祖母に背負われ、毎年春になると姿を見せる瞽女の歌と話を聞きに行った記憶があった。瞽女は、ある時期に親方に託され、芸を仕込まれ、早春三月ごろになると旅に出される。雪が消え残るぬかるみに足が漬（つ）かると、足袋が濡れて足指が凍え、痛さに泣いた。見かねた親方が通りがかりの馬車を呼び止め、乗せてやってくれと頼んでくれた。親方が「ぬかるみに足が漬かって冷たいのは、朝、家を出るときから裸足じゃなかったからじゃ。家を出るときから裸足なら、途中で会

雪哭く　ゆきなく

降りたての粉雪の上を歩くと雪が「きゅっきゅっ」と鳴くような音を立てること。〈雪鳴り〉ともいう。

雪投げ　ゆきなげ

〈雪合戦〉。〈雪礫（ゆきつぶて）〉ともいう。冬の季語。

長停車降りて雪投げしてゐる子　高浜年尾

雪雪崩　ゆきなだれ

春の暖かさで緩んだ山の積雪が崩れ落ちること。雪崩。春の季語。

青天や夜に入りつつも雪なだれ　原石鼎

雪浪　ゆきなみ

砂の上に風紋ができるように、地吹雪でさらさらの雪の表面に波状に起伏ができること。冬の季語。

雪鳴り　ゆきなり

北海道の雪は密度が低く、〇・〇五以下のことが多い。降水量に換算して一〇ミリの

うたぬかるみも温こうなるわいの」と教えてくれた。

「ありがたい教えでございます」と、今は亡き親方を祀（まつ）っている神棚のかたわらで瞽女が語る。家を出るときから裸足で歩けば、濡れた足袋が凍ることもない。そんな旅を重ねている目に、山も野も善光寺の甍（いらか）も汽車の煙も見えない。「長い旅は、すべて闇の中なのだ。…物故した親方の霊を、すぐそこに抱きとめている孤児たちの美しさに、私は号泣にちかい、感動をおぼえずにはおれないのであった」と、作家は記している（『失われゆくものの記』）。

雪はふんわり積もって二〇センチ以上にもなる。北海道の雪は、玄関の前で外套や帽子を手で払うと、サラサラと落ちる。寒い朝の雪は踏むときゅっきゅっという音がす

る。倉嶋厚は前に住んでいた札幌で、北海道の俳人はこれを「雪鳴り」と呼ぶと聞いたことがあると記している（『お天気博士の四季暦』）。〈雪哭く〉ともいう。

雪鳴りの歩幅たしかむ夜の家路　岩切雅行

雪匂う　ゆきにおう

雪には花のような匂いはないはずだが、詩人の鋭敏な感覚が降りはじめの夜の雪や雪の中を来た人などに一種の微香を感じるのだ。

雪匂う夜のしじまに遠き人　蛯名松子

❖**雪・霜・氷のことわざ・慣用句：雪に白鷺**
雪も白鷺もともに純白であるところから、見分けがつきにくいこと、また目立たないことのたとえ。

雪濁り　ゆきにごり

春本番となり、大量の雪解け水が山河に流れこんで河川が濁ること。〈雪代〉〈雪汁〉も同様。春の季語。

吊籠に目眩む利根の雪濁　小林黒石礁

雪涅槃　ゆきねはん

降りじまいの〈名残の雪〉。釈迦が入滅した旧暦二月十五日が涅槃会で、現行暦では三月中旬過ぎに当たる。〈雪の果〉〈忘れ雪〉〈終雪〉などともいう。春の季語。

雪涅槃となりにける身のほとりかな　岸田稚魚

雪ねぶり　ゆきねぶり

新潟県・長野県地方の方言で早春、雪解け水が蒸発して靄のように立ちこめている光景。「ねぶり」は「眠り」とも「舐り」ともいう。春の季語。

山神の祠隠しの雪ねぶり　富沢みどり

雪野　ゆきの

一面雪に覆われた野原。冬の季語。

玉川の一筋光る雪野かな　鳴雪

雪の会　ゆきのえ

雪の日に催す茶会。

❖雪・霜・氷のことわざ・慣用句：雪の明日は孫子(まご)の洗濯

雪が降った翌日は晴れて暖かくなるので洗濯日和だということ。「雪の明日は裸虫(はだかむし)の洗濯」ともいうが、「裸虫」とは着替えをもたない貧乏人のことで、雪の翌日は晴天で暖かく薄着でしのげるから衣服の少ない人が洗濯しても大丈夫ということ。

雪の音　ゆきのおと

雪は音もなく降り積もるが、「しんしんと降る」といい、「さらさらと降る」とも表現する。折口信夫に「**正月の山にしづるる雪の音かそかなりけり夕(ゆうべ)にきけば**」と。⇩〈雪の声〉

雪の終り　ゆきのおわり

春になってから降る、降りじまいの雪。高知・鹿児島では二月下旬、大阪・京都・東京などでは大体三月中旬から下旬、札幌では四月下旬になることが多い。春の季語。

雪の賀　ゆきのが

長寿を寿いで雪の降るころに行う古希・喜寿などの祝い。

雪の暮　ゆきのくれ

雪が降っている歳暮。〈暮の雪〉ともいう。

金借りに佐野の渡や雪の暮　許六(きょりく)

雪の化身　ゆきのけしん

雪に宿る霊魂・神仏などが人の姿をして現れ出たもの。〈雪女〉や人に害をなす大雪を「白魔」と呼ぶのも同様であろう。画家の斎藤真一が、取材で訪れた越後・高田の深雪の中であわや遭難しかけた夜、「なおもしんしんと降り続く雪を宿の窓から眺めていると、その中から大雪原を舞狂ってゆく白魔のような、雪の化身を見たのである。私は、この自然の息づきのようなものを、私の描く絵の世界に、再現してみたい強い焦燥にかられて眠れなかった」と書いている（『風雨雪』）。

雪の結晶　ゆきのけっしょう

六角形をしているところから雪の結晶を〈六つの花〉とか〈六花（りっか）〉という。しかし、「雪の結晶」が平面的で左右対称の六角形の美しい形をしていると人びとに思わせたのは、アメリカのウイルソン・ベントレーが一九三一年に出版した『Snow Crystals（雪の結晶）』の写真集の影響である。実際の「雪の結晶」は「針状」「角柱状」「平板状」などさまざまで、「立体的な構造のもの、あるいは不規則な形のもの、あるいは無定形に近いようなもの」が非常に多いという。さらに「雪の結晶はきわめて種類が多く、従来雪の代表の如くに思われていた六花状の結晶は、実際に降る雪の全量の中ではほんの一部に過ぎないことが分かった」と中谷宇吉郎は記している（『雪』）。

バスの窓雪の結晶つけしまま　星野椿

雪の声　ゆきのこえ

雪の降る気配を詩的に言いなした表現。山本健吉は「雪は音もなく降るものだが、雪の降る夜、耳を澄ますと、空でさらさらと音を立てているような感じのすることがある」といっている（『基本季語五〇〇選』）。冬の季語。

雪のこゑ老来（ろうらい）ひしと四方より　飯田蛇笏

雪残る　ゆきのこる

春になっても消え残っている雪。〈残雪〉。春の季語。

雪残る頂（いただき）一つ国境　正岡子規

雪の下　ゆきのした

野山の陰地などに生え、雪の下におおわれても緑の色を保つところからその名がついたというユキノシタ科の半常緑多年草。雪を思わせる白い花の下に緑の葉があるところからの名ともいう。五、六月ごろ花茎の先に白い花をつけ、花の五弁の形や丸い肉厚の葉の形状からの連想で「鴨足草（ゆきのした）」「虎耳草（ゆきのした）」などとも書く。夏の季語。⇩「花のことば」の〈雪の下〉

日ざかりの花や涼しき雪の下　呑舟

雪の種類　ゆきのしゅるい

日本雪氷学会の積雪分類表では、「新雪」「こしまり雪」「しまり雪」「ざらめ雪」「こしもざらめ雪」「しもざらめ雪」の種類があり、雪質も「かわき雪」「しめり雪」「ぬれ雪」「べたぬれ雪」「みず雪」に分類され

⦿雪の桜田門

安政七年（一八六〇）三月三日の朝、雪が降りしきる桜田門外で、時の江戸幕府の大老井伊直弼（いいなおすけ）が暗殺された。当時の江戸の人びとは桃の節句に雪が降るとは前代未聞だといぶかった。三月三日は、現行暦なら三月二十四日ごろにあたる。

井伊家の警護の武士たちは、雪支度に身を固めていたうえ、長らくつづく泰平の世のこととて刀の柄を柄袋で覆っていた。そのため供回りの武士たちは、襲撃されてもとっさに抜刀して迎撃することができず、槍や刀を鞘ごと振り回すありさまで、効果的な防御ができないまま、桜田門の雪を次々と朱に染めていった。この年の異例の寒さがもたらした雪によって、二百数十年つづいてきた江戸幕府の最高権力者が、わずか十八人の浪士の手で仕留められてしまった。

ている（倉嶋厚『お天気博士の四季暦』）。

雪の精　ゆきのせい

「精」は精霊。物の怪（け）。〈雪女〉「雪坊主」などのこと。江戸時代の季語解説書の『華実年浪草』に「深山雪中稀に女の皃（かお）を現ず。これを雪女と謂ふ。雪の精と謂ふべし」と。冬の季語。

　雪吊の竪琴弾くは雪の精　元吉竹瓶子

雪の絶間　ゆきのたえま

雪が一旦上がった晴れ間。⇩〈雪間〉の②

雪の名残　ゆきのなごり

春になってから冬の名残のように降る〈別れ雪〉。

雪のなぞなぞ

倉嶋厚『お天気博士の四季だより』に『世界なぞなぞ大事典』（大修館書店）よりとして世界の雪のなぞなぞが紹介されている。

・アルメニアのなぞなぞ：「大地をくるむ白いハンカチ、でも海はくるめないものなあに？」。

・スイスのなぞなぞ：「村中のすべての家の屋根を新しくするのはどんなとき？」。

答は「雪」と「雪の朝」。

雪の肌　ゆきのはだえ

雪のように白く美しい女性の肌のたとえ。〈雪肌（せっき）〉とも。

雪の果　ゆきのはて

春になってから降る最後の雪。降りじまいの雪。〈雪の名残〉〈雪の別れ〉〈忘れ雪〉〈終雪〉などみな同様。春の季語。

　着くずれの肩のさみしき雪の果　木村蕪城

陽暦の三月二十四日なら桜の満開が近づく頃合だが、時には三月下旬、場合によっては二〇一五年のように四月八日にもなってから雪が降ることはある。

雪の花　ゆきのはな
雪の降るさまを花が散るのに見立てた語。いっぽう、木の枝に積もっている雪を花が咲いているさまになぞらえて言うこともある。『古今集』巻六に「**冬ながら空より花の散り来るは雲のあなたは春にやあるらむ**」、まだ冬なのに空から雪が花びらのように散りかかってくるのは雲の向こうに春が来ているからだろう、と雪を花にたとえて春を待望している。「雪の華」とも書き「雪華(せっか)」ともいう。冬の季語。
馬の尾に雪の花ちる山路かな　支考

雪の枕　ゆきのまくら
雪の降る夜の枕辺。鎌倉時代初期の「御室五十首」藤原家隆に「**山陰や松のとぼそも埋もれて月ぞさし入る雪の枕に**」、山陰ゆえに住まいの庭の松の戸も雪に埋まってしまって、雪の夜の枕辺には月の光が射しこんでいる、と。

雪の峯　ゆきのみね
振り仰ぐと白く雪を戴いた山の峰。寛美編『芭蕉杉風(さんぷう)両吟百員』に、「**見わたせば雲はは がれて雪の峯**」。

雪の宿　ゆきのやど
雪の夜に泊まった宿。冬の季語。
オリオンの真下春立つ雪の宿　前田普羅

雪の山　ゆきのやま
①雪を高く盛り上げて作った山。『枕草子』八七に「**けふ雪の山作らせ給はぬところなんなき。御前(おまえ)のつぼにも作らせ給へり。春宮(とうぐう)にも弘徽殿(こきでん)にも作られたりつ**」、師走の十日に大雪が降ると中宮定子は侍たちを動員して庭に雪の山を作らせた。そのあとやってきた使いの者が「今日雪の山を作らなかったところなどありませんでした。玉座近くの中庭でも作り、東宮でも、弘徽殿

でも作りました」と言った。②雪が降り積もった山。

雪の雷　ゆきのらい

北国で雪が降りだす前に鳴る雷と稲妻。直後に強風が吹き、つづけて雪が降りだす。〈雪起し〉「雪雷」ともいう。冬の季語。

雪の雷浅間の火天ゆるがし来　細見綾子

雪の別れ　ゆきのわかれ

春も半ば近くに降る今季最後の雪。〈雪の名残〉〈忘れ雪〉などともいう。春の季語。

❖雪・霜・氷のことわざ・慣用句：雪は五穀の精

雪は、米・麦・粟・黍（稗）・豆など五穀の豊作をもたらす瑞兆であるということ。

雪袴　ゆきばかま

雪の中での作業や雪山を歩行するときにはく袴。〈雪漕ぎ〉ともいう。冬の季語。

雪袴腰のふくらみ菜を洗ふ　森澄雄

雪柱　ゆきばしら

降った粉雪が風で巻き上げられ、どこかの光源を反射してかすかに光る柱となって立ち上がり、野を移動してゆくもの。加藤楸邨に「雪柱」というエッセイがある。金沢で代用教員をしていたある冬、帰りの電車が雪で止まり、途中から徒歩で家を目指さざるを得なくなった。次第に疲労が押し寄せ、意識がもうろうとしてくる目に映ったのは「低く幽遠なひびきをのせて一つの雪柱が野を駆けてくるところであった。柱の裾は周りの雪を吸いあげるようにはためいた。…その柱は真白に私の方に向いて走るのであった。私は雪柱の光でどこかに月のあることを感じていた」と（『加藤楸邨全集』第六巻）。

❖雪・霜・氷のことわざ・慣用句：雪は農民の宝

ロシアのことわざとして倉嶋厚が紹介している。ユーラシアの厳寒の乾燥地帯では、積雪は農作物の凍結を防ぐ役をし、雪解け水は春の大地をうるおす恵みとなっている、と。雪はすき間に空気を含んでいるため、綿のように断熱・保温作用があるという（『お天気博士の四季暦』）。

❖雪・霜・氷のことわざ・慣用句：雪は豊年の瑞（しるし）

雪が多く降るのは豊作の前兆ということ。『万葉集』巻十七に「新（あらた）しき年の初めに豊（とよ）の稔（とし）しるすとならし雪の降れるは」、新年の初めに豊作の前兆を告げてくれているらしい、雪が降っているのは、と。

雪肌　ゆきはだ

降り積もった雪の表面。また、雪のような白い肌。「雪膚（ゆきはだ）」とも書き「せっぷ」ともいう。

雪花　ゆきばな

雪の降りはじめのひらひら舞う大きな雪片を花びらにたとえた語。江戸時代前期の俳書『毛吹草』巻第六に、「**雪花の親はとはば時雨かな**」。

雪腹　ゆきばら

雪の降る前や雪が降りだしたとき、冷えから腹痛が起きること。

雪晴　ゆきばれ

大雪の翌朝は快晴無風の好天気になることが多い。窓を開けると、見なれたはずの風景が白一色に覆われ、日射しを浴びた銀世界がきらめく。早くもどこかから雪搔きの音が聞こえてくる。冬の季語。

雪晴や雨垂れの音皆ちがふ　田村木国

雪ばんば
漢字で書けば「雪婆（ゆきばんば）」。晩秋、空中を雪片が舞うように飛ぶアブラムシ科の昆虫。体から白い綿状の分泌物を出すので雪か綿のように見え、「綿虫」ともいう。俗称で〈雪虫〉。冬の季語。また、早春、積もった雪の上に現れるトビムシ・ユキガガンボ・カワゲラなどの〈雪虫〉をいう場合には春の季語。⇩〈雪虫〉

雪ばんば飛ぶ阿部川の洲の幾つ　長谷川かな女

雪庇　ゆきびさし
冬山の崖や稜線から風下側に張り出した雪の庇（ひさし）。また雪が積もった軒庇。風による震動や気温の上昇で崩れ落ちる。〈雪庇（せっぴ）〉とも。冬の季語。

ひとり居の陶師に暮るる雪庇　前田時余

雪霏々　ゆきひひ
雪が降りしきるようすを表わす言葉。「霏」は雪や雨が降るさまの形容。

雪霏々と舷梯（げんてい）のぼる眸（め）ぬれたり　横山白虹

雪紐　ゆきひも
木の枝や塀の上などに積もった雪がずれて滑り出し、紐状にたれ下がったもの。電線などの周囲に凍りついたものは「筒雪」という。

雪日和　ゆきびより
雪が降り出しそうな空模様。〈雪催い〉。冬の季語。

籠り居ることにもけじめ雪日和　大貫正子

雪襖　ゆきぶすま
通路を確保すべく除雪した雪を道端に積み上げ、襖のようになった雪壁。冬の季語。

雪襖今日からはもう海見えず　志摩江汀

雪踏み　ゆきふみ
雪が降りつづく降雪地では、除雪が間に合わず雪の捨て場もないので、雪を踏み固めて歩行路を確保する。冬の季語。

雪踏に馴れみちのくの冬に馴れ　二唐空々

雪降髪　ゆきふりがみ

雪が積もったように白い馬のたてがみをいう。鎌倉時代後期の私撰和歌集『夫木抄』巻七に「山かつの垣根のそひにはむ駒の雪降髪と見ゆる卯の花」、山里の人家の垣根の脇で口を動かしている馬の白いたてがみのように見える卯の花、と。

❖雪・霜・氷のことわざ・慣用句：雪仏の水遊び

無知で、みずから危険を招き寄せて自滅すること。「雪仏の日向遊び」「土仏の水遊び」などともいう。

雪篦　ゆきべら

雪国で使う雪掻きや雪下し用の木製ないし金属製の篦。

雪帽子　ゆきぼうし

①雪が降ったときの外出やスキーをするときにかぶる防寒用の帽子。②樹木や建物の上に帽子のように積もった雪。また雪片の大きな牡丹雪などをいう。ともに冬の季語。

一日の旅に馴染し雪帽子　吉村ひさ志

雪帽子馬具屋に忘れ来しと思ふ　成田千空

雪星　ゆきぼし

埼玉県・青森県地方などで大犬座のシリウスのことをいう。晩秋、雪の季節が近づくにつれて夜空にくっきりと見えはじめるからいう、と。

雪蛍　ゆきほたる

晩秋から初冬のころ、繁殖のために空中を青白く光りながら飛ぶ「ワタフキアブラムシ」いわゆる「綿虫」のこと。俗称で〈雪虫〉ともいう。冬の季語。

嘘を言ふショール臙脂に雪ぼたる　飯田龍太

雪仏　ゆきぼとけ

仏の形に作った雪達磨。冬の季語。

御ひざに雀鳴くなり雪仏　一茶

雪掘り　ゆきほり

雪の重さで家がつぶれないよう積もった雪を掘って捨てること。また春の近づいた雪国で、家の周囲に固く凍りついた根雪を割り起して雪解けを促すこと。〈雪割り〉〈雪切り〉ともいう。春の季語。

雪掘って摘みたる芹の真青なる　本岡歌子

雪間　ゆきま

①積もっている雪が春の暖かさで解けはじめ、ところどころ黒く見えだした地面。『古今集』巻十一に「**春日野の雪間を分けて生ひ出でくる草のはつかに見えし君はも**」、春日野の雪消えの地面に萌え出てきた若草のように、ほんのちょっと顔を見ただけのあなたなのですが……、と。春の季語。

布晒すひかりのなかの雪間かな　庄司圭吾

土といふものの黒さの雪間かな　渋沢渋亭

②雪が小やみになった晴れ間。〈雪の絶間〉ともいう。『源氏物語』薄雲に、ある雪の日の翌朝、明石の上は光源氏との間にもうけた姫を、源氏の求めを断りきれずに子のない正妻紫の上に託すことを覚悟する。姫の行く末と姫の去ったあとの自らの寂しさを案じて、せめて姫の消息だけは絶えないようにしてほしいと涙ながらに訴えると、乳母は「**雪間なき吉野の山をたづねても心のかよふあと絶えめやは**」、雪の絶え間のない吉野の奥山を探してでも、心を通わせる便りを絶やすことなどしましょうか、と泣きながら慰める。

雪間草　ゆきまぐさ

特定の品種の草花ではなく、長い冬のあい

だ耐えてきて雪間からようやく萌え出した青草をいう。春の季語。

ふるさとは水より覚めて雪間草　桧山孝子

雪捲り　ゆきまくり

斜面の積雪に強風が吹きつけ、雪の表面をまくり上げたり雪の塊を転がしたりして円筒形の俵のような形にする現象。「雪俵」〈俵雪〉ともいう。

雪雑り　ゆきまじり

雨や風に雪がまじって降ること。霙（みぞれ）のことで「雪交（ま）ぜ」ともいう。冬の季語。

山葵田（わさびだ）に雪まじりなる雨の音　福永耕二

雪松　ゆきまつ

松の葉先に綿を載せたり白い粉を糊付けしたりして雪に見立てた正月用の飾り松。

雪待月　ゆきまつつき

冬に入り、雪が降りだすのを待つばかりになっている、旧暦の十一月の異称。

雪祭　ゆきまつり

多雪地帯の町で豊年祈願や観光などのために行う雪にまつわる行事・祭事。北海道札幌市の大通公園では毎年二月、巨大な雪像を多数展示して「さっぽろ雪まつり」を開催し、大勢の観光客を集める。また長野県下伊那郡の伊豆神社で毎年一月十四・十五日に田楽を奉納して行う祭礼は「新野（にいの）の雪祭」として知られる。「さっぽろ雪まつり」は冬の季語。「新野の雪祭」は新年の季語。

火の神に雪供へたり雪祭　沢木欣一

雪招き　ゆきまねき

島根県地方で、曇り空から時々日が射していると思ううちに荒れ模様となり雪が降りだすような天候をいう。

雪まろげ　ゆきまろげ

「まろげ」は、丸めること。積もった雪の

上で雪のかたまりを転がし大きな雪玉作りを競う遊び。漢字で書くと「雪丸げ」または「雪転げ」。大小の雪玉を重ねて雪だるまを作る。「雪まろばし」「雪ころがし」ともいう。冬の季語。

雪まろげ非番看護婦も加はりぬ　星野麥丘人

雪見　ゆきみ

雪景色を賞でながら飲食・歓談すること。冬の大雪に難渋する雪国の人にとっては眉を顰(ひそ)めたくなることかもしれないが、古来わが国の宮廷人・風流人たちは、雪が降ると酒肴を並べ詩歌・管弦をして風雅の宴を張った。

芭蕉の「**いざさらば雪見に転ぶところまで**」はよく知られているが、雪の日に風流人を装おうとすれば、冷たさに堪えることが必要となる。この間の機微を韜晦(とうかい)して川柳作者は「**雪見には馬鹿と気の付くところまで**」と笑いのめしている。花見と同じように「雪見行(ゆきみこう)」「雪見笠」〈雪見船〉〈雪見酒〉などと多様に展開する。「雪の人」「雪の友」はともに雪見を愉しむ仲間のこと。冬の季語。

比叡(ひえ)一つ前に置たる雪見かな　乙州

雪見草　ゆきみぐさ

霜が下り初雪を見るころまで花のある遅咲きの菊の異名。〈冬菊〉〈寒菊〉「霜の菊」ともいう。冬の季語。⇩「花のことば」の〈雪見草〉

雪見御幸　ゆきみごこう

鎌倉時代の説話集である『古今著聞集(ここんちょもんじゅう)』巻第十四などに伝えられている話で、平安時代中期のある雪の朝、白河上皇は洛北・小野に閑居する後冷泉天皇の皇后だった歓子(かんし)の訪問を思い立ち、随身(ずいじん)の者がその前触れをした。突然の御幸にも歓子は少しも慌てず、「雪みる人は内へ入事なし」と言ってあえて雪の庭に席を設えた。上皇は咎めることなくかえってその床しさと閑寂さを哀れんで、帰ってから荘園を一つ下賜されたと言い伝える。「小野御幸」ともいう。

雪岬　ゆきみさき

真白く雪に包まれた最果ての岬。

雪国の雪のつづきの雪岬　小林波禮

雪見酒　ゆきみざけ

雪見をしながら酌み交わす酒。冬の季語。

隅田川橋場の渡し雪見酒　関千秋

雪見障子　ゆきみしょうじ

障子の一部をガラス張りにしそこへ上下に動く小障子をはめ、障子を全開にしなくても小障子を上げれば雪景色の庭園が見えるようにした工夫。「冬障子」「雪障子」ともいう。冬の季語。

茶を立ててひそむ小さき雪障子　平畑静塔

⊙雪道

保元の乱につづく平治元年（一一五九）十二月の平治の乱で、源氏の棟梁源義朝は平清盛の率いる平家軍に敗れた。東国目指して落ち延びんとしたが尾張国で討たれ、嫡男の源頼朝も生け捕られて流罪となった。義朝は九条院の雑仕女常盤御前との間に三人の男子がいた。平家の厳しい追及を逃れて常磐は、八歳になる今若、六歳の乙若の手を引き、二歳の牛若を胸懐に抱いて逃避行をつづけた。二月十日の未明、吹きつのる寒風に身は凍え、踏みなずむ足からの出血が雪道を赤く染めた。このとき乳を求めて泣く懐の赤子こそ、後に屋島・壇ノ浦で平氏を殲滅して父の仇を討った源義経である。江戸後期の漢詩人梁川星巌は、この日の雪道の情景を「雪は笠檐に灑ぎ風は袂を捲く／呱々乳を索むるは若為なる情ぞ／他年鉄枴

> 峯頭(ほうとう)の巘　三軍を叱咤するは是れ此の声」と吟じた。鉄枴峯は鉄枴山で鵯越(ひよどりごえ)がある六甲山系の嶺。常磐御前の胸に抱かれて泣いていた赤子の牛若こそ、後年鵯越で平家を打ち破った源義経だといっている。なお今若は後に異母兄頼朝の旗揚げの陣営に駆けつけた阿野全成(あのぜんじょう)、乙若は同じく源(みなもとの)義円(ぎえん)である。

雪水　ゆきみず

雪解け水。「赤城の山も今夜を限り、国を捨て縄張りを捨て、可愛い子分のおめぇたちとも別れ別れになる門出だ」とはじまる新国劇『国定忠治』の辰巳柳太郎の名台詞は「小松五郎義兼が鍛えし業物(わざもの)、万年だめの雪水に清めて…、俺にゃあ生涯てめぇという強い味方があったのだ」と謳い収められる（行友李風作）。

雪見月　ゆきみづき

雪見に歓を尽くす旧暦十一月の別名。草木・月の異名などを詠んだ和歌を集めた室町時代の歌学書『蔵玉集』に「曇りつる空のしるしに雪見月今朝こそ冬のしるし有けれ」、曇った空に雪見月の気配がするのは今朝こそ冬のしるしの雪が降るのだろう、と。

雪見灯籠　ゆきみどうろう

雪笠を目深にかぶった姿のように笠の部分の大きな、丈の低い石灯籠をいう。

雪見船　ゆきみぶね

水の上から雪景色を賞でるために漕ぎ出す船。降りしきる雪と、雪が積もって美しく変貌した岸の景色を、暖を取りながら雪見酒を酌み交わしつつ雪見船の上から観賞することは日本人の風流の代表だった。「雪見舟」とも書く。冬の季語。

旺（さか）んなる七輪の炎や雪見舟　小川千賀

雪蓑　ゆきみの

雪の中の外出や作業のときに着る蓑。〈雪合羽〉も同様。

雪見舞　ゆきみまい

常ならぬ大雪が降ったあと、雪害がなかったか、体に障りがなかったか、親戚や知人の安否を気遣って見舞うこと。冬の季語。

紅爪の五指をそろへて雪見舞　飯田蛇笏

（芸妓か舞子がなじみ客を見舞っているのであろうか）

雪無音　ゆきむおん

雪が積もりだすと、地上から音が絶える。音もなく降り募る雪。

雪無音たれも使はぬ言葉欲し　沖田佐久子

雪迎え　ゆきむかえ

①北国で雪の季節を迎える心構えのことば。

②山形県地方で、小さな蜘蛛が自分で吐き出した銀色の糸を風にのせて秋晴れの空を移動する姿を「雪迎え」と呼び、雪の季節の到来を知らせる合図とするという。冬の季語。

糸噴きて風待つ蜘蛛や雪迎　大森久慈夫

雪無限　ゆきむげん

無限に降りつづけるかと思われるほどの雪。

狂へるは世かはたわれか雪無限　目迫秩父

雪虫　ゆきむし

倉嶋厚『お天気博士の四季暦』は『国民百科事典』（平凡社）より引用して、日本各地で「雪虫」と呼ばれている昆虫は二つに大別できると書いている。「一つは、東北、北海道などで、雪が降り出す前に空中を飛ぶワタアブラムシの類である。この虫は白い綿のような分泌物を体につけており、風にのって飛ぶ様子が、やがて降りはじめる雪を思わせるので、この名前がついた」と。

その姿が雪か綿のように見えるところから〈雪ばんば〉とか「綿虫」と呼ばれ、雪の季節の到来を告げる虫だとしている。アイヌ語で〈ウパシキキリ〉と呼ばれる〈雪虫〉もアブラムシの一種で、雪の降る前兆とされるという。冬の季語。

雪虫の飛ぶ廟前の木立かな　河東碧梧桐

もう一つの「雪虫」は、新潟県などの積雪地帯で春から夏に雪の上に出現するさまざまな種類の昆虫の総称で、高山の雪渓などに姿を現して登山者に親しまれている。早春、雪の上に現れるトビムシ・ユキガガンボ・カワゲラなどの「雪虫」は春の季語。

雪娘　ゆきむすめ

⇩〈雪女〉

雪眼　ゆきめ

雪山登山やスキーで、雪の反射した紫外線により眼炎を起こすこと。結膜や角膜が炎症を起こし、目が赤く充血して痛み、涙が流れて目を開けられない。冬の季語。

行きちがふ顔もあげずに雪眼かな　皆吉爽雨

雪眼鏡　ゆきめがね

〈雪眼〉にならないようにかける色眼鏡。夏より強い雪山の紫外線を遮断するためには、サングラスより雪山用のゴーグルが適しているという。冬の季語。

雪眼鏡それで鳩ども焦茶色　細谷源二

雪飯　ゆきめし

鹿児島県地方などで、死者の年忌の出席者に供する菓子をいう。米粉に砂糖を入れてこね、蒸籠（せいろう）で蒸して作る。

雪持ち　ゆきもち

①草木の葉や枝が積雪を保持しているさま。「雪持ちの梅」「雪持ちの笹」「雪持ちの椿」などという。②屋根に降り積もった雪が落下して人や庭木を傷めないよう、木材

や竹などで作った落雪防止装置。

雪靄　ゆきもや

⇩〈雪解靄（ゆきげもや）〉

雪催　ゆきもよ

雪の降っている最中をいう。『源氏物語』朝顔に「**かきつめて昔恋しき雪もよにあはれをそふる鴛鴦（おし）のうき寝か**」、静かな秋の一夜、光源氏は紫の上を相手に来し方のことどもを語り合っている。そのとき鴛鴦（おしどり）が鳴いたのを聞いて「昔のことをかき集めて懐かしく思い出している雪のさ中に、浮き寝の鴛鴦の鳴き声が重なり聞こえてしみじみとした思いがさらに深まる」と詠んだ。

雪催い　ゆきもよい

冬空がどんより曇っていまにも雪が降りだしそうな空模様。〈雪気（ゆきげ）〉ともいう。川端康成『雪国』に「この国では木の葉が落ちて風が冷たくなるころ、寒々と曇り日が続く。雪催いである」とある。冬の季語。

鯉跳んで雪の匂ひす雪催ひ　殿村菟絲子

湯帰りや灯ともし頃の雪もよひ　永井荷風

雪模様　ゆきもよう

雪が降りそうな空模様。〈雪催い〉〈雪気（ゆきげ）〉も同様。冬の季語。

雪焼け　ゆきやけ

青天の冬山などで、日射しと雪に反射した紫外線のせいで顔が日焼けすること。一方、北国で手足などの「しもやけ」をいうこともある。冬の季語。

雪焼の笑みのこぼるる八重歯かな　有泉七種

雪柳　ゆきやなぎ

四月ごろ細長くしなった枝全体に白い小花をいっぱいつけるバラ科の落葉低木。さながら柳の枝に雪が積もった姿に見えるところからの名前。〈小米桜（こごめざくら）〉ともいい、漢名は〈噴雪花〉。春の季語。⇩「花のこと

ば」の〈雪柳〉

朝(あした)より夕(ゆうべ)が白し雪柳　五十嵐播水

雪山　ゆきやま

雪におおわれた山。清麗で厳(おごそ)かな純白の冬山。「雪嶺(せつれい)」ともいう。俳人野澤節子の「春の雪山」に「美の女神は、あけぼのの空のも中の雪山に突然、音もなく、声もなく、くれないに現れて、間もなく、サッと血の気が引くように、どことなく立ち去ってしまった。あとには索然とした真白なただの雪山がのこった」と（『花の旅 水の旅』）。平安時代の宮中で雪が降ると庭に雪を積み上げて作った山のこともいう。冬の季語。⇩〈雪の山〉

雪山を匐(は)ひまはりゐる谺(こだま)かな　飯田蛇笏

雪夜　ゆきよ

雪が降っている夜といえば、口を突いて出るのは北原白秋作詞・山田耕筰作曲の「ペチカ」。「雪の降る夜は楽しいペチカ／ペチカ燃えろよお話しましょ／昔々よ燃えろよペチカ」。「ペチカ」はロシア語だが、北海道などでも使われてきた煉瓦造りの暖炉のこと。

息荒く牛も雪夜を耐へゐたる　西村梛子

雪養生　ゆきようじょう

本格的な降雪シーズンを前に樹木に縄などを巻いて雪害から保護すること。

雪除　ゆきよけ

雪国で風雪害から家を守るために建物の周囲などにめぐらした垣根や囲い。また草木を保護するために設けた冬構え。冬の季語。

雪除を編むも作務なり永平寺　赤坂静住

「雪除とる」といえば、春になって「雪除」を取り外すことで、春の季語。

雪輪　ゆきわ

長野県や山陰地方で、深い雪の上を歩くと

きの「輪かんじき」のことをいう。

雪分け衣　ゆきわけごろも

深い積雪をかき分けながら歩いて行くときに着る衣。源実朝『金槐集』冬に「**払へただ雪わけ衣緯をうすみ積れば寒し山おろしの風**」、雪道を分け行くときの上着は着ているが横糸が薄く雪が積もってくると寒いので、衣についた雪を払っておくれ山下ろしの風よ、と。

雪割り　ゆきわり

雪国では冬のあいだ家の周囲に降った雪が解けずに根雪になっている。春が近づき、踏み固められ固く凍りついた雪を、スコップ・ツルハシなどを振るって割り砕き雪解けをうながす作業。〈雪切り〉ともいう。積もった雪を取り除くのに雪割りという言葉はそぐわない感じがするが、北海道生まれの作家渡辺淳一は「このころの雪は、半年の集積で、何重にも層をなし、下の方は硬く氷になっている。スコップでは割れなくて、鶴嘴が必要になるときもある」と書いている（『北国通信』）。春の季語。

雪割の雪黒く積む店の前　法師浜桜白

雪割草　ゆきわりそう

早春、野山の残雪のあいだから萌え出し、花茎の先に白・紅・紅紫色などの花を咲かせるキンポウゲ科の多年草。「州浜草」「三角草」ともいう。春の季語。なお、夏に中部地方以北の高山帯の残雪の間に咲くサクラソウ科の多年草に同名の高山植物がある。⇩「花のことば」の〈雪割草〉

花終えし雪割草を地にかへす　軽部烏頭子

雪割灯　ゆきわりとう

降雪が予想されるとき、線路が雪で埋もれてしまわないよう枕木の傍に設置するカンテラ。灯油を燃やした暖気で雪を解かす。

春の季語。

雪割灯花びらのごとし貨車過ぎる　駒宮もりつぐ

雪割れ　ゆきわれ

積雪した斜面の雪がゆるみ、雪面に裂け目ができはじめた状態。雪が動揺する予兆で、雪崩に発展する恐れがある。「クラック」ともいう。

雪を戴(頂)く　ゆきをいただく

山の頂上が雪で覆われていること。また、頭髪が白いこと。

❖雪・霜・氷のことわざ・慣用句：雪を欺く

雪と見まがうほど白いこと。とくに女性の白く美しい肌の形容。

雪を搔く　ゆきをかく

雪を搔き寄せて取り除く。除雪。

雪を漕ぐ　ゆきをこぐ

腰の高さまで積もっているような深い雪を、両手でかき分けるようにして進んでゆくこと。『義経記』巻五に「重き鎧は著たり、雪をば深くこきたり、軍(いくさ)疲れに酒は飲みつ、火には当たる」、主君の義経を落ち延びさせた佐藤継信は、自ら義経に扮して敵を引きつけ吉野山の一坊に身を隠す。重い鎧を着て深い雪をかき分け、激しい戦闘に疲労した体を酒で癒し火に当たって暖を取った、と。

雪を回らす　ゆきをめぐらす

強風が雪を吹き回す。転じて、雪が風に舞うごとく衣の袖をひるがえしてあでやかに舞う姿の形容。

雪ん子　ゆきんこ

子どもの姿をした雪の精。「雪童子(ゆきわらし)」ともいう。

夢野の鹿　ゆめののしか

『日本書紀』仁徳紀、『摂津国風土記』などに見える説話。仁徳天皇は夏は夜ごと高殿で皇后と語り合いながら聞こえてくる鹿の鳴き声に心を慰めていた。が、あるときから声が絶えた。そのころ鹿の肉が献上されたので「何処の鹿ぞ」と問うと、摂津の菟餓野（現在の神戸市）の鹿だという。天皇はあの鹿ではないかと思った。摂津・兵庫のあたりには牡鹿と牝鹿の伝説が伝わる。牡鹿には淡路島に妾がいた。ある晩牡鹿は自分の背に雪（霜）が積もりすすきが生える夢を見たので牝鹿に話すと、かねがね牡鹿が妾のところに通うのを嫉妬していた牝鹿は夢占いをし、すすきは牡鹿の背に矢が突き刺さるしるしで、雪は殺されて塩を塗られる兆しだと言って牡鹿が出かけるのを止めようとした。しかし振り切って出かけた牡鹿は、途中で猟人に、あるいは海で海人に射殺されてしまったという。のちに菟

⊙夜の雪

西島という商家の主人がいた。俳句をたしなむ風流人で、ある夕刻、降りはじめた雪に誘われ雪見に出かけようと奉公人を呼んだ。供をいいつけるのを聞いていた妻女が「風流心のある人には雪見も楽しいでしょうが、そんな雅に興味のない子には、雪の夜の外出はどれほど辛いことでしょう。あなたも自分の子どもなら供などいいつけはしないでしょう」といい、

我子なら供にはやらじ夜の雪

と一句詠んだ。これを聞いて西島は心を打たれ、名句ができたから今日の雪見はもう十分だといって出かけるのをやめたという（『月雪花』）。

餓野は夢野と改名され「夢野の鹿」といわれるようになった。

夜霰　よあられ

夜になってからばらばらと音高く降る霰。

宵の雪　よいのゆき

日暮れからまだ間もない夜の初めに降る雪。

八日吹　ようかぶき

⇩〈師走八日吹〉

横吹雪　よこふぶき

烈しい風とともに横から吹きつける吹雪。

横吹雪出かける足を引き戻す　揚原れい子

横雪　よこゆき

烈風にのって横ざまに吹き降りする雪。鎌倉時代初期の私家集『建礼門院右京大夫集』に、「宿へ出づる道すがら、すだれをあげたれば、袖にもふところにも、横雪にて入りて」、日吉神社で夜どおし参籠した明け方、輿に乗って家に帰る途中に簾を上げると横風に吹きつけられた雪が袖にも懐にも入ってきた、と。

ら行

落雪　らくせつ

強風などで積もった雪が崩れ落ちること。〈雪崩(なだれ)〉ほどの規模ではない。

ラッセル　russell

登山やスキーで、深い雪の中を道を切り開きながら進むこと。

ラッセル車

線路上の雪を排除するため、前部に雪掻き用の設備を備えた除雪機関車。冬季以外は除雪装置を外して普通のディーゼル機関車として使用される。掻いた雪を遠くまで飛ばすロータリー車もある。「除雪車」ともいう。冬の季語。

ラッセルの汽罐の火あかき深夜かな　多賀九江路

六出　りくしゅつ

雪の結晶が六角形をしているところから雪を六弁の花に見立てた語。「六辺香(ろくへんこう)」ともいう。倉嶋厚が、紀元前一五〇年ごろの中国の文献に雪の花は「六出」と記されていると書いている。唐詩の高駢(こうべん)「対雪」では、雪が吹き込んでくるのを「六出の飛花戸に入らんとする時　坐(そぞろ)に看ゆ青竹の瓊枝(けいし)に変ずるを」と詠じており、日本でも古くから雪は〈六つの花〉と呼ばれてきたから、雪の結晶が六角形であることは、ずいぶん昔から知られていたらしい、と（『お天気博士の四季だより』）。「瓊枝」は美しい枝。

六花　りっか

雪の別称。⇩〈六つの花〉

流雪溝　りゅうせつこう

雪国で街の大通りの両側に設けた幅一メー

トルくらいの流水溝。降雪期に灌漑用の水を流し、その中に除雪した雪を投げ込んで解かし流す。

流氷　りゅうひょう

北海道のオホーツク海などで、冬に凍っていた海氷が春になって解け割れ、風や海流によって海上を漂流しているもの。氷塊群が浮き漂っているので「浮氷」ともいう。一月中旬から四月ごろまで見られる。春の季語。

国後島（くなしりとう）が見ゆ流氷の渚にて　北野登

流氷哭く　りゅうひょうなく

春、北海道の沿岸に押し寄せた流氷が犇（ひしめ）き合い、きしんで立てる音を「流氷が哭（な）く」とたとえた。

夜の底の流氷きしむ音にこそ　米田双葉子

臘雪　ろうせつ

旧暦十二月、臘月（ろうげつ）に降る雪。

老雪　ろうせつ

春が近づき、地上の雪は老いて痩せ、艶は褪（あ）せ香も消えて土がのぞきはじめた状態。堀口大學の「雪国雑記」に「**北国も弥生半ばは／雪老いて痩せたりな／つやあせて香の失せて／わが姿さながらよ**」（『堀口大学全集』第六巻）。雪も年をとるのだ。

わ行

我がもの　わがもの
「我が物と思えば軽し笠の雪」の慣用句を踏まえて、雪の夜に女との逢瀬を唄った江戸・文化文政期の俗曲。

❖雪・霜・氷のことわざ・慣用句：我が物と思えば軽し笠の雪
自分に由来することなら多少の重荷や厄介も苦にならないということ。宝井其角の句「我が雪と思へば軽し笠の上」から派生したことわざ。

別れ霜　わかれじも
春が深まる四月中旬から五月上旬ごろ、移動性高気圧などで夜間の放射冷却が強まり、気温が急に下がって下りる霜。江戸時代の季語解説書の『華実年浪草』春之部巻四に「凡そ立春より八十八夜の日、必ず霜有り。…八十八夜の後、更に霜無し。故に之を忘れ霜、或は別れ霜と謂ふ」と。お茶をはじめ果樹の若葉や新芽に霜害を与えるので生産者には要注意だが、「八十八夜の別れ霜」というようにこれが最後の霜となる。〈忘れ霜〉「終霜」「霜の別れ」ともいう。春の季語。

膝折って縁を拭きこむ別れ霜　桂信子

別れ雪　わかれゆき
冬に別れを告げるように降る春の雪。〈別れ霜〉からの連想か。〈雪の果〉〈終雪〉ともいう。春の季語。

忘れ霜　わすれじも

春になって下りる最後の霜。〈別れ霜〉〈晩霜(ばんそう)〉とも。春の季語。

忘れ霜つねに言ひたき遺影の口　加藤楸邨

忘れ雪　わすれゆき

春になってから降る最後の雪。〈終雪(しゅうせつ)〉〈雪の果〉ともいう。気象庁天気相談所によると、各地の終雪の最も遅い日付は、東京四月十七日、新潟四月二十三日、仙台五月三日、札幌五月二十五日だという（二〇二〇年二月三日現在）。春の季語。

鳥だけが知る山窪のわすれ雪　能村登四郎

綿帽子雪　わたぼうしゆき

山頂や木のてっぺんに、綿帽子をかぶったように積もっている雪。

綿雪　わたゆき

春の暖かさで雪の結晶がゆるみ、ちぎった綿のような大きな雪片となって降る雪。〈淡雪〉〈牡丹雪〉も同様。春の季語。

綿雪の高さは黒く見えて降る　原育園

月のことば

付(つけたり)　星のことば

はじめに

「来世は月をたがやさむ」――日本人の月旅行と宇宙大航海時代の始まり

月は、地球からおよそ三五万〜四〇万キロメートル離れたところを公転している地球の唯一の衛星。その半径は一七三八キロメートルで、自転しつつ約二七・三二日で地球の周りを一周している。自転と公転の周期がほぼ等しいので、地球には常に同じ半面だけを見せている。太陽の光を反射して輝き、地球・月・太陽の位置関係によって、地球から見ると「新月」から「上弦の月」「満月」をへて「下弦の月」へと満ち欠けして姿を変える。

『万葉集』巻一に「**熟田津**（にきたつ）**に船乗りせむと月待てば潮もかなひぬ今は漕ぎ出でな**」、熟田津から船出しようと月の出を待っているとちょうど潮の具合がよくなってきた、さあ今こそ漕ぎ出そう、と。また『古今集』巻四に「**月見ればちぢに物こそ悲しけれ我が身ひとつの秋にはあらねど**」、月を仰いでいるとこれまで自分の身に起こった数々の切ない出来事が浮かんでくる、物思いする秋は私ひとりのものではないけれど、とも。

月の本質である清々しさ、さやけさは、何といっても秋がいちばんなので、わが国の美意識では、ただ「月」といえば「秋の月」に決まっていて、ほかの季節の月を指す場合には「春の月」「夏の月」「冬の月」とことわる。「月」は秋の季語。

月はやしこずゑは雨を持ちながら　芭蕉
ある僧の月も待たずに帰りけり　正岡子規
月出でてしばらく沼の暗さかな　谷野予志
農夫われ来世は月をたがやさむ　蛭田大艸

「来世は月をたがやさむ」との日本の農業者の憧れも、いまやたんなる空想とはいえなくなっている。世界はいま月探査と月の地下資源をめぐる争奪戦のさなかにある。半世紀前に宇宙飛行士を月に着陸させたアメリカは、二〇一七年末、再び「月探査」に注力すると宣言した。そして二〇二四年までにもう一度宇宙飛行士を月面に立たせようとしている。一方の中国は、二〇一九年一月三日（日本時間）、無人月探査機「嫦娥（じょうが）四号」を世界で初めて月の裏側へ着陸させることに成功した。月の地下に埋蔵されている膨大な資源の開発競争で優位に立とうとしている。

日本も、腕をこまねいているわけではない。二〇〇七年には月探査機「かぐや」を打ち上げ、主衛星と二機の子衛星に搭載している十四の観測機器を駆使して月面の精細な地図を作製するなど、大きな成果を上げた。また日本のファッション通販サイトの創業者前澤友作氏は、二〇二三年にアメリカのスペースX社が打ち上げる大型探査ロケットの開発費用の一部を負担することによって月周回旅行の座席の権利を取得し、気心の知れた芸術家を誘って月を周回してくる月旅行に出発しようとしている。

いま人類は、五〇〇年前に冒険航海者たちが「新大陸」を目ざして地球一周の遠洋航海に乗り出したときの再来のように、史上初の「宇宙大航海時代」に突入しようとしている。月と星は、人類にとってそして日本人にとっても、詩歌や神話・物語の中のたんなる文芸的・空想的な対象ではなくなっている。これまで実現不可能な夢物語として語り継がれてきた「宇宙旅行」は、遠からず旅行代理店から売り出されるパック旅行の一つになりそうだ。

そのような現状を見すえて、本書では、現代日本人の生活と文化・芸術にかかわりの深い「月と星のことば」七百余項目を採り上げて解説した。座右に備え折にふれて繙(ひもと)いてくだされば、思いがけない発見と感動があることと信じつつ——。

あ行

アークトゥルス　Arcturus

〈牛飼座〉の首星。「アルクトゥルス」ともいい、日本では麦秋のころにひときわ美しく輝くので〈麦星〉とか「麦熟れ星」という。⇩〈牛飼座〉〈春の大三角〉

青星　あおぼし

冬の宵、南の空にきらめく〈大犬座〉の首星〈シリウス〉の別名。シリウスは光度マイナス一・五等で、全天に二十一個ある〈一等星〉以上の星の中でももっとも明るく、星色が青白く見えるところから「青星」という。〈天狼星(てんろうせい)〉ともいい、冬の季語。

暁月　あかつきづき

明けそめた朝空にかかっている月。「あかときづき」ともいう。旧暦十六日以後の早暁の空に月が消え残っている情景を「暁月夜(あかつきづくよ)」という。『万葉集』巻十に「**しぐれ降る暁月夜紐解かず恋ふらむ君と居(お)らましものを**」、時雨の止み間に月が見える明け方、わたしが行くまでは衣の紐を解かずに待ちこがれているだろうあなたと一緒にいたいのに、と。また、『土佐日記』の一月十七日の項に「**くもれる雲なくなりて、暁月夜いとおもしろければ、船を出だして漕ぎゆく**」と。

暁闇　あかつきやみ

月が出ていない暗い明け方。旧暦の一日から十四日ごろまでの日の出前の空には月が見えない。明治から大正にかけて成立した官製百科史料事典の『古事類苑』は、鎌倉時代の歌学書『八雲御抄(やくもみしょう)』から引いて「**あ**

かつきやみといふは、夕月のころは、暁(あかつき)やみとなる也」、なぜ「暁闇」というかといえば、夕空にかかっていた月は夜中には沈んでしまうので日の出前は暗闇となるからだ、といっている。『万葉集』巻十二に「**夕月夜暁闇のおほほしく見し人ゆゑに恋ひわたるかも**」、夕月夜の翌朝の暁闇のようにおぼろげに見ただけの人だからかえってこんなに恋しく思いつづけるのでしょうか、と。「あかときやみ」「暁闇(ぎょうあん)」ともいう。

明星　あかぼし

明るく輝く星。また「赤星」と書いて、赤く光っている星。夜明けの空に輝く「明けの明星(みょうじょう)」、つまり〈金星〉をいう。『山家集(さんか しゅう)』下に「神楽二首」と詞書して「**めづらしな朝倉山の雲ゐより慕ひ出たる明星の影**」、なんと美しいのだろう、朝でも暗い朝倉山の上の雲間で神楽の音に誘われて瞬(またた)きはじめた明けの明星の光、と。

秋の大四辺形　あきのだいしへんけい

秋の夜空の天頂付近に大きな四角形をなしてかかる〈ペガスス座〉の三星と〈アンドロメダ座〉の一つの星からなる四つ星の通称。「ペガススの四辺形」ともいわれ、日本ではその四角形を「枡形星(ますがたぼし)」と呼んできた。⇩〈ペガスス座〉〈アンドロメダ座〉

秋の契り　あきのちぎり

「契り」は逢瀬の約束。年に一度〈七夕〉の夜、牽牛(けんぎゅう)星と織女(しょくじょ)星が天の川を渡って逢うこと。鎌倉時代末期の勅撰和歌集『続後拾遺集(しょくごしゅういしゅう)』巻四に「**天の川秋の契りの深ければ夜半にぞわたす鵲(かささぎ)の橋**」、天の川をはさんで年に一度しか逢えない牽牛と織女の深い相愛に感じ、鵲が集まって織女を渡す橋になってやっている、と。

秋の月　あきのつき

秋の夜空にかかっている月。『古今集』巻四に「**白雲に羽**（はね）**打ちかはし飛ぶ雁のかずさへ見ゆる秋の夜の月**」、白雲の下を羽を重ねるようにしながら飛んで行く雁の数までがはっきり見える秋の夜空の明月、と。「秋月」ともいうが、俳句では秋と断らずにただ「月」といえば「秋の月」に決まっている。秋の季語。

深川や蠣殻（かきがら）**山の秋の月**　一茶

秋の星　あきのほし

秋風が吹くと、空気が白く乾いて高く明るい空になる。澄んだ秋の夜空の星はひときわ美しい。秋の季語。

夕ぞらの色の中から秋の星　三橋敏雄

秋二日　あきふつか

二日とは〈中秋の名月〉の旧暦八月十五夜と〈後（のち）の月〉の旧暦九月十三夜のこと。

秋北斗　あきほくと

秋の空にかかる〈北斗七星〉。中秋の宵、北天のやや西寄りの水平線近くに位置する〈北斗七星〉を、まるで北斗の柄杓で海の水を汲んでいるようだと詠んだ美しい「秋北斗」の句をブログで見たことがある。

明け残る　あけのこる

夜が明けても月や星がまだ空に消え残って見えていること。

明の月　あけのつき

夜明けの空に残っている月。〈有明月〉「朝月」ともいう。秋の季語。

明けの明星　あけのみょうじょう

日の出前の東の空に明るく輝く〈金星〉の通称。反対に日没前後の夕空にきらめきはじめる金星は〈宵の明星〉。

朝月夜　あさづくよ

明るみはじめた朝空に月が残っている情景。「暁月夜（あかつきづくよ）」に同じ。『万葉集』巻九に「鳴く

鹿を詠みし一句」と詞書して、「**秋萩の妻をまかむと　朝月夜　明けまく惜しみ…**」、秋萩を鹿が敷き臥すように妻と共寝しようとすると、有明月の夜が明けてしまうのを惜しんで鹿が鳴いている、と。秋の季語。

歩み入る島は中夏の朝月夜　中村草田男

朝行く月　あさゆくつき
朝空に照り映えている月。源三位頼政（げんざんみよりまさ）の家集『頼政集』巻上に「**あまの原朝行く月のいたづらに世にあまさるる心ちこそすれ**」、朝空の有明月を見ていると、わが身がむなしく世の流れから取り残されていくような気がする、と。

あとさん
幼子に教える月の呼び名。「**あとさんなんぼ**」といえば「お月さんいくつ」の意。〈ののさま〉も同様。

油月　あぶらづき
どのような月かわかりにくいが、江戸時代の俳諧撰集『崑山集』にある「**油月の影やちろめく鼠壁　信元**」「**油月はあんどんげなる光かな　春可**」「**さしそへて内くらからぬ油月　守久**」などの古句から察するに、油を流したように光がぼんやりしている月のことだろうといわれる。要するに春の〈朧月〉と思われるが、秋の季語とする説もあるようだ。

アポロ計画　アポロけいかく
アメリカ航空宇宙局（NASA）の有人による月探査計画。一九六二年にスタートし、六九年七月二十日、アポロ一一号が人類初の月面着陸に成功したあと、一九七二年の一七号で終了した。

アポロ一一号　Apollo 11
一九六九年七月二十日（協定世界時間）に、

世界で初めて人類を月に着陸させたアメリカの宇宙船。翌二十一日二時五六分一五秒、月面に降り立ったニール・アームストロング船長の「一人の人間にとっては小さな一歩だが、人類にとっては偉大な飛躍だ」という言葉はテレビで世界中に生中継されて大きな感動を与えた。アポロ一一号は、マイケル・コリンズが操縦する司令船、バズ・オルドリンが操縦する月着陸船、そして機械船の三つの部分からなり、三人の宇宙飛行士は、八日間以上の任務を終えて地球に帰還し、七月二十四日に太平洋上に無事着水した。⇩〈月面着陸〉　コラム「⦿アポロ一三号」

天満月　あまみつつき
夜空に照り映える満月。

天満星　あまみつほし
夜空一面にまたたく星々。

> **⦿天の川**
> 夏の夜空を見上げると、天頂近くの〈白鳥座〉のあたりから南に向かって、薄い雲のようなあるいは川か道のような光の帯が見える。これが「天の川」で、実は二〇〇〇億個以上ともいわれる星々の集合帯である。つまり私たちのいる地球や太陽を含む銀河系宇宙の無数の星々の渦巻の縁辺が、天を流れる川のように見えるところからついた呼び名だ。古代中国では〈銀河〉といい、長江の支流である漢江の気が天に昇った天河だとして「天漢」「銀漢」などともいう。ギリシア神話では、大神ゼウスが愛人アルクメネに生ませたわが子ヘラクレスを不死身にしようと、妻である女神ヘラの乳をのませようとしたが、嫉妬深いヘラが乳を与えることを拒否したので眠り薬で眠らせて乳を吸わせようとした。しかし目覚めて気

雨夜の月　あまよのつき

雨の降る夜の月だが、多く十五夜の名月が雨雲で見えないことをいう。雨雲が一時的に切れて月が顔を出すこともいう。転じて、雲の中に思い描くだけで現実には会えない恋人などについていう。平安時代後期の勅撰集『詞花集』巻七に「**影見えぬ君は雨夜の月なれや出でても人に知られざりけり**」、姿の見えないあなたは雨夜の月なのでしょうか、出ていても見えないなんて。どうぞ顔を見せてください、と。〈雨の月〉ともいう。

雨夜の星　あまよのほし

雨の夜空の星のように、あっても見えないもの。また、どこにあるのかわからないもの、あるはずのないもの。

雨の月　あめのつき

雨が降って「中秋の名月」が見えないこと。

づいたヘラがヘラクレスを払いのけたので、そのときほとばしった乳が天に届いてできた川だとする。英語で「ミルキーウェイ(Milky Way)」と呼ぶのはそれに由来している。日本では、古来の信仰と中国から伝来した習俗が習合して、年に一度旧暦の七月七日の夜、天の川で隔てられた牽牛と織女が川を渡って契りを結ぶ「七夕祭り」の行事が生まれた。『万葉集』巻十に「**天の川楫(かじ)の音聞こゆ彦星と織女(たなばたつめ)と今夜(こよい)逢ふらしも**」、天の川に舟の楫をあやつる音が聞こえている。今宵彦星が織姫星に逢いに行くため舟を漕いでいるのだな、と。彦星は〈鷲座〉の首星〈アルタイル〉、織姫星は〈琴座〉の首星〈ベガ〉。「天の川」の光は淡いので、月が明るい夜や地上の光がまぶしいところでは見るのがむずかしい。月のない晴れた夜に都会から離れた山野など条

雨雲が月を隠しているけれど、上空はどことなく明るい。〈雨月（うげつ）〉〈雨名月〉とも。秋の季語。

雨の月どこともなしの薄明り　越人

雨降星　あめふりぼし

〈牡牛座〉のヒアデス星団の異称。「ヒアデス」がギリシア神話で雨を降らす七人の妖精を意味するところからの名。「釣鐘星」ともいう。

雨名月　あめめいげつ

旧暦八月十五日の夜、雨が降って「中秋の名月」が見えないこと。〈雨月〉〈雨の月〉〈雨夜の月〉〈月の雨〉などともいい、いずれも秋の季語。⇩〈雨月〉

夜もすがら雨名月の瀬音かな　佐藤竹門

新たなる月　あらたなるつき

十五夜の宵、東の空に昇ったばかりの清新さが匂うような満月。旧暦八月十五日の夜空に昇ったばかりの中秋の名月。『源氏物語』鈴虫の光源氏の言葉「**月見る宵の、いつとても、物あはれならぬ折はなき中に、今宵のあらたなる月の色には、げに、なほ、我が世の外までこそ、よろづ思ひながさるれ**」、月を見ればどんなときでもしみじみとした物思いにさそわれないことのないなかで、今宵十五夜の昇ったばかりの匂うような月の光にはまさに、この世以外のさまざまなことへの感懐にまでいざなわれていくようだ、にもとづく言葉。「あらたなる

件のよいところに行かないと見えない。俳句で「天の川」は秋の季語。〈銀河〉「銀漢」「雲漢」「天漢」「星河」などともいい、いずれも秋の季語。⇩〈銀河〉

荒海や佐渡に横たふ天の川　芭蕉

銀漢を仰ぎ疲るゝこと知らず　星野立子

月」を紫式部は、中唐の大詩人白居易の「銀台金闕夕沈々　独宿相思翰林に在り　三五夜中新月の色　二千里外故人の心」の「新月」をふまえて和語にしている。⇩〈三五夜〉　コラム「⊙新月二題」

荒星　あらぼし

〈冬の星〉の中でも、とくに木枯らしが吹きすさぶような夜に荒々しい光を放っている星。冬の季語。

荒星に和む眼の友ら老ゆ　金子兜太

有明　ありあけ

明るみはじめた朝空にまだ入り残っている月。清少納言は「月は　有明の、東の山ぎはにほそくて出づるほど、いとあはれなり」、月は有明月が、東の山の端からほっそりと昇ってくるころがことに哀れ深い、と評している（『枕草子』二五三）。また、江戸から明治にかけての国語辞書『和訓栞』に「ありあけ、有明の義、十六夜以下は夜は已に明くるに月はなほ入らである故に云ふなり」、月齢十六日以後の月は、夜が明けたのになお沈まずに入り残っているので有明という、と。『古今集』巻十三に「有明のつれなく見えし別れより暁ばかりうきものはなし」、空に有明の月が消え残りあなたがつれなかったあの別れの朝以来、私には暁ほど辛いものはありません、と。〈残月〉も同じ。〈有明月〉「有明月夜」ともいう。秋の季語。

有明や光をしぼる軒行灯　成美

有明月　ありあけづき

夜が明けたのに空に消え残っている月齢十六日以後の月。とくに月齢二十六日ごろの繊月が哀れ深い。「有明月」は夜が更けてから昇り、朝まで残っている。月が宵から朝まで一晩中空にあるのは、ひと月のうちで二晩か三晩くらいだという。『新古今集』巻十六に「有明の月ばかりこそ通ひけれ来る人なしの宿の庭にも」、有明の月だけは訪ねてきた、誰も訪れる人のない私の庭にも、と。秋の季語。

アルゴ座　Argo

二月下旬の宵、南天低く東寄りの地平線上に見える巨大な星座。ギリシア神話で、テッサリアのイオルコスの王子イアソンが、コルキスにある金毛の羊皮を手に入れるために仕立てた漕ぎ手五十人の大船アルゴー船になぞらえられる星座。あまりに大きいのでその後「帆座」「艫座」「竜骨座」「羅針盤座」などに分割されて、現在では「アルゴ座」の名前は使われなくなっている。日本からは「艫座」「竜骨座」の一部が見えるだけだが、「竜骨座」の首星〈カノープス〉は〈大犬座〉の〈シリウス〉に次いで全天第二位の明るさのマイナス〇・七等星である。⇩〈カノープス〉

アルタイル　Altair

〈鷲座〉の首星で、七夕の〈彦星〉。⇩〈鷲座〉

アルテミス　Artemis

ギリシア神話の狩りと月の女神。ゼウスとレトの娘で、アポロンの双子の妹。野獣や家畜の守護神とされ、月の女神〈セレネ〉と同一視される。ローマ神話ではディアナ。

アルテミス計画　アルテミスけいかく

アメリカ航空宇宙局（ＮＡＳＡ）が、かつての「アポロ計画」の延長上に計画している有人月面着陸と基地建設計画。アポロンの双子の妹で月の女神であるアルテミスにちなんで名づけた。二〇二四年までに再び宇宙飛行士の月面着陸を実現し、二〇二八年までに月面基地の建設を開始するとしている。「アルテミス計画」では、とくに女性飛行士による初の月面着陸を実現しようとしているといわれる。さらに月の軌道上に宇宙ステーションを建設し、火星探査の拠点にしようという構想だ。二〇二〇年十月十四日、日米欧八か国が宇宙資源の平和的利用などを約した国際ルールの「アルテミス合意」にわが国も署名、月面探査への本格的参加に乗り出した。

アルデバラン　Aldebaran

冬の夜空で〈牡牛座〉の牛の目のところに橙色(だいだいいろ)に輝く首星。アラビア語で「後についてくるもの」という意味で、同じ牡牛座の〈昴(すばる)（プレアデス星団）〉の後につづいて昇ってくるところから名づけられた。日本でも「昴の後星(あとぼし)」と呼ぶ地方がある。

アルファ星　アルファせい

星座を構成する星の中でいちばん明るい星。〈首星〉ともいい、「α星」とも書く。

暗黒星雲　あんこくせいうん

点の形に光る星とは違い、雲のようにぼうっと光る天体を〈星雲〉というが、濃いガスや塵のために暗く見えるものを「暗黒星雲」という。⇩〈星雲〉

アンタレス　Antares

〈蠍座(さそり)〉のS字形のはじまり付近に赤く輝く〈首星〉の大きな〈一等星〉。アンタレスとは「火星アレスの敵」という意味で、赤い色が火星と競っているように見えたところからついた名。「蠍の心臓」という異名もある。中国では「大火」、日本では「赤星」といった。⇩〈蠍座〉

アンドロメダ座　Andromeda

中秋の宵に空を仰ぐと、天頂のやや左手（東）に〈ペガスス座〉の〈秋の大四辺形〉が見える。その大きな四角を柄杓と見たてた場合、柄杓の北東の角のアルファ星から三つの星が柄杓の柄をなしている。これらの星々の描き出す形が、ギリシア神話で岩に鎖でつながれたエチオピアの王女になぞらえられる「アンドロメダ座」である。アンドロメダはエチオピアの美しい王女で、母親が娘自慢のあまり海の精霊（ニンフ）たちをけなしたために海神の怒りを買い、海の魔物の妖怪鯨の生贄とするべく岩につながれた。やがて襲ってきた海魔が大口をあけて王女を呑み込まんとしたとき、天馬ペガススに乗った、あるいはヘルメスの翼のついたサンダルで空を飛行してきたペルセウスが上空から舞い降り、海魔を剣で一刺しにして屠（ほふ）った。そして王女を娶（めと）ってギリシアに帰還したという。

アンドロメダ銀河　アンドロメダぎんが

十月ごろの月のない宵、〈アンドロメダ

⊙芋名月と豆名月

里芋も枝豆も栗も、もともとは十五夜の供物であった。それなのになぜ十五夜は〈芋名月〉、十三夜は〈豆名月〉〈栗名月〉と区別されるようになったのか。大坂町奉行久（く）須美祐雋（すみすけとし）の随筆『浪花の風』は「**十三夜には団子を製することなし。うで豆一式を多く調（ととの）え置（おき）て、家内下女、下男迄（まで）に、多く是（これ）を食はしむ。故に十三夜の月を、市中にて豆名月といふ**」、十三夜には月見団子は作らない。豆をたくさんゆでて下働きの使用人たちにまで食べさせるので〈豆名月〉というのだ、と言っている。このように〈芋名月〉と〈豆名月〉とが区別されるようになっていった理由について歴史学者の鳥越憲三郎は、「月見が民間にひろまるにつれ、枝豆や栗を八月十五夜の供物として食べるには、収穫の上で早すぎて価（あたい）が高く、十三座〉のすぐ右脇（西）に見える白くぼうっと光る楕円形の渦状銀河。フランスの天文学者メシエの星雲・銀河カタログ番号「M31」で、「アンドロメダ大星雲」とも呼ばれる。わたしたちのいる「天の川銀河」と同じくらいの大きさのよく似ている銀河で、約二〇〇〇億の星からなるといわれる。

碇星　いかりぼし

〈カシオペア座〉のこと。W字の形を船の碇に見立てた和語。秋の季語。⇩〈カシオペア座〉

　鶏鳴の空の冥（くら）きに碇星　後藤眞由美

軍星　いくさぼし

〈北斗七星〉の別名。文部省編輯寮が明治四年（一八七一）に編纂を開始したもののその後中絶した辞書『語彙』に「いくさぼし、北斗をいふ、兵学家に北斗を軍神とす。故に此名あり」と。

夜に枝豆や栗を用いるようになったのであろう。そのことから、両夜を区別して呼ぶ名称も生じたものと思われる」（『歳時記の系譜』）と記している。庶民の懐具合では、十三夜まで待たないと枝豆や栗を気軽に手に入れることはできなかったようだ。

十六夜　いざよい

古くは「いさよひ」で旧暦十六日の夜の「十六夜の月」をいう。とくに旧暦八月十五夜の翌（あく）る晩の月。十六夜の月は十五夜の満月に比べて三〇分ほど遅く出るところから、ためらっている、つまり「いさよふ」とみて「いざよう月」といった。「十六夜（じゅうろくや）」ともいい「望（ぼう）（もち）」を過ぎたため「既望（きぼう）」ともいう。見た目には満月とほとんど変わらないのに、これから少しずつ欠けていくという思いがそこはかとない陰影となって、淡い寂しさが感じられると水原秋櫻子は言っている（『俳句歳時記』）。『源氏物語』末摘花に「**もろともに大内山は出でつれど入る方見せぬいざよひの月**」、光源氏は、その日の夕方頭の中将と一緒に宮中から退出したが、中将をまいて以前噂に聞いて関心をもった常陸宮の姫君の屋敷に向った。源氏の挙動に不審を感じた頭の中将は密かに跡をつけて声をかけ、「一緒に宮中を出たのに入るところを見せないなんてあなたは十六夜の月みたいな方ですね」と詠んで源氏を冷やかしている。これをふまえて、鎌倉時代初期の歌学書『八雲御抄』は「月」の項で「**いざよひの月は十六日月也云々。是源氏の歌の故なり**」と解説している。阿仏尼の『十六夜日記』は、京を出立した建治三年（一二七七）十月十六日から書き始めた日記なのでその名がある。「十六夜」は秋の季語。

　十六夜や一声こぼす五位の声　嵐外

（「五位」はゴイサギ）

一月三舟　いちげつさんしゅう
空にかかっている月は一つだけれど、停まっている舟から見れば月も止まって見え、西へ行く舟から見ると月も西へ動き、東へ行く舟からは東へと三様に動く。そのように仏の教えも聞く人の気持ちによって異なって受け取られる、という仏教のたとえ話。

一番星　いちばんぼし
日没後、いちばんはじめに輝きだす星。昭和初期の小学唱歌「一番星みつけた」（生沼勝作詞）に「一番星みつけた　あれあの森の　杉の木の上に／二番星みつけた　あれあの土手の　柳の木の上に」。

一角獣座　いっかくじゅうざ
冬の夜空で有名な〈冬の大三角〉と重なる

ように位置する、伝説上の動物一角獣（ユニコーン）になぞらえられる星座だが、暗い星ばかりでわかりにくい。

五日月　いつかづき

旧暦で五日の夜の月。三日月が少し太った月。

一等星　いっとうせい

星の見かけ上の明るさ（実視等級）を表現するとき、古代では晴れた夜空に肉眼で見えるもっとも明るい星を「一等星」、肉眼でようやく見えるいちばん暗い星を「六等星」としてきた。しかし現在では五等級の明るさを基準にしたときの明暗によって等級を決めている。一等星は、実視等級が○・五等～一・四等の間の星となり、一等級以上の明るさは、マイナス一等、マイナス一・五等のように表わしている。一等星以上の明るさの星は〈蠍座〉の〈アンタレス〉、〈琴座〉の〈ベガ〉、〈牡牛座〉の〈アルデバラン〉など、全天に二十一個ある。

⇩〈実視等級〉

射手座　いてざ

夏の宵に南天の「天の川」の中で、右（西）にある〈蠍座〉を狙うように弓矢を引き絞っている半人半馬のケンタウルス族の怪人に見立てられる星座。古来の〈黄道十二星座〉の九番目。弓を引く手元から弓にかけて柄杓を伏せた形に六つの星が並んでいて、中国では古来これを北の〈北斗七星〉に対して〈南斗六星〉と呼んだ。北斗が死をつかさどるのに対して、南斗は寿命をつかさどると信じられた。

凍星　いてぼし

冬の夜空に鋭く光る凍りついたような星。「星凍（冱）つる」ともいう。冬の季語。

星冱てて人のこころに溺れけり　松村蒼石

亥中の月　いなかのつき

亥の中刻（現在の午後一〇時ごろ）に昇る月。旧暦二十日の夜の月に当たる。とくに中秋の名月から五日目の〈更待月(ふけまちづき)〉ないし〈二十日月〉のことをいう。秋の季語。

稲星　いなぼし

〈彗星〉の尾を引いた形が稲穂に似ているところから、彗星の別名。⇩〈彗星〉

居待月　いまちづき

旧暦八月十八日の晩の月。十五夜から三日たって月面の右側は欠けはじめているが、まだ明るい。しかし月の出が〈中秋の名月〉から一時間半以上遅く、座敷や縁側で坐って待つことになるので〈居待月〉と呼んだ。『万葉集』巻三に「**白波を　伊予に廻(もと)ほし　居待月　明石の門(と)ゆは　夕されば潮を満たしめ**」、白波をぐるりと伊予の海辺にめぐらし、居待月で明るい明石海峡から夕方には上げ潮を満たして、と海の雄大で神秘的な作用を詠っている。十八夜の「居待月」の明るさが「明石」を呼び出す枕詞になっている。秋の季語。

居待月芙蓉はすでに眠りけり　安住敦

芋名月　いもめいげつ

旧暦八月十五夜の月。豊年を感謝する農耕習俗と宮廷などの月見の宴が習合して、里芋などを供え物としたところからの名。『和漢三才図会』に「**九月十三夜　按ずるに、俗に八月十五日の夜芋を煮て食す、芋名月と称す。今夜は莢豆(さやまめ)を煮て食す、豆名月と称す**」、十五夜は〈芋名月〉というが十三夜は〈豆名月〉だ、と区別している。秋の季語。

海豚座　いるかざ

晩夏の宵に、南の空の〈鷲座〉のすぐ左（北東）に、四つの星が小さな菱形をなして昇る星座。ギリシア神話で、楽人アリオンがシチリア島の音楽コンクールで優勝し多くの賞金を獲得した。ところが帰りの船の船長と船員たちがアリオンの賞金を奪ったうえ、海に飛び込むよう強要した。もはやこれまでと覚悟したアリオンが琴をかき鳴らして死出の歌を歌ったところ、船の周りに多数の海豚（いるか）が集まってきて、歌い終わって海に身を投げたアリオンを背に受け止めると岸に送り届けた。そのときの海豚が星座になったという。

入るさの月　いるさのつき

沈んでゆく月。「入るさ」の「さ」は接尾語。沈む方角・時などをいう。『源氏物語』末摘花に「**里わかぬ影をば見れど行く月の入るさの山をたれかたづぬる**」、心ひかれて常陸宮の姫君のところを訪れた光源氏は、頭の中将に跡をつけられて皮肉を言われた返しに「月は里の分け隔てをせずに照らすものだと思っていたら、月の跡をつけて沈む山をつきとめようとする無粋な人がいたとはね」とあてこすった。⇩〈十六夜〉

隕星　いんせい

宇宙空間を運行する宇宙塵が地球の大気圏に突入し、燃焼・蒸発して発光するものが〈流星〉だが、燃え尽きずに地上に落下してきた「隕石」のこと。

陰暦　いんれき

月（太陰）の満ち欠けに太陽の運行を加味して作った暦。「太陰太陽暦」のことで、日本の「旧暦」「ユダヤ暦」「中国暦」など。「イスラーム暦」は月の満ち欠けだけによる「太陰暦」。

ヴィーナス　Venus

ギリシア神話の美と愛の女神アフロディテ

のラテン語名「ウェヌス」を英語読みした表記。〈金星〉のこと。

魚座　うおざ
晩秋の夕方、南天高く〈ペガスス座〉の〈秋の大四辺形〉の左側（東）に大きく深い「く」の字形、あるいは「V」を右に倒した形に見える星座。二匹の魚が紐で結ばれた形とされ、それぞれ「北の魚」「西の魚」といわれる。ギリシア神話で、愛の女神アフロディテとその息子エロスがユーフラテス川の岸を歩いていたとき、突然怪物のティフォンが出現したので、二人はあわてて川に飛び込み魚に化けて逃げた。アフロディテは息子とはぐれないように紐で結んだので「く」の字をしているのだという。古来の〈黄道十二星座〉の十二番目だが、その後の「歳差」の影響で現在では春分点が「魚座」に移った結果、十二星座の第一位とされる場合もある。⇩〈黄道十二星座〉

雨月　うげつ
せっかくの八月十五夜なのに、雨が降って月が見られないこと。しかし〈無月〉と同じように、雨空がほの明るんだ雲間にあえて名月を想像する風雅をたのしむ。〈雨名月〉〈雨の月〉〈月の雨〉ともいう。秋の季語。

枝豆を食へば雨月の情あり　高浜虚子

兎座　うさぎざ
冬の宵の南天で〈オリオン座〉のすぐ下（南）にかかる小さな星座。ギリシア神話の、狩人オリオンの足元を飛び跳ねる兎だとされる。

牛飼座　うしかいざ
〈北斗七星〉の柄杓の柄の曲線に沿って「春の大曲線」をたどると、その終点に位置するオレンジ色の大きな星が「牛飼座」の〈首星〉の〈アークトゥルス〉。アークトゥルスとは「熊の番人」を意味し、この星が常に〈大熊座〉の後ろをついて回っていることに由来する。牛飼の体の中央部を構成する六つの星は、日本で贈り物につける熨斗(のし)のような形をしており、その下端がアークトゥルスだ。牛飼は熨斗形の右上方(西北)で左手を大きく振りかぶり、右下(西南)の〈猟犬座〉の二匹の犬の引綱を握っている。

薄月夜　うすづきよ

「薄月」は雲にさえぎられて光の薄い月で、月光が朧(おぼろ)にかすむ〈朧月夜〉のこと。

烏兎　うと

太陽の中に棲む三本足の烏(からす)と月に棲む兎のことで、太陽と月の意味。日月、歳月。中国・後漢の政治家で科学者の張衡の天文学

⊙姨捨山の月

信濃国更科(さらしな)に幼いとき母親に死に別れ、母の妹の叔母に育てられた男がいた。娶(めと)った嫁が邪慳(じゃけん)な女で、叔母が年老いてくると邪魔者扱いにし「山奥に捨ててこい」としきりに迫る。耐えきれなくなった男はある月の明るい夜、夜参りに行こうと嘘を言い、叔母を背負って山奥に登り、捨てて帰ってきた。

しかし家に帰ってきたものの、長年自分を慈しんでくれた叔母のやさしさが思い出され気持ちが乱れてならない。山の上に昇った月を眺めているうちにたまらなくなり、「**我が心なぐさめかねつさらしなやをばすて山に照る月を見て**」と詠むと、夜の山に跳んで行って叔母に詫び、連れ戻してきたという話が『大和物語』や『今昔物語』にある。

書『霊憲』の序にある「**金烏玉兎**（きんうぎょくと）」をつづめた語。西晋の詩人左思の「呉都の賦」に「**烏兎を日月に籠め、飛走の棲宿**（せいしゅく）**を窮**（きわ）**めんことを思う**」、三本足の烏と月の兎を日月の中に閉じ込め、飛ぶ鳥と走る兎の住処をつきとめ捉えようと思う、と（平野優「全唐詩に見える烏と鴉」）。

卯の花月夜　うのはなづきよ

旧暦四月（現行暦の五、六月ごろ）、白く咲いた卯の花を明月が真白に照らす夜のこと。卯の花は、野山に自生しあるいは生垣などに植えられるユキノシタ科の落葉低木〈空木（うつぎ）〉の花のこと。旧暦四月の卯月に咲くから卯の花という。⇩「花のことば」の〈卯の花〉

海蛇座　うみへびざ

仲春の夕方、南の空にのたうつように横たわる、全天でもっとも長大な星座。〈獅子座〉の右に小さな五星がこぶしを握ったように集まっていて、これが大蛇の鎌首にあたる。ギリシア神話では、首が九つもあり人間や動物を食い殺すヒドラという大水蛇で、ヘラクレスが首を切り落としても切り口からすぐに新しい首が生えてくる化け蛇だった。が、その切り口をたいまつで焼く

これはもともとは中国の話で、ある男が子どもの原谷（げんこく）に手伝わせて老いた父親を輿（こし）に乗せ、山に捨てに行った。帰ろうとすると、原谷がもう用のなくなったはずの輿を持ち帰ろうとする。「なぜだ」と聞くと「のちのち自分も親父を捨てるときに使おうと思って」と答えたので、仰天した原谷の父は父親に謝って連れ帰ったという。これが日本に伝わり、月の姥捨山の話として語り継がれるようになったといわれる。

とようやく新しい首の生えるのがやんで、最後の大首をヘラクレスがこん棒で殴り倒し、大石の下敷きにして退治した。のちにともに天に上げられ〈ヘルクレス座〉と「海蛇座」になったという。

ウラノス　Uranos

〈天王星〉の英語名。

❖月と星のことわざ・慣用句：猿猴が月を取る

猿たちが、水に映った月を取ろうとして手をつなぎ合い木からぶら下がったところ、枝が折れ水中に落下して溺れ死んだ。南伝仏教の戒律書『摩訶僧祇律』に書かれている寓話で、身のほど知らずのことをすれば身を亡ぼすことになるという教訓話。「猿猴捉月」「猿猴取月」ともいう。

雲漢　うんかん

「天の川」の漢語的表現。〈銀河〉「星河」「天河」とも。

盈虧　えいき

月が盈ちたり虧けたりすること。「盈虚」ともいう。

盈月　えいげつ

盈ちた月で満月。また新月から満月までの間の夜毎に丸みを増してゆく月のこと。逆に満月からだんだん欠けて行く月は〈虧月〉。

衛星　えいせい

月のように惑星（地球）の周りを回っている天体。「陪星」「副（添）星」などともいう。

エリダヌス座　Eridanus

「エリダヌス」は川の名。真冬の宵〈オリオン座〉の足元の一等星リゲルの近くから小さな暗い星々が点々と流れ出し、〈牡牛座〉の南から〈鯨座〉の東へ、そしてまた〈兎座〉の西へとうねうねと曲がりくねりながら南の地平線へと流れ下って行く軌跡をエリダヌス川に見立てた長大な星座。ギリシア神話で、日の神アポロンと精霊(ニンフ)クリメネとの間に生まれたパエトンは、自分がアポロンの子であることを友だちに証明するために太陽の二輪車を御(ぎょ)させてほしいと頼む。あまりに危険な望みにためらうアポロンを押し切って、パエトンは四頭の天馬の引く日輪の車を走りださせたが、手綱の取り方を間違えたため天上も地上も大混乱に陥り猛火に包まれる。一部始終を見ていてこれ以上放置できないと考えた大神ゼウスが雷電を発して日輪の車を打ち砕くと、火に包まれたパエトンは真っ逆さまに地上へと落下していった。落ちてきたパエトンをエリダヌス川が受け止めて体を冷やしてやったが、パエトンが生き返ることはなかったという。

烟月　えんげつ

煙って霞んだ朧月(おぼろづき)。「煙月」とも書く。春の季語。

偃月　えんげつ

半月になる前の弧形の月。「偃」は仰向けに横たわる形。〈弓張月〉のこと。近松門左衛門作の浄瑠璃『国性爺合戦』に、中国・明末の司馬将軍呉三桂は「**鎧兜(よろいかぶと)さわやかに出立(いでた)ちて、偃月の戟(ほこ)会釈もなく振回し、梅も桜も散々に薙散(なぎちら)し**」と。「偃月刀」は弧形をした中国の刀。

老い月　おいづき

旧暦の毎月十四日以後の月をいう。「望(もち)」を過ぎてだんだん衰えて行く月の意だろう。

牡牛座　おうしざ

冬の宵、南天高くにかかる〈オリオン座〉

の右（西）に見える、ギリシア神話の大神ゼウスが変身した牡牛に見立てられた星座。古来の〈黄道十二星座〉の二番目。日本では〈昴（すばる）〉と呼ばれた〈プレアデス星団〉と「釣鐘星」の異称があるヒアデス星団の二つの〈散開星団〉をふくみ、〈アルデバラン〉を〈首星〉としている星座。ギリシア神話で、ある日友だちと海辺の牧場で摘み草をしていたフェニキアの王女エウロパのそばに雪のように白い牛が近づいてきて、背に乗りなさいとうながすそぶりをした。美しくおとなしそうな牛なので安心してエウロパが背に乗ると、牛は一散に海に向かい、水の上を歩いて沖を目ざした。おどろいたエウロパがどこへ連れていくのかと尋ねると、わしは大神ゼウスでお前を花嫁にするのだと答えて、ついに海を渡りクレタ島の海岸へ上陸した。王女エウロパが上陸したところから、以後その地はヨーロッパと呼ばれるようになったという。

大犬座　おおいぬざ

晩冬の夕方、南天にかかる〈オリオン座〉の左側（東南）にひときわ明るく輝く星が見られるが、これが「大犬座」の首星〈シリウス〉で、大犬の口元にあたる位置にある。この大犬は、ギリシア神話で巨人の狩人オリオンが連れていた猟犬だとされている。⇩〈シリウス〉

狼座　おおかみざ

夏の夕方、南天低く〈蠍（さそり）座〉の右側に現れる星座。

大熊座　おおぐまざ

北の空にかかる、〈北斗七星〉を内部にもつ星座。中国では、大熊の背中から尾にかけての七つ星を柄杓（斗柄）に見立てて〈北斗〉というが、西洋ではギリシア神話にちなんで「大熊座」と呼ぶ。月と狩りの女神アルテミスに仕える美しい精霊(ニンフ)カリストは、あるとき大神ゼウスの愛を受けてひとりの男の子を産んだ。これを知って激怒したアルテミス（ゼウスの妻ヘラともいう）はカリストに呪いをかけ、両腕に剛毛を生やし、爪を獣のかぎ爪に変え、鳴き声も熊の吠え声に変貌させると、猟犬をけしかけて森の奥へと追い払った。カリストが産んだ子はアルカスと名づけられ、立派な猟師に成長した。ある日森の中でアルカスを見かけた大熊カリストは、なつかしさのあまりアルカスめがけて走り寄ろうとした。母とは知らないアルカスは、強弓に矢をつがえて熊の胸を射貫こうと引き絞った。オリンポスの頂からこのありさまを見ていたゼウスは、さすがに不憫に思い、旋風を吹き起こすと母熊とアルカスを天上へ巻き上げ、アルカスを小熊座の姿に変え、ともに星座として北の空にすえたという。

押し照る　おしてる

月の光がくまなく照りわたるさまをいう。東洋美術史家・歌人・書家として名高かった会津八一の『自註鹿鳴集』に、「かすがの に おしてる つき の ほがらか に あき の ゆふべ と なりに ける かも」。

遅月　おそづき

夜ふけて遅い時間に昇る月。秋の季語。

お月さま　おつきさま

月に親しみをこめて呼びかける敬称。北原白秋「お月さまいくつ」に「お月さまいくつ。／十三(じゅうさん)七つ。／まだ年や若いな。…」。この童謡が日本各地で歌い崩されていった例を紹介したあと、白秋は最後に「兎うさぎ」を引いている。「兎。うさぎ。／何見て跳ねる。／十五夜お月さま／見て跳ねる。ピョンピョン」

乙女座 おとめざ

初夏の宵に南の空に横たわる、左手に麦の穂を持ったギリシア神話の収穫の神デメテルと愛娘（まなむすめ）のペルセフォネの姿だといわれる星座。古来の〈黄道十二星座〉のうちの六番目。この星座の〈首星〉は「スピカ（麦の穂）」といい、美しい乙女を思わせる白く清らかに澄んだ星で、日本の福井県地方などでは「真珠星」と言いならわしている。このスピカの左上に輝くオレンジ色の〈牛飼座〉の首星〈アークトゥルス〉と右方に光る〈獅子座〉の「デネボラ」を結ぶと、大きな三角形が完成し、これが有名な〈春の大三角〉である。さらに右斜め上方の「猟犬座」の首星を加えると巨大な菱形となり「春のダイヤモンド」と称される。

⊙乙女座が冬の夜空に見えない理由
ギリシア神話の収穫の女神デメテルには、ペルセフォネという美貌の娘があった。ある日ペルセフォネが草原で花を摘んでいると、突如地面に大きな穴が開き、そこから冥土の神ハデス（プルトン）が黒い四頭立ての馬車に乗って飛び出し、ペルセフォネを抱き上げると地中に連れ去った。最愛の娘を失ったデメテルは気も狂わんばかりに悲しみ、洞窟に閉じこもると、草木や花々は枯れつくして世界は荒涼とした光景に一変した。世界中をたずねて、ようやくペルセフォネが冥土でハデスの妃になっていると知ったデメテルは、兄の大神ゼウスに娘を冥土から救い出すように訴えた。ゼウスはペルセフォネがまだ冥土の食べ物を食べていなければ可能だがと答えて、弟のハデスにペルセフォネを地上に返すよう命じた。

牡羊座　おひつじざ

晩秋から初冬の宵、中天のやや左手（東）にかかる、金色の毛をした空飛ぶ羊に見立てられる星座。およそ三〇〇〇年前には天の赤道と黄道が交わる春分点は「牡羊座」にあったため、〈黄道十二星座〉の第一位として「白羊宮」とされた。が、その後太陽と月の引力で地軸が揺らぐ「歳差」によってずれが生じ、現在の春分点は西隣の〈魚座〉に移っている。ギリシア神話で、テッサリアのアタマス王の妃ネベレは、王と離婚したあと、残してきたわが子のプリクソスとヘレの兄妹が継母に殺されかかっているのを知り、大神ゼウスに助けを求める。ゼウスが翼のある金毛の羊を送ってきたので、兄妹をそれに乗せてコルキスへ逃がすが、羊があまりに速く空を飛んだので妹のヘレは途中で海に落ち落命する。しか

ハデスはしぶしぶ承知し、ペルセフォネを帰すときに石榴（ざくろ）の実を一つ与えた。ペルセフォネはなにげなくその種を口にした。帰ってきたペルセフォネを抱きしめデメテルが歓喜すると、地上にはまた草木がよみがえり花々が咲き乱れた。しかしペルセフォネが冥土の石榴の種を四つ食べたために、毎年四か月間だけは、ペルセフォネは冥土で過ごさなければならない定めとなった。この期間は悲しみのデメテルが洞窟に閉じこもるため、草木や花々は枯れて、世界は荒涼とした光景に一変する。こうして世界に季節が生まれ、草木の枯れる四か月間の冬が生まれたという。のちにデメテルとペルセフォネは天に上げられ「乙女座」となった。が、そのようなわけで「乙女座」は冬の夜空には姿が見えないのだという。

し兄のプリクソスは無事にコルキスに着き、羊を大神へ生贄にささげたのち、金毛の皮を国王のアイエテスに贈った。王はそれを森の大木にかけて眠らない火竜に守らせた。のちにテッサリアのイオルコスの王子イアソンが金毛の羊皮を手に入れるためにアルゴー船を仕立て、コルキスの王女メディアの妖術の助けを借りて火竜を眠らせ、金毛羊皮を手に入れる冒険譚と、その後のメディアの怖ろしい子殺しはエウリピデスの「王女メディア」にくわしい。その金毛羊皮が天に昇って〈牡羊座〉になったと伝えられる。

男星　おぼし

〈七夕〉の〈牽牛星〉のこと。〈織女星〉は〈女星〉。

朧月　おぼろづき

春の夜の薄雲や霞がかかってぼーっとかすんだ月。春は日が落ちると地上は急に冷えて、昼間温まった上空の空気と気温の逆転が生じ、霧（水蒸気）が発生して月はおぼろになる。「月朧ろ」〈朧月夜〉〈淡月〉などともいう。いずれも、春の季語。

大原や蝶の出て舞ふ朧月　丈草

朧月夜　おぼろづきよ

朧月の出ている夜。『新古今集』巻一に「照りもせず曇りもはてぬ春の夜のおぼろ月夜にしくものぞなき」（大江千里）、皓々と照るのではなくまた曇るのでもない春の夜の朧月にまさる風情はない、と。高野辰之作詞の小学唱歌「朧月夜」の二番に「里わの火影も　森の色も／田中の小路を　たどる人も／蛙のなく音も　かねの音も／さながら霞める　朧月夜」。「朧夜」「おぼろづくよ」ともいう。春の季語。

みどり児をおぼろ月夜の腕のなか　平野吉美

オリオン座　Orion

冬の宵、南の空高くにかかるギリシア神話の巨人の狩人オリオンになぞらえられる星座。狩人の腰帯に当たる三つ星、右肩の一等星〈ベテルギウス〉、左足の同じく一等星〈リゲル〉、そして腰帯の下の剣のあたりに見えるオリオン座大星雲（M42）など見どころが多い。ベテルギウスは濃いオレンジ色をしていて、日本では平氏の赤旗との連想から「平家星」という地方があり、これに対してリゲルは青白い色をしているところから「源氏星」と呼ばれる。ある神話では、オリオンは海神ポセイドンと女人国アマゾンの女王との間に生まれた巨軀の狩人だったが、天下無敵と増長したのを憎んだ大神ゼウスの妻ヘラが放った大蠍に踵を刺されて死んだ。そのためオリオン座は〈蠍座〉が沈むまでは姿を現さず、蠍座

⊙織姫星

「七夕伝説」で知られる〈琴座〉の首星〈ベガ〉の日本古来の呼び名。中国名は〈織女星〉。中国の伝説で、天帝の娘の織女は、五色に照り輝く「雲錦」という美しい布を織る名手だった。「天の川」の東の岸に住み、若い身空で娘らしい娯しみもかえりみず機織りばかりに明け暮れる暮らしを不憫に思った天帝は、天の川の西の岸に住む牽牛という若者と娶わせて共に住むようにした。牽牛は〈鷲座〉の首星〈アルタイル〉の中国名で、わが国では〈彦星〉と呼ばれる。ところが織女は新婚生活の楽しさに溺れて機織りをなまけ、化粧や遊芸にばかりうつつをぬかした。これを怒った天帝は、織女を再び東の岸に連れもどした。しかし、年に一度七月七日の晩にだけは、織女が天の川を渡って夫に逢いに行くことを

が東から昇ってくるとすぐ西に沈んでしまうという。日本では古来中央の三つ星に注目して「参宿」という。冬の季語。

海を出し寒オリオンの滴れり　山口誓子

女名月　おんなめいげつ

福岡県の海沿いの糟屋郡地方などで、旧暦九月十三夜の行事をいう。この日は女がいばってもよいとされ、かつて女性中心の神事が行われていた名残だとされる。〈姥月〉という土地もある。

許した。その日が雨だと「天の川」の水かさが増して織女は川を渡ることができない。その夜は鵲が集まりつばさを並べて天の川の中に「鵲の橋」をつくり、織女を渡してやるという。中国・唐のころから、七月七日を「七夕」といい、織女・牽牛を祭って女性たちが機織り・針仕事や技芸が上達するよう祈るようになった。この「乞巧奠」の習俗と織女星と牽牛星の伝説が遣唐使などによって日本にもたらされ「七夕伝説」として定着していった。わが国の詩歌では、織姫でなく彦星が舟をこいで天の川を渡っていくという設定が多い。『万葉集』巻八に「**彦星し妻迎へ船漕ぎ出らし天の川原に霧の立てるは**」、彦星が織姫星を迎えに行く船を漕ぎ出したようだ。天の川の河原に霧が立ちはじめたのは、と。「織女星」「女星」「星の妻」「棚機つ女」などともいい、

か行

海王星　かいおうせい
太陽系の八つの惑星のうち、いちばん外側にある惑星。太陽から約四五億キロメートル離れていて、約一六五年で太陽の周りを一周する。鉄・ケイ素からなる核の周りを水・メタン・アンモニアなどの氷の層が取り巻き、その上を水素やヘリウムのガスがおおっていると考えられている。英名は〈ネプチューン Neptune〉。

皆既月食　かいきげっしょく
〈満月〉のときに、太陽と月の間に地球が入って一直線に並ぶと、地球の影が満月をすっぽり覆って月を完全に隠してしまう現

いずれも秋の季語。⇩〈七夕〉
織女星視力弱るを今言はず　殿村菟絲子
女星から光りはじめて哀れなり　田中竹南

象。

海月　かいげつ
海の上空に浮かんでいる月。海面に映っている月影。クラゲをいうこともある。

外惑星　がいわくせい
〈太陽系〉の八つの惑星のうち、地球より外側の軌道を公転している惑星。火星・木星・土星・天王星・海王星の五つの惑星。
⇩〈内惑星〉

花影　かえい
月光を浴びた花枝が、地面や壁・障子などに落とす影。「はなかげ」。中国・北宋の文人政治家王安石の「夜直（やちよく）」に「**春色人を悩まして眠り得ず　月花影を移して欄干に上**

らしむ」、と。⇩「花のことば」の〈花影〉

花影婆沙と踏むべくありぬ岨の月　原石鼎

❖月と星のことわざ・慣用句：陽炎稲妻水の月

陽炎も稲妻も水に映る月も、目には見えても手に取ることはできない。実在しているのに手に入れることのできないもののたとえ。平安時代末期の美濃路で盗賊 熊坂長範が、奥州に向かう京の商人吉次信高を襲撃したとき、吉次に同行していた牛若丸に翻弄されるさまを描いた謡曲「熊坂」に**「追つかけ追つ詰め、取らんとすれども、かげろふ稲妻、水の月かや、姿は見れども、手に取られず」**、いくら追いつめても目にもとまらぬ身ごなしで体をかわし反撃してくる牛若丸のために、重手を負い力尽きてゆく長範のようすが描かれている。

火球　かきゅう

〈流星〉のうち火の球が飛ぶようにとくに明るく輝くものをいう。途中で爆発して昼のように夜空を照らしたり、爆音を立てるものもある。二〇二〇年十一月二十九日午前一時半ごろ、西日本を中心に広い範囲で観測された「火球」は、最後に燃えつきるとき、満月級に輝いて空全体を照らし出した。燃えつきずに地上に落下したものは「隕石」。⇩〈流星〉

客星　かくせい

常に位置を変えずにいる〈恒星〉に対して、一時的によぎる〈彗星〉や新たに出現した〈新星〉をいう。「きゃくせい」ともいう。『太平記』巻三十八に、康安二年（一三六二）二月に**「都には彗星、客星同時に出でたりとて、天文博士ども内裏へ召されて、吉凶を占ひ申しけり」**と。

かぐや

日本の「宇宙航空研究開発機構（ＪＡＸＡ）」が二〇〇七年に打ち上げた月探査機の愛称。この月探査計画の正式名称は「SELENE Project」といい、アメリカの「アポロ計画」以降の最大の月探査計画とされている。「セレネ」はギリシア神話の月の女神の名。現在、二〇二一年度の月面着陸を目標に、無人探査機ＳＬＩＭの開発を進めている。

かぐや姫　かぐやひめ

⇩〈竹取物語〉

佳月　かげつ

佳人を思わせる美しい月。

華月　かげつ

美しく咲いた花と明るく照らす月。〈花月〉とも書き、風雅の道のこともいう。平安時代の漢詩文集『本朝文粋』の巻十に「方（まさ）に今芳年（ほうねん）已（すで）に尽き、華月将（まさ）に窮まらんとす。百花乱れ落つ」、まさにいま青春の日々は過ぎ去り、楽しく華やかな風雅の道は終わりを告げようとしている。その合図のように百花が散り乱れている、と。⇩「花のことば」の〈花月〉

下弦の月　かげんのつき

満月を過ぎ右の方が欠けてきた月。月の左半分（東側）が輝く旧暦二十二、三日ごろの月で、真夜中に昇りはじめ、日の出のころに南中する。昼頃に弦を下に伏せて沈み、上半分が輝いているが、明るいのでわかりにくい。秋の季語。⇩下の弓張

暈　かさ

巻積雲や巻層雲など薄いベール状の雲越しの太陽や月の周囲に現れる光の輪。太陽や月は、光が雲を通過するとき雲の中の氷晶によって回折（かいせつ）作用を受け、周囲に暈をつく

る。いわゆる太陽や月が「暈をかぶった」状態である。日月が暈をかぶると、その晩か次の日が雨となる確率は六〇〜八〇パーセントだという（『お天気歳時記』）。

カシオペア座 Kassiopeia

晩秋の宵に北天高く昇り、アルファベットの「M」の形に並ぶ星座。高度が低い春のうちは「W」の形で、秋たけて天頂付近に移るにつれて「M」字形になる。〈北極星〉を中にして、〈大熊座〉の〈北斗七星〉が北に沈むころ北の天頂近くにかかるので北極星を探す目印になる星座として知られる。日本の漁業者は、Wを船の碇（いかり）に見立てて〈碇星〉あるいはMを二つの山に見なして「山形星」ともいった。そして広いほうの山形の角の二等分線を延長すると北極星に達することは、航海者や漁業従事者の必須の知識となってきた。俳句で「カシ

⦿カシオペアとアンドロメダ

ギリシア神話で、カシオペアはエチオピア王ケフェウスの妃で、アンドロメダの母だった。あるとき自分たち母娘の美しさを自慢するあまり、海の精霊（ニンフ）たちでさえ自分たちにはおよばないだろうと口をすべらした。するとにわかに海が波立ち大津波が押し寄せ、海魔が出没して人や馬や牛を海にさらった。畏れた国王が神託を受けると、王妃の高言が海神の怒りを買ったせいだとわかり、民衆は海神をなだめるためにアンドロメダを人身御供にささげるほかないと求めた。人びとは王女を王宮から海に連れて行って両手を鎖で岩につなぎ、海の魔物の妖怪鯨の生贄にしようとした。やがて海魔が現れて王女を餌食にしようとしたとき、突如天馬ペガススに乗った、あるいはヘルメスの翼のついたサンダルで天翔（あまが）けてきたペ

オペア」「碇星」は、秋の季語。

カシオペア見つけたるより星流れ　稲畑汀子

火星　かせい

地球のすぐ外側を公転している赤く光る惑星。西洋では軍の神である「マルス Mars」あるいは「アレス Arēs」と呼ばれ、古来戦乱や不吉な災害と関連づけられることが多かった。わが国では明治一〇年（一八七七）、西南戦争で西郷隆盛が敗死した時期に火星の大接近が重なったことから、西郷が昇天して星になったとのうわさが流れ「西郷星」と呼ばれた。

片月見　かたつきみ

旧暦八月の十五夜と九月の十三夜を合わせて〈二夜(ふたよ)の月〉というが、どちらか片方しか観賞しないこと。「片月見」は避けるべきこととされる。

ルセウスが舞い降り、剣で海魔を一刺しにした。こうしてペルセウスはアンドロメダを妻に娶ってギリシアに帰国したあと、アンドロメダとカシオペアはともに天に上げられて星座となった。が、カシオペア王妃は椅子に腰かけたまま四六時中北極星の周りをまわる運命となり、水平線の下の海に沈んで安息することは許されないのだと言い伝えられている。

片割月　かたわれづき

半分に割れたような形の月。〈半月〉〈弦月〉〈弓張月〉ともいう。平安時代中期の勅撰集『拾遺集』の巻十三に「**逢ふ事はかたわれ月の雲がくれおぼろげにやは人のこひしき**」、逢うことは半月が雲に隠れたみたいなものでおぼろげだけど恋しいなぁ、と。秋の季語。

片割星　かたわれぼし
星のかけらが飛んでいるような〈流れ星〉のこと。

月山神社　がっさんじんじゃ
山形県の月山山頂にある月読命(つきよみのみこと)を祭神とする神社。出羽三山神社の一つ。

> **❖月と星のことわざ・慣用句：花朝月夕(かちょうげっせき)**
> 花の咲き匂う春の朝と月が明るく昇った秋の夕暮れほど美しいひとときはないということ。

月天子　がってんし
密教十二天の一つである「月天(がってん)」は月の神格化であり、月そのものを指す。漢訳経典で〈月天子〉と訳され「月宮天子(がつぐてんし)」ともいう。

桂　かつら
街路樹などに植栽されるカツラ科の落葉高木。中国では月の世界に桂の大木が生えているという伝説があり、転じて月そのものを指すようになった。狂歌師の木葉厚丸に「**雲さへもちりゆく秋の中空に桂の花は今盛りなり**」、雲が消えて晴れわたった秋の夜空に満開の花のごとく月が照りわたっている、と。「桂の影」「桂の花」「桂花(けいか)」といえば月の光ないし月そのものを指す。「桂男」は月の世界に生えている桂の大木を伐りつづけている仙人。

蟹座　かにざ
春の宵に南天高く昇り〈獅子座〉の右(西)に位置する〈黄道十二星座〉の四番目の星座。小さく暗くてはっきり見えないが、双眼鏡などでのぞくと四つの星にかこまれた星団(星の密集)が見え、蟹が泡を吹いているようすに見立てられる。ギリシア神話では、ヘラクレスが大海蛇の化け物を退治したとき、海蛇に味方したためにヘラクレスに踏みつぶされたとされる。

❖月と星のことわざ・慣用句：花鳥風月
花と鳥と風と月、自然界の風雅で美しい景物の代表。また詩歌の題材としての雅(みやび)な風流の対象。

❖月と星のことわざ・慣用句：花天月地
花は天に咲き香り、月が明るく地を照らす。桜花爛漫たる春の美しい月夜。

カノープス　Canopus

日本からは一部しか見えない〈アルゴ座(竜骨座)〉の〈首星〉。〈大犬座〉の〈シリウス〉に次ぐ第二位の明るさのマイナス〇・七等星。中国や日本では「カノープス」を「南極星」「老人星」などと呼び、この星が見える年は天下泰平だとして祝った。七福神の「寿老人」はこの老人星を具象化した姿だという。⇩〈アルゴ座〉

カペラ　Capella

〈馭者座〉の〈首星〉。⇩〈馭者座〉〈冬の大三角〉

髪座　かみのけざ

いくつかの星々を線で結び人物や動物などに見立てる多くの星座と違って、「髪座(かみのけざ)」は細かい五十個以上の星々が集まって三角形をなしている星団の星座。別名を「ベレニケの髪の毛」といい〈乙女座〉のすぐ上(北)にあり、五月の夕方に南中する。紀元前三世紀ごろ、エジプト王プトレマイオス三世がアッシリア遠征に出発したとき、美しく豊かなブロンドの髪をもつ美貌の妃のベレニケは、アフロディテの神殿に詣で、夫に戦勝をもたらすならわが命とも思うこの髪の毛を捧げると誓った。やがてエジプトが勝利を収めたとの知らせが届いたとき、ベレニケはただちに惜しげもなく髪を剪っ て祭壇に捧げた。しかし凱旋してきたプトレマイオス三世は、美しい金髪が消えた王妃を見てひどく失望した。すると翌朝、神殿の祭壇から王妃が供えた髪が消えうせていた。みなが怪しんでいると、宮廷の天文博士のコノンが「王妃の王を思う想いの深さと髪の毛の美しさを嘉した大神が、髪の毛を天に上げて星々の間に末永く飾られました」といった。これを聞き、天を見上げた王は深く満足して、王妃への愛をますます深めたという。

上の弓張　かみのゆみはり

新月から満月になるまでの間の、右側が輝いている半月。〈上弦の月〉。月が没するときは弓の弦は上にある。秋の季語。

神代の月　かみよのつき

神代の昔から変わりなく照る月。『新古今集』巻十六に「天の戸をおし明け方の雲間より神代の月の影ぞ残れる」、日の神が天上の戸を押し開くと、明るみはじめた朝の雲間から神代そのままの月の光が消え残って見える、と。

烏座　からすざ

春の夕刻、南の空の〈海蛇座〉の背のところをついばんでいる烏のように見える十字型の四つの星。ギリシア神話で烏は銀白色の美しい羽をもち、人間の言葉を解する賢い鳥だった。ところがアポロンの使いをしていたある日、自分が道草をくって遅刻した言い訳に、アポロンの妻コロニスが浮気しているのを見張っていたと嘘をついた。嘆き悲しんだアポロンは、コロニスの家から出てきた人影を不義の相手と思って矢を射た。しかし矢に当たって死んでいたのはコロニスその人だった。のちにコロニスの貞節を知り烏の嘘に怒ったアポロンは、銀白色の羽根を黒く変えて人の言葉を取り上げ、南の空に十字型に磔（はりつけ）にした。古来日本では、小さな四つの星なので「四つ星」とか「帆かけ星」と呼んだ。

カリフォルニヤの月

幕末にペリーが来航したとき、佐久間象山が戯れにペリーに成り代わって詠んだという歌が伝わっている。「**武蔵の海さしいづる月は天飛ぶやカリフォルニヤに残る月かも**」、江戸湾の水平線からいま昇りはじめた月は、天空をアメリカまで飛んだらカリフォルニアの空に消え残る有明月と同じ月なのだなぁ、と。

彼誰星　かわたれぼし

明け方のかわたれどき（彼誰時）に出る星。すなわち〈明けの明星〉の〈金星〉。〈誰時星（たれどきぼし）〉ともいう。

寒月　かんげつ

寒のさなかの月。冬の夜空に凍りついたように冴えわたる月。冬の季語。

寒月や耳光らせて僧の群　中川宋淵

漢月　かんげつ

漢代の中国を照らす月。あるいは「漢」は〈天漢〉で、天の川と明月。

観月　かんげつ

月見をすること。とくに旧暦八月十五夜、九月十三夜の名月を愛でること。中国の「中秋節」を取り入れた習俗で、六国史（『日本書紀』『続日本紀』『日本後紀』『続日本後紀』『文徳実録』『三代実録』）に「観月」の文字が見えないところから、日本ではわりと新しい習俗だとされている。比較的早い

「観月」の記録としては、平安後期の史書『日本紀略』の延喜九年（九〇九）閏八月十五日の条に「夜、太上法皇（宇多）文人を亭子院に召して、月影の秋池に浮かぶの詩を賦せしむ」、宇多法皇は文人を亭子院に召して、秋の池に映る月を賞でる詩を詠じさせた、と。秋の季語。

病むわれに妻の観月短かけれ　日野草城

寒昴　かんすばる

厳冬の夜空の天頂近くにきらめく〈昴〉（〈牡牛座〉のプレアデス星団の六連星）をいう。「冬昴」ともいう。冬の季語。

寒昴天のいちばん上の座に　山口誓子

寒星　かんせい

寒気厳しい真冬の夜空に冴えた光を放っている星。「かんぼし」ともいう。冬の季語。

寒星や地上に逃ぐるところなし　岸風三楼

寒三日月　かんみかづき

⊙ギリシア神話と秩父の伝説との不思議な暗合

ギリシア神話に牛頭の怪物ミノタウロス退治の話が伝わっている。クレタ島のミノス王は、妃が、頭は人で体は牡牛（逆に頭が牛で体が人ともいう）の怪物を産んだのでミノタウロス（牛魔）と名づけて地下の岩窟に掘ったダイダロスの迷宮に閉じ込めていた。獰猛な牛魔ミノタウロスは、九年に一度七人の少年と七人の少女の生贄を喰らって生きのびていたので、ミノス王はその少年少女をアテネから送らせていた。アテネの王子テーセウスは、この災厄から国民を助けるためにみずから生贄の一人となってクレタ島に渡り、ミノス王にミノタウロス退治の許しを求めた。わが子ながらさすがに長年の牛魔の所業をもてあましていた王は、これを許した。テーセウスに好意を厳寒の夜空に鋭い刃のように光る三日月。〈冬三日月〉ともいう。冬の季語。

寒三日月不敵な翳（かげ）を抱きすすむ　野澤節子

冠座　かんむりざ

七月初中旬の夕刻、七つの星が天高く〈牛飼座〉の左（東）にまるでティアラ（王女・王妃の冠）のように半円形を成して見える星座。〈射手座〉の下（南）にも同じような形をした「南の冠座」があるので、正確には「北の冠座」というべきであろう。特徴のある形をしているので、古来日本の農村地方などでも親しまれてきて、「鬼のお釜」「長者のお釜」「車星」「首飾り星」などと呼ばれた。

虧月　きげつ

「虧」は欠ける意で、満月から晦（つごもり）へだんだん欠けてゆく月。⇩〈盈月（えいげつ）〉

抱いた王女のアリアドネが、一振りの名剣と地下迷宮から脱出するときに導きとなる糸巻を手渡した。地下迷宮深く侵入したテーセウスは、跳びかかってきた牛魔を名剣で一刺しにして屠（ほふ）った。生贄の少年少女とともにアリアドネが引く糸巻の糸をたどってダイダロスの迷宮を脱出すると、アリアドネを妻に迎えアテネを指して帰国の途に就いた。しかし、途中の島で休息し出発しようとしたとき、テーセウスの夢にアテナ女神が現れ、アリアドネを島に残して出立せよと命じた。やむなくテーセウスは王女が眠っている間に出発すると、目覚めて置き去りにされたことを知り絶望したアリアドネは断崖から海へ身を投げようとした。そこへ酒神ディオニュソスが出現しアリアドネを慰めると、九つの宝石をちりばめた冠を与えて花嫁とした。その後アリアドネ

既死魄　きしはく

毎月の朔日（ついたち）のこと。「魄」は月の光をいい、「魄」の見えない旧暦各月の一日を指す。〈死魄〉「既死覇（きしは）」とも。

既生魄　きせいはく

旧暦十六夜ないし十七夜のこと。「魄」は月の光のことだが、月の輪郭の光のない部分をいうこともあり、〈生魄〉は月に影が生じ始めた十六、七日をいう。

幾望　きぼう

ほぼ「望（もち）」に近い旧暦十四日の夜をいう。「幾」はほとんどの意で、「望」は満月。

既望　きぼう

既に「望（もち）」を過ぎたという意味で、旧暦十六日の夜の月。〈十六夜（いざよい）〉。中国・北宋の詩人蘇軾（蘇東坡）の「赤壁の賦」に「壬戌（じんじゅつ）の秋、七月既望、蘇子（そし）客と舟を泛（うか）べて、赤壁の下に遊ぶ」と。秋の季語。

は幸せに暮らしたがやがて命が尽きると、ディオニュソスはアリアドネを悼んで、その王冠を空高く投げ上げた。王冠は、九つの星となって美しく輝き、「冠座」となったという。

興味深いことに、日本の埼玉県秩父地方にも、この神話とよく似た伝説が伝えられている。平安時代中期、霊力を揮って七人の影武者を操り北関東を支配した平将門は、かつて叔父の平良兼から奪った美女桔梗御前を愛妾としていた。乱に敗れ将門の敗色が濃くなったとき、将門を恨んでいた桔梗は城を抜け出し敵将藤原秀郷に通じ、七人の影武者のうちのこめかみが動くのが本物の将門だと通報する。次の戦いのとき秀郷がこめかみの動く武将めがけて矢を射ると、七人の影武者は雲散霧消してあとに平将門の死体が横たわっていた。その後口封じの

客星　きゃくせい
⇩〈客星(かくせい)〉

九星　きゅうせい
陰陽道で、「一白水星」にはじまる九つの星と五行・方位などを人の生年にあてはめ吉凶を占う占術。「九星術」。類似のものに「九曜星」がある。

> **❖月と星のことわざ・慣用句：鏡花水月**
> 鏡に映った花や水面の月影のように、目に見えてもつかまえることのできないもののたとえ。「陽炎稲妻水の月」も同様。

暁月　ぎょうげつ
明け方の空に入り残っている月。〈有明月〉。

暁星　ぎょうせい
爽やかな朝空にまたたいている星。〈明けの明星〉の〈金星〉。

> ため殺されたのか、あるいは本懐を遂げて自裁したのか、桔梗御前も落命する。その最期を悼んだ藤原秀郷が、桔梗御前の身につけていた首飾りを天に向かって投げ上げると、首飾りは星になって輝いた。土地の人びとはこれを「首飾り星」と呼ぶようになったと言い伝える。

暁天の星　ぎょうてんのほし
明るみはじめた朝空に消え残っている星。数が少なくて貴重なことのたとえ。

今日の月　きょうのつき
ほかならぬ今夜の〈中秋の名月〉。旧暦八月十五夜の満月。〈月今宵〉ともいう。秋の季語。

　夏からの蚊帳はづしけり今日の月　露印

玉蟾　ぎょくせん
「蟾」はヒキガエル。月の中には蟾(ひきがえる)が棲むとあるところから月のことをいう。「玉」は美称を表わす接頭語。中国・唐の官人王棨（おうけい）の「涼風至賦」に「玉蟾を磨きて月色初めて瑩（てら）す」と。

玉兎　ぎょくと

月の中に兎が住んでいるとの伝説から月の異名となった。「たまうさぎ」とも読み〈銀兎〉ともいう。月の中で兎は何をしているのか。不老不死の仙薬を搗（つ）いているともいわれるが、わが国で民間に伝承されているのは、餅を搗（つ）いているという伝説である。いっぽうインド説話では、ヒンズー教の神インドラがある日老人に化身して野に下り食べ物を求めたところ、狐や猿は自分の獲物や木の実を持ってきて差し出したが、兎は何ももてなすものがなかった。それを悲しんだ兎はついに自分の体を焼いてインドラ神にささげた。この犠牲の所業を嘉（よみ）したインドラ神は、兎を天に召して月に住まわせたのだと言い伝える。

玉盤　ぎょくばん

宝玉でできた大皿のような美麗な月。「玉輪」も同じ。

馭者座　ぎょしゃざ

真冬の夕方、天頂近くにかかる大きな五角形をした星座。首星〈カペラ〉は小さな雌の山羊の意味で、馭者は山羊を抱いた姿に見立てられている。この馭者は、ギリシア神話で不自由な片足を補うために四頭立ての馬が引く戦車を発明したアテネのエリクトニウス王だとされる。

巨星　きょせい

①〈恒星〉が進化して中心部の水素が燃焼し、表面温度は低くなりつつも膨張して巨大化したもの。〈蠍座〉の〈アンタレス〉、〈オリオン座〉の〈ベテルギウス〉、〈牡牛

座〉の〈アルデバラン〉など夜空に明るく輝く一等星が多い。巨星や超巨星はさらに進化して質量を放出しきると〈白色矮星〉〈中性子星〉となり、あるいは〈超新星爆発〉を経て「ブラックホール」となり、星としての一生を終える。②大きくて明るい星、転じて偉大な業績を残した人物。

銀河　ぎんが

一般には「天の川」の漢語的表現であるが、天文学的には宇宙を構成する基準となる単位（ユニット）であり、数千億個の恒星と星間物質、およびガス星雲・暗黒星雲などからなる一大天体を意味する。わたしたちの地球・太陽を含む〈銀河系〉もそのひとつで、「天の川銀河」と呼ばれる。また〈アンドロメダ銀河〉は「天の川銀河」によく似た地球からいちばん近い銀河である。銀河は「渦状銀河」「楕円銀河」「不規則銀河」などと分類され、「島宇宙」とも呼ばれる。英語では「ギャラクシー Galaxy」。「銀漢」「天漢」「星河」などともいい、秋

❖月と星のことわざ・慣用句：巨星墜（お）つ

「巨星」は、大きくて明るい星。転じて偉大な業績を成し遂げた人物のことで、その人が亡くなったことを「巨星墜つ」という。

❖月と星のことわざ・慣用句：綺羅星（きらぼし）

「綺羅」は目にも美しい綾絹や薄絹で、「綺羅、星のごとし」といえば名だたる人や物が夜空の星々のように輝き居並んでいるさまの形容。謡曲「鉢木」に、鎌倉幕府から関八州の軍勢に早打ちの召集命令が下ると「**上り集まる兵（つわもの）、煌星（きらほし）のごとく並み居たり**」と。「綺羅、星のごとし」をつづめて「綺羅星」というようになった。

の季語。⇩〈銀河系〉　コラム「☉天の川」

夜の散歩銀河の岸にそふ如し　井沢正江

銀河系　ぎんがけい

わたしたちの〈太陽系〉が属している〈銀河〉で、とくに「銀河系 the Galaxy」と呼ばれる。「天の川銀河」ともいい、およそ二〇〇〇億個の恒星と無数の惑星やガス・チリなどの星間物質からなっている。中心部分が凸レンズ状に膨らんだ円盤形をしていて、端から端までの大きさは一〇万光年と考えられている。「バルジ」という中心部分の周りを星々が秒速二四〇キロメートルで回転している渦巻銀河で、見かけは〈アンドロメダ銀河〉によく似ているといわれている。

銀漢　ぎんかん

⇩〈銀河〉

金環食　きんかんしょく

太陽と地球の間に〈新月〉が入ったときに太陽が欠けて見える〈日食〉の一種。地球から見た太陽と月の見かけ上の大きさはほとんど等しいが、太陽を回る地球の軌道と地球を回る月の軌道が楕円形のため、地球から太陽が月よりも少し大きく見えることがある。すると円周部分にはみだした太陽光が金の輪のように輝いて見え「金環食」となる。逆に月のほうが大きく、太陽が完全に月の陰に隠れた場合は「皆既日食」となる。

金鏡　きんきょう

金色の鏡すなわち月の異称。

銀月　ぎんげつ

銀紙をはって月の形に作ったもの。月見のときに月の神への目印になるよう、すすきなどの花木や人型を立てた州浜（島台）を造るが、そのすすきの中に銀紙で作った銀月を飾る。

金星　きんせい

〈水星〉の次に太陽に近く、地球のすぐ内側を公転している惑星。夕暮れの西空や夜明け前の東の空に明るく輝き、古来〈宵の明星（夕星）〉、〈明けの明星（明星）〉として親しまれてきた。中国や日本では「太白」といい、『平家物語』巻六に、養和二年（一一八二）「二月二十一日、**太白昴星ををかす**」、平清盛の死・木曾義仲の旗上げ・大飢饉の到来など動乱の始まりを告げるように、金星が昴宿に侵入した、と。西洋では美の女神にたとえられて「ヴィーナス Venus」と呼ばれる。金星は軌道が地球の内側で太陽の周りをめぐっている「内惑星」なので、三者の位置関係によって満ち欠けがある。

銀兎　ぎんと

銀色に輝く兎で、月のこと。「金兎」も同じ。

下り月　くだりづき

満月を過ぎ、右側からだんだん欠けていく月。〈望下り〉ともいう。秋の季語。

ゴンドラの反りにかも似て下り月　鷹羽狩行

鯨座　くじらざ

晩秋から初冬の宵、南天の〈牡羊座〉の下方（南）にかかるギリシア神話の妖怪鯨になぞらえられる星座。この妖怪鯨は人身御供にされたアンドロメダ王女を喰らおうと襲いかかったところを、空から舞い降りてきたペルセウスに剣で一刺しにされた海魔である。鯨座とはいうものの、手の生えた巨大なアザラシかセイウチのような怪異な姿をしている。鯨座はとくに鯨の胸のあたりにある変光星ミラで知られる。ミラは一・七等から九・六等まで平均三三二日の周期で変光する長周期変光星で、ごく小さい星をともなう〈連星〉ではあるが、変光の原因は連星の星食作用による「食変光」ではなく、ミラ自身が収縮したり膨張したりするために変光する「脈動型変光」だとされている。⇩〈変光星〉

雲隠る　くもがくる

月が雲間に隠れてしまうこと。平安時代中期の勅撰集『後撰集』巻六に「**女郎花**（おみなえし）**ひるみてましを秋の夜の月の光は雲がくれつゝ**」、女郎花は昼間見ていたかったなぁ、秋の夜は月の光が雲に隠れて見えなくなってしまうから、と。

栗名月　くりめいげつ

旧暦の九月十三夜の月のこと。〈豆名月〉ともいう。月見のときに季節の果実の栗や枝豆を供えるところからいう。秋の季語。⇩〈芋名月〉

雨の後の栗名月やひろひもの　貞室

クレーター　crater

月などの表面に見られる円形の縁をもった窪んだ地形。天体や隕石が衝突した痕跡だとされている。かつては火山噴火の跡だとも考えられていた。クレーターの大きさは、衝突した物体の運動エネルギーの大きさによって決まり、直径が数百キロにもなる巨大なものもある。お椀型をしたもの、深皿のように底が平らなもの、中央に丘のような隆起をもつもの、盛り上がった縁の部分が何重にもなっているものなど、いろいろな形状のものがある。

暮れの月　くれのつき

日暮れどきの空にかかっている月。

桂月　けいげつ

月の中に桂の木が生えているという伝説から、月の異名。

景星　けいせい
慶事を知らせる星。めでたい星。〈瑞星〉「徳星」などともいう。

月暈　げつうん
⇩〈月の暈〉

月影　げつえい
月の光。つきかげ。

月下　げっか
月光がさしている下。中国・中唐の詩人賈島の「李凝の幽居に題す」に、「**鳥は宿る池辺の樹　僧は敲く月下の門**」、鳥は池辺の樹で眠りにつき、僧は月光に照らされた門を敲く、と。この詩の着想を得た賈島は、僧（自分）が門を敲くと眠っている鳥が起きてしまうから「**僧は推す**」とした方がいいだろうか。いややはり「**敲く**」の方がいいかと案じているうちに行政長官韓愈の行列の前を横切ってしまった。咎められて韓

⦿**「月円」と「月欠」**
「花好月円」という言い方がある。花は美しく咲き匂い、月は円かに差し昇る。人びとは和やかに集い、慶びにあふれた談笑が行き交っている。人生の最高の瞬間を言い表わす四字熟語で、とくに新婚の若夫婦を寿ぐ言葉として用いられるという。
これに対し「花残月欠」という言い方もある。「花好月円」から時がたつと、花は残れ月は欠けていくのが世の習い。中国・元の関漢卿の戯曲に「この良き宵の宴、**只まさに低唱浅酌すべし。花残れ月欠くるを待つことなかれ**」、この心地よいひと夜の宴席には鯨飲高唱するのではなく、品よくあっさり飲んで、唄は小声で口ずさむのがよい。花が残れ月の欠けるのを待っている暇はないのだから、と。

愈の前に引き出された賈島がわけを話すと、しばらく考えていた韓愈は「敲く」の方がよいと答えを出した。これを機縁に肝胆相照らした二人は、身分の差を超えた交友を結んだという。「推敲（すいこう）」の言葉の由来となった故事である。秋の季語。

徐々に徐々に月下の俘虜として進む　平畑静塔

❖月と星のことわざ・慣用句：月下花前

中唐の大詩人李白の「月下独酌」は「花間（かかん）一壺の酒　独酌相親しむなし　杯を挙げて明月を邀（むか）へ　影に対して三人を成す」、花の間に坐して一壺の酒を置き、独り盃に注いで飲み誰も相手はいない。杯を挙げて明月を迎えれば、月と自分と自分の影を入れて三人になった、と。元来は春の風雅な楽しみをいう言葉だったが、後にはとりわけて男女の逢瀬の場を意味するようになった。

月華　げっか

月の光。「月花」とも書き、月と花を指すこともある。

月牙　げつが

牙のような形をしている〈三日月〉など、月の初まりの新月をいう。「月牙泉」といえば敦煌・莫高窟（ばっこうくつ）の近くにある三日月形をした泉池の名。

月娥　げつが

月に住むという仙女〈姮娥（こうが）〉あるいは〈嫦娥（じょうが）〉から、月の異称。

月界　げっかい

⇩〈月世界〉

月下美人　げっかびじん

夏から初秋の夜、芳香ある純白大輪の花を咲かせるサボテン科クジャクサボテン属の一品種。一目見て心を奪われるほど豪奢な白花で、夜八時ごろから咲きはじめるが翌日の午前中にはしぼむ。深夜の月光の下で絢爛と咲くのでその名がある。「女王花」ともいう。夏の季語。⇩「花のことば」の〈月下美人〉

月虧(か)けて月下美人に上りけり　山本岬人

月下氷人　げっかひょうじん

唐代の『続幽怪録』にある、将来夫婦となるべく運命づけられた男女の足をつなぐ赤い糸を所持した「月下老人」と、『晋書』策紞(さくたん)伝(でん)にある同じく男女の仲をとりもつ「氷上人」とが融合した言葉という。縁結びの神ないし結婚の媒酌人をいう。

月眼　げつがん

見識が優れていることをいう。中国・北宋の詩人黄庭堅(こうていけん)の詩に「書を読む、眼(め)月の如し」（『新大字典』）と。

月弓　げっきゅう

〈弦月〉の形を弓にたとえた語。

⊙秀吉の教養

豊臣秀吉は貧農から成り上がった無学な人間だと思われがちだが、実は教養のある心やさしい人物だったことを偲ばせる逸話がある。

朝鮮出兵に乗り出して肥前・名護屋に本営を置いていたときのこと。ある日陣中を見回っていた秀吉は、さる陣屋の前に「朧月夜」と書いた額が掛かっているのを目にした。本営に戻ると秀吉は直ちに部下を呼び、その陣屋に畳を届けさせた。秀吉は、本書の〈朧月夜〉の項に引いた大江千里の「照りもせずくもりもはてぬ春の夜のおぼろ月夜にしくものぞなき」の和歌、あるいは謡曲「八島」の「しかも今宵は照りもせず、曇りも果てぬ春の夜の、朧月夜に敷く物もなき海人(あま)の苫、八島に立てる高松の、苔の筵は痛はしや」のくだりを心得ていたのだ。

月球　げっきゅう
球体である月の異称。

月球儀　げっきゅうぎ
地球儀と同様、月の地形などを球形の模型にしたもの。

月宮　げっきゅう
月の世界にあるという想像上の宮殿。「月宮殿」。世界の起原・構成などを記した中国・隋代の『起世経』は、「月宮」とは七宝で飾られた七重の垣に囲まれ、金銀・青瑠璃の楼閣を備えた〈月天子(がってんし)〉の住まう宮殿だとしている。白居易の『長恨歌』にある「**霓裳羽衣(げいしょううい)の舞**」とは、唐の玄宗皇帝が夢の中で天上の「月宮」に遊んだときに見た、仙女の舞っていた舞楽をもとに作った曲に楊貴妃が舞を振りつけた舞曲だという。「月の宮」〈広寒宮(こうかんきゅう)〉ともいう。

月鏡　げっきょう
月を鏡にたとえた語。

「朧月夜」の額を掲げた武将が、いまは陣中にあるので「敷く物」がないのをご容赦願いたいとそれとなく断わりを言っていると察し、陣営の主のそんな床しさに感じ入って、すぐに畳を手配させたのだった。

月桂　げっけい
月世界に生えているという桂の木。転じて、月のこと。

月卿　げっけい
公卿のこと。宮中を天に、日を天子に、月を公卿にたとえていう。「月客(げっかく)」ともいう。「月卿雲客(げっけいうんかく)」といえば公卿・殿上人たち全員を指す。『太平記』巻一に「庭上(ていしょう)に上臥(うえぶし)仕(つこうまつ)りたる月卿雲客も、何となく世の中の乱れ、また誰(た)が身の上にか来たらんずらんと、魂を消し…」、宮中で宿直(とのい)をしていた公卿・殿上人も乱世の禍が誰の身に降りかかるかと恐れ戦き、と。

❖月と星のことわざ・慣用句：月光読書
貧しくて灯火の油が買えず、月の光で書を読むこと。苦学。中国の『南斉書』江泌伝に「**泌少くして貧。昼は履を斫り、夜は書を読む。月光に随いて巻を握りて屋に升る**」と。

月光　げっこう
月の光、月影。「がっこう」ともいう。盛唐の詩人李白の「静夜思」に「**牀前月光を看る　疑うらくは是れ地上の霜かと　頭を挙げて山月を望み　頭を低れて故郷を思う**」と。徳冨蘆花に、執筆に厭いた夜 自邸の庭（現在の蘆花恒春園か）を散策する「良夜」というエッセイがある。「藪の辺りには頻りに鳥の声す。月の明きに彼等の得眠らぬなるべし。開けたる所は月光水の如く流れ、樹下は月光青き雨の如くに漏りぬ」と（『自然と人生』）。秋の季語。

月光にいのち死にゆくひと丶寝る　橋本多佳子

月虹　げっこう
虹はふつう朝夕に出現することが多いが、夜に月光によってかかる虹をいう。光が弱いため淡く見えるので「白虹」ともいう。

月光の曲　げっこうのきょく
ベートーベンが一八〇一年に作曲した「ピアノソナタ第十四番嬰ハ短調」の通称。「ムーンライト・ソナタ」。瞑想的な第一楽章に対する詩人レルシュタープの評言が愛称となった。甘い呼び名のゆえもあって発表当初から絶大な人気を博したが、ベートーベン自身はそのことを少し苦々しく思っていたという（名曲ライブラリー『ベートーベン』)。ベートーベン自身の命名は「幻想曲風ソナタ」。この曲が伯爵の娘のジュリエッタに献呈されたことから静謐な第一楽章や情熱の奔流するような第三楽章を当時のベートーベンの恋愛事件などに結びつける説もあるが、証する資料はない。

月痕　げっこん

朝空になお浮かぶ名残の月影。江戸時代前期の日蓮僧元政の漢詩集『艸山集』巻十七の「偶成」に「**夜深け夢醒めて、枕を推して看れば、窓燈始めて滅して、月痕新たなり**」と。

月次　げつじ

天空を動く月の位置。毎月の意。月例。⇩〈月次〉

月舟　げっしゅう

〈弦月〉をその形から舟にたとえた語。わが国最古の漢詩集『懐風藻』の文武天皇「月を詠ず」に「**月舟霧渚に移り、楓楫霞浜に泛ぶ**」、弦月の舟は霧のたちこめる渚を進み、舟の楓(桂)の楫が霞のかかった浜に浮かんでいる、と。

月色　げっしょく

月の色と光。月光。唐の詩人李華の「古戦場を弔う文」に「**日光寒くして草短く、月色苦て霜白し**」、日の光は寒くて草は伸びず、月の光は冴えわたって地は霜で白い、と。

月食　げっしょく

天体の運行で、太陽と月の間に地球が入って一直線に並んだとき、地球の影で月面が欠けて見える現象。〈満月〉のときに起き、「月蝕」とも書く。一部欠けた場合を「部分月食」、全部欠けた場合を〈皆既月食〉という。皆既月食のときも月は赤黒く見えていて〈ブラッドムーン(血の色の月)〉

と呼ばれる。『吾妻鏡』建久元年（一一九〇）六月十四日の条に、源頼朝が小山兵衛尉朝政の家に出かけた記事がある。「**御酒宴の間、白拍子等群参して芸を施す、今夜月蝕丑刻**（午前二時ごろ）**に依り、止宿せしめ給ふと云々**」と。当時すでに月食になる日時を予測できていたことがわかる。

月世界　げっせかい

〈月天子（がってんし）〉が治め、〈月の兎〉や「月の蟾（ひきがえる）」が棲み、桂の大樹が生え、「かぐや姫」が帰って行った、月にあるといわれる伝説上の世界。月の都。

月夕　げっせき

月が明るく昇った夕方。とくに旧暦八月十五夜の満月が地平線から昇った夕刻をいう。「花晨月夕（かしんげっせき）」は花の朝と月の夕方で、春秋の景色がもっとも美しい頃合をいう。一方「雨晨月夕（うしんげっせき）」は、雨の朝と月の出た夕方で、

⊙童話の中のお月さま①

アンデルセン「絵のない絵本」

あるところに、ひとりの若者がいました。貧しい絵かきで、とても狭い小路に住んでいました。あたりに見えるものといえば、ただ灰色の煙突ばかりで、おまけに友だちひとり、顔なじみひとりいるわけではありません。ある晩のこと、若者はたいへん悲しい気持ちで、窓のそばに立っていました。ふと、窓をあけて外をながめたとき、若者はどんなに喜んだことでしょう。そこには、自分のよく知っている顔が、まるい、なつかしい顔が、見えたのです。それは月でした。なつかしい故郷で見ていた、むかしのままの月だったのです。若者は、自分の手にキスをして、月にむかって投げてやりました。すると、月はまっすぐ若者の部屋の中にさしこんできて、これから外に出かけ

副詞的に用い「折々に」とか「時々」の意。

月前　げつぜん

月が明るく照らすところ。

月前に高き煙や市の空　河東碧梧桐

いっぽう「月前の星」といえば、月の前では星の光は輝きが褪せてしまうように、力に差のある同類の前では弱いものは存在感が薄れるということ。

月相　げっそう

新月→三日月→上弦→満月と、月齢によって変化していく月の種々相。

月旦　げったん

①旧暦の毎月一日のこと。②後漢の許劭（きょしょう）が毎月一日に郷党の人物の品評をしたという「月旦評」の略。

月長石　げっちょうせき

磨くと真珠のような乳白色ないし青色の閃光を放ち、美しい月夜を連想させる宝石。

るときには、まい晩、ちょっと若者の部屋をのぞくことにしようと、約束してくれました。それからというもの、月がほんのわずかの間しかいられないのは残念ですが、でも、くるたびごとに若者にむかって、その前の晩か、その晩に見たことを、あれこれと話してくれるのでした。「さあ、わたしの話すことを、絵におかきなさい。そうすれば、きっと、とてもきれいな絵本ができますよ」と言って。

最初の夜は、ガンジス河の河辺で見た、カモシカのように身軽で、イブのように美しい、一人のインド娘の話でした。次の夜は、家にかこまれた小さな中庭の中ではねまわる小さな女の子と一羽のめんどりと十一羽のひなどりたちの話。パリの空から見おろしたルーブル宮殿の中の部屋にいたみすぼらしい身なりをしたおばあさんと玉座の上ムーンストーン（moonstone）。

月兎　げっと
月に棲むという伝説上の兎。転じて、月のこと。

月白　げっぱく
①月が白く明るく射している情景。中国・北宋の文人政治家蘇軾の「後赤壁賦」に**「月白く風清し、此の良夜を如何せん」**、月は神々しいほど白く輝き、風はすがすがしく吹いている。この素晴らしい夜をどのように過ごそうか、と。②月が出る前に空が白んでくること。〈月白〉。

月魄　げっぱく
月の精、月の霊。「魂魄」はともに人間の「たましい」のことだが、「魂」が天に昇るのに対して、「魄」は地に帰る精霊のことで、月の光る部分と欠けた部分の両方をいう。

で死んだ孫の話もありました。グリーンランドでも、ポンペイでも、アメリカでも、月がいままで見なかったものなどありません。「ノアの大洪水のとき」「ユダヤ人のバビロン捕囚のとき」「ロミオがジュリエットに求愛したとき」「ナポレオンがセント・ヘレナに幽閉されたとき」……月にとって話せないようなことなどないのです。背中に一つと胸に一つ、こぶをしょわされた道化師の、劇団のヒロインへの悲しい恋の話。初舞台で大失敗をして観客から罵声を浴びみずから命を絶った俳優のこと。アフリカの砂漠で隊商の後について行ったときには、途中で倒れたラクダの胸にナイフを突きさし、人々はその肉を火であぶって食べました。月は子どもが大好きで、とくに小さな子が、ひとりでやっとこ着物をぬごうとしているのを見るのがとっても愉快

月鼈　げつべつ

「鼈」はスッポン。月とスッポンのように優劣の差が甚だしいこと。「月と炭団（たどん）」も同様。

月明　げつめい

月明り。白居易の七言絶句「贈内」に「月明に対して往時を思ふことなかれ、君が顔色を損じて君が年を減ぜん」、明月を見て昔故郷にあったころの感慨にふけったりしてはいけない、そんなことをしたらあなたはたちまち顔色が衰え年老いてしまうだろう、と。秋の季語。

子規逝くや十七日の月明に　高浜虚子

月面探査レース　げつめんたんさレース

二〇〇七年、アメリカのプライム財団が主催して世界の民間団体による月面探査コンテスト「グーグル・ルナXプライズ」がスタートした。二〇一八年三月末を期限として、民間の力で月に着陸し月面探査車を走らせ、いちばん初めに高解像度の映像を地球に送ってきたチームに二〇〇〇万ドル（約二一億円）を贈呈するというレースだった。当初三一チームが名乗りを上げ、日本も「HAKUTO（白兎）」のチーム名のもと、インド製のロケットを採用して参戦を表明していたが、ロケットの開発遅延や資

です。夜着に着がえた女の子は、寝る前に「きょうもわれらに日々のパンを与えたまえ」と「主の祈り」を唱えます。そのとき、お母さんが「おまえ、いまほかにもなにかいったわね。よく聞こえなかったけど、なんていったの？」「お母さん、怒らないでね」と小さな女の子は言いました。「パンにバターもたくさんつけてくださいましってお祈りしたの」。

金不足のため、二〇一八年一月、参加を断念した。他のチームも月着陸の見込みが立たなかったため、レースそのものの終結宣言が出された（「朝日新聞デジタル」二〇一八年一月二十四日）。その後四月に、イスラエルの民間グループが月着陸寸前にまでこぎつけたが、最終段階でエンジンや通信手段のトラブルに見舞われ、惜しくも月面に墜落した。

月面図　げつめんず
月面の海・山などの地形や名称を表示した地図。

月面着陸　げつめんちゃくりく
一九六九年七月二十日、ＮＡＳＡ（アメリカ航空宇宙局）は、人類史上初めて「アポロ一一号」の月着陸船を月面に着陸させた。初めにアームストロング船長が、つづいてオルドリン飛行士が月面に降り立ち、記念

⦿アポロ一三号
一九七〇年四月十一日一三時一三分（アメリカ中部標準時間）、アポロ一三号が打ち上げられた。人類が初めて月に降り立ったアポロ一一号、二度目の月探査を行った一二号につづく、三度目の月への有人飛行だった。十三日午後九時五分過ぎ、テキサス州ヒューストンに近い宇宙飛行センターから、西の空高くに小さな閃光が見えた。次いで重大な異常事態のときに点灯されるコンピュータの警告ランプが点滅した。計器の不具合かとも思われたが、実際には宇宙船の酸素タンクが破裂し液体酸素を宇宙空間に放出した瞬間だった。三つの燃料電池の二つがだめになり、二つの燃料供給ラインの一つが死んでしまった。燃料電池がだめになるということは、エネルギー源がなくなり、水が供給されなくなることを意味

すべき人類初の足跡をしるした。日本のＪＡＸＡ（宇宙航空研究開発機構）は、二〇二一年度に月着陸実証機「ＳＬＩＭ」の打ち上げを予定し、無人ながら日本初の月面軟着陸を目ざしている。

月夜　げつや

月が照る夜。つきよ。

月輪　げつりん

丸い月影。月の異称。「がちりん」とも読み、〈玉輪（ぎょくりん）〉ともいう。中国・盛唐の詩人王昌齢（おうしょうれい）の「春宮曲（しゅんきゅうきょく）」に「**昨夜風に開く露（ろ）井（せい）の桃、未央（びおう）の前殿月輪高し**」、昨日の夜新しい風が吹いて屋根覆いのない井戸の傍の桃の花が開いた。未央宮の前殿の夜空に満月が高く昇った、と。「未央殿」は漢の宮殿。漢代の話に仮託して唐の楊貴妃の出現を詠じている。

月齢　げつれい

した。四億ドルをかけて準備してきた月着陸ミッションは放棄された。それどころか、酸素なし、水なし、エネルギーなしで、いまから飛行士たちはどうやって生きていけばいいのか。しかもそこは、地球から三三万キロも離れた宇宙空間で、船体の外は零下一〇〇度以下という真空の超低温空間である。生存したまま地球に帰還することは可能なのか？

事故が報じられると、世界中の人々が、アポロ一三号の飛行士たちの悲劇的な状況をかたずをのんで見守った。三人の飛行士を無事に地球に生還させるにはどうしたらいいのか。月まであと七万キロあまり。ここから地球に帰還するには、二つの方法があった。ひとつは、その場で一三号（司令船＋支援船＋着陸船）をＵターンさせ、一日がかりで地球に直接帰還する方法。もうひ新月を朔日（ついたち）とし満月を十五日とする月の満ち欠け。月は暗い新月から夜ごと少しずつ光が宿りはじめ、三日月を経て七日目には半月形の上弦の月となる。さらに七日ほどすると真丸の満月となり、それがすぎると少しずつ欠けはじめる。十六夜月（いざよいづき）・立待月（たちまちづき）・居待月（いまちづき）・臥待月（ふしまちづき）・更待月（ふけまちづき）と経て、満月から七日目に右側半分が欠けた下弦の月となる。さらに月は痩せつづけて一週間後にはついに晦（つごもり）となり、また次の新月となる。一巡する周期は、太陽日で数えると、およそ二十九・五三日である。

全国で歌い継がれてきた童謡に「お月さまいくつ　十三七つ　まだ年や若いな　あの子を産んで　この子を産んで　だァれに抱かしよ　お万に抱かしよ」。

月露　げつろ
月光を受けて光る露。中国・中唐の詩人

とつは、このまま前進し月を周回してから地球にもどる四日間ルートである。が、直接帰還プランは、すでに月の重力圏に深入りしているためUターンすることはむずかしく、月面にクラッシュする恐れがあった。つまり月周回ルートを採用するほかなかった。

飛行士たちはいまや、訓練したこともない危機の連続だった。着陸船の船内温度は五度まで下がった。船内の二酸化炭素濃度が上昇し、電力バッテリーの減衰がつづいた。大気圏への突入角度が狭くなっていく不安もあった。地球の大気圏まで戻れたとしても、突入時に地球の水平線に対して五・五度から七・三度の微妙な角度を保っていないと大気に跳ね返されて宇宙に逆戻りしてしまう恐れがあるのだ。

冷蔵庫以下の寒気の中、不眠不休の宇宙飛

劉禹錫(りゅううしゃく)が白居易と唱和した詩「新秋月に対(むか)い楽天に寄す」に「**月露光彩を発す、此の時方(まさ)に秋を見る**」、月光を受けて草木の露がきらきらと光っている。この景色こそまさに秋そのもの、と（高梨詩織「劉禹錫における『反悲秋』観の確立」）。

ケフェウス座　Cepheus

秋の宵に天頂高く、東南（左側）に妃〈カシオペア座〉と王女〈アンドロメダ座〉をしたがえて輝く古代エチオピアのケフェウス王になぞらえられる星座。

牽牛星　けんぎゅうせい

「牽牛星」は〈鷲座〉の主星〈アルタイル〉の中国名で、わが国では〈彦星〉と呼ばれる。中国の伝説で、天帝の娘の織女は、天の川の東岸に住み「雲錦」という五色に輝く美しい布を織る名手だった。娘らしい娯(たの)しみもかえりみず機織りばかりに明け暮

行士たちは疲労の極に達し、作業中に寝てしまうこともあった。極度の脱水症状で判断力がにぶり、誤作動が起きた。それでも地上の管制官たちの献身的な働きによって、木曜の午後六時半には月と地球の中間点を通過した。金曜には、電力と消耗材の制限がやや緩和されてヒーターに電源が入った。大気圏再突入地点まであと一時間。再突入すると大気による摩擦が耐熱シールドを熱し二七〇〇度の高温に達する。高熱による焔のために通信が途絶する。着水予定海域に駆逐艦「イオウジマ」が回航されて待機した。

通信途絶から三分が過ぎた。が、宇宙飛行士からは何の連絡もない。地上管制官が一三号をコールしたが、応答がない。全員が絶望に陥りかけたとき、司令船パイロットの声が聞こえた。テレビ画面が一三号の機

れる織女を哀れんだ天帝は、天の川の西岸に住む牽牛(けんぎゅう)という若者と添わせて共に暮らすようにした。ところが新婚生活の楽しさを知った織女は化粧や遊芸に夢中になって機織りをないがしろにした。これに怒った天帝は、織女を再び東の岸に連れもどした。しかし一年に一度七月七日の晩だけは、天の川を渡って牽牛に逢うことを許したとされる。⇩〈七夕〉

幻月　げんげつ

月の暈(かさ)の一種で、大気中の氷晶によって月光が回折され、月の左右に幻の月のような光点が二つ浮かぶ現象。太陽でも同じ現象が起きることがあり、その場合は「幻日(げんじつ)」という。

弦月　げんげつ

弓の弦を張ったような上弦または下弦の月。〈弓張月〉〈彎月(わんげつ)〉などともいう。秋の季語。

影をとらえた。減速用パラシュートが広がっていた。宇宙飛行士たちは、四月十七日午後一二時七分に着水した。管制官たちが歓呼の声を上げた。このような絶望的な状況に陥った三人の宇宙飛行士たちが無事に生還できたのは、まさに奇跡だった。のちにアポロ一三号のケースは「成功した失敗 successful failure」と呼ばれた。（ヘンリー・クーパーJr.／立花隆訳『アポロ13号 奇跡の生還』より）

玄月　げんげつ

中国で旧暦九月の別称。「玄」は「幽玄」の「玄」で、深く幽邃(ゆうすい)の意があり、「玄月」で明月を意味する。転じて〈明月〉のように澄みきった真理のこと。

源氏星　げんじぼし

〈オリオン座〉のベータ星で青白い色をし

た一等星〈リゲル〉のこと。同じオリオン座の赤い色をした〈ベテルギウス〉を、平氏の赤旗との連想から〈平家星〉というのに対して、青白く輝くリゲルは「源氏星」と呼ばれる。⇩〈リゲル〉

ケンタウルス座　Centaurus

八月初旬の宵〈蠍(さそり)座〉の右下（西南）の地平線上に姿を現す星座で、ギリシア神話の上半身が人間で下半身が馬という半人半馬族ケンタウロスにちなんで名づけられた。日本本土からは上側の一部しか見えない。半人半馬の前足部分にある〈首星〉は、地球にいちばん近い恒星として有名になり、その距離は四・三光年という。しかしその後、首星の西南のところにある星が地球から四・一光年の位置にあることがわかり、いちばん近い星の座を譲った。

玄兎　げんと

「玄」は幽邃(ゆうすい)であるとともに黒い色を表わし、月には黒兎が棲むといわれるところから、月の異称の一つ。

小犬座　こいぬざ

冬の南天に「天の川」をはさんで〈大犬座〉の上の方にかかる小さな星座。ギリシア神話のアクタイオンという狩人が連れていた猟犬だとされるが、二つ星だけの小さな星座なので犬には見えない。ただ首星の〈プロキオン〉は〇・四等の明るさなのでよく目立ち、〈大犬座〉の〈シリウス〉、〈オリオン座〉の〈ベテルギウス〉とともに〈冬の大三角〉を描き出す。

光陰　こういん

「光」は日、「陰」は月で、月日・歳月のこと。「光陰矢のごとし」。

姮娥　こうが

月の異名。中国・漢代の思想書『淮南子(えなんじ)』

覧冥訓に「羿不死の薬を西王母に請く。姮娥竊みて以て月に奔る」、中国古代の伝説上の人物羿が西王母から受けた不死の仙薬を、妻の姮娥が盗んで月に逃げた、という故事から月の別名となった。しかし漢の文帝の名が「恒」だったので、同音を憚って「嫦娥」というようになった。

広寒宮　こうかんきゅう

月の仙女である〈嫦娥（姮娥）〉が住むという月の宮殿。「広寒府」ともいう。

江月　こうげつ

川の上空にかかる月。川面に射す月影。盛唐・杜甫の「漫成一首」に「**江月人を去ること只だ数尺、風灯夜を照らして三更ならんと欲す**」、月はわたしからほんの少し離れた川面に影を映している、風に揺れる灯火は闇を照らして時刻は真夜中になろうとしている、と。

皓月　こうげつ

明るく皓々と照る月。

皓皓　こうこう

月の光が白く曇りのないようすの形容。『万葉集』巻十五・三六六八番歌の詞書に「**筑前国志麻郡の韓亭に到りて、船泊りすること三日を経。時に夜の月の光皓々として流照す**」と。「皎皎」とも書く。

恒星　こうせい

夜空に光る無数の星々のうち、見かけ上の位置が常にほとんど変わらない星で、太陽のように内部で大量の熱を発生させて自ら発光しているものをいう。「定星」ともいい、位置が変化し太陽の光を反射させて光る〈惑星〉と区別する。

黄道　こうどう

地球からの見かけ上、太陽は地球の上空で地球を丸く包んでいる「天球」を移動しているように見える。太陽は東から昇って西に没するが、地球が公転しているため、次の日太陽は一日分東にずれた地点から昇って沈む。これを一年間繰り返すと、太陽は三六〇度動いて最初の地点にもどって昇り沈む。こうした太陽の運行を一年間天球上に印をつけて線でつなぐと、太陽が地球の周りを一周している大きな円ができる。これを「黄道」という。黄道は、天球の「赤道」（地球の赤道を天球に拡大投射したもの）に対して二三度二六分角傾斜しており、赤道と二つの地点で交わっている。その二点が春分点と秋分点で、春分点から東回りに九〇度の地点が夏至点、二七〇度の地点が冬至点となる。

黄道十二星座　こうどうじゅうにせいざ

古代バビロニアで星座というものを考え出したとき、太陽の通り道である〈黄道〉を十二に区切ってそれぞれに一つ星座を当てはめた。当時、春分点近くにあった〈牡羊座〉を一番目として、以下〈牡牛座〉〈双子座〉〈蟹座〉〈獅子座〉〈乙女座〉〈天秤座〉〈蠍（さそり）座〉〈射手（いて）座〉〈山羊座〉〈水瓶（みずがめ）座〉〈魚座〉の十二で、これを「黄道十二星座」という。その後五〇〇年、一〇〇〇年とたつうちに、太陽と月の引力で地軸が揺らぐ「歳差」のために春分点も徐々に移動し、現在では春分点は魚座に移っている。星占い（占星術）では、十二等分した黄道帯の各区間を十二星座に照応させて「白羊宮」「金牛宮」「双子宮」「巨蟹宮（きょかいきゅう）」「獅子宮」などと名づけて占術に用いる。⇩〈星占い〉

黒月　こくげつ

①太陰暦で一日から十五日までの前半の月を〈白月（びゃくげつ）〉といい、後半の十六日から月末

までを〈黒月〉といった。『平家物語』巻三に、平家討伐の陰謀に加担し鬼界が島に流された俊寛僧都の死の間際の言葉として「**此島**へながされて後は、暦もなければ、月日のかはり行くをも知らず。…白月、黒月のかはり行くをみて、三十日をわきまへ…」と。②暗く見える月。北宋の文人政治家蘇軾の「蹇道士拱辰に留別す」に「黒月**濁水**に在り、何ぞ曾て清明ならざらん。寸

❖月と星のことわざ・慣用句：光風霽月
気性がさっぱりして心根が清らかな人への賛辞。『宋史』周敦頤伝の、黄庭堅が周敦頤について評した言葉「**人品甚だ高く、胸懐の灑落なること、光風霽月の如し**」、人格高潔で胸中がさわやかなところは清々しい風・清らかな月のような人物だ、に由来する。

⊙荒城の月
「**春高楼の花の宴／巡る盃影さして…**」と始まり「**天上影は変らねど　栄枯は移る世のすがた　映さんとてか今も尚　ああ荒城の夜半の月**」と結ばれる土井晩翠作詞、滝廉太郎作曲の名歌曲。「荒城」は荒れ果てた城跡の意味だが、土井晩翠がこの詩を作るにあたって胸に描いた城とはどこだろうか。諸説があり、最も有名なのは晩翠の故郷仙台の青葉城だろうが、昭和十四年（一九三九）に訪れて落城の悲話に接したという岩手県二戸市の九戸城址にも「荒城の月」の歌碑がある。一方、石川県の七尾城はかつて上杉謙信が攻略するに際して「九月十三夜」の詩を吟じた城で、その第三連に「**霜は軍営に満ちて秋気清し　数行の過雁月三更**」とあり、「荒城の月」の第二番「**秋陣営の霜の色　鳴き行く雁の数見せて**

田荊棘(けいきょく)に満つ、梨棗(りそう)従つて生ずる無し」、暗い月が濁った水に映ればどうして清明といえるだろう。わずかな田に茨などがはびこれば梨や棗(なつめ)のような良い木が生える余地はない、と。

❖月と星のことわざ・慣用句：呉牛月に喘(あえ)ぐ
中国・三国時代の呉は江南に位置する暑熱の地で、牛は日が沈んだ夜になっても月が昇るとまた日が出たと勘違いして喘いだという。一方、山が多く霧に閉ざされることの多い蜀では、たまに日が出ると犬が何か起きたかと怪しんで吠えたてた。「蜀犬日に吠え、呉牛月に喘ぐ」と対句にして、思い過ごしから怖れなくてもいい物事を取り越し苦労することをいう。

小熊座　こぐまざ

…」と符合する。⇩〈陣営の月〉さらに会津若松の鶴ヶ城説も有力だ。明治時代初期の戊辰(ぼしん)戦争で官軍に追い詰められた白虎隊の悲話で知られる城である。昭和の敗戦直後にこの地を訪れた晩翠自身が、「荒城の月」の着想を得たのは二高在学時の修学旅行で訪れ感銘を受けた鶴ヶ城だと述懐したとの伝聞もある。正解はおそらく一つではなく、これらの諸城をふまえて成ったというのが事実に近いのかもしれない。ほかに大分県竹田市の岡城址にも歌碑があるというが、ここは作曲者滝廉太郎の故郷であって曲との関連であろう。

〈北斗七星〉を小ぶりにし一八〇度転回させたような形をしている七つ星。同じく柄杓形をし、柄杓の柄の先端の首星が〈北極星〉である。ギリシア神話に由来する名前の意味は〈大熊座〉の項を参照。

孤月　こげつ

孤影悄然として物さびしく見える月。見る人の心情の反映であろう。盛唐の詩人王昌齢の「盧(ろ)渓(けい)にて人に別る」に「**孤月を将(もっ)て猿愁に対せしむること莫(なか)れ**」、孤影悄然とした月影の下で猿の悲し気な鳴き声を合わせて聞くのは避けた方がよい、旅愁が胸に迫りすぎるから、とこれから山路を行く友の前途を案じている。

湖月　こげつ

湖面に映った月。湖の上に昇った月。

心の月　こころのつき

「心月(しんげつ)」の訓読み。心月は仏教語で、悟りを開いた澄みきった心を月にたとえた言葉。平安時代末期の勅撰和歌集『詞花集』巻十に「**いかで我れ心の月をあらはして闇にまどへる人を照らさん**」、どうしたら私は悟

⊙オルフェウスとエウリディケ

〈琴座〉の名前の由来となった竪琴は、ギリシア神話のヘルメス神が波打ちぎわで拾った亀の甲羅に七筋の糸を張って作り、音楽の神アポロンに贈ったものだという。アポロンがこれをわが子のオルフェウスに与えると、オルフェウスはギリシア随一の竪琴弾きとなり、彼がこの竪琴を奏(かな)でながら美しい声で歌うと、森の野獣さえ静かに耳を傾け、無情なはずの樹や岩までもがうっとり聴きほれたという。オルフェウスは美しい精霊(ニンフ)のエウリディケを娶(めと)りしあわせに暮らしていたが、あるとき彼女の美しさに横恋慕した牧人に追いかけられ、逃げる途中に毒蛇を踏んで足をかまれ、それがもとで落命し黄泉(よみ)の国へ送られた。悲しんだオルフェウスはエウリディケのあとを追ってタイナロン岬の洞穴から黄泉の国へと降っ

りを開き心の月をもって、煩悩の闇に迷っている人びとに救いへの道を照らすことができるだろうか、と。

コップ座 Crater

春の夕方、南の空にくねる長大な海蛇座の背中のあたりにかかる脚付きの酒杯（クラテル）ないし鉢の形をした八つの星からなる星座。ギリシア神話の酒の神バッカス（ディオニュソス）が酒造りに使っていた器とも、わが子殺しの王女メディアが魔法の薬草を調合したときの鉢だともいう。

琴座 ことざ

夏の宵、頭上高くにかかる、小さな竪琴になぞらえられる星座。首星の〈ベガ〉は青白くきらめく一等星で、夜空の青ダイヤとたたえられ「夏の夜の女王」との異名をもつ美しい星。また、ベガの日本古来の呼び名は「織姫星」で、中国名は「七夕伝説」

た。そして冥府（めいふ）の大王ハデスの玉座の前に立つと、妻をこの世に返してくれるよう切願する歌を竪琴の調べにのせて歌った。これを聴いて感動したハデスの后のペルセフォネが涙を流しながら口添えしたので、ついにハデスもオルフェウスの願いを聞き届けることにした。エウリディケを死者の群れの中から呼び出しオルフェウスにあずけると、「地上に出るまでは決して妻を振り向いてはならぬ」と厳命して二人を地上へと送り出した。天にも昇る喜びを胸に、オルフェウスは黄泉の道を地上へ向かって急いだ。エウリディケがあとにつづいた。やがて行く手に地上の光が射しそめ、地中海の潮の香が漂ってきたとき、オルフェウスはうれしさのあまり、妻があとについてきているか確かめたい衝動に駆られて思わず後ろを振り向いてしまった。その瞬間、エ

で知られる〈織女星〉のこと。

木の下月夜　このしたづくよ

木々の間から月光がもれてくる夜。

零月　こぼれづき

連歌・連句で〈月の定座〉のあとに詠まれる月の句。月の句は定座よりあとに出すことが認められる。

小望月　こもちづき

〈望月〉つまり満月に少し足りない月。十五夜の前夜の旧暦八月十四日の夜の月。秋の季語。⇩〈待宵(まつよい)〉

約婚のふたりも椅子に小望月　及川貞

ウリディケはあっという間にいま来た暗闇へと吸い込まれ、抱きとめようとしたオルフェウスの腕はむなしく空をつかむばかりだった。オルフェウスは狂ったように、冥府へと呑みこまれた妻を追い求めたが、二度とエウリディケを引きもどすことはできなかった。耐えがたい悲しみに身をさいなまれ、ついに正気を失って山野を放浪するオルフェウスを、ディオニュソスの祭りの酒で乱酔した女たちが石で撃ち殺し、体を八つ裂きにして竪琴とともにヘブルス河へ投げ捨てた。のちにムーサの女神たちが切れぎれのその体を集めて葬ると、亡霊となったオルフェウスは黄泉の国に下ってエウリディケを尋ねあて、相抱くことができた。大神ゼウスはオルフェウスを哀れんで竪琴を川から拾うと、天に上げて星々の間に置いたという。

さ行

西郷星　さいごうぼし

〈火星〉は西洋では戦いの神である「マルス Mars」あるいは「アレス Arēs」と呼ばれ、戦乱や天災の予兆とされた。日本では明治十年（一八七七）に西南戦争と火星の大接近が重なったことから、敗死した西郷隆盛が昇天して星になったとのうわさが流れ「西郷星」の異名がついた。

❖**月と星のことわざ・慣用句：竿竹（さおだけ）で星を打つ**
星を打ち落とすのに、竹竿を振り回すような無駄な努力をする愚かさをいう。また、急所に届かないもどかしさをいう。

朔　さく

月が太陽の手前にきて重なるので、地球からは月の暗い面が見える状態。〈新月〉。太陰暦で毎月の第一日で、「月立ち」が音便で「ついたち」となる。

朔望月　さくぼうげつ

月の満ち欠けで朔（新月）から次の朔まで、あるいは望（満月）から次の望までに要する平均時間。すなわち月の満ち欠けの周期で、平均二九・五三日。

桜月夜　さくらづくよ

たわわに咲いた桜の梢を月が明るく照らしている情景。与謝野晶子に「**清水（きよみず）へ祇園（ぎおん）をよぎる桜月夜こよひ逢ふ人みな美しき**」。この名歌を詩人の草野心平は「円山公園のしだれざくら、その下の花かがりの炎なども浮かんでくる」と評している。春の季語。

梟（ふくろう）が啼きゐて桜月夜かな　草間時彦

細愛男　ささらえおとこ

月の異称。「細（きさら）」は小さい、「愛（え）」は愛らしい。「細好男」とも書き、小さく好もしい男という意味で、月の別名となった。『万葉集』巻六に「**山の端のささらえをとこ天の原門（と）渡る光見らくし良しも**」、山の端に昇った「ささらえおとこ」が空高く渡って行くその光を見るのは気持ちのよいものだ、と。

蠍座　さそりざ

夏の夕方、南の地平線のすぐ上に、長いS字形を描いて腹ばう大蠍（おおさそり）に見立てられた星座。古来の〈黄道十二星座〉の八番目。S字のはじまり近くに「蠍の心臓」と呼ばれる赤い大きな一等星〈アンタレス〉が輝いているので見つけやすい。天文学が起こった西アジア地方では、雄大なS字を砂漠の恐るべき毒虫になぞらえたが、中国では伝説上の四神（しじん）の一つ青竜（せいりょう）と見立てた。一方わが国の船頭や漁業者たちは、このS字を釣り糸の先の釣り針と見て「魚釣り星」「鯛釣り星」などと呼んだ。ギリシア神話で、ゼウスの兄の海神ポセイドンの子オリオンは、美しくも剛力の狩人で自分の強さを誇示する力自慢だった。その傲慢さを嫌った女神ヘラは、あるときオリオンの行く手に大蠍を待ち伏せさせ、その足を一刺しさせると、さすがの剛の者も猛毒が体に回って絶命した。ヘラの命令を果たした蠍は天に上げられ星座となったが、オリオンを寵愛していた月の女神アルテミスの計らいで、オリオンも星座となった。しかし、いまでも〈オリオン座〉は蠍を恐れて、蠍座が西に沈んでからでないと東の空に昇ってこないといわれる。

さそり座を憶えし吾子に星流れ　稲畑汀子

サターン　Saturn
〈土星〉の英語名。

散開星団　さんかいせいだん
数十から数百個の恒星が、一〇から五〇光年ほどの領域に散在している星団。〈牡牛座〉の「プレアデス星団（昴）」「ヒアデス星団」などが知られる。⇩〈星団〉〈牡牛座〉

三角座　さんかくざ
晩秋から初冬の宵、〈アンドロメダ座〉の左下（南東）に見える、三つの星が細長い三角形に並んだ小さな星座。

山月　さんげつ
山の上にかかっている月。盛唐の詩人李白の「静夜思」に「**頭を挙げて山月を望み頭を低れて故郷を思う**」と。⇩〈月光〉

残月　ざんげつ
明け方の西空に入り残っている月。〈有明月〉〈残んの月〉。秋の季語。

残月や魚と化したる夢さめて　中勘助

三光　さんこう
月・星・太陽の三つの光。「三辰」「三精」ともいい、星は「北斗星」。

散光星雲　さんこうせいうん
点状の星でなく〈銀河〉や〈星団〉に似て光る雲のような天体を〈星雲〉というが、ガスや塵などで暗く見えるものを〈暗黒星雲〉というのに対して、光っているものを「散光星雲」という。⇩〈星雲〉

三五夜　さんごや
三×五＝十五で、旧暦八月の十五夜。中国・中唐の白居易の詩「八月十五日夜、禁中に独り直して月に対して元九を憶ふ」に「**銀台金闕夕沈々　独宿相思翰林に在り　三五夜中新月の色　二千里外故人の心**」、宮中に深々と夜が更けるとき、翰林院に一人宿直して君を偲んでいる。時あたかも八月十五夜の匂うような満月の下、二千里の遥か彼方にいる君を思うと懐かしさはひとしおだ、と。「故人」は昔なじみの人。ここでは「元久」すなわち白居易の親友元稹（げんじん）のこと。

残星　ざんせい

夜が明けた空に消え残っている星。

三夜待　さんやまち

旧暦二十三夜の月待行事。二十三日の夜に社寺の堂や当番の家に集まり、念仏を唱え、歌ったり餅（もち）を食べたりして月の出を待つ習俗。

指極星　しきょくせい

〈北極星〉を指し示す星という意味。〈北斗七星〉の柄杓の柄のついていない側の枡の縁をなす二星（首星と次星）をいい、この両星を結んだ長さの五倍を首星の側に伸ばしていったところにあるひときわ明るい二等星が「北極星」である。

子午線　しごせん

「子午線」の「子」は十二支の「子（ね）」で北、「午」は「午（うま）」で南を意味する。いま地球から天を見上げた場合、地球を丸く包む「天球」を想定できるが、頭の真上の天頂と真北の北極、真南の南極を結んだ天球上の大円を「子午線」という。地球から見ると天球は一日に一回地球の周りを回転しており、この「日周運動」によって天球上のすべての星々は一日に一回子午線を東から西に通過する。このときを天体の南中という。いっぽう地球の円周にも円周上の一点と北極点と南極点を結んだ子午線（経線）があり、イギリス・ロンドンのグリニッジ天文台を通る経度〇の経線を「本初子午線」という。

獅子座　ししざ

古来の〈黄道十二星座〉の五番目で、春先、東の空に昇りはじめて仲春の宵には南天高く悠然と横たわるライオンになぞらえられる大きな星座。獅子の顔から胸・前肢を形づくる五つ星がアルファベットの「C」の形を成し、その下の首星〈レグルス〉と合わせるとクエスチョンマーク（?）を反転させた形になることはよく知られている。レグルスは、その位置から「獅子の心臓」といわれ、反転したクエスチョンマークは、西洋の草刈り鎌にそっくりなので「獅子座の大鎌」とも呼ばれている。

獅子座流星群　ししざりゅうせいぐん

毎年十一月半ばごろ、〈獅子座〉の〈レグルス〉から二つ上にある二等星の近くから八方へ放射される流星群。一〇〇〇年以上も前から記録され、時に一時間に二〇万個以上の流星が雨のように降りそそいだこともある。⇩〈流星〉

自性の月　じしょうのつき

「自性」は仏教語で物自体が有する本来の清らかな性質。物本来の穢（けが）れのない本質を澄みきった月にたとえた言葉。謡曲「調伏（ちょうぶく）曾我（そが）」に「箱根の海山の、み法（のり）もおのづから、実相の色を現はし、自性の月の　光を染（そ）みて」、箱根の湖や山はそのまま仏法の理（ことわり）の現れとなり、穢れなき月は澄みきった光を放っている、と。

静かの海　しずかのうみ

一九六九年七月二十日、アームストロング船長とオルドリン飛行士が乗ったNASA（アメリカ航空宇宙局）の「アポロ一一号」の月着陸船が着陸した月面の平坦な場所の名前。翌年九月、ソ連の無人月探査機「ルナ一六号」が着陸したのは「豊かの海」。

二星　じせい

⇩〈二星(にせい)〉

四三の星　しそうのほし

〈北斗七星〉の七つ星を柄杓の四星と柄の三星に分けて「四三の星」と呼んだ。『義経記』巻四「義経都落(みやこおち)の事」に、兄頼朝の怒りを買い西国に落ち延びる義経が静御前・弁慶らをしたがえて船で四国を目指すうちに、日も暮れて「**空さへ曇りたれば、四三の星も見えず、唯(ただ)長夜の闇に迷ひけ**る」と。「しさんのほし」ともいう。

七曜星　しちようせい

陰陽道や仏教で〈北斗七星〉のこと。

日月　じつげつ

月と太陽。「つきひ」。

実視等級　じっしとうきゅう

星の見かけ上の明るさの尺度。等級が低いほど明るい。古代では晴れた夜に肉眼で見えるもっとも明るい星を〈一等星〉、肉眼でかろうじて見えるいちばん暗い星を「六等星」として六段階に分類してきた。しかし現在では五等級の明るさを基準にして、一等級変化するごとに二・五一二倍明暗が上下するように定義されている。一等星は、実視等級が〇・五等〜一・四等の間の明るさで、一等級以上の明るさはマイナス一等、マイナス一・五等のように表わしている。

死魄　しはく

旧暦の毎月の朔日(ついたち)のこと。「魄」は月の光をいい、「死魄」は「魄」が見えない〈新月〉。「魄」は陰の精気をいい、月面の光のない部分をいうこともある。

しまぼし

月の別名。室町時代の注釈書『秘蔵抄』に「さよふくる緑の空に風吹けばいとどさえますしまぼしの影」、夜が更けてきて濃い藍色となった空に風が吹くと、いっそう冴えまさって見える月の光、と。

下の弓張　しものゆみはり

満月を過ぎた旧暦二十二、三日ごろの半月(はんげつ)。夜半過ぎに月の出となり、月面の左（東）側半分が輝く〈下弦の月〉。秋の季語。

若月　じゃくげつ

〈三日月〉のこと。「若月」と書いて「みかづき」と読ませることもある。秋の季語。

❖月と星のことわざ・慣用句：羞花閉月(しゅうかへいげつ)

花を恥ずかしがらせ、月も顔を隠してしまうほどの美貌ということ。「沈魚落雁(ちんぎょらくがん)」と対句になり、魚は泳ぐのを忘れて見とれ、雁も飛ぶのを忘れて空から落ちるほど美しいということ。中国・元代の古典演劇北曲（元曲）の楊果作「采蓮女(さいれんじょ)」にある四字熟語。

斜月　しゃげつ

西に沈もうとして斜めに傾いている月。

周期彗星　しゅうきすいせい

七十六年ごとに現れる〈ハレー彗星〉のように、軌道が一定の周期で太陽に接近する〈彗星〉。

秋月　しゅうげつ

秋の夜空をわたる月。中国・中唐の白居易が「八月十五日夜、知人が宿直している禁中の清景を憶って」作った詩に「秋月高く懸る空碧(くうへき)の外(そと)、仙郎静かに翫ぶ(もてあそぶ)禁闈(きんい)の間(かん)」、中秋の名月が天外に高くかかるとき、君は宮中に宿直してその月を静かに愛でている、と。「春花秋月」といえば、自然の美しさの代表としての春の花と秋の月。

十五夜　じゅうごや

旧暦八月十五日の夜の満月。わが国で文献に最初に十五夜の月が現れるのは、菅原道真の師といわれる島田忠臣の『田氏家集』で、「八月十五日夜月に宴す」と題し「夜明らけきこと昼の如くにして嘉賓を宴す老兎寒蟾（かんせん）主人を助く」と詠じられている、九世紀半ば（八六二年）ごろのことだという。『源氏物語』須磨に「月のいと花やかにさし出でたるに今宵は十五夜なりけりとおぼし出でて、殿上の御遊び恋しう、所々眺め給ふらんかしと思ひやり給ふにつけても月の顔のみまもられ給ふ」、政敵の右大臣の娘であり皇太子に入内（じゅだい）することが決まっている朧月夜と契ったために窮地に陥った光源氏は、都を退出して隠れ住んだ須磨の陋居（ろうきょ）の空に、月が明るくみごとにさし昇ったのを見て今宵は十五夜だと思い当たると、かつての宮廷での華やかな遊び、ゆかりの女性たちのことを思い浮かべながら月影ばかりを見つめている、と。

大村主計（おおむらかずえ）作詞の童謡「花かげ」に「十五夜お月さま　ひとりぼち／桜ふぶきの　花かげに／花嫁すがたの　おねえさま／くるまにゆられて　ゆきました」。秋の季語。

十三夜　じゅうさんや

旧暦九月十三日の夜の月。平安時代の貴族藤原宗忠の『中右記』は次のように言っている。「保延元年九月十三夜、今夜雲浄く月明なり。是（これ）寛平法皇今夜明月無双の由仰出（おおせいだ）さる云々。仍（より）て我朝九月十三夜を以て明月の夜と為す也」、保延元年（一一三五）九月十三夜の月の宴は雲が美しく月がみごとだった。これは寛平の世（九世紀末～十世紀初頭）に宇多天皇が十三夜の月を「明月無双」と仰せられたために、以後宮中では九月十三夜を明月の夜と定めた、と。中国には中秋の名月を愛でる「中秋節」はあるが、「十三夜」の風習はない。九月十三日は、現行暦でいうと十月半ば過ぎであり、秋冷の候のやや物寂びた月見となる。山本健吉は『徒然草』の「花はさかりに、月はくまなきをのみ賞するものかは」、花は満開のみを、月は欠けたり陰のないものだけを称えるものだろうか、いやそんなことはない、を引いて、「仲秋以後、晩秋にもう一度、満月でなく少し欠けた月を賞するところに、如何にも日本人らしい選択」があると言っている（『基本季語五〇〇選』）。〈後の月〉〈名残の月〉〈豆名月〉〈栗名月〉〈女名月〉などともいう。秋の季語。

嵯峨ははや時雨ぐせなる十三夜　鈴鹿野風呂

十七夜　じゅうしちや

旧暦十七日の夜の月。とくに十六夜（いざよい）の翌日の八月十七夜の月をいう。夜な夜な京の路上で武人と果し合い、千本の太刀を奪う願を立てた武蔵坊弁慶の話は、以前はどんな

⊙十三夜――お関と録之助

「十三夜」は、世に樋口一葉の《奇跡の一年間》と呼ばれる明治二十七年（一八九四）から二十八年にかけて作（な）した「大つごもり」「たけくらべ」「にごりえ」につづく傑作の一つ。

いつもなら黒塗りの立派な人力車で実家の前まで乗りつけるお関だが、今夜は辻で拾った車を家の手前で帰し女中も連れずにしょんぼりと実家の前に立った。今宵は旧暦の十三夜で、家の中では月見団子をこしらえ豆や栗を供えて団欒のようす。しがない暮らしの両親は、お関が名家に嫁入りし、原田の奥様と呼ばれる身分に出世したことを何よりの誇りとしている。そんな父母に、どの顔下げて離縁状をもらってくださいなどと言えるだろう。だが嫁入って七年、人には言えない忍耐に限りがきた。太郎とい

子どもでも知っていた。九百九十九本まで手中にし、あと一本で満願という夜、鞍馬の牛若丸のちの源義経と出会って五条大橋の上での大立回りとなる。この日は、物語では旧暦六月、満月の二日後で「十七夜」の月が鴨川を昼のように明るく照らす夜のことだったという。〈立待月〉ともいう。秋の季語。

十四夜月　じゅうしやづき

明日の十五夜を待つ旧暦八月十四日の宵の月。「十四日月」〈小望月（こもちづき）〉〈待宵（まつよい）〉ともいう。

衆星　しゅうせい

多くの星々。「群星」ともいう。

重星　じゅうせい

肉眼では一個の星に見えるが、実際は二個以上の星が重なっているもの。「二重星」「多重星」がある。⇩〈連星〉

う子がありながら今夜この時刻に婚家を出てきた。すべてを捨てる覚悟をするまでには何度もためらったが、あの鬼のような夫の仕打ちを思うと、婚家へ戻ることのほうが耐えがたかった。

お関が原田に見初められたのは十七の正月だった。隣の子と追羽根を突いていた可憐な姿を原田が見初めて、どうしても嫁にと言いつのった。両親は、何の取柄もない斎藤家の娘と新政府の奏任官では釣り合いがとれないと幾度も断ったが、原田は手ずから嫁入り支度まで整え、もぎ取るように手折って行ったのだ。それなのに原田がお関を妻らしく扱ったのは初めの半年ほどだけで、豹変してからは朝起きるやいなやの小言からはじまり、召使の前でもお関の無作法・不器用をあげつらい、二言目には教育のない女とさげすむのだった。悪罵は太郎

❖月と星のことわざ・慣用句：秋月春風

秋の月と春の風は人の世の快いものの極めつき。また並列して素晴らしい歳月にたとえられる。白居易「琵琶行」に、左遷された地の船着き場で人を見送った白居易の耳に聞こえてきた見事な琵琶の弾き手はもと長安の妓女だという。そう身の上を明かしたうえで**「今年の歓笑（かんしょう）復（ま）た明年、秋月春風等閑（とうかん）に度（す）ぐ」**、あのころは行く年も来る年も歓楽の中に日を送り、秋月と春風にうかれておろそかに年月を過ごしていた、と貴顕を相手に送った若き日の歓楽に満ちた歳月を語る。そして、それも過ぎてみればほんの束の間のことだったとの後悔が、僻地で不遇をかこつ老病の白居易の現在と重なる。

十八夜月　じゅうはちやづき

が生まれてからも変わらず、お関の口から離縁を言い出すよう仕向けているのか、女房いじめはつづいた。それでも太郎ゆえに、自分さえ辛抱すればとじっと耐えてきたこの三年、とうとう忍耐にも限りがきた。どうぞお父つぁんお母さん、原田から離縁状を取ってくださいと、涙ながらに掻き口説くお関だった。

この娘はなんて不仕合せなんだと涙をぬぐっていた母親の傍らで、腕組みしながらじっと聞いていた父親が口を開いた。お前の言うことはいちいちもっともだが、夫には未練はなくとも太郎への情は断ちがたかろう。また弟の亥之助が立派な勤めに就いていい月給をもらっているのも元はといえば原田さんの引きがあったおかげだ。どうだろう、一つは親のため、二つは太郎のため、そして弟のためにも、今日までできた辛抱十五夜の名月から数えて三日目の旧暦八月十八日の夜の月。十五夜の月から一時間以上も遅れて出る〈居待月〉。

主星　しゅせい

複数の恒星が共通重心の周りを公転している〈連星〉の、明るいほうの星をいう。暗いほうは「伴星」、または「随星」という。

首星　しゅせい

星座の中でいちばん明るい星で、〈アルファ（α）星〉ともいう。二番目に明るい星は「次星」で〈ベータ（β）星〉という。

ジュピター　Jupiter

〈木星〉の英語名。

春月　しゅんげつ

春の夜空にかかる月。『晋書』王恭伝に「**或は之を目して曰く、濯濯(たくたく)として春月の柳の如し**」、春の朧月夜(おぼろづきよ)の柳がそよ風にひるがえっているように雅(みやび)で美しい、と。

をこれからもできないことはなかろう。冷たいようだが、離縁して原田を出て泣くのも、原田の妻のまま泣くのも、同じ不運に泣くのなら原田の妻で大泣きに泣け。なぁお関、何事も胸に納めて今夜は帰り、今まで通り世を送ってくれないか、と諄々と諭されると、わかりました、離縁をと言ったのは私のわがままでした、私さえ死んだ気になれば四方波風も立ちません。よく合点がいきました、と涙をぬぐうあとからまた涙にくれながら、立ち上がって帰り支度をするお関。

実家は上野、これから帰る原田の家は駿河台。流しの人力車を止めて車上の人となる。折しも十三夜の月がさやかに照り、虫の音がすだく上野から一丁も行かないところで突然車が止まると、まことに申しわけないがここでお降りなすってください、と車夫(くるまや)

「濯濯」は艶やかに光って美しいさま。「春月」は〈朧月〉と同様。「春月夜」「春満月」などともいう。いずれも、春の季語。

紺絣春月重く出でしかな　飯田龍太

春星　しゅんせい

⇩〈春の星〉

嫦娥　じょうが

⇩〈姮娥（こうが）〉

嫦娥四号　じょうがよんごう

二〇一九年一月三日午前一一時二六分（日本時間）、世界で初めて月の裏側に着陸した中国の無人月探査機の名前。二〇〇七年に打ち上げられた「嫦娥一号」は、月面の撮影が主な目的だった。六年後の二〇一三年の「嫦娥三号」で月の表側への着陸を実現させ、中国はソ連・アメリカに次ぐ第三の月面着陸に成功した国となった。そして二〇一九年一月、世界初の月の裏側への着

が言う。こんなところで下ろされては困る。割り増しを払うからと言うと、代金はいらない、割り増しが欲しいわけでもない、車を引くのがつくづく嫌になったのだ、と言う。それではせめて代わりの車が見つかる広小路までと言うと、わかりました、ではもう少し、と見かわす車夫の月光に照らされた顔こそ、忘れもしない幼馴染の煙草屋の一人息子の録之助。かつての日お関は録之助に想われて、いずれ自分は煙草屋の店に座って店番をするんだと思っていた。が、親の言いつけで原田への嫁入りが決まると、家を出る間際まで涙がこぼれて忘れかねた人だった。お関が嫁いだあと、録之助は人が変わったように荒れて身を持ち崩したと聞き胸を痛めていた。録之助は私の丸髷姿を見てどう思っただろう。仕合せそうな外見と内心は違うのに、と千々に思い乱れる

陸を成功させ、引き続いて「嫦娥五号」を打ち上げ月の表土などの資料を地球に持ち帰る計画を進めている。さらに二〇三〇年前後には、宇宙飛行士による月面着陸や月面基地建設を目指しているという（「朝日新聞」二〇一九年一月四日朝刊）。

❖月と星のことわざ・慣用句：嘯風弄月（しょうふうろうげつ）

読み下し文にすると「**風に嘯（うそぶ）き月を弄（もてあそ）ぶ**」、自然の風景に親しんで詩歌を詠唱し、月を賞でて風雅の道に遊ぶこと。『太平記』巻一に、後醍醐天皇の皇子の尊良（たかよし）親王は「**浅香山の故跡（ふるきあと）を踏んで、嘯風弄月に御心を傷ましめたまふ**」と、その風雅な人柄を讃えている。

上弦の月　じょうげんのつき

新月から満月にいたるまでの旧暦七、八日

うちに車は広小路についた。お関は紙入れから紙幣を取り出し懐紙に包むと、話したいことはたくさんありますが何も言えません。これでお別れしますがどうか体をおいといになって……、さようなら、と録之助に差し出す。本当なら辞退すべきですが、あなたが手ずからくださるものですからありがたく頂戴して思い出にしますと録之助。夜更けて道が寂しいからお気をつけて……、わたしも帰ります、と空車を引いて遠ざかって行く。録之助は東に、お関は南へ。風になびく広小路の柳を、十三夜の月が皓皓と照らしているばかり。

ごろの半月。月面の右（西）側が輝いて見え、太陽が沈むころには夕空高く南中しており、沈むのは真夜中になる。月の入りのとき弓の弦は上方にあり、下半分が輝いている。〈上(かみ)の弓張〉〈上り月〉などともいう。秋の季語。

上弦のかがやき出でて月近し　宮津昭彦

将星　しょうせい

古代の中国で、英雄・大将を象徴する赤い巨星。

小惑星　しょうわくせい

〈太陽系〉の八つの〈惑星〉とは別に、主として〈火星〉と〈土星〉との間にあって太陽の周りを公転している小天体をいう。「小遊星」ともいう。

小惑星接近　しょうわくせいせっきん

二〇一九年七月三十日、NASA（アメリカ航空宇宙局）は、日本時間七月二十五日の午前中、直径五九〜一三〇メートルほどと推定される小惑星が地球から七万二〇〇〇キロの宇宙空間を推定速度二〇キロメートル／秒で通過したと発表した。これは地

⊙小惑星探査機「はやぶさ」

二〇〇三年五月九日、宇宙航空研究開発機構（JAXA）の宇宙科学研究所は、鹿児島県の内之浦宇宙空間観測所から小惑星探査機「はやぶさ」を打ち上げた。二年後の二〇〇五年夏に小惑星「イトカワ」に到達したはやぶさは、カメラやレーダーによってイトカワの科学観測を行った。その後探査機本体をイトカワに降下・接地させて標本を採取し、その後地球への帰還の途についた。二〇〇七年夏には地球大気圏に再突入し試料の入ったカプセルを地球に持ち帰る計画だった。しかしこれらの任務の途中で、姿勢制御装置の故障・イオンエンジンの停止・通信途絶など重大トラブルに次々と見舞われ、帰還は二〇一〇年に延期せざるを得なくなった。このような致命的な困難にもかかわらず、はやぶさは二〇一〇年

球に最も近い天体である月との距離の約五分の一以下の近さだったが、前日の二十四日まで世界中のどの観測機関もその接近に気づかなかった。万一地球に衝突していたら東京都の面積に匹敵する範囲に壊滅的な被害を与えただろうと想定され、ほっと胸をなでおろした。この危機一髪の小惑星は「２０１９ＯＫ」と名づけられた。

小惑星リュウグウ　しょうわくせいリュウグウ

二〇一四年に宇宙航空研究開発機構（ＪＡＸＡ）が打ち上げた小惑星探査機「はやぶさ２（ツー）」が、二〇一九年七月十一日午前一〇時過ぎ、二月につづいて二度目の着陸を果たした小惑星の名。他の小惑星は火星の外側の軌道をまわっていることが多いが、「リュウグウ」はめずらしく地球に近い軌道を回っている直径九〇〇メートルほどの小惑星だ。「リュウグウ」の地下にはおよ

六月十三日、満身創痍で地球に帰還してきた。探査機本体は地球の大気との摩擦熱によりバラバラに解体しながら燃え尽きたものの、試料の入ったカプセルをパラシュートでオーストラリア南部の砂漠に着陸させ、翌日無事に回収された。地球の重力圏外にある天体に着陸し「サンプルリターン」を成功させたことは、世界初の快挙であった。総飛行距離六〇億キロの苦難の旅だった。

そ四六億年前に太陽系が誕生した当時のままの砂や岩石が存在しているとみられ、はやぶさ２は「リュウグウ」の地表に弾丸を撃ちこみ砂や石を舞い上がらせて採取した。これを持ち帰って分析すれば太陽系が生まれた当初の水や有機物の成分が分かり、地球の成分と比較することによって生命誕生の秘密に迫ることができると期待されてい

る。はやぶさ2は二〇一九年末に「リュウグウ」を出発し、二〇二〇年十二月六日午前二時半ごろ、六年間五〇億キロの旅を終えて地球に帰還し、「リュウグウ」で採取した砂や石の入ったカプセルを切り離してオーストラリア南部の砂漠に投下した。「はやぶさ2」はその後、新たな軌道を取り、地球と火星の間を回る小惑星への探査の旅へと向かった。

初月　しょげつ

昇ったばかりの月。その月の初めての月。

織女星　しょくじょせい

〈七夕〉の〈織姫星〉。〈琴座〉の首星〈ベガ〉のこと。旧暦七月七日の夜空で〈天の川〉をはさんで〈牽牛星〉〈鷲座〉の首星〈アルタイル〉と向かい合う。⇩〈七夕〉

コラム⦿織姫星

初三の月　しょさんのつき

〈三日月〉。「初三」は月の初めの三日目。

初魄　しょはく

〈三日月〉の別称。月面の明るく輝く部分の「明」に対して、この場合の「魄」は月の暗い陰の部分。三日月のころ「魄」がいちばんよく見える。

シリウス　Sirius

冬の宵、南の空に輝く〈大犬座〉の首星。「シリウス」とは、ギリシア語の「セイリオス＝焼き焦がすもの」に由来する名前とされ、光度マイナス一・五等で、全天にある二十一個の〈一等星〉以上の星の中でもっとも明るい。それはシリウスが地球に近いからで、距離は八・六光年だという。シリウスが、〈オリオン座〉の〈ベテルギウス〉、〈小犬座〉の〈プロキオン〉とともに描く正三角形は〈冬の大三角〉といわれる。中国名を〈天狼星〉といい、青白い星色から日本では〈青星〉ともいう。冬の季語。

天狼のひかりをこぼす夜番の柝　山口誓子

（「柝」は拍子木）

陣営の月　じんえいのつき

天正五年（一五七七）七月、上杉謙信は精兵を率いて加賀から能登に入ると、織田信長麾下の遊佐弾正が守備する七尾城を陥れた。九月十三夜に至ってようやく鋭鋒を収めると、陣中に酒肴を準備して諸将士を犒った。やがて興が乗ると自ら詩を吟じ、詩心のある将士にも和することを勧めた。折から陣営を照らす〈十三夜〉の月を詠じた詩に、「霜は軍営に満ちて秋気清し　数行の過雁月三更　越山併せ得たる能州の景　遮莫家郷遠征を憶ふを」、「月三更」は現在の午後一一時から午前一時ごろの月。領地の越後越中に加えて能登を併合した満足感を詠じている。上杉謙信は、勇猛なばかりでな

⦿新月二題

「新月」には二つの意味がある。一つは、月が太陽と地球の間に入ったために暗く陰って見える月。もう一つは、地平線から昇ったばかりのほやほやの満月。以下それぞれについてみてゆこう。

①暦の毎月一日の月をいう場合。地球から見て月が太陽と同じ方向にあるとき、太陽を背にした月は地上からは陰の面のみが暗く見える。これが〈朔〉で「新月」ともいう。「朔」のあと最初に光が見えた月のことを「新月」という場合もある。吉田健一の短編小説「月」の主人公大工の万七は、夜を愛し月を慕う男。その気持ち止めがたく、あるときから意識の中で昼間と夜とを代えた。夜毎に月を見るために建てた家の座敷から「新月」を眺めたとき、わずかにその輪郭に光を残して空にかかっている姿

く、敵に塩を贈る逸話にあるように義侠心に富み、詩文を愛し法治の精神豊かで女人にも清潔な、世にも稀な武将であったという。

心月　しんげつ

澄みきった月のような明らかな心。悟りに達した精神を曇りのない月にたとえた仏教語。

人工衛星　じんこうえいせい

ロケットで宇宙空間に打ち上げられ、地球などの周りをまわる人工の天体。一九五七年にソ連が打ち上げたスプートニク一号が、人類史上初の人工衛星。

人工流れ星　じんこうながれぼし

人工衛星に特殊素材のパチンコ玉くらいの粒を積んで打ち上げ、それを衛星軌道上から宇宙空間に放出・落下させる。すると地球の大気圏に突入し、燃焼しながらプラズ

に驚いた。これ以上細い線というものはなさそうに思われ「それ故にそれが新月であつてこれに向つて望みを言ふ前にその痕跡に近い光に魅せられた。それはただそこにあつて満ちることに向つて行くことを考へさせずその余りに細い線がそれが光つている空に気品を添へた」（『怪奇な話』）と、独特の文体で氏一流の美学を表現している。
②十五夜の宵に東の空に昇ったばかりの匂うような満月。旧暦八月十五日の夜空に昇ったばかりの、清新さがしたたるような中秋の満月。「新たなる月」ともいう。中唐の大詩人白居易の「八月十五日夜、禁中に独り直して月に対して元久を憶ふ」に「**銀台金闕夕沈々　独宿相思翰林に在り　三五夜中新月の色　二千里外故人の心**」、「元久」は白居易の親友の詩人元稹のこと。宮中の夜は深々と更けてゆき、自分は翰林院

マ発光して「流れ星」を作り出すことができるという天体プロジェクト。日本のベンチャー企業が計画し、流れ星の種を積んだ小型人工衛星を二〇一九年一月十八日、JAXA（宇宙航空研究開発機構）の内之浦宇宙空間観測所から打ち上げて予定軌道にのせることに成功した（二〇一九年一月十九日付「朝日新聞」朝刊）。粒の放出は一年後を予定しており、順調にいけば二〇二〇年春、広島県の瀬戸内海地方で、世界初の「人工流れ星」が観測できる計画だった。しかしこのプロジェクトに対して、①自然現象だからこそロマンを感じる「流れ星」のぶち壊し　②環境汚染の恐れがありお金の無駄遣い　③商業主義的なショーのための天文観測が妨げられる　などの批判があり、機器や素材の不具合もあって延期された。

でひとり宿直している。昇ったばかりの滴(したた)るような満月の下、二千里へだてた彼方にいる君のことを思うと懐かしさはひとしおだ、と。また『平家物語』巻七に「村上の聖代(せいたい)応和のころほひ、三五夜中(さんごやちゅうの)新月白くさえ、涼風颯々(さつさつ)たりし夜(よ)半(ば)に」、村上天皇の治世の応和のころ、昇ったばかりの十五夜の満月が白く冴え、涼しい風が爽やかに吹きすぎる夜中に、影のような化生(けしょう)のものが出現し天皇に琵琶の秘曲を伝授する場面だ。いっぽう「朔」を過ぎて月の初めのころに出る二日月・三日月なども「新月」ということがある。

新星　しんせい

「新星」といっても新しい星が誕生するわけではなく、それまで暗かった〈恒星〉が数日の間に数万倍以上も急激に明るくなり、やがて数か月から数年かけて緩やかに元の明るさにもどっていくもの。星の表面で熱核融合反応が起こっていると考えられている。

❖月と星のことわざ・慣用句：晨星落落（しんせいらくらく）

「晨」は朝。朝空が明るくなるにつれて星が一つまた一つと消えてゆくように、同期の仲間や仲の良い友人が次第に目の前から去っていくこと。

❖月と星のことわざ・慣用句：真如の月（しんにょのつき）

「真如」は仏教語で普遍的な真理。無明の雲が晴れて、煩悩が解けたのちにはじめて姿を現す人の心の本体。人々の迷いを覚ます不変の真理を、夜の闇を隈なく照らす明月にたとえた。転じて、一点の曇りもなく地上を照らす名月のこと。「真如の月影」ともいう。秋の季語。

晨星　しんせい

「晨」は早朝の意。朝空にきらめく星。

水月　すいげつ

水に映った月。水と月。盛唐・李白の「宣州霊源寺仲濬公に贈る」に「風韻江左に逸し、文章海隅を動かす。心を観ること水月に同じく、領を解いて明珠を得たり」、霊源寺住職の仲濬は、風趣が長江下流地方で傑出していて、文章は国の津々浦々に鳴り響いている。心映えは水に映った月影のように明澄で、豁然大悟して明珠のごとき悟りに達している、と。

水星　すいせい

太陽にもっとも近いところを楕円軌道を描いて公転している惑星。地球からは日没後の西の空ないし日の出前の東の空に短時間だけ見える。地球の内側をまわる〈内惑星〉なので、位置関係によって満ち欠けする。英名は〈マーキュリー Mercury〉。

彗星　すいせい

彗星は、惑星や小惑星と同様の太陽をめぐる天体で、その多くは暗くて肉眼では見えない。が、時に太陽に接近すると頭部が明るく輝き、後ろに青と黄の二本の尾を引いて夜空をよぎるものがある。その姿が箒（ほうき）に見えるところから、古来「箒星」と呼ばれた。彗星の頭部の中心にある核は、太陽系が誕生した始原に宇宙空間で凝結した水・二酸化炭素・メタン・アンモニアなどからなる氷だ。その表面にケイ素・マグネシウム・鉄などの岩石質の粒がまぶされていて、いわば「汚れた雪玉」にたとえられる。明るく輝く頭部は、核が太陽の熱で溶けてガス化したもので「コマ coma」という。コマは太陽に近づくにつれて太陽風や光圧に流されて太陽と反対方向に尾を引く。ガスと岩石質と、成分の違いによって尾は二本になる。青い尾は電気を帯びたガスによる「イオンの尾」、黄色の尾は岩石質の「塵（ダスト）の尾」である。英語で「コメット comet」という。

瑞星　ずいせい

慶事の到来を予兆する星。〈景星〉「徳星」なども同様。

スーパームーン　supermoon

大きく見える月。正式の天文学用語ではなく、占星術由来のことばだといわれ、はっきりした定義はない。一般的には、楕円軌道で地球を周回しているためもっとも遠いときには四〇万五〇〇〇キロメートルも離れる月が、地球に最接近したとき満月（あるいは新月）の円盤が大きく見える状態を「スーパームーン」と言っている。たとえば二〇一六年十一月十四日の晩の満月では、六八年ぶりに三五万六五〇〇キロメートルの最短距離にまで接近した。このため格別大きく見えるように思われ、「スーパームーン」として注目された。

スターダスト　star dust

小さくて星ともいえないような小星団。星屑。宇宙塵。

ストロベリームーン　strawberry moon

苺（いちご）のような月。アメリカなどで、苺の収穫期と重なる六月の満月の愛称。六月は夏至の時分だから、月が冬よりも低い空にかかるため赤みを帯びて見えるところからその名がついたという説がある。もともとはアメリカの先住民の月の呼び名からきたといわれ、「ストロベリームーン」を二人で見ると結ばれるという言い伝えがある。

昴　すばる

冬の宵、南天高くに位置する〈牡牛座〉の肩のあたりに輝く六つの星からなる「プレアデス星団」の別名。「すばる」の名は、六つの星を糸で「統（す）べる」ごとくに集めたように見えるところから出たとも、あるいは古代の装身具「すまるの玉」に由来するともいう。清少納言は「星は、すばる。ひこぼし。ゆふづつ。…」と讃えている（『枕草子』二五四）。「六連星（むつらぼし）」ともいう。⇩〈牡牛座〉

澄み昇る　すみのぼる

澄みきった月が高く昇る。源三位頼政の『頼政集』に「澄みのぼる月の光に横ぎれてわたるあきさの音のさむけさ」、「あきさ」はガン・カモ科の冬鳥「アイサ」。高く澄み昇った月光の中をよぎって渡っていくアイサの声が寒さを感じさせる、と。

星雨　せいう

流星雨。⇩〈流星〉

❖月と星のことわざ・慣用句：星火燎原（せいかりょうげん）

暗夜の星のような小さな火でも、燃え広がれば平原を燎（や）き尽くすような大火になる。『書経』盤庚（ばんこう）の言葉だが、毛沢東が小さな運動を大きな変革に育てるスローガンとして引用し、革命後の中国で流行した。

星雲　せいうん

星のように点ではなく、ぼうっと雲のように光る天体ということで「星雲」とよばれる。見かけは〈銀河〉〈彗星〉〈星団〉などと似ているが、実体は銀河系内のガスや塵からなる「星間物質」である。光って見えるものを〈散光星雲〉、濃いガスや塵が光をさえぎり暗く見えるものを〈暗黒星雲〉という。一方、はるか銀河系外の恒星の大集団も同じく光る雲状に見え、かつては「銀河系外星雲」と呼ばれていたが、現在

⊙童話の中のお月さま②

グリム童話「お月さま」

夜はいつもまっくらで、黒い布みたいな天が地上をおおっている国がありました。この国ではお月さまが出たことはなく、闇の中でお星さまがきらきら光ることもないのです。この国からあるとき、四人の若い職人が腕を磨いて親方になるためによその国へ修行の旅に出ました。その国では日が暮れておてんとうさまが山のうしろに隠れてしまうと、かしわの木のてっぺんに光をだす月という球があって、それが遠くのほうにまで、やわらかい光を流しているのでした。これに感銘を受けた四人は、月をぬすむことにしました。木にのぼって月に穴をあけ綱をとおすと、引き下ろした月を国に持って帰り、それをせいの高いかしわの木のてっぺんにすえました。夜はまっくらだ

ではただ〈銀河〉と呼んで区別している。

星河　せいが

「天の川」のこと。〈銀河〉「天河」。秋の季語。

星漢　せいかん

「天の川」のこと。〈銀河〉〈星河〉「天漢」。

清月　せいげつ

清らかに澄みわたった月。中国・唐の文章家韓愈(かんゆ)の詩「山石」に「**夜は深く静かに臥(が)すれば百蟲(ちゅう)絶え、清月嶺より出でて光扉(ひ)に入る**」、夜が更けてきたので静かに横になったら繁かった虫の音が止み、清らかな月が嶺に昇ると戸口から月光が射し込んできた、と。

霽月　せいげつ

雨上がりの空に顔を出した爽やかな月。「霽」は雨が止んで晴れる意。

清光　せいこう

った国は、あたらしい光が野原という野原を照らし、ほうぼうの家の部屋部屋へひろがったので、としよりも若いものもよろこびました。

やがて年がすぎて四人が次々に死ぬと、ひとりが死ぬごとに「月の四分の一はかれの財産だ」といって切り取り、いっしょにお棺の中に入れてお墓に埋めました。そのため四人の最後のひとりが死ぬと、その国はむかしのとおりの真の闇になりました。そのかわりに地面の下の世界は明るくなり、死人たちがむくむく起き上がってきて大騒ぎになりました。これを知った天国の聖ペトルスさまは、死人どもを静まらせ、もとどおりお墓の中へ横たわるよう命じ、お月さまを地上に持ち帰ると、天にぶらさげておくことにしたのです。

清らかな月の光。唐の詩人白居易の「八月十五日夜、禁中に独り直して月に対して元久を憶ふ」に「**猶お恐る清光同に見ざることを　江陵は卑湿にして秋陰足る**」、この中秋の名月の清らかな光を君は私と同じように見てはいないのではないかと心配だ。君のいる江陵の地は低湿で秋は曇りの日が多いというから、と。⇩〈新月〉

星行　せいこう

夜が明ける前に星空の下を出発すること。「星行夜帰」といえば、朝暗いうちに出発し日が暮れてから帰ること。

星座　せいざ

⇩〈八十八星座〉

星宿　せいしゅく

古代中国の天文学で、天球を二十八に区分しそれぞれに目印の星を定めて〈星の宿り〉としたもの。「二十八宿」。「辰宿」ともいう。

星食　せいしょく

天空を移動する月や惑星が、他の惑星や恒星の前面をよぎって隠すこと。

星辰　せいしん

星のこと。「辰」も星、天体。

星霜　せいそう

年月・歳月のこと。星は一年かけて天を一周し、霜は毎年下りるところからいう。『平家物語』巻第二に「**十九年の星霜を送（ッ）て、かた足はきられながら、輿にかかれて、故郷へぞ帰りける**」、平氏打倒の密議をこらした鹿ヶ谷の陰謀に加担し鬼界が島に流された平康頼は、千本の卒塔婆に都を恋うる歌を書いて海に流す。そのうちの一本が厳島に流れ着いて平清盛の目にとまり赦免の沙汰が下りると、人びとは康頼を中国・前漢の悲劇の将軍蘇武になぞらえた。十九年もの年月異郷の地にあって、片足を失った身で輿に乗せられ、故郷にかえることができた、と。

星団　せいだん

多くの星や星間物質が散在する銀河の中で、ほぼ同時期に誕生した多数の恒星が相互の重力作用によって一つの集団をなしているもの。数十万個の恒星が密集している「球状星団」と数百程度の恒星が雑然と散らばっている〈散開星団〉がある。見かけは〈星雲〉や〈銀河〉あるいは〈彗星〉とよく似ている。⇩〈散開星団〉

生魄　せいはく

太陰暦で欠けはじめた十六日の月をいう。〈死魄〉に対していう。既に望(ぼう)を過ぎたので〈既望(きぼう)〉ともいう。

星芒　せいぼう

「芒」は「光芒」の芒で「光」。星の光。

赤気　せっき

夜空を動く赤く光るもの。〈彗星〉ないしオーロラのことだという。『吾妻鏡』仁治(にんじ)二年(一二四一)二月四日の条に「壬戌(みずのえいぬ)。晴れ陰(くも)る。戌(いぬ)の剋(こく)、白赤気三条出現す。件(くだん)の変消えて、其の東傍に赤気又出現す。長(なが)さ七尺。彼の変減じて、猶(なお)西傍に赤気一条出現四尺か」、「戌の刻」は午後七時から九時ごろ、白と赤の光が三本出て一旦消えたあと、今度は東側に長さ二メートル余りの赤い光が出現した、と。『平家物語』巻三には治承二年(一一七八)「正月七日、彗星東方にいづ。蚩尤気(しゆうき)とも申す。又赤気とも申す。十八日光をます」と。

絶対等級　ぜったいとうきゅう

星の見かけ上の明るさをいう〈実視等級〉に対して、一様に三二・六光年離れた地点から見たときのその星の本来の明るさをい

❖月と星のことわざ・慣用句：清風朗月

清々しい風と明朗な月。中国・盛唐の李白「襄陽歌」に、民のために善政をしいた名君、強権を得るやたちまち刑場の露と消えた宰相、夢に巫山の神女と契った楚王といえども、所詮人の一生とは流れてやまない長江の水みたいに儚いものだ。そんなことより「**清風朗月一銭買うを用いず　玉山自ずから倒るるは人の推すに非ず　舒州の杓力士の鐺　李白爾と死生を同じうせん**」、爽やかな風と清らかな明月を楽しむには一文の銭もいらない、大酔して倒れるのは人のせいではない、酒を汲むための舒州の柄杓と酒を注ぐ力士鐺、この李白はお前たちとこそ生死を共にしたいものだ、と。「玉山」は容姿の優れた人が酔っ払っている姿。「力士鐺」は三足の鼎。

う。⇩〈実視等級〉

セレネ　Selēnē

ギリシア神話の美貌の月の女神。美しい羊飼いの青年エンデュミオンを愛し、ゼウスに頼んで彼を永遠の眠りに陥れて契りを重ね、多くの子を生したという。〈アルテミス〉と混同されることもあり、ローマ神話では〈ルナ〉。

繊月　せんげつ

細く繊細に輝く月。二日月・三日月、また月齢二十六日ごろの細い月をいう。秋の季語。

　暮がての繊月かかる雛の市　藤木竹志

蟾蜍　せんじょ

中国の伝説で、月の中にいるというヒキガエル。⇩〈月の蛙〉

占星術　せんせいじゅつ

星の運行や星座の位置によって個人の運命

や国家の吉凶を占う天文占術。古代バビロニアで始まり、ペルシア・アラビア・中国などに展開して中世に流行した。⇩〈星占い〉

蟾兎　せんと

月には兎と蟾(ひきがえる)がいるという伝説から、月の異称。

繊魄　せんぱく

「魄」は月の光または陰で、細い三日月あるいは新月のこと。

素月　そげつ

白々と輝く月。「素」は白。明月。仏文学者の渡辺一夫が「月三題」というエッセイの中に、大正十二年（一九二三）九月一日、関東大震災にみまわれた本郷弓町の空に浮かんでいた月のことを書いている。日頃歩き馴れていた街々がすっかり灰燼に帰しているのを茫然と眺めていると、迫りくる夕空に人工的な入道雲が奇怪な姿を屹立(きつりつ)させたと述べたあと、「この入道雲の上に、実に美しい、実に澄明な素月が一つ、端然と輝いていたのである。この月を見た時、僕は初め一種の憤りを感じた。地上の劫火(ごうか)を見おろすように、いや、そ知らぬ顔で静かに輝いている月が憎らしかった」と。しかしまた別の日、勤務上の問題で腹立たしさを抱いて帰宅する途中、路地から広い通りに出たとたん、「僕は銀色の月光の中に飛びこんでいた。仰ぐと満月に近い素月が皓々と照っている。僕は忘れ尽していたものを思い出したように、呆然として佇立した」、「素月」を仰ぎ見たために悟りに達して問題が解決したとは言わないが、「ただいきり立った心は消えたことは事実だ」と記している（『渡辺一夫著作集』第一〇巻）。

空の鏡　そらのかがみ

空に鏡のようにかかっている澄んだ月。秋の名月の形容。

た行

太陰暦　たいいんれき
「太陰」は「太陽」に対して「月」のこと。月が子午線を通過してから次に子午線を通過するまでは約二四時間五〇分二八秒で、これが「太陰日（たいいんじつ）」。次に月の満ち欠けが「朔（さく）＝新月」から次の朔になるまでには約二九・五三日かかり、これが「太陰月（たいいんげつ）」。「太陰月」を調整して一か月を二十九日あるいは三十日とし、その十二か月を一年とした暦が「太陰暦」。「イスラーム暦」は「太陰暦」である。

太陰太陽暦　たいいんたいようれき
月の満ち欠けによる「太陰暦」と太陽の運

行による「太陽暦」を合わせて作った暦。一九年間に七回の「閏月（うるうづき）」をおいて一年の長さを一太陽年（三六五・二四二二日）に調節した。日本の「旧暦」「ユダヤ暦」「ギリシア暦」「中国暦」などがこれにあたる。〈陰暦〉ともいう。

❖月と星のことわざ・慣用句：高嶺の月

振り仰ぐばかりで手の届かない「高嶺の花」に対して、「高嶺の月」は、功成り名遂げてもはやこの世に何も思い残すことがない澄みきった境地をいう。

太陽系　たいようけい

一つの恒星である太陽を中心にして運行している天体の集団。〈惑星〉〈衛星〉〈小惑星〉〈彗星〉「星間物質」などからなる。太陽に近い〈水星〉〈金星〉「地球」〈火星〉の四惑星は「地球型惑星」といわれ、〈木星〉〈土星〉は「木星型惑星」、〈天王星〉〈海王星〉は「天王星型惑星」とされる。〈冥王星〉は「準惑星」に格下げされた。

竹取物語　たけとりものがたり

わが国の物語文学のはじまりとされる平安時代前期に成立した物語。竹（たけ）の中から竹取翁（とりのおきな）に取り出され、翁夫婦に育てられて美しい姫に成長した「かぐや姫」が、五人の貴公子たちからの求婚を、難題を課することによって退け、時の帝のお召しにも応ずることなく、八月十五夜の晩、月からの使者に迎えられて月の都に帰るという伝奇譚。

田毎の月　たごとのつき

長野県千曲（ちくま）市の冠着山（かむりきやま）（姨捨山（おばすてやま））の斜面にある棚田に映る月。人が動くにつれて、田毎に映っている月も次々に移動して行く光景。

帰る雁田毎の月のくもる夜に　蕪村

黄昏月　たそがれづき

夕方の空に浮かんでいる月。旧暦で月の三日～五日ごろの月。

立待月　たちまちづき

旧暦八月十七夜の月。中秋の名月の翌日の月が〈十六夜〉なら、十七夜の月は「立待月」、十八夜が〈居待月〉、その次が〈寝待月〉または〈臥待月〉で、さらに二十日の夜の月を〈更待月〉と呼ぶ。「立待月」は、月の出が十五夜よりも一時間ほど遅れるので、庭などを立ち歩いているうちには出るとの気持ちだろう。その翌る晩の〈居待月〉はなお遅く出るので座敷や縁側に坐り一献傾けながら待つことになる。さらに翌日になれば、灯火に制約のあった時代にはすでに寝所に入って「寝待月」の出を待つことになる。次の二十日の夜になると月の出は夜も更けた亥の刻（午後一〇時）過ぎになるから、仮眠して起き直してから「更待月（亥中の月）」を観賞しようというのである。昔の風流人は貪欲といってもいいほど秋の名月を味わい尽くそうとしたのだ。「立待」とも〈十七夜〉ともいう。いずれも秋の季語。

立待の夜雲群れゆく船溜り　秋光泉児

七夕　たなばた

旧暦七月七日の夜「天の川」で隔てられた〈彦星〉と「織姫星」が年に一度逢うことを許されるという「七夕伝説」による星祭。日本古来の機織りの神女〈棚機つ女〉の習俗と中国伝来の手芸上達を願う「乞巧奠」の行事が習合した伝説。『万葉集』巻八の「山上臣憶良の七夕の歌十二首」に「彦星は　織女と　天地の　分れし時ゆ　いな

むしろ　川に向き立ち…青波に　望みは絶えぬ　白雲に　涙は尽きぬ…」、彦星は織姫星と、天地が別れた太古からずっと、天の川をはさんで向かい合い、……青い川波に隔てられて妻を望み見ることはできず、白い雲に閉ざされて涙は枯れてしまった、と。彦星は「牽牛星＝〈鷲座〉のアルタイル」で、織姫星は「織女星＝〈琴座〉のベガ」。〈星祭〉「七夕竹」〈牽牛星〉〈彦星〉〈織女星〉〈星の恋〉などともいい、いずれも秋の季語。⇩コラム「⊙織姫星」

女の子七夕竹をうち担ぎ　高野素十

海の上にうす雲ながれ星祭　石原舟月

棚機つ女　たなばたつめ

来臨する神のために機を織る織姫。〈織女星〉。秋の季語。⇩〈七夕〉

玉兎　たまうさぎ

⇩〈玉兎(ぎょくと)〉

⊙雪月花②

「雪月花」を詠んだ詩歌を分類すると月にまつわる作がいちばん多いといわれる。そのわけは、雪が冬に限られ、桜が春と決まっているのに対して、月は一年中夜空を照らしつつ、春夏秋冬折々にその面影が変化するからだろう。月は桜の梢を照らし、雪の上にも射す。春の朧月、「夏の夜、月の頃はさらなり」と記される夏の月、空飛ぶ雁の数さえ見ゆる秋の風情ある月、そして凄まじいものの喩えに引かれる冬の月と、月は一年中人の感興を刺激してやまない。雪は長く見ても秋の末から春の初めまで、桜の花は初桜から遅桜までせいぜい一か月ほどだろう。しかし月は四季をあまねく通じて、いずれの季節にも独特の風姿を添える。雪と桜が、限られた冬と春を飾る風物であるのに対して、月は霞でも霧でも暑

誰時星　たれどきぼし

〈明けの明星〉の別称。⇩〈彼誰星(かわたれぼし)〉

淡月　たんげつ

淡く照る月。〈朧月(おぼろづき)〉。中国・南宋の反骨詩人陸游の「暇日東岡に登る」に「帰来更に清絶、淡月林塘に満つ」と。「林塘」は林や池、林の中の池。春の季語。

潭月　たんげつ

深くよどんでいる淵に映っている月影。「潭」は川の流れがよどんで深い箇所。

団々たる月　だんだんたるつき

真ん丸い満月。「団々」は円いこと。

近星　ちかぼし

月の近くに出現した星。人が死ぬなど凶事が起こる前兆とされた。

中秋節　ちゅうしゅうせつ

中国で旧暦八月十五日の〈中秋の名月〉を祝う行事。中に餡(あん)を詰めた菓子の月餅(げっぺい)や秋の果実などを供えて月を愛でる。この習俗が日本の貴族社会に入り、もともと民間にあった農耕行事の初穂祭などと習合して、平安時代ごろから月見の宴が普及するようになったとされる。

熱でも霜でも四季のあらゆる天象に風情を添える景物なのである。

中秋の名月　ちゅうしゅうのめいげつ

「中秋」は秋たけなわ。そのころの月ということで、旧暦八月十五夜の満月をいう。「仲秋の名月」とも書き、里芋や月見団子・すすきなどを供えて〈月見〉をする。

中秋無月　ちゅうしゅうむげつ

十五夜の空が曇って中秋の名月が見えないこと。しかし空がどことなくほの明るく、雲に隠された名月の趣を楽しむ風雅をいう。ただ〈無月〉ともいう。秋の季語。

笛の音の美しかりし無月かな　高野素十

中性子星　ちゅうせいしせい

素粒子の一種である中性子からなる星。超巨大な質量を有する高密度の恒星の進化の最終段階で起きる〈超新星爆発〉によって形成されると考えられている。

超新星爆発　ちょうしんせいばくはつ

太陽の何十倍もの質量を有する高密度の恒星が、「星の一生」の最終段階で自らの重力にたえきれず大爆発を起こして崩壊する現象。その結果〈中性子星〉や「ブラックホール」が形成される。⇩コラム「⊙ブラックホール」

月明り　つきあかり

月の光が射して明るいこと。『吾妻鏡』建暦三年（一二一三）八月十八日の項に不思議な話が載っている。その日の子（ね）の刻（深夜一二時）ごろ御所の南面に鎌倉三代将軍源実朝の姿があった。もう灯火は消えて人びとは寝しずまり、十八夜の「月明り」が庭を照らしていた。実朝はしげき虫の音に包まれ物思いにふけりつつ和歌数首を独吟していた。やがて丑の刻（午前一時ごろ）になったとき、夢のようなことが起こった。若い女が一人実朝のいる前の庭を走って横切ったのだ。何度か誰何（すいか）したがついに名乗らず、とうとう門外に去ったとき、急に光るものがあった。あたかも松明（たいまつ）の光のようであった。宿直（とのい）の者を通じて陰陽少允（おんみょうしょうじょう）安倍親職（ちかもと）を召して下問したところ、親職の答えは「特別な異変ではありません」というものだった。しかしその後、南庭で招魂祭が行われた、とある。いっぽう中国・魏の曹操（武帝）の「短歌行」に「月明かに星稀なり。烏鵲（うじゃく）南に飛ぶ」、偉大な賢人（月）が出現すると凡愚の小人たち（星）

は姿を隠す、ということで、曹操が蜀の劉備の敗走するようすを嘲笑った言葉だという。「月明り」は、秋の季語。

嵯峨御所の勅使門とて月あかり　鈴鹿野風呂

月落つ　つきおつ

月が西に沈むこと。中国・中唐の詩人張継の「楓橋夜泊」に「**月落ち烏啼いて霜天に満つ　江楓漁火愁眠に対す　姑蘇城外寒山寺　夜半の鐘声客船に到る**」、月の沈んだ闇の中に烏の鳴き声が聞こえ、満天に霜の下りる気配がする。運河沿いの楓の葉陰でゆらぐ漁火が旅寝の憂愁を募らせ、姑蘇の街の外の寒山寺で撞く夜半を知らせる鐘の音が私の乗っている船にまで聞こえてくる、と。「姑蘇」は蘇州の古称であり、「寒山寺」は唐の時代にはまだなかったので、本来は「晩秋の寒々とした山の寺」の意だったのだろうという。

月朧ろ　つきおぼろ

⇩〈朧月〉

月影　つきかげ

月の姿。月の光。『古今集』巻十七に「**かつ見れどうとくもあるかな月影の至らぬ里もあらじと思へば**」、あなた（凡河内躬恒）は、今宵は月が美しいというけれど、わたしにはかえって疎ましい気もする、月の光が射さないところなんてないと思うとね、と。また『源氏物語』胡蝶に「**雨はやみて、風の竹に鳴る程、花やかにさし出でたる月影、をかしき夜のさまも、しめやかなるに**」、光源氏は、夕顔の忘れ形見で養女にしている玉鬘にまたしても禁断の思いを抑えきれなくなっている。ある雨の夕方、玉鬘の部屋を訪れて語り合ううち、雨がやむと風が出て竹の葉が鳴るにつれ空には月がはなやかに差し上り、夜がしんしんと趣き深く更けていった。そんな夜気にそそのかされるように源氏は、こともあろうに、驚愕する玉鬘の傍らに添い臥ししてしまうのだが……。

月傾く　つきかたむく

月が西に沈もうとしている。「月かたぶく」ともいう。『万葉集』巻一に「東の野らにけぶりの立つ見えてかへりみすれば月かたぶきぬ」、東の野に煙が立ち昇っていて、振り返ると西の山の端に月が沈もうとしている、と。柿本人麻呂が軽皇子に従って早朝狩りに出向いたときの作として知られ、以前は賀茂真淵の訓読にしたがって「東の野にかぎろひの立つ見えてかへりみすれば月西渡きぬ」などと解されてきた。しかし同時に詠まれた長歌に「夕さり来れば　み雪降る　安騎の大野に…」とあり、雪の降る冬野に陽炎が立つことはまずありえない。さらに陽炎は「燃える」のであって「立つ」とは言わない。従って現在では「東の野らにけぶりの立つ見えて…」と詠まれている。

一方同じ「月傾く」でも、「君に恋ひしなえうらぶれ我が居れば秋風吹きて月傾きぬ」、「ま袖もち床打ち払ひ君待つと居りし間に月傾きぬ」はともに恋歌で、あなたを待っているといつの間にか時が移って月が沈みかけていると詠っている。恋人を待っているうちに朝になってしまったのだ。ここでは「月傾く」は、誰かを一心に待っているうちに夜が明けてしまった空しさを内に秘めた言葉なのである。

月清し　つききよし

月が曇りなく清らかに射していること。

月清し水より立ちて五位の声　野坡

（「五位」はゴイサギ）

月草　つきくさ

「露草」の古い呼び名。「つきくさ」の「つき」は「搗き」で、「露草」の花を臼で搗いて青い染料を取ったからという。『万葉集』巻四に「**月草の移ろひやすく思へかも我が思ふ人の言も告げ来ぬ**」、月草のようにすぐ移ろう気持ちで私のことを想っていたのでしょうね、恋しいあなたからの言伝ては何も来ないのは、と。「月草」の花からとった青色は、染まりやすく褪せやすいという。秋の季語。

月草や昼より後の露の色　樗良

月氷る　つきこおる

冬空に凍りついたように輝いている凄愴な明月。「月凍る」とも書く。〈月冴ゆる〉も同意。冬の季語。

ゆく馬の背に月凍る年の暮　金尾梅の門

月隠　つきごもり

月が隠れて見えなくなる。〈晦〉。みそか。

月今宵　つきこよい

〈月見る月〉は、今宵の中秋の名月に止めをさすという心。秋の季語。

月今宵あるじの翁舞ひ出でよ　蕪村

月清か　つきさやか

秋の月が明るく清らかに射している光景。

月さやか蝦夷を墳墓の地と定め　奥田智久

月冴ゆ　つきさゆ

寒の月が冷たく輝いているさまの形容。〈月氷る〉もほぼ同じ。冬の季語。

篠原の月冴残る兜かな　支考

月三竿　つきさんかん

「竿」は竹竿で、月が竹竿三本をつなぎ合わせたほど高く昇ったことの形容。元禄四年（一六九一）八月十五夜、芭蕉は大津の義仲寺で月見の宴をした翌日、琵琶湖に舟を乗り出して堅田に向かった。そのときのことを綴った俳文「堅田十六夜の弁」に「とかく言ふほどに、月三竿にして黒雲のうちに隠る。いづれか鏡山といふことをわかず」、十五夜の満月が浮御堂を正面から照らすのを「鏡山」というと聞いたことがあるが、月が高々と登ったところで黒雲に隠れてしまったのでどれが鏡山かわからなかった、と。

月霜　つきじも

地面や草木を白々と照らす月光を、霜にたとえた。

月周回旅行　つきしゅうかいりょこう

アメリカの電気自動車会社テスラが立ち上げたベンチャー企業スペースX社が二〇二三年ごろに計画している、一〇〇人乗りの大型宇宙船「スターシップ」で月を一周してくる宇宙旅行。月面に着陸はせず、月をぐるっと周回してもどってくる。ファッションＺＯＺＯを創業した前澤友作前社長が、打ち上げロケットの開発費用その他五〇〇〇億円の一部を負担することによって座席の権利を得たという。月往復の所要時間は六日ほどで、前澤氏は、数人の芸術家と一緒に月を一周し、地球にもどったあと月旅行から得たインスピレーションを生かした芸術作品を制作してもらう計画だという。アマゾンの創業者ジェフ・ベゾスが立ち上げたブルーオリジン社も大型ロケットや月着陸船の開発を進めている。いまや大型ロケットや宇宙船を開発しての月旅行は民間の巨大企業の手に移りつつある。

月白　つきしろ

①月の出のときに空がほんのり白みはじめること。『新撰菟玖波集』巻三に「けしきばかりの夕立の空／夏山の月白うすき宵の

間に／冬にひと花咲ける撫子」。「月代」とも書き、月そのもののことをいうこともある。秋の季語。

月代の濃くなりまさり月に消ぬ　篠原梵

②「つきじろ」と読んで、馬で額に白い毛のあるものを月に見立てていう。

月涼し　つきすずし

夏の夜空にかかっている月は、蒸し暑い下界から見上げると白々として涼し気に感じられる。〈夏の月〉ともいい、夏の季語。

月涼し夫を迎へにそこらまで　野田きみ代

月立つ　つきたつ

月が昇ること。朔（ついたち）の新月。『万葉集』巻七に「**朝月日向（あさづくひ）かひの山に月立てり見ゆ遠妻（とおづま）を持てらむ人し見つつ偲はむ**」、朝空に月と日が向かい合う向かいの山に新月が昇ったのが見える、離れている妻を待っている人は月を見て思いをはせていることだろう、

⦿月に吠える

犬・狼などのイヌ科の動物は月に向かって遠吠えすることが知られている。二〇世紀の初頭、中央アジアを探検したA・フォン・ル・コックの記録に「万物すべて死滅したかと思われる静かなある夜、とつぜん百の魔神が狂い出たかのような無気味な物音がひびき渡った。…そこには、なんと、馬蹄形の谷間をうずめるようなたくさんの狼の群、それが首を月に向け、長く声を引いて吠えていたのだ」とある（『中央アジア秘宝発掘記』）。

萩原朔太郎の第一詩集の標題は『月に吠える』である。五十七編の作品を集成して大正六年（一九一七）に刊行された。近代人の孤独感が、病的なまでにとぎすまされた感受性と痛切・斬新な詩語によって表現され、一気に現代詩の頂点へと上り詰めた。その

と。

❖月と星のことわざ・慣用句：月とも星とも
物事をなすとき頼りにすること。『曾我物語』巻七に「おしみ給ふも、理(ことわり)なり、ただ一人ある子なり、月とも星とも、われをならでは、たのみ給はぬ御事なり」、我が子の若い僧が死期の迫った偉大な師僧の身代わりになろうとしているのを知った母親が、子の命を惜しむのは当然で、たった一人の我が子を月星のように慈しみ、頼みとするものは私のほかにいないのだから、と。

序に「月は青白い幽霊のやうな不吉の謎である」とあり、詩「悲しい月夜」は「ぬすっと犬めが、／くさった波止場の月に吠えてゐる」と詩(うた)い起している。代表作の「猫」では、「まつくろけの猫が二疋／なやましいよるの家根のうへで／ぴんとたてた尻尾のさきから／糸のやうなみかづきがかすんでゐる／『おわあ、こんばんは』／『おわあ、こんばんは』／『おぎやあ、おぎやあ、おぎやあ』／『おわああ、ここの家の主人は病気です』」と、犬ならぬ猫が、月に吠えている。

月探査計画　つきたんさけいかく

月探査計画は、一九六九年にアポロ一一号で人類初の月面着陸を果たしたアメリカの「アポロ計画」によって一つの頂点を極めた。その後は半世紀にわたって鎮静していたが、二〇〇〇年代に入って再び各国で月に人間を送る計画が過熱しはじめている。NASA（アメリカ航空宇宙局）は二〇一七年、月を周回する新たな宇宙ステーションを設置する「深宇宙ゲートウェイ」構想を打ち出し、二〇二〇年代の実現を目指している。日本の本格的な月探査の始まりは、二〇〇七年九月のJAXA（宇宙航空研究開発機構）による月探査機〈かぐや〉の打ち上げだった。JAXAは現在、二〇二一年度の月面着陸を目ざして無人探査機の開発を進めており、NASAの「月軌道プラットフォーム・ゲートウェイ」計画への参加も表明している。⇩〈かぐや〉

❖月と星のことわざ・慣用句：月に叢雲(むらくも)　花に風
都合のよいこと、好ましいと思ったことには、とかく邪魔が入るものだというたとえ。「花に嵐」も同意。「好事魔多し」。

月着陸船　つきちゃくりくせん
一九六九年七月二十日の人類初の月着陸のとき、軌道上の司令船から二人の宇宙飛行士を乗せて月面に軟着陸し、月面探査後は飛行士を再び司令船に帰還させた宇宙船。

月天心　つきてんしん
月が空の真上にかかっていること。「天心」は空のてっぺん。中天。
月天心貧しき町を通りけり　蕪村

月と鼈　つきとすっぽん
月もすっぽんも同じように丸いが、片方が天空に美しく輝くのに対して、もう一方は池沼の汚泥の中に棲むというように、ひどくかけ離れていることのたとえ。「月に泥亀」「月と炭団(たどん)」も同様。

月次　つきなみ
毎月。月ごとに決まっていること。『枕草子』二九七に「**月次の御屏風もをかし**」、年中行事を月ごとに描いた屏風も好ましい、と。「月次祭(つきなみのまつり)」は昔、神祇官(じんぎかん)で六月および十二月の十一日に天神地祇（てんじんちぎ）に幣（ぬさ）を奉呈して国家安泰を祈った神事。

月に明かす　つきにあかす

明月を愛でながら夜を明かす。

月に磨く　つきにみがく

月の光を浴びた夜景がひときわ美しく感じられることを、月光で磨いたようだと表現した。『新古今集』巻六に「雪降れば峰の真榊埋（まさかきうず）もれて月にみがける天の香具山」、雪が降ったので峰に生えている榊の木は雪に埋もれ、月の光で磨いたように輝いている天の香具山、と。

月の秋　つきのあき

月がひときわ美しい秋の眺め。秋の季語。

月の雨　つきのあめ

旧暦八月十五夜の名月の晩に降る雨。〈雨名月〉〈雨月（うげつ）〉のこと。〈雨の月〉ともいう。秋の季語。

降りかねて今宵になりぬ月の雨　尚白

月の主　つきのあるじ

月見の宴を設けて客を招いた主人。

月の石　つきのいし

一九六九年七月のアポロ一一号にはじまるアメリカの数次にわたるアポロ計画、あるいはソ連のルナ計画で持ち帰った月面の石。アポロ計画で持ち帰った石の一部が一九七〇年の大阪万国博覧会で展示され、大勢の人々が見物に押しかけた。

月の妹　つきのいもうと

パキスタンで「露」のことをいう。晴れた月夜はさえぎる雲がないので昼間温まった地面の熱が天空に逃げ、放射冷却で夜間冷え込む。すると大気中の水蒸気が凝結して露が下りる。つまり露は「月の妹」なのである（宿谷良夫「秋の風物に関する語源研究（その1）」）。

月の入り　つきのいり

月が西に沈むこと。藤原氏が全盛を誇った時代にともに不遇をかこった在原業平と惟喬(これたか)親王との歌の贈答が伝わっている。折から十一日の月が沈もうとしている時刻、酩酊して訪ねて来た惟喬親王を見て業平が、「**あかなくにまだきも月の隠るるか山の端にげて入れずもあらん**」、もっと月を愛でていたいのに早くも沈んでしまうのか。どうか山の端よ、月が沈まぬよう逃げて入れないようにしてくれないか、と詠んだ。すると親王に代わって紀有常が「**おしなへて峰も平になりななん山の端なくば月も入らじを**」、いっそ起伏のある峰々はすべて平らになってしまってほしい。山の端がなくなれば月も沈むことができないだろうから、と返したという。秋の季語。

⦿月物語

シュルレアリスムの主唱者アンドレ・ブルトンが畏敬をこめて「聖杯の中の蠍(さそり)」との異名を奉った一九世紀末のミュンヘンの作家オスカル・パニッツァによる数奇・絶怪の奇譚。主人公の「私」はオランダ・ライデンの医学生で、ある日の解剖実習で執刀したのは故郷に残してきた婚約者によく似たブロンド女性の死体だった。その衝撃を酒で振り払うために飲んで回ったある夕方、地平線に満月が昇ってきたとき、「私」はなにか異常な気配を感じて月を見た。すると光り輝く月球から縄梯子のようなものが下がってきて、それを伝って一人の黄色い男が降りてきた。男はシャベルで畑に穴を掘り小さな球体のようなものを穴に投げ入れ土をかけると、町の方へ姿を消した。不審に思いながらふと天を仰ぐと、驚くべき

月の兎　つきのうさぎ

月面の陰影の模様が兎に見えるところから月には兎が住んでいるとの伝説が生まれた。〈月兎(げっと)〉〈玉兎(ぎょくと)〉ともいう。子ども向けの古謡に「**うさぎ　うさぎ**。／**なに見て　はねる／十五夜　お月さま／見て　はねる**」と。

月の海　つきのうみ

月の表面で、黒みを帯びてなめらかに見える部分をいう。この部分は他の部分より少し低くなっており、月の内部からあふれ出た溶岩によってできていると考えられている。

月の裏側　つきのうらがわ

二〇一九年の年頭に大きなニュースが飛び込んできた。日本時間一月三日一一時二六分、中国の無人月探査機「嫦娥(じょうが)四号」（嫦娥は〈姮娥(こうが)〉ともいい、中国語で月の別名）が、世界で初めて月の裏側に着陸した

ことに、先ほどまであった満月が消えているではないか！　仰天して立ちすくんでいるとしばらくたって男がもどってきた。男は何か丸いものがいっぱい入った袋を担いでいて、先ほどの縄梯子をつかむと、それをするすると昇り始めた。「私」も迷わず縄梯子に飛びつき男を追った。やがて上空に巨大な黒い円形の家屋みたいな球体が浮かんでいるのが見えた。開口部にはいかつい一人の中年女が仁王立ちに立ちはだかっており、その脇には大勢の丸い顔をした女の子たちがいた。月男が担いできた袋を開口ハッチの中に押し込むと、月女と子供たちが群がった。袋の中身は、外側が赤みを帯びて真ん丸い、今もドイツでよく食べられているオランダ・チーズだった。「私」は長時間縄梯子を上りつづけてくたくたで、この円形家屋にねぐらを探すほかなく、彼

という。新聞紙面には、嫦娥四号が撮影した月の裏側のカラー写真が添えられていた。周知のように月の裏側は地球からは見えず、表側と比べて起伏が多く地殻が厚いなどの謎が多い。月の北極や南極付近の、太陽光が当たらない部分には多くの水資源(水氷(みずごおり))があるらしいことがわかってきて、また地下には鉱物をはじめとする豊富な資源や、核融合発電の燃料となる「ヘリウム3」も埋蔵されているという。中国は地下構造の調査を先行することによって、将来の資源獲得競争の優位を確保しようとしている。五十年前人類初の月面着陸を果たしたアメリカも二〇一七年、トランプ大統領が再び月探査に注力する方針を発表し、米中をはじめとする宇宙開発競争は月を主戦場として激しさを増している(「朝日新聞」二〇一九年一月四日付朝刊)。

らの目を避けて開口ハッチから球体へとよじ登った。こうして主人公の異界での想像を絶する生活がはじまった。ある朝突然、窓の外に光り輝く巨大な物体が現れた。慌ててのぞくと、そこにはぞっとするほど美しい光景が展開していた。左から接近してきた黄色く燃える巨大な球体が全容を現したときの驚き！　球体の表面には長い海岸線が見て取れ、それは見覚えのある南北アメリカの海岸線に違いなかった。まぎれもなく球体は、夕陽に照らされた地球だった！　そんなある日、月男がまた縄梯子を降りて行った。たくわえのチーズを食い尽くしたのだろう。そして何日かすると突然ドスンと衝撃があり、月男が古道具屋一軒分の大量の獲物を背負って帰ってきた。袋の中から大量の洋服・家財道具・日用品そして例の赤チーズが出てきた。

月の宴　つきのえん

秋の名月を愛でながらの宴席。作家の佐多稲子が、ごく親しい十人ほどの知人と京都大徳寺の塔頭の真珠庵で開いた「月の宴」のことを書いている。食事をすまし縁に出て空を仰いだとき「私たちは、みんながおもわず嘆声を上げたのである。まるで私たちの仰ぐのを待ってでもいたかのように、深く澄んだ中天に、清々と満月があって、視線のとどく限り一片の雲もなかった」。そして今宵の趣向に、庵の方丈の板の間を舞台にして、井上流の名手という祇園の芸妓里春が、献納の「黒髪」を舞った。やがていとまごいのときがくると、庵を出た空には「いつの間にか一面に雲がかかって、月は隠れていた。さきほど大徳寺本坊の屋根の向うに澄み切っていた月は、やはり僥倖だったのである。それは私たちのたまた

そして月男の下界報告の中に奇妙な話があった。下界の人間たちが町に火を放っている、炎上する炎を見て「トチ狂っていた」というのだ。

そのまま二か月が過ぎたとき、ついに私は地上に帰る決意を固め、縄梯子をたどって降下を開始した。眼下に地上の光の集合が見え、下から奇妙なざわめきが押し寄せてきた。縄梯子の下端にたどり着くと、思い切って飛び降りた。向こうから農民がやってきたので道を尋ねると、「ライデンならあっちにあっただ」といった。「あった」という言い方に不審を覚えたが、行ってみて理由がわかった。恐ろしい光景だった。確かに見覚えのあるライデンの街角だったが、無残な焼け跡と化し、あたりには異臭が立ち込めていた。市役所の前には飢えた貧民たちが群がっていた。ようやく以前住

まの豪奢な月の宴の要の輝きであった」と(『月の宴』)。秋の季語。

灯さざる燭を囲みて月の宴　山田六甲

月の大きさ　つきのおおきさ

月は、およそ地球の四分の一の大きさだといわれ、半径は、約一七三八キロメートル。体積は地球の約五十分の一で、重さは約百分の一だといわれる。

月の蛙　つきのかえる

月の中に棲むというヒキガエル。古代中国の伝説で、〈姮娥〉(嫦娥)という仙女が西王母の不老不死の仙薬を盗んで月に逃げ込み、罰として蟾蜍(蟾蜍)に変えられたという言い伝えによる。転じて月そのものを意味する。

月の顔　つきのかお

月の表面。「月の面」ともいう。『竹取物語』に「**春の初めより、かくや姫、月の面白う出でたるを見て、常よりも物思ふさまなり。ある人の『月の顔見るは忌むこと』と制しけれども、ともすれば、人まにも月を見ては、いみじく泣き給ふ**」、春先からかぐや姫は、月を見ては物思いに沈むようになった。月の顔を見るとよくないことが起きると忠告する人がいたが、人のいないときに月を見ては、ひどく泣くようになっ

んでいた下宿を訪ねあて、自分の部屋に入った。ふと鏡を見て彼は驚愕した。そこには髪がすっかり白髪化し、顔が黄ばんだあの月男そっくりのおぞましい自分が映っていた。窓から見おろす町は、すさまじい破壊の光景だった。真っ黒に焼けただれた瓦礫の山。大きな戦争の激しい空襲があったことを物語る、焦土と化したわが町ライデンだった。

た、と。

月の鏡　つきのかがみ

①皓々(こうこう)と照る鏡のような満月。②月を映している池の水面を鏡にたとえた言葉。『新後拾遺集』巻六に「久かたの月のかがみとなる水をみがくは冬の氷なりけり」、月を映す鏡になるまで水を磨きあげたのは冬の氷でした、と。秋の季語。

月の暈　つきのかさ

月が薄いベールのような巻層雲におおわれて、光の暈がかかったように見える現象。月の光が巻層雲の中の氷晶で屈折してできる。秋の季語。

葱伏せてその夜大きな月の暈　廣瀬直人

（葱は一度苗を抜き、さびた葉などを剝いてきれいにしてから伏せ替えるとうまく育ち、味もよくなるという）

月の桂　つきのかつら

中国古代の伝説で、月に生えているという桂の木をいう。『古今集』巻四に「久方の月の桂も秋は猶(なお)紅葉すればや照りまさるらむ」、月に生えているという桂の木も紅葉するのだろう、だから秋になると月がひときわ照り映えてみえるのだなぁ、と。〈月桂〉ともいう。秋の季語。

月の神　つきのかみ

月を神として敬うこと。折口信夫に〈月見〉について述べた「日本美」というエッセイがある。「月見の行事の心の底には、昔から伝わっているお月様を神様と感じる心が残っている。そういう風に昔の人が、月夜見命(つくよみのみこと)などという神典の上の神の感じとは別に、月の神を感じて居り、その月の神に花をさしあげるのが、月見というのです。月見はお月さんのまつりのことです」と（『日本の名随筆58　月』）。

月の軌道　つきのきどう
月が運行する天球上の軌道の〈白道〉のこと。⇩〈白道〉

月の客　つきのきゃく
秋の名月を賞でる宴に出席している人。また月見の会に招いた客。秋の季語。

十輪院夜もひらかれて月の客　水内菊代

月の雲　つきのくも
旧暦八月十五夜の夜、空に雲がかかって中秋の名月が見えないことをいう。

月の位　つきのくらい
江戸時代の上方（かみがた）の遊郭で、位の低い遊女のことをいった。

月の氷　つきのこおり
厳寒の夜空に冷たく澄んだ氷のような月の形容。また、水面や木々の梢などに冷たくきらめく寒夜の月光を氷にたとえた。西行の『山家集』下に「**敷き渡す月の氷を疑ひて篊（ひび）の手まはる味鴨（あじ）の群鳥（むらどり）**」、「篊の手」は漁や海苔の養殖のために海中に立てる粗朶（そだ）で、海の上にきらめく氷のような月光の道を無視して、味鴨の群れは海面からのぞく粗朶の周りを飛び回っている、と。

月残る　つきのこる
朝空にまだ月が残っていること。

月の頃　つきのころ
満月の眺めが美しい時節。『枕草子』一に「**夏はよる。月の頃はさらなり**」と。

月の座　つきのざ
①十五夜・十三夜の名月を賞でる宴席。秋の季語。

月の座の一人は墨をすりにけり　中村草田男

②連句を巻くとき、月の句を詠むべき定位置。⇩〈月の定座（じょうざ）〉

月の杯　つきのさかずき
杯の形を〈半月〉に見立てた語。

月の錯視問題 つきのさくしもんだい

月や太陽はなぜ、天頂付近にあるときよりも地平線や水平線近くにあるときのほうが大きく見えるのか、という問題。それは、物理的な現象ではなく、黒い円よりも白い円の方が面積が大きく感じられるのと同様の目の錯覚だと考えられている。「ムーン・イリュージョン」ともいう。

月のさ筵 つきのさむしろ

藁(わら)か細竹で編んだ敷物に月光が涼やかに射しこんでくること。「風の手枕(たまくら)、月のさ筵(むしろ)」と対にして、涼風に吹かれながら月の光を浴びて眠る風雅をいう。藤原定家の『拾遺愚草』員外に「**やどからにせみの羽衣秋やたつ風のた枕(まくら)月のさ筵(むしろ)**」、戸口でいいから寝床を借してほしい、蟬の羽のような夏衣に秋風が立ったから、今宵は風の声を聞きながら月の光を浴びて眠ることにしよう、と。

月の柵 つきのしがらみ

月光を反射して白い柵(さく)ないし堰(せき)のように見えるもの。鎌倉時代末の『夫木抄』巻七に「**玉川に月の柵かけてけり入る影見せぬ卯の花のころ**」、月が摂津・玉川の里の卯の花を照らして白い柵をめぐらしたようだ、家に入る人の姿も隠してしまう卯の花の花盛りのころ、と。

月の雫 つきのしずく

露(つゆ)のことを詩的に言いなした言葉。朝になると庭の草木や石に露がおりているところから、夜の間に月が落とした雫だという。

月の霜 つきのしも

月の光が地上を白く照らし、まるで霜が下りたように見える光景をいう。中唐の詩人白居易の「江楼夕望(ゆうぼう)客を招く」に「**風は枯(こ)木(ぼく)を吹く晴天の雨 月は平沙(へいさ)を照す夏夜(かや)の**

霜」、風が古木を吹き鳴らす音は晴れているのに雨が降ってきたかと怪しまれ、月が平らな砂地を照らすと夏の夜に霜が下りたのかと疑われる、と。また、井伏鱒二の名訳で知られる『厄除け詩集』は李白の「静夜思」の「牀前(しょうぜん)月光を看る　疑うらくは是(これ)地上の霜かと　頭を挙げて山月を望み　頭(こうべ)を低(た)れて故郷を思う」を和訳して、「ネマノウチカラフト気ガツケバ　霜カトオモフイイ月アカリ　ノキバノ月ヲミルニツケザイシヨノコトガ気ニカカル」と。秋の季語。

月の霜に火花しほるるほたる哉　太源

月の重力　つきのじゅうりょく

月の重力は地球の約六分の一である。重力とは言い換えれば「引力」のことで、大きさが地球の約四分の一で重さが約百分の一である月の引力を計算すると、地球の約一

⊙月の誕生

アメリカの数次のアポロ計画によって持ち帰られた多くの月の石を分析した結果、もっとも古いものでは四五億年以上前のものが見つかった。このことから、月はほぼ四六億年前に誕生したと考えられるようになっている。では、月はどのようにして生まれたのか。それについては、これまで三つの説があった。

①双子説＝太陽系の中に地球が誕生したとき、宇宙の塵を集めて月も同時に誕生したという説（兄弟説）。②捕獲説＝どこからか飛来した別の天体を地球の引力が捕獲し、以来地球の周りをまわる衛星となったという説（他人説）。③分裂説＝太古の地球の自転速度が速かったために遠心力で引きちぎられた地球の一部が、適当な距離のところで地球を周回する月となったという説

六・七パーセント、つまり約六分の一となる。その結果、地球上で一メートル跳べる人は、月面でジャンプすれば六メートルの高さまで跳べるということになる。

月の定座　つきのじょうざ

連歌や連句を巻くとき、一巻（ひとまき）の中で月の句を詠むよう定められている箇所。懐紙四枚の表裏を用いる「百韻」では、初折の表（おもて）の七句目、初折の裏（うら）の十句目、二・三の折の表は十三句目、同じく裏の十句目、名残（なごり）の折の表の十三句目の七か所。懐紙二枚の表裏に三十六句を詠む「歌仙」では、初折の表の五句目、初折の裏の八句目、二の折の表の十一句目の三か所が〈月の定座〉となる。「月の座」ともいう。

月の砂　つきのすな

月の砂（レゴリス）は、およそ直径一〇マイクロメートル～一ミリメートルという微

（親子説）。しかし、いずれの説も一長一短あって、定説とはならなかった。月ほどの大きさの天体が捕獲されるとは考えにくく、また月が引きちぎられるほど地球の自転速度が速かったら、地球そのものが分解してしまうだろうからだ。

しかし、その後アポロが持ち帰った月の石を分析した結果、誕生したときの月の表面はドロドロに溶けた「マグマの海」だったことが分かってきた。これは多数の隕石が降りそそいだ高熱で月の表面が溶けていたことを意味し、月誕生の第四の説「ジャイアント・インパクト説（巨大衝突説）」が生まれた。すなわち、地球ができて間もないころ巨大な隕石が地球に衝突し、その衝撃ではぎとられた地球の一部と飛来天体の破片とが地球の周囲を回りながら衝突を繰り返しているうちに、破片同士が結合して

細な砂である。そのため普通は球体に光を当てると中心部は白く輝いても周縁部は暗く縁取りができるものだが、月の砂は極小なので太陽光を四方八方に反射して縁取りができず、歌詞にあるとおり「盆のような月」となる。

月の性　つきのせい

現代英語を除くインド・ヨーロッパ語系の言語では名詞に文法上の性（gender）があることはよく知られている。フランス語・イタリア語・スペイン語・ロシア語では月はすべて女性名詞で、太陽は男性名詞である。ドイツ語だけが逆になる。東洋語では名詞に男性・女性の別はない。

月の剣　つきのつるぎ

〈三日月〉の別名。鋭く反りかえった形が刀剣に似ているところからの呼び名。〈月牙（げつが）〉ともいう。秋の季語。

> 現在の月に成長したと考える説だ。こうして、月誕生の謎の解明は核心に迫りつつも、今後の月探査から得られるデータと研究成果を待っているのである。

月の出　つきので

東の空に月が昇ること。秋の季語。

　月の出や総立ちとなる松林　徳永山冬子

月の出潮　つきのでしお

月が上るにつれて満ちてくる潮。『続古今集』巻四に「**里のあまの焚くものけぶり心せよ月の出潮の空はれにけり**」、村の漁師はものを燃やして立てる煙に気をつけてほしい、せっかく月の出とともに潮が上げて空も晴れてきたのだから、と。「いでしお」ともいう。『新古今集』巻十六に「**和歌の浦に月の出（い）で潮のさすままに夜鳴く鶴の声ぞかなしき**」、月の出とともに和歌の浦に潮が満ちてくると、鳴く鶴の声が物悲しく聞こえる、と。

月の友　つきのとも

月見の宴に同席した人。月見の会に招いた人。秋の季語。

月の友月に面を向けしまゝ　田中王城

月の内部構造　つきのないぶこうぞう

二〇一五年十二月、国立天文台の研究グループの発表によれば、月も地球と同じように、地殻・マントル・コアから成る三層の内部構造をもっているという。アポロの地震計のデータや日本の無人月探査機「かぐや」などの重力測定データを分析した研究結果である。

月の名残　つきのなごり

⇩〈名残の月〉

月の林　つきのはやし

公卿のことを〈月卿〉（げっけい）というところから、公卿たちが林のように集まっている状態をいう。平安時代後期の勅撰集『拾遺集』の巻八に「**昔わが折りし桂のかひもなし月の林の召しに入らねば**」、わたしは昔役人への資格試験に及第したもののその甲斐はなかった、公卿に任じられなかったのだから、と。「桂を折る」とは官吏登用試験に及第すること。

月の光　つきのひかり

太陽の光は赫々（かっかく）と輝いて直視することができないが、月の光は穏やかでやさしく見上げることができる。月の光は、貴賤貧富などあらゆる差別やいさかいを消しさることによって森羅万象を一つに包みこむ。古歌に「**うち向ふ月はひとつの影ながら浮かぶは千々の思なりけり**」、仰ぎ見ている月は同じ一つのものなのに、人それぞれの胸に通う思いは千差万別の感慨を伝えている、と（「高等小学読本」第三課）。月の光は慰謝・慈愛の光であるという。

❖月と星のことわざ・慣用句：月の前の一夜の友
一夜明月を共に愛でる宴に同席した人。「花の下の半日の客、月の前の一夜の友」と対句にして、ほんの短い時間でも風雅・清遊を共にした交わりの貴さをいうことわざ。

❖月と星のことわざ・慣用句：月の前の灯火（ともしび）
暗闇を照らす灯火も明月の下では光が褪せる。つまり、立派なものと比較されたら、凡庸なものは目立たないということ。「月の前の星」も同じ。

月の昼と夜　つきのひるとよる

地球の一日は約二四時間で、季節によって違うがだいたい一二時間ごとに昼と夜が交代する。しかし、月の一日（一回自転するのに要する時間）は約六五六時間（地球時間で約二七・三日）で、地球感覚でいうと昼が約一四日間続いたあと夜が約一四日間続く。このため月面の表面温度は、昼の赤道直下では約一一〇度に達し、夜明け前には約マイナス一七〇度に下がる。月には塵や水蒸気を含んだ大気がないので、太陽が出ても光は吸収されたり屈折したりせず、地球のような青空にはならない。また、隕石や宇宙線も燃え尽きたり遮断されたりすることなく、直接降り注いでくる。この過酷な状況の中でアポロ飛行士が活動できたのは優れた宇宙服のおかげである。宇宙服の中には水を循環させるパイプが通っていて、日の当たる側で温められた水が日陰の側で冷えることにより寒暖の差を平均化し、また宇宙服の顔面のガラスは太陽からの強烈な直射光をほとんど反射させる機能があるという。

月の船　つきのふね

空をわたって行く月を、海上を航行する船にたとえた言葉。『万葉集』巻七に「天(あめ)の**海に雲の波立ち月の船星の林に漕ぎ隠る見ゆ**」、天空の海に雲の波が立ち、月の船が星々の林の中に漕ぎ隠れて行くのが見える、と。また、船の形をした半月のことをいう場合もある。「月の舟」とも書く。秋の季語。

月の舟星一つ乗せ淀の川　宮村フトミ

月上る　つきのぼる

月が東の空に浮かぶこと。月昇る。

月の眉　つきのまゆ

〈二日月〉〈三日月〉また旧暦四日ごろまでの、美人の眉のような細い月をいう。平安時代後期の「元永二年七月内大臣殿歌合」に「**月の眉峰に近づく夕まぐれおぼろげにやはものあはれなる**」、佳人の眉のような繊麗な三日月が山頂近くにかかる夕暮れどき、あたりは朧ろにかすんでひときは哀れ深く感じられる、と。〈眉月(まゆづき)〉「眉書月(まゆがきづき)」ともいう。この比喩から逆に、女性の細い眉のことを「三日月眉」という。秋の季語。

さめ〳〵としぐれふくめり月の眉　長翠

月の道　つきのみち

月光に照らされている道。同様に、「月の田」「月の森」等々、月の光を浴びている風景や物事をさまざまに表現する。

山鳩の塒(ねぐら)うしなふ月の道　赤尾兜子

月の都　つきのみやこ

月の世界にあるという伝説の都。そこにある宮殿が〈月宮(げっきゅう)〉あるいは「月の宮」で、そこに住んでいるのが「月の宮人」。『竹取物語』に、月へ帰るときが迫ったかぐや姫は泣きながら竹取の翁夫婦に打ち明ける。「**己が身は此国の人にもあらず、月の都の者也。…今は帰るべきに成にければ、此月の十五日に、かの元の国より迎へに人々まうで来んず**」、と。また『源氏物語』須磨に、朧月夜との不適切な関係が顕れて須磨に流謫の身となった光源氏は、八月十五夜の晩、歌に託して都にあったころの華やかな遊びや懐かしい人々の顔を偲ぶ。「**みる程ぞしばし慰むめぐりあはむ月の都ははるかなれども**」、月の都も京の都も行こうとするとはるか遠いが、月を見ているうちに今ごろ都の人々も眺めているだろうと思って心が慰められる、と。秋の季語。

月の名所　つきのめいしょ

古来観月の場所として名高い土地。滋賀県石山寺（または京都府東山）、高知県桂浜、長野県姥捨が日本の名月の三大名所といわれる。高知県の民謡「よさこい節」の二番に「**御畳瀬見せましょ　浦戸を開けて　月の名所は　桂浜**」。「御畳瀬」は高知市の浦戸湾に面した地名。ほかに京都桂川沿いの「桂離宮」、嵐山の「渡月橋」なども名高い観月の名所である。

月の女神　つきのめがみ

ギリシア神話では〈セレネ〉あるいは〈アルテミス〉、ローマ神話では〈ルナ〉。

月の雪　つきのゆき

白々とした月光を雪に見立てた語。

月の雪あを〳〵闇を染めにけり　川端茅舎

月の弓　つきのゆみ

〈半月〉を、弦の張った弓にたとえた。秋の季語。

月の夜声　つきのよごえ

月夜に聞こえてくる月光のように澄んだ人

の声。「謡曲」山姥に「**暮るるを待ちて月の夜声に、歌ひ給はばわれもまた、まことに姿を現はすべし**」、遊女を連れた旅人が深い山路で行き暮れ、たまたま見つけた陋屋に一夜の宿をたのむと、出てきた賤の女が、もし遊女が月の光のような澄んだ声で歌えば自分も本当の姿を見せてやろうといい姿を消し、やがて鬼女の姿になって現れる。

月の夜寒　つきのよさむ

月が明るく冴えて、冬間近を思わせる寒い夜。

病雁の夜寒に落ちて旅寝かな　芭蕉

月の輪　つきのわ

〈満月〉。月輪。『後拾遺集』巻二十に「**月の輪に心をかけし夕べよりよろづのことを夢とみるかな**」、満月に心を託したあの日暮からあらゆることは夢だと思うようになりました、と。秋の季語。

月の輪の闇美しき蛍かな　米倉紅陽

月映え　つきばえ

月光が射して地上の光景が美しく見えること。月の光を浴びて人・物などが映えて見えること。『源氏物語』竹河に「**闇はあやなきを月映えを今少し心ことなりと**」、光源氏の正妻の女三宮の不義の子と疑われる薫大将は見目よく生真面目な好青年で、女房たちの評判も良く「いくらよい匂いのする薫というお名前でも闇夜ではつまりませんが、昨晩の月の光に映えたお姿は格別でした」とほめられている。

月花　つきはな

月と花を代表とする四季の自然の美しい風物。

月人　つきひと

月を擬人化していう語。「月人男」ともい

う。『万葉集』巻十に「**黄葉(もみち)する時になるらし月人の桂の枝の色づく見れば**」、黄葉がはじまったようだ、月に生えているという桂の枝が色づいて照り映えているところを見ると、と。

月百姿　つきひゃくし
明治時代の浮世絵師月岡芳年(つきおかよしとし)が、月と史話・伝説の名場面を組み合わせて描いた百番つづきの木版大錦絵。芳年の生前には完結せず、未完だった二枚を二人の弟子が補作して明治中期に完成した。

月更くる　つきふくる
①月の出から時刻が移ってゆくこと。②月齢が進んでゆくこと。

月待　つきまち
昔の民間の習俗で、十八夜、二十三夜、二十六夜などの夜、講を結んだ人たちが当番の家や茶屋などに集まり、供物を供えて月の出を待った。飲食したり念仏をとなえたりしながら語り合う遊興的な面もあった。「お十八夜」「二十三夜講」〈二十六夜待〉などいろいろあった。

月祭る　つきまつる
すすきの穂を活け、団子や里芋・豆・栗などを供えて秋の名月を賞すること。〈月見〉。「月祀る」とも書く。秋の季語。
　みちのくの芒は長し月祀る　宮野小提灯

月見　つきみ
月を眺め愛でる風習。とくに旧暦八月十五夜の〈中秋の名月〉と九月十三夜の〈後(のち)の月〉を観賞すること。すすきの穂や里芋・栗・枝豆、さらに〈月見団子〉などを供えて祭る。〈月の宴〉〈観月〉ともいう。
月を詠んだ歌の始まりは、『日本書紀』継体天皇紀にある「**九月(ながつき)に、勾大兄皇子(まがりのおおえのみこ)、親(みずか)ら春日皇女(かすがのひめみこ)を聘(むか)へたまふ。是(ここ)に、月の夜に**

清談して、不覚に天暁けぬ。斐然之藻、忽に言に形る」とあるとおり、のちの安閑天皇が后の春日皇女と月の夜に一晩中語り明かしたとき交わした長歌とされる。欧米人は、月見あるいは観月ということにほとんど興味を示さないという。秋の季語。
⇩〈観月〉

　月見にも陰ほしがるや女子達　千代女

月見うどん　つきみうどん

具のないかけうどんに生たまごを落としたもの。卵の黄身を月に見立てた。かけそばなら「月見そば」。

月見酒　つきみざけ

月見の宴で飲む酒。秋の季語。

　壺中にも台風の余波月見酒　百合山羽公

月見ず月　つきみずづき

梅雨のため雨と雲で月がめったに見られない旧暦五月の別名。平安末期から鎌倉初期

⊙明智光秀の三日天下と十三夜

奥の細道の終盤、越路から福井を過ぎ大垣を目指していた芭蕉を敦賀で迎えた八十村路通は、芭蕉がこれまでに「物し給ふ十五の月をならべて、旅泊の興」としたと記している。その最後の十五句目は「そのまゝよ月もたのまじ伊吹やま」だが、安東次男が「もう一つ、気になる月の句を芭蕉は詠んでいる」と記している（「もう一つの名月」）。それは、このあと島崎又玄宅に逗留して伊勢参りをしたときの句、

　月さびよ明智が妻の咄しせん

で、一行の世話をやく又玄の妻女のかいがいしさを称えるのに、芭蕉は明智光秀の妻の逸話を引き合いに出している。光秀の妻女は、若き日の光秀が連歌の会を主宰する役回りになったとき、貧しさゆえにその費えを捻出できず思案しているのに心を痛め、

にかけての歌僧藤原顕昭に「さみだれの晴間も見えぬ空よりや月みず月といひはじめけむ」、連日の五月雨で空に晴れ間が見えず月が見えないから「月見ず月」という言い方ができたのだろう、と。

月見草　つきみそう

⇩「花のことば」の〈月見草〉

月見団子　つきみだんご

十五夜と十三夜に月前に供える団子。室町期以降、月見のときの供物は里芋が中心だったが、習俗が庶民の間に普及するにつれて少しずつ内容が変わっていった。江戸時代末の一種の百科事典の『守貞漫稿』に「三都（江戸・京・大坂）ともに今夜月に団子を供す。…江戸にては図（略）の如く、机上中央に三方に団子数々を盛り、又花瓶に必らず芒(すすき)を挟みて之を供す。京坂にては芒及び諸花とも供せず」と。土地によっても供え物には違いがある。秋の季語。

月見月　つきみづき

〈中秋の名月〉を見る旧暦八月の異称。

月見舟　つきみぶね

川や湖など水上から月見をするために漕ぎ

自分のみごとな黒髪を剪(き)って金に換え費用を調えたと伝えられる。初旬の「月さびよ」は、芭蕉がこのとき伊勢神宮内宮(ないくう)を参拝した九月十三夜の「後(のち)の月」を踏まえた詠だという。さらに思い当たるのは、光秀が信長を討ったものの三日天下に終わり、敗走する途中京都・伏見の小栗栖(おぐるす)で襲われ竹槍に突き刺されて落命したのが、天正十年六月十三日の夜であったこと。とはいえその晩、果してさびた「十三夜の月」が出ていたかどうかについて、安東次男は明記していない（『古典を読む・おくのほそ道』）。

出した舟。秋の季語。

月見舟潟のながれにまかせけり　中出雲彦

❖月と星のことわざ・慣用句：月満つれば則ち虧く

権勢を誇る者も盛期が過ぎれば必ず衰えて行くということ。『史記』蔡沢伝に「語に曰く、**日中すれば則ち移り、月満つれば則ち虧く**」、世間で言うとおり、日は高く昇り切れば下降に移り、月は満月になれば直ちに欠けはじめる、と。「月盈つれば則ち食す」ともいう。『易経』豊卦には「**日中すれば則ち昃き、月盈つれば則ち食く。天地の盈虚、時とともに消息す**」と。盛者必衰。

月見る月　つきみるつき

月見をするのに適した月。「**月々に月みぬ月はなけれども月みる月はこの月の月**」という戯れ歌がある。さる貴人の女房が十五夜の晩に箸を芋に刺して空けた穴から月をのぞいて詠んだ歌だという。数えてみると、八つの月の字と十五の仮名文字でできているから八月十五夜だというのだが……。「**秋も秋今宵も今宵月も月所も所見る君も君**」という詠み人知らずの狂歌もある。

月宿る　つきやどる

月の光がとどまっている。『古今集』巻三に「**夏の夜はまだ宵ながら明けぬるを雲のいづこに月宿るらん**」、短い夏の夜はまだ宵だと思っているうちに明けてしまうが、こんな短夜に月は雲のどこに宿を取っているのだろう、と。

月雪花　つきゆきはな

日本の美しい自然と四季の象徴としての〈月〉と〈雪〉と〈花〉。月夜の厳島、雪景色の松島、花の吉野山はまさに日本の三大絶景と称えられた。中国では「雪月花（せつげつか）」というが、わが国では「月雪花（つきゆきはな）」の順に並べた。中国では「日月（じつげつ）」「昼夜（ちゅうや）」というのに対してわが国では「月日（つきひ）」「夜昼（よるひる）」というのと同じである。

花と雪とはなかなか両立しにくいが、「月前の花」といい「月下の雪」というように、月は花とも雪とも共存することができる。春の花も夏の青葉も秋の千草も冬の枯れ木立も、すべて月光を浴びて興趣はいっそう深まる。これぞ月の徳であり、月は他の風物と共存することによってますますその存在を輝かせる。

❖月と星のことわざ・慣用句：月よ星よと
月や星を仰ぐように、わが子などを限りなく寵愛（ちょうあい）しいつくしむこと。「蝶よ花よと」。

月夜　つきよ
月が明るく照らしている夜。樋口一葉「月の夜」に「嬉しきは月の夜の客人（まろうど）、つねは疎々（うとうと）しくなどある人の心安げに訪（と）ひ寄（より）たる、男にても嬉しきを、まして女の友にさる人あらば、如何（いか）ばかり嬉しからん」と。「つくよ」とも。秋の季語。

われをつれて我影帰る月夜かな　素堂

月夜烏　つきよがらす
月の明るい夜、眠らずに鳴いている烏。『新撰六帖』第六に「**吹く風に霜置きまよふみ山べに月夜烏の声も寒けし**」、寒風が吹き霜がおりた山から月夜に鳴いている烏の声がしていっそう寒さを感じる、と。転じて、夜遊びする人。

月夜茸　つきよたけ
半月形をした茸（きのこ）で、猛毒。暗いところで白い襞（ひだ）が青白く光る。

月夜に提灯　つきよにちょうちん
不必要な物。「夏炉冬扇」。

月夜の大霜　つきよのおおしも
冬の晴れて風の弱い月夜は冷え込みが強まり、霜が多くおりる。上空に雲がないと地表面の熱が赤外線の形で大空に放射され、いわゆる「放射冷却」が起こり大地は熱を失う。空に雲があれば、逃げていく熱の一部を地表に戻すので放射冷却は弱まる。また風が強いと冷えた地面に接する大気が入れ替わって気温はあまり下がらない。「月夜の大霜」はその逆の、晴天静夜の冷え込みによる現象である（『日本の空をみつめて』）。

月ロケット　つきロケット
月の探査・研究のために打ち上げるロケットと探査船。最初に打ち上げられたのが一九五九年のソ連のルナ一号で、一九六九年七月のアポロ一一号が初めて月面に着陸した。

月渡る　つきわたる
月が空を動いてゆくこと。また次の月に移行すること。『万葉集』巻十五に「**向かひ居て一日もおちず見しかども厭はぬ妹を月渡るまで**」、一日も欠かさず向かい合って見つめていても飽きることのなかったあなたに、月が変わっても会っていないなんて、と。

月を零す　つきをこぼす
連句で〈月の定座（じょうざ）〉のあとで月の句を出すこと。〈零月（こぼれづき）〉ともいう。

月読　つくよみ
①月の神。月齢をかぞえる「月読み」からとも、月を意味する「月夜」に「神」の「み」がついた形ともいう。「月夜見」とも書く。『日本書紀』神代紀上に登場する「月読尊（つくよみのみこと）」は日本神話の最高神である日の

神　天照大神（あまてらすおおみかみ）の弟で、夜を支配する神。『古事記』では、国生み・神生みを終えた伊邪那岐尊（いざなぎのみこと）が最後に禊（みそぎ）をしたとき、左の目を洗ったときに天照大神が生まれ、右の目を洗ったときに月読尊が生まれたという。天照大神・素戔嗚尊（すさのおのみこと）とともに世界を治める三柱の神の一つで、「月読命」とも書く。②月そのもののこと。「月読男（つくよみおとこ）」は月を擬人化した語。『万葉集』巻四に「**月読の光に来ませあしひきの山き隔（へな）りて遠からなくに**」、月の光で照らしながらおいでください。山が隔てていますが遠いわけではないですから、と。

晦　つごもり

月が光を失って見えなくなること。晦日（みそか）。平安時代後期の『蜻蛉日記』上に「**なほもあらぬことありて、春夏なやみくらして、八月晦にとかうものしつ**」、作者は身ごもって普通の体でなくなり、春から夏にかけて苦しんだ末、八月の晦日になって何とか藤原道綱を出産した、と。〈月隠（つきごもり）〉の短縮形。旧暦の月末すなわち晦日（みそか）。

罪なくして配所の月を見る

⇩コラム「⦿配所の月」

梅雨の月　つゆのつき

梅雨といっても毎日雨が降っているわけではなく、五月晴の日もある。しかし、一般には曇りがちの空にぼんやり出ている月のことをいう。夏の季語。

梅雨の月雲脱ぎ捨ててなほ淡し　西谷しづ子

梅雨の星　つゆのほし

梅雨の五月雨（さみだれ）があがり、急に雲が切れた夜空にまたたきはじめる濡れたように美しい星。夏の季語。

出来星　できぼし

①最近夜空に見えはじめた星。②急速に台

頭し目立ちはじめた人物。成り上がり。

デネブ　Deneb
〈白鳥座〉の首星。⇩〈白鳥座〉

天河　てんが
⇩コラム「⊙天の川」〈銀河〉

天漢　てんかん
⇩コラム「⊙天の川」〈銀河〉

天狗星　てんぐせい
巨大な〈流星〉。鎌倉時代後期に和漢の故事・事物起原などを記した辞書『壒嚢』の一に「星の中に天狗星と云ふあり、天狗流星とも名づく、大流星と名づけて光りものの如くにして」と。

天王星　てんのうせい
太陽系の七番目の惑星で、およそ八四年で太陽の周りを一周する。自転軸が公転軌道面に対して九八度も傾いており、つまりほとんど横倒しの形で回転していることになる。中心の岩石質の核を水・メタン・アンモニアなどの氷の層が囲み、その上層を水

⊙望郷の月

八世紀初め、遣唐留学生として渡唐し玄宗皇帝に仕えて、日本人でありながら唐朝の高官まで昇った阿倍仲麻呂は、時経て帰国の途についたものの船が難破して帰国がかなわなかった。ついに異郷で生涯を終えた仲麻呂の強い望郷の念を伝える和歌「天の原ふりさけ見れば春日なる三笠の山にいでし月かも」は有名で、盛唐の大詩人李白、王維たちまでが深く感銘を受けたという。仲麻呂の帰国船が遭難したと聞いたとき李白は、「日本の晁卿（ちょうきょう）は帝都を辞す　征帆（せいはん）一片蓬壺（ほうこ）を繞（めぐ）る　明月帰らず碧海に沈む　白雲秋色、蒼梧（そうご）に満つ」との詩を捧げた。晁卿は、阿部仲麻呂の漢名晁衡（ちょうこう）の敬称。

素・ヘリウムのガスがおおっていると考えられている。英名は「ウラヌス Uranus」または〈ウラノス〉。

天秤座　てんびんざ

初夏の夕刻の南天で、西方の〈乙女座〉と南方の〈蠍座〉の間に、逆「く」の字の形に並んで見える小さな星座。古来の〈黄道十二星座〉の七番目。ギリシア神話で、正義の女神テミスの娘のアストライアが天に昇って〈乙女座〉となり、堕落した人間の犯した罪の重さをこの〈天秤座〉の秤にかけて測っているという。

天狼星　てんろうせい

全天でもっとも明るい〈大犬座〉の首星〈シリウス〉の漢名・和名。「天狼」「狼星」ともいい、冬の季語。⇩〈シリウス〉

天狼星ましろく除夜にともりけり　山口誓子

徳星　とくせい

⇩〈景星〉

床の月影　とこのつきかげ

夜床に射し入る月の光。『新古今集』巻五に藤原定家の「**ひとり寝る山鳥の尾のしだり尾に霜置きまよふ床の月影**」、ひとり寝をしている山鳥のしだり尾のような夜長の床に霜と見まがうように白く月光が射している、と。平安時代後期の勅撰集『拾遺集』巻十三の柿本人麻呂「**あしひきの山鳥の尾のしだり尾の長々し夜をひとりかもねむ**」を踏まえた詠。

土星　どせい

太陽系の六番目の惑星で〈木星〉とよく似ており、メタン、アンモニアなどのガスでおおわれている。赤道の外周に板状の美しい環をもつことで知られ、環は無数の細かい粒子からなり、内側のA環と外側のB環と二つの環の間には隙間がある。英名は

〈サターンSaturn〉。

飛星　とびぼし
〈流れ星〉をいう方言。

乏し妻　ともしづま
「乏し」は「羨し」とも書き、めったに会えず愛（いと）しいの意。転じて年に一度しか会えない「織姫星」のこと。

な行

内惑星　ないわくせい
〈太陽系〉の八つの惑星のうち、地球より内側の軌道を公転している水星・金星のこと。⇩〈外惑星〉

流れ星　ながれぼし
実は星ではなく、宇宙空間を公転する塵が、地球の上層大気と衝突して蒸発・発光して飛び流れる現象。〈流星〉「星流る」「星飛ぶ」「星走る」ともいう。四季を通じて見られるが、俳句では秋の季語。⇩〈流星〉

星一つ命燃えつゝ流れけり　高浜虚子

名残の月　なごりのつき
①旧暦八月十五夜の月に対して九月十三夜

の月をいう。〈後（のち）の月〉。②朝空に消え残る有明の月。〈残月〉。

夏の大三角　なつのだいさんかく

夏の宵、東の空に明るく輝く三つの〈一等星〉を結んだ雄大な三角形。三つの一等星とは、〈琴座〉の〈ベガ〉、〈鷲座〉の〈アルタイル〉、〈白鳥座〉の〈デネブ〉で、ベガは七夕の「織姫星」であり、アルタイルは〈彦星〉、この二つの星の間を「天の川」が流れている。

❖月と星のことわざ・慣用句：名のない星は宵から出る
早くから出てくるのは凡庸な人物であるということ。待望されている真打ちは最後に登場する。

夏の月　なつのつき

夏の夜空に涼やかに照る月。また夏らしい力を感じさせる月。作家の永井龍男は「夏の月は、月の出の赤さを夜更けまで、どこかに持ち続ける」と言っている（「夏の月」『永井龍男全集』第九巻所収）。あたりにはまだ昼の暑さのほてりが残っているようだ。『枕草子』一に「夏はよる。月の頃はさらなり。やみもなほ」と。『猿蓑』巻五の芭蕉・去来・凡兆による歌仙に「**市中（いちなか）はもの丶匂ひや夏の月　凡兆**」に芭蕉が「**あつしあつしと門々の声**」と付けている。〈月涼し〉ともいい、夏の夜の月が地面を照らして白々と霜をおいたように見えるのを「夏の霜」という。いずれも、夏の季語。

なほ北に行く汽車とまり夏の月　中村汀女

夏の星　なつのほし

星の美しさは大気の澄んだ秋の宵ないし冬

の夜空がひとしおと思われているが、都会の夏の夜空の星は暑熱の街に一服の涼味を運ぶ。避暑地の山の上の降るような星空も心にしみる。「夏星」〈星涼し〉ともいい、夏の季語。

夏星に海も日暮れの音展(ひら)く　飯田龍太

七つ星　ななつぼし

⇩〈北斗七星〉

七座星　ななますほし

〈北斗七星〉の別称。鎌倉時代の私撰和歌集『夫木抄』の巻十九に「**わが恋は七座星に祈りみむひとの思ひをそらに知るなり**」、わたしの恋は北斗七星に祈ってみよう、人の一つの思いを空で暗記しているそうだから、と。

南極星　なんきょくせい

北半球の空の〈北極星〉に相当する、南半球の夜空で正南を示す星。昔から南海の航海者にとっては〈南十字座〉が正南を知る〈指極星〉として重要な存在であった。また古来中国では〈アルゴ座〉の中の「竜骨座」の首星〈カノープス〉を「南極星」と呼んでいた。⇩〈カノープス〉

南斗六星　なんとろくせい

夏の南天に見える〈射手座〉の半人半馬の賢人ケイロンの、弓矢を引き絞った手元から弓のあたりにかけて柄杓を伏せたような形に並ぶ六つの星。古来中国では、北天の〈北斗七星〉に対比して「南斗六星」と呼んだ。⇩〈射手座〉

二十三夜月　にじゅうさんやづき

旧暦の二十三日の夜の月だが、とくに八月二十三日の夜の月をいう。夜中になって昇ってくる真夜中の月。大正・昭和の俳人皆(みな)吉爽雨(よしそうう)は真夜中の月について「寝しずまって誰一人見上げる人もなく、深沈(しんちん)と照らしている半月に近い月」の明りは「冷やか」とか「冷さまじ」とかいう季感をともなう、と言っている（『日本大歳時記』）。秋の季語。

どの窓も病む窓二十三夜月　村山古郷

二十八宿　にじゅうはっしゅく

⇩〈星宿〉

二十六夜様　にじゅうろくやさま

長野県松本市の松本城天守の天井裏に祀られている月の女神「二十六夜神」のこと。

二十六夜待　にじゅうろくやまち

江戸時代の民間行事で、旧暦の一月と七月の二十六日の夜に行われた〈月待〉の習俗。二十六夜の月は、〈下弦の月〉がさらに欠けていって、逆三日月の形になった〈織月〉が空にかかっている状態。真夜中、東の空にほぼ横向きに昇ってくるため、逆三日月の一方の先端がまず地平線から顔を出し、次に反対側の先端が見え、最後に本体が現れるという経過をたどる。このため、最初に観音菩薩、次に勢至菩薩、そして最後に阿弥陀如来という順に阿弥陀三尊が顕現すると信じられて、多くの男女が明け方近くまで月の出を待った。これが「二十六夜待」で、略して「六夜待」〈月待〉ともいった。陽気のいい七月のものが主流だったが、実際には待ちくたびれて最後まで見届ける人は多くなかったともいう。⇩〈月待〉

二星　にせい

〈七夕〉の〈牽牛星〉と〈織女星〉をいう。「じせい」「夫婦星」ともいう。秋の季語。

夕ごころはなやぎ迎ふ二星かな　西島麦南

川中に涼み給ふや夫婦星　一茶

日食　にっしょく

太陽と地球の間に月が入って一直線に並び、月の影で太陽の一部または全部が欠けて見える現象。月は〈新月〉である。「皆既日食」は、地球から見た太陽と月の見かけの大きさ（視直径）がほぼ等しいために起きる。

二度の月　にどのつき
年に二度の名月。すなわち旧暦八月十五夜の月と九月十三夜の月をいう。

ネプチューン　Neptune
〈海王星〉の英語名。

子の星　ねのほし
「子」は方角で「北」。〈北極星〉のこと。
⇩〈北極星〉

寝待月　ねまちづき
〈中秋の名月〉から四日たった旧暦八月十九日の月。月の出が現在でいう八時過ぎと遅くなるので、灯火に制約のあった昔はすでに寝所に入って待つ月であった。『蜻蛉日記』上に「**寝待ちの月の山の端出づるほ**

⊙月の夜がたり

『修禅寺物語』や『半七捕物帳』で知られる明治から昭和期の作家岡本綺堂に「月の夜がたり」という小文がある。「二十六夜待ち」と「八月十五夜」の話につづいて「十三夜」の月にまつわる哀話を書いている。綺堂の中学以来の友に梶井という医学生がいた。梶井の父親は山仕事で一旗揚げた成金で、東京・小石川にあった本多なにがしという元旗本の屋敷を買い取って住んでいた。ある年の十一月初旬の小春日和の日、梶井が息せき切って若き日の綺堂を呼びに来た。庭に植木屋を入れて生い茂っている雑草や灌木を取り払ったところ三尺ほどの蛇がとぐろを巻いていて、その脇に古い稲荷の社があり「十三夜稲荷」と書いた額がかかっていたという。梶井の父親が念のため社の中を調べさせると、錠のかかっどに、出でむとする気色あり」、作者は夫藤原兼家とその愛人の町小路の女との関係に苦しんでいる。今宵も旧暦十九夜の寝待の月が昇るような遅い時刻になって、夫が家を出ようとする気配がした、と心穏やかでない。ただ「寝待（ねまち）」、あるいは〈臥待（ふしまち）月（づき）〉ともいった。秋の季語。

寝待月灯のいろに似ていでにけり　五十崎古郷

残んの月　のこんのつき

夜明けの空に入り残っている月。〈有明月〉〈残月〉。

後の月　のちのつき

陰暦八月十五夜の名月のあとの九月〈十三夜〉の月をいう。十五夜が中国の〈中秋節〉を取り入れた行事であるのに対して、十三夜は中国にはないわが国独自の風習である。八月十五夜を〈芋名月〉というのに対して、十三夜は〈女名月〉とか、時節柄

た白木の箱があって、中に一枚の書付と女の黒髪が収められていた。書面には、後の月見の夜、たまという当主の妾が家来と不義したことが露顕したので、両人とも成敗した。ところが女の亡魂がさまざまの祟りをなすにいたったので、その黒髪を祀って鎮魂した、と書かれていた。これだけですめば取り立てて書き記すほどの話ではなかったのだろうが、その後医者を目ざして済生学舎で学んでいた梶井が、二十二歳になったとき、吉原の待合のようなところで、娼妓とモルヒネを用いて心中を遂げたというのだ。そして、その娼妓というのが、梶井の家の元の持ち主だった本多という旗本の娘だったことがわかった。御一新で零落して屋敷を売り沼津に逼塞していた本多が、いよいよ暮らしに窮して娘を吉原に身売りさせたようで、手討ちにした妾たまの亡魂

枝豆や栗を供えるので〈豆名月〉〈栗名月〉ともいう。最後の月見なので〈名残の月〉ともいう。十五夜と十三夜を合わせて〈二夜（ふたよ）の月〉といい、片方しか賞（め）でない〈片月見〉はするものではないと言い伝える。秋の季語。⇩〈十三夜〉

灯を消せば炉に火色あり後の月　小杉余子

ののさま

幼児に月や神仏など超越的な尊ぶべきものを教える言葉。「のんのさま」とも。

ととさんやあのののさんがかかさんか　一茶

（おっかさんは死んでののさまになったと教えられた幼子が、月を見上げて父親にたずねているのであろう）

上り月　のぼりづき

新月から満月まで、あるいは上弦から満月まで、夜毎に少しずつ円さを増してゆく月。秋の季語。

にみちびかれた数奇なえにしが新旧の家主の本多の娘と梶井を結びつけたのかと疑われた。未来のない女の境遇に同情し、みずからも病弱の身をかこちながらの学業に悲観した梶井が、このような短慮な結末を選んだのか。おどろいて梶井の家を訪ねた綺堂に向かって母親は、「当日は学校を休みまして、午後からふらりと出てゆきました。そのときに、お母さん、今夜は旧の十三夜ですねと言って、庭のすすきをひとたば折って行きましたが…」と泣きながら話した。そのかたみのように、ふたりが死んだ座敷の床の間には十三夜の月に供えたすすきがひっそりと生けてあったという。

法の月　のりのつき

「法（のり）」は仏法、仏の教え。人びとの迷いを晴らす仏法を、夜の闇を明るく照らす月にたとえた言葉。「真如の月」も同じ。鎌倉時代の勅撰和歌集『新勅撰集』巻十に「法の月久しくもがなと思へどもさ夜更けにけり光かくしつ」、迷妄を照らす仏法の月にいつまでも照らしていてほしいと願っていたが、夜が更けたので光が薄れてしまった、と。

は行

破鏡　はきょう

①二つに割れた鏡のことで〈半月〉〈片割月〉のこと。中国・六朝時代の詞華集『玉台新詠』巻十「古絶句」の「何ぞ当（まさ）に大刀の頭なるべき、破鏡飛びて天に上らむ」、行方知れずの夫はいつ太刀の柄頭の環に還るのだろうか。片割月が天に昇ったときだろうか、による言葉という。②夫婦が鏡を二つに割って離別すること。

白月　はくげつ

真白に輝く明月。中国・盛唐の杜甫の「文公に上方（じょうほう）に謁す」に「大珠玷翳（てんえい）を脱し、白月の空虚に当たる」、文公の高い境地は、大きな珠が曇りを拭い去って、真白な月が遮る（さえぎ）もののない広漠とした空に輝いているかのごとくだ、と。「玷翳」は翳っている月。

白色矮星　はくしょくわいせい

質量の比較的小さな、核融合反応を行っていない矮星が、進化の最終段階にあるもの。中心核だけを残しつつ高温のために白く輝きながら、次第に冷えて暗黒星になる過程にある。

白鳥座　はくちょうざ

八〜九月ごろの宵、天頂のやや左（東）に位置して「天の川」の中を飛翔する大きな白鳥に見立てられた星座。ギリシア神話で、大神ゼウスがスパルタ王の妃レダを見そめて逢引きに行くときに化身した白鳥だとされる。レダは卵を二つ産み、一つからのちに〈双子座〉となる兄弟がかえり、もう一

⊙配所の月

「配所」は流刑で流された土地。平安中期の公卿 源顕基（みなもとのあきもと）中納言の「罪なくして配所の月を見ばや」という言葉に由来する慣用句（『古事談』）。字義どおりに解すれば、「潔白の身で流謫（るたく）地の月を見たいものだ」という意味だが、顕基は流罪になってはいないので、真意は俯仰（ふぎょう）天地に恥じない清浄な心で眺めたとき「配所の月」の美しさが心に染み入るという意味になりそうだ。この言葉が、讒言（ざんげん）されて筑紫の大宰府に左遷された菅原道真の故事を連想させる故か、のちには無実の流刑地で月を眺めて都を偲ぶことと解される場合がある。だが正しくは、道真のように汚れなき心で俗世をはなれ、閑寂な土地で月を眺める風雅な暮らしを称えた言葉。

延喜元年（九〇一）九月十日、重陽の節供

つからはトロイア戦争の原因となった美女ヘレネが誕生した。白鳥の尾羽のあたりにひときわ明るく輝いているのが首星の一等星〈デネブ〉で、首から胴体と両翼にかけて十字をなす五、六個の星を〈南十字座〉に対して「北十字」と呼ぶ。また、デネブと〈琴座〉の〈ベガ（織姫星）〉および〈鷲座〉の〈アルタイル（彦星）〉を結ぶと、〈夏の大三角〉が浮かび上がる。「白鳥座」は俳句では、秋の季語。

遷宮の空を守れる白鳥座　山口誓子

白道　はくどう

地球を中心に天体が巡ると見て、太陽が天球上を運行する〈黄道〉に対して、月が運行する天球上の軌道をいう。

走り星　はしりぼし

〈流星〉のこと。

の翌日、道真は月影の清く射しこむ大宰府で前年の清涼殿での御遊（ぎょゆう）を思い出して詠じた。「**去年の今夜清涼に侍す　秋思の詩篇独り断腸　恩賜の御衣（おんぞ）今此（ここ）に在り　捧持（ほうじ）して毎日余香を拝す**」、去年の今夜私は清涼殿に侍していた。天皇に賜った「秋思」の題で詠じた詩篇を思い出すと懐かしさに胸が張り裂けそうだ。そのとき褒美に下賜された衣が手元にある。毎日押し頂いては残り香を慈しんでいる、と。『新古今集』巻十七に「**海ならず湛（たた）へる水の底までに清き心は月ぞ照らさむ**」、『大鏡』時平伝に菅原道真作として伝わる歌で、海よりもっと深い私の心の底まで月は清らかに照らしてくれるであろう、と。道真の心が清廉潔白なのは明らかで、清らかな心で見上げる月影こそがいちばんの慰めであった。

八十八星座　はちじゅうはちせいざ

古来、世界各地で人びとが夜空を仰いでは豊かな想像力を駆使してたくさんの星座を創作してきたが、あまりに多くなりすぎたため二〇世紀の初めに「国際天文学連合」が八八個の星座に整頓した。

初朧　はつおぼろ

その年最初の〈朧月夜〉。

二十日月　はつかづき

旧暦で月の二十日の晩の月。とくに〈中秋の名月〉から五日あとの八月二十日の月をいう。〈更待月（ふけまちづき）〉〈亥中（いなか）の月〉ともいう。秋の季語。

二十日月細り細らば子が発つ日　林翔

二十日宵闇　はつかよいやみ

旧暦二十日は月の出が現在の午後十時ごろになり、宵のうちは暗い。〈二十日月〉が昇るまでの暗さをいう。

初月　はつづき

旧暦の月初めの新月。近づく〈中秋の名月〉への期待をこめながら、とくに旧暦八月初めの月をいう。「初月夜」ともいう。若い〈三日月〉だが、江戸時代の『俳諧歳時記栞草』は「初月夜」について「四日、五日、六日までをさしていふべきに害なかるべし」とし、さらに「中秋の月にかぎりて初月と賞するは、三五の月を待つこころよりいへる」と八月十五夜をふまえていることを特記している。秋の季語。

初月夜門二三歩の美しき　佐藤惣之助

初名月　はつめいげつ

〈十五夜〉の月をいう。〈十三夜〉の〈後（のち）の月〉に対して、初の名月の意。

鳩座　はとざ

冬の宵、〈大犬座〉の右下（南西）にかかる星座。キリスト教徒の天文学者が、ギリシア神話の五〇人の漕ぎ手の漕ぐアルゴー船に由来する〈アルゴ座〉をノアの箱舟に見立て、そこから飛び立ちオリーブの小枝をくわえてもどってきた鳩にちなんで名づけた星座。

花月夜　はなづきよ

桜の花枝を月が美しく照らしている夜。春の季語。

春の大三角　はるのだいさんかく

春の宵、〈北斗七星〉の柄杓の柄の三つ星の連なりに沿って下（南）へたどると、〈牛飼座〉のアルファ星〈アークトゥルス〉をへて〈乙女座〉の首星〈スピカ〉に行き着く。この雄大な南天のカーブを「春の大曲線」といい、さらにアークトゥルスとスピカと〈獅子座〉のデネボラが形づくる巨大な三角形を「春の大三角」という。

⇩〈乙女座〉

⊙二つの月

村上春樹の『1Q84』に、主人公の相愛の男女青豆と天吾のいる並行世界の夜空に浮かぶ「二つの月」が登場する。青豆は凄腕の美しい女殺し屋。罪のない女性を嬲（なぶ）り物にするようなロクでもない男の始末を依頼されると、手作りの鋭利なアイスピックを振るって男をあの世に送るのが仕事だ。一九八四年のある午後、青豆は新しい仕事のためにタクシーで首都高速3号線を渋谷に向かっていた。池尻あたりまで来たとき車が大渋滞でウンともスンとも動かなくなった。このままでは日が暮れても渋谷には着きそうにない。困惑している青豆にタクシーの運転手が一つだけ非常手段があると言った。車を降りて首都高の緊急避難スペースの非常階段から地上に降り、東急玉川線で行く方法があると教えた。背に腹は代

春の月　はるのつき

白く澄みわたった秋の月と違って、春の空にかかるやや赤みがかり朧で艶めかしくしたたるような風情の月。〈春月〉とも。春の季語。

外にも出よ触るるばかりに春の月　中村汀女

春の星　はるのほし

おぼろな春の夜気の下、うるんだようにまたたく星々。「春星」〈星朧ろ〉ともいう。春の季語。

春の星雲逝くごとにふえにけり　中川宋淵

乗鞍のかなた春星かぎりなし　前田普羅

春三日月　はるみかづき

ただ〈三日月〉といえば秋の季語だが、春の字を頭につければ、春の季語。英文学者で星の民俗学者だった野尻抱影に「春の彼岸ごろの三日月はあおむいて釣り舟の形に見え、秋の彼岸ごろの三日月は、直立して

えられず青豆は運転手の助言を実行することにした。渋滞している車列の運転手や乗客が好奇の目で見つめるなか、青豆はヒールを脱ぎミニスカートをたくし上げて美しい脚を惜しげもなく人目にさらすと、首都高のフェンスを乗り越えて非常階段を降りた。降りた下界はいつもと何かが違っている気がした。が、違和感を振り払って東急線に乗り定刻までに渋谷に着くと、ホテルでいつもどおりの仕事をした。

青豆はあのときから、この一九八四年の世界がいままでとどこか異なっていることに気づかざるを得なかった。そこで青豆は、この変更された新しい世界を「１Ｑ８４年」と名づけた。「Ｑ」は「Question」の「Ｑ」である。ある深夜、青豆はマンションのベランダから空を見上げていた。そのうち自分がいま目にしている夜空が、普段

見える」との記述がある（『日本大歳時記』）。

老人の小走り春の三日月へ　西東三鬼

ハレー彗星　ハレーすいせい

彗星は、二度と太陽の近くにもどってこない双曲線軌道を描くものもあるが、多くは楕円軌道を描いて周期的に太陽周辺に回帰する。周期二〇〇年以内のものを短周期彗星、それ以上かかるものを長周期彗星という。一七、八世紀のイギリスの天文学者エドモンド・ハリーは、一六八二年に出現した彗星を観測し、過去の記録を調べた結果、この彗星の軌道が一五三一年、一六〇七年の彗星の軌道とよく似ていることに気づいた。このことから、これらはおよそ七六年周期の同一の彗星であろうと考え、次には一七五八年ごろに回帰してくるだろうと予測した。はたして一七五八年のクリスマスに、ハリーの予想どおり彗星はもどってき

見ている夜空とどこか異なっていることに気づいた。何かがいつもとは違っている。どこにその違いがあるのか、思い当たるまでに時間がかかった。そしてそれに思い当たったあとでも、事実を受け入れるのにかなり苦労しなくてはならなかった。視野が捉えているものを、意識がうまく認証できないのだ。なんと、空には月が二つ浮かんでいた。「小さな月と、大きな月。それが並んで空に浮かんでいる。大きな方がいつもの見慣れた月だ。満月に近く、黄色い。しかしその隣にもうひとつ、別の月があった。見慣れないかたちの月だ。いくぶんいびつで、色もうっすら苔が生えたみたいに緑がかっている。それが彼女の視野の捉えたものだった」。
青豆と天吾のいる並行世界で、邪悪なリトル・ピープルが動き出そうとしていた……。

た。ハリーは一七四二年に亡くなってみずからの予言を確かめることはできなかったが、その功績をたたえて「ハレー彗星」と名づけられた。次にハレー彗星が地球に接近するのは二〇六一年だとされる。「ハリー彗星」ともいう。

半月　はんげつ
月面の左右どちらかの半分ほどが輝いて見える月。〈上弦の月〉〈下弦の月〉などの総称。〈弦月〉〈弓張月〉〈片割月〉などともいう。秋の季語。

半月や河骨うごくかくれ水　加藤楸邨

半輪の月　はんりんのつき
⇩〈半月〉

眉月　びげつ
〈眉月（まゆづき）〉の漢語的言い方。

彦星　ひこぼし
〈七夕〉の〈牽牛星〉の通称。〈鷲座〉の首星〈アルタイル〉のこと。「天の川」をはさんで「織姫星」〈〈琴座〉の首星〈ベガ〉〉と向かい合い、年に一度、旧暦七月七日の夜に逢瀬をかわすとされる。秋の季語。⇩〈七夕〉

彦星のしづまりかへる夕かな　松瀬青々

旱星　ひでりぼし
〈火星〉、〈蠍座〉の〈アンタレス〉、〈牛飼座〉の〈アークトゥルス〉など夏の夜空に赤く輝く星々を、暑熱との連想から「旱星」という。夏の季語。

旱星集へば踊るジプシーは　吉野義子

一つ星　ひとつぼし
朝空あるいは夕空に一つだけ見えている〈明けの明星〉ないし〈宵の明星〉をいう。

白月　びゃくげつ
太陰暦で一日から十五日までの月の前半の月をいう。十六日から月末までの後半の月

は〈黒月〉。⇩〈黒月〉

氷輪　ひょうりん
冬の冷たく照る氷の輪のような満月。

昼の月　ひるのつき
〈上弦の月〉など昼の空にかかっている月。秋の季語。
　秋天の瑕瑾といはむ昼の月　片山由美子

❖月と星のことわざ・慣用句：風月無辺
〈風月〉は爽やかな風と皓々と照る月で、美しい自然の象徴。また「無辺」は、果てしないことだから、合わせて限りなく美しい自然を称える四字熟語。すなわち「風月無辺の人」といえば、自然を詠ずる詞藻に優れた詩人のこと。

風月　ふうげつ
①爽やかな風と明るく照る月。「花鳥風月」といえば自然の美しさの代表。②自然を愛し詩歌に親しむ風雅を愛する心。謡曲「松虫」に「風月の友に誘はれて、春の山べや秋の野の、草葉に集く虫までも、**聞けば心の友ならずや**」と。詩歌に通じ、文才のある人を「風月の本主」という。

フォーマルハウト　Fomalhaut
〈南の魚座〉の首星の一等星。中秋の南の夜空低く明るく輝き、よく目立つ。⇩〈南の魚座〉

不吉な月　ふきつなつき
日本人にとって祈りと慰めの対象である月が、異邦人にとっては不吉と狂気の象徴となることもある。ボードレールの散文詩「描きたい欲望」の中に「嵐の夜の空に、**矢のように走る雲に縫われて懸っている、あの不吉な、熱狂的な月…**」という句が出てくる。心理学者の苧阪良二は、ヨーロッパに住む人びとは、月に対して凶とか狂のイメージをもつが、インドシナ半島以東のアジア人は、月を好ましい対象とし、とりわけ日本人は月を生活の伴侶とまで思いこんでいると、論じている（「太陽と月のイメージ」）。

更待月　ふけまちづき

十五夜→十六夜→立待月→居待月→寝待月ときて、〈中秋の名月〉から五日たった旧暦八月二十日の月を「更待月」ないしただ「更待」という。夜が更けた亥の刻（現在の午後一〇時ごろ）に出るから〈亥中の月〉または〈二十日月〉ともいう。片側はもう大きく欠けて、ほぼ下弦の月に近くなっている。『新勅撰集』巻十五に「**あま小舟はつかの月の山の端にいさよふまでも見えぬ君かな**」、二十日月がためらいがちに山の稜線に昇ってくる亥の刻まで待っても姿を見せないあなたなのですね、と。「あま小舟」は小さな漁船で「はつか」にかかる枕詞。秋の季語。

更待や階きしませて寝にのぼる　稲垣きくの

臥待月　ふしまちづき

十五夜から四日たった旧暦八月十九日の月。月の出が八時過ぎと遅くなるので、灯火の油が貴重な昔は寝間で臥して待つ月といった。『源氏物語』若菜下に「**夜更けゆくけはひ、冷やかなり。臥待の月、はつかにさし出でたる**」、夜が更けて行くにつれ冷気が押し寄せてきた。十九日の夜の月がひっそりと上ってきた、と。ただ「臥待」あるいは〈寝待月〉ともいう。秋の季語。

臥待の月ともなれば忘れがち　江本如山

双子座　ふたござ

冬の宵、天頂の左手やや上方（東北側）に二つ並んで光る明るい星を双子と見立てた星座。右がカストル（和名銀星（ぎんぼし））、左はポルックス（金星）と名づけられ、ギリシア神話では、大神ゼウスが白鳥に化けてスパルタ王妃のレダに近づき生ませた双生児。トロイア戦争の原因となった絶世の美女ヘレネは、この双子の妹だという。古来の〈黄道十二星座〉の三番目。

二つ星　ふたつぼし

〈七夕〉の〈彦星〉と「織姫星」のこと。

二夜の月　ふたよのつき

古来名月として親しまれている旧暦八月十五夜の月と九月十三夜の月を合わせていう。どちらか一方だけしか観賞しない〈片月見〉はするものではないという。十三夜の月だけをいうこともある。秋の季語。

　洪水多き年を二夜の月晴れたり　正岡子規

二日月　ふつかづき

旧暦で八月の二日の月をいう。朔日（ついたち）の新月が翌日、初めて光を現した細くかすかな月。〈繊月（せんげつ）〉ともいい、日没後四、五十分で沈んでしまう。

日本画家の鏑木清方（かぶらぎきよかた）が「月の絵」という随筆の中で川合玉堂（かわいぎょくどう）の「二日月」の画について書いている。明治四十年の東京博覧会で評判になった作で、暮色ようやく迫って遠くの樹も夕靄（ゆうもや）の中に融け込むようなとき、西の空にかかった細い二日月が描かれている、と。家路を急ぐ人々の影も見えて「三日月は俳句や絵にもしばしば使はれてゐるが、二日月はさうたやすくは心つかぬ。…心もち三日月より細い、その少し細いといふことが何か清新な感じを伴ふそれが二日月」と讃えている（『日本の名随筆58　月』）。秋の季語。

　山々が得てすぐ入れぬ二日月　及川貞

冬銀河　ふゆぎんが

冬の〈銀河〉、冬空に仰ぐ「天の川」。冬の季語。⇩〈冬の星〉

冬銀河ねむりにはやき谷のひと　香取佳津見

冬の大三角　ふゆのだいさんかく

二月初旬の宵、東の空にかかる〈大犬座〉の〈シリウス〉、〈オリオン座〉の〈ベテルギウス〉、〈小犬座〉の〈プロキオン〉の三つの一等星を結んだ雄大な逆三角形。また、シリウスから時計回りにプロキオン、〈双子座〉のポルックスとカストル、〈馭者座〉の〈カペラ〉、〈牡牛座〉の〈アルデバラン〉、〈オリオン座〉の〈リゲル〉を結んだ六角形を、「冬のダイヤモンド」と呼ぶことがある。

冬の月　ふゆのつき

冬の夜空に冴えて輝く青白い月。平安時代後期の勅撰和歌集『拾遺集』巻四に「**あま**

⊙ブラックホール　black hole

星にも一生がある。誕生して進化し、永い時間のあとに終末がきて崩壊する。〈恒星〉はふつう、中心部で熱核反応を起こしており、その熱エネルギーの圧力によってみずからの重力を支えている。しかし、進化につれて核燃料を消費しつくしてしまうと、自己の重力を支えきれなくなって収縮しはじめる。その後は、自らの質量の大小によって、二様の経過をたどる。まず、太陽の質量の数倍程度の小さな恒星では、途中で量子力学的な反発力によって収縮が止まる。この場合は、〈白色矮星〉あるいは〈中性子星〉となって残りの一生を終える。いっぽう、もっと質量の大きな恒星では、超大な重力によって星の収縮は加速され、無限に縮小していき、この重力崩壊の果てに「時空の特異点」と呼ばれる、重力が無の原空さへさえや渡るらん氷と見ゆる冬の夜の月」、天空までが冷たく澄み渡っているのだろう、凍って見える冬の夜空の月、と。〈月冴ゆる〉〈寒月〉〈月氷る〉なども同じ。冬の季語。

背高き法師にあひぬ冬の月　梅室

冬の星　ふゆのほし

〈オリオン座〉〈昴（すばる）〉〈シリウス〉など、寒気の張りつめた夜空で冷たい光を放つ星々。〈星冴ゆる〉〈寒星〉〈冬銀河〉などともいい、いずれも冬の季語。

冬の星らんらんたるを怖れけり　富安風生

冬北斗　ふゆほくと

冬の夜空にまたたく〈北斗七星〉。北斗七星はほぼ一年中見られるが、寒気の厳しい冬の夜空でとくに明るくきらめく。「寒北斗」ともいい、冬の季語。

生きてあれ冬の北斗の柄の下に　加藤楸邨

限に超大化した時点が出現する。アインシュタインの「一般相対性理論」によれば、光は重力源の近くを通過するときには、あたかも凸レンズの中を通過するときのように進路を屈折させられるが、とくにこの「時空の特異点」の近くでは屈折効果は極限にまで増大する。すると放射された光や粒子はかならず中心部の特異点に向かって屈折させられ、外部に出ていくことが不可能となる。その結果、「事象の地平面」と呼ばれる球形の境界面に囲まれた空間領域が形成される。この空間領域は、重力崩壊した恒星が残した超重力空間であり、周辺の物質を吸い込む宇宙の穴（hole）であり、そこから外へは光すら放出されない暗黒（black）の領域だという。これがすなわち「ブラックホール」である。ブラックホールの存在は、一九一五年に提出されたアイ

冬三日月　ふゆみかづき

冴えわたった冬の夜空に、氷のかけらのように輝く三日月。〈寒三日月〉ともいう。冬の季語。

　煙突と冬三日月と相寄りし　岸風三楼

ブラッドムーン

〈皆既月食〉のときの血のように赤黒く見える月。満月のときに月と太陽の間に地球が入って一直線に並ぶと、地球の影で月が欠け〈月食〉が起きるが、月が完全に地球の影に覆われると皆既月食となる。皆既月食でも、地球の大気を通って屈折した太陽光をうけて月は見えるが、青い光は散乱され赤い光だけに照らされるので、皆既月食の月は血のような赤黒い色となる。

プラネット　planet

〈惑星〉の英語表記。

プルートー　Pluto

〈冥王星〉の英語名。

> ンシュタインの「一般相対性理論」によって予言されていたが、はじめ天文学者はその存在を信じなかった。しかし、二〇一九年四月十日、日本の国立天文台をはじめとする国際研究チームは、世界六か所の望遠鏡で同時に観測する方法で望遠鏡の解像度を飛躍的に高め、地球から約五五〇〇万光年離れた銀河「M87」にある巨大ブラックホールを、世界で初めて撮影することに成功した。すなわち、ブラックホールの存在を直接的に実証したのである（二〇一九年四月十一日付「朝日新聞」朝刊）。

ブルームーン　blue moon

月の満ち欠けで満月から次の満月までに要する平均時間は、およそ二九・五三日である。ということは、まれにひと月のうちに満月の二回ある場合があるということになる。このとき初めの満月が「ファーストムーン」で、二度目のを「ブルームーン」という。直訳すれば「青い月」だが、実際には青くない。

フルムーン　full moon

満月。新婚夫婦のハネムーンをもじって、一九八一年に国鉄（現ＪＲ）が長年連れ添った夫婦を対象に観光旅行のキャンペーンをはじめたときのＣＭコピー。二人の年齢を合わせると八十八歳以上になることが条件だった。

プレアデス星団　Pleiades

冬の宵、南の空高くにかかる〈牡牛座〉の、肩のあたりに位置する六つの星からなる〈散開星団〉で、日本では古来〈昴（すばる）〉の名で知られる。⇩〈昴〉

プロキオン　Procyon

〈小犬座〉の首星。⇩〈小犬座〉

分点月　ぶんてんげつ

天球上の〈白道〉を移動する月が、春分点を通過してから再び春分点に達するまでの時間。春分点は毎年黄道上を逆行するため、地球を周回する月の公転周期である「恒星月」よりわずかに短くなり、「分点月」は約二七・三二一五八日となる。「回帰月」ともいう。

平家星　へいけぼし

〈オリオン座〉の首星の〈ベテルギウス〉は濃いオレンジ色をしており、日本では平氏の赤旗との連想から「平家星」と呼ばれた。これに対して同じオリオン座のベータ星〈リゲル〉は青白い色をしているところから〈源氏星〉と呼ばれる。⇩〈ベテルギウス〉

ベガ　Vega

〈琴座〉の首星で、七夕の織姫〈織女星〉。⇩〈琴座〉

ペガスス座　Pegasus

中秋の宵、〈白鳥座〉の左下方（東南）に大きな四角形をなす四つの星が目印となる星座で、ギリシア神話の天馬ペガススに見立てられている。天馬の胴体に当たる四つ星は「ペガススの四辺形」ないし「秋の大四辺形」の異名があり、日本では「桝形(ますがた)星」と呼ばれてきた。ギリシア神話で、大神ゼウスとアルゴスの王女ダナエの息子として生まれたペルセウスは、髪の毛の一本一本が蛇でその怖ろしい顔を一目見た者は石に化するという怪物メドゥーサを退治するよう命じられた。ヘルメスから渡された翼のついたサンダルを履いて天を飛び、メドゥーサの洞穴に侵入して女怪が眠っている間に一気に首を斬り落とした。そのときほとばしった血がしみこんだ岩から飛び出したのが、銀の翼をもった天馬ペガススだという。「ペガサス」ともいい、俳句では秋の季語。

ペガサス座雲のたてがみゆるく振る　長崎香代子

ベータ星　べーたせい

星座の中で二番目に明るい星。「β星」とも書き、「次星」ともいう。

ベテルギウス　Betelgeuse

〈オリオン座〉の首星の一等星。「ベテルギウス」は濃いオレンジ色をしていて、日本では平氏の赤旗との連想から〈平家星〉と呼ぶ地方があり、これに対して〈リゲル〉は青白い色をしているところから〈源氏星〉と呼ばれる。⇩〈オリオン座〉〈冬の大三角〉

蛇座と蛇遣い座　へびざとへびつかいざ

夏の宵、南の中天高くに位置する、蛇と蛇遣いの巨人が合体した星座。〈ヘルクレス座〉の下（南）に大小の星がちょうど将棋の駒のような形に並んでいるのが、ギリシア神話で医術の神とされるアスクレピオスの胸の部分で、両手で背後に医術の象徴である大蛇をつかむようにして立っている。つまり蛇座はアスクレピオスの右（西側）に頭部、左（東側）に尾部が分断されて存在するという変則的な形をしている。アスクレピオスはギリシア随一の医術の名手で、多くの死者をよみがえらせた。ところが冥府の神ハデス（プルトン）がこれでは死者がいなくなってしまうと大神ゼウスに苦情をいったので、ゼウスは仕方なくアスクレピオスを亡き者にして天上に引き取り星座にしたのだという。

⦿ヘルクレス座に秘められた愛憎劇

ヘラクレスは、大神ゼウスがミケーネの王女アルクメネの夫に化け王女を犯して生ませた子であるがゆえに、ゼウスの妻ヘラから呪いをかけられさまざまな迫害を受ける。赤子のときには揺りかごの中に毒蛇を送りこまれたり、呪いのゆえに狂気を発して妻を殺し三人の子を火中に投じたりもした。その罪を償うために、十二の過酷な試練を課せられる。ネメアの怪異な獅子退治をはじめ、九つの頭をもつヒュドラという怪蛇退治、好戦的な女王国アマゾンとの戦闘、巨大な火竜が守る金のリンゴを奪取すべしとの命令、そして冥界の頭が三つで尾が怪蛇という恐るべき番犬ケルベロスを地上に連れてくること等々の難業であった。十二の試練を果たし終えたヘラクレスは美しいデイアネイラを妻に迎えて平安に暮らして

ヘルクレス座　Hercules

夏の夕方、北の空の天頂付近で、左（西）に〈冠座〉、右（東）に〈琴座〉をはべらせてその中間に位置する、ギリシア神話の豪勇無双の英雄ヘラクレスになぞらえられた大きな星座。だが暗い星ばかりのうえに、ヘラクレスが逆立ちしているので見つけにくい。目じるしは、四つの三等星と二つの二等星が鼓の形に配置されていることで、これがヘラクレスの胴体をなす。鼓形の右側の描線の上方に有名な「ヘルクレス座大星団（M13）」が見える。

ペルセウス座　Perseus

晩秋から初冬の宵、天頂の〈カシオペア座〉の左（東）に位置するギリシア神話の英雄ペルセウスになぞらえられる星座。右手に剣を振りかぶり左手には切り取った女怪メドゥーサの首を引っ提げている。ペル

いた。が、あるとき妻を連れた旅の途中で河にさしかかったとき、自分は単身河を渡ったものの、妻を渡し守の半人半馬のネッソスに託した。するとデイアネイラの美しさに横恋慕したネッソスは彼女をさらって逃走した。デイアネイラの叫び声を聞いたヘラクレスがネッソスの胸に矢を射こむと、瀕死のネッソスはデイアネイラに将来ヘラクレスがほかの女に心を移しそうになったとき、自分の血が夫の愛を守るおまじないになるから保存しておくといいと言い残して絶命した。デイアネイラはその言葉を聞き流さず、そのとおりにした。ほどなくしてヘラクレスはある戦闘に勝利し、戦利品の中にいたイオレという美しい乙女に心を奪われた。夫が勝利の儀式に着る白い衣裳を送るように言ってきたとき、夫の愛がイオレに移ることを恐れたデイアネイラは、

セウスは大神ゼウスとアルゴスの王女ダナエの息子として生まれたが、外祖父のアクリシオスがあるとき、汝は孫のために死ぬことになるだろうとの神託を受けて驚き、ダナエと息子を箱に入れて海に流した。箱は漁師に拾われ母子は国王のポリュデクテスのもとに引き取られた。ペルセウスが立派に成人すると、国王はペルセウスに国内を荒らしまわっている怪物メドゥーサを退治するよう命じた。メドゥーサはもともとは美しい巻き毛の美少女だったが、高慢にもその美しさをアテナ女神と競ったために髪の一本一本を蛇に変えられ、その顔を一目見た者は石と化する怖ろしい怪物にされてしまった。そのメドゥーサ退治を命じられたペルセウスは、アテナ女神から楯を借り、ヘルメスから翼のついた空を飛べる靴を譲り受けると、メドゥーサの住む洞窟へ

保存していたネッソスの血の中に衣裳を一旦浸してから洗い、それを夫に届けた。洗ってもネッソスの死に際の魔力は残っていて、ヘラクレスが衣装を身につけるや、毒はその体中をかけめぐり、ヘラクレスは苦悶のあまり狂乱した。これを知ったディアネイラは驚きと後悔の中で自らの命を絶った。ヘラクレスは自分の命ももはやこれまでと覚悟すると、オイテ山に火葬台を築きそこに身を横たえた。火を放つように命ずると炎が火葬台を包んだ。天上からこの光景を見おろしていた大神ゼウスは、ヘラクレスを天上に迎え上げようと決め、ヘラクレスの魂を雲に包んで四頭立ての天馬の引く馬車に載せ、天界に迎え上げて星々の間に置いたという。

飛んだ。そして女怪が眠っている間に直接

顔を見ないようにしながら、一気に首を斬り落とした。さらにその後エチオピアに飛んだペルセウスは、海の妖怪鯨への人身御供となっていた王女アンドロメダを救い、王女を娶ってギリシアへ帰還し、のちに天に上げられて星座となった。

片月　へんげつ

欠けた月。〈片割月〉〈弦月〉。

変光星　へんこうせい

文字どおり明るさが変化する星で、月食のように他の星が重なって光が陰る「食変光星」と、星自体が膨張収縮するために明るさが変わる「脈動型変光星」とがある。

望　ぼう

地球をはさんで月と太陽が相対する状態。「もち」ともいい、月は〈満月〉あるいは〈望月〉となる。旧暦の毎月十五日をいう。

箒星　ほうきぼし

夜空に尾を引いて運行する形が箒に似ているところから〈彗星〉の異称。「ははきぼし」ともいう。古代には、多く災害・凶事の前兆とされた。『日本書紀』舒明紀の六年八月の条に「長き星、南方に見ゆ。時の人、箒星（ははきぼし）と曰ふ」と。

豊年星　ほうねんぼし

豊作の前兆とされた流星。

北辰　ほくしん

〈北極星〉あるいは〈北斗七星〉の別称。

北斗　ほくと

〈北斗七星〉を略していう。浄瑠璃「曾根崎心中」に「草も木も空もなごりと見上ぐれば、雲（くも）心無き水のおと、北斗は冴えて影うつる、星の妹背の天の川」、大金横領の濡れ衣をはらすことができず、死ぬほかなくなったお初・徳兵衛の道行きを、今生の名残の景色、流れゆく水の音、夜空の北斗七星や銀河が無情に見守るばかり。

北斗七星　ほくとしちせい

〈大熊座〉の熊の背中から尾の部分を形成する、もっともよく知られている七つ星。把手のついた柄杓（斗）にも見立てられ、北天にほぼ一年中見えるところから「北斗七星」と名づけられた。「北斗」を軍神とするところから〈軍星〉ともいう。北斗七星は、古来、日に一回北極星の周囲を回転するため、柄杓の柄の方角によって時刻を知ることができ、また季節によって同時刻の位置が異なるところから、季節を示す目印となる。このため人間の寿命や禍福を支配する重要な星とされ、北斗神が崇敬され、〈星祭〉が行われた。北斗信仰は日本にも入り、密教で信仰され、宮中でも四方拝が捧げられた。諸国方言集『物類称呼』に「北斗、うごく星なり、東国にて七曜のほしと称す、また、四三の星ともいふ」とある。『和漢朗詠集』巻上に「北斗の星の前に旅雁を横たふ　南楼の月の下に寒衣を擣つ」、北天では北斗七星のまたたく前を雁が渡っている。南に目を転ずると月下の高楼では妻が戦地に赴く夫のために冬衣を打つ砧の音がしている、と（唐・劉元叔「妾薄命」）。

桙星　ほこぼし

〈彗星〉の異名。「戈星」とも書く。『枕草子』一五三に「名おそろしきもの」を列挙した中に「はやち。ふさう雲。ほこぼし。ひぢかさ雨。あらのら」と。

星　ほし

広義にはあらゆる天体を意味するが、一般的には太陽・地球・月を除いた恒星・惑星・彗星・流星など指す。『万葉集』巻二に「北山にたなびく雲の青雲の星離れ行く月を離れて」、北山のあたりにたなびいている青い色をした雲が山から遠ざかっていくように、星が月から離れていく、と。

星合　ほしあい

旧暦七月七日の夜〈牽牛星〉と〈織女星〉が年に一度〈天の川〉を渡って逢うこと。〈星迎え〉〈星の恋〉〈星の契り〉〈星の別れ〉「星合の空」「別れ星」などともいい、いずれも秋の季語。⇩〈七夕〉「織姫星」

　星合の空や海鳥なほ翔くる　佐野まもる

星明り　ほしあかり

闇をかすかに照らす星の光。『平家物語』巻九に「星あかりに鎧の毛もさだかならず。河原太郎大音声を上げて」、源平の一谷(いちのたに)の合戦の生田の森の戦闘で、暗闇の中を先陣切って突入した河原太郎の鎧の毛の色も星明りの下でははっきりとはしなかった、と。秋の季語。

　富士の夜は俄かに凍つる星明り　村山古郷

星石　ほしいし

〈隕石〉のこと。

星占い　ほしうらない

古代のバビロニアなどで始まり、その後世界各地で行われてきた〈占星術〉。星や星座の位置や変化によって国家の吉凶や個人の運命を占う。「星占い」では、ある人が生まれたときに太陽が〈黄道十二星座〉のどこにあったかで、その人の「誕生星座」と「守護星（守護神）」が決まり、性格や将来の運命に影響を与えるとする。だが、科学的根拠はない。

星落つ　ほしおつ

星が地平線の下に沈むこと。土井晩翠が三国志の蜀の孔明と魏の仲達(ちゅうたつ)との対決を題材にした「星落秋風五丈原(ほしおつしゅうふうごじょうげん)」は、「祁山(きざん)悲秋の風更けて　陣雲暗し五丈原」と詠いだす。

両雄は対峙したまま動かず、やがて稀代の軍師 諸葛孔明が重い病を得て死に至るのは周知のとおり。詩はこのあと「丞相 病篤かりき」のリフレインを繰り返して終句となる。

星朧　ほしおぼろ

春のやわらかな夜空の奥で、かすかなまたたきを送ってくる星々。春の季語。⇩〈春の星〉

　全山の音を消したり星朧　有山光子

星影　ほしかげ

またたいている星の光。

星屑　ほしくず

空一面にちりばめたようなたくさんの小さな星々。

星屎　ほしくそ

星の落としもの、すなわち隕石のこと。

星冴ゆる　ほしさゆる

寒気厳しい冬の夜空に、星が冴えかえった光を放つさま。冬の季語。

　星冴ゆる枚を銜んで六百騎　寺田寅彦

（「枚を銜む」とは夜襲などのとき馬が声を立てぬように噛ませた口木）

星涼し　ほしすずし

地上の暑熱をよそに涼し気にまたたく夏の星。夏の季語。

　蓼科の夜はしんしんと星涼し　鳥羽とほる

星月夜　ほしづきよ

澄みわたった夜の満天に星がまたたき、月夜を思わせるほど明るい晩をいう。「ほしづくよ」とも。また和歌・謡曲などで「鎌倉山」を呼び出す序詞として用いられた。平安時代後期の『永久百首』雑に「**われひとり鎌倉山を越えゆけば星月夜こそうれしかりけれ**」、ひとりで鎌倉山を越えたときは心細かったが、満天の星が夜道を月夜のように照らしてくれてうれしかった、と。謡曲「調伏曾我」に「明くるを待つや　星月夜　鎌倉山を　朝立ちて　まだ有明の影残る　雲こそ匂へ　朝日影」と。秋の季語。

星月夜さびしきものに風の音　楓橋

星の明るさ　ほしのあかるさ

星の明るさは「等級」であらわす。地球から見た見かけ上の明るさを示す〈実視等級〉と、均しく三二・六光年離れた地点から見たときの星本来の明るさを示す〈絶対等級〉とがある。等級が低いほど明るい。古代では晴れた夜に肉眼で見えるもっとも明るい星を〈一等星〉、肉眼でかろうじて見えるいちばん暗い星を「六等星」として六段階に分類してきた。しかし現在では五等級の明るさを基準にして、一等級変化するごとに二・五一二倍明暗が上下するように定義されている。

星の秋　ほしのあき

旧暦七月七日の〈七夕〉の候。秋の季語。

七株の萩の千本や星の秋　芭蕉

星の雨　ほしのあめ

〈流星〉が、多いときには一時間に数十万個も雨のように降りそそいでくるもの。⇩〈流星〉

星の入東風　ほしのいりごち

旧暦十月中旬の明け方、昴星が西に没するときに吹く北東の風。畿内・中国地方で船乗りや漁業者の間で使われた船詞。江戸時代中期の辞書である『物類称呼』に、「夜明けに、この時分は天候が変わりやすく「この星、西に入る時この風吹く」と（『日本大歳時記』）。「星の出入り」ともいう。英文学者で星の民俗研究者としても知られた野尻抱影は、江戸期の国語辞典『俚言集覧』より「十月の風を星の入ゴチと云（いう）」と引用した上で、「この星はスバルをいふ。九月の節より正月の節にはスバル星の出入にヒヨリ変り易し」と記している（『星の民俗学』）。冬の季語。

スバル出て星の入東風吹きどよむ　奥田杏牛

星の色　ほしのいろ

〈蠍（さそり）座〉の〈アンタレス〉のように赤い星、〈大犬座〉の〈シリウス〉のように白い星、〈オリオン座〉の〈リゲル〉のように青白い星など、星の色はさまざまだ。星の色は星の表面の温度によって決まる。青白い星は温度が高く、白→黄色→オレンジ色→赤となるにしたがって、温度が低くなる。

星の動き　ほしのうごき

地球が西から東へ一日で一回自転しているので、星は一日二四時間で北極星の周りを一周、すなわち三六〇度回転する。つまり一時間で一五度、東から西へ動いていく。これを「星の日周運動」という。また、地球が太陽の周りを一年で一回公転しているので、星座も一年で三六〇度、つまり一か月に三〇度ずつ東から西へ移動していき、四季折々の星座の配置を変えてゆく。これを「星の年周運動」という。

星の逢瀬　ほしのおうせ

〈七夕〉の夜に〈彦星〉と織姫星が出会うこと。

星の屎　ほしのくそ

星が残していったもの、すなわち隕石。〈流星〉。

星の国　ほしのくに

星がある場所、すなわち空。

星の恋　ほしのこい

〈七夕〉の夜、年に一度の逢瀬をかわす「織姫星」と〈彦星〉の恋。秋の季語。⇩

〈星合〉　コラム「◉織姫星」

うち曇る空のいづこに星の恋　杉田久女

星の砂　ほしのすな

熱帯・亜熱帯や日本の西南諸島の海・海岸で見られる、粒子が星形をした砂。岩石が風化した普通の砂ではなく、原生生物の有孔虫の殻が堆積した砂だという。

星の契り　ほしのちぎり

〈星の恋〉と同じ。織姫星と〈彦星〉。秋の季語。⇩〈星合〉

❖月と星のことわざ・慣用句：星を戴いて出で、星を戴いて帰る

「星を戴く」とは、まだ空に星が残っている早暁に家を出て働くこと。「星を被く」ともいう。そして星がまたたきはじめた夜にも家を出て働いていること。一日中休みなく働く勤勉さ、多忙さを表わす語。

星の妻　ほしのつま

織姫星のこと。

星の橋　ほしのはし

旧暦七月七日の〈七夕〉の晩、織姫星が「天の川」を渡って〈彦星〉のところに行けるよう、たくさんの鵲が羽を伸ばして天の川にかけてやるという橋のこと。「鵲の橋」ともいい、秋の季語。

鵲の橋や銀河のよこ曇り　来山

星の舟　ほしのふね

〈七夕〉の晩に織姫星を乗せて「天の川」を渡る舟。

星の宿り　ほしのやどり

〈星宿〉。星座。『新千載集』巻四に「天の原ふりさけみれば**七夕の星のやどりに霧立ちわたる**」、七夕の今宵、天を仰ぎ見ると、せっかく牽牛と織女が出合っているあたりに霧が立ちこめている、と。

星の嫁入り　ほしのよめいり
〈流れ星〉のことをいう方言。

星の別れ　ほしのわかれ
旧暦七月七日の夜が明けて、織姫星と〈彦星〉が別れてゆくこと。⇩〈星合〉
暁のしづかに星の別れかな　正岡子規

❖**月と星のことわざ・慣用句：星を数うるごとし**
星は無数にあるので、「星の数ほど」といえば、たくさんあることのたとえであり、「星を数うるごとし」といえば、いつまでたってもきりがないこと。決着がつかないこと。

星原　ほしはら
星がたくさん集まっているところ。鎌倉時代後期の歌集『夫木抄』巻八に「**いまぞ知る雲の林の星原や空に乱るる蛍なりけり**」、いまわかったよ、雲がむらがっているあたりに星々がきらめいているのは、じつは蛍が乱れ飛んでいるのだ、と。

星祭　ほしまつり
①日に一回北極星の周囲を回転する〈北斗七星〉は、季節や時刻を知る目印となる。そのため、人間の寿命や禍福を支配する重要な星とされて崇敬され、北斗神を祀る「星祭」が行われた。②日本古来の機織りの神女〈棚機つ女(たなばたつめ)〉の慣習と中国伝来の手芸上達を願う「乞巧奠(きこうでん)」の習俗が習合した七夕伝説により、旧暦七月七日に「七夕竹」を立てて「織姫星」と〈彦星〉に願いをこめる祭。秋の季語。⇩〈七夕〉
天上の恋をうらやみ星祭　高橋淡路女

星回り　ほしまわり
人の運命は生まれ年の星のめぐり合せで決

まるとの考えから、運命のこと。

星迎え　ほしむかえ

旧暦七月七日の〈七夕〉の晩に、年に一度「織姫星」と〈彦星〉が出会うこと。秋の季語。⇩〈星合〉

ふんどしに笛つゝさして星迎　一茶

穂垂れ星　ほたれぼし

稲穂が垂れたような形に尾を引く〈流れ星〉、ないし〈彗星〉。豊作の前兆という。

北極星　ほっきょくせい

天球の北極近くに輝いている星。二〇〇〇年前ごろから現在までは〈小熊座〉の柄杓の柄の先のアルファ（二等星）が「北極星」だが、それより以前は〈竜座〉のツバーンが北極星だった。北極星は、地球の自転に応じた星の日周運動でもほとんど位置を変えず、自転軸の北極に輝きつづけるので、古くから船乗りや旅人に方位を測る基準とされてきた。〈北辰〉ともいい、わが国では〈子の星〉「北の一つ星」とも呼ばれた。英語では「ポラリス Polaris」。しかし小熊座のアルファは徐々に太陽系に接近しつつあり、また地球の自転軸も微細に動いていて実は天の北極とはわずかな誤差（歳差）を生じている。したがって一〇〇〇年後には小熊座のアルファは北極星としての有効性を失い、六〇〇〇年後にはケフェウス座の星が、そして一万二〇〇〇年後には〈琴座〉の〈ベガ〉（〈織女星〉）が次の北極星になるだろうという。現在の北極星は、地球からおよそ一〇〇〇光年のところにあるから、わたしたちがいま見ている光は、一〇〇〇年前、およそ平安時代後期に発せられた光である。

奔星　ほんせい

夜空を光って飛ぶ〈流星〉のこと。

盆の月　ぼんのつき
①旧暦七月十五日の盂蘭盆会（うらぼんえ）の夜の月。秋になって初めての満月で、死後の世界で苦しんでいる先祖の霊を慰める哀感のこもった月である。秋の季語。
盆の月父亡く母に遠く住む　筒本れい子
②お盆のように真丸の月。文部省唱歌に「出た出た月が　まるいまるいまんまるい盆のような月が」。

ま　行

マーキュリー　Mercury
〈水星〉の英語名。

マゼラン銀河　マゼランぎんが
〈南十字星〉とともに南半球の空を代表する天体で、十六世紀にマゼランが初めて世界一周したときの航海中に発見されたことから名づけられたという。肉眼では淡い雲のように見えるところから「マゼラン雲（星雲）」ともいい、わたしたちの〈銀河系〉から一七万光年という近いところにある銀河。「大マゼラン銀河」と「小マゼラン銀河」があり、多くの星雲や星団を含んでいる。

待宵　まつよい

十五夜を翌日に控えた旧暦八月十四日の夜のこと。またその晩の月。「待宵の月」ともいう。月もすでに満月に近く、十分賞でるに足りる美しさだが、なお明日に期待する心を「待宵」という言葉にこめた、と水原秋櫻子は言う。「待宵」とは「どこか欠けたところ、満ち足りない思いを含んだ美しさで、陰影を好む日本人の気持にぴったりする言葉である」（『俳句歳時記』）と。〈小望月〉ともいう。秋の季語。

待宵のこほろぎありく畳かな　中西泗汀

窓の月　まどのつき

窓から見上げる月。窓辺に射しこむ〈月明り〉。鴨長明の『方丈記』に「若し夜しづかなれば、**窓の月**に故人をしのび、猿の声に袖をうるほす」、山の庵暮らしのつれづれに、静かな夜には、古詩にあるとおり、

⦿月の大原御幸

建礼門院は、平家の棟梁平清盛の娘として生まれ、高倉天皇の皇后となり安徳天皇の生母となった。平家が壇ノ浦の戦いに敗れたとき、安徳帝とともに海中に身を投じたが、源氏の武者に救い上げられたのちは、齢二十九歳で黒髪をおろし洛北大原寂光院に隠棲していた。後白河法皇は、人づてに建礼門院の逼迫した暮らしを聞いて案じていたが、四月末のある日、人目を忍ぶようにして大原に足を運んだ。

法皇が目にした建礼門院の住まいぶりについて『平家物語』灌頂巻大原御幸の条には、「**甍やぶれては霧不断の香をたき、枢落ちては月常住の灯をかかぐ**」、屋根瓦が割れたあばら家にはいつも霧が流れ込んでさながら香煙を焚いているよう、扉が朽ちた部屋には夜通し月光が射しこんで常夜

窓に射す月の光に昔の友のことを偲び、森から聞こえる猿の愁いを帯びた鳴き声に涙を催す、と。

豆名月　まめめいげつ

旧暦九月十三夜の月。〈後の月〉。時節の風味として枝豆を供えるところからいう。〈栗名月〉も同じ。当初は詩歌管弦を主とした「観月の宴」であったものが、枝豆や里芋・栗などを月に供える宗教性をともなう月見に移行したのは、中世以降だとされる。室町幕府の式例を記した『年中恒例記』に「**八月十五日　明月の御祝内儀に参る也。茄子きこしめさるゝ。枝大豆、柿、栗、瓜、茄、美女之を調へ進む**」、八月十五夜の名月のお祝いを奥向きに差し上げた。茄子を召し上がった。美しい女性が、枝豆・柿・栗・瓜・茄子をそろえてお出しした、と記されていることが明治期の百科史料事典の『古事類苑』に載っている。秋の季語。

詩歌にも品玉有て豆名月　乙由

（「品玉」は手品、曲芸）

眉月　まゆづき

〈三日月〉の別称。女性の眉の形に見立てていう。二日月から旧暦四日ごろまでの細

灯を灯しているようだ、と描かれている。一度は国母と仰がれた身でありながら、草深い庵に住み、荒れた柴の網戸に床は粗末な竹の簀子、昼は麻の衣を着て、寝るときは紙子の夜具というみすぼらしい暮らしぶりを知った法皇は胸ふたがる思いで、「**古は月にたとへし君なれど光失ふみやまべの里**」とつぶやくように口ずさむしかなかった。感銘深い挿話の多い『平家物語』の中でもひときわ哀れ深い場面である。

い月。〈月の眉〉「眉書月（まゆがきづき）」〈眉月（びげつ）〉ともいう。秋の季語。

迷い星　まよいぼし

〈惑星〉のことをいう。

真夜中の月　まよなかのつき

夜中に昇ってくる月。旧暦八月十九日の夜の〈寝待月（ねまちづき）〉も二十日の〈更待月（ふけまちづき）〉も過ぎて、真夜中（子の刻ごろ）に出る二十三夜の月。〈二十三夜月〉ともいう。秋の季語。

　桑畑に霧ふる二十三夜月　田口土之子

マルス　Mars

〈火星〉の欧語名。

満月　まんげつ

いささかも欠けるところなく、真ん丸に輝く月。地球から見て月が太陽と反対方向に来たときに実現する。月齢は一四・八である。〈望月（もちづき）〉。秋の季語。

三日月　みかづき

旧暦で毎月三日の夜の月。月齢三日の月一般をいうが、月齢にこだわらず「二日月」から「四日月」ごろまでの細い月のこともいう。〈眉月（まゆづき）〉とも。『万葉集』巻六に「**振り仰（さ）けて三日月見れば一目見し人の眉引（まよび）き思ほゆるかも**」と。俳人野澤節子は「春分ごろの三日月がほとんど水平になりちょうど釣り舟の形に見えるのに対して、秋分ごろのものは直立になる」と言っている（『日本大歳時記』）。

旅の途中の芭蕉がとある村里に差しかかったとき、日没と入れ替わりに満月が明るく昇ってきた。その村は粋人の多い土地柄らしく、宿所の一部屋では俳句の会が催されていた。「お客人、これもご縁ですからあなたも一句お詠みなさい」と勧められ、やむなく芭蕉が「三日月の…」と口ずさむと、一同顔を見合わせ「名月の晩に《三日月の》とは…」と笑い声が起きた。が、芭蕉はかまわず「…頃より待ちし今宵かな」と下句まで詠み切ると、人びとは驚きの目を見張り、即座に新来の客人を上座に招き勧めたという。〈若月〉と書いて「みかづき」とも読む。秋の季語。

三日月にかならず近き星一つ　素堂

❖月と星のことわざ・慣用句：晦日（みそか）の月
旧暦では月末三十日の空には月は見えなかった。見えるはずのない月。ありえないことのたとえ。

水瓶座　みずがめざ

秋の宵、南の空で〈山羊座〉のすぐ左（東）に見える十数個ほどの星からなる星座で、古来の〈黄道十二星座〉の十一番目。ギリシア神話では、トロイアの美少年のガニュメデスが肩に水瓶をかついだ姿になぞらえられている。ガニュメデスは、大神ゼウスが天上の酒宴のときに酌をさせるために、大きな黒鷲に変身してトロイアからさらってきた美少年。水瓶座の傾けた水瓶から流れ落ちる酒は、下にある〈南の魚座〉の魚の口の中に流れこんでいる。

水の月　みずのつき

池や湖などの水面に映る月影。〈水月（すいげつ）〉。転じて、目には見えても手に取ることができないもののたとえとして「陽炎（かげろう）稲妻水の月」という。⇩「❖月と星のことわざ・慣用句：陽炎稲妻水の月」

水の月取る猿　みずのつきとるさる

⇩「❖月と星のことわざ・慣用句：猿猴（えんこう）が月を取る」

満ち欠け　みちかけ

月が朔（さく）から望（ぼう）へ円くなり、また望から晦（かい）へと欠けていくこと。

三つ星　みつぼし

〈オリオン座〉の真ん中に並ぶ三つの星。日本では農耕具の唐鋤（からすき）に見立てて「唐鋤星」ともいった。

南十字座　みなみじゅうじざ

北半球の〈北斗七星〉に匹敵する南半球の空の象徴だが、日本では沖縄県の南の端まで行ってようやく十字の頭が見えるだけで、目にする機会は少ない。が、知名度は高く、一般には「南十字星」ないし「サザンクロス Southern Cross」と呼ばれている。南十字座の縦棒をそのまま下方へ四倍半延長すると天の南極に達する。そのため北半球の〈北極星〉に相当する「南極星」のない南の空では、昔から南十字座が航海者にとって正南を知る〈指極星〉として重要な存在であった。南十字座には有名な神話や伝説などはない。

南の魚座　みなみのうおざ

中秋の夕方、南の空低く地平線の上の〈水瓶座〉の下に位置する魚の形に見立てられる平べったい星座。魚の口に当たるところに一等星〈フォーマルハウト〉が輝き、古来航海者たちから親しまれた。水瓶座のトロイアの美少年のガニュメデスがかついでいる水瓶から流れ落ちる酒は、魚座の魚の口の中に流れこんでいる。この魚は、ギリシア神話で愛の女神アフロディテが変身した姿だとされる。アフロディテは、ナイルの岸辺で神々と遊んでいたとき、ゼウスに滅ぼされた巨神族のガイアがゼウスに復讐するために冥界の支配者タルタロスと交わって産んだ妖怪ティフォンに襲われた。そのとき、アフロディテは、魚に変身して川の中に逃れたのだという。

峰の月　みねのつき
振り仰ぐ山の峰にかかっている月。
　声かれて猿の歯白し峰の月　其角

ムーンウォーク　moonwalk
直訳すれば月面歩行。前進する足の動きで滑るように後退する奇妙にも魅力的な歩き方。アメリカの歌手マイケル・ジャクソンが舞台で取り入れて観衆を魅了した。

ムーンストーン　moonstone
⇩〈月長石〉

ムーンライト　moonlight
月光。「ムーンライト・ソナタ」はベートーベンの〈月光〉の曲。

麦星　むぎぼし
古来の日本で、麦を刈り入れる麦秋（初夏）の夜空に明るく輝く〈牛飼座〉の首星〈アークトゥルス〉を「麦星」とか「麦熟れ星」などと呼んだ。夏の季語。

⦿星の王子さま
フランスの作家で飛行士でもあったアントワーヌ・ド・サン＝テグジュペリにより、一九四三年春に刊行された詩情あふれるファンタジーで、原題は『Le Petit Prince』（英語版は『The Little Prince』）。作者と同じように任務の途中で飛行機の故障により砂漠に不時着した主人公の「僕」は、飛行機が飛びはじめて間もないころの郵便飛行機のパイロット。整備士が乗っていないため修理は自分でするほかない。飲み水は一週間分しかない。生きるか死ぬかの危機の中で眠りにおちた明け方、突然、「おねがい……ヒツジの絵を描いて！」という声がして跳び起きた。見るとそこには、とても不思議な雰囲気の小さな男の子がいた。美しい金髪で草色のマントにブーツをはいた《小さな王子さま》だった。

無月　むげつ

月が雲に隠れて見えないこと。とくに、待ち望んでいた十五夜の空が曇って月が見えないこと。しかし空がほの明るく感じられるところに、見えない名月を心に描いてそれをかえって愛でる風流をいう。『山家集』秋に「**くもれる十五夜を**」と詞書して「**月見れば影なく雲につゝまれて今宵ならずば闇に見えまし**」、十五夜を見ようと空を見上げるとすっかり雲に包まれていて、もし今宵が十五夜でなければ真っ暗闇のところだろう、と。〈中秋無月〉ともいう。秋の季語。

　湖のどこか明るき無月かな　倉田紘文

婿星　むこぼし

〈七夕〉の〈彦星〉のこと。

六連星　むつらぼし

〈牡牛座〉の六連星〈プレアデス星団〉す

きみも空から落ちてきたんだね？　と王子さまが聞いたので、彼もよその星からきたのだと思われた。王子さまの星はとても小さく、一軒の家よりほんの少し大きい程度らしかった。こうして僕と王子さまの不思議な暮らしがはじまった。三日目に王子さまから、バオバブの木との闘いの話を聞いた。芽を出したバオバブをほっておくと、あっという間に大きくなって星全体をおおい根が星を貫通して破裂させてしまうから、見つけたらすぐに抜かなくてはならないという。五日目には王子さまの秘密を知った。王子さまの星ではもともと花びらが一重のあっさりした花が咲いていた。ところがある日、どこからともなく運ばれてきた種が芽を出した。王子さまは警戒して見張った。するとある日の出の時刻に、ふっくらしたつぼみが開き、まばゆいばかりのドレスを

なわち〈昴〉の異称。

胸の月　むねのつき

心に曇りがなく澄んでいること。悟りを開いた清い心。〈心の月〉。

冥王星　めいおうせい

一九三〇年にアメリカの天文学者トンボーによって発見され、九番目の太陽系惑星とされた。しかし、その後の研究で地球の五百分の一の質量しかない小さな天体群であることがわかった。その結果、誕生時に太陽からあまりに遠いため惑星に成長しきれなかった太陽系外縁天体であるとされ、二〇〇六年の国際天文学連合の総会で「準惑星」に格下げされた。英名は〈プルートー Pluto〉。

名月　めいげつ

①旧暦八月十五夜の満月。〈中秋の名月〉。中国から中秋節や月見の宴の習俗が到来す

まとった美しい花が姿を現した。「なんてきれいなんだ！」と王子さまが感嘆して言うと、「そうでしょう？　お日さまと一緒に生まれたんですもの」と誇らかに答えた。ところがその花は、気むずかしくわがままで、やがて王子さまを困らせるようになった。花なのに風が嫌いだとか、夕方になると寒いのでガラスでおおってほしいと言い、わざと咳をするような厄介な性格をしていた。ついに王子さまは、愛してはいても花を信じることができなくなり、逃げださざるを得なくなった。さようなら、と王子さまが言うと、花は黙っていた。もう一度さようならと言うと「わたし、ばかだった。ごめんなさい。…そうよ、わたし、あなたを愛してる。知らなかったでしょう。…幸せになってね」。王子さまは驚いてその場に立ちつくした。すると花は「いつまでも

る以前から、日本古来の農耕行事にもとづく初穂祭が行われ、里芋や豆・栗・すすきの穂などを供えて祭った。〈芋名月〉ともいう。「明月」は明るく澄みわたった月の意であるが、江戸時代中期の俳人森川許六（きょりく）は「**名月は八月十五日一夜也。明月は四季に通ず**」と名月と明月とを区別している（『日本大歳時記』）。
②旧暦九月十三夜の月、いわゆる〈後（のち）の月〉のこと。〈栗名月〉〈豆名月〉ともいう。
①②ともに、秋の季語。

名月をとってくれろと泣く子かな　一茶

明月　めいげつ

晴れた夜の、曇りなく澄みわたった月。平安後期の公卿藤原宗輔（ふじわらのむねすけ）は、笛の名手として知られていた。ある夜内裏（だいり）を退出して牛車で家路をたどる道すがら、あまりに月が美しいので笛を取り出し舞楽「蘭陵王（らんりょうおう）」の乱

ぐずぐずしないで。行くって決めたのなら、もう行って！」と言った。それは、泣くのを王子さまに見られたくなかったからなのだ。本当にプライドの高い花だった。

そのあと王子さまは星々を巡り歩いた。威厳のある王様や大物気どりの男、酒びたりの男のいる星があった。五番目のどこよりいちばん小さな星には、ガス灯が一本と、そこに火をともす点灯人が一人いた。点灯人は朝になるとガス灯を消し、夜になるとともすのが仕事だった。ところがこの小さな星は年々自転のスピードが速くなり、今では一分間に一回自転するから、点灯人は一分ごとに火をともしたり消したりしなくてはならなかった。六番目の星の地理学者から「地球を訪ねなさい」と勧められた。そして王子さまは地球にやってきたのだ。地球でさまざまなことを見聞したあと、王

序のくだりを吹きはじめた。陵王が激しく舞うクライマックスの場面である。そうするうちに近衛万里小路（までのこうじ）にさしかかったとき、ふと気づくと、陵王の舞装束をつけた得体の知れぬ小さな男が現れ、牛車の前で一心不乱に舞っているではないか。何者かと怪しんだ宗輔は、牛車の牛を外し榻（しじ）（腰掛）のところに腰を落ちつけて最後まで曲を吹きとおした。やがて終曲となると、一心に舞っていた陵王はいきなり近くの小さな社に飛びこんで姿を消した。さてはこのように天地の澄みわたった明月の夜には、鬼神さえ笛の音に誘われて踊り出すものかと知れたのだった。秋の季語。

明月に露のながれる瓦かな　士朗

明月草　めいげつそう

ふつうは白い花をつけるタデ科の多年草〈いたどり〉の変種で、夏から秋に紅色の

子さまに分かったことがあった。それは地球の人たちはさがしているものを見つけられない、ということだった。「いちばんたいせつなことは、目では見えない。心でさがさなくちゃ」と王子さまは言った。

飛行機の故障が直った日、王子さまは「よかった。これできみは、家に帰れるね」と言い、自分も、地球に落ちてから一年目の今日、家に帰るんだ、と言った。その夜、王子さまはひっそりと出て行った。僕があとを追うと、王子さまは黙って泣いていた。そして「あとはひとりで行かせて」と言うと、王子さまの足首のあたりにぴかっと黄色い光が走った……。

『星の王子さま』は小さな子どもに向けた童話の形をしているが、男女の愛や人が生きていくことについての豊かな示唆に富む、むしろ大人のためのファンタジーなのだ。

美しい花を群がり咲かせる「オノエイタドリ」の別称。

夫婦星　めおとぼし
〈七夕〉の〈織姫星〉と〈彦星〉。〈二星（にせい）〉ともいう。

愛逢月　めであいづき
愛し合う〈牽牛星〉と〈織女星〉が年に一度逢瀬をもつ月。旧暦七月の異称。

女星　めぼし
「織姫星」のこと。〈牽牛星〉は〈男星〉。

木星　もくせい
太陽の周りをめぐる五番目の惑星で、八つの惑星の中で最大。地球や火星のように岩石でできているのではなく水素やヘリウムなどのガスの集合体で、上層をおおうメタン・アンモニアなどの雲が自転によって流されるために、何本もの縞模様が観測される。イオ、エウロパなどと名づけられた多くの衛星をもつ。英名は〈ジュピターJupiter〉。

望　もち
「望」は満ちる意で、満月のこと。旧暦の毎月十五日の月で「望の月」ともいい、十五日を「望の日」という。『万葉集』巻三に「**富士の嶺に降り置く雪は六月（みなつき）の十五日（もち）に消（け）ぬればその夜降りけり**」、富士山の積雪は旧暦六月十五日（現行暦の七〜八月）にようやく消えたかと思うと、その晩早くも初雪が降った、と。

望下り　もちくだり
「望＝満月」を過ぎて、右方からだんだん欠けていく月。〈下（くだ）り月〉ともいう。秋の季語。

望月　もちづき
満月に同じ。旧暦十五日の夜の満月、とくに八月十五夜の名月をいう。平安時代中期の大貴族藤原道長の有名な和歌に「この世をば我が世とぞおもふ望月のかけたる事もなしとおもへば」。道長は四人の娘を皇后あるいは皇太子妃とし、長女彰子の産んだ二人の孫を天皇として即位させた。自らは御堂関白と称され、人臣として栄華の頂点を極めた。「望月」といえば西行法師の歌に「ねがはくは花のしたにて春死なむそのきさらぎの望月の頃」。秋の季語。

望月を湖の大盃浮かべたり　松村富子

最中の月　もなかのつき

数ある月の中でも、とりわけて〈十五夜〉の満月を指す。

や行

山羊座　やぎざ

中秋の宵、〈水瓶座〉の右下（西南）に位置する十個ほどの星が逆三角形をなして並んでいる星座。古来の〈黄道十二星座〉の十番目。ギリシア神話の、顔と体が山羊で下半身が魚の尾をした牧神パンになぞらえられている。パンはもともとは森や野原や羊飼いたちの神で、山羊の角と耳をもち、足には蹄があった。仲間の遊び好きの半人半獣のサテュロス神と歌ったり踊ったり、妖精たちを追いかけたりしながら陽気に暮らしていたが、あるときゼウスの祖母ガイアが冥界の権化タルタロスと交わって産んだ大怪物ティフォンに追われてナイル川に飛びこんだところ、水に浸った部分だけが魚の尾に変わってしまったという。あるいは魚に変身してナイルに飛び込んだが、あわてていたため上半身は変身が間に合わず山羊のままだったともいう。

夜月　やげつ

夜空を照らす月の光。中国・盛唐の詩人杜甫の「詠懐古跡五首」其の三に「**環佩空しく帰る夜月の魂。千載琵琶胡語を作し、分明なり怨恨曲中に論ず**」と。「環佩」は中国・前漢王宮の悲劇の美女王昭君が腰に帯びていた珠。夜の月にその珠をきらめかせて清らかな音を立てながら、王昭君の魂だけが寂しく故郷に帰ってきた、と。王昭君は元帝の宮廷随一の美女だったが、王宮の似顔絵師に賄賂を贈らなかったために醜い顔に描かれ、皇帝の目にとまらなかった。国境を脅かす匈奴の王呼韓邪単于が妻にするため漢の宮女を求めてきたとき、醜い王昭君に白羽の矢が立った。はるかな砂漠の果てに旅立つ朝、初めて王昭君を目にした元帝は、そのあまりの美しさに驚愕したが、時すでに遅く、王昭君は異民族の王へと嫁いで行った。元帝は賄賂で似顔絵を手加減していた絵師を斬首したが、千年を経た今なお琵琶の調べは王昭君が匈奴の言葉で綴った恨みを奏でつづけているのは明らかではないか、と杜甫は詠じている。

矢座　やざ

晩夏の宵、〈鷲座〉と〈白鳥座〉にはさまれた「天の川」の中にアルファベットの「Y」をひっくり返したような「矢」の形にかかる小さな星座。この矢は、ギリシア神話で、愛の神エロス（キューピッド）が放つ矢だとも、大神ゼウスが巨神族と戦ったときの矢だともいわれる。

闇　やみ

空に月のない暗い夜。「闇夜」。とくに旧暦二十日以後の遅くまで月のない夜のこと。晦(つごもり)の夜。『古今集』巻一に「**春の夜の闇はあやなし梅の花色こそ見えね香やは隠る**る」、春の夜は、筋の通らないことをする。闇で梅の花の色を見えなくしてしまっても、匂いは隠しようがないではないか、と。

遊星　ゆうせい

〈惑星〉の別名。

夕星　ゆうずつ

日の暮れた夕方の空に明るく輝きだす〈金星〉をいう。〈宵の明星〉。

桑ときて夕星匂ふばかりなり　古賀まり子

(「桑解く」は雪折れを防ぐため秋に束ねておいた桑の枝を春にほどくこと)

夕月　ゆうづき

夕空にかかっている月。夕方、西の空に傾いている月。二日月から三日、四日ごろまでの月で、間もなく沈む。満月やその前後の月も、夕方東の空に昇ってくる点は同じだが、〈夕月〉の風情とはやや異なるようだ。秋の季語。

夕月や箱根に関所今は無く　高田風人子

夕月夜　ゆうづきよ

①まだ暮れきらない宵の間だけ月があること。「ゆうづくよ」ともいう。とくに〈中秋の名月〉の前の二日月から七、八日の上弦の月の出ている夕暮をいう。『万葉集』巻十に「**春霞たなびく今日の夕月夜清く照るらむ高松の野に**」、春霞の棚引く空にかかっている今宵の夕月は、清らかに照っているだろう、高松の野の上に、と。飯田龍太は、古風に「ゆうづくよ」と読んだ場合にひときわ語感がやさしくなると言ってい

る（『日本大歳時記』）。「宵月夜」ともいう。秋の季語。

満ちてゆく夜々はじまりぬ夕月夜　稲畑汀子

②夕月がかかっている日暮れ。与謝野晶子に「**なにとなく君に待たるる心地して出でし花野の夕月夜かな**」。⇩〈朝月夜〉

雪解星　ゆきげぼし

北国で春の雪解けがはじまるころ、凍てのゆるんだ空に潤んだようにまたたく星々。

雪解星明日はひとりの転任地　古山みく女

雪月夜　ゆきづきよ

昼間降っていた雪が上がり、夜には晴れて月の出た光景。雪景色を月が照らしている晩。

弓張月　ゆみはりづき

弓の弦を張ったような形の半月。〈上弦の月〉〈下弦の月〉。『平家物語』巻四に、平安後期近衛院のころ、弓矢の名手の源三位頼政が宮中に害をなす物の怪を射落とすと、正体は頭は猿、体は狸、尾は蛇、手足は虎の姿をした異様な声で鳴く鵺のような怪鳥であった。近衛院から頼政に褒美の獅子王の剣が下げ渡されたとき、上弦の月が細やかにさし出でて時鳥が一声名乗りを上げて飛び過ぎた。その声を聞いた左大臣が「**ほととぎす名をも雲井にあぐるかな**」と上句を詠むと、歌人としても名高かった頼政は、「**弓はり月のいるにまかせて**」と下句を付け、面目を施したという。秋の季語。

弓張月火の見櫓に掛りをり　阿部悦子

宵月　よいづき

夕暮どきに空に浮かんでいる月。新月のあと旧暦の十日ごろまでの〈上弦の月〉。平安時代後期の歌人藤原為忠の『為忠集』に「**夏なれど影こそ涼し宵月の夕立過ぐるあとの庭かな**」、夏ではあるけれど、夕暮れの月が涼やかに射している夕立の過ぎたあとの庭はえもいわれず心地よい、と。「宵月夜」〈夕月夜〉ともいう。秋の季語。

ひとり居ればひとり嬉しや宵月夜　士朗

宵の明星　よいのみょうじょう

夕暮れの西空にひときわ明るく輝きだす〈金星〉をいう。

宵闇　よいやみ

〈中秋の名月〉のあと、旧暦八月二十日過ぎの、月が昇るまでの暗がりをいう。普通にいう「宵闇」は、単なる夕方以降の闇のことだが、季題としての「宵闇」とは、何日か前の中秋の名月の名残を宿しながら秋の深まりを実感させる暗さという含みがある。とはいえ、しばらくすればまた月が昇って明るい秋の夜が出現する前の一時の趣のある闇である。秋の季語。

宵闇や草に灯を置く四つ手守　水原秋櫻子

（「四つ手守」は四つ手網を水に沈めて漁をする人か）

妖星　ようせい

災害・凶事が起こる前触れとして現れる不吉な〈流星〉〈彗星〉など。

妖霊星　ようれいぼし

不吉な事件の起きる前に出現するといわれる妖しい星。『太平記』第五巻に「天下まさに乱れんとする時に、妖霊星と云ふ悪星下って、災ひをなすと云へり」と。

婚星　よばいぼし

〈流星〉の別称だとされる。「夜這星」とも書く。『枕草子』二五四に「星は　すばる。ひこぼし。ゆふづつ。よばひ星、すこしをかし。尾だにならましかば、まいて」、星で趣があるのは、昴、彦星、宵の明星。流れ星は、すこし興味がわくが、尾がなければもっと魅力的なのに、と。

夜半の月　よわのつき

夜更けの空にかかっている月。平安中期の三条天皇に「心にもあらでうき世にながらへばこひしかるべき夜半の月かな」、望んでもいないのに生きながらえているこの身だけれど、夜半の空に照る月はもう一度見たいと切に思う、と。三条天皇は眼病のために視力を失った。医師から眼の治療のために大寒・小寒の日に水を浴びるよう勧められたので、氷を割って汲んだ水を浴びると、体は震えあがり顔色が真っ青に変わった。また可愛がっていた一品宮禎子内親王が参内してくると、その頭をなでながら「このうつくしい御ぐし（髪）を見ぬ口惜しさよ」と言って涙を流したという。

ら行

落月　らくげつ

「落日」に対して、沈んでいく月。西の地平線にかたむいていく月。中国・盛唐の詩人杜甫の「李白を夢む」其の一に「落月屋梁に満つれば、猶お疑う顔色を照らすかと」、反乱軍に加わった罪で李白が獄につながれたと聞いてその身を案じていると、杜甫の夢の中に李白が現れた。夢から覚めると沈んでいく月の光が屋根の梁を照らし、李白の顔をまだ照らしているのではないかとの思いが消えないでいる、と。「落月屋梁」といえば、離れている友を案ずる気持ちのこもった言葉。

❖月と星のことわざ・慣用句：流星光底（りゅうせいこうてい）

振り下ろした刀の光を「流星」にたとえ、刀剣が一閃したときの煌（きら）めきをいう。遺恨を抱き長年つけねらっていた相手を、絶好の機会を得ながら、わずかの失策で討ちもらしてしまうこと。江戸時代後期の儒者頼（らい）山陽（さんよう）の詩「不識庵機山を撃つの図に題す」に「**鞭声粛粛**（べんせいしゅくしゅく）**　夜河を過**（わた）**る　暁に見る千兵の大牙を擁するを　遺恨なり十年一剣を磨き、流星光底長蛇を逸す**」、長年の宿敵武田信玄を川中島に追い詰めながら、振り下ろした刃の一瞬の誤差で討ちもらしてしまった上杉謙信の無念。「不識庵」は上杉謙信の庵号。「機山」は武田信玄の法号。

蘿月　らげつ

「蘿」は蔦葛（つたかずら）。蔦（つた）越しに洩れてくる月の光。『太平記』第三十九巻に、「**旧臣常に参じて、蘿月の寂**（じゃく）**を妨げける程に**」、静かな暮らしを願う光厳法皇のもとを、旧臣たちが毎夜のように訪ねてきては、蔦葛の葉陰から洩れてくる月の光を愛でる閑寂な楽しみを妨げるので、と。

リゲル　Rigel

〈オリオン座〉の〈ベータ星〉の一等星。青白い色をしているところから、「リゲル」は〈源氏星〉と呼ばれる。同じ〈オリオン座〉の赤い色をした〈ベテルギウス〉は平氏の赤旗との連想から〈平家星〉。⇩〈オリオン座〉

竜座　りゅうざ

七月下旬ごろの夕方、北天高くにかかる長大な竜の形をした星座。この竜とは、ギリシア神話で、女神ヘラが大神ゼウスと結婚したときの祝いに贈られ、世界の西の果てにあるヘスペリデスの園に植えられた金のリンゴの木を眠らずに守る火竜のこと。ダイヤ形の四つ星を頭として長大な胴体を弓のようにのたうたせ、尾の先を〈小熊座〉と〈大熊座〉の間に伸ばしている。

流星　りゅうせい

〈彗星〉が宇宙空間に残した微小な塵は、帯状の「宇宙塵」となってそのまま彗星と同じ軌道を描いて公転している。宇宙塵の軌道と地球の軌道が交わったとき、直径数ミリから数センチほどの塵が地球の上層の大気と衝突し発熱・蒸発し、プラズマ状態となって輝いて見えるものが「流星」。星が流れ落ちるように見えるので〈流れ星〉ともいい、多数の流星が観測される場合を「流星群」、時に一時間に数十万個もの流星が雨のように降りそそぐものを「流星雨」という。また、とくに明るく輝くものを「火球」といい、大きくて燃えつきずに地上に落下したものは「隕石」である。流星は一年中発生するが、俳句では秋の季語。〈流れ星〉「星流る」「星飛ぶ」などともいう。⇩〈火球〉

流星の針のこぼるるごとくにも　山口青邨

猟犬座　りょうけんざ

春の宵、〈北斗七星〉の柄杓の柄の下側（南）に位置する小さな星座で、〈牛飼座〉の牛飼の巨人が振り上げた左手にもつ引綱につながれた二匹の猟犬アステリオンとカーラに見立てられている。猟犬が追い立てているのは〈大熊座〉の熊である。下側のカーラの心臓のところに〈首星〉があり、「コル・カロリ（チャールズの心臓）」の通称がある。一六六〇年の王政復古で亡命先のパリからロンドンに帰還し王位に就いたチャールズ二世を記念して、ハレー彗星で知られるハリーが「天も陛下を祝福しておられます」といって名づけたとの説がある。だが、実際はチャールズ一世のことだともいう。猟犬アステリオンの右前肢の付け根のところには渦巻銀河が見える。

良夜　りょうや

月の明るい夜。とくに旧暦八月十五夜の名月の夜をいう。『徒然草』二百三十九段に**「八月十五日、九月十三日は、婁宿なり。この宿、清明なる故に、月を翫ぶに良夜とす」**、八月十五夜と九月十三夜は黄道二十八宿のうちの婁宿にあたり、曇りなく澄んでいるので月を観賞するのにとても良い夜である、と。「良宵」「佳宵」ともいう。秋の季語。

　この良夜海に在らむと漕ぎ出づる　佐野まもる

ルナ　Luna

古代ローマの月の女神。一九五九年に打ち上げられたソ連の月ロケットは「ルナ一号」と名付けられた。

レグルス　Regulus

〈獅子座〉の首星。⇩〈獅子座〉

列星　れっせい

夜空に連なってまたたく星々。

連星　れんせい

二つの恒星が相互に引力を及ぼし合って共通の重心を形成し、重心の周りを公転しているものをいう。軌道運動している星が三つなら「三重連星」、四つなら「四重連星」といい、まとめて「多重連星」という。「連星」のうち、より明るいものを〈主星〉、暗いほうを「伴星」または「随星」という。

弄月　ろうげつ

月を賞し楽しむこと。中国・盛唐の李白の「山僧に別る」に**「何処の名僧か水西に到り、舟に乗じ月を弄して涇渓に宿す」**、どこに住む何という名の僧かは知らないが水西寺に来たので、ともに舟に乗って月を愛で、夜もすがら涇川の谷間で過ごした、と。

朗月 ろうげつ

晴朗で曇りのない月。「清風朗月」などという。『平家物語』巻第三に「常は朗月を望み、浦風に嘯(うそぶ)き、琵琶を弾じ、和歌を詠じて」、太政大臣藤原師長は保元の乱に連座して土佐へ流されても、いつも名月を賞し、海風に吹かれて詩歌を吟じ、琵琶を弾じて、和歌を詠みながら、月日を送った、と。

朧月 ろうげつ

〈朧月(おぼろづき)〉の漢語読み。ぼんやり霞んだおぼろ月。世阿弥作の謡曲「老松」に「北に峨々たる青山あり、朧月松閣の中に映じ、南に寂々(せきせき)たる荊門あり」、梅の花が開きはじめた太宰府の安楽寺は、北には樹々の繁った険しい山がそびえ、春の朧月が松林の中の楼閣を照らし、南には物寂(ものさ)びた荊(いばら)の門があって、と。

わ行

矮星　わいせい
中心で水素核融合反応を行っている星のうち、太陽ほどの比較的質量・半径の小さい星をいう。「白色矮星」「赤色矮星」などがある。

❖月と星のことわざ・慣用句：我が上の星は見えぬ
他人の運命を言い当てる予言者や占い師でも、自分の運命はわからないということ。

惑星　わくせい
太陽の万有引力に引き寄せられてその周囲を公転している八個の天体。太陽から近い順に、水星・金星・地球・火星・木星・土星・天王星・海王星となる。かつては冥王星を海王星の外側の九番目の惑星としていたが、二〇〇六年の国際天文学連合の総会で冥王星は惑星ではなく「準惑星」とされた結果、一つ減って八つになった。英語で〈プラネット Planet〉という。

鷲座　わしざ
晩夏の宵、中天高くにかかり〈琴座〉の〈ベガ〉、〈白鳥座〉の〈デネブ〉とともに〈夏の大三角〉を構成する〈アルタイル〉を首星とする星座。ギリシア神話で大神ゼウスがトロイアの美少年ガニュメデスをさらうときに変身した大鷲になぞらえられる。「アルタイル」は、「天の川」をはさんで「琴座」の「ベガ（織女星）」と向かい合う〈牽牛星〉である。

彎月　わんげつ

「彎」は弓を引き絞ること。引き絞った弓のような形をしている月。〈弓張月〉〈弦月〉。秋の季語。

花のことば

はじめに

花はいつも人に寄り添い心を癒す

「3・11」の東日本大震災から一年が過ぎた二〇一二年春、日本列島に哀感にみちた美しいメロディが流れはじめた。真白だった雪道に春風が香ると「**花は　花は　花は咲く　いつか生まれるきみに…**」。歌声はさざ波のように広がり、敬虔な祈りにも似たやさしい響きで列島をつつんだ。その歌「花は咲く」は、マグニチュード9、震度7という未曾有の大地震とそれが呼び起こした大津波によって喪われた一万八千人を超える死者・行方不明者のかけがえのない命を悼み、地震の数時間後に勃発した東京電力福島第一原子力発電所のメルトダウンで拡散した放射能のために故郷の自然を汚染され、生き残りはしたものの家や仕事を失ってこれからどう生きていったらいいのか途方にくれる人々に、どうか寄り添いたいと願う人々の気持ちと響き合った。

傷ついた大地と民衆を慰め励ます歌といえば、千三百年前の中国の詩人は、戦争で荒廃した山野と人々を目のあたりにして「**国破れて山河在り　城春にして草木深し　時に感じて花も涙を濺ぎ　別れを恨んで鳥も心を驚かす**」と哀哭した（杜甫「春望」）。たけり狂った大自然の猛威と権力者の際限のない強欲と、原因は違っても翻弄されて深く傷つくのはいつも無辜(むこ)の民衆である。そして、それを癒すことができるのは、悠久の山河にふたたび巡ってきた春の中に、美しく咲き香る花々のほかにはない。

人は誰でも心の中に詩人をひとり住まわせている。希望を目ざして歩みだすとき、切ない恋に身を灼くとき、あるいは深い失意と悲しみに堪えようとするとき、人は詩人となる。都塵を逃れて海辺や山野を彷徨すれば、そこに樹々や花々との出会いがある。出会いからさまざまな詩や歌や物語が生まれる。

どんな花にも詩や物語がある。詩と物語の中にはいつも花がある。わが国なら「記紀」『万葉集』『源氏物語』をはじめとする数々の古典作品の中にはさまざまな花々が登場してきて、人々を慰める。たとえば『日本書紀』允恭(いんぎょう)天皇紀八年の条にある古代歌謡には「**花ぐはし　桜の愛(め)で　同(こと)愛でば　早くは愛でず　我が愛づる子ら**」、妙なる美しい花よ、同じ愛するのならどうしてもっと早く愛さなかったのだろう、私が愛する姫御子よ、と。

西洋なら「聖書」「ギリシア・ローマ神話」「シェイクスピア作品」などの中に花々が登場して、忘れがたい感銘を残している。新約聖書「マタイ伝」第六章の「山上の垂訓」でイエスは日々のたつきばかりに心を煩わす人々に「**野の百合は如何(いかに)して育つかを思へ、**…**栄華を極めたるソロモンだに、その服装(よそおい)この花の一つにも及(し)かざりき**」と諭す。

中国の「史書」や「漢詩」の中でもさまざまな花々が人々の心を浄化する。唐の詩人劉希夷(りゅうきい)の楽府(がふ)「白頭を悲しむ翁に代わりて」は「**年年歳歳花相似たり　歳歳年年人同じからず**」と、必ず巡りくる春の花々の循環性と対比しつつ、直線的に飛び去ってしまう人生の無常を慨嘆している。

古代日本では、ただ「花」といえば早春真っ先に咲く梅の花のことだった。平安時代以降になると単に「花」といえば日本の春を代表する桜の花を意味するようになっていく。花は一年中咲くが、俳句ではただ「花」といえば桜に敬意を表して春の季語である。

四方より花吹入れて鳰（にお）の海　芭蕉（「鳰の海」は琵琶湖の別名）
一昨日はあの山越えつ花盛り　去来
花の風山（やま）蜂（ばち）高くわたるかな　飯田蛇笏
人体冷えて東北白い花盛り　金子兜太

花とは本来は種子植物が次の世代を生み出すための生殖器官で、無情の存在に過ぎない。だが花は、ただ花にとどまらなかった。人は花に名前をつけ、思いを託し、さまざまに歌い語り継いできた。「花のことば」は人々の喜びや悲しみの証として数々の神話・伝説を秘め、詩歌・物語を宿してきた。どんな花にも詩や物語があり、詩と物語の中にはいつも花があった。

以下にはそのような「花のことば」を一千余項目集めて解説した。たとい一つなりとも、読者の皆さまの心に止まることばのあることを願いつつ――。

あ行

藍　あい

〈赤まんま〉の通称で知られる〈犬蓼〉と同じタデ科の一年草。ベトナムなど東南アジア原産で、日本には七世紀以前に中国経由で渡来した。「青は藍より出でて藍より青し」といわれるように、発酵させた葉や茎から藍染の青色染料を採るが、夏から秋に穂状に咲く花は青くなく、赤まんまのような紅い小花である。白やピンクもある。「蓼藍」ともいう。「藍の花」は、秋の季語。

藍の花紅きがまゝに人を恋ふ　野沢　純

アイリス　Iris

三月ごろから初夏にかけ、北半球の温帯地域で紫・藍・黄・白・赤褐色などの色鮮やかな花を咲かせる、アヤメ科アヤメ属の野生種・栽培種の植物の総称。日本の〈あやめ〉〈花菖蒲〉〈かきつばた〉〈著莪〉などもアイリスの一種だが、一般には外国種を「アイリス」また「西洋あやめ」という。「アイリス」はギリシア神話の天地にかかる虹の女神「イリス Iris」に由来するといわれるとおり、花の色は多彩。花言葉は「よい便り」。夏の季語。

アイリスのひと鉢だけの花終わる　石川空山

葵　あおい

春から秋、赤・淡紅色・紫などの美花を花茎の下から上へと穂状に咲き昇らせるアオイ科の多年草〈立葵〉「銭葵」「冬葵」などの総称。『万葉集』巻十六に「**梨棗黍に粟次ぎ延ふ葛の後も逢はむと葵花咲く**」、梨と棗が稔ったころにきみ（黍）にあわ

（粟）むと思い、さらに葛の蔓が這ってからも会おうと「あおい」の花が咲く、と。たくさんの秋の植物名を掛詞にしたうえで〈葵〉の花でまとめている。「葵」の花言葉は「野心」「先見の明」。「葵の花」〈花葵〉は夏の季語。⇩〈立葵〉

咲きのぼる葵に上のなかりけり　杉山岳陽

アカシア　Acacia

北原白秋作の童謡に「**この道はいつかきた道　ああそうだよ　あかしやの花が咲いてる**」と歌われ、一般に「アカシア」と呼ばれているが、その正式名称は〈贋アカシア〉。本物の「アカシア」はオーストラリアやアフリカなどの熱帯地方に分布して日本には自生しない。「贋アカシア」は北アメリカ原産の高さ二〇メートルにもなるマメ科ハリエンジュ属の落葉高木で、和名は「針槐」。明治時代にもたらされ街路樹や公園に植えられ初夏、蝶形をした芳香のある白い小花を白藤のように垂下する。落花が白く散り敷いた風情に哀愁がある。また園芸店ではマメ科アカシア属の黄色い花〈ミモザ〉＝「銀葉アカシア」を「アカシア」と呼ぶことがある。「アカシア」の花言葉は「贋アカシア」と同じ「プラトニックな愛」「友情」。夏の季語。⇩〈贋アカシア〉

アカシアの花こぼれ敷き露人住む　北添鏡川

赤詰草　あかつめくさ

各地の畑や草地に群生し春から夏、花軸の先に赤紫色の蝶形の小花を球形に咲かせるマメ科の多年草。白い花をつける〈白詰草〉とともに明治時代に、牧草ないしガラス器などを包む梱包材として渡来した干し草から種が落ちて野生化したといわれる。「紫詰草」ともいう。春の季語。⇩〈白詰草〉〈クローバー〉

濤(なみ)寄せて赤詰草のみな揺るる　豊長みのる

茜　あかね

本州・四国・九州に広く自生するアカネ科の蔓生(まんせい)の多年草で、根が橙色（赤根）をしているところからその名がつき、古代には代表的な赤色染料として用いられた。夏から秋に淡い黄緑色の小花をつけるが地味で目立たない。花言葉は、ヨーロッパでは黄色い花を忌む伝統があるせいか、「誹謗」「中傷」などと芳しくない。俳句では「茜草(あかねぐさ)」ともいい、「茜草」と書いて「あかね」とも読む。秋の季語。

茜草野の雨みだれ黄をこぼつ　鈴木宇亀雄

赤花　あかばな

赤い花のこと。また、北海道から九州までの湿地に群生するアカバナ科の多年草をいい、秋の赤紫の草紅葉が美しいところから「赤花」の名がついた。初夏から秋、花茎の先に淡い紅紫色の四弁の小ぶりな花をつける。夕方近くに開花し「夕化粧」の異名をもつが、同じ異名をもつ〈白粉花(おしろいばな)〉と区別するために「赤花夕化粧」とも呼ばれる。〈白粉花〉は秋の季語だが、「赤花」は季語として熟していないのか、歳時記には見えない。一茶の句帖に「よい程に赤花すかす若葉哉」があるが、この場合の「赤花」は普通名詞としての「赤い花」の意かもしれない。

アガパンサス　Agapanthus

梅雨のころ、長く伸ばした花茎の先に淡青紫色の小花を一〇個以上、青い花火のように咲かせるヒガンバナ科の観賞植物。南アフリカ原産で明治時代中期に移入され、清々しく優美な花姿から「紫君子蘭(くんしらん)」の和名をもつ。

赤まんま　あかまんま

正式和名は〈犬蓼（いぬたで）〉で、路傍や野山のどこにでも自生し夏から秋、紅紫色の小花を穂状につけるタデ科の一年草。「赤のまんま」「赤まま」ともいい、粒状の赤い蕾（つぼみ）と花がままごと遊びの赤飯を連想させるところからついた通称。地味で鄙（ひな）びた花姿は和歌の時代の美意識とは相容れなかったが、昭和になってかえって俳壇の主流を担った高浜虚子がそこにかえって俳味を見出した。以来、現代俳句では素朴な花姿を捨てがたいものとして珍重するようになった。秋の季語。

此辺の道はよく知り赤のまゝ　高浜虚子

秋草　あきくさ

秋野に咲く〈桔梗（ききょう）〉〈女郎花（おみなえし）〉〈葛（くず）〉〈すすき〉などを総称していう。また〈菊〉の異名。『万葉集』巻二十に「**秋草に置く白露の飽かずのみ相見るものを月をし待たむ**」、秋草に宿る美しい白露のようにいくら見ても見飽きない二人の逢瀬を照らす月の出を待とう、と。だが〈七夕〉の歌なら月は〈上弦〉で、夕方には天高く昇っているのでいまさら月を待つというのも不審。いくら逢瀬を重ねても満足することはないのでまた来年の七夕月を待とうということだろうか。秋の季語。

秋桜　あきざくら

〈コスモス〉の和名。花の色や形が〈桜〉に似ていると見立てていう。秋の季語。

水のごと心澄む日よ秋桜　原子順

秋の麒麟草　あきのきりんそう

夏に咲くベンケイソウ科の〈麒麟草〉によく似た黄花を、秋に咲かせるところから区別して「秋の麒麟草」と呼ばれるキク科の多年草。小花が多数集まった花穂の姿が、酒を醸したときの泡立ちに似ているところから〈泡立草〉ともいう。輝くような黄花から、花言葉は「虚栄心」。秋の季語。

忘れゐし空地黄となす泡立草　山口波津女

秋の七草　あきのななくさ

〈春の七草〉に対比して「萩・桔梗・葛・藤袴・女郎花・尾花・撫子・秋の七草」ないし「萩・尾花・桔梗・撫子・女郎花・葛・藤袴・秋の七草」などと口ずさまれる秋を代表する七種類の草花。『万葉集』巻八の山上憶良の「秋の野に咲きたる花を指折りかき数ふれば七種の花」および「萩の花尾花葛花なでしこが花をみなへしまた藤袴朝顔が花」にもとづいている。この「朝顔が花」は現在の〈桔梗〉のことだとも〈昼顔〉のことだともいう。秋の季語。

教室や馬穴にあふれ秋七草　秋沢猛

木通の花　あけびのはな

全国の山野でふつうに見かけるアケビ科の蔓生落葉低木で春、葉とともに雌雄それぞれ数個の淡紫色の花を穂状に垂らす。花穂の基部に雌花、先のほうに雄花をつける。秋に熟した薄紫色の実が縦に割れるところから「開け実＝あけび」の名がついた。「木通（実）」は秋の季語だが、「木通の花」「花通草」は春の季語。雌雄同株ながら自花花粉では受精しないところから、花言葉は「唯一の恋」、また食用・薬用など用途が広いところから「才能」。

通草咲きかなしき噴火ものがたり　勝又一透

曙草　あけぼのそう

西日本の山地で、秋に白い星型の五弁花を上向きに咲かせるリンドウ科の二年草。五枚の花びらのそれぞれにある黄緑色の二つの斑点と黒紫色の多数の点々を、曙の空に消え残る星々に見立てて「曙草」の名がついた。

曙つつじ　あけぼのつつじ

紀伊半島以南、四国・九州などの高山に自生する〈山つつじ〉の一種。四、五月ごろ、新芽が出る前の枝が多数分岐した先に薄紅色の美花を一つ開くツツジ科の落葉低木。宮崎県と大分県の県境にある祖母山は「曙つつじ」の名所としてよく知られる。

朝顔　あさがお

南中国ないし東南アジア原産といわれるヒルガオ科の蔓生一年草。晩夏から秋の早朝、紺・紫・紅・白などの漏斗型の美しい花を咲かせて午後にはしぼむ。日本には奈良時代末期に遣唐使が持ち帰ったといわれ、それ以前の「朝顔」は〈桔梗〉〈木槿〉など朝咲く花の通称だったという。『新古今集』巻四に「**起きて見むと思ひしほどに枯れにけり露よりけなる朝顔の花**」、露の置いた花姿をと思って起きて見たのに早くもしぼんでしまっているとは、露より儚い朝顔の花、と。古代には薬用植物として珍重されたが、江戸時代に観賞用として人気が高まり多様に品種改良された。旧暦の〈七夕〉ごろに花の盛りとなるので牽牛・織女伝説に因んで「牽牛花」ともいう。短時間でしぼんでしまうので、花言葉は「はかない恋」。秋の季語。

朝顔は水輪のごとく次ぎ〳〵に　渡辺水巴

朝顔合せ　あさがおあわせ

手をかけて咲かせた〈朝顔〉を持ち寄り、花や葉の美しさを競う集い。

朝顔市　あさがおいち

鉢植えの朝顔を売る市。毎年七月六日から八日にかけての三日間、東京・入谷の鬼子母神の縁日に立つものが有名。夏の季語。

朝顔市夜明けし声の瑞々し　岸風三楼

朝顔の茶の湯　あさがおのちゃのゆ

太閤秀吉は、千利休宅の屋敷の庭に〈朝顔〉が咲きはじめたと聞き、茶の湯を所望した。繚乱たる花を愛でながらの風流の予感に胸を躍らせて早朝、秀吉が利休屋敷を訪ねたところ、なんと朝顔の影も形も見えないではないか。はてな……。訝しく思いながら茶室に入った秀吉の目を射たのは、ほの暗い床の間にひっそりと活けられたただ一輪の朝顔だった。その光景のあまりの幽玄さに「目ざむる心地」がして、秀吉の口から思わず嘆声がもれたという。が、その朝顔が何色だったかは伝わっていない。

浅葱桜　あさぎざくら

「浅葱」とは、淡い葱の葉の色をした青緑。「浅黄」と書かれることもある。「浅葱桜」は〈大島桜〉をもとに作られた〈里桜〉の一品種で、バラ科の落葉高木。春に白い花を咲かせるが、〈萼〉が萌葱色をしているため全体的に黄緑っぽく見える。「御衣黄桜」や「鬱金桜」は、花びら自体が黄味がかっている。

朝霧草　あさぎりそう

北海道・東北の海岸や山地に生え、灰白色の絹毛で覆われた葉や花が朝霧に包まれたように見えるところからその名がついたキク科の多年草。秋に球状の黄白色の地味な小花を連なり咲かせる。別名「白山蓬」。秋の季語。

浅沙　あさざ

本州以南の各地の湖沼で夏、水底の地下茎から水面にしっかり伸ばした花梗の先に黄色い五弁花を開くミツガシワ科の多年生水草。花はキュウリの花にやや似ていて縁が細かく裂けており、〈睡蓮〉に似た葉も縁に鋸歯状のギザギザがある。「花蓴菜」ともいい、古来若葉を食用とした。「浅沙」

「浅沙の花」はともに夏の季語。

天竜寺あさざいっぱい咲きわたり　阿波野青畝

❖花のことわざ・慣用句：朝顔の露

朝あれほど華やかに咲いたのに昼にはもうしぼんでしまう朝顔は、短命で儚い花。まして其の朝顔にやどる露は、花がしぼむのさえ待たずに消えてしまうのだから、なお儚いということ。

❖花のことわざ・慣用句：朝顔の花一時

鮮麗に咲いていても朝顔はほんのいっときでしぼむように、時めいている人・物も所詮は儚いものだというたとえ。

朝桜　あさざくら

朝の光の中で、朝露を帯びて美しく咲いている桜。春の季語。

またしても赤城に雪や朝ざくら　上村占魚

麻の花　あさのはな

中央アジア原産のアサ科の一年草で、茎からとった繊維で衣服や縄を作るため世界各地で古くから栽培された。雌雄異株で夏、上部で枝分かれした先に黄緑色の雄花と穂の短い緑色の雌花をつける。「麻の実（苧実）」は食用にされる。イギリスで「花言葉」を「運命」とするのは、麻のロープを絞首刑に使ったことからという。夏の季語。

麻の花黄白に咲き霧の民　金子兜太

薊　あざみ

春に咲く「野薊」、夏から秋にかけて咲く「秋薊」や〈鬼薊〉など全国の野山や草原にふつうに見られるキク科アザミ属の多年草の総称。日本列島に六〇種以上もあるといわれ、縁が羽状に切れこんだ葉と茎には鋭い棘がある。花茎の先端に紅紫色の小さな管状花を集め、化粧用の眉刷毛の形をした頭花（とうか）をつける。北原白秋『思ひ出』の「薊の花」に「**今日も薊の紫に、／棘（とげ）が光れば日は暮れる。／何時か野に来てただひとり／泣いた年増がなつかしや**」。俳句では、春に咲く「野薊」を代表として春の季語とするものが多いが、「秋薊」〈鬼薊〉は秋の季語。敵の侵攻を薊の鋭い棘が防いだという故事からスコットランドの国花となり、花言葉は「報復」「独立」。⇩〈鬼薊〉

野薊のかくも背高き蔵王山　岩永草渓

花薊露珊々（さんさん）と葉をのべぬ　飯田蛇笏

アザレア　azalea

中国ないし日本原産の〈山つつじ〉「さつき」などをもとにヨーロッパで園芸改良されたツツジ科の常緑低木。「オランダつつじ」「西洋つつじ」とも呼ばれる。本来の花期は四、五月だが、温室栽培された絢爛たる桃色・白・紅色の八重咲きの花姿が冬の室内を彩る。学名が乾燥を意味するとおり乾燥地・やせ地を苦にしないので、花言葉は「節制」「禁酒」。春の季語。

アザレアに触れしドレスの裾ひらく　福田清秋

蘆　あし

古代の日本を「豊葦原の瑞穂の国」と呼んだように、日本全国の河川や沼湖の岸のどこにでも群生するイネ科の多年草。『万葉集』巻十四の防人（さきもり）歌に「**蘆の葉に夕霧立ちて鴨が音の寒き夕（ゆうべ）し汝（な）をば偲はむ**」、岸辺の蘆に夕霧が立ちこめ鴨の鳴く声の聞こえる寒い夜にはお前への思いがつのることだろう、と。青い葉が風にそよぐ「青蘆」は夏の季語だが、秋になると多数の小花から成る穂が出て、初め紫色でのち紫褐色になる。「蘆」のほか「葦」「葭」「芦」とも書くが「アシ」の名が「悪し」に通じるので「ヨシ」ともいう。花言葉は、蘆笛からか

「音楽」。また風になびくので「従順」。「蘆の花」は秋の季語。

柴又へ通ふ渡しや蘆の花　正岡子規

紫陽花　あじさい

〈額紫陽花〉をもとに園芸改良されたアジサイ科の落葉小低木で六、七月ごろ、青紫色の多数の四弁花の集まった手毬状の花をつける。花びらのように見えるのは萼片(がくへん)で、中心にある本当の花は小さく目立たない。『万葉集』巻四に「**言問はぬ木すらあぢさゐ諸弟(もろと)らが練りのむらとに欺かれけり**」、言葉を発しない木でも紫陽花みたいに色変わりする花もある。まして人間の諸弟の海千山千の心には騙されてしまった、と。「諸弟」は人名という。花色が黄白色・青色・暗赤色などと推移するので〈七変化〉ともいい、花の形から「手鞠花(てまりばな)」ともいう。花言葉は、「移り気」「冷たい美」。夏の季語。

あぢさゐの毬は一つも地につかず　上野章子

紫陽花やきのふの誠けふの嘘
あじさいやきのふのまことけふのうそ

〈七変化〉の異名どおり何度も色を変える紫陽花はすぐ心変わりする人間みたいだ、という正岡子規の句。ほかならぬ自分の心への自嘲も感じられ、軽妙なことわざのようにも聞こえる。

馬酔木　あしび

葉などに毒があり、馬がこの葉を食べると足がしびれて酔っ払ったようになるというところから「馬酔木」の名が当てられたツツジ科の常緑低木。本州から九州にかけての山野に自生する日本特産種で三、四月ごろ、〈鈴蘭〉に似た白い壺形の花を鈴なりに咲かせる。『万葉集』巻二十に「**池水に影さへ見えて咲きにほふあしびの花を袖に**

扱入れな」、池の水面に映る影まで美しく咲いている馬酔木の花をしごき取って袖に入れたい、と。「あせび」ともいうが、水原秋櫻子は『万葉集』の表記どおりに「あしび」というのが文学的でよい（『俳句歳時記』）という。が、仏文学者で俳人の平井照敏は、植物学的には「あせび」が正しいといっている（『新歳時記』）。美しい小花が健気に咲くところから、花言葉は「清純な心」。「馬酔木の花」「花馬酔木」は春の季語。

中尊寺道白珠の馬酔木咲く　秋元不死男

アスター　Aster

中国ないし朝鮮半島北部の原産でヨーロッパで園芸改良され夏、花茎の先に菊に似た青紫・紅・白などの〈頭花〉をつけるキク科の一年草。江戸時代に日本に入り〈蝦夷菊〉（江戸菊とも）の和名がついたというが、「蝦夷菊」は現在キク科エゾギク属に分類されている。「アスター」は花壇や鉢植えで普及し、切り花としても親しまれている。一重・八重など花の形・色が多彩なところから、花言葉は「変化」。夏の季語。

東菊　あずまぎく

本州の中部地方以北の山の草原に自生するキク科の多年草で、東国の菊の意味で「東菊」と呼ばれる。四、五月ごろ、花茎の先に花びらが淡紫色で真ん中の蕊部分が黄色い〈頭花〉を一つつける。なお、一般に「東菊」といっているのは、「深山嫁菜」の栽培種である〈都忘れ〉のことが多い。「東菊」は春の季語。

蜥蜴の子這入りたるまま東菊　松本たかし

徒桜　あだざくら

桜の花は、絢爛と咲いても束の間に散る。この世の栄華も儚いものだというたとえ。

謡曲『墨染桜』に「深草の野辺の桜し心あらば、此春ばかり墨染に／咲けども今は恨めしや、浮世の春のあだ桜、風吹かぬ間も有るべきか」、関白藤原基経を深草（現京都市伏見区）に葬ったとき上野岑雄が和歌に願ったとおりその春だけは桜も墨染の色に咲いたというが、その言い伝えも今はむなしく、桜を儚く散らす風の吹かないことなどありはしない、と。⇩〈墨染桜〉

徒花　あだばな

咲いても実がならない花。儚く散ってしまった花。転じて、期待された成果を残さずに終わった行為のたとえ。また、時季外れに咲く花のこともいう。〈無駄花〉。

厚物　あつもの

菊作りで、頭花の管状花を多弁かつ大輪に仕立て、手鞠のように丸く厚ぼったく咲かせた花。「厚物咲」ともいう。秋の季語。

厚物咲弥陀の螺髪にあやかりて　品川鈴子

敦盛草　あつもりそう

本州の中部以北ないし北海道の山間の林地や草原に自生するラン科の多年草。五、六月ごろ花茎の先に、紅紫色の袋状の花を同じ色の側弁に抱えられるようにつける。その独特の花姿を源平の一谷の合戦で平家の公達平敦盛が背負った母衣に見立てて名前がついた。母衣は、武者が戦場で矢から身を守るために背負った武具。同属の白色の種類を源氏の熊谷次郎直実に見立て〈熊谷草〉と名づけたのと対にした。夏の季語。⇩〈熊谷草〉

故園訪ふごとし敦盛草も咲く　木村蕪城

アネモネ　Anemone

「アネモネ」はギリシア語で「風の娘」を意味し早春、パセリに似た葉の間に伸ばした花茎の先に白・赤・青・紫などの華麗な花をつけるキンポウゲ科の多年草。世界に約一〇〇種あるといわれ、最もなじみのある「アネモネ・コロナリア」は地中海沿岸の原産。新約聖書「マタイ伝」第六章の「山上の垂訓」の中でイエスが「**野の百合は如何にして育つかを思え、…栄華を極めたるソロモンだに、その服装この花の一つにも及かざりき**」と諭した「野の百合」は「アネモネ」のことだという説がある。そのため新しい共同訳聖書では「野の百合」ではなく「野の花」と訳されるようになっている。西洋の伝説の一つによれば、アネモネは花の女神フローラに仕える妖精だったが、フローラの愛人の西風の神ゼピュロスに愛され、それを知ったフローラに嫉妬されて神殿から追放された。同情したゼピュロスは彼女を花の姿に変身させたという。「アネモネ」はイギリスで「ウインドフラワー（風の花）」、ドイツで「風のバラ」といわれるように、春風が吹くと花を開き、もうひと吹きすると花を散らす儚くも美しい「風の花」。そんな伝説から、花言葉は「恋の苦しみ」あるいは「薄命」。春の季語。

アネモネのむらさき濃くて揺ぐなし　水原秋櫻子

アマリリス　amaryllis

熱帯中南米の原産で、江戸時代に渡来し観賞用に園芸栽培されたヒガンバナ科ヒッペアストルム属の多年草。球根を秋に植えると四、五月ごろ、春植えにすると夏に緋色・白・桃色などの〈百合〉に似た六弁の漏斗型の花を咲かせる。花言葉は「内気」または「コケットリー」。夏の季語。

アマリヽス廃墟明るく穢なし　殿村菟絲子

雨降り花　あめふりばな

雨の時節に美しく咲いている花、あるいは

その花を摘むと雨が降るとの言い伝えのある花のこと。「雨降り草」「雨花」ともいい、種類は各地で異なる。〈昼顔〉〈蛍袋〉〈擬宝珠〉〈紫陽花〉などが代表的。

❖花のことわざ・慣用句：雨は花の父母

平安時代中期の詩歌集『和漢朗詠集』は、「雨」は「**養ひ得ては自ら花の父母たり洗ひ来つては寧ろ薬の君臣を弁へんや**」と詠じている。春雨は草木を育てて花を咲かせるのだから花の父母だといい、どんな草木でも薬草でも公平に降り注いで差別などしない、と。

あやめ

「あやめ」と〈かきつばた〉〈菖蒲〉〈花菖蒲〉は、葉や花の姿形がよく似ていてまぎらわしく、和歌や俳句では混同されて詠まれてきた。しかし「あやめ」は、紫色に咲いた花のいちばん下の垂れ開いた外花被の基部に黄色い部位があり、そこに紫色の網目模様（文目）が走っているので一目でわかるアヤメ科の多年草。また「かきつばた」や「花菖蒲」は水生で湿地や水辺に生えるが、「あやめ」は陸生で野や林地に咲くので区別できる。「菖蒲」と書いて「あやめ」と読んできたから、古来「菖蒲」と混同されて句歌に詠まれてきた。しかし、「菖蒲」は葉に芳香のあるサトイモ科の多年草で、花は小さく目立たない。「あやめ」の花言葉は「よい便り」。夏の季語。

富士は雲に沈みあやめは濃紫　渡辺水巴

あらせいとう

アブラナ科の多年草〈ストック〉の和名。漢字で書けば「紫羅欄花」。地中海沿岸地方の原産で江戸時代前期に渡来し、産毛の生えた葉が毛織物のラシャに似ていてラシャをポルトガル語で「ラセイタ」ということろから「葉ラセイタ」が「あらせいとう」に転訛したという。⇩〈ストック〉

❖花のことわざ・慣用句：いずれ菖蒲（あやめ）か杜若（かきつばた）
〈あやめ〉と〈かきつばた〉は、花も葉もよく似ていて見分けがつかないということ。目の前に美しい女性が何人かいて、目移りして区別できず、また優劣を判別しがたいことをいう。俳人の飯田龍太は「なんともお恥ずかしい次第であるが、私はながい間、あやめと花菖蒲と杜若の区別がつかなかった。いや、いまでも実物に接して、確かな判別を言い切る自信がない」と告白している（『四季花ごよみ　夏』）。植物学的には、あやめ・花菖蒲・かきつばたはアヤメ科で、菖蒲（しょうぶ）はサトイモ科。

　磯波のややきらめきぬあらせいとう　大西桑風

有明桜　ありあけざくら
〈染井吉野〉などよりやや遅く、四月に入ってから白ないし淡紅色の上品な花を咲かせる〈里桜〉の一品種。芳香があり蕚（がく）の縁にギザギザのある「関東有明」と、ギザギザがなく樹高の低い京都仁和寺の「御室桜」として有名な「御室（おむろ）有明」が知られる。

　断礎一片有明桜散りかかる　夏目漱石

泡立草　あわだちそう
〈秋の麒麟草〉の別名。⇩〈背高泡立草〉

粟花　あわばな
粟粒のような黄色の小さな花をいっぱいつける〈女郎花（おみなえし）〉の別名。江戸時代前期の俳諧集『鷹筑波集』に、

　女郎花むせるや粟のもち月夜　重政

杏の花　あんずのはな
杏は、中国原産で奈良時代に日本に渡来し

「からもも（唐桃）」と呼ばれたバラ科の落葉小高木。長野県・東北地方などで盛んに栽培され早春、葉が出る前に梅・桜に似た白ないし淡紅色の五弁花を枝いっぱいに咲かせ、初夏に甘酸っぱい実をつける。「杏」の実は夏の季語だが、「杏の花」「花杏」は春の季語。早春、厳しい寒さの中で咲くところから、花言葉は「不屈の精神」。

一村は杏の花に眠るなり　星野立子

アンスリウム　Anthurium

花のように見える艶（つや）やかな真紅の逆ハート型の仏炎苞（ぶつえんほう）（仏像の光背に似た形をした苞葉）の真中に夏、動物の尻尾のような黄色い肉穂花序をつけるサトイモ科の熱帯植物。花期が長く、朱紅色の仏炎苞にはエナメルで塗ったような光沢があり、花言葉は「恋に悶える心」。

家桜　いえざくら

川の堤や路傍などではなく、人家の庭に咲いている桜。〈庭桜〉も同じ。春の季語。其角・去来などと並ぶ「蕉門十哲」の一人服部嵐雪に、

花はよも毛虫にならじ家桜

錨草　いかりそう

北海道から九州まで全国の丘陵地の樹下や渓谷などに自生し四、五月ごろ、特異な姿をした淡紅色ないし淡紫色の花をつけるメギ科の多年草。四枚の花弁の先が距（けづめ）のように突起していて、それが下向きに咲く形が船の錨に似ているので名がついた。「碇草」とも書く。春の季語。

錨草花の錨のあまた垂れ　吉川裕美

生け花　いけばな

草花や木の枝葉を剪（き）り取り、形を整えて美しく花器に飾りつける芸術。「活け花」とも書き「生花（せいか）」〈挿花（そうか）〉ともいう。〈置花（おきばな）〉

〈掛花(かけばな)〉〈立花(たてばな)〉〈釣花(つりばな)〉〈投入(なげいれ)〉などさまざまな表現法や流派があり、総称して「華道」ともいう。

石割桜　いしわりざくら

一九二三年に国の天然記念物に指定された、岩手県盛岡市の盛岡地方裁判所の構内にある樹齢三六〇年を超えるといわれる〈江戸彼岸〉の名木。「石割」の名は、地上に露出した花崗岩の割れ目に根を張っているところからいう。

伊勢撫子　いせなでしこ

〈河原撫子〉と〈石竹(せきちく)〉の交雑種といわれ、江戸時代に伊勢地方で品種改良されたところから「伊勢撫子」の名がついたナデシコ科の園芸品種。庭に植えられたり鉢植えにされたりして、初夏から秋、糸のような細長い花弁がやわらかくしなだれて咲く花姿は比類がない。江戸時代後期に光格天皇に献上されたところから「御所撫子」の異名がある。三重県の天然記念物。随筆家の岡部伊都子が初めて「伊勢撫子」を目にしたときの驚きについて書いている。「まるで女人の髪のようにやわらかにそよぐ花びらをそおっと指さきでほぐした。異様なしどけなさに見入っているといつのまにか幻覚のせかいに惹きいれられる。うつつかまぼろしか、清楚でありながら鬼気が漂う妖(あやか)しの花だ」(『心象華譜』)と。

いたどり

漢字では「虎杖」と書くので清少納言は、見かけは普通なのに文字で書くと仰々しいものの例として「いたどりは、まいて虎の杖と書きたるとか。杖なくともありぬべきかほつきを」、虎は杖など必要のないいかめしい顔つきをしているのに、と笑っている。葉に痛みを取る作用があるところから

「いたどり」の名がついたという説もある。「いたどり」は全国の山野や路傍のどこにでも群生し七月から十月、白い細かな花を円錐形に咲かせるタデ科の多年草。美しい紅花をつける種は特に〈明月草〉(「月のことば」)と呼ばれ鉢植えにされる。「いたどり」は春の季語で、「いたどりの花」は夏の季語。

いたどりの花月光につめたしや　山口青邨

苺の花　いちごのはな

「苺」は江戸時代に渡来し晩春、長く這い伸びた花茎の先に五弁の白い花をつけるバラ科オランダイチゴ属の多年草。夏に赤熟した実となる。葉や根が目によいといわれ、花言葉は「先見の明」。「苺」は夏の季語だが、「苺の花」「花苺」は、春の季語。

花の芯すでに苺のかたちなす　飴山實

一日花　いちにちばな

〈朝顔〉〈芙蓉〉をはじめ〈沢瀉(おもだか)〉〈弟切草〉など朝咲いて夕方にはしぼんでしまう一日だけの花。〈夕萱(ゆうすげ)〉や〈萱草(かんぞう)〉のように、昼間ないし夕方咲いて翌日の朝にはしぼむ〈一夜花〉もある。儚(はかな)さのたとえとされるが、実際は〈芙蓉〉など花の位置を次々に変えて咲くものは、花期は長く見える。

一年草　いちねんそう

地に落ちた種が春に発芽すると、その年のうちに花が咲き実がなって枯れる草本植物をいう。〈稲の花〉「紫蘇」をはじめとするイネ科・シソ科の植物や〈朝顔〉〈コスモス〉〈向日葵(ひまわり)〉など多くの植物が「一年草」である。⇩〈二年草〉〈越年草〉

いちはつ

中国南西部ないしミャンマー原産のアヤメ科の帰化植物。アヤメ属の中でいちばん先に咲くから「一初」ないし「一八」の名がついたというが、実際の開花は五月ごろでとくに早いわけではない。漢名にしたがって「鳶尾草」と表記。葉はアヤメ科に共通した剣状だが幅が広い。美しい藤紫の花びらには濃い紫の点や斑があり、基部は白く鶏のとさか状に突起している。古来火よけ・風よけになると信じられ茅葺屋根に植えられ、英名も「roof iris」。花言葉は、同属のアイリスと同じ「吉報」。夏の季語。

　わら屋根やいちはつ咲いて橋の下　村上鬼城

一輪草　いちりんそう

全国の雑木林などに自生し、地下茎から伸ばした花茎の先に春、直径三、四センチほどの白い五弁花（実は萼）を一つ咲かせるキンポウゲ科の多年草。一本の茎の先に花を一輪だけつけるところからの名で、「一花草」ともいう。静かな林間に咲くところから、花言葉は「追憶」。春の季語。

　道なき谿一輪草の寂しさよ　加藤知世子

一本花　いっぽんばな

安置した死者の枕元に霊魂の依り代として一本供える花。多く〈樒〉の花を立てる。

凍菊　いてぎく

咲き残っていた〈残菊〉が冬寒にこごえ枯れたもの。菊は枯れても散らずに立ち尽くす。その風情の中に俳人たちは名残の「艶」を見出す。切って燃やすとほのかに菊香がただよう。〈枯菊〉ともいう。冬の季語。

　凍菊を折り焚くわずかなる生色　桂信子

糸桜　いとざくら

〈江戸彼岸〉の園芸品種である〈枝垂桜〉の別名。枝分かれした天蓋のような樹形より細い枝が糸のように垂れ下がるところからついた異名。春の季語。

　吹かれいで吹かれしりぞき糸桜　後藤夜半

犬桜　いぬざくら

全国の山野に分布するバラ科サクラ属の落葉高木だが、四、五月ごろ白い小花をびっしりつける花穂は試験管を洗うブラシのような形をしており、とても桜には見えない。おまけに枝を折ると悪臭がするので、劣るという意味で「犬」の字がついたようだ。

犬蓼　いぬたで

東南アジア・中国などの水田地帯に自生し、古く稲籾（いねもみ）などにまぎれて渡来し帰化したとされるタデ科の一年草。全国の路傍や野原に生え夏から秋、紅紫色の粒々の花を穂状につける。薬味などとして重宝される「柳蓼」に比べて、辛みのない「犬蓼」は利用価値がないので「犬」の蔑称がついた。だが子供には〈赤まんま〉の通称で親しまれている。「犬蓼の花」〈赤まんま〉は秋の季語。⇩〈赤まんま〉

⊙ **「犬桜」をめぐる風流**

日本の国文学研究の基礎を作った明治時代の東京帝大教授の芳賀矢一がこんな話を紹介している。ある人が京都・北山の高野に「犬桜」が咲いたというので見に行くと脇に立てられた高札に「**まだらにも咲きさかりたる犬桜折る人あらば足に嚙みつけ**」、斑模様（まだら）に咲きほこっている犬桜よ、もし花を折り取るような不埒な人間がいたら足に嚙みついてやれ、と書かれていた。そこで一枝手折（たお）り「**たか野には必ずつるる犬ざくらひきをる人を咎めやはする**」、高（鷹）野に猟犬を連れているのは当然で、どうして犬桜を引きおる（折る）人を咎められるでしょう、としたため高札に吊して帰った。これを読んだ花主（はなぬし）はむしろ返歌の風流を喜んで付き合いが始まった。が、翌年の花の季節に再び犬桜を訪ねると花主が

犬蓼にけふの散歩はここ迄と　高澤良一

犬ふぐり　いぬふぐり

日本在来の「犬ふぐり」は早春、空地の日だまりに淡い紅紫色の小花を群生して咲かせるオオバコ科の越年草。花後につける小さな実の真ん中が窪んで左右に分かれ毛の生えた形が、犬の陰嚢（いんのう）に似ているとしてその名がついた。明治初期に渡来した帰化植物の〈大犬のふぐり〉に追われてほとんど見かけなくなっており、現在の歳時記などで「犬ふぐり」として詠まれている例句は実際は、空色の花をつける「大犬のふぐり」であることが多い。西洋では、十字架を背負ってゴルゴタの丘を登るイエスに汗拭きを差し出した娘の名にちなんで「聖女ヴェロニカの草」と呼ばれ、花言葉は「女性の誠実」。春の季語。⇩〈大犬のふぐり〉

軍港へ貨車の影ゆく犬ふぐり　秋元不死男

亡くなっていることがわかった。そこで「また来んと契りし花の主ははや今は此世にいぬ桜かな」、また花見に来ようと約束したのにあなたはもうこの世にいぬ（去ぬ）人となって犬桜だけが咲いている、と詠み哀悼したという（『月雪花』）。

稲の花　いねのはな

稲は東南アジア起源とされるイネ科の一年草で、立春から数えて二百十日目前後に穂を伸ばし多数の小花をつける。「稲の花」には一本の雌しべと六本の雄しべがあり、晴れた午前中に穎（えい）（のちに籾（もみ）殻となる）の間から花糸が出て雄しべの白い〈葯（やく）〉が下がる。だが雨だと葯は籾の中に残って傷み、米の品質は低下する。稲の花が花粉を放出して受粉するのはほんの一、二時間の間だといわれ、このとき強風が吹けば花粉が吹き飛んで米の作柄が悪くなる。各地に伝わる「風祭」は豊作を祈る風鎮めの祭りである。秋の季語。

水口に石ひとつ置き稲の花　長谷川櫂

（「水口」は田へ水を引く入り口）

茨　いばら

一般には、〈野茨〉「山茨」など棘のある野生のバラ科の灌木を総称していう言葉だが、とくに「野茨」つまり〈野ばら〉を指すことが多い。全国の山野に広く自生する「野茨」は初夏、白または淡紅色の香りのある五弁の小花を開くバラ科の半蔓性の落葉低木。「うばら」ともいい、秋に丸く赤い実をつける。品種改良の元種となり多くの〈薔薇〉の台木となった。花言葉は「素朴な可愛らしさ」、また棘ゆえか「人間嫌い」「良心の呵責」。「茨の花」〈花茨〉「野茨の花」〈野ばら〉はみな夏の季語。

愁ひつつ岡にのぼれば花いばら　蕪村

岩鏡　いわかがみ

北海道から九州まで深い山地の岩場などに生え六、七月ごろ、花茎の先に淡紅色の花を数個つけるイワウメ科の多年草。花冠は、基の部分は筒状で先は五裂し縁がさらに細かくギザギザに裂けている。岩場に咲いて丸い葉の表面が光っているのを古代鏡に見立てて名前がついた。夏の季語。

岩かがみ雲のぼりきて岳つつむ　甲賀山村

岩桔梗　いわぎきょう

本州の中部以北の高山帯の岩の間や砂礫地に生えるキキョウ科の多年生高山植物。夏、高さ一〇センチほどの花茎の先に紫色の小ぶりの〈桔梗〉を思わせる美花をつけるところから名づけられた。夏の季語。

岩桔梗落石雲にひゞき絶ゆ　太田蓁樹

岩煙草　いわたばこ

本州以西の山間の滝の傍や湧き水に濡れる岩場などに生え、皺のある葉が煙草の葉に似ているところから名がついたイワタバコ科の多年草。六月から八月ごろ、一〇センチほどの花茎の先に紅紫色の星形の花を数個つける。葉の皺は、本来は熱帯に多いイワタバコ科の植物が耐寒のために越冬芽を縮めて適応した名残だという。夏の季語。

滴りに濡れにぞ濡れし岩煙草　瀧春一

❖花のことわざ・慣用句：言わぬが花
言葉ではっきり言わないほうが波風が立たないし趣もある、という処世の慣用句。「それを言っちゃあ、おしめぇよ」は、フーテンの寅さんの決め台詞だった。

岩つつじ　いわつつじ

①岩地や磯辺の岩や石の傍に咲いている〈つつじ〉。漢字で書くと「岩躑躅」。『万葉集』巻二の草壁皇子の死を悼んだ舎人たちの哀傷歌に「**水伝ふ磯の浦廻の石つつじもく咲く道をまたも見むかも**」、水が伝い流れる入り江の磯辺の岩つつじがいっぱい咲いていた道を再び見ることはあるのだろうか、と。また、『後拾遺集』巻二に「**岩躑躅をりもてぞ見るせこが着し紅ぞめの色に似たれば**」、岩のほとり、赤く咲いていた岩つつじを折り取りつくづくと見つめた、あの人が着ていた紅に染めた衣裳の色にそっくりだったので、と。

②北海道から本州中部にかけての高山に自生するツツジ科の落葉小低木。草のように地下茎から伸ばした花茎の先に夏、淡紅色をおびた白色の小さな釣鐘型の花を数個つける高山植物。夏の季語。

雲が来て消す縦走路岩つつじ　白井常雄

隠逸花　いんいつか

中国・北宋の儒学者周敦頤（しゅうとんい）は「愛蓮の説」を標榜した。曰く「陶淵明は菊を愛好し、李白に倣って牡丹を好む者は多いが、自分は泥土の中で清らかな花を開く蓮を好ましく思う」と。さらに〈蓮〉は「君子の花」で、〈牡丹〉は「富貴者の花」なのに対して「**菊は花の隠逸なる者なり**」、つまり〈菊〉は俗塵を逃れ深山に隠棲している隠者の趣があると論じた。以後、菊花に「隠逸花」の異名がついた。

茴香　ういきょう

南ヨーロッパ原産の芳香のあるセリ科の多年草で、香りが回（めぐ）り伝わるという意味の中国表記をそのまま和名とした。夏から秋、薄緑色の細い葉の繁りから伸びた花茎の先に黄色の小花を、セリ科特有の複散形花序に群がり咲かせる。西洋料理のスープや肉料理には欠かせないハーブ。しかし、黄花が不吉とされ、花言葉は「媚び・へつらい」。シェークスピアの「ハムレット」で、狂乱したオフィーリアはハムレットの父王を殺し母を奪った悪王クローディアスに「あなたはおべっかのういきょう、それから、いやらしいおだまき草」と言いながら手渡す。「茴香の花」は夏の季語。

茴香の花の香こもる夜の雨　澤村昭代

初花　ういばな

生長した草木が初めてつけた花。紀貫之の『貫之集』の詞書（『校註和歌叢書』第五冊）に「**うひ花さける紅梅を折て今年なむ咲（さき）はじめたるといひたるに**」、初めて花をつけた紅梅の枝を折って、今年になって咲きはじめましたと言ったところ、と。その季節の初めての花をいうこともあるが、その場合は「はつはな」というほうが一般的か。

⇩〈初花〉

鬱金　うこん
熱帯アジアの原産で江戸時代に渡来したショウガ科の多年草。全体の姿は〈カンナ〉に似て晩夏から初秋、葉柄につけた緑白色の花のような苞の中に薄黄色の筒状の花を三、四個咲かせる。黄橙色の太い根茎から黄色の染料が取れ、カレー粉や沢庵の着色に用いられる。「鬱金の花」は秋の季語。
薬園の鬱金の花の夜も匂ふ　寺田木公

右近の橘　うこんのたちばな
平安時代以降の宮廷で、紫宸殿の南の階段下の右側（西側）に植えられた橘の木。⇩〈橘〉〈左近の桜〉

雲珠桜　うずざくら
〈里桜〉の一品種で、花の形が馬の鞍につける雲珠という飾り馬具に似ているので名づけられた紅色重弁の桜。鞍馬という地名との縁もあり京都洛北の鞍馬山に咲く桜の通称となった。謡曲「鞍馬天狗」に「馬に鞍、鞍馬の山の　雲珠桜。手折り栞を　知るべにて」、鞍馬山に咲く雲珠桜の枝を手折って目印にすれば、帰り道に迷うことはない、と。春の季語。
雲珠桜満開にして花供養　森澄雄

薄墨桜　うすずみざくら
一重の花が、蕾のときは淡い紅色だが開花すると白、そして散るころには薄墨色になるという〈江戸彼岸〉の一品種。「淡墨桜」とも書き、樹齢一五〇〇年といわれる岐阜県本巣市の根尾谷にある「淡墨桜」の巨木は国の天然記念物に指定されており、夢幻的な美しさで知られる。春の季語。
淡墨桜風立てば白湧き出づる　大野林火

薄雪草　うすゆきそう
夏から秋、花茎の先に純白の綿毛が密集し

た十枚ほどの星型の苞葉を開き、その内側に数個の頭状花をつけるキク科の多年草。白く綿毛に覆われた葉と苞葉が雪を薄くかぶったように見えるところから「薄雪草」の名がついた。ヨーロッパ・アルプスの名花として知られる〈エーデルワイス〉は同属で、日本産種の中では岩手県の早池峰山の「早池峰薄雪草」がいちばん似ているとされる。近縁種に「深山薄雪草」「姫薄雪草」「蝦夷薄雪草」などがある。夏の季語。

薄雪草利尻見えねば影淡し　沢田緑生

空木　うつぎ

列島各地の野山に自生し、あるいは旧家の生垣などに植栽され初夏、釣鐘型の白い小花を多数群がり咲かせるユキノシタ科の落葉低木。「空木」の名は幹が中空だからとも、固い木質が木釘や木槌に適した「打つ木」だからともいう。古来、卯月（旧暦四月）に咲くところから〈卯の花〉と呼ばれ、杜鵑とともに夏の到来を告げる景物として多くの詩歌に詠まれてきた。花言葉は、「古風」「風情」。夏の季語。⇩〈卯の花〉

独活の花　うどのはな

「独活」は、日本各地の山野に自生、または食用として畑に栽培されるウコギ科の多年草。七月から九月ごろ、伸ばした枝先に黄緑色がかった白い小花を〈八手〉の花そっくりの球形につける。春の新芽や若葉は酢味噌あえやてんぷらにする。軟白独活は遮光して栽培する。「独活の花」は夏の季語。

月さして寝につく峡の独活の花　新谷ひろし

優曇華　うどんげ

①インド原産でヒマラヤ・スリランカなどに分布するクワ科の落葉高木。サンスクリット語の「udumbara 優曇婆羅」の略称で、

花はイチジクに似た壺状の花托に包まれているので外側からは見えない。そのためインドでは三千年に一度しか咲かないと信じられ、「優曇華」の花はこの世に如来が出現する奇瑞とされた。『源氏物語』若紫に、尊い行者の祈禱によって瘧病(おこりやまい)から全快し僧坊を去る光源氏に僧都は「**優曇華の花待ち得たる心地して深山桜(みやまざくら)に目こそうつらね**」、三千年に一度しか咲かない優曇華の花に巡りあえた思いがしてどんな見事な深山桜にも目移りすることなどありません、と和歌を詠み、光源氏を優曇華にたとえて見送る。②一方、わが国で古来「優曇華」と言い伝えられているのは昆虫のクサカゲロウの卵で、家屋に迷いこんだクサカゲロウの雌は、産卵のときにねばねばした体液を柱・天井などにつけて引き伸ばし、その先端に卵を産みつける。それが乾くとあたかも細い茎の先に花が咲いたように見え、伝え聞く「優曇華」伝説と習合して吉兆あるいは凶兆とされた。「優曇華」は夏の季語。

優曇華やしづかなる世は復(また)と来まじ　中村草田男

卯の花　うのはな

旧暦四月の「卯月（現行暦の五、六月ごろ）」に咲くユキノシタ科の落葉低木〈空木(うつぎ)〉の花の別名。佐佐木信綱作詞の小学唱歌「夏は来ぬ」に「**卯の花の　匂う垣根に　時鳥(ほととぎす)　早も来鳴きて　忍音(しのびね)もらす　夏は来ぬ**」と歌われ、古来杜鵑(ほととぎす)とともにわが国の野山に夏の到来を告げる風物の代表とされてきた。『万葉集』巻十にも「**五月山(さつきやま)卯の花月夜ほととぎす聞けども飽かずまた鳴かぬかも**」、五月の山に真白に咲く卯の花を月が照らす夜に聞こえる杜鵑の声は何度聞いても聞き飽きることがない、また鳴かないかなぁ、と。「空木の花」〈花空木〉ともいい、夏の季語。

卯の花の夕べの道の谷へ落つ　臼田亜浪

卯の花腐し　うのはなくたし

「腐(くた)す」は、腐らせる、だめにすること。真白く咲いた〈卯の花〉を傷めつけるほどの長雨。卯の花が咲き「卯花月(うのはなづき)」といわれる旧暦四月（現行暦の五〜六月）は、梅雨を控えて雨が多くなる。

卯の花月夜　うのはなづくよ

⇩「月のことば」の〈卯の花月夜〉

姥桜　うばざくら

葉の出る前に花が咲く〈彼岸桜〉などを「歯（葉）無し」の女性になぞらえた言葉。また、年増ながら若く美しい容色を保つ女性をいう俗語。

苜蓿　うまごやし

「馬肥し」とも書き、ヨーロッパ原産で江戸時代に牧草として輸入され春から初夏、黄色の蝶形の小花を咲かせるマメ科の越年草。漢音読みして「苜蓿(もくしゅく)」ともいうが、「苜蓿」は本来は花が紫色の「アルファルファ（紫苜蓿(むらさきうまごやし)）」のことだともいう。一方「苜蓿(うまごやし)」は、同じように牧草などとして輸入されたアジア・ヨーロッパ原産のマメ科の多年草〈クローバー〉ないし〈白詰草〉の別名とされることが多くこの場合、花は白または淡紅色で〈げんげ〉に似た毬のような球形となる。「苜蓿(うまごやし)」の花言葉は「幸運」、またメディカという別名から「生命」。春の季語。⇩〈白詰草〉

サーカスのテントの裡のうまごやし　三船弘

苜蓿やいつも遠くを雲とほる　橋本鶏二

梅　うめ

「梅」は、九州にも野生していたとの説はあるが一般には中国原産とされ、我が国へは食用ないし薬用として弥生時代ごろ渡来したとされる。だが花木として本格的に栽培・観賞するようになったのは、やはり遣隋使・遣唐使が船来して来て以降のようだ。「春告草（はるつげぐさ）」の異名のあるとおりまだ寒気の厳しい一、二月のうちから、春に先がけて咲くバラ科の落葉中高木。白、紅、淡紅色などの五弁花を開く清雅な花姿と高貴な香りは、古代の文人貴人に鍾愛された。『万葉集』巻五の「梅花の歌三十二首」に山上憶良は「**春さればまづ咲くやどの梅の花ひとり見つつや春日暮らさむ**」、春がくればいちばん先に咲く我が家の梅の花を一人で見ながら春の一日を過ごすのだろうか、いやみんなで見たいものだ、と詠んでいる。梅の花の歌は『万葉集』に百十八首もあったが、『古今集』の時代になると桜の花にその地位を譲っていく。厳しい寒気の中で凜と咲く姿から、花言葉は「高潔」「潔白」。春の季語。

むめがゝにのつと日の出る山路かな　芭蕉

梅鉢草　うめばちそう

梅にゆかりの深い菅原道真を祀った太宰府天満宮や、湯島天神の社紋の「梅鉢」に似た白い五弁花を咲かせるところから名づけられたニシキギ科の多年草。山の湿地の日当たりのよい場所に自生し夏から秋、一〇～二〇センチほど伸ばした花茎の先に花を一つつける。夏の季語。

侘しくて梅鉢草の白にこもる　寄川絹子

梅初月　うめはつづき

梅が初めて咲く月の意で、旧暦十二月の別称。春を告げる梅が師走に咲くとはやや違和感があるが、旧暦十二月は現行暦の一月だから、梅が咲きはじめてもおかしくはないだろう。

梅見　うめみ

桜の〈花見〉は陽気もよく大勢で賑やかに宴をはるが、「梅見」は少人数で梅林の中をそぞろ歩き、梅の花の清らかな風情と香りを静かに愛でる。観梅。春の季語。

❖**花のことわざ・慣用句：梅に鶯、柳に燕**
決まり切った定番の取り合わせをいう慣用句。

❖**花のことわざ・慣用句：梅は莟より香あり**
「栴檀は双葉より芳し」と同じで、梅は莟のうちからよい匂いがする。つまり将来大業をなす人は年少のうちから秀でているということ。

❖**花のことわざ・慣用句：梅は百花の魁**
梅はすべての花に先がけて咲き、春を告げるということ。

梅を見る風やさむきところにて　秋間樵二郎

浦島草　うらしまそう

全国の林地の湿地に生え五月ごろ、奇怪な姿をした花序をつけるサトイモ科の多年草。黒紫色の仏炎苞（仏像の光背のような形の苞葉）に包まれた花穂の先端は鞭か糸のように長く垂れ下がり、それを浦島太郎の釣り糸に見立てて名がついた。夏の季語。

浦島草城は石組のみ遺し　青柳志解樹

エーデルワイス　Edelweiss

「エーデル」はドイツ語で「edel 高貴な」、「ワイス」は「weiss 白」。真白で高貴なヨーロッパ・アルプスの名花として知られるキク科ウスユキソウ属の多年草。人の近づけない高く険しい山の万年雪の岩の間に夏、純白の星形に開いた苞葉の中心に淡黄色の花をつける。スイスやオーストリアの国花で、美しい少女にまつわる伝説が伝わっている。その昔アルプスの村に類まれな美少女がいた。しかしその心にかなう者がいなかったのか、少女はついに生涯未婚を通した。やがて万年雪の中に咲いたエーデルワイスをアルプスの山の男たちは少女の生まれ変わりとして慈しみ、花を胸や帽子に飾ったという。日本での通称は「西洋薄雪草」。花言葉は「高潔な勇気」「純潔と不死」。夏の季語。⇩〈薄雪草〉

エーデルワイス西へなだるる谷深く　中村四季

腋花　えきか

「腋」は「脇」に同じ。葉の付け根に花柄を伸ばして咲いた花。花柄は短い。

えごの花

「えご」は、各地の山野の林や川縁などに自生するエゴノキ科の落葉小高木「えごのき」のこと。名前の由来は、果実を口にすると果皮に含まれているサポニンがのどを刺激してえごい（渋い）ところから。六月ごろ五弁の小さな白花を多数つけるが、花柄が長く垂れ下がるので花は下向きに咲く。「えごの花」は、夏の季語。

川の面這へる湯煙えごの花　清崎敏郎

蝦夷菊　えぞぎく

中国の東北部原産のキク科エゾギク属の一年草で、夏から秋にかけ青紫色・白・桃色などの菊に似た〈頭花〉をつける。「江戸菊」の転訛ともいわれ、〈東菊〉と呼ばれることもある。また〈アスター〉と呼ばれたこともあるが、その後エゾギク属として一科一属をなしている。園芸品種として一重・八重・ポンポン咲きもあり、花壇や鉢植えで栽培され切り花としても普及している。花言葉は、多種多彩な花姿から「アスター」と同じ「変化」。夏の季語。

蝦夷菊に日向ながらの雨涼し　内藤鳴雪

越年草　えつねんそう

地に落ちた種が秋に発芽し、冬を越して翌年に開花・結実して枯れる〈一年草〉。芽が出てから枯れるまで二年にまたがるので〈二年草〉といっている場合もあるが、通算生存期間は一年以内である。このように発芽したのち年を越す一年草を「越年草」と呼ぶ。⇩〈一年草〉〈二年草〉

江戸桜　えどざくら

江戸ないし関東に多い遅咲きの大輪の桜をいう。曲亭馬琴纂輯『俳諧歳時記栞草』春・夏の部の「江戸桜」の項に「**遅桜なり**。**葉少し赤し**。**花大輪にして**、**茎長く下に垂る**。**この種関東に多き故に名とすとも云**（いう）」と。また江戸の植木屋が売り出した〈染井吉野〉のことをいうこともある。芭蕉の出版にかかるといわれる『貝おほひ』に、

春風になれそなれそ江戸桜　信乗母

江戸彼岸　えどひがん

日本列島のみならず朝鮮半島・中国にまで分布し、一般の桜より早く春彼岸のころ、葉が出る前に白紅色の花をつけるバラ科の落葉高木。〈大島桜〉とともに〈染井吉野〉の片親とされる。強健・長寿の桜で高さ二〇メートル以上にもなり、山梨県北杜市の「山高神代桜（やまたかじんだいざくら）」は推定樹齢千八百年とも二千年ともいわれる日本最古の「江戸彼岸」の古木。春の季語。

江戸彼岸ざくらの下の寺の燈　小澤克己

えにしだ

ヨーロッパ原産のマメ科の落葉低木で、江戸時代に渡来し「ゲニスタ」という古名が「えにしだ」に転訛したものでシダ類ではない。漢字では「金雀枝」と書き初夏、多数の黄金色の蝶形花を群がり咲かせて枝垂れる。兄を殺して王位を奪った弟が罪を悔

いて巡礼に出、毎夜この花枝を手に懺悔したとのフランスの伝説から、花言葉は「卑下」、また黄色の花を不吉とする慣習から「媚び」。夏の季語。

夢紡ぐまで金雀枝の花あかり　藤田湘子

えのころぐさ

「えのこ」は犬の子の意で、夏から秋に伸ばす花穂の形が子犬の尾に似ているところからの名。漢字で書くと「狗尾草」で、穂で猫をじゃらすところから関東地方では〈猫じゃらし〉ともいう。全国どこでも野原や道ばたに生えるイネ科の一年草。秋の季語。

秋の野に花やら実やらえのこ草　楚常

えびね

列島各地の雑木林や竹林に自生し四、五月ごろ、笹に似た葉の間から伸びた茎の先に十個ほどの花をややまばらな総状につけるラン科の多年草。自然交雑しやすく花弁や萼(がく)の色は淡褐色・黄色・白・緑など多彩。節のある地下茎の形がエビに似ているところから名がつき、漢字で書くと「化偸草」または「海老根」。春の季語。

わが庭にいついづこよりの化偸草(えびねらん)　富安風生

エリカ　Erica

アフリカまたヨーロッパ原産のツツジ科エリカ属の灌木。イギリスでは荒涼とした原野に生育するところから荒れ地を意味する「ヒース」と呼ばれ、エミリー・ブロンテの『嵐が丘』の背景に登場。日本では大正末期に輸入された「蛇の目エリカ」が伊豆半島や房総半島の南部で栽培され春、美しい桃色の小鈴のような壺状の花をびっしりと咲かせて庭園を彩る。荒れ地のイメージからか、花言葉は「孤独」。春の季語。

エリカ咲くひとかたまりのこむらさき　草間時彦

槐　えんじゅ

中国原産で、古くに渡来し各地の街路樹や庭に植栽され、高さ二〇メートルにもなるマメ科の落葉高木。七〜八月ごろ黄白色の蝶形の小花を数多つけた枝が夏空を背に風に揺れる姿に風情があり、また庭や舗道にこぼれている散り花に涼味を感じる。「槐の花」「花槐」は、夏の季語。

裏切りもときに美し花槐　丸山しげる

豌豆の花　えんどうのはな

「豌豆」は、西アジアからヨーロッパ原産のマメ科の一年生ないし越年生野菜で、茎の先端の巻き蔓で近くにある支えに絡んで伸びていき一〜二メートルにもなる。春に咲く蝶形の〈スイートピー〉に似た花は白と紅紫色とがあるが、普通はただ「豌豆」といえば赤いものをいい、白花のものは「白豌豆」といっている。「豌豆の花」「花

⊙佐久間象山の「櫻賦」

儒学・洋学に通じ詩文和歌にも優れた幕末の思想家佐久間象山は、吉田松陰の密出国に連座して故地信濃松代に蟄居させられた。幽居七年に及んだとき胸中の鬱懐を吐き出すように桜花を称える「櫻賦」を撰した。曰く「**皇国に名華有り…　妙色を自然に稟け　妍茂煌きて瑕無し／群卉に冠として特に秀で　終古に亘りて差ず**」、日本国に桜という名華がある…妙なる美しさを大自然から受け、艶やかな枝葉の輝きは間然する所がなく、数々の草花から一等抜きん出ていて、それは永遠に変わらない、と詠い起こし、続けて「**鮮麗なること晨露より滋く、絢采を夕曛に斂む**」、そのあでやかな麗しさは朝露にも勝り、きらびやかな花姿を夕陽の中に留める、と描き、さらに「**遠くよりしてこれを望めば　爛にして卿雲の翠微**

豌豆」は、春の季語。

花ゑんどう蝶になるには風足らず　大串章

花魁草　おいらんそう

北アメリカ東部の原産で、花名の由来は紅紫色のあでやかな花姿が江戸時代の花魁を連想させるから、あるいは花の香りが花魁の白粉(おしろい)に似ているからともいわれる。七～九月ごろ花茎の先に丸みのある円錐花序をつけるハナシノブ科の宿根草。強靭で一度植えると手入れしなくても毎年夏になると咲く。花が〈夾竹桃(きょうちくとう)〉に似ているので「草夾竹桃」の異名がある。夏の季語。

花魁草一村朽ちて風の中　関戸靖子

楝　おうち

伊豆半島以南また四国・九州の温暖な沿岸地域に自生する、現在「栴檀(せんだん)」といっているセンダン科の落葉高木の古名。香木の「栴檀＝白檀」とは別種で、高さ二〇～三〇

に垂るるがごとし／近くよりしてこれを睇(み)れば、璨(さん)として珍珠の林陂(ひ)に綴るごとし」、満開の桜を遠望するとその照り輝くさまはめでたい慶雲が山腹にかかっているようだし、近づいて見れば燦然たること珍しい宝珠の林を堤に連ねたようだ、と讃えた。また中国・春秋戦国時代の楚の憂国の大夫屈(くつ)原(げん)の「橘頌(きつしょう)」に倣い、桜花にまつわるさまざまな故事を踏まえ、言辞をつくして賦した。「櫻賦」はその後「その荘重の辞令と雄渾の気魄」において比類なく、中国古典の「文選」の中に入っても遜色のない希代の傑作とされ、ついに孝明天皇の叡覧に達した。そして明治維新のあと、象山の門人だった勝海舟が師の遺墨を明治天皇に献上すると、嘉納されて下賜金があった。感激した海舟はこれを費えとして象山の真蹟の「櫻賦」を石碑に刻み、東京の飛鳥山に立

メートルにもなり五〜六月ごろ、高い梢に多数の薄紫色の上品な五弁花を総状に咲かせる。「樗」とも書く。『万葉集』巻五に**「妹が見し楝の花は散りぬべし我が泣く涙いまだ干なくに」**、妻が見た楝の花は散ってしまっただろう、私の涙はまだ乾かないのに、と。「楝の花」「花樗」は夏の季語。

ひろがりて雲もむらさき花樗　古賀まり子

刳舟を繋ぐ梅檀花咲けり　小熊一人

桜桃の花　おうとうのはな

桜桃は「西洋実桜」いわゆる「さくらんぼ」のこと。四〜五月ごろ葉の出る前に梅か桜に似た白い五弁花を咲かせるバラ科の落葉高木で、北海道や東北地方の果樹園を白一色に包む。「桜桃の実」「さくらんぼ」は夏の季語だが、「桜桃の花」は春の季語。

桜桃の花に奥嶺の雪ひかる　大竹孤悠

黄梅　おうばい

てたという（山田孝雄『櫻史』より）。

中国原産で江戸時代前半に渡来したモクセイ科の落葉低木。早春、梅と同じころ鮮やかな黄花を咲かせ花の形も梅に似ているが、六弁で梅ではなくジャスミンの仲間。ただし香りはなく、枝は半蔓性で枝垂れる。中国では新年の門出を祝う春節の花として〈迎春花〉の異名をもつ。春の季語。

黄梅の日射し日増しに眩しかり　安居修一

大犬のふぐり　おおいぬのふぐり

明治初期に渡来し旺盛な繁殖力で日本中の路傍に進出した帰化植物。一月ごろから初夏まで、日当たりのよい道端や空地にコバルトブルーの小花を群がり咲かせるオオバコ科の越年草。四弁の花びらのうち一つだけ小さい。その可憐な花姿から「星の瞳」という異名もあるが、「ふぐり＝陰嚢」という異様な正式名は、花後につける実の形からきている。俳句では日本在来種の〈犬ふぐり〉として詠まれることが多い。春の季語。⇩〈犬ふぐり〉

犬ふぐり大地は春を急ぐなり　阿部みどり女

大賀蓮　おおがはす

戦後、東京大学の検見川(けみがわ)農場内で発見された縄文遺跡から丸木舟や櫂にまじって蓮の花托が見つかった。一九五一年三月、植物学者で蓮の権威だった大賀一郎はボランティアと一緒に発掘調査をした。めぼしい成果もなく発掘を終了しようとしたとき、蓮の実が三つだけ見つかった。発芽させ育成してみると二つは失敗したが最後の一つが無事に育ち、翌一九五二年七月十八日に美しい桃色の花を咲かせた。蓮の実のあった上部の地層から発掘された丸木舟の破片などを年代測定したところ二千年前の弥生時代以前のものと推定され、国内外に「世界最古の花・生命の復活」として報道され大きな話題となった。以来この「古代蓮」は「検見川の大賀蓮」として千葉県の天然記念物に指定され、現在も毎年六月下旬から七月にかけて、千葉市の千葉公園で美しい花を咲かせている。

千年の大賀蓮(はちす)の沼昏(くら)く　伊藤ハル子

大島桜　おおしまざくら

春に白く大きな美しい花をつける〈山桜〉の近縁種で、南関東沿岸の山地や房総半島・伊豆半島とくに伊豆大島に自生するところからその名がついたバラ科の落葉高木。葉は縁に鋸歯(きょし)状のギザギザがあり、芳香があるところから桜餅を包むのによく用いられた。多くの園芸品種の〈里桜〉の基になり、とくに〈江戸彼岸〉と交配して〈染井吉野〉の片親になったことはよく知られている。春の季語。

大島桜咲き群青の海に映ゆ　佐藤史づ代

おおばこ

「おおばこ」は普通に漢字を当てれば「大葉子」だろうが、中国でむかし馬車に乗っていた主人から路上に生えている草の名を聞かれた家来が、とっさの機転で車輪の前に生えているから「車前草」と答えたところからそう表記される。「車前草（おおばこ）」は、全国どこでも見かけるオオバコ科の多年草で夏から秋、地面に広げた葉の間から一〇～二〇センチほどの花茎を直立させてその先に白い小花を穂状につける。「すもとりぐさ（相撲取り草）」の異名があるように、子どもが花茎を絡ませ引き合って強さを競う。花言葉は「欺瞞」で、白人が来てからこの草がはびこったと考える植民地の先住民の不信の思いゆえだという。「おおばこの花」は夏の季語。

おほばこのゆるる他なき峠かな　九鬼あきゑ

大待宵草　おおまつよいぐさ

北米原産で明治時代に渡来し、夏の夕方開花して翌朝しぼむと黄赤色になるアカバナ科の越年草。また〈待宵草〉はチリ原産で江戸時代に渡来し、同じように夕方開花して翌朝しぼむアカバナ科の越年草。夏の夕刻、四弁の白い美花を夕月のように開く〈月見草〉がほとんど姿を消したので、同じころ日本に渡来し同じように夏の夕方開花する「大待宵草」ないし「待宵草」が現在では「月見草」と呼ばれるようになっている。ただし「月見草」は花が白く、「大待宵草」「待宵草」の花は黄色。太宰治が『富嶽百景』の中で「富士には、月見草がよく似合ふ」と賛美した「月見草」は実際には「大待宵草」だったろうといわれている。メキシコ原産の「月見草」は性質が虚弱でほとんど消えてしまったが、「大待宵草」と「待宵草」はともに繁殖力旺盛で各地の河原や路傍などに野生化した。〈宵待草〉ともいう。花言葉も「月見草」と同じ「ものいわぬ恋」。夏の季語。⇩〈月見草〉

待宵草夜の色の黄を濃くひらく　社本茂子

大山蓮華　おおやまれんげ

関東以西、四国・九州の高山の森林に自生し晩春から初夏、蓮の花のように美しい花弁六～九枚の白花を開くモクレン科の落葉低木。直径八～一〇センチほどの純白の花弁とその中心の鮮紅色の雄しべとが清楚・高雅かつ神聖な印象を醸す。奈良県の大峰山系に群生地があり大山（大峰山）に咲く蓮華（蓮ないし睡蓮）の意味で名づけられたという。「深山蓮花」ともいい、中国名の「天女花」を「おおやまれんげ」と読ませることもある。夏の季語。

大空に天女花ひかりたれ　原石鼎

岡虎尾　おかとらのお

⇩〈虎の尾〉

荻　おぎ

風が立つと葉がそよいで鳴るので古来秋の到来を告げる草とされ、平安時代後期の勅撰集『拾遺集』巻三にも「荻の葉のそよぐ音こそ秋風の人に知らるる始なりけり」（紀貫之）と詠まれたイネ科の多年草。日本全土の原野の湿地や水辺に群生し秋、〈すすき〉に似た花穂を伸ばし薄紫色から次第に銀白色になっていく。「荻」の名は神霊を招き下ろす「招ぐ」に由来するとされる。秋風に鳴る音は「荻の声」として詩歌に詠われ、「風聞草」「風持草」の異名をもつ。「蘆」「葭」「荻」は区別しにくく、

『菟玖波集』巻十四に「草の名も所によりてかはる也難波の蘆は伊勢の浜荻」と。秋の季語。

舟を見て女が招く荻の花　島田五空

翁草　おきなぐさ

葉・茎・花（萼）の全体が銀灰色の絹毛で覆われているうえ、花後につく実にも白く長い毛が生え蓬髪の老人みたいに見えるところから「翁草」あるいは「白頭翁（はくとうおう）」の名がついたキンポウゲ科の多年草。全国の日当たりのよい山野に自生し四、五月ごろ、花茎の先に暗い赤紫色の花を下向きにつける。花後の姿が一変するところから、花言葉は「裏切りの恋」。春の季語。

花しべの白毛たれたり翁草　吉田冬葉

置花　おきばな

〈生け花〉の表現法の一つで、花器に花を生けて床の間や卓上に置く飾り方。

後れ咲き　おくれざき

草木の花が盛りの時期を過ぎてから咲いていること。

おじぎ草

葉に触れると一瞬にして小葉を閉じ、さらに触ると葉柄の根元から折れたように垂れ下ってお辞儀をしたように見えるマメ科の小低木。漢字で書けば「含羞草（おじぎそう）」で「眠草（ねむりぐさ）」ともいう。ブラジル原産で日本には江戸時代に渡来したといわれ夏、花茎の先に薄紫の小花を球形に咲かせて可憐。学名「ミモーサ」から〈ミモザ〉という別名もある。花言葉は「感受性」また「羞恥心」。夏の季語。

含羞草夜は文机にやすまする　石川桂郎

押し花　おしばな

摘んだ花を本のページや新聞紙に挟んで乾燥させ、標本や栞（しおり）としたもの。

雄しべ　おしべ

種子植物が種子を形成する際の雄性（ゆうせい）の生殖器官。漢字で書くと「雄蕊」。多く花弁の中心にあって細い柄状の花糸（かし）とその先端の〈葯（やく）〉から成り、葯の中に詰まっている花粉が〈雌しべ〉に到達して受粉させる。「雄蕊（ゆうずい）」ともいう。

白粉花　おしろいばな

熱帯アメリカの原産で江戸時代に日本に渡来したオシロイバナ科の多年草。黒い種子を割ると出てくる白い粉状の胚乳（はいにゅう）を白粉に見立ててその名がついた。北原白秋『思ひ出』の「白粉花」に「**おしろひ花の黒きたね　爪を入るれば粉のちりぬ。　幼なごころのにくしみは　君の来たらぬつかのまか。　おしろひ花の黄（きな）と赤、　爪を入るれば粉のちりぬ**」。夏から秋の夕暮れに赤・黄色・白・絞りなどの多彩な花を開くところから〈夕化粧〉の異名がある。英名は「フォーオクロック（午後四時）」。日暮れにひっそりと咲くところから、花言葉は「内気」「臆病」。秋の季語。

畳屋とおしろい花が暮れにけり　榎本好宏

遅咲き　おそざき

だいたい決まっているその草木の本来の花期より、何かの加減で遅く咲いたものをいう。

苧環　おだまき

北海道や本州の高山帯に自生する「深山苧環（みやまおだまき）」を観賞用に改良したキンポウゲ科の園芸植物。四、五月ごろ直立した二、三〇センチほどの茎から分岐した花茎に鮮やかな青紫の美花を下向きに咲かせる。黄を帯びた白花もある。萼（がく）と花弁からなる花の形が糸繰りの「苧環」に似ているところからの名で、「糸繰草（いとくりそう）」ともいう。葉を両手にこすりつけると勇気が湧いて戦いに勝つとの言い伝えがあり、花言葉は「断固とした勝利」。春の季語。

をだまきに植ゑのこる田の夕あかり　原柯城

落椿　おちつばき

水原秋櫻子はその『俳句歳時記』の中で「椿について言い落してならぬことは、その散り方である」と言っている。すなわち、一ひら一ひら散るのではなく花全体がぽとりと落ちて「藪蔭など小暗い所に散り敷いている紅の椿、それは華やかな春の舞台の蔭にひそむ寂しさではないだろうか」と。〈散椿（ちりつばき）〉ともいう。春の季語。

はなびらの肉やはらかに落椿　飯田蛇笏

弟切草　おとぎりそう

「弟切草」の名は、平安中期の花山天皇のころに起きた鷹匠兄弟の悲劇に由来するといわれる。兄晴頼（せいらい）は薬草に精通し、鷹が傷

⊙遅桜――吉田兼好と芭蕉の場合

吉田兼好はなぜか、遅咲きの花がお気に召さなかったようで、『徒然草』一三九段に「遅き梅は、桜に咲き合ひて、覚え劣り、気圧（けお）されて、枝に萎（しぼ）みつきたる、心うし」、遅咲きの梅が桜に合わせて咲くと、花は見劣りがして負けてしまい、しぼんで枝にへばりついているように見えて気が滅入る、と批判している。さらに花時（はなどき）に遅れて咲いている「遅桜」についても「遅桜またすさまじ。虫のつきたるもむつかし」、遅咲きの桜もまた興ざめだ、毛虫の付いているのなんかいらいらする、と酷評している。これに対して芭蕉は、「おくのほそ道」の月山から湯殿へ向かう途中で岩に腰かけしばしの憩いを取っていたとき、ふと見るると「三尺ばかりなる桜のつぼみ半ば開けるあり。降り積む雪の下に埋（うず）もれて、春を忘れ

を負ったときこの草を採んでつければ治ることを知っていた。だが人が草の名を聞いても教えなかった。「然るに家弟有り。密(ひそか)に之を露洩(もら)す。晴頼大いに忿(いか)り之を刃傷す」、弟はこのような良薬は独り占めにするべきではないと思ったのだろう。激怒した兄は弟を斬った。以来この草は「弟切草」と呼ばれるようになったという(『和漢三才図会』巻九十四)。「弟切草」は日本全国の野山に生え初秋、黄色の五弁の小花を円錐形に集めた花序をつけるオトギリソウ科の多年草。朝開いて夕方にはしぼむ〈一日花〉で、漢方では止血剤として用いる。西洋にも「魔女除けの花」の俗信があり、花言葉は「敵意」「迷信」「忘却」。秋の季語。

おとぎり草行者の鈴は霧に消ゆ　岩城のり子

男郎花　おとこえし

日本全土のほか朝鮮半島・中国にも自生し

ぬ遅桜の花の心わりなし」、蕾(つぼみ)が半分ほころびかけた一メートルほどの峰桜があった、冬には深い雪に埋もれながらも春を忘れず、遅ればせの花をつけようとしている「遅桜」の心映えは並大抵でない、と感動している。

超一流の文人ふたりの「遅桜」に対する正反対の心の動きが興味深い。ちなみに芭蕉の「遅桜」は「高嶺桜」だと芭蕉研究で知られる詩人の安東次男は言っている。「遅桜」は春の季語。

みちのくや白まさりたる遅桜　廣瀬直人

夏から秋、茎の先に白い小花を傘のような形につけるスイカズラ科の多年草。〈女郎花(おみなえし)〉と同属だが、女郎花の花姿が「粟飯」を思わせる嫋(たお)やかな黄色であるのに対して、こちらは白花が「米飯」を連想させ、全体にやや大きく厳(いか)つく見えるところから「男郎花」の名がついた。秋の季語。

男郎花あの稜線が大菩薩　古沢太穂

乙女椿　おとめつばき

晩冬から早春、名前にふさわしく愛らしい桃色の重弁の花をつける園芸品種の椿。たくさん花弁の重なった花冠は丸く、雄しべの残る八重咲きと区別して雄しべのない千重（「せんえ」ないし「ちえ」）咲き。春の季語。

地よりわくしなだま乙女椿かな　原石鼎

（「しなだま」は玉を使った手品ないし「お手玉」か）

踊子草　おどりこそう

列島各地の路傍や林縁の半日陰地に生えるシソ科の多年草。五、六月ごろに淡紅色の唇形花(しんけいか)を咲かせ、その上唇と下唇の間隔が開いているさまを江戸時代の百科事典『和漢三才図会』は「状(さま)人笠を著(き)て躍るに似たり。故に俗に躍草(おどりぐさ)となす」、上下に分かれた花の形は人が笠をかぶって踊っている姿に似ているから「踊草」というのだ、と説明している。夏の季語。

梢からはやす蛙やをどり花　一茶

鬼薊　おにあざみ

全国の野山や草原でふつうに見かける〈薊〉は、種類も多く春から秋まで花をつける。だが俳句では春咲きの「野薊」を代表として、ただ「薊」といえば春の季語。しかし俳人たちは秋野に咲いていれば「秋薊」といい、花が大きければ「大薊」、棘や姿が猛々しければ「鬼薊」と呼んで句にしてきた。「鬼薊」「秋薊」は秋の季語。

雲よりも風が目に見ゆ秋薊　鈴木鷹夫

伊賀衆の番所の庭や鬼薊　野原春醪

鬼百合　おにゆり

六枚の濃い橙色の花弁には黒紫色の斑点があり、それを大きく反り返らせて長い蕊を吐き出すさまは強烈。「鬼」の名にふさわしく野趣に富む〈百合〉。「天蓋百合」ともいう。夏の季語。

しづけさは鬼百合の丈そのあばた　森澄雄

尾花　おばな

〈秋の七草〉を代表する〈すすき〉は、花穂が獣の尻尾のような形をしているので「尾花」の異称をもつ。「穂花」あるいは風が吹くと人を招くように揺れるので「招花」が転じたものという説もある。「穂芒」〈花すすき〉ともいう。

『吾妻鏡』文治五年（一一八九）九月四日、奥州平泉の藤原泰衡を追討した源頼朝は陣岡の蜂杜に陣を敷いた。そこへ北陸路の残敵を平らげた比企能員らの軍勢が合流してきて総勢は二八万四千騎に達した。「面々に白旗を打立て、各黄間（弓）に倚せ置く、秋の尾花色を混へ、晩頭の月、勢を添ふと云々」、各将士は源氏の白旗を押し立てその脇に弓を置いた。これに「尾花」の白が混じり合った光景を夕月が白々と照らして、いっそうの勢威を加えた、と。秋の季語。

象潟の尾花を波と見る日かな　佐藤春夫

雄花　おばな

花には一つの花の中に雄しべと雌しべを両方もつ〈両性花〉と、どちらか一方しかない〈単性花〉があるが、雄しべだけしかない単性花を「雄花」という。⇩〈単性花〉〈雌花〉

お花畑　おはなばたけ

一般には草花の植えてある花園のことだが、とくに三〇〇〇メートル級の高山で夏の数か月間だけ高山植物が咲き乱れる草地のことをいう。北アルプスの白馬岳、木曾駒ヶ岳、北海道の大雪山などの「お花畑」が有名。俳句では字音の点から「おはなばた」ということが多く、「お花畠」とも書く。夏の季語。

お花畑より鳥たたば空無限　福田蓼汀

女郎花　おみなえし

〈秋の七草〉を代表する花の一つ。各地の野山で晩夏から秋にかけ、多く分岐した花茎の先に鮮やかな黄色の小花を傘の形に咲かせるスイカズラ科の多年草。『万葉集』巻十七に「をみなへし咲きたる野辺を行き巡り君を思ひ出たもとほり来ぬ」、女郎花が咲いている秋野をめぐり歩きあなたのことを思い出しながら回り道をして来ました、と。粟粒のような小花と女性を思わせるやさしい風情とがあいまって粟飯（あわめし）に見立てられ、「おみなめし」と呼ばれのちに「おみなえし」に転じたという。〈粟花〉ともい

⊙**「女郎花」は男女の情愛をそそる花**

その字面ゆえか「女郎花」は、詩歌や文芸で取りあげられる場合に男女の艶めいた心を描くことが多いようだ。『古今集』巻四に「名にめでて折れるばかりぞ女郎花我おちにきと人に語るな」、名前に「女郎」という字がついているので戯（たわむ）れに折ってみただけなのだから女郎花よ、私が堕落した坊主だなどと人には言わないでおくれ、と。作者は僧正遍昭である。またその四首後には「女郎花秋の野風にうちなびき心ひとつを誰に寄すらむ」、女郎花は吹く秋風にまかせてあちらへこちらへと靡（なび）いているが、一つしかない心はどの男に寄り添わせるのだろう、と。

一方、謡曲「女郎花（おみなめし）」は、都に上り男山の石清水（いわしみず）八幡に参詣しようとした旅僧が秋草の咲き乱れる野辺にさしかかる場面から始

う。嫋やかな花姿が秋風にそよぐようすから、花言葉は「美人」。秋の季語。

女郎花月夜のねむり黄にまみれ　六角文夫

思草　おもいぐさ

ハマウツボ科の一年生の寄生植物〈南蛮煙管〉の異名。〈すすき〉・砂糖黍などイネ科の植物や〈茗荷〉などの根に寄生し秋、一〇～一五センチほど伸ばした花柄の先に淡紅紫色の花を咲かせる。煙管の雁首のような筒形の花を横向きないし少し伏し目がちにつけるようすを、人が物思いにふけっている姿に見立てて「思草」の名がついた。『万葉集』巻十に「**道の辺の尾花が下の思ひ草今さらさらに何をか思はむ**」、路端のすすきの下の思草のようにいまさらこれ以上何を思い迷うことなどあるだろうか、と。物思わしげな風情が似ている〈竜胆〉〈露草〉〈女郎花〉なども、古くは「思草」と

まる。あたり一面に咲く女郎花を一本手折ろうとする僧の前に一人の花守の老人が姿を現し、「女郎花」とはいえ戯れに手折ってはいけないと制止する。二人は花談義をしながら八幡宮に参詣したあと、老人は旅僧を山の麓の夫婦塚に案内し、男塚は小野頼風の、女塚は都の女の墓であると告げる。そして夕風が吹き増さると樹々の陰にまぎれて夢のように姿を消してしまう。その夜僧が亡魂を弔って読経していると夫婦の亡霊が現れ、女はかつて契った頼風の薄情を恨んで川に身を投げたと告げる。頼風は女の言い分に思い当たることはなかったけれど、亡骸を葬ってやるとその墓塚から「女郎花」が咲き出た。その花を亡き妻の生まれ変わりと思えば哀れで、何事も自分の罪科ゆえと己を責めた頼風は、女のあとを追い自らも川に身を沈めたと語る。そして邪

呼ばれたことがある。秋の季語。

曇り日や花開かずに思ひ草　小田芙美子

面影草（おもかげぐさ）

〈山吹〉のことをいう。草木や鳥・獣・月などを詠んだ和歌を集めて解説を加えた『蔵玉集』は、南北朝期に関白太政大臣を務め連歌の大成者としても知られた二条良基の撰といわれる。そこに「山吹＝面影草」の由来についての説明が書かれている。曰く「**昔男女あかずして別れ侍りける時、鏡に面影を互にうつして、其鏡を埋み畢んぬ、其所より山吹生ひ出でける**」、昔、未練を残しながら別れねばならなかった男女が別れるとき、鏡にお互いの面影を映し合ってから土に埋めた。するとそこから〈山吹〉が生えた、というのである。

沢瀉（おもだか）

各地の湿地や水田などに自生するオモダカ

淫の罪咎ゆえに地獄の悪鬼から業罰を受け続けている男女を救おうと高まる旅僧の読経の声が、罪に苦しんでいる人びとの霊を成仏へと導いてゆく。

科の多年生水生植物。夏から秋、伸ばした花茎の周りに何段か節をなして下の方に雌花、上の方には雄花を輪生させる。いずれも三弁の白花で、雌花は花びらの中心が緑、雄花は中心が黄色。同じオモダカ科で地下茎を食用にする「慈姑」の近縁で、花も似ていて「花慈姑」ともいう。夏の季語。

沢瀉や芥流るる朝の雨　佐藤紅緑

オリーブ

西アジアないし地中海沿岸地方原産のモクセイ科の常緑小高木。江戸時代末期に渡来し瀬戸内海地方などで栽培され初夏、葉の付け根から伸ばした花軸に黄白色の小花を総状に咲かせる。花言葉は「平和」「博愛」。「オリーブの花」は夏の季語。

海上を往く太陽にオリーブ咲く　三好潤子

か行

カーネーション　carnation

南ヨーロッパないし西アジア原産で江戸時代にオランダ経由で輸入されたナデシコ科の園芸植物。人気のある花で一年中見られるが、ふつうは初夏に赤・白・桃色など多彩な花を咲かせる。一九一四年にアメリカで「母の日」が制定され赤い「カーネーション」を贈る習慣が広まると、戦後の日本にも流入し定着した。赤いカーネーションの花言葉は「愛」「感謝の心」。夏の季語。

みなしごの保母もカーネーション受けぬ　原洋子

ガーベラ　Gerbera

南アフリカ原産で明治時代末に渡来し夏か

ら秋、赤・黄・橙・紫などの大きな菊に似た〈頭状花〉を咲かせるキク科ガーベラ属の多年草。観賞用の園芸種で〈たんぽぽ〉のように、地際近くに繁ったロゼット葉の中から三〇センチ以上もある長い花柄を伸ばしその先に花をつける。陽気で明るい花姿から、花言葉は「希望」。夏の季語。

明日の日の華やぐがごとガーベラ挿す　藤田湘子

開花前線　かいかぜんせん

各地の気象台が植物の開花日を予測して、地点ごとに地図に記入し線で結んだもの。四季を代表する植物として梅・染井吉野・紫陽花・百日紅・すすきなどの「開花前線」を作り、季節が移る目安としている。

解語の花　かいごのはな

「解語」は言語を解するの意。人のことばを理解する花とはつまり美人のこと。『開元天宝遺事』巻下に、ある年の秋八月、唐の玄宗皇帝が宮殿で宴を開いていたとき、目の前の太液池には千葉の白蓮が今を盛りと咲き誇っていた。群臣たちが蓮の花の美しさをほめそやすと、「帝、貴妃を指し、左右に示して曰く、我が解語の花と争うが如し、と」、私の「解語の花」と美しさを競い合っているようだ、と。

海棠　かいどう

中国原産で、日本でも優美な淡紅色の五弁花が古くから愛されたバラ科の落葉低木。庭木や盆栽として植えられ四月ごろ、長い花柄の美しい花がやや下向きに総状に咲く。折からの春雨に濡れると雨滴の重さに耐えかねるように垂れ下がり、その姿が悩める美女に見立てられて「海棠の雨に濡れたる風情」という慣用句が生まれた。また、美酒に頬を染めた楊貴妃が、玄宗皇帝の問いに「海棠の睡りいまだ足らず」と答えたという故事から「睡れる花」の異名がある。「花海棠」ともいい、花言葉は「艶麗」「美人の眠り」。春の季語。

海棠の雨未だ磴（とう）を濡らさざる　三品壺中子

（「磴」は石段）

花雨　かう

①花が咲く時節に降る雨。花を濡らして降る雨。②雨が降るように花が散ること。天から花びらが降るのは神仏の加護の吉兆とされる。唐・李白の詩「山僧を尋ね遇（あ）わずして作る」に「**香雲（こううん）、山に徧（あま）ねくして起り、花雨、天従（よ）り来たる**」、山寺に知り合いの僧を訪ねたが不在なので帰ろうとした李白が、僧庵からの景色があまりに素晴らしいので付近をしばらく徘徊していると、湧き出た雲のような花は山腹に立ちこめ、花びらが繚乱として天から降りそそいできた、と。

花影　かえい

月光を浴びた花枝が地面や壁・障子などに落とす影のこと。夏目漱石は熊本の第五高等学校教授に赴任した翌年の明治三十年（一八九七）の暮、近郊の小天（おあま）温泉に宿泊する。そのときの体験をもとに九年後に発表したのが、芸術の何たるかを主題にした『草枕』。主人公の画工（えかき）は、作品中で「那古井」にあるとされる宿を訪れた夜、夢の中に川流れのオフィリアの歌声を聞き、はっと目覚めると寝部屋の外から女の歌声が聞こえた。時計を見ると午前一時を過ぎている。寝床から立って行って障子をあけると、海棠かと思える木を背にして朧（おぼろ）な月光の下に影法師が動き、地に映る「花影」を踏みしだいて建物の陰に姿を消す。人間か、化け物か——。思い惑っているうちに画工（えかき）の想念は「常人」と「詩人」の相違に移って行き、やがて独特の詩論・芸術論が展開されていく。円山応挙が幽霊の絵を描くまでは誰も幽霊の美に気づかない。「余が今見た影法師も、只それ限(ぎ)りの現象とすれば、誰が見ても誰に聞かしても饒(ゆた)かに詩趣を帯びている。――孤村の温泉、――春宵の花影、――月前の低誦、――朧夜の姿――どれも芸術家の好題目である」と。⇩「月のことば」の〈花影〉

❖花のことわざ・慣用句：帰り花が咲くと秋が長い
桜・つつじ・山吹など春の花が〈帰り花〉をつけるのは陽気が暖かいからで、その年は冬の到来が遅れるということわざ。

帰り咲き　かえりざき
春に一度咲いた花が、小春日和などに誘われたように初冬に再び花をつけること。和歌・連歌の時代には詠題とならなかったが、江戸時代の俳人たちはこの現象に強い関心を示したと山本健吉はいう（『基本季語五〇〇選』）。「返り咲き」とも書き、〈二度咲き〉〈狂い咲き〉ともいう。冬の季語。

帰り咲く八重の桜や法隆寺　正岡子規

帰り花　かえりばな
春に咲く花が、本来の花期ではない初冬などに〈帰り咲き〉したものをいう。「帰り花」は一般に、春のように満開に咲くわけではなく、数輪控え目に開くばかりのことが多い。「返り花」とも書き、〈忘れ花〉ともいう。冬の季語。

山国の日和は梨の返り花　大谷碧雲居

花王　かおう
数多(あまた)の花々の中で〈花の王〉とされる花。国や文化ごとに諸説あって、中国では〈牡丹〉、日本は〈桜〉、西洋では〈薔薇〉などの推されることが多い。

顔佳花　かおよばな

花冠を女性の顔に見立てて、顔がひときわ美しい花の意。〈昼顔〉〈かきつばた〉〈芍薬〉などを指したといわれる。鎌倉時代末期に成立した『夫木抄』巻二十四に「東路のかほやが沼のかほよばな時ぞともなくせなぞこひしき」、東国の可保夜ヶ沼に咲く顔佳花はいつでも夫を恋しく想っている、と。可保夜ヶ沼はかつて〈かきつばた〉の群生池として知られたので、ここで和歌の作者が美女にたとえている「顔佳花」は「かきつばた」と思われる。

花下　かか

花が咲いている下。唐・白居易の「春暖」に「風痺は和暖に宜しく、春来脚校軽し。鶯に留められて花下に立ち、鶴に引かれて水辺に行く」、白居易は脳梗塞を患っていたようで、中風には暖かいのがよろしく、春になってから足取りも少し軽くなった。鶯に引き止められて梅の花の下に佇んだり、鶴に誘われて水辺を歩いたりした、と。

篝火花　かがりびばな

〈シクラメン〉の別称。シクラメンの球根は豚が好んで食べるところからヨーロッパでは「豚のまんじゅう」と呼ばれ日本でもそれを和訳していたが、牧野富太郎が気の毒に思ったのか、深紅の花弁が反り返って咲く花姿を篝火に見立てて「篝火花」と名づけたという。「篝火草」ともいう。春の季語。⇩〈シクラメン〉

篝火草繕ふものの見つかりぬ　赤座典子

花冠　かかん

花全体の中で、さまざまな色と形の花びらによって形づくられている最も美しい部分。

中心に〈雄しべ〉と〈雌しべ〉があり、下側を〈萼（がく）〉と〈花柄（かへい）〉が支えている。花弁が一枚一枚分離した「離弁花冠」と、一つに合わさった「合弁花冠」とがある。

かきつばた

漢字で「杜若（かきつばた）」あるいは「燕子花（かきつばた）」と書くアヤメ科の多年草。池辺や湿地に生え初夏、濃紫（こむらさき）の〈あやめ〉に似た美花を咲かせる。「あやめ」は下に垂れた花びらの付け根の黄色いところに紫色の網目模様（文目（あやめ））があり、「かきつばた」は花びらの中央に鮮やかな白線が通っているので区別できる。『万葉集』巻十に「**我（あれ）のみやかく恋すらむかきつはた丹つらふ妹はいかにかあるらむ**」、私だけがこんなに恋いこがれているのか。頬がほの赤くかきつばたのように美しい妻はどう思っているのだろう、と。花の色は白、淡紅色もある。燕が飛んでいる姿を思わせるところから「燕子花（かきつばた）」の表記が生まれ、花の美しさから〈顔佳花（かおよばな）〉ともいう。在原業平が「かきつばた」の五文字を各句の頭に据えて旅の思いを詠んだ『古今集』巻九の「**唐衣／着つつなれにし／つましあれば／はるばるきぬる／旅をしぞ思ふ**」はよく知られている。花言葉は「幸運はきっとくる」。夏の季語。

杜若雨に似合ひて黄なりけり　高田風人子

柿の花　かきのはな

「柿」は海外でもそのまま「Kaki」と書かれるほど日本を代表する果実だが、遠い古代に中国から伝来したカキノキ科の落葉果樹。花は雌雄同株で、五、六月ごろ若葉にまぎれて気づかないほど地味な淡黄色の花をつける。散った花を見てから咲いていたことと小さな青柿に気づくほど「静かで淋しい花」で、花言葉は「やさしさ」「恩恵」。

「柿の花」は夏の季語。

柿の花こぼれて久し石の上　高浜虚子

萼　がく

花のいちばん外側にあり花弁を下から支えている部分。萼片は葉と同じ緑色のことが多いが、時に花びらのように美しいものも少なくない。枚数は花弁の数と同じことが多い。「うてな」ともいう。

萼あればこそ美しき苺摘む　大西千歳

額紫陽花　がくあじさい

房総半島や伊豆半島ないし伊豆諸島の海岸沿いの山峡などに自生するアジサイ科の落葉低木。七月ごろ、中心に青紫色の細かい花が密集し、周りを淡青色や紅紫色の装飾花（実際は萼(がく)）が囲むように咲く。囲む形が額縁を思わせるので「額紫陽花」の名がついた。手毬(てまり)咲きの紫陽花の基になった日本固有種。「額の花」ともいい、夏の季語。

石庭の額紫陽花に歩を返す　岩室由子

くらければ障子をあけぬ額の花　大野林火

格花　かくか

さまざまな〈生け花〉表現のうち、〈盛花(もりばな)〉や〈投入(なげいれ)〉など個人の自由な感性を尊重する〈自由花〉に対して、品格や様式を重んじる〈立花(りっか)〉や〈生花(せいか)〉をいう。

額の花　がくのはな

⇩〈額紫陽花〉

花月　かげつ

咲き匂う花と照り映える月を愛(め)でること。すなわち風雅な遊び。〈華月〉とも書く。盛唐・杜甫の「特進汝陽王(じょようおう)に贈る二十二韻」に「**花月遊宴を窮(きわ)め、炎天鬱蒸(うつじょう)を避く**」、春は花や月を愛でる酒宴を味わい尽くし、夏は烈しい日射しと蒸し暑さを避暑地に逃れた、と。

掛花　かけばな

〈生け花〉の表現法の一つで、花を生けた器を壁や柱に掛ける飾り方。

挿頭　かざし

花のついた枝や造花を髪や被り物に挿して飾ること。『万葉集』巻五に「梅の花今盛りなり思ふどちかざしにしてな今盛りなり」、梅の花はいまが真っ盛りだ、心を許した者同士髪に挿して飾ろうよ、いまが梅の花盛りだ、と。

風花　かざはな

山向こうの降雪地に降った雪が、風に乗って冬晴れの空からちらちらと花びらのように舞い落ちてきたもの。荒天や静かな曇天から舞ってくることもある。上州地方ではこれを〈吹越（ふっこし）〉と呼ぶ。「かぜはな」「かざばな」ともいうが、文芸評論家の山本健吉は「かざはなというのが一番美しい。こういう美しい現象には、音声の効果を大事にしたい」と言っている（『基本季語五〇〇選』）。冬の季語。

風花の華やかに舞ひ町淋し　松本たかし

風吹草　かざふきそう

早春の山林に可憐に咲くキンポウゲ科の山野草〈菊咲一華（きくざきいちげ）〉ないし「菊咲一輪草」の別名。白い花が群生して春風に揺れる清純な花姿からついた異名。⇩〈菊咲一華〉

飾り花　かざりばな

端午の節句や新生児の初正月に、邪気払いや魔よけの〈菖蒲〉や蓬（よもぎ）をつけて飾る造り花。また祭りのとき軒に吊るす祭提灯（まつりぢょうちん）につける花。

花軸　かじく

先端に花を一つつけるのが〈花柄〉だが、その何本かの花柄を伸ばす軸ともいうべき茎ないし枝のこと。「花軸」から「花柄」

が伸び、その先に「花」が咲く。

花序　かじょ

〈花軸〉から〈花柄〉が伸び花々が咲き進むにつれて形成される花枝の形のこと。開花が進むと〈菜の花〉や〈藤〉のように総の形になるのが「総状花序」、〈捩花〉のように穂の形になるのが「穂状花序」、〈たんぽぽ〉や〈向日葵〉のように花軸の先に花柄のない小花が密について頭のようになるのが「頭状花序」、〈南天〉のように分岐した複数の「総状花序」の花枝が全体として円錐形になるのが「円錐花序」。一方、花が花茎の上から下へと咲き下りて行くものを〈有限花序〉、逆に下から上へと咲き上っていくものを〈無限花序〉という。

花信　かしん

「信」は「音信」の信で便り、訪れ。「花信」は、花が咲いたという知らせ。〈花便り〉。

花唇　かしん

花弁を人の唇に見立てていう。「唇形花」といえば花びらが人の唇のように上下に分かれている〈踊子草〉など。一方で、女性の紅い唇を花びらにたとえていう形容語。

花神　かしん

中国で「花をつかさどる神」ないし「花の精」のことをいう。明初の詩人高啓（高青邱）の「梅花九首」の第三首に「**幾たびか孤影を看て低徊する處、只道う花神夜出で遊ぶと**」、愁いを胸に幾たびか梅の孤影を見上げて行きつ戻りつし、花の精は夜に姿を現して遊ぶというので去りがたかった、と。また明代の歳時風俗誌『月令広義』に「**女夷は花神なり。魏夫人の弟子にして、花姑亦た花神なり**」、春に万物をはぐくむ「女夷」は花の神であり、仙女である魏夫人の弟子の花姑もまた花神である、とある。

花芯　かしん

「芯」は中心。花の真ん中にある「雄しべ・雌しべ」のこと。「花蕊（かずい）」ともいい、「花心」とも書く。

泊夫藍（サフラン）の花芯摘み干す日和かな　福田甲子雄

花信風　かしんふう

花の蕾をほころばせる春風。花便りを運ぶ風。また「春風二十四番花信風（しゅんぷうにじゅうしばんかしんふう）」といえば、一月六日ごろの小寒から四月二十日ごろの穀雨までの二十四節気の各気ごとに決まった花が開花することをいう。小寒には梅・水仙、大寒には沈丁花・蘭、立春には桜桃（ゆすら）・辛夷（こぶし）など。

霞草　かすみそう

中央アジアのコーカサス地方から中部ヨーロッパにかけて自生し、大正時代に渡来したナデシコ科の一年草。春から初夏、多数

⊙司馬遼太郎の『花神』

別項に記したように「花神」とは中国で「花の神」ないし「花の精」を意味するが、辞書はさらに「花の栽培の名人」という意味も付け加えている。平たくいえば「花咲爺（はなさかじじい）」のことである。司馬遼太郎の小説『花神』は、幕末・長州の百姓上がりの蘭方医村田蔵六のちの大村益次郎について、近代的合理主義に基づく軍事技術を駆使して明治維新の花を咲かせた「花神＝花咲爺」として描いている。村田蔵六は周防国（すおうのくに）（現山口県東部）生まれの百姓身分の村医者であったが、はたち過ぎに大坂に出て緒方洪庵の適塾で蘭医学を修めた。洪庵からの勧めで岡山へ赴く途中、シーボルトの忘れ形見で蘭医学の産科医をしていたイネと出会い心を通わせる。イネはただならぬ美貌の持ち主で父の弟子との間にすでに一女をもう

分岐した枝先に五ミリほどの白い小花が密に咲き、霞がかかったように見えるところから名がついた。「群撫子（むれなでしこ）」「小米撫子（こごめ）」という和名もある。八重咲きもあり、花の色が薄桃色のものもある。英名を「baby's breath（赤ちゃんの息）」といい、花言葉は「清らかな心」。春の季語。

セロファンの中の幸せかすみ草　椎名智恵子

堅香子　かたかご

春、六弁の反り返った紅紫色の花びらを下向きに咲かせるユリ科の多年草〈片栗〉の古名。『万葉集』巻十九に大伴家持が「もののふの八十をとめらが汲みまがふ寺井の上の堅香子の花」、娘たちが大勢入り乱れて水汲みをしているお寺の井戸端に咲いている堅香子の花よ、と詠んでいる。「堅香子の花」は春の季語。

かたかごの花や国主が館の址　石井桐陰

けていたが、武骨で不器量で無愛想な蔵六の人と学問に惹かれて生涯の思慕を懐く（いだ）。その後蔵六は宇和島藩のお抱えとなり西洋軍事技術の導入に携わる。洪庵の「上医は国の病を治す」の教えどおり、蔵六は長崎留学を経て一介の蘭医から科学的軍事技術者として大きく羽ばたき、江戸に出ると幕府が新設した洋学研究機関の「蛮書調所（後の東京帝大）」の教授手伝（助教授）となる。蔵六は攘夷家ではあったが開明的な科学技術者であって、攘夷騒ぎの志士たちを軽蔑し幕末の攘夷論議には加わらなかった。とくに西郷隆盛を無能だが危険な反動的人物として嫌っていた。長州藩の軍事技師として蔵六は武士に頼らない軍事力を持論とし、藩に士民もろとも挙藩一致体制を作り上げた。風雲急を告げる政情の中で、「幕府に勝てるか」と問われた蔵六は「施

片栗　かたくり

本州の中部以北の山林などに群生し、春の雪解けとともに地下の根茎から伸ばした花茎の先に紅紫色の美花をつけるユリ科の多年草。小さな〈百合〉に似た六弁の花びらを反り返らせてうつむきに咲かせる儚げな風情に心惹かれる人は少なくない。古くは〈堅香子〉といい、根茎を砕き水に晒して片栗粉を採った。少女が恥じらっているような花姿から、花言葉は日本でもアメリカでも「初恋」「ファーストラブ」。春の季語。

かたくりは耳のうしろを見せる花　川崎展宏

片咲く　かたさく

花が片方にだけ、あるいは部分的に少し咲きはじめること。鎌倉末期の類題和歌集『夫木抄』巻十一に「**野辺見れば草の初花かたさきてちぢには秋の色ぞまだしき**」、野辺を見渡すと最初の秋草の花が少し咲き

条銃を一万丁そろえれば勝てる」と答えた。慶応二年（一八六六）六月の幕長戦争で長州が勝った原因は、井上聞多や伊藤俊輔らが苦心して買い揃えた施条銃の威力にあった。百姓が武士に勝ったのであり、このとき時代が変わった。こののち蔵六はすべての長州藩士に新式小銃を持たせる制度を作った。彼は自らを官軍の「最高司令官」と任じ、江戸を鎮静すれば天下は鎮静すると宣して彰義隊を上野の山に追い詰め、壊滅させて三百年続いた江戸幕府の息の根を止めた。司馬遼太郎は本書の終盤で「蔵六がなすべきことは、幕末に貯蔵された革命のエネルギーを、軍事的手段でもっと全日本に普及するしごとであり、…津々浦々の枯木にその花を咲かせてまわる役目であった。中国では花咲爺のことを花神という。蔵六は花神のしごとを背負った」と記している。

だしているが、野がすっかり秋の色に包まれるのはまだこれからのようだ、と。

かたばみ

「世界的な雑草」といわれるとおり、日本各地の路傍や畑をはじめ世界のどこでも見られるカタバミ科の多年草。春から秋までほぼ一年中、三枚のハート型葉の脇から伸ばした花柄の先に五、六個の五弁の黄花をパッチリと開く。漢字では「酢漿草（かたばみ）」と書き、日本の武家などがハート型の葉を図案化して家紋とした。西欧では「ハレルヤ」と呼ばれ復活祭のころに盛んに咲くところから、花言葉は「喜び」。「かたばみの花」は夏の季語。

かたばみが咲いてポンペイ遺跡かな　加藤世津

花壇　かだん

公園や沿道などに区画を作り草花を植えた場所。〈花園（はなぞの）〉「花畑（はなばたけ）」〈花圃（かほ）〉などもほぼ

明治二年（一八六九）五月、五稜郭の榎本武揚（えのもとたけあき）軍が降伏して戊辰戦争が終了した。その四か月後、蔵六は長州の狂信的な攘夷派の刃に斃（たお）れる。蔵六が止宿していた京都木屋町の宿へ刺客が乱入した。即死はまぬかれたものの瀕死の身を大阪で治療していた蔵六の許へ、知らせを受けたイネが駕籠（かご）に乗って横浜から昼夜兼行で駆けつけた。イネはその後蔵六が息を引き取るまでの五十日間、寝食を忘れて看病した。が、明治二年十一月五日午後七時、蔵六は敗血症を併発して死去した。遺言は「四斤砲をたくさんつくっておけ」というものだった。西郷隆盛の挙兵を見越しそれに備えるためであった。八年後に西南戦争が起こったとき、蔵六の四斤砲が九州の山野で炸裂し西郷軍を粉砕した。

同意で春にふさわしい言葉とされた時期もあったが、〈花野〉が秋の季語とされたところから、現在はいずれも秋の季語。ただし高山植物が咲き乱れる〈お花畑〉は夏の季語。

学校花壇サルビヤつねに軽騎兵　鈴木蚊都夫

花鳥風月　かちょうふうげつ

四季折々の天然自然を象徴する美しい景物。またそれらに感動して詩歌などに表現する風雅な心をいう。

カトレア　Cattleya

熱帯中南米の原産で十九世紀ヨーロッパで栽培・交配を重ねられ、その艶麗・豪奢(ごうしゃ)な花姿から「花の女王」と称えられるラン科カトレア属の常緑多年草。熱帯アメリカでは高地に生育する樹木の樹皮や岩に着生し、冬から春にかけて赤・桃色・白など大輪の華麗な花を咲かせる。花言葉は「優美な貴婦人」「魅惑的」。冬の季語。

カトレアも見舞し人も美しく　蒲田芳女

花被　かひ

〈雄しべ〉〈雌しべ〉を下から支え保護している〈花冠〉と〈萼〉のこと。目立つ色で虫などを引き寄せる。

兜花　かぶとばな

⇩〈鳥兜〉

花粉　かふん

種子植物の〈雄しべ〉の〈葯(やく)〉の中にできる顆粒状の雄性の生殖細胞。風・水や動物によって〈雌しべ〉に運ばれ「柱頭」に付くと受精して種子ができる。

百合咲きていまだ花粉をこぼさざる　細見綾子

花柄　かへい

〈花軸〉から分岐し先端に花をつける茎のことで、「花梗(かこう)」ともいう。「梗」は茎ないし枝。「花柄」の先につく花は一つだが、花軸からは複数の「花柄」が伸び、それぞれに花がついて〈花序〉を形成する。

花弁　かべん

「花」の主役である「花びら」のこと。三弁・四弁・五弁の花が多いが、〈八重咲き〉など〈雄しべ〉が花弁化した重弁のものもある。〈梅〉〈桜〉のように花弁が一枚一枚分離している〈離弁花〉と〈朝顔〉〈つつじ〉のように合着した〈合弁花〉がある。

花圃　かほ

〈花園〉・〈花壇〉。「圃」は花・野菜などを植える畑のこと。秋の季語。

　朝はなやか夕(ゆうべ)淋しきひとの**花圃**　相馬遷子

かぼちゃの花

「かぼちゃ」は、アメリカ大陸原産で十六世紀に渡来したとされるウリ科カボチャ属の蔓性一年草野菜。夏に鮮やかな黄色の合弁花をつけ、雌花とやや小さいが数の多い雄花とがある。雌花は最初から花首の下に丸い子房が膨らんでいる。カンボジアから渡来したと思われていたので「かぼちゃ」の名がついたとされ、漢字では「南瓜」と書き「唐茄子(とうなす)」「南京(なんきん)」の異名もある。「南瓜の花」「花南瓜」は、夏の季語。

　しぼみつつ**かぼちゃの花**の葉に隠る　篠原梵

蒲　がま

全国の淡水の水辺の泥地に自生するガマ科の多年生水草。夏、二メートルほど伸ばした茎の先に二〇センチくらいの蠟燭形の花穂をつけ、花穂の上部は黄色い雄花でのちに花が落ちて軸だけとなり、下部の雌花は結実して赤褐色のいわゆる「蒲鉾(がまぼこ)」となる。かつての文部省唱歌「大黒さま」には鮫(わに)をだまして皮をむかれた「因幡(いなば)の白うさぎ」が「**がまのほわたにくるまれば　うさぎは**

もとの白うさぎ」とあるが、止血薬用作用があるのは穂綿よりも雄花の花粉だという。『古事記』上・大国主神には「その水門(みなと)の蒲黄(がまのはな)を取り、敷き散らしてその上に輾転(こいまろ)べば、汝(な)が身本(もと)の膚(はだ)のごとく必ず差(い)えむ」、「蒲の黄花」を敷き散らしてその上に寝ころべば本どおりの膚になる、と正確に記してある。「蒲の花」「蒲の穂」「蒲鉾」は夏の季語。

蒲の穂の打ち合ふ薄き光かな　高田正子

立ち揃ふ蒲鉾もまた湖の景　大野雑草子

雷花　かみなりばな

新潟県や長野県地方で〈昼顔〉のことをいう。夏の昼間に咲くので夕立の雷と関連づけたか。また、地方によって〈彼岸花〉のことをいうことがあるという。

カラー　calla

初夏のころ、まっすぐ伸ばした茎の先に〈水芭蕉〉に似た純白の漏斗型(じょうご)の仏炎苞(ぶつえんほう)(仏像の光背のような苞葉(ほうよう))を開き、その中に黄色の肉穂花序(にくすい)をつけるサトイモ科の多年草。花名の由来は真白な苞葉がカトリックの尼僧のつける僧衣の襟（カラー）に似ているから。南アフリカ原産で江戸時代末期に渡来し、海を渡ってきた「芋」の意で「オランダ海芋(かいう)」と呼ばれた。清楚で優雅な花姿からウエディング・ブーケに用いられ、花言葉は「乙女のしとやかさ」。夏の季語。

波音をはこぶ風ある海芋かな　加藤松薫

烏瓜　からすうり

晩夏の夜、藪蔭や農家の生垣などの暗がりに純白のレースを広げたような美しい花を咲かせるウリ科の蔓性多年草。五弁の花びらの縁から白い糸を網のように吐き出している花姿は、夢のように美しく妖しい。朝にはしぼむ〈一夜花〉だから実際に見たことのある人は多くないが、一度見たら忘れられないだろう。花の香が蛾を誘い花粉を媒介して、秋には赤熟した六、七センチほどの楕円形の実となる。「烏瓜の花」は夏の季語。

あだし野や妖々咲ける烏瓜　但馬美作

烏柄杓　からすびしゃく

方言で「百姓泣かせ」という異称があるように、畑や畦道に繁茂して農民を悩ませてきたサトイモ科の多年草。初夏一五〜二〇センチほど伸ばした花茎の先に紫がかった緑色の仏炎苞に包んだ黄緑色の花穂をつけ、花軸を苞の外へ細長く突き出す。夏の季語。

畦道に烏柄杓や蛇の舌　大川静江

からたち

中国中部の揚子江上流域原産の、唐から渡来した柑橘つまり「唐橘」の略称だといわれるミカン科の落葉低木。漢字で書くと「枸橘」ないし「枳殻」。北原白秋「からたちの花」に「からたちの花が咲いたよ。白い白い花が咲いたよ。／からたちのとげはいたいよ。青い青い針のとげだよ」とあるように、枝に薄茶色の鋭い棘が互生するところから生垣などとして植栽された。四月ごろ葉が出るのと前後して淡い香のある白い五弁花を開く。夕闇の中に白く浮かぶ花姿に風情があるゆえか、花言葉は「思い出」。「からたちの花」は、春の季語。

からたちの花より白き月いづる　加藤かけい

唐花　からはな

中国から伝来した花の図案で、四弁・五弁の花びらの縁が丸い三個の突起になっている。特定の花をもとにしたものではない。和様化して家紋などにも用いられた。

臥竜梅　がりょうばい

大地に臥した竜を思わせるように幹は地から低く這い、枝を地面に垂らした園芸品種の梅樹。各地にあって春、多く淡紅色の花をつける。春の季語。

池の面に頭をぐいと臥竜梅　中尾茉莉子

かりん

古くに中国より渡来したバラ科の落葉中高木で「林檎（りんご）」や「梨」に近い種。秋に生（な）る実はよい香りがするが、渋みがあるので生食には向かない。四、五月ごろ若葉とともに枝先に花芽をつけ〈木瓜（ぼけ）〉に似た淡紅色の五弁の美花を開くが、一つの花芽に一花しか咲かないので〈梅〉や〈桜〉のように樹木全体が満開とはならず、やや目立たない。が、その分品がある。漢字では「榠樝（かりん）」と書き、気品のある花姿から花言葉は「豊麗」また「唯一の恋」。「かりんの花」は春の季語。

清麗のひとのゆびさすくわりん咲き　佐野まもる

枯尾花　かれおばな

〈尾花〉は、動物の尻尾のような形をした「穂すすき」。穂も葉も枯れた「枯すすき」のこと。冬の季語。其角の芭蕉追悼句に、

なき骸（がら）を笠に隠すや枯尾花

枯菊　かれぎく

冬枯れした菊。菊花は枯れても散らず、花の残骸をつけたまま立ち尽くす。そのさまに俳人たちは哀れと同時に一種の艶を見出した。剪（き）って焚（た）くと名残の菊香がただよい、季節が本格的な冬へ一コマ廻る。〈凍菊（いてぎく）〉ともいう。冬の季語。

枯菊と言捨てんには情あり　松本たかし

枯菊を焚き春秋の庭を閉づ　稲畑汀子

河津桜　かわづざくら

毎年二月上旬から咲く早咲きの桜で、伊

豆・河津町周辺のオオシマザクラと沖縄からもたらされたカンヒザクラとが自然交雑して生まれたとされる。三月上旬まで一か月間にわたり大きく濃い桃色の花を咲かせ、花見客でにぎわう。

初晦日河津桜の盛りなる　松崎鉄之介

（「初晦日」は正月の末日で、新年の季語）

河原撫子　かわらなでしこ

河原によく咲いているところから〈撫子〉のことをいう。俳句では夏の季語とするもの、秋の季語とするもの両様ある。⇩〈撫子〉

壺に挿して河原撫子かすかなり　田村木国

寒花　かんか

〈寒菊〉など冬の厳しい寒さの中で咲いている花。また、雪を花びらにたとえていう。「かんばな」とも。西晋の詩人張協の「苦雨」に「**寒花黄彩を発し、秋草緑滋を含**

⦿「**寒菊」と「冬菊」の区別**

「歳時記」や「季寄せ」のなかには、植物学的な分類ではないのだから〈冬菊〉も「霜菊」も〈雪見草〉も冬の寒気の中で咲いている菊花はみな〈寒菊〉とみてよいと言っているものもある。それで間違いとはいえないが、江戸時代の季語解説書の『滑稽雑談』は「寒菊、花も葉も常の菊より細かなり。十月に黄花を開きて、臘月に至る」、「寒菊」は花も葉も普通の菊より小さく、花は黄色で、初冬の旧暦十月に咲き始めて厳冬の十二月まで咲く、といっている。これを受けて文芸評論家で俳句・季語研究の第一人者だった山本健吉は、現在「冬菊」として詠んでいる句は冬まで咲き残った普通の菊を詠っている場合が多いけれど「寒菊とは別にすべきである」と論じている（『基本季語五〇〇選』）。その理由は、「寒む」と。

寒菊　かんぎく

近畿以西の海に近い山地から九州の屋久島までに生える「島寒菊（油菊）」を原種として冬咲きに仕立てた栽培品種の黄菊。花も葉もやや小ぶりで、霜に強く寒中でも花をつける。黄色い花冠の縁の花弁は一重で真ん中は筒状花が密集する。冬の最中に咲いている菊だから〈冬菊〉と同じとみなされることが多い。冬の季語。

寒菊の霜を払つて剪りにけり　富安風生

観菊　かんぎく

丹精を尽くして仕立てられ、さまざまに咲き競っている菊花を観賞すること。菊見。

寒紅梅　かんこうばい

十二月ごろから寒中にかけて、庭園などで重弁の紅い花を咲かせる梅の園芸品種。

寒桜　かんざくら

一、二月ごろ早くも淡紅色のやや小ぶりの花をつける桜のことで、〈大島桜〉と沖縄県などで一月ごろに花盛りとなる〈緋寒桜〉との雑種と考えられている。いっぽう、

菊」とは一義的には、「島寒菊（油菊）」を原種とした冬咲きの園芸品種で、花の色はほとんどが黄色。一方「冬菊」は冬まで咲いている色も多彩な普通の菊（〈残菊〉）や、〈野路菊〉を原種として培養した小輪の菊（小菊）をいうことの多い点で両者は異なる、と。「寒菊」を「冬菊」の異名とみる見方が一般的だが、文字が違う以上両語のもつ「含み」に何らかのニュアンスの違いがあるだろうことは心得ておいてもよいかもしれない。

さみしからず寒菊も黄を寄せ合へば　目迫秩父

わが手向け冬菊の朱を地に点ず　橋本多佳子

「緋寒桜」を略していい、別種の〈冬桜〉のことをいう場合もある。冬の季語。

花びらのちらりと小さき寒ざくら　石原舟月

元日草　がんじつそう

江戸時代の百科事典『和漢三才図会』は、「元日草」の項に本名は「**福寿草　歳旦に初(はじめ)て黄花を開く、半開の菊花に似たり。人以て珍と為し盆に植えて元日草と称す**」、元日草は〈福寿草〉の別名で、正月に菊の花に似た黄色い花を開くところからその名がついた、と記している。新年の季語。⇩〈福寿草〉

甘蔗の花　かんしょのはな

「甘蔗」はいわゆる「砂糖黍(さとうきび)」のことで、インド原産といわれ早くに渡来したが、江戸時代以降静岡県以西の暖地とくに南西諸島で砂糖を採るために栽培されているイネ科の多年草。〈荻〉や葦(よし)に似た葉の中から灰白色の花穂を伸ばし遠目には大きな〈すすき〉のように見える。「甘蔗の花」は「甘蔗(きび)の花」とも読み「花甘蔗」ともいう。冬の季語。

耶蘇島は汐曇りして甘蔗の花　船田松葉女

完全花　かんぜんか

花が、萼(がく)・花冠・雄しべ・雌しべのすべてをそなえている花。⇩〈不完全花〉

萱草　かんぞう

古くに中国から渡来した帰化植物で七、八月ごろ、田の畦や川の土手などで黄赤色の〈一日花〉を咲かせるワスレグサ科の多年草。八重咲の「藪萱草」や一重の「野萱草」などの総称で、中国にはその若葉を食べると憂いや悩みを忘れるとの言い伝えがあったが、日本に入ると「**萱草といふ草こそ、其れを見る人、思ひをば忘るるなれ**」（『今昔物語集』巻第三一）、憂いを忘れさせるほど美しい花だといわれて〈忘れ草〉の異名がついた。「萱草(わすれぐさ)」とも読み、「花萱草」ともいう。夏の季語。

萱草の夕花明り熊野川　森澄雄

寒椿　かんつばき

寒の時季に咲いている〈冬椿〉を「寒椿」といっていることが多いが、本来の「寒椿」は〈山茶花(さざんか)〉を母種として〈椿〉と交雑したツバキ科の常緑低木をいう。十一月ごろから三月ごろにかけて「山茶花」に似た小ぶりの紅色の花をつけ、散るときも山茶花と同じく花びらが一枚一枚散る。白花もある。花言葉は、山茶花と同じ「謙虚」。冬の季語。

白と云ふ艶なる色や寒椿　池山浩山人

竹藪に散りて仕舞ひぬ冬椿　前田普羅

カンナ　Canna

熱帯アメリカ原産でヨーロッパで園芸改良され明治時代に渡来したといわれるカンナ科の多年草。花期が長く夏から初冬まで、〈芭蕉〉の葉に似た広大な葉の間から直立した太い茎の先に雄しべが変形した濃い紅色・橙色・黄色などの大きな唇形花を咲かせる。真夏の陽射しをものともせずに咲きつづけるところから、花言葉は「快活」「情熱」。「花カンナ」ともいい、秋の季語。

大虻(あぶ)を吸ひしカンナの燃上り　上野泰

寒梅　かんばい

冬至のころに咲くという〈冬至梅(とうじうめ)〉、寒のさなかに咲く〈寒紅梅〉など真冬に咲く梅の総称。盛唐・王維の「雑詩」に「已(すで)に寒梅の発(ひら)くを見、復(ま)た啼鳥の声を聞く」と。〈冬の梅〉ともいう。冬の季語。

朝の海寒梅うしろより香り　京極杜藻

観梅　かんばい

梅の木の下を巡り、梅花の風情と香りを賞(め)

でること。〈探梅〉も似ているが、こちらは冬の季語で、ニュアンスに大きな差がある。「観梅」〈梅見〉は春の季語。⇩〈探梅〉

観梅やよく日の当る谷の中　渋沢渋亭

寒緋桜　かんひざくら

⇩〈緋寒桜〉

寒木瓜　かんぼけ

〈木瓜〉は平安時代に中国から渡来したとされ、普通は三、四月に開花する春の花だが、園芸化されて冬に咲くものが生まれた。深紅の「緋木瓜」、紅白雑色の「更紗木瓜」などの「寒木瓜」を冬の窓辺に置いて楽しむ。「冬木瓜」ともいう。冬の季語。

寒木瓜の火いろ嬰児の声となる　田中鬼骨

寒牡丹　かんぼたん

初夏と秋の二季咲きの牡丹を人工的に冬に開花するように仕立てたもの。春の蕾は半分くらい摘み取り十月ごろに二度目の蕾をつけさせ、藁囲いなどをして防寒しながら冬に咲かせる。花はやや小ぶりで〈冬牡丹〉ともいう。冬の季語。

はなびらの震へやまざる寒牡丹　沢木欣一

木苺の花　きいちごのはな

各地の野山に自生し四、五月ごろ、純白の五弁の花をつけるバラ科キイチゴ属の落葉小低木。草本性の「オランダ苺」に対して木本性であるところからの名だとされるが、果実が黄色く熟するので「黄苺」なのだという説もある。葉が紅葉に似ているので「紅葉苺」ともいう。水原秋櫻子は「木苺の花」の美しさは野生の美であると言っている（『俳句歳時記』）。春の季語。

よく見れば木苺の花よかりけり　高浜虚子

祇園の夜桜　ぎおんのよざくら

円山公園は、「祇園さん」の通称で知られ

る京都・東山の八坂神社に隣接する桜の名所。とくにその中央にある樹高一二メートルといわれる〈枝垂桜（しだれざくら）〉は正式名を「一重白彼岸枝垂桜」といい、開花すると夜はライトアップされて大勢の夜桜見物の人びとでにぎわう。

偽花　ぎか

菊をはじめとするキク科の〈頭花〉のように、一つの花のように見えて実際は多数の小さな管状花や舌状花の集合体であるものをいう。

桔梗　ききょう

日本列島の秋を代表する花で、山野の日当たりのよい草地に自生し夏から秋、鐘形をした清らかな青紫の美花を咲かせるキキョウ科の多年草。〈桔梗（きちこう）〉ともいう。〈秋の七草〉の一つだが江戸時代中期の国学者加藤千蔭の歌に「**七草にもれし恨みやはれやら**

⊙平将門と桔梗御前

源頼朝・徳川家康は関東に幕府を開き日本を支配したが、いずれも朝廷から「征夷大将軍」の官位を受けて満足していた。しかし平安時代中期の武将平将門は関八州を制圧したうえで「新皇」に即位した。全日本史を通じて空前絶後の事態であり、天朝を蔑（ないがし）ろにする大悪人といわれた。だが民衆の間での畏怖をこめた人気は根強く、多くの劇や伝奇小説に仕立てられた。伝説で将門は超能力を駆使して七人の影武者を操り、戦に勝利して叔父の平良兼から奪った美女の桔梗御前を愛妾としていた。が、やがて敗色が濃くなると将門を恨んでいた桔梗御前は敵将藤原秀郷に通じ、七人の影武者のうち顳顬（こめかみ）の動くのが本物の将門だと教える。合戦の場で秀郷が動く顳顬をめがけて矢を射ると、七人の影武者は消え失せてあとにぬ露の籬の桔梗の花」、「秋の七草」に洩れた恨みがまだ晴れないのか涙の露に濡れた垣根の桔梗の花、と。山上憶良の有名な「七種の花」の歌「萩の花尾花葛花なでしこが花をみなへしまた藤袴朝顔が花」（『万葉集』巻八）に入らなかったのを桔梗が恨んでいるといっているようだが、奈良時代に桔梗は「朝顔」と呼ばれていたから洩れてはいない。園芸品種には白花もある。典雅な花姿から、花言葉は「気品」「変わらぬ愛」。秋の季語。

みちのくの雨そゝぎゐる桔梗かな　水原秋櫻子

菊　きく

気高さと清らかな香りで日本の秋を象徴するキク科の多年草。日本各地に自生する〈野菊〉とは別に、観賞用の園芸花としての「菊」とその文化は奈良時代に中国から伝来した。だが『万葉集』に菊を詠んだ和歌はないという。秋に花茎の先につく〈頭花〉は白・黄色・桃色・紅色など多彩。春

将門の死骸が横たわった。こののち将門の桔梗御前への怨恨のせいか、相馬郡の桔梗は花が咲かない「咲かずの桔梗」だと言い伝えられるようになった。しかし古歌に「咲きそむる桔梗の花はをのづから薬師の瑠璃のつぼみなりけり」とあるように桔梗は鎮咳・去痰の薬草また強壮剤としても効能があるとされていた。その漢方薬は桔梗の根から作るので養分が根に十分行き渡るように花は蕾のうちに摘み取られる。この事実から作家の大岡昇平は、その著『将門記』の中で「咲かずの桔梗」は相馬桔梗を漢方薬として江戸に宣伝するための商人や劇作家たちの作り話ではなかったか、という仮説を出している。

の〈桜〉とともにわが国の〈国花〉ともいわれ、また梅・竹・蘭と合わせて〈四君子〉の一つに数えられその後、多くの詩歌や文芸作品に取り上げられてきた。『古今集』巻五に「**植ゑし時花待ち遠にありし菊うつろふ秋にあはむとや見し**」、植えたときには花の咲くのが待ち遠しかった菊が花の衰える秋にめぐりあうとは思いもよらなかった、と。鎌倉時代に皇室専用の紋章になったといわれ、花言葉は「高貴」「高潔」。また、寒さの中でも凛と咲くところから「元気」。秋の季語。

菊の香や奈良には古き仏達　芭蕉

しらぎくの夕影ふくみそめしかな　久保田万太郎

菊合せ　きくあわせ

平安初期以降の宮中で、左右に分かれた人びとが菊の花を持ち寄り和歌を添えて、花と和歌の優劣を競った遊び。

菊襲　きくがさね

古くは季節ごとに着用する装束の配色が決まっており、「菊襲」は旧暦九月九日の「重陽の節句」から着たもので、表は白、裏は蘇芳(すおう)色（くすんだ赤）の取り合わせのこと。秋の季語。

絵心も襟に知れたり菊襲　乙由

菊供養　きくくよう

十月十八日（もとは旧暦九月九日の〈重陽〉の日）に東京・浅草の浅草寺(せんそうじ)で行われる菊花供養の法会。参詣者は境内で売っている菊を買って供え、すでに供えてある供養された菊と取り換えて持ち帰る。すると病気や厄難を免れるという。秋の季語。

落日の中に灯ともる菊供養　能村登四郎

菊咲一華　きくざきいちげ

北海道から本州中部にかけての山林に群生し早春、地下茎から伸ばした花柄の先に白ないし淡紫色の花を一輪つけるキンポウゲ科の多年草。「菊咲一輪草」ともいい、春風になびく清純・可憐な立ち姿から〈風吹草〉の異名もある。春の季語。

菊酒　きくざけ

⇩〈菊の酒〉

菊月　きくづき

菊の咲く旧暦九月の異称で、現行暦の十月上旬から十一月上旬ごろまでをいう。秋の季語。

菊月や備後表の下駄買はむ　鈴木真砂女

菊作り　きくづくり

菊を美しく咲かせるために世話して育てること。「菊作り咲きそろふときは陰の人」は作家吉川英治作の句（警句？）といわれるが、「菊作り」は手間がかかりのめりこむと人が菊の家来になったようになる。秋の季語。

菊作り汝は菊の奴（やっこ）かな　蕪村

菊人形　きくにんぎょう

菊の花や葉で衣裳を作り、人形に着せて歴史上の人物や芝居の名場面などを再現した見世物。明治のころに本郷の団子坂や両国の国技館のものなどが有名だった。現在でも十月ごろ行楽地や公園などで小規模な展示会が行われている。秋の季語。

動かざることの不気味さ菊人形　渋沢渋亭

菊の宴　きくのえん

平安時代の宮中で「重陽の節句」に催された観菊の宴。菊花を浮かべた酒盃を飲み合う。『大鏡』時平に「いまだ京におはしましし時、九月の今宵、内裏にて菊の宴ありしに、この大臣（おとど）の作らせ給ひける詩を、帝（醍醐）かしこく感じたまひて、御衣（おんぞ）をたまへりしを、築紫にもて下らしめたまへりければ」、菅原道真は九月九日、左遷の地筑紫で菊の花を見たとき、まだ京にいたころの重陽の日の夜、宮中で菊の宴があり、道真の詠じた詩に醍醐天皇が深く感動し褒美として衣服を下賜されたことがあった。筑紫に持ってきたその衣服を見ているうちに当夜のことが思い出されて「去年の今夜清涼に侍す。秋思の詩篇独り断腸。恩賜の御衣今此に在り。捧持して毎日余香を拝す」と詠じた。「菊の節会」「重陽の宴」「菊水の宴」などともいう。⇩「月のことば」のコラム「⦿配所の月」

菊の賀　きくのが

菊の花が咲く時季に催される賀寿の祝い。

菊の着綿　きくのきせわた

旧暦九月九日の〈重陽〉の日の前夜、菊に霜よけの綿をかぶせて菊香を移し、あるいは菊花の形に作った綿に夜露朝露を吸わせ、翌日その綿で体を拭くと延命長寿すると信じた習俗。鎌倉中期の歌集『新撰六帖』第一に「**垣根なる菊のきせわた今朝見ればまだき盛りの花咲きにけり**」、垣根に植えてある菊に置いた着綿を今朝見てみたら早くも菊花が花盛りだった、と。「被綿」とも書き、「菊綿」ともいう。秋の季語。

綿着せて十程若し菊の花　一茶

菊の酒　きくのさけ

酒杯に菊の花をひたしたり花びらを浮かべたりして長寿の願いをこめて飲む酒。また旧暦九月九日の「重陽の節句」に飲む酒。〈菊酒〉「菊の盃」ともいう。秋の季語。

菊の酒あたゝめくれしこゝろざし　星野立子

菊の節句　きくのせっく

旧暦九月九日の「重陽の節句」。「五節句」の一つで、「菊の節会」「菊の日」ともいう。秋の季語。

菊の露　きくのつゆ

菊の葉や花に宿った夜露・朝露。「菊の雫（しずく）」ともいい、飲むと長寿になるとされた。菊の下を流れる「菊の下水（したみず）」にも同様の効果があると信じられた。

菊日和　きくびより

菊の花が咲くころの秋晴れの穏やかな日和。秋の季語。

菊日和暮れてすなわち菊月夜　福田蓼汀

菊枕　きくまくら

菊の花を摘み取り陰干しして乾燥させ詰めた枕。普通の枕の上に重ねて用いる。菊は邪気を払い頭痛や目に効験があり〈重陽〉の日に摘んだ菊で作るのがいいとされた。松本清張に短編「菊枕―ぬい女略歴―」がある。「ぬい女」は美貌の女流俳人の杉田久女（ひさじょ）がモデルで、師の「宮萩栴堂（せんどう）」は高浜虚子だといわれる。九州女流三傑の一人と評された久女は、深く敬愛する高浜虚子の知遇を得ると、師の健康を念じて手ずから「菊枕」を縫いあげて捧げる。持ち前の華麗奔放な俳句の才は「ホトトギス」同人となってさらに開花し、代表作「**花衣ぬぐやまつはる紐いろ〳〵**」を得る。しかし、個性の強さから周囲と軋轢（あつれき）が生じ、ついには「ホトトギス」の同人を除名され、不遇な晩年を送った。「菊枕」は、秋の季語。

ぬひあげて菊の枕のかほるなり　杉田久女

初夢にまにあひにける菊枕　高浜虚子

（久女から贈られた「菊枕」への礼状に記されていた句という）

黄水仙　きずいせん

南欧原産で江戸時代に渡来したヒガンバナ科の球根草。早春、普通の〈水仙〉よりずっと細い葉の間から伸びた花茎の先に、香りのよい六弁の鮮やかな黄色の花を横向きにつける。〈水仙〉は冬の季語だが、「黄水仙」は春の季語。

海女の墓ひとかたまりに黄水仙　石田あき子

桔梗　きちこう

〈桔梗〉の古名ないし別名。「物名歌」とは三十一字の中に物の名前を読みこんだ和歌のことだが、『古今六帖』巻六に「秋の月近う照らすと見えつるは露にうつろふ光なりけり」、秋の月が近くを照らしていると見えたのは夜露に移り変わって行く月の光だった、とあり初・二句の「あきのつきちかう」に「きちこう」が詠みこまれている。秋の季語。⇩〈桔梗〉

きちかうや白に後れし濃むらさき　林原耒井

菊花展　きっかてん

菊作りで育てた菊の花々を展示し品評する催し。秋たけなわの行楽地や郊外の大型店舗の催事場などでさまざまの菊花が妍を競う。秋の季語。

今日までといふには惜しき菊花展　五十嵐哲也

狐の提灯　きつねのちょうちん

全国の野山や丘陵に生える草丈三、四〇センチほどのイヌサフラン科の多年草。四、五月ごろ、葉腋から伸ばした花柄の先に小さな筒形の白花を吊り下げ咲かせる。野道を照らす提灯を連想させる花姿から「狐の提灯」の名がつき、寺社の回廊や堂などに吊るす「風鐸（宝鐸）」にも似ているところから〈宝鐸草〉ともいう。夏の季語。⇩〈宝鐸草〉

崖見よや狐の提燈咲きにける　水原秋櫻子

狐の牡丹　きつねのぼたん

各地の野原や畦の湿地に生えるキンポウゲ科の多年草で、有毒。葉が〈牡丹〉の葉に似ていて春から秋まで黄緑色五弁の小花を咲かせる。狐が隠れていそうな野に咲くところからの名。花が終わるととげとげの金平糖のような実をつける。春の季語。

塔残り狐の牡丹咲乱る　篠田悌二郎

きぶし

漢字で書くと「木五倍子」で「五倍子」とはウルシ科の落葉樹「白膠木」の新芽や若葉にアブラムシが寄生してできた虫瘤のこと。タンニンを含むので昔は黒い染料やお歯黒に用いられた。「きぶし」の果実もタンニンを含み「五倍子」の代用とされたので、区別して「木五倍子」と呼んだ。北海道から九州までの山地に生え早春、前の年に伸びた枝から淡黄色の花をたくさん穂状に垂らすキブシ科の落葉低木。「きぶしの花」「花きぶし」は春の季語。

ひとりづつ渡る吊橋きぶし咲き　白井爽風

貴船菊　きぶねぎく

中国ないしヒマラヤ地方の原産といわれ古くに渡来し秋、長い花柄の先に淡い紅紫色の花弁のような〈萼〉を咲かせる。菊花に似て〈秋明菊〉の異名もあるが〈菊〉ではなくキンポウゲ科アネモネ属の多年草。京都市左京区の貴船山近辺に多く咲くので「貴船菊」の名がついた。秋の季語。

真っ白な僧衣の干され貴船菊　萩原起世子

擬宝珠　ぎぼうし

日本・中国など東洋の原産で初夏から秋まで、幅広の葉の間から長く伸ばした花茎に青紫や白色のラッパ状の花を開くクサスギカズラ科の多年草の総称。名前の由来は蕾や成長途中の苞の形が橋の欄干の擬宝珠に似ているからなど諸説あるが、『和漢三才図会』は「玉簪、葉闊円にして末尖り、橋の欄干の形に似る。故に俗に呼んで岐保宇之と名づく」と、葉の形が擬宝珠に似ているからだとしている。「ぎぼし」ともいい、「擬宝珠の花」「花ぎぼし」は、夏の季語。

旅ゆけば我招くかに擬宝珠咲く　角川源義

君影草　きみかげそう

晩春から初夏、大きな楕円形の葉陰に隠れるように咲く〈鈴蘭〉の別名。初恋人の面影を連想させるようなロマンチックな名。

⇩〈鈴蘭〉

毬花　きゅうか

裸子植物の松や杉などの〈雌花〉で、球形ないし円錐形をしている。「球花」とも書く。

胡瓜の花　きゅうりのはな

インド北部・ヒマラヤ山麓の原産で、日本には遣唐使が伝えたといわれ初夏、鮮やかな黄色のやや皺(しわ)のある五弁花をつけるウリ科の蔓生(まんせい)一年草。雄花と雌花に分かれ雌花にはすでに小さなキュウリの形をした子房がある。古くは黄熟したものを食べたので「黄瓜(きうり)」の名がついたという。「胡瓜の花」「花胡瓜」は夏の季語。

坪庭に蔓を這はせて花胡瓜　藤原照子

供花　きょうか

墓前や仏前に花を供えること。〈供花(くげ)〉ともいう。

夾竹桃　きょうちくとう

インド原産で江戸時代に園芸品種が渡来し、炎暑の候にも濃い紅色や純白の気品のある花を咲かせるキョウチクトウ科の常緑低木。「竹」に似た細長い葉と「桃」に似た赤い花を夾(あわ)せもつところからの名。排気ガスなど環境汚染にも強く、工場地帯や高速道路わきの緑化に資している。樹液は有毒で、花言葉は「注意」「危険な愛」。夏の季語。

夾竹桃荒れて颱風圏なりけり　山口誓子

桐　きり

列島各地に自生しているのを見かけるが、原産地は韓国ないし中国といわれ五月ごろ、高い梢の小枝に円錐花序を立て紫色の筒状花を下向きに咲かせるキリ科の落葉高木。紫色の清楚な花は気品高く古くから貴人たちに愛されてきた。が、意外なことに大きな葉ばかりが「一葉落ちて天下秋を知る」などと取りあげられ、花が古歌には詠まれたためしは少ないという。ただ清少納言は「**桐の木の花、むらさきに咲きたるはなほをかしきに、葉のひろごりざまぞ、うたてこちたけれど、こと木どもとひとしういふべきにもあらず**」（『枕草子』三七）として、桐の花が紫色に咲いている姿は好ましいのに、葉の広がりが度外れて大きいのは不気味だが、とはいえ他の木と同格に扱うのはふさわしくなかろう、と彼女らしい屈折した感想を述べている。連歌や俳句の時代になって「桐の花」に目が向けられるようになった。北原白秋は第一歌集の標題を『桐の花』とした。「桐の花」「花桐」は夏の季語。

一里ほど先から見えて桐の花　蒼虬（そうきゅう）

霧島つつじ　きりしまつつじ

江戸時代に〈つつじ〉の栽培が流行したとき、〈山つつじ〉と九州の山地に生える〈深山霧島（みやまきりしま）〉を交配して作った園芸種で、別名「江戸霧島」ともいう。庭園などに植えられ四、五月ごろ、白・緋色・紫紅色・絞りなどの花が隙間もないほど密に咲く。春の季語。

遠き過去霧島躑躅（つつじ）火がつきて　篠田悌二郎

切り花　きりばな

枝葉ごと切り取り、花瓶に挿したり墓前に供えたりする花。

麒麟草　きりんそう

山地の岩の上などに生え夏、星の形をした鮮やかな黄金色の小花を密集して咲かせるベンケイソウ科の多年草。多数の黄花が輪をなして咲く「黄輪草」が、転じて「麒麟草」と書かれるようになったという説もある。夏の季語。

山脈（やまなみ）を風がのりこえきりん草　榎本冬一郎

❖花のことわざ・慣用句：槿花（きんか）一日（いちじつ）の栄（えい）
「槿花」はアオイ科の落葉低木〈木槿（むくげ）〉のこと。「木槿」の花は朝美しく咲いても夕方には早くもしぼむといわれる。「槿花一日の栄」は「槿花一朝の夢」ともいい、人の世の栄華は一時（いっとき）だけで儚（はかな）いことをさとす成句・ことわざ。⇩〈木槿〉

金魚草　きんぎょそう
南ヨーロッパ原産で江戸時代末に渡来し観賞用に栽培されたオオバコ科の多年草。栽培種は一年草。六、七月ごろに咲く赤・桃色・白・黄色など色とりどりの花が風に揺れるさまは金魚がゆらゆら泳ぐ姿を連想させる。また、上下に分かれた唇形花をつまんでパクパクさせると金魚のようでもあり、英語では「snapdragon 嚙みつき竜」ともいう。花言葉は「おしゃべり」「でしゃばり」。夏の季語。

金魚草うしろ鏡に帯むすぶ　福川ゆうこ

金銀花　きんぎんか
日本ないし中国原産のスイカズラ科の〈すいかずら〉の別名。五、六月ごろ葉の付け根に二つ並んで咲く双子花ははじめ白くやがて黄色に変化し、白花と黄花が混じって咲くので「金銀花」という名がついた。夏の季語。⇩〈すいかずら〉

少女の荷を少年が持つ金銀花　瀬尾和彦

金盞花　きんせんか
南ヨーロッパないし地中海沿岸の原産で江

戸時代末期に渡来したキク科の一年草。「金盞＝黄金の盃」の名前どおり三～五月ごろ、花柄の先に黄橙色（きだいだいいろ）の盃型の頭花をつける。暖地では二月ごろから切り花用に咲かせ、花期は長く数か月にわたるので「長春花」「時知らず」などの異名がある。西欧では聖母マリアの祭日にはいつも咲いているので「〈マリーゴールド〉＝聖母マリアの黄金の花」と呼ばれ、花言葉は「悲しみ」。またギリシア神話のアポロンに嫉妬した妖精が変身したとの言い伝えから「嫉妬」「別れの悲しみ」。春の季語。

金盞花炎ゆる田水に安房の国　角川源義

金鳳花　きんぽうげ

北海道から琉球諸島にまで分布し陽春のころ、長い花柄の先に金色に輝くばかりの花をつけるキンポウゲ科の多年草。金属的ともいえる光沢は花弁の細胞に含まれるでんぷん質が太陽光を反射するためという。しかし茎から出る液には毒性がある。「金鳳華」とも書き、葉の形が馬蹄の痕に似ているところから「うまのあしがた」の異名がある。花言葉は、花姿から「輝くほどの魅力」。春の季語。

金鳳花明日ゆく山は雲の中　飯田龍太

金木犀　きんもくせい

中国原産で江戸時代に渡来したといわれ中秋のころ、強い芳香を放つ橙（だいだい）色の小花が密集して咲くモクセイ科の常緑小高木。雌雄異株で日本には雄花しか入らなかったので実がならないという。芳香が遠くまで薫るので〈九里香（くりこう）〉の別名があり、香りのすばらしさのわりには花が控え目なので、花言葉は「謙虚」「気高い人」。秋の季語。

金木犀こぼれたまりて雨止みぬ　久保より江

銀木犀　ぎんもくせい

橙色の花をつける〈金木犀〉に対して白花をつけるのが「銀木犀」。秋の季語。

銀木犀文士貧しく坂に栖み　水沼三郎

供花　くげ

墓前に花を供えて供養すること。〈供花(きょうか)〉とも。「供華」とも書き、「くうげ」ともいう。

草の花　くさのはな

「草の花」は春夏秋冬いつでも咲いているが、とりわけ秋野に咲いている花をいう。清少納言は「草の花は　なでしこ、唐(から)のはさらなり、大和のもいとめでたし」と〈撫子〉〈石竹〉〈大和撫子〉から書きはじめ都合十八の「草の花」の名をあげているが、〈壺菫〉〈八重山吹〉〈夕顔〉を除いてあとはすべて秋草の花である（『枕草子』六七）。秋の野の花は小さく寂しい花が多いといわれ、「千草の花」といわれるほど種類が多い。秋の季語。

鳶のなく日のさびしさよ草の花　士朗

孔雀草　くじゃくそう

孔雀の羽の目玉模様を連想させる花ということで、キク科の三つの花の異名となっている。一つは夏に花冠の外周が黄色で真中が茶褐色の目玉模様をしたコスモス形の花を咲かせるキク科ハルシャギク属の一年草の「波斯菊(はるしゃぎく)」ないし「蛇の目草」。もう一つは夏から秋に濃い黄橙色の〈ダリア〉型の舌状花を次々につけるキク科センジュギク属の一年草の「フレンチ・マリーゴールド」ないし「万寿菊」。三つめはキク科アスター属の「友禅菊」。「孔雀草」の花言葉は「可憐」また「一目惚れ」。夏の季語。

⇩〈マリーゴールド〉

孔雀草吹かれて蛇の目うちみだす　木田素子

借家見やどこの庭にも孔雀草　星野立子

葛　くず

日本全国の野山に旺盛な繁殖力ではびこり晩夏から初秋、葉のわきに豆の花に似た美しい紅紫色の花穂をつけるマメ科の蔓生(まんせい)多年草。大きな葉は秋風に翻(ひるがえ)ると裏が白く印象的なので、古歌には花よりも葉の「裏見」を「恨み」に懸けて多く詠まれた。俳句や近代短歌の時代になって花も注目されるようになり、釈沼空に「**葛の花　踏みしだかれて、色あたらし。この山道を行きし人あり**」の詠がある。〈秋の七草〉の一つ。「葛の花」は秋の季語。

葛咲くや嬬恋村の字いくつ　石田波郷

朽木桜　くちきざくら

幹が枯れて朽ちんばかりの桜の老木。謡曲「熊野(ゆや)」に「**年古り増さる朽ち木桜、今年ばかりの花をだに、待ちもやせじと心弱き、老いの鶯逢ふことも、涙にむせぶばかりなり**」、年を経て古びた朽木桜のようになった我が身は、今年で最後の花も待たずに枯れてしまうのかと気が弱り、もうあなたに逢えず老いぼれた鶯のように、声を上げて鳴くこともできずただ涙にむせぶばかりです、と。

くちなし

「くちなし」は秋に熟した実が割れて口の開くことがないので「口無し」の名がつき、漢字では「梔子(くちなし)」と書く。初夏ないし梅雨空の下で、六弁に見える芳香のある白花を咲かせるアカネ科の常緑低木。北原白秋の詠に「**梔子(くちなし)の花汗もちてちる夏の日はなつかしきかなこころよく**」と。ただ、花後は散らずに黄変した花がいつまでも枝に残り、やや無残。純白の花色・清楚な香りから西欧では男性が胸に飾りまた恋人に贈る花の代表で、花言葉は「喜びを運ぶ」「洗練」。「くちなしの花」は夏の季語。

錆びてより梔子の花長らへる　棚山波朗

虞美人草　ぐびじんそう

南ヨーロッパないし西アジア原産といわれるケシ科の越年草〈ひなげし〉の異名。この異名には中国古代秦末、漢の劉邦と戦って破れた楚の項羽とその寵姫虞美人の故事が秘められている。劉邦軍によって垓下に包囲された項羽は将士を集めると虞美人を傍らに今生の別れの宴を開いた。「力、山を抜き、気は世を蓋う。時利あらず騅逝かず。騅逝かずして奈何すべき、虞や虞や若を奈何せん」と辞世の詩を賦したのち思い残すことなく死地に赴いた。「騅」は一日千里を翔けるという項羽の愛馬。後を追って虞美人が自刎すると鮮血の染みこんだ地から〈ひなげし〉が萌え出た、あるいは亡骸を葬った墓から〈ひなげし〉が咲き出たと言い伝える。この伝説から人々は〈ひなげし〉を〈虞美人草〉と呼ぶようになったという。夏の季語。⇩〈ひなげし〉

虞美人草只いちにんを愛し抜く　伊丹三樹彦

熊谷草　くまがいそう

四、五月ごろ大きな扇型の二枚の葉の間に伸ばした花柄の先に淡黄緑色の花被と白い袋状の唇弁から成る大きな花をつけるラン科アツモリソウ属の多年草。袋状の花形を武者が戦場で矢を防ぐために背負った母衣に見立てた。源平の一谷の合戦で熊谷次郎直実は出合った敵将を組み伏せたところ、兜の下から現れたのは我が子と同じ年頃の若い公達平敦盛だった。衝撃を受けたが、戦場のことゆえ心ならずも討たざるを得なかった。だが、のちにこれを悔いて出家し隠棲してその菩提を弔った。この故事を哀れんだ人々が初夏に赤い袋状の花をつける同科同属の多年草を平氏にちなんで「敦盛草」、白花を源氏にちなみ「熊谷草」と名づけた。いっぽう西洋では、着飾った貴婦人を連想させる「熊谷草」の特異な花姿から、花言葉は「気まぐれな貴婦人」。春の季語。⇩〈敦盛草〉

風はらむ熊谷草の花の母衣　吉田朔夏

雲居の桜　くもいのさくら

「雲居」は雲のあるところの意で天上あるいは宮中を意味する。皇居の庭に咲いている桜。

グラジオラス　Gladiolus

南アフリカ原産で葉の形が古代ローマの剣闘士の剣（gladius）に似ているところからその名がついたアヤメ科グラジオラス属の多年草の総称。春咲きもあるが夏咲きが多く七月から九月、花茎の先に穂状の花序をつけ紅・桃色・黄・白などの華麗な花を穂の片側だけに下から上へ咲き上らせる。十九世紀の欧米で品種改良され明治初期に渡来し「和蘭（オランダ）あやめ」「唐菖蒲（とうしょうぶ）」の異名がある。むかし花を届けて恋人に咲いている花の数で密会の時刻を伝えたというエピソードから、花言葉は「忍び逢い」あるいは「忘却」。夏の季語。

グラジオラス一方咲きの哀れさよ　村山古郷

九里香　くりこう

〈金木犀〉の異名で「きゅうりこう」ともいう。九里も遠いところまで芳香が届くの意。

クリスマスローズ　Christmas rose

地中海沿岸から中欧の原産で、日本には明治初期に「春咲きクリスマスローズ」と呼ばれる種が渡来した。同種の「ヘレボルス・ニゲル」が十二月のクリスマスの時季に咲くので「クリスマスローズ」と呼ばれる。十二月から四月、花茎の先に白・淡緑色・桃色などの花（実は萼片）をつけるキンポウゲ科の常緑多年草。根が有毒で西欧では薬草として用いられ、花言葉は「慰め」または「中傷」。冬の季語。

通るたびクリスマスローズの首起こす　田口素子

栗の花　くりのはな

「栗」は、誰でも知っている秋に「いが」に包まれた茶色の美しい実がなるブナ科の落葉果樹。北海道から九州まで各地の野山に自生し梅雨のころ、一五センチくらいの動物の尾に似た黄白色のたくさんの雄花を垂らす。強く青臭い臭気がスペルマの匂いに似ているとの俗説がある。雌雄同株で、雌花は雄花の根もとに一、二個つき、十月ごろ「いが」に包まれた実となる。「栗」は秋の季語だが、「栗の花」は夏の季語。

栗咲く香死ぬまで通すひとり身か　菖蒲あや

九輪草　くりんそう

五、六月ごろ花茎の周囲に何段か紅紫色の美しい花を輪生させ、「桜草の女王」ともいわれるサクラソウ科の多年草。根際に密集した菜っ葉のような葉の中から長い花茎を伸ばして花をつける姿が、寺院の五重塔の上の「九輪」に似ているところからの名だという。たくさんの花が溌剌と咲くようすから、花言葉は「青春の希望」。夏の季語。

九輪草茎まっすぐに花の塔　池部久子

狂い咲き　くるいざき

春から夏の花である〈桜〉〈山吹〉〈つつじ〉などが、初冬の小春日和の暖かさに誘われて時ならぬ花をつけること。「狂い花」ともいう。花が本来の開花時期をはずれて咲くこと。また普通の形とは違う形に

咲いている花。冬の季語。⇩〈帰り咲き〉〈帰り花〉

ダムとなる村のさくらの狂ひ咲き　松本士朗

午後にだけ日あたるところ狂い花　鷹羽狩行

車百合　くるまゆり

高山帯の草地に自生し七、八月ごろ、花茎の先に紫の斑点のある朱橙色の六弁花を強く反り返らせて下向きに咲かせるユリ科の多年草。「車百合」の名の由来は、花茎の中ほどを葉が何段かぐるりと取り巻き車輪の輻(や)のように輪生するところから。北アルプスの白馬岳など夏山の登山者に人気の高山植物。夏の季語。

車百合蝶をくるりと返しけり　高澤良一

クレマチス　Clematis

中国原産の六弁の白花〈鉄線(てっせん)〉と日本産の紫色八弁の「風車草(かざぐるま)」を、ヨーロッパ産の「クレマチス」と交配して観賞用に作られ

⦿黒いチューリップ

十七世紀オランダが後世「チューリップ狂時代」と呼ばれるようになる大園芸ブームに沸き立っていた時代を背景に、フランスの大文豪アレクサンドル・デュマが一八五〇年に発表した波乱万丈の一大ロマン。莫大な賞金を懸けられた「黒いチューリップ」の実現を目指して品種改良に没頭する青年コルネリウスは、前宰相ド・ウイット兄弟との親交ゆえにオランダ国内の政争に巻き込まれ囚われの身となる。その手中にはようやく育てた黒いチューリップの球根を三つだけ隠し持っていた。ハーグの監獄でコルネリウスは獄吏の美しい娘ローザと出会い宿命的な恋に落ちる。「黒いチューリップ」作りの宿敵で嫉妬深い隣人のボクステルは、コルネリウスが「黒いチューリップ」作りに成功したのを察知し球根の横

たキンポウゲ科の蔓生多年草。五月から十月ごろにかけて「鉄線」に似た白・薄紫・桃色などの車輪型の六弁ないし八弁の花を咲かせる。一般には「風車草」を含めて「鉄線」と呼ばれることも多い。凜とした花姿が内面性を感じさせるところから、花言葉は「精神の美しさ」「高潔」。夏の季語。

クレマチス蕾む星座に守られて　大橋はるの

クローバー　clover

ヨーロッパ原産のマメ科の多年草〈白詰草〉ないし〈赤詰草〉のことで、晩春から夏、花軸の先に蝶形の白または紅紫色の小花を球形につける。明治以前に牧草としてあるいは医療器具・ガラス瓶などを輸入する際の梱包材として詰められてきた干し草の種子が日本で野生化し、各地の畑や路傍に進出した。中央を白い弧線がよぎる葉の、普通の三つ葉のものは父と子と精霊の三位一体の象徴とされ、花言葉は「約束」。奇形の「四つ葉のクローバー」は幸福のしるしとされ、花言葉は「幸運」。春の季語。

離陸して見るクローバーの青草原　浦西房江

クロッカス　Crocus

ヨーロッパ中部のアルプス地方から地中海沿岸の原産といわれ、短い花茎の先に黄色・白・紫などの漏斗状の美花をつけるアヤメ科の球根植物。寒咲き・春咲きと秋咲きがあり、前者を「クロッカス」、後者を「サフラン」といっている。明治初期に渡

取りを企む。断頭台から奇跡の生還を遂げたコルネリウスとローザとの熱愛を軸に、宿敵ボクステルの悪辣極まる企みに翻弄される男女の数奇な運命を大作『モンテ・クリスト伯』の巨匠が描く波乱万丈の歴史絵巻。

来し早春の花壇や水栽培などで広く愛好されている。春咲きの「クロッカス」の花言葉は「青春の喜び」。春の季語。⇩〈サフラン〉

子が植ゑて水やり過ぎのクロッカス　稲畑汀子

黒百合　くろゆり

ユリ科ユリ属ではなくユリ科バイモ属の多年草で、本州中部以北の高山や北海道に生え初夏、花茎の先端に鐘形・六弁の暗紫色の花をつける。異臭がある。江戸時代の百科事典『和漢三才図会』巻第百二の「百合」の項に「**黒百合　凡そ花に黒色の者絶えて之無し。惟だ此れ紺色愛す可し。本と奥州より出でて畿内に種之を移す。而して花甚だ希なり。土地相応ぜざらん、然るか**」、「黒百合」といっても、おしなべて黒花というのはあり得ず、もっぱら紺色を愛でるべきだ。奥州原産の種を畿内に移し植えたものの黒い花が咲くことは稀だった。土地が合わなかったのだろう、と。北海道の先住民アイヌの間では「黒百合」は恋の花といわれ、花に思いをこめて好きな人の傍にそっと置き、それを相手が手に取れば二人はいつかは結ばれると言い伝える。夏の季語。

黒百合や風の行方に塩見岳　岡田貞峰

グロリオーサ　Gloriosa

六～八月ごろ、黄色地に濃紅色の細く長い六枚の花弁が強く反り返って下向きに咲くイヌサフラン科の蔓性多年草。花びらの縁は波打ち、雄しべが放射状に水平に張り出す特異な花姿は強い印象を与える。アフリカないし熱帯アジアの原産で、花名はギリシア語のグロリオサス（栄光・名誉）に由来し、英名は「Glory lily（栄光の百合）」。

桑の花　くわのはな

「桑」は、中国北部から朝鮮半島の原産といわれ古く蚕(かいこ)とともに渡来したとされるクワ科クワ属の落葉木。晩春、新葉とともに淡黄緑色の花穂をつけるが、葉の美しさに比して花は地味で目立たない。雄花と雌花があり雌花はやがて結実して苺に似た実になる。異形の蚕が葉を食べて美しい絹糸を吐き出すところから、「桑」の花言葉は「不思議」。春の季語。

桑の花信濃乙女のつつましく　平沢桂二

君子蘭　くんしらん

南アフリカ原産の、「蘭」とはいいながらラン科でなくヒガンバナ科の多年草。明治時代に渡来したとき種名の「nobilis 高貴な」から「君子蘭」の名がついたが、下向きに咲く花が不評で、現在「君子蘭」と呼ばれているのは花を上向きに咲かせる「受(うけ)咲(ざき)君子蘭」という種類だという。三、四月ごろ、革のような質感の剣状の葉の間に太い花茎を立て、その先に橙赤色の漏斗状の美花を一〇個ほどつける。春の季語。

君子蘭蟻(あり)頭をふりて頂(いただき)に　加藤楸邨

瓊花　けいか

「瓊」は訓読みすると「たま」で、宝玉のこと。「瓊花」は、〈額紫陽花(がくあじさい)〉に似た黄白色の花をつける稀に見るほど美しい中国の花。盛唐・李白の「秦女休行(しんじょきゅうこう)」に「西門(せいもん)の秦氏の女(じょ)、秀色、瓊花の如し。手に白楊刀を揮(ふる)い、清昼に讎家(しゅうか)を殺す。羅袖(らしゅう)に赤血を灑(そそ)ぎ、英声は紫霞(しか)を凌ぐ」、西門の秦氏の女の休(きゅう)は瓊花に似た絶世の美女。手に細身の太刀を揮って白昼家の仇を殺し復讐した。薄絹の袖を鮮血に染め、人々の称賛の声は雲上に達するほどだった、と。奈良の唐招提寺には唐・鑑真和上ゆかりの揚州市からもたらされた「瓊花」が植えられており、四月から五月ごろにかけて美しく咲く。

迎春花　げいしゅんか

モクセイ科の落葉低木〈黄梅(おうばい)〉の中国での呼び名。早春、梅に似た黄花をつけるところから春節を祝う花として「迎春花」という。春の季語。

春望の西安どこも迎春花　松崎鉄之介

鶏頭　けいとう

インド原産で古くに朝鮮半島経由で渡来し、赤色染料のもととなったところから「韓藍(からあい)」と呼ばれたヒユ科の一年草。夏から秋まで、花軸の上部に鶏のとさかのような肉厚の赤い花序をつける。『万葉集』巻十に「**恋ふる日の日(け)長くしあれば我が園の韓藍の花の色に出でにけり**」、恋しく思う日があまりに長くつづいたので家の庭に咲く鶏頭のように顔色に出てしまった、と。「鶏冠花」ともいい、エキゾティックな特異な花姿から、花言葉は「おしゃれ」「個性」。秋の季語。

鶏頭や雁の来る時尚あかし　芭蕉

（「葉鶏頭」のことを「雁来紅」というのを踏まえている）

けし

地中海沿岸ないし西アジア原産といわれ室町時代に渡来したと伝わるケシ科の越年草。緑白色の一メートルほどの花軸の先に初夏、直径一〇センチくらいの白・紅・紅紫色などの華麗な花をつける。蕾のときは下向きに咲き〈萼(がく)〉があるが、花が開くと萼は落ちて花は上向きに咲く。花が終わると「けし坊主」と俗称される球形の実が生(な)る。白花の未熟な実から分泌される白い乳液を固めるとアヘンができるので、法律で「けし」の栽培は禁止されている。普通に咲いているのはアヘンを含まない〈ひなげし〉や「鬼げし」のことが多い。漢字で書けば、「罌粟」または「芥子」。催眠効果のあることが古くから知られており、花言葉は「眠り」「忘却」。「けしの花」「ひなげし」は夏の季語。

芥子の花がくりと散りぬまのあたり　村上鬼城

月下美人　げっかびじん

メキシコないし南アメリカ原産といわれるサボテン科クジャクサボテン属の多年草。夏から秋の夜八時ごろ芳香を放ちながら花を開きはじめ、深夜に純白大輪の豊麗な花が満開となる。径一二センチほどの目を瞠(みは)るような豪奢な白花は、朝までにはしぼんでしまう〈一夜花〉。真夜中の月の光の下で美しく開花するところから「月下美人」の名がつき、「女王花」の異名もある。心を奪われるほど豪華な花を夜咲かせるところから、花言葉は「危険な快楽」。夏の季語。

月盈ちぬ月下美人の咲く夜とて　後藤夜半

毛花　けばな

江戸時代後期から明治時代にかけて刊行された国語辞典『和訓栞』に「けばな　毛花の義鷹詞(たかことば)に鳥の毛の散(ちる)をいへり」、毛花の意味は鷹匠の言葉で鷹が狩った鳥の毛が散ることをいう、と。室町中期の冷泉為尹(れいぜいためまさ)の『為尹千首』に「狩場風」の題で「**みかり野やはや一よりとみえてけり毛花をちらす雪の夕風**」、狩場に早くも一つまみほどの鳥の羽が舞うのが見える。鷹が狩った毛花を吹き散らす雪まじりの夕風、と。なお、競馬用語では「毛花が咲く」といえば馬の毛が艶をなくしてボサッとしている状態をいい、馬が疲労していたり調子が下降線をたどっている兆候だという。

華鬘草　けまんそう

「華鬘」とは仏堂の内陣などを荘厳するために懸ける、花鳥などを透かし彫りにした仏具。その「華鬘」を並べて吊り下げたように四月ごろ、釣り竿のようにしなった花茎に高山植物の〈駒草〉に似た桃色の花を吊り並べるケシ科の多年草。咲いている花の色と形が釣り上げられた鯛にも似ているので「鯛釣草」の別名がある。また割れたハートのようにも見えるところから、花言葉は「失恋」。春の季語。

華鬘草仏塔台座のみ存し　鈴木青園

献花　けんか

神仏や死者の霊を慰めるために生花（せいか）を捧げ供えること。

県花　けんか

各都道府県を代表する花。一九五四年に「郷土の花」として制定され、その後選定

⦿富田木歩（もっぽ）の「牽牛花」と「花あやめ」

関東大震災のさなか、紅蓮の炎に包まれた隅田川堤上で二十六年の短い生涯を閉じた俳人富田木歩に、

床ずれに白粉ぬりぬ牽牛花

の句がある。死病の床に横たわる下町で評判の美人だった末の妹まきを看病していたときの作である。

木歩・富田一（はじめ）は明治三十年（一八九七）四月、東京向島の鰻屋に生まれた。二歳のとき病を得て両足が麻痺し歩行困難のため学齢に達しても通学できなかった。生涯一度も学校の門をくぐることはなかったが頭脳明晰で、不自由な体にもかかわらず性明朗、「いろはかるた」や「軍人めんこ」で文字を独習して読書に励み、やがて句作に熱中した。二人の姉は家の貧窮を助けるため売られるように花柳界に送られ、一（はじめ）も十七歳

し直したり変更されたりしたものもある。北海道の浜茄子（はまなす）、山形県の紅花（べにばな）、東京都の染井吉野、千葉県の菜の花、神奈川県の山百合、新潟県のチューリップ、長野県の竜胆（りんどう）、福井県の水仙、京都府の枝垂桜（しだれざくら）、岡山県の桃の花、鹿児島県の深山霧島（みやまきりしま）、沖縄県のデイゴなど。

懸崖菊　けんがいぎく

盆栽仕立ての菊作りで、幹や茎・葉が根よりも下へ崖のように傾斜する形に作ったもの。小菊で仕立てることが多く、孔雀の尾のようにあるいは霰（あられ）を振りかけたような華麗な姿になる。秋の季語。

懸崖の菊に幔幕短かくす　森田峠

牽牛花　けんぎゅうか

「牽牛」は「七夕伝説」の牽牛・織女の牽牛（彦星）で、旧暦の七夕のころに盛りとなる〈朝顔〉の別名を「牽牛花」といった。

のとき口減らしのため座ってできる職人の徒弟奉公に出された。弟にも聴覚の障がいがあり、美貌が評判だった妹まきも姉たちと同じように半玉として芸妓屋に出た。一は句境が進むと最初俳号を「吟波」と名乗り、のち「木歩」と号した。「木歩」は何とか自力で歩きたいと木切れで松葉杖を自作したもののついに歩行の助けにはならなかった無念を韜晦（とうかい）した俳号だった。やがて弟が当時不治の病だった結核で早世すると、病は一にも妹のまきにも伝染していて、病勢が募り重患の身となったまきが家に帰されてきた。看病したのは主に木歩だったのだろう、冒頭の「牽牛花」の句のほかに、

寝る妹（いも）に衣（きぬ）うちかけぬ花あやめ

妹さするひまの端居や青嵐

などの作がある。飯田龍太は「寝る妹に」の句について「命終（みょうじゅう）間近い妹にやさしく

また、貴重な薬草だった「朝顔」を買うために大事な牛を牽いて行って交換したとの故事から「牽牛子」ともいう。秋の季語。

糠雨や日々をこぶりに牽牛花　朝妻力

げんげ

中国原産といわれるマメ科の二年草で、明治から昭和初期にかけ緑肥や飼料として春の田や野原一面に紅紫色の花を栽培していた。根の根粒バクテリアに窒素があるので田に鋤きこんで緑肥としたが、その後農法が変わって以前の光景は見られなくなった。漢字では「紫雲英」と書き、蝶形の花が蓮の花に似るところから「蓮華草」ともいう。花言葉は「心が安らぐ」。春の季語。

紫雲英咲く白毫寺村佳き香せり　八木林之助

原生花園　げんせいかえん

人が造成したのではなく天然のままの草花が群生して咲き乱れる湿原や草原。北海道

衣打ちかける兄のこころ。それに答える幼い病妹の今際のきわの笑顔を思い浮かべるとき、この『花あやめ』の一語は万斛の涙をさそう」と記している（『四季花ごよみ夏』）。しかし、大正十二年（一九二三）九月一日、薄幸の俳人をさらに過酷な非命が襲う。関東大震災。圧死を辛うじて免れた木歩のところへ句友で木歩の人と句才を愛する新井声風が駆けつけてきた。その背に負われて火の海を逃げるうちに容赦のない猛火は二人を隅田川の堤上に追い詰めた。もはや生き残るには大川に身を投じて対岸へ泳ぎ渡るしかない。が、屈強な声風自身にさえ広い川幅を泳ぎ切る自信はない。まして足の萎えた木歩にできることではない。最後の火炎が迫ったとき固く繫ぎ合っていた二人の手がほどけ、一人は河中に、もう一人は墨堤にと岐れた。奇蹟的に生き延び

の東部や北部のオホーツク海沿岸などに多く分布し初夏から秋、〈水芭蕉〉〈黒百合〉〈はまなす〉「蝦夷萱草」「蝦夷竜胆」などが美しく咲き香る。

恋忘れ草　こいわすれぐさ

〈萱草〉は、身につけるとこの世の憂苦を忘れさせるといわれ〈忘れ草〉の異名をとったが、さらに人を恋する苦しささえ忘れさせるほど美しいというので「恋忘れ草」ともいわれた。『万葉集』巻十一に「**わがやどは甍しだ草生ひたれど恋忘れ草見るにいまだ生ひず**」、わが家の屋根には忍草は生えているけれど恋忘れ草は見てもまだ生えていない、と。また『古今和歌集』の「墨滅歌」の巻十四に「**道知らば摘みにもゆかむ住の江の岸に生ふてふ恋忘草**」、そこへ行く道を知っていたら何をおいても摘みに行きたい、住吉の海辺に生えていると

た声風はその後木歩の俳句の顕彰に挺身し、向島・三囲神社の境内に木歩の句碑を建てた。そこに彫られている句——

夢に見れば死もなつかしや冬木風　富田木歩

いう恋忘れ草、と。⇩〈萱草〉

紅雨　こうう

①紅く咲く花々に降りかかる春の雨。②紅い花びらが散りしきるさまを雨降りにたとえた。

紅花　こうか

①紅い色をした花。盛唐・杜甫の「風雨に舟前の落花を看て戯れに新句を為る」に「**影は碧水に遭いて潜かに勾引せられ、風は紅花を妬み却て倒吹す**」、桃の花影は青緑色の川面にひそかに引き寄せられて姿を映し、風は紅い花を妬んで吹き上げる、と。②黄赤色の花を摘んで紅の染料を取ったキ

ク科の〈紅花(べにばな)〉のこと。山形地方で歌われた「紅花摘唄(べにばなつみうた)」に「**千歳山から紅花(こうか)の種蒔いた　それで山形花だらけ／…／晴れて見事や紅花(こうか)の畑　闇も明るい花盛り**」と。

黄花　こうか
〈菜の花〉をはじめ黄色い花をつける草花。とくに〈菊〉をいう。

高山植物　こうざんしょくぶつ
山の森林限界より上で万年雪のある雪線より下の高山帯に生える草花。〈駒草〉〈ちんぐるま〉〈岩桔梗〉〈白山小桜〉など美しい花が多く、低温・強風など自然条件が厳しいので矮小化したり地表を這うなどして環境に適応している。

紅梅　こうばい
「紅梅」は〈白梅〉より開花時期が少し遅れる。また詩的には、花が紅い分早春の冷ややかなイメージがつきまとう白梅に比べ

⦿日本文芸と紅梅——鶯宿梅(おうしゅくばい)
文芸評論家の山本健吉は、「紅梅」は「王朝の和歌に詠まれることはまれ」で漢詩または俳諧で本当に生かされた題目であった、といっている（『基本季語五〇〇選』）。清少納言は四季の自然から森羅万象のことごとくについて独特の批評眼を備えていたが、花木は「紅梅」が好きだったようで「**木の花は　こきもうすきも紅梅**」と言い切っている（『枕草子』三七）。いっぽう平安時代後期の勅撰集『拾遺集』巻九の五三一番歌の題詞に「**内より人の家に侍りける紅梅を掘らせ給ひけるに、鶯の巣くひて侍りければ、家あるじの女まづかく奏せさせ侍りける**」、内裏からの沙汰があってある人の家に植えてあった紅梅を移植するため掘らせようとしたが、この木には鶯が巣を作っていたので、女主(おんなあるじ)はとりあえず和歌を添えて奏上し

て、ぬくもりが感じられる。春の季語。

紅梅にふはとかかりぬ昼の月　中勘助

香花　こうばな

①仏前・墓前に供える香と花。「香華」。「香花」ともいう。②香りのよい花。

好文木　こうぶんぼく

「好文木」とは「文＝学問」を好む木、という意味で〈梅〉の別名とされる。わが国での文献上の初出は鎌倉中期に成立した仏教説話集の『十訓抄』で、そこには「**唐国の御門、文を好て読たまひければひらけ、学文をこたりたまへば散凋ける梅あり、好文木とはいひける**」と書かれている。この『十訓抄』の記事の出典については、中国の皇帝の日常生活を記録した『晋起居注』だとされてきたが散逸してしまって現存しない。また、『晋起居注』に「好文木」のことが書かれていたと伝える文献もない。

た。その和歌は「**勅なればいともかしこし鶯の宿はと問はばいかが答へむ**」、勅命ですので畏れ多く承りましたが、ただ春になり鶯がもどってきて、自分の宿はどうなったのと問われたら何と答えればよいでしょうか、というものだった。この歌を読んだ天皇は、自分の気遣いのなさを反省して梅の移植をやめたという。以後、人々はこの紅梅の木を「鶯宿梅」と呼んだ。なお、この和歌を詠んだ女主は紀貫之の娘の紀内侍である。

さらに「**唐国の御門**」とされる晋の武帝も哀帝も学問とは縁遠い皇帝だった。そもそも中国には「梅」と学問とを結びつける慣習はなく、むしろ「梅」を学問と結びつけたのは日本の菅原道真＝天神飛梅伝説ではないか。そのように考察した研究者の韓雯氏は、「梅」を「好文木」と呼んだのは菅原道真と「飛梅伝説」を愛した日本の五山の禅僧で、彼らによる和製漢語の可能性が高いと論じている（「『好文木』考」）。

合弁花　ごうべんか

花弁が一枚一枚分離せず、〈つつじ〉〈竜胆〉〈桔梗〉などのように一部で合着している花。⇩〈離弁花〉

河骨　こうほね

各地の池沼や湖水の浅瀬などに植えられているスイレン科の多年生水草。六月から八月ごろ、水面上に伸ばした花茎の先に黄色の五枚の萼片を花びらのように開く。「河骨」の名は水底の泥中の黒褐色の根茎を折ると中が白く白骨のようだからという。夏の季語。

河骨の夢のけしきもたそがるる　新谷ひろし

小菊　こぎく

盆栽作りや懸崖仕立てなどにする花の小さい菊。秋の季語。

さりげなき小菊の白や十三夜　野村喜舟

小米桜　こごめざくら

バラ科の落葉低木〈雪柳〉の別名で春先、長い枝に米粒のような白い小花をびっしりとつけるところから「小米花」の異名をもつ。春の季語。⇩〈雪柳〉

小米花濡らしてゆくや狐雨　川瀬一貫

心の花　こころのはな

①花にたとえられるような美しい心。風雅を求める心。芭蕉『笈の小文』に「弥生半ば過る程、そゞろにうき立心の花の、我を道引枝折となりて、よしのゝ花におもひ立んとするに」、弥生の半ばを過ぎるうちに、わけもなくわきあがる風雅を求める心に導かれて、吉野の桜を目ざそうと思い立ち、と。②ちょっとしたことですぐ変わる当て

にならない人間の心を、花の散りやすさにたとえた言葉。『新古今集』巻十四に「さりともと待ちし月日ぞうつりゆくこころの花の色にまかせて」、そうであってもいずれは来てくれるだろうと待っていた日々は空しく過ぎてゆく。あの人の心の花が色褪せてゆくままに、と。

コサージュ　corsage

女性が洋服の胸元や襟・帽子などにつけて飾る生花（せいか）や造花。

小桜　こざくら

〈山桜〉の一種で薄紅色の小花が咲く桜。明治中期に江戸時代の俗語・方言などを集成した国語辞典の『俚言集覧』に「**小桜は山桜の一種也。花薄色あり**」と。また〈彼岸桜〉の別名ともいわれる。

ご赦免花　ごしゃめんばな

江戸時代に流刑地だった伊豆七島の八丈島にあったという大蘇鉄の花の異名。この〈蘇鉄〉が花をつけるころにご赦免船がやってくるといわれ「ご赦免花」と呼ばれた。

ご赦免花火の島六島従へて　角川源義

梢の雲　こずえのくも

遠目にびっしりと咲き満ちている〈桜〉の花枝を、梢にかかる雲に見立てた語。同じく雪に見立てて「梢の雪」ということもある。

コスモス　cosmos

日本の秋空の下に欠かせない花だが、その名が示すとおりの外来植物で原産地はメキシコ。明治時代から栽培が盛んになり八～十月ごろ、よく分枝した花柄の先に桃色・紅・白などの頭花を群がり咲かせるキク科の一年草。高さ二メートルにもなり風に大きくそよぐが音を立てず、花が清楚だから群生してもうるさくない。〈秋桜（あきざくら）〉の和名がある。花言葉は、ギリシア語の原義から「調和」、また清楚な花姿から「乙女のまごころ」。秋の季語。

高原の風力白きコスモスに　八木渚

胡蝶蘭　こちょうらん

フィリピンないし台湾原産で、野生のものは山の湿った岩地や樹上などに着生するラン科コチョウラン属の多年草。結婚式の花またお祝いの花の定番として温室などで栽培され春から夏、花茎の先に蝶形の白ないし淡紅紫色の花を一〇個以上も整列して咲かせる。花言葉は、上品な花姿から「美人」また蝶が舞い下りるイメージから「幸福がやって来る」。夏の季語。

胡蝶蘭とび翔つごとく咲きゐたり　森みど里

国花　こっか

日本の〈桜〉または〈菊〉、中国の〈牡丹〉、韓国の〈木槿(むくげ)〉のように、その国の国民から最も愛され、誇りとされ、国の象徴と考えられている花。

小手毬　こでまり

中国原産で江戸時代に渡来し四、五月ごろ、弓なりに枝垂れた枝に多数の白い小花を毬状につけるバラ科の落葉低木。庭木や庭園・寺院などに多く植えられている園芸植物。鈴を連ねたようにも見えるところから「鈴懸」の異名もある。花言葉は「努力」。春の季語。

こでまりのたのしき枝のゆれどほし　轡田進

異花　ことはな

花々を比べて「ほかの花」の意。『枕草子』六七で清少納言が「草の花」について批評しているなかに「龍胆(りんどう)は、枝ざしなどもむつかしけれど、こと花どものみな霜枯れたるに、いとはなやかなる色あひにてさし出でたる、いとをかし」、竜胆は枝ぶりなどはうっとうしい感じだけれど、ほかの花々がみな霜枯れしてしまっているのに、ひとり鮮やかな色を見せているのは魅力的だ、と。

この花

①「木の花」と書いて、草の花ではなく木に咲く花の意。〈桜〉ないし〈梅〉を指すことが多い。『古事記』邇邇芸命に「**木花の佐久夜毘売を使はさば、木の花の栄ゆるが如栄えまさむと誓ひて貢進りき**」、山の神である大山津見神は、自分が天孫邇邇芸命に姉と妹の二人の娘を奉った理由は、姉の石長比売を用いれば天孫の命は岩のように永遠なものになり、妹の木花の佐久夜毘売を用いれば木の花のように繁栄すると思ったからだ。だが邇邇芸命は醜い石長比売を嫌って美しい木花の佐久夜毘売だけを選んだから、その命は木の花のように儚いものになるだろうと予言した。また『日本書紀』神代紀下には、木花開耶姫が瓊瓊杵尊の子を産むとき姉の磐長姫が「**其の生むらむ児は、必ず木の花の如に移落ちなむ**」、妹が産む子は必ず木の花のように散り落ちてしまうだろう、と呪った。なお、大山津見神は古代九州南部を支配したインドネシア系異民族の「隼人」の長であり、以上の神話の源流はインドネシア・セレベス島(現スラウェシ島)に伝わる「バナナ型説話」(人間が神の降す石でなくバナナを選んだために儚い命となった)であるという説もある。②「此の花」の意。『古今集』序の「**難波津に咲くやこの花冬ごもり今は春べと咲くやこの花**」、難波津に咲くよ、この花は。冬の間は姿を見せなかったけれど、今は春が来たとばかりに咲くよ、この花は、と。この歌の「この花」は梅だとさ

れる。

木花開耶姫　このはなのさくやびめ

『古事記』『日本書紀』の神代の条に記されている大山津見神（大山祇神）の娘で、その美しさを高天原から高千穂の嶺に降臨した天孫邇邇芸命（瓊瓊杵尊）に見初められて妃となり、火照命・火須勢理命・火遠理命（火酢芹命、火明命、彦火火出見尊）を産んだ。明治時代にわが国の国文学研究の基礎を作った芳賀矢一は、「木の花」とは桜であり「木花開耶姫」はすなわち桜の化身で、西洋の春の女神「ヴィーナス」に相当する。童話の「花咲爺」と同じで日本列島に花盛りをもたらす「自然美の神格化された神様」だと言っている（『月雪花』）。「木花之佐久夜毘売」とも書き、後に富士山の神とされて浅間神社に祀られた。

小判草　こばんそう

ヨーロッパ原産で明治初期に渡来し観賞用にも栽培されたイネ科の一年草。海岸の砂地などに野生化し初夏、三、四〇センチほどの花茎の先に小さな小判型の花穂を垂らし、稔ってくると黄金色になるところから名がついた。夏の季語。

風ひらひらと表裏もなくて小判草　塘柊風

辛夷　こぶし

早春の人里やまだ冬枯れの山に待ちかねていた春の到来を告げるモクレン科の落葉高木。葉が出る前の裸木の梢に、人が天に向かって手を伸ばしたような清純な白い花をたくさん咲かせる。倉嶋厚は、安田斉「花の色の謎」の研究を紹介して、植物界には白い色素はなく、白い花の本体は花びらの中に含まれている多くの空気の泡で、それに乱反射した光がほとんど色素のない花びらを白く見せている、と説明している。蕾ないし秋につける実の形が握り拳（こぶし）に似ているから「こぶし」の名がついたという。春の遅い東北地方などで開花を農作業を始める目安としたことから「種蒔き桜」とか「田打桜」の異名がある。春の季語。

みな指になり風つかむ花辛夷　林翔

零れ桜　こぼれざくら

咲き満ちた〈桜〉の花びらが散りこぼれている春爛漫の光景。一方、工芸品の絵付けや着物の模様などで、桜の花びらを散らした図柄。

駒草　こまくさ

北海道から本州中部の高山帯の岩の間や砂礫（されき）地に生え七、八月ごろ、強い日差しの下で上品な淡紅紫色の花をつけるケシ科の多年草。日本の〈高山植物〉の女王とされるが、下向きに咲く四枚の花弁の外側の二枚が強く反り返った花姿を横から見ると、馬の顔に似ているので「駒草」の名がついた。かつて乱獲されて姿を消した高山もある。夏の季語。

駒草の花影そろふ日の出かな　藤田東崖

五葉つつじ　ごようつつじ

本州中部や四国の山地に生え初夏、直径三、四センチほどの美しい白花を咲かせるツツジ科の〈白八入（しろやしお）〉の別名。枝先に葉が五枚輪生してつくので「五葉」の名がある。⇩〈白八入〉

さ行

綵花　さいか
「綵」は色どりの美しい絹織物などの意で、きれいな造り花のこと。

西行桜　さいぎょうざくら
平安末期から鎌倉初期にかけて生きた西行（俗名佐藤義清(のりきよ)）は二十三歳のとき無常を感じて出家し、およそ五十年の放浪の生涯を送った。奥州から中国・四国までさすらう暮らしの中でことに〈桜〉の花を偏愛し「**ねがはくは花のしたにて春死なむそのきさらぎの望月の頃**」と詠うほどだった。そして、その願いどおり文治六年（一一九〇）二月十六日、桜の咲く下で示寂(じじゃく)し、死後に詣でてくれる人があれば「**ほとけには桜の花をたてまつれ我が後の世を人とぶらはば**」と詠じた。そのためか日本の各地には生前の西行が杖をとどめて観じ歌を詠んだと言い伝える「西行桜」の故地がいくつもある。京都嵐山の法輪寺には「**ながむとて花にもいたく馴れぬれば散る別れこそかなしかりけれ**」、物思いしながら見つめていた花にすっかり馴染んでしまったので散って別れるのが悲しい、と詠んだ「西行桜」があり、栃木県大田原市の法輪寺には「**盛りにはなどか若葉は今とても心ひかるる糸桜かな**」の「西行桜」がある。明治時代の国文学者芳賀矢一は、「花を楽しみ得た人は幸福の人であった。花を楽しみ得た時代は幸福の時代であった」として七曲照明の「**花見てはかこち顔なる人もなし吉野の奥の西行桜**」、この桜を見てなお不機嫌な顔をしている人などいない吉野山の奥の西行桜、の歌を引いている（『月雪花』）。

早乙女花　さおとめばな

東北地方などで〈田植花〉としての〈花菖蒲〉を「早乙女花」ということがある。またアカネ科の蔓生多年草〈へくそかずら〉の花が田植をする早乙女の髪飾りに似ているところから「早乙女花」といい、五月ごろに咲く〈二人静〉を「早少女花」ということもある。

咲き零れる　さきこぼれる

花びらがこぼれるほど咲いている花盛りのさまの形容。「咲き溢れる」とも書く。『源氏物語』若菜下に「女御の君は、…よく咲きこぼれたる藤の花の、夏にかかりて、かたはらに並ぶ花なき朝ぼらけの心地ぞ、し給へる」、光源氏が朱雀院の賀の祝いの席で奏でる琴や琵琶の合奏の予行演習をしよ

◉鷺草哀話

かつて武蔵野の一角だった東京の世田谷区には「鷺草」がたくさん自生していた。現在「区の花」となっている「鷺草」について地元には哀話が伝わっている。時は戦国時代の天文年間、世田谷城主だった名門足利一族の吉良頼康には家臣の奥沢城主大平出羽守の息女の常盤御前（ときわごぜん）という愛妾がいた。頼康には正室のほか多くの側女がいたが、常盤は頼康の寵愛を一身に集めた。やがて常盤が懐妊すると嫉妬した女たちは、生まれてくる子は家臣との不義の子だと讒訴（ざんそ）した。疑心暗鬼に陥った頼康はついに常盤に死を命じた。絶望した常盤は自らの無実を訴える書状を書き、辞世の歌とともに飼っていた白鷺に結び付けて奥沢の両親の許へ届けようと放鳥し、そののち自裁する。折から城外で狩りをしていた頼康は奥沢城の

うと女三宮（おんなさんのみや）の住まいに明石の女御（にょうご）や紫の上、明石の上を誘い夕霧の大将も招いたが、箏を奏でる明石の女御は、まるで花盛りの藤の花が咲きあふれて傍に比べる花も見当たらぬ夏の明け方のようなこよなく美しいお姿だった、と。

鷺草　さぎそう

熱帯から温帯まで世界中に広く分布し、日本では本州以西の湿地に自生して夏、空を舞う白鷺そっくりの美花を咲かせるラン科ミズトンボ属の多年草。「鷺草」はコラムに記した通り東京・世田谷区の「区の花」だが、世界遺産の白鷺城のある姫路市の「市花」にもなっている。造化の妙としかいいようのないその繊細な花姿から、花言葉は「神秘」「夢であなたを想う」。夏の季語。

鷺草のそよげば翔つとおもひけり　河野南畦

方へ飛んでいく白鷺を見つけると矢を放って射落とす。その脚には常磐の書状が結び付けられていた。それを読んですべてを悟った頼康は急ぎ世田谷城に帰還したが、時すでに遅く常磐は息を引き取ったあとだった。頼康は常磐を悼み、讒訴した側室たちを死罪に処した。それから毎年、夏になると常磐の白鷺が射落とされた土から「鷺草」が咲き出でるようになったと言い伝えられている。

咲き匂う　さきにおう

「匂う」は色が美しく輝くことで、花が照り映えるように美しく咲くことをいう。『万葉集』巻二十に「うちなびく　春の初めは　八千種（やちくさ）に　花咲きにほひ　山見れば　見のともしく　川見れば　見のさやけく」、草木がなびく春の初めは、数多（あまた）の花々が色美しく咲き、山を見れば目にめずらしく、川を見れば目に清々しく、と。

咲き優る　さきまさる

以前より見事に咲く。平安時代中期の勅撰集『後撰集』の巻一に「**春ごとに咲きまさるべき花なれば今年をもまたあかずとぞみる**」、春がくるごとに前の年よりいっそう美しさを増して咲く花なので今年もまた見飽きることなくいつまでも見ている、と。

桜　さくら

単なる「桜」という名の花木はなく、「桜」は〈彼岸桜〉〈山桜〉〈里桜〉〈枝垂桜〉〈染井吉野〉等々の野生種・栽培種を合わせて数百種類にのぼるといわれるバラ科サクラ属の落葉高・低木の総称である。〈梅〉が主役だった奈良時代から平安時代へと移った九世紀ごろより、ただ「花」といえば桜を指すほど日本の代表的な花木となった。『古今集』巻一に「**世の中に絶えて桜のなかりせば春の心はのどけからまし**」、この世にもし桜がなければ私たちの春の気分はどれほどのんびりしていることだろう、「まだ咲かないか」「もう散ってしまうのか」などと思い煩うこともないのだから、という歌や、巻二の「**久方の光のどけき春の日に静心**（しずごころ）**なく花の散るらむ**」、空の彼方から届く光がこんなにのどかな春の日にどうして安らぎの心を忘れて花は散るのだろうか、を初めとして、「桜」は多くの詩歌や文芸作品に詠まれ語られつづけてきた。桜のいちばんの特徴は、一つ一つの花はさほど美麗というわけではないかもしれないのに、木々全体が万朶（ばんだ）と咲き匂うときには得もいわれぬ別世界の光景を現出するところにある。光あふれる春を薄桃色の花が彩り人びとが野や町に花見に繰り出すとき、私たちの春の歓喜は極まる。日本の国花といわれ「花王」と讃えられるゆえんである。夢のような美しい光景から「夢見草」の異名があり、花言葉は「優美な女人」。また父親が大事にしていた桜を伐られたのを正直に名乗り出たというアメリカ初代大統領ワシントンにちなんでか、「よい教育・独立」。春の季語。

さまざまの事思ひ出す桜かな　芭蕉

山を背に日の輝きの桜かな　松根東洋城

桜雨　さくらあめ

咲いた桜に降りかかる春雨。〈花冷え〉とか「花に嵐」という言葉があるように桜の時節には雨風がつきものだ。江戸時代中期の国語辞典『和訓栞 後編』に「**さくらあめ 桜雨也、養花の天をいう、桜花の時にふるをいへり**」と。「養花の天」とは花を咲かせる雨を降らせる、春の花曇りの空の

⊙桜の下には凶々(まがまが)しい異界がある

桜の一つ一つの花はさほど美しくはないかもしれない。たとえば薔薇や木槿(むくげ)や藤の花に比べたらどうだろう。桜の中で一等美しい八重桜でさえ竜胆(りんどう)や山百合と並べたら見劣りがするかもしれない。ましていま日本の桜の代表である染井吉野はまことに凡庸な花である。もちろん人それぞれの好みはあるにしても。しかし一旦、桜の花が咲き満ちれば話は別だ。一本の桜の木全体に万朶と花が咲き匂うとき、事態は一変する。そこには得もいわれぬ別世界が出現する。あの異数の短編『檸檬』の作家梶井基次郎は、爛漫と咲き乱れている「桜の樹の下には屍体が埋まっている！」と剔抉(てっけつ)した。三十一年の短い生涯を終える五年前の一九二七年に発表した短編「桜の樹の下には」の中でのことである。詩人は、桜の花があん

こと。

桜狩 さくらがり

桜の花を求めて野山を逍遥すること。「花巡り」ともいい、平たくいえば「花見」。平安時代後期の勅撰集『拾遺集』巻一に「**桜がり雨はふりきぬおなじくはぬるとも花の蔭にかくれむ**」、花見をしようと桜をたずねていたら雨が降ってきた。同じ濡れるのなら桜の花の下に身を隠そう、と。春の季語。

奔流にいでて日寒き桜狩　石原舟月

桜しべ降る さくらしべふる

桜の花が散ると、残っていた〈蕚(がく)〉と「しべ（蕊）」のついた花柄が地面に落ちる。俳句ではたくさんの「桜しべ」が地面に薄赤く散り敷いた光景を珍重して「桜しべ降る」という。春の季語。

桜蕊仏頭に降りわれに降る　金田眸花

なにも見事に咲くなんて信じられない、と語りはじめる。「俺はあの美しさが信じられないので、この二三日不安だった。しかしいま、やっとわかるときが来た。桜の樹の下には屍体が埋まっている。これは信じていいことだ」と。病身に耐えて近代知性の苦渋を生き切り、夭折した作家の鋭敏すぎる感性は、繚乱と咲き誇る桜の樹の下には一つ一つ屍体が埋まっていると幻視した。馬のような屍体、犬猫のような屍体、人間のような屍体、みな腐乱して蛆(うじ)が湧き、悪臭を放ちながら水晶のような液をたらたらとたらしている。そんな屍体を「桜の根は貪婪な蛸(たこ)のように、それを抱きかかえ、いそぎんちゃくの食糸のような毛根を聚(あつ)めて、その液体を吸っている」という。だがそのような残忍で退廃的(デカダン)なイメージこそが実は、この稀有の詩人の「静謐にして清澄な息吹

❖花のことわざ・慣用句：**桜伐る馬鹿 梅伐らぬ馬鹿**

桜は枝を伐るとそこから腐ってくることがあるのでむやみに伐ってはいけない。だが、梅は余分な枝を伐らないと翌年花つきが悪くなるから正しく伐れ、という樹木剪定の心得をいうことわざ。

桜前線　さくらぜんせん

列島各地の桜の開花予想日が同じになる地点を結んだ線。三月末の九州から北上して行き、北海道に到達するのは五月になる。

桜草　さくらそう

一茶に「**我国は草もさくらを咲きにけり**」、わが古里では草も桜の花を咲かせるのだ、の句があるとおり、花の形が桜によく似て江戸時代から武士や庶民に愛好されたサクラソウ科の多年草。園芸品種も多く、四

き」と雄勁（ゆうけい）な詩魂の逆説的な証であり、篤い病に耐えつつその「意力ある絶望」でもって青春の倦怠と不安と焦燥を浄化するのであった。

梶井が幻視したように一本の桜の樹の下に屍体が埋まっているとしたら、満開の桜の下ではどんな途方もない凶事が起きるのだろうか。坂口安吾はそのことを一九四七年に発表した幻想的短編「桜の森の満開の下」で書いた。昔、鈴鹿峠には一人の凶悪な山賊がいて、桜の森の下の道を通りかかる旅人を襲っては、男は殺して金を奪い女は連れ帰って女房にしていた。ある日襲った夫婦者の女房は見たこともないうるわしい女だった。山賊が俺の女房になるかと聞くとこっくりとうなずいた。ところが暮らし始めてみるとこの女はとんでもないわがまま者で、これまでいた七人の女房をみん

国・沖縄などを除く全国の低湿地に群生し四月ごろ、二〇センチほど伸びた花茎の先に淡紅紫色の花を傘のように咲かせる。学名ないし洋名を「プリムラ」といい、埼玉県の県花で荒川流域のさいたま市・田島ヶ原自生地は国の特別天然記念物に指定されている。花期が長いことから〈常磐桜〉ともいい、花言葉は「永つづきする愛情」。また夏前に実をつけずに散ってしまうので、「青春の悲しみ」。春の季語。

桜草灯下に置いて夕餉かな　富田木歩

桜月　さくらづき

桜が咲く旧暦三月の異称。弥生の別名であり現行暦の四月だから、むしろどこかに過ぎ行く春を惜しむ情感がこもった呼び名。

桜づくし　さくらづくし

長年にわたって多くの日本人から愛されてきた桜は、新たに発見されたり園芸改良が

な殺せと言った。ただ顔の醜い一人だけは女中に使うから生かしておけと言った。男は女の無体に逆らえなかった。が、女はすぐに山の暮らしに飽きた。そして都に連れて行けとせがんだ。男と女と女中と三人の都での暮らしが始まると、男は毎晩夜盗を働いては人を殺して金を奪った。女が人間の生首を欲しがるので毎日首を持ち帰った。女は飽きずに首遊びをしてはけたたましい嬌声をあげた。やがて男は都での暮らしにも女の限りのないわがままにも飽きた。男が山へ帰るというと、女もついてきた。鈴鹿峠まで来ると女が負ぶってくれと言った。やがてあの桜の森の満開の下にさしかかったとき、男は背中の女の手の異様な冷たさに気づいた。女の正体が鬼であることを悟ったとき、全身紫色の口が耳まで裂けた鬼の爪が男ののどに食い込んできた。男は無

重ねられたりして品種が多い。江戸時代には、桜の名前を数え上げた「桜づくし」の小唄や長歌が作られた。二六種の桜が詠みこまれているその一つに「飽(あ)かでのみ　花に心を尽す身の　思ひあまりに手ををりてかぞふる花の品々に　わきて楊貴妃　いせこまち　たがこ桜　百の媚(こび)ある姥桜(うばざくら)　われやこふらし面影の　花の姿を先だてて　ゆくへわけこしみ吉野の　くも井にさける山桜　霞の間よりほのかにも　みそめし色のはつ桜　たえぬながめは九重の　都帰りの花はあれども　馴れしあづまの江戸桜　名に奥州の花には　誰もうき身をこがす塩がまさくら　花のふりそで八重一重　したにはむくの緋桜や樺にあさぎをこきまぜてわけよきぬひの糸桜　ひく手あまたの身なりとも　せめてひとよのたはふれに　ゑひをすすむる　くまがへの　たけき心は虎の尾の　せんりもかよふこひのみち　しのぶにつらきあり明さくら　きみのなさけの薄桜　よしや思ひを桐がやつ　うきよをすてし墨染桜　昔をしのぶ家桜　花のとぼそのさびしきに　月のかげさへ遅桜　やみはあやなし紅梅桜　花のしら露春ごとにうちはらふにも千代はへぬべし」と。

我夢中で鬼を背中から振り落とし、逆に力いっぱいのどをしめあげた。鬼が動かなくなったので見ると、鬼は女の顔にもどって、すでに息絶えていた。女の顔の上に桜の花びらが降り積もった。花を払おうとすると、すべては跡形もなく消え去り、桜の花びらだけが散りしきっていた。

桜月夜　さくらづくよ

万朶(ばんだ)と咲き匂う桜を月が明るく照らしている夜。与謝野晶子の名唱に「清水へ祇園をよぎる桜月夜こよひ遭ふ人みな美しき」。

桜時　さくらどき

桜の花が盛りのころ。〈花時〉とほぼ同じだが、「桜時」のほうが焦点がはっきりしている感はある。春の季語。

さきがけて駅の灯の点き桜どき　鷹羽狩行

❖花のことわざ・慣用句：桜に鶯　木が違う

鶯には言うまでもなく梅が定番。組み合わせが頓珍漢だという警句。

桜吹雪　さくらふぶき

桜の落花が春風に激しく舞い散るようすを吹雪にたとえた語。〈花吹雪〉。

桜餅　さくらもち

白玉粉あるいは小麦粉をこねて作った皮で餡（あん）をくるみ、塩漬けにした桜の葉でつつんだ和菓子。江戸・向島（むこうじま）の長命寺（ちょうめいじ）から始まっ

⊙桜の園

没落地主のラネーフスカヤ夫人にとって「桜の園」は子どものころからの思い出のつまった懐かしいかけがえのない領地。六年前に夫が過剰な飲酒がもとで死に、その一か月後子どもが川で溺死し、逃れるように故郷を後にした。パリでやがて新しい恋をしたが今度の夫も金遣いの荒いろくでなしだった。時代に取り残され莫大な借金をかかえたラネーフスカヤ夫人が「桜の園」に帰ってくる。借金の清算のためには「桜の園」を手放すほかないのだ。むかし夫人の領地の「農奴」の息子だったロパーヒンはいまでは新興商人として成功を収めている。彼は夫人に「桜の園」の桜をすべて切り倒して更地にし、周辺の土地を合わせて別荘地を開発して貸せば毎年莫大な収入が得られると強く勧める。だが夫人は決断で

た関東風の桜餅と、粗びきした餅米（もちごめ）を蒸籠（せいろう）で蒸して餡を包んだ関西風の道明寺（どうみょうじ）桜餅がある。春の季語。

花はまだ二分どころなり桜餅　富安風生

❖花のことわざ・慣用句：桜は花に顕わる

桜も冬の間は他の木と区別のつかない冬枯れの雑木だが、春に花が咲けばすぐに桜だとわかる。『詞花集』巻一に「**深山木のその梢とも見えざりし桜は花にあらはれにけり**」、奥山の木々にまじって桜の枝だとは気づかないが、春に花が咲けば一目でわかる、と。転じて、ふだん凡庸に見えた人が時を得て本領を発揮し頭角を現すことのたとえ。

桜湯　さくらゆ

祝い事や婚礼の席などでは縁起をかついで

きない。そのまま競売の期日を迎えてしまい、「桜の園」はついに人手に渡る。買ったのはなんと、ロパーヒンだった。有頂天の彼は「このエルモライ・ロパーヒンが桜の園に斧をくらわせるんだ。木がばたばた地面へ倒れるんだ！　どしどしそこへ別荘を建てて、うちの孫や曾孫のやつらに、新しい生活を拝ませてやるぞ」とうそぶく。夫人は激しく泣き崩れるが、やがて気をとりなおすと病身のろくでなしでもほかに身寄りのない夫の待つパリに帰ることに決める。最後の日、パリ行きの汽車の時刻が迫るなか、遠くから桜の木を伐り倒す音が聞こえてくる。「ああ、わたしのいとしい、なつかしい、美しい庭！　…わたしの青春、わたしの幸福、さようなら！……、さようなら！……」という夫人の独白を最後に、人々が立ち去り馬車の出て行く音がしたあと、

「茶を濁す」のを避け、桜の塩漬けに白湯を注いで供する。湯呑の中で八重桜の花が美しく開く。「桜漬」ともいう。春の季語。

さくら湯の花びらのみなひらくまで　三浦恒礼子

❖花のことわざ・慣用句：酒なくて何の己が桜かな

花見も、ただ桜を愛でるだけでは物足りない。いくら風流を気取っても、酒がなければ本当の花見とはいえない。

石榴の花　ざくろのはな

「石榴」は、西南アジアから地中海沿岸の原産といわれ、平安時代に中国を経て渡来したとされるミソハギ科の落葉小高木。梅雨から初夏のころ枝先に鮮やかな緋赤色の花を咲かせ、秋には種子の多い大きな実をつける。優美な花姿から、花言葉は「エレガンス」、また飾り過ぎた感じから「高慢・不遜」。「石榴の花」「花石榴」は夏の季語、「石榴の実」は秋の季語。

五月雨にぬれてやあかき花石榴　野坡

がらんとした部屋の中に桜の木を伐り倒す斧の音だけが物悲しく響きわたる。十九世紀末のロシア社会における古いロシアの没落と新しい世代の台頭という悲喜劇を余情豊かに描きだしたチェーホフの代表作。一九〇四年にモスクワ芸術座で初演された。

左近の桜　さこんのさくら

平安時代の桓武天皇以降、正殿である紫宸殿から前庭に下りる階段の左右には「左近の梅」と〈右近の橘〉が植えられていた。が、のち弘仁年間ないし承和年間に、紫宸殿を背にして左側（東側）の梅は桜に植えかえられ「左近の桜」となった。この木から南側に左近衛府の官人が居並んだ。「南殿の桜」ともいう。

笹百合　ささゆり

日本特産で本州の中部以西および四国・九州に分布し初夏、薄桃色ないし白色の花を咲かせるユリ科の多年草。葉の形が笹に似ているところからの名前で、一メートルほど伸びた花軸の先に二、三輪つける花弁の内側には百合によくみられる斑点はなく、清楚で可憐。『古事記』中に神武天皇が正妻となる伊須気余理比売（五十鈴媛命）と狭井河のほとりにある家で結ばれたとき「**その河の辺に山ゆり草多にありき**」とあり、この「**山ゆり草**」は「笹百合」だとされる。「笹百合」は、伊須気余理比売の父親の大物主神（大国主神）を祭神とする三輪山の大神神社の御神花で、〈さ百合〉ともいう。夏の季語。

三輪山の供華の笹百合匂ひけり　山下佳子

山茶花　さざんか

日本原産で多く四国・九州に自生し、晩秋から冬にかけて〈椿〉に似た白ないし淡紅色の五弁花を咲かせるツバキ科の常緑中高木。椿は基本的に春咲きで散るときは花冠がポトリと落ちるが、「山茶花」は冬に咲き散るときは花弁が一片ずつ落ちるので区別できる。中国で椿を意味する「山茶花」が転訛して「さざんか」になったといわれる。冬の寒気に負けず花を咲かせるところから、花言葉は「ひたむきさ」。冬の季語。

山茶花は白一色ぞ銀閣寺　小澤碧童

挿花　さしばな

甕や瓶などの花器に花を挿して活ける〈生け花〉のこと。〈挿花〉ともいう。明治時代に文部省が編纂を進めた百科事典の『古事類苑』に「**挿花ハ、花枝ヲ瓶中ニ挿入シ**

テ之ヲ賞スルモノナリ、或ハ花ナキ草、実アル木ヲ用キレドモ、花ヲ以テ主トスルガ故ニ插花ト云フ」と。一方別書に「插花なるものは女子の頭に插す所をいふ」とあり、女性が髪に花を飾ることも「挿花」といった。

座禅草　ざぜんそう

生態が〈水芭蕉〉に似ているサトイモ科の多年草で、本州中部以北の湿地や谷の日陰などに生え四月ごろ、肉厚で暗紫黒色をした仏像の光背状の「仏炎苞」という苞葉に包まれた花穂をつける。その形を座禅をしている仏僧に見立てて名がついた。「達磨草」ともいう。春の季語。

峰の雪見あげてひらく座禅草　福田甲子雄

さつき

漢字では「皐月」「五月」ないし「杜鵑花」と書き「皐月つつじ」ともいうツツジ科の常緑小低木。関東以西から九州・屋久島までの渓谷の岩の割れ目などに自生する野生種のサツキとマルバサツキの交雑から生まれた園芸品種の総称とされる。紅紫色の漏斗形の花を、普通の〈つつじ〉より一か月遅い旧暦五月に咲かせるところから「さつき」の名がついた。「杜鵑花」と書くのは「杜鵑」が鳴くころに咲くから。花が葉に先立つ一般のつつじに対して「さつき」は葉が出てから花が後に従うところから、花言葉は「貞淑」。夏の季語。

濡れわたりさつきの紅のしづもれる　桂信子

里桜　さとざくら

伊豆七島に自生する〈大島桜〉を基に〈山桜〉などを交雑して作った園芸品種の桜の総称。多く人里に植えられるので「里桜」といい、花期がやや遅く葉と同時ないし葉が出た後に濃淡の紅色の八重咲きの大きな花をつける。八重咲ではないが〈染井吉野〉も園芸品種の「里桜」の一例。一方、山に咲く〈山桜〉に対して「里桜」という場合には「家桜」とも「庭桜」ともいう。春の季語。

早寝しよう里桜咲き満ちたれば　金子兜太

さびた

全国の山野の湿気のある土地に生え七、八月ごろ、〈額紫陽花（がくあじさい）〉に似た白ないしクリーム色の花を円錐花序の形につけるアジサイ科の落葉低木。北海道に多く「さびた」はアイヌ語で、和名は〈糊（のり）うつぎ〉。幹や根際の空洞を生かして「さびたパイプ」という煙管（きせる）を作る。「さびたの花」「花さびた」は、夏の季語。

水よりも風澄む日なり花サビタ　上村占魚

サフラン　safran（仏）

小アジアないし南ヨーロッパ原産とされ、紀元前十五世紀以上前にまで遡るクレタ文明は「サフラン」貿易で栄えたといわれる。「サフラン」はアヤメ科クロッカス属の球根草。〈クロッカス〉は春咲きだが「サフラン」は晩秋に淡紫色の漏斗状の六弁花を開く。花には三本の黄色い雄しべと、柱頭が三裂する橙色の雌しべがあり、柱頭と子房の間の花柱を古くから西アジアやヨーロッパでは香辛料や着色料として珍重してきた。漢字では「泊夫藍（サフラン）」と書き、薬草としての麻酔ないし鎮静効果から、花言葉は「喜び」「愉快」。「サフランの花」「花サフラン」は秋の季語。

泊夫藍の花芯摘み干す日和かな　福田甲子雄

サボテン

南北アメリカの乾燥地に分布するサボテン科の常緑多肉の多年草の総称。古くは多肉質の茎ないし液果の汁が油汚れを落とす

「シャボン」の効果があり、さらに茎の形が掌状をしているので「シャボてん」の名前が生まれたといわれる。スペイン語の「サポテン sapoten」が語源との説もあり、漢字で書くと「仙人掌」。暑熱の中で赤・黄色・白などの鮮烈な花を咲かせるところから、花言葉は「私は燃える」。夏の季語。

仙人掌の針の中なる蕾かな　吉田巨蕪

ザボンの花

「ザボン」はマレーシア原産で、主に高知・熊本・鹿児島などで栽培されているミカン科の常緑高木。五月ごろ柑橘類特有の香りをもつ白い花を咲かせ、冬に子どもの頭ほどの大きな実をつける。漢字で書けば「朱欒」で、「文旦」ともいう。「ザボン」は冬の季語で、「ザボンの花」「花朱欒」は夏の季語。

海よりの月光このむ花朱欒　矢野月笙

さ百合　さゆり

「さ」は名詞や動詞について歌語を作る接頭語。『万葉集』巻二十に「筑波嶺のさ百合の花の夜床にもかなしけ妹そ昼もかなしけ」、筑波嶺に咲く百合の花のように、防人に出て一人寝している床で恋しい妻は昼も恋しい、と。〈笹百合〉の異称ともいう。

さるすべり

中国南部からミャンマー北部にかけての原産で、江戸時代初期に渡来したミソハギ科の落葉中高木。「さるすべり」の名は茶褐色のつるつるした幹が猿も滑り落ちそうに見えるところから。七月から初秋までの炎天下を百日間、六弁の皺々の淡紅色の花が咲きつづけるので漢字で「百日紅」と書き、〈百日紅〉ともいう。白花もある。花言葉は「雄弁」。夏の季語。

散れば咲き散れば咲きして百日紅　千代女

サルビア　salvia

中南米原産で明治中期に渡来し、各地の花壇や庭園を初夏から晩秋まで緋色に彩るシソ科の一年草、または多年草。「緋衣草（ひごろもそう）」の和名もあり、英名は「セージ sage」。「サルビア」「セージ」には「賢人」「知識」などの意味があり、賢い家庭的な女性に植えられるとよく生長するとされる。花言葉は「家族愛」「尊敬」。夏の季語。

サルビヤの咲く猫町に出でにけり　平井照敏

残花　ざんか

花の季節が過ぎようとしているのに散らずに咲き残っている〈桜〉。江戸時代の歳時記・季語解説書『華実年浪草』の「葉桜 残花 青葉の花」の項に「残花と出したるは春の中に久しく残るをいふ也」とあり、さらに「残花、青葉の花、春にして、余花・若葉の花は夏なるべし。混すべからず」、「残花」は春の言葉だが、〈余花〉は初夏に遅れ咲いた花なので両者を混同してはいけない、と。しかし「残花」を夏とする書もあり、あまり厳格に区別する必要はないと山本健吉は言っている（『基本季語五〇〇選』）。「残桜」〈名残の花〉ともいう。

登り来て残花の雨に見（まみ）えけり　吉田鴻司

残菊　ざんぎく

旧暦九月九日の「重陽の節句」のあとまで咲いている菊をいう。秋冷の時季から霜の下りる時分まで咲き残っている姿に、俳人たちはしみじみとした哀れを感じてきた。秋の季語。

残菊のなほはなやかにしぐれけり　日野草城

山楂子　さんざし

江戸時代中期に薬用植物として中国から渡来したバラ科の落葉低木で四、五月ごろ、〈梅〉や〈梨の花〉に似た白い五弁の花をつける。枝に棘があり、キリストが十字架にかけられたとき頭にかぶせられていた「茨の冠」は同種の「西洋山楂子」だといわれる。「メイフラワー」ともいわれ一年中でもっともよい時季に咲くので、花言葉は「希望」「幸福な家庭」。「山楂子の花」「花山楂子」は、春の季語。

山楂子の花に岨道夜明けたり　紀野自然生

（「岨道」は「そばみち」ないし「そわみち」で、険しい山路）

三色菫　さんしきすみれ

北ヨーロッパ原産で「ヴィオラ・トリコロール（三色の菫）」と呼ばれ、春から初夏に紫・黄・白の花を咲かせるスミレ科の一、二年草の和名。オランダやイギリスで観賞用に交雑され江戸時代末期に渡来した。多彩に改良された園芸品種を総称して〈パンジー〉といい、「pansy」のもとになったフランス語の「pensée 考え」から花言葉は、「思い出」「私はあなたを思う」。春の季語。

鉢に乱れし三色菫地にかへす　軽部烏頭子

山茱萸　さんしゅゆ

朝鮮半島ないし中国の原産で、江戸中期に薬用植物として到来した実から広まったミズキ科の落葉小高木。三月ごろ葉が出る前の枝に鮮やかな黄色の小花を球形に集めてびっしりと咲かせる。遠くから見ると一樹全体が黄色い楕円形をしていて「春黄金花」の異名どおりに美しい。晩秋に稔る茱萸に似た朱色の実は「秋珊瑚」と呼ばれる。干した実を煎じて飲むと疲労回復の薬効があるといわれ、花言葉は「耐久」「持続」。「山茱萸の花」は春の季語で「山茱萸の実」は秋の季語。

さんしゆゆの花に寺田の水明り　木下青嶂

（「寺田」は寺が所有している田んぼ）

三文花　さんもんばな

江戸時代に仏壇や墓前に供える、一束三文で買える程度の安い仏花を言った。

椎　しい

『万葉集』巻二に「**家にあれば笥に盛る飯を草まくら旅にしあれば椎の葉に盛る**」、わが家にいれば食器によそう飯を旅の途中なので椎の木の葉に盛る、と中大兄皇子への謀反を密告されて処刑の場へ引かれる有間皇子が辞世の歌に詠んだ「椎」は、よく古い寺社の境内などに聳えているブナ科シイ属の常緑高木。六月ごろ高い梢いっぱいに淡黄色の小花をびっしり咲かせあたりに強い匂いを放つ。秋に生る実が丸い「つぶら椎」と長卵形の「すだ椎」がある。「椎の花」は、夏の季語。

吹く風もふるさとの香の椎の花　西島麦南

塩竈桜　しおがまざくら

〈大島桜〉を基にした園芸品種である〈里桜〉の一種の〈八重桜〉だが、美しい薄紅の花弁は八重どころか四〇枚ほどもある。宮城県塩竈市の塩竈神社の境内にある「塩竈桜」は古来「葉まで（浜で）美しい」と称えられ国の天然記念物に指定されている。

塩花　しおばな

①強い風波によって海水が泡立って飛び散るさまを花にたとえた。『源平盛衰記』巻四十二に「**百騎も二百騎も塩花蹴立て押し寄ば、「あは大勢の寄は」とて、平家は汀に儲置たる船に乗て、沖へ押出さば**」、源氏の騎馬武者が百騎も二百騎も潮の花飛沫を蹴立てて押し寄せれば、「あぁ大軍が押し寄せて来る」と平家は慌てふためき波打ち際に舫っていた船に乗って沖へと逃れて行けば、と。「潮花」とも書く。②穢れを

清めるために撒く塩。

紫苑　しおん

古く平安時代から栽培・観賞され、〈野菊〉を思わせる古風な花姿が好まれてきたキク科シオン属の多年草。九月ごろ多数分岐した花茎の先に、中心の黄色の管状花を淡紫色の舌状花が取り巻いた清楚な花をいっぱいつける。背丈が高く秋風に靡(なび)く風姿が懐かしさを感じさせる。〈忘れ草〉の異名のある〈萱草(かんぞう)〉の逆で、心に深く思うことを忘れさせない花だとの言い伝えがあり、花言葉は、「あなたを忘れない」「追憶」。秋の季語。

丈高きことが淋しく花紫苑　遠藤梧逸

四花　しか

日本画・文人画などで早春の画題としてよく取り上げられる〈梅〉〈水仙〉〈寒菊〉〈蠟梅(ろうばい)〉の四つをいう。似た成語に〈四君子〉「雪中四友」がある。

時花　じか

時節を得て咲いている盛りの花。

自家受粉　じかじゅふん

花の雌しべの柱頭に同じ植物体の花粉が受粉すること。一つの花の中に雌しべと雄しべがある〈両性花〉の場合は同じ花の内で行われて（自花受粉）ともいい、雄花と雌花が別の〈単性花〉の場合には同一株の雌花と雄花との間で行われる。

四季咲き　しきざき

〈薔薇(ばら)〉の中には春に咲きだし夏秋を越して冬にも咲いているものがあるが、そのように一年中断続的に花をつける品種をいう。

四季桜　しきざくら

早咲きの〈彼岸桜〉の園芸品種で、秋の十月ごろに開花し冬も少しずつ花をつけ翌年の四月ごろまで断続的に花をつけるものをいう。白または淡紅色の花は小ぶりで八重と一重がある。「十月桜」ともいう。

ジギタリス　Digitalis

南ヨーロッパ原産で江戸時代あるいは明治時代に薬用ないし観賞用として渡来したとされるオオバコ科ジギタリス属の二年草ないし多年草。高さ一メートルほどの花茎に初夏、釣鐘型の紅紫色の花を斜め下向きに穂状に咲き上らせる。花の内側にある紫色の斑点は不気味で「ジギタリス」の有する有毒成分を暗示するようだ。筒形の花の形から「狐の手袋」の異名がある。強心剤として有名な薬草であるところから、花言葉は「健康に適する」。夏の季語。

少年に夢ジギタリス咲きのぼる　河野南畦

樒　しきみ

本州の東北・北陸以西から四国・九州までの山林などに自生し、古来寺院や墓地に植えられてきたマツブサ科の常緑小高木。実や枝葉に毒性があり「しきみ」の名は「悪しき実」が語源ともいわれ、仏前や棺に供えられるのは土葬の時代から害獣よけに墓地に植えられてきた名残といわれる。葉と樹皮から抹香が作られる。三、四月ごろ葉の付け根に数個ずつ咲く、細長い花びらがねじれたような黄白色の花はやさしく風情がある。『万葉集』巻二十に「奥山のしきみが花の名のごとやしくしく君に恋ひわたりなむ」、山奥に咲いている樒の花の名のごとくしきりにあなたのこと慕いつづけるのでしょうか、と。「樒の花」「花樒」は春の季語。

樒咲くこの村を出ず風と姥（うば）　山上樹実雄

シクラメン　Cyclamen

地中海沿岸の原産で十八世紀にヨーロッパで品種改良され、大輪の紅花が冬から春の室内を彩るサクラソウ科の多年草。正月用の鉢植えとして人気が高く、ハート形の葉の間から次々と伸ばした花柄の先に一つ紅・桃色・白などの華麗な花を開く。反り返った五弁の赤い花びらの形を炎と見立て〈篝火花（かがりびばな）〉の異名がある一方、身をくねらせてはにかんでいる姿と見て、花言葉は「内気」「はにかみ」。春の季語。⇩〈篝火花〉

お転婆な花片（はなびら）を持つシクラメン　田川飛旅子

四君子　しくんし

「梅・菊・蘭・竹」は古来、東洋画の画題として好んで描かれてきた。その高雅な美しさが君子にたとえられた。

枝垂梅　しだれうめ

細い花枝が〈枝垂桜〉のように垂れさがる梅の品種。春の季語。

小吉のみくじを結ぶ枝垂梅　酒井伯水

枝垂桜　しだれざくら

春の彼岸ごろに咲きはじめる〈江戸彼岸〉の一変種で、長く枝垂れた細い枝に薄紅色の単弁または重弁の花が咲くバラ科の落葉高木。枝が垂れ下がる理由は若枝の生長が早いので固く木質化する前に枝葉の自重で垂れるのだという。平安時代中期に箱根の山中で発見され都の貴族たちに愛好されたため、京都の庭園・寺社に多くみられる。〈糸桜〉ともいう。樹齢が極めて長く、天然記念物に指定されている福島県三春町の「三春の滝桜」は樹齢七百年とも千年ともいわれる。春の季語。

まさをなる空よりしだれざくらかな　富安風生

七変化　しちへんげ

初夏から秋まで色変わりしながら咲きつづける熱帯アメリカ原産のクマツヅラ科の「ランタナ」の和名だが、俳句界では主に

〈紫陽花〉の異称として用いられる。花の色が淡黄色から青色を経て紫色ないし赤色に変わり、さらに濃淡の変化が加わるところからいう。⇩〈紫陽花〉

七里香　しちりこう

秋に咲く〈金木犀〉は遠くまで花の香が漂ってくるので別名〈九里香(くりこう)〉というが、同じく遠くまで芳香を放つ〈沈丁花(じんちょうげ)〉を別名「七里香」という。

死に花　しにばな

死の間際に世の誉れとなるような働きをし終えて、目覚ましい最期を遂げることを「死に花を咲かせる」という。

芝桜　しばざくら

北アメリカ原産で晩春から初夏にかけ、〈桜〉の花に似た薄桃色の五弁の小花を芝生を敷きつめたようにびっしりと咲かせるハナシノブ科の多年草。白、紫もある。葉が人ないし獣の爪を思わせるので「花爪草」ともいい、弱小な花々が群生して咲いている姿から、花言葉は「忍耐」。春の季語。

　よき石の組まれし垣根芝桜　榊原二象

死人花　しびとばな

墓地などによく咲いているので〈彼岸花〉のことをいう。〈幽霊花〉とも。

時分の花　じぶんのはな

世阿弥が能楽者の稽古の心得を説いた『風姿花伝』の第一に「**この花は、誠の花には非(あら)ず、ただ、時分の花なり**」と述べた「一時的な花」のこと。十二、三歳ごろは声も張りがあり、どんな所作をしても幽玄に見えるが、それは稽古と修練で身につけた「誠の花」ではなく、年がたてば消えてしまう一時的な美に過ぎないということ。⇩「❖花のことわざ・慣用句：誠の花」

絞り咲き　しぼりざき

〈つつじ〉や〈山茶花〉など、花びらが絞り染めした布や紙のように色が入りまじっているもの。

霜の花　しものはな

放射冷却で冷え込んだ冬の朝、大気中の水蒸気が地上の草木や石に触れてできた霜を白い花にたとえた語。『源氏物語』葵に**『霜の花白し』**とある所に、／**君なくて塵つもりぬる常夏の露うち払ひいく夜寝ぬらむ**」、源氏の正妻葵の上が亡くなり父親の左大臣は娘の死以上に婿の光源氏が縁遠くならないかと恐れ、源氏が帰ったあとの部屋をのぞいてみると源氏が抜き書きした白楽天の「長恨歌」のメモが残っていた。「**霜の花白し**」と抜き書きした句の傍に「あなたがいなくなって塵ばかり積もる空しい床の上で常夏の花に置く露の涙を払いながら独り寝の幾夜を過ごしたことだろう」との歌が残されていた、と。楊貴妃を失った玄宗皇帝の悲しみを詠じた「長恨歌」の原文には「鴛鴦瓦冷かにして霜華重し」とあるのを、紫式部の引用したテキストが誤写していたのか、あるいは彼女があえて「霜の花白し」と改作したのかは定説がないようだ。冬の季語。

元日の光をためし霜の花　原コウ子

著莪　しゃが

本州および四国・九州の林間に自生し五月、六枚の花弁のように見える複雑な形の花を咲かせるアヤメ科の常緑多年草。内花被と外花被（萼）が各三枚ずつあり、内花被は白く平らで外花被は白地に紫色の斑点があり中心に橙色のとさか状の突起をもつ。「射干」とも書き、白蝶が舞っているように優美な〈一日花〉で「胡蝶花」ともいう。

「著莪の花」は夏の季語。

弓を射る立居清しや著莪の花　斎藤好子

じゃがいもの花

「じゃがいも」は南米のアンデス高地原産で、十六世紀にスペインの船乗りが本国に持ち帰ったものが世界中に広まったナス科の多年草。日本へは慶長年間にオランダ人がジャカルタ経由でもたらしたので「ジャガタラいも」の名がついた。六、七月ごろ六〇センチから一メートルほどの花茎の先に五角形の星形の白ないし薄紫の清楚な花をつける。「馬鈴薯」ともいうが「馬鈴薯」は別の植物だともいう。花言葉は、救荒作物として用いられたところから「情け深い」「恩恵」。「じゃがいもの花」は夏の季語。⇩〈馬鈴薯の花〉

じゃがいもの花のさかりのゆふまぐれ　日野草城

石楠花　しゃくなげ

本州中部以西、四国・九州の山地や渓谷の冷涼な高地を好むツツジ科の常緑低木。六、七月ごろ前年に伸びた枝の先に花冠が七裂した浅い漏斗状の淡紅色の美花を群がり咲かせる。白花・黄花もある。奈良の室生寺は「石楠花」の名所として名高い。人里離れた深山に咲く「高嶺の花」の典型で、花言葉は「荘厳」「威厳」。夏の季語。

石楠花にかくれ二の滝三の滝　宮下翠舟

芍薬　しゃくやく

中国北部から朝鮮半島の原産で室町時代ごろ薬草として渡来したボタン科の多年草。五、六月ごろ〈牡丹〉に似た淡紅色ないし白色の清麗な美花を咲かせる。江戸時代の百科事典の『和漢三才図会』に「按ずるに、芍薬、花の容婥約（やさしくたおやかな）たり。ゆゑに、和俗にもまた皃好草（加保与久佐）と名づく」と。美人の形容に「立てば芍薬、坐れば牡丹」といわれるように、木本で低木性の牡丹の枝が横に広がるのに対して草本性の「芍薬」は、すっきりと直立した高さ六〇センチほどの花茎の先に花をつける。〈花の王〉と称される牡丹に対して芍薬は〈花の宰相〉の異名をもち、幸田露伴は「牡丹の花は重げに、芍薬の花は軽げなり。…牡丹は徳あり、芍薬は才あり」と対比している。英語には「芍薬のように頬を染める」という慣用句があり、花言葉は「内気」「恥じらい」。夏の季語。

芍薬のつんと咲きけり禅宗寺　一茶

沙羅　しゃら

古い樹皮が剝がれ落ちたあとの赤褐色の光沢のある木肌が、釈迦が涅槃に入ったとき傍らに植わっていたというインドの沙羅の木に似ているとして名づけられたツバキ科ナツツバキ属の落葉高木。六、七月ごろ〈椿〉に似た小ぶりの五弁の白花を咲かせるが、一日であっけなく散る〈一日花〉。和名は〈夏椿〉。「沙羅の花」は夏の季語。

⇩〈夏椿〉

うちしきてあしたの沙羅のよごれなし　長谷川素逝

自由花　じゆうか・じゆうばな

格式を重視する伝統的な〈格花(かくか)〉に対する〈生け花〉の表現法で、自由な感性を尊重する近代的な生け花。江戸時代以前に発祥の〈立華(りっか)〉や〈生花(せいか)〉に対して、大正・昭和に流行した〈投入(なげいれ)〉や〈盛花〉などをいう。

秋海棠　しゅうかいどう

中国原産で江戸時代に渡来したシュウカイドウ科ベゴニア属の雌雄異花の多年草。九月ごろ淡紅色の長い花柄の先に、薄桃色の二枚の大きな萼片と二枚の小さな花弁からなる雄花、そして二枚の花被と三枚の翼のある子房をもつ雌花を下垂させる。薄桃色の花が春に咲く〈海棠〉と似ているところから「秋海棠」の名がついたが、バラ科の海棠とは無縁。漢名を「断腸花」といい永井荷風は「秋海棠」を愛して庭に植えるとともに自らの庵を「断腸亭」と名づけた。西欧ではシュウカイドウ科の植物を総称して〈ベゴニア〉と呼ぶ。秋の季語。

花伏して柄に朝日さす秋海棠　渡辺水巴

羞花閉月　しゅうかへいげつ

⇩「❖月と星のことわざ・慣用句：羞花閉月」

秋色桜　しゅうしきざくら

東京・上野公園の西郷隆盛像の背後左手奥にある清水観音堂の近くに植えられている桜。境内の説明文によれば、日本橋の菓子屋の娘お秋は十三歳のとき上野へ花見に連れて行かれた。見ていると酔客たちが清水堂のそばの井戸端をよろけながら危ない足取りで通るので「井戸ばたの桜あぶなし酒の酔」と詠んで桜の枝に結び付けた。これが当時の輪王寺宮の目に留まり賞詞を賜ったので江戸中の評判になった。お秋は長じて蕉門十哲の一人宝井其角の門に入り女流俳人秋色（しゅうしき）として知られるようになった。それでこの桜も「秋色桜」と名づけられたという。春の季語。

十二単　じゅうにひとえ

本州・四国の林野や丘陵地に密集して生える日本特産のシソ科の多年草で、四、五月ごろ一株から数本直立させた二〇センチほどの花茎に薄紫色の花を何層にも咲かせる。段々に重なって咲く花穂の姿を平安時代の女官が着た十二単に見立てて名がついたか。春の季語。

昏れてゆく十二単のひとへづつ　加藤燕雨

重弁花　じゅうべんか

花弁が一重の〈単弁花〉に対して、八重咲きの花のこと。〈萼（がく）〉が花弁化した場合は二重（ふたえ）くらいだが、雄しべが花弁化すると八重咲きになることが多いという。

衆芳　しゅうほう

「芳」は芳（かんば）しい。たくさんの香りのよい美しい花々。転じて、多くの優れた家臣や美女たちのたとえ。「群芳」ともいう。

秋明菊　しゅうめいぎく

中国原産で本州・四国・九州に分布し、秋に淡い紅紫色の菊に似た花を咲かせるキンポウゲ科の多年草。京都市左京区の貴船周辺に多く見られるところから〈貴船菊〉の別名があるが、キク科ではなく、欧米では「ジャパニーズ・アネモネ」と呼ばれるようにキンポウゲ科アネモネ属の草花。花色は白や桃色もあり一重八重もあるが、花びらに見えるのは〈萼（がく）〉。谷間などの半日陰の湿地を好み、花言葉は「忍耐」「淡い思い」。秋の季語。

はぐくみし秋明菊を供華に剪る　木内禎子

十薬　じゅうやく

〈どくだみ〉の異称。〈どくだみ〉は漢字で「蕺菜（どくだみ）」ないし「蕺薬（しゅうやく）」と書くので音通して「十薬」と表記されるようになったといわれる。本州以南の木陰の湿地や庭の隅の日陰に生え梅雨のころ、心臓形の葉の間から花弁のような四枚の純白の萼片を開きその真ん中に黄色い円柱状の花穂を立てるドクダミ科の多年草。独特の強い臭気を放つが、その名のとおり利尿効果・回虫駆除・皮膚病治癒などの多くの薬効をもつ。夏の季語。

十薬の香の夕暮れを跼（かが）みゐる　阿部みどり女

数珠花　じゅずばな

〈彼岸花〉には〈死人花〉〈幽霊花〉「捨子花」など幽明の境をただよう不吉な異名が多々あるが、そのうちの一つ。

受粉　じゅふん

種子植物が受精するとき雄しべの花粉が雌しべの柱頭につくこと。同一株の花の間で行われる〈自家受粉〉と他株の花粉が運ばれてつく「他家受粉」がある。多くの植物には「自家受粉」を避けようとする仕組みがあり、雌雄異株や昆虫・鳥による媒介、風媒・水媒などの方法によって花粉が運ばれて受粉し、その後受精して次世代の実が生る。

棕櫚　しゅろ

日本原産の「和棕櫚（わじゅろ）」と中国原産の「唐棕櫚（とうじゅろ）」があり、「和棕櫚」は五月ごろ高さ六メートルほどの円柱状の幹のてっぺんから伸びた掌状の葉の付け根に粟粒のようなあるいは魚卵のような黄色い小花の集まった花穂を垂らす、ヤシ科の常緑高木。イエスが死を恐れずエルサレムに入ったとき、人々が道に棕櫚（椰子）の葉を敷いて迎えたとの聖書の記述から、花言葉は「勝利」「殉教」。「棕櫚の花」は、夏の季語。

　棕櫚の花没日（いりひ）たわわに海に冷ゆ　橋本義憲

春花　しゅんか

咲き香る春の花々。秋の月と対にして「春花秋月」といえば、自然美を象徴するたとえ。

春蘭　しゅんらん

北海道の奥尻島から九州の種子島まで各地の雑木林などに自生し三、四月ごろ、木洩れ日の下で青みを帯びた淡黄色の目立たない花を咲かせるラン科の常緑多年草。「日本春蘭」と香りの高い別種の「中国春蘭」があり、中国では古来「春蘭秋菊」と併称された。『旧唐書』裴子余伝に、ある人が雍州の長官だった陳崇業に、詩で名高い裴子余と文業で定評のある李朝隠・程行諶の三人に優劣をつけるとすれば順序はどうですかと訊いたとき、崇業は「譬うるに春蘭秋菊の如く、倶に廃すべからざる也」、春蘭と秋菊みたいなものでどちらが優れているということはない、と答えたという。「日本春蘭」には花冠の唇弁にある紫色の斑点を「ほくろ」と見立て「ほくろ」の和名がある。地味な花姿と花色から、花言葉は「飾らない心」「控えめな美」。春の季語。

春蘭を獲て峡ふかき日を仰ぐ　塚原夜潮

小花　しょうか

〈菊〉や〈向日葵〉は、花柄の先に花が一つ咲いているように見えるが、実際には頭花の中心に多くの管状花、その周囲を取り巻いている花びらの舌状花とたくさんの小さな花の集まりである。それらの個々の小花を「小花」という。

菖蒲　しょうぶ

初夏に美しい花を咲かせるアヤメ科の〈かきつばた〉〈あやめ〉〈花菖蒲〉などと同じく水辺に生え、葉の形や名前が似ているので紛らわしいが、「菖蒲」は全然別種のサトイモ科の多年草。菖蒲＝尚武＝勝負の縁語から端午の節句に飾り、剣状の葉はよい匂いがするので風呂に入れ「菖蒲湯」をたのしむ。五月から七月ごろ葉のような花茎の途中に蒲の穂状の淡黄緑色の肉穂花序を斜めにつけるが、花としては「賞するに足りない」と山本健吉は突き放している（『基本季語五〇〇選』）。剣の形をした葉が魔よけになりよい匂いもするのに正当に評価されていないからか、花言葉は「人々は彼の値打ちを知らない」。また風に吹かれるままに翻るところから、「忍従」「あきらめ」。夏の季語。

いねてより菖蒲の匂ひ思ひ出す　細見綾子

菖蒲園　しょうぶえん

〈花菖蒲〉がたくさん栽培されている庭園。東京・葛飾区の堀切(ほりきり)菖蒲園は、六月の初旬から中旬にかけ大勢の観光客でにぎわう。夏の季語。

菖蒲園かがむうしろも花暮れて　橋本多佳子

精霊花　しょうりょうばな

「精霊」は鬼籍に入った先祖の霊魂で、旧暦七月十一日から十三日のお盆に精霊棚に供える〈女郎花(おみなえし)〉〈山百合〉〈撫子(なでしこ)〉〈桔梗(ききょう)〉などの花。〈盆花(ぼんばな)〉。秋の季語。

置かれある精霊花に山の雨　金箱戈止夫

諸葛菜　しょかつさい

中国原産で江戸時代に渡来したアブラナ科の一年草で四、五月ごろ、斜面の木陰や線路の土手などに青紫色の花を群がり咲かせる。「紫花菜(むらさきはなな)」ともいい、四弁の十字花が大根の花に似ているところから〈花大根〉とも呼ばれるが、本来の「花大根」は「大根の花」のこと。春の季語。

諸葛菜咲き伏したるに又風雨　水原秋櫻子

白樺の花　しらかばのはな

「白樺」は、本州の中部以北ないし北海道の低山帯や高原の日当たりのよい場所に群生するカバノキ科の落葉高木。「栗」と同じく雌雄同株で四月ごろ新葉と同時に雄花と雌花をつけ、雄花は長い紐状の紅褐色の花序をだらんと垂らし、雌花は黄緑色の花穂を枝先の葉腋に上向きにつける。「白樺の花」は〈花樺(はなかんば)〉ともいい、春の季語。

耳聡き犬に白樺の花散るも　堀口星眠

白玉椿　しらたまつばき

白い〈玉椿〉で、玉椿は〈椿〉の美称。花

弁が真白で中心の雄しべが金色をした典雅な白椿。平安時代後期の勅撰集『後拾遺集』巻七に「君が代は白玉椿八千代とも何に数へんかぎりなければ」、あなたの命は『荘子』逍遥遊篇にある八千年をひと春とする大椿（だいちん）の白椿がさらに八千歳の春秋を生きるほど長いのに、どうやって数えるのでしょう限りなどないのですから、と。春の季語。

雪を著て白玉椿隠れなし　橋本鶏二

白根葵　しらねあおい

栃木県日光の白根山に多く見られることと、美しい花がアオイ科の〈葵〉や〈芙蓉〉に似ているところから名づけられたキンポウゲ科の多年草。〈葵〉とは関係がない。北海道や本州中部の山間部に生え初夏、花柄の先に薄紫色の美花をつけるが、四弁の花びらのように見えるのは〈萼（がく）〉。夏の季語。

白根葵高嶺の沼は藍深し　沢　聡

白藤　しらふじ

〈藤〉の花は普通は青紫色だが、山藤の園芸品種で白い花が咲くものをいう。「しろふじ」とも。春の季語。

正座して白藤の冷えおよびけり　きくちつねこ

白百合　しらゆり

〈百合〉というと白いイメージだが、〈鬼百合〉や「鹿の子百合」などのように橙（だいだい）色・淡紅色・黄色もある。「白百合」は西洋のキリスト教の影響下では古くから「受胎告知」の絵画に描かれて〈マドンナリリー〉と呼ばれ、聖母マリアの象徴とされてきた。花言葉は「純潔」「高貴」。夏の季語。

うつぶけに白百合さきぬ岩の鼻　正岡子規

紫蘭　しらん

本州中部以西、四国・九州の岩場や湿原に生え、育てやすい蘭なので庭などにも観賞用に栽培されるラン科の多年草。五月ごろ四、五〇センチほどの花柄の先に紅紫色の優美な花を咲かせる。花言葉は「変わらぬ愛」。夏の季語。

陶工の紫蘭を咲かす夥し　八木林之助

白桜　しろざくら

山深く自生し晩春に白い花を咲かせる〈深山桜〉の別名。江戸時代の桜図鑑の『怡顔斎桜品』の「白桜」の項に「山桜に似て色潔白なり。単にして弁広く丸し。茎葉共青し。花色雪山桜といふものより夫に勝れて白し。是芳野山桜といふものなるべし」と。

白詰草　しろつめくさ

各地の畑や路傍に生え春から夏、花軸の先に白い小花を球形に咲かせるマメ科の多年草。江戸時代にオランダなどから舶来したガラス器が割れないよう、緩衝材として詰められた干し草の種子から広まったところから「詰草」の名がついた。緑肥あるいは牧草としても到来し、〈苜蓿〉ともいう。花が紅紫色の〈赤詰草〉とともに英名で〈クローバー〉とも呼ばれる。春の季語。

生も死もしろつめ草の首飾り　鳥居真里子

白八入　しろやしお

本州の太平洋側や四国の山地に分布じ五、六月ごろ、直径三、四センチくらいの白い美花を開くツツジ科の落葉低木。「白八塩つつじ」〈五葉つつじ〉ともいう。⇩〈八塩つつじ〉

沈丁花　じんちょうげ

中国原産で室町時代に渡来したジンチョウゲ科の常緑低木。よい香りのする「沈香」と「丁子」の花をふまえた名前で春先、人家の垣根などに植えられ開花すると遠くまで芳香がただようので〈七里香〉の異名がある。光沢のある常緑の葉の間に、外が赤紫で内側が白い小花（実は萼（がく））を数多く球形につける。白花の品種もある。今年も春が帰ってきたことを告げて咲くので、花言葉は「幸福の復帰」、また常緑樹だから「不死」。春の季語。

沈丁の莟（つぼみ）固くて匂はざる　仲止外也

シンビデュウム　cymbidium

日本で古くから愛好されてきた〈春蘭〉と同種に属する園芸蘭の総称で、四季をとおして花茎の上方に赤紫・黄色・白などの大きな花を穂状に咲かせるラン科シュンラン属の常緑多年草。鉢植にされて園芸店に並んでいる代表的な洋蘭だが、〈カトレア〉などに比べてどこか東洋的な落ち着いた色合いの花が多い。花言葉は「飾らない心」「高貴な美人」。

シンビジューム置きたる書斎リルケ読む　野地二見

スイートピー　sweet pea

イタリアのシチリア島原産で十八世紀以降ヨーロッパで園芸改良され、幕末文久年間に渡来したマメ科の蔓生（まんせい）一年草。「スイート」の名は花に芳香があるところからで、切り花用として温室で栽培され花壇や鉢植では四、五月ごろ、紅・淡紅・紫・白など黄色以外の華麗で多彩な蝶形の花を咲かせる。蝶がいままさに飛び立とうとしている花の形から、花言葉は「門出」「別離」。春の季語。

スヰートピー三花ととのへ四花に伸び　中村汀女

すいかずら

スイカズラ科の蔓生常緑低木。初夏に咲く花の奥に蜜があり吸うと甘いからとか、あるいは蜜を吸おうとすると花の形が唇に似ているからとかで「吸葛（すいかずら）」という名がついたという。また「忍冬」という漢名は、冬になっても葉が萎れず丸まって寒気に耐えているところからという。日本原産で各地の山林に自生し初夏、葉の付け根に上下に分かれた白い唇形花を必ず二つ並べてつける。やがて花色が黄色に変化しはじめ白花と黄花が入り乱れるので〈金銀花〉の異名もある。蔓でほかの木に絡みつくところから、花言葉は「恋のきずな」「愛のしがらみ」。「すいかずらの花」は夏の季語。

忍冬二花づつのよき香り　高野素十

水仙　すいせん

ヨーロッパ中部から地中海沿岸地方の原産で、古く中国に伝わったのち日本に渡来したヒガンバナ科スイセン属の多年草。冬のさなかの一、二月ごろ細い剣のような葉の間から伸ばした花茎の先に二、三ないし四、五個の清楚な白花を横向きに咲かせる。花の中心に盃状の黄色い副花冠をもち、『白樺』の歌人木下利玄は「**真中の小さき黄色の盃に甘き香もれる水仙の花**」と歌った。淡路島の海岸には有名な水仙郷があり、北陸・福井県の越前岬は水仙の野生地として知られる。雪の中でも香しく咲くところから〈雪中華（花）〉の異名があり、〈らっぱ水仙〉〈黄水仙〉など観賞用の多くの園芸品種が作り出されている。清楚な気品と同時に野趣も水仙の特色であり、球根には猛毒がある。室町時代の禅僧一休宗純は、詩偈集『狂雲集』に「**盲女森侍者、情愛甚だ厚し…偈を作り之を言ふ**」として美貌の琵琶奏者で艶歌の名手だった森女との熱烈な性愛を詠じ、中の一詩を「**美人の陰、水仙花の香あり**」と題した。研究者の間ではこの「邪淫」は中国古典を踏まえた一休のフィクションだろうという説もあるが、評論家の栗田勇はむしろ、一休にとって森女は弥勒菩薩だったことの詩的言語表現だっただろうと論じている。学名「ナルキッソス」は、ギリシア神話で女神に池の水面に映る自分の姿に恋をさせられて水死し、水仙に化身した美少年ナルシスにちなむ。花言葉は「自惚れ」「エゴイズム」。冬の季語。

越前の水仙を剪る鎌の音　中丸義一

奪ひ得ぬ夫婦の恋や水仙花　中村草田男

水中花　すいちゅうか

水を入れた瓶の中に置くと花や葉が開いて

❖花のことわざ・慣用句：好いた水仙好かれた柳

男女の相思相愛のようすを「すい」で韻をふみ、語調をととのえて粋に言いなした慣用句。細くてたおやかな女性を「柳腰」というから、「好かれた柳」のほうが女性だろう。

⦿「越前水仙」と「椰子の実」

福井県の日本海に面した越前岬一帯は〈水仙〉の野生地として知られ、水仙は福井県の「県花」になっている。そして「越前水仙」の発祥については一つの物語が語り継がれている。

時は源平の争乱が激化し始めた平安末期、越前国居倉（いくら）浦の郷士山本五郎左衛門は、木曾義仲の軍に加勢するために嫡男の一郎太以下を率いて出陣した。留守を守っていた弟の二郎太は、ある日海で人が波間をただよっているのを見つけ、救助して城に連れ帰った。介抱してみるとそれは稀にみる美しい娘で、二郎太はひとめ見て恋に落ちた。娘も命の恩人の二郎太を慕った。間もなく宇治川の合戦で源義経・範頼軍に敗れ、父を討たれて自らも片足を失った一郎太が帰国してきた。傷が癒えた一郎太も娘の美し草花の形になる造花。夏の季語。

水中花子が買ひ来しを咲かせけり　安住敦

水媒花　すいばいか

水中などに生育する水生植物のうち、金魚藻や松藻などのように雄しべの花粉が水の流れによって雌しべに運ばれて受粉する花のこと。⇩〈風媒花〉〈虫媒花〉

酔芙蓉　すいふよう

夏から秋に五弁の美花を咲かせるアオイ科の〈芙蓉〉の園芸品種。朝に白い花を開くが午後には淡紅色に色づき、やがてしぼむと夜にはまるで酒に酔ったように紅色になるところから「酔芙蓉」の名がついた。秋の季語。

花びらを風にたたまれ酔芙蓉　川崎展宏

睡蓮　すいれん

「睡蓮」の名の由来は〈蓮〉に似た花が夜になると眠るように閉じるところから。各

さに心を奪われ、仲のよかった兄弟の間は険悪になった。ついに命を懸けた争いにまで発展すると、板挟みになった娘は自分が命を絶つほかないと思い定めて、越前岬の断崖から荒れ狂う海に身を躍らせた。時がたち、春が過ぎ夏秋を経て次の長い冬も終わろうとするころ、北陸の海辺にこれまで誰も見たことのない美しい花が咲き出た。真白な花びらの中心にもう一つ小さな黄色い花をつけた清らかな水仙花だった。居倉浦の人びとは、この水仙は海に身を投じたあの美しい娘の化身に違いないと信じて、児孫に語り継いだ。

この「越前水仙」にまつわる言い伝えの眼目は、のちに水仙の化身とされる美しい娘が最初、海の波間を漂っているところを発見されるところにあるのかもしれない。それで思いいたるのは島崎藤村の「椰子の

地の池や沼に自生し夏、水面に浮いた葉の間に花柄を伸ばして白・淡紅色・黄色・薄紫などの花を開くスイレン科スイレン属の水生多年草。未（ひつじ）の刻（現在の午後二時ごろ）に開いて夕方つぼむ種類を「未草（ひつじぐさ）」といい、夕方開花して朝閉じるものもある。白い睡蓮の花言葉は、清らかな花姿から「純潔」「清浄」。夏の季語。

睡蓮の一花一花の真昼かな　上村占魚

末摘花（すえつむはな）

花冠を摘んで紅（べに）や赤い染料を採ったキク科の〈紅花〉の別名。茎の末に咲いた花から順に摘み取るところから「末摘花」という。『源氏物語』末摘花は、赤鼻（花）で醜貌だが心根の純な女性との交情を描いている。姫（末摘花）から源氏のつれなさを恨む歌を添えた贈り物をもらった源氏は、「**なつかしき色ともなしに何にこの末摘花を袖に**

実」である。詩のもとになったのは藤村の親友だった柳田国男が『海上の道』に記した自身の体験である。柳田は明治三十年の夏、愛知県の伊良湖崎で休暇を過ごした。岬の近くには「四、五町ほどの砂浜が、東やや南に面して開けていたが、そこには風のやや強かった次の朝などに、椰子の実の流れ寄っていたのを、三度まで見たことがある。…遥かな波路を越えて、まだ新らしい姿でこんな浜辺まで、渡ってきていることが私には大きな驚きであった」としたうえで、その話を東京に帰ってから友人の島崎藤村にした。聞いて感銘を受けた藤村の心にあの「**名も知らぬ遠き島より　流れ寄る椰子の実一つ　故郷（ふるさと）の岸を離れて　汝（なれ）はそも波に幾月**」の詩が生まれたというのである。そして柳田は、瀬戸内海のような内海ではあまりなかったことかもしれないが、

ふれけん／色こき花と見しかども」、懐かしく思うような色の花でもないのにどうして私はこの赤花の末摘花に袖を触れたのだろう。濃い色の花に見えたのだけれど、花ではなく鼻だった、とやや閉口している。夏の季語。

なにごとぞ末摘花の束とどく　木戸渥子

蘇芳　すおう

インド・マレーの原産で古くから材を砕いて煮出し赤紫色（蘇芳色）の染料を採るのに用いられたマメ科の小灌木。枝に棘（荊）があるので「紫荊」と書かれ、棘のない〈花蘇芳〉は別種。また花蘇芳が赤紫色の花をつけるのに対して、「紫荊」は黄色の小花を穂状に咲かせる。

姿の花　すがたのはな

「花の姿」すなわち「花のように美しい姿」の語順を転倒させて強調し、美人を花にたとえた言葉。西鶴の『世間胸算用』に「五色の京染、屋しき模やうのちらしがた、四季いちどにながめ、すがたのはなの色香ぞかし」、色とりどり京友禅や屋敷模様を染め出した反物など四季折々の美しさが一堂に並んで、美人の色香があふれているようだ、と呉服屋の店先の華やかさを描いて

外海の沿岸ならば「あえの風」によって遠くから寄物が漂着することは稀なことではなく、日本海の側にも当然あっただろう、と記している。「越前水仙」の伝説も、遠い古代に中国に伝わった水仙があるとき海に落ち、葉は腐っても球根が何か月か日本海を漂った末に北陸の海岸に漂着したことは考えられる。そして咲いた美しい花に感動した人びとが、実際にあった哀話と結びつけて言い伝えてきたのかもしれない。

いる。

鈴懸　すずかけ

ヨーロッパ東部ないし北米の原産で明治時代に到来し、庭園や街路樹によく植えられているスズカケノキ科の落葉高木。雌雄同株で五月ごろ葉の付け根から伸びた花柄に薄緑の雌花と黄色の雄花を咲かせるが、梢が高いので見つけにくい。秋に生る球状の実が修験者の着る篠懸衣（すずかけごろも）についている飾りに似ているところから名前がついた。「篠懸（すずかけ）」とも書き、学名のまま〈プラタナス〉と呼ばれることも多い。「鈴懸の花」は春の季語。⇩〈プラタナス〉

すずかけの花咲く母校師も老いて　河野南畦

すすき

全国の野山の日当たりのよい乾燥地に群生し秋、黄褐色の動物の尾のような形をした花穂（かすい）を風に揺らすイネ科の多年草。漢字では「薄（すすき）」または「芒（すすき）」と書き、その形から〈尾花〉ともいう。『万葉集』巻十七に「婦負（めひ）の野のすすき押しなべ降る雪に宿借る今日し悲しく思ほゆ」、婦負（現在の富山市の一部）の野に群がり生えるすすきを吹きなびかせて雪が降りしきる中で一夜の宿を乞う今宵は侘しさが募る、と。強い生命力で繁茂するところから、花言葉は「活力」「精力」。秋の季語。

眼の限り臥しゆく風の薄かな　大魯

をりとりてはらりとおもきすすきかな　飯田蛇笏

鈴蘭　すずらん

白い小鈴のような可憐な花が葉陰に見え隠れに咲くところから〈君影草〉という別名をもつユリ科の多年草。主に本州中部以北の山野に群生し晩春から初夏、花茎の上部に一〇個ほどの芳香ある釣鐘状の小花を下垂して咲かせる。栽培され切り花で売られているのはヨーロッパ原産の花が大きな「ドイツ鈴蘭」。フランスでは「聖母の涙」と呼ばれて聖母マリアの象徴とされ、花言葉は「純潔と謙譲」「慎み深さ」。夏の季語。

鈴蘭の鈴振る風を友として　椎橋清翠

ストック　stock

地中海沿岸地方の原産で、日本には江戸時代前期の寛文八年（一六六八）に渡来したというアブラナ科の多年草。園芸品種としては秋に種を蒔き春に花をつける一年草として栽培され、露地および温室で一重または八重の濃紅色・桃色・白・淡黄色など多彩な花を総状に咲かせる。「ストック」は英語の「茎」の意味で、丈夫な茎が一本すくっと直立するところからの名。和名は〈あらせいとう〉。花期が長く香りも持続するところから、花言葉は「永続する美」「愛のきずな」。春の季語。

ストック摘む百八十度海見えて　勝田澄子

スノードロップ　snowdrop

ヨーロッパ・西南アジアの原産で早春、一五センチほどの花柄の先に「雪の雫」の名前どおりの純白の花を一つつけるヒガンバナ科の球根草。下向きに咲く白い六弁の花びらの内側の三枚には先端に緑の斑点がある。和名を〈待雪草（まつゆきそう）〉ないし「松雪草」といい、西洋では春を招く使者とされ、花言葉は「希望」「恋の最初のまなざし」。春の季語。

スノードロップ雪の涙のごとき花　大野美幸

州浜草　すはまそう

本州以南の山地に生え、まだ雪の消え残る二、三月ごろ、花茎の先に赤紫・白などの可憐な花をつけるキンポウゲ科の〈三角草（みすみそう）〉〈〈雪割草〉〉の異名。三つの切れ込みを持つ葉の形が正月飾りに用いる州浜台に似ているところからそう呼ばれる。春の季語。

州浜草鞍馬はけふも雪降ると　後藤比奈夫

墨染桜　すみぞめざくら

小ぶりの白い花を咲かせる〈里桜〉の園芸品種で、茎や葉が青いところから「墨染桜」と呼ばれる。とくに京都市伏見区深草の墨染寺の桜には言い伝えがあり、日本史上で初の関白といわれる藤原基経が九世紀の前半に死去し深草に葬られたとき、上野岑雄という人物がのち『古今集』巻十六に収められた哀傷歌を詠んだ。「**深草の野辺の桜し心あらば今年ばかりは墨染めに咲け**」、深草の野辺の桜よ、もし花にも心があるのなら今年だけは墨染衣の色に咲いてくれ、と。以後、深草には「墨染桜」が咲くようになったという。

菫　すみれ

北海道から九州まで全国の日当たりのよい野辺や丘に自生し春、一〇センチほどの花柄の先に濃い紫色の五弁の小花を咲かせるスミレ科の多年草。花の後ろに鳥の蹴爪(距)に似た突起のある形が「墨入れ」に似ているから「すみれ」の名がついたという説もある。『万葉集』巻八に「**春の野にすみれ摘みにと来し我そ野をなつかしみ一夜寝にける**」、また「**山吹の咲きたる野辺のつほすみれこの春の雨に盛りなりけり**」。「**つほすみれ**」は花が白い「壺菫」ないし淡紫色の「立壺菫」か。北の高山帯に咲く「高嶺菫」から園芸種の〈三色菫〉や〈パンジー〉まで種類が多い。西洋では花の青い色が聖母の服に似ているところから、花言葉は「誠実」。春の季語。

山路来て何やらゆかしすみれ草　芭蕉

李　すもも

中国の揚子江流域の奥地の原産で三、四月

ごろ、梅に似た小さな白い五弁花をつけるバラ科の落葉果樹。夏に小さい桃に似た果実が生るが、食べるとやや酸っぱいので「酸桃（すもも）」の名がついたという。室生犀星「抒情小曲集」小景異情その五に「なにこがれて書くうたぞ／一時にひらくうめすもも…けふも母ぢやに叱られて／すもものの下に身をよせぬ」。「李の花」は、春の季語。

花すもも雪の乗鞍はるかなる　杉本閑堂

生花　せいか

①草花を美しく整えて花器に飾りつける〈生け花〉。江戸時代中期に始まった華道芸術のこと。②色紙などの素材で造った「造花」に対して自然の中に咲いている花。

背高泡立草　せいたかあわだちそう

北アメリカ原産の帰化植物で明治時代に渡来し、戦後急速に全国の河川敷や空地を席巻したキク科の多年草。十月ごろ高さ二メートルほどの花茎の先に黄色い小花を泡立ったように密に咲かせた穂をつける。ほかの草花を駆逐する強烈な繁殖力が嫌われ、また同じ帰化植物の〈豚草〉のように秋の花粉アレルギーの原因ではないかと疑われたが、「背高泡立草」は〈虫媒花〉で花粉は飛ばさない。その後かつての勢いを失いはじめているのは、当初は根から出る化学物質が他の植物を排除していたのが、単独になったため自家中毒を起こして自らを傷めつけるからだという。花言葉は、旺盛な繁殖力から「生命力」。秋の季語。

背高泡立草東京のはづれかな　椿　爽

石竹　せきちく

中国原産のナデシコ科の多年草で、古くに渡来したため「唐撫子（からなでしこ）」の異名をもつ。五、六月ごろ、花柄の先に花弁の縁に細かい切れ込みのある薄桃色・赤・白などの花をつける。夏の季語。

石竹にいつも見なれし蝶一つ　森婆羅

雪花　せっか

真白な花びらのような雪。また、ひらひらと舞い落ちてくる雪片を花びらにたとえた語。『懐風藻』詠雪に「雲羅(うんら)珠を嚢(つつ)みて起り　雪花彩(さい)を含んで新たなり」、薄絹のような雲は珠玉のような雪を包んで湧き起こり、花びらのような雪片は内に色どりを含んで新鮮だ、と。

石斛　せっこく

岩手県を北限として本州から沖縄まで老樹や稀に岩などに着生するラン科の常緑多年草。五、六月ごろ古い葉の落ちた茎の節から花柄が出て、白ないし薄紅色の清楚な花を二個ずつつける。芳香があり、古くは薬用にされていた。夏の季語。

石斛に瀑(たき)落つる巌のはざまかな　松瀬青々

⦿雪月花の眺めを一時にきわめる

堀口大學のエッセイ「雪国雑記」に、越後高田あたりの雪国では花の咲くのは例年四月の二十日ごろで、満開の桜の樹の根もとには、まだ消えのこりの雪が積もっている。もちろん遠近の山はまだ白く、「花の盛りが折りよく月夜のころに重なると、雪月花のながめを一時にきわめるといって、土地の人は大層よろこび、日本一だと自慢にする」とある（『日本の名随筆51　雪』）。いっぽう外村繁(とのむらしげる)の『澪標(みおつくし)』を論じた評論で国文学者の中西進は「花の村を艶とし、雪の花に満月がのぼるのを壮絶とすることの意味は、これらの自然が性の諷喩(ふうゆ)として扱われるばあい以外には存在しないだろう。雪月花とは、凄絶に性を秘めたものであった」と述べている（『雪月花』）。果たして如何。

雪中花　せっちゅうか

春の到来に先立って雪の中でも咲く〈水仙〉の異名。「雪中華」とも書く。⇩「雪のことば」の〈雪中花〉

雪中四花　せっちゅうしか

〈蠟梅〉〈椿〉〈梅〉〈水仙〉の四つをいう。早春、まだ寒気の厳しい時季に雪の中でも花を咲かせて春を呼ぶところからいう。

❖**花のことわざ・慣用句：千紫万紅**
多くの種類の花々が色とりどりに咲き乱れる光景。

節分草　せつぶんそう

本州の関東以西の山間の木陰や谷間の傾斜地などに自生し節分のころ、一〇センチほど伸ばした花柄の先に深く切れ込んだ羽状の苞葉を拡げ、その上に白い花を開くキンポウゲ科の多年草。五弁の花びらに見えるのは実は萼片で、初夏には地上部分はすべて姿を消し、小さな球茎だけが次の年の節分まで地下でひっそりと眠りにつくという。春の季語。

咲くだけの光あつめて節分草　高橋悦男

ゼラニウム　Geranium

鉢植えにされて五月ごろ、円形ないしハート型の葉の間に伸びた花柄の先に赤・桃色・白などの花を咲かせるフウロソウ科テンジクアオイ属の多年草。花期が長く秋まで咲きつづけ、ヨーロッパの家々の窓辺や花壇を彩る。縁取りないし白紋のある葉は独特の臭気を放ち虫よけ効果がある。和名は「天竺葵（てんじくあおい）」。花言葉は「慰安」「信頼」。夏の季語。

ゼラニュームホテルの窓は湖に向く　柳下美砂枝

千本桜　せんぼんざくら

江戸時代の国語辞典『俚言集覧』に「千本桜は吉野山を云」とあるとおり奈良県の吉野山は麓から頂上まで一山全体に桜が植えられている。「上の千本」「中の千本」「下の千本」「奥の千本」と言い習わされていて、江戸時代の俳人安原貞室は「是は是はとばかり花の吉野山」と感嘆している。同じ俳人の各務支考は『義経記』や『義経千本桜』の源義経と静御前の別離や、後醍醐天皇の行宮などの由緒をふまえて「歌書よりも軍書に悲し吉野山」と詠んだ。吉野山の「千本桜」は散りしきる桜吹雪の下で、訪れる人々を歴史懐旧の想いに誘う。

挿花　そうか

草花を花瓶や花器に生けること。〈立花〉〈投入〉など〈生け花〉の別称。女性が髪に花を飾ることにもいう。

早梅　そうばい

〈梅〉は春を告げる花だが、暖地の日当たりのよい場所では冬のうちから咲くものがある。そのような早咲きの梅をいう。〈寒紅梅〉や〈冬至梅〉のような早咲きの品種をいうわけではないと山本健吉は言っている（『基本季語五〇〇選』）。〈冬の梅〉も同様。冬の季語。⇩〈冬の海〉

早梅や深雪のあとの夜々の霜　増田龍雨

薔薇　そうび

〈薔薇〉を音読みして「そうび」ないし「しょうび」という。『源氏物語』賢木に「階のもとの薔薇、けしきばかり咲きて、春秋の花盛りよりも、しめやかに、をかしき程なるに、打ちとけ遊ばせ給ふ」、桐壺帝が薨じ光源氏の後ろ盾だった左大臣も致仕したため世は右大臣の天下となり、失意の源氏と頭の中将は遊芸に無聊をまぎらしている。二条院の階段の下で少し咲きはじめた薔薇は、春秋の花盛りのときよりもしんみりと趣のある風情で、皆くつろいで楽器を奏でている、と。

蘇鉄　そてつ

九州南端から沖縄に至る南西諸島に自生し、南国的な樹形から各地の庭園や校庭などに植栽されているソテツ科の常緑低木。太い円柱状の幹の頂に椰子の葉に似た大きな羽状の葉を生やし、雌雄異株で夏、松笠状の長い雄花と球形の雌花をつける。「蘇鉄の花」は夏の季語。

蘇鉄咲き黒潮荒き雨降らす　神尾季羊

蕎麦の花　そばのはな

「蕎麦」は中央アジアから中国東北部の原産で縄文時代以前に渡来したとされ、全国の冷涼な山畑で栽培されるタデ科の一年草。夏の初めに種を蒔いて夏のうちに収穫する「夏蕎麦」もあるが、「蕎麦の花」は秋の季語で、立秋ごろに種を蒔くと花茎の先に白い小花が多数咲く。夕闇の中、「蕎麦の花」が白々と山畑一面に咲く光景は寂しくも深い余情があり、花言葉は「懐かしい思い出」。

月光のおよぶかぎりの蕎麦の花　柴田白葉女

染井吉野　そめいよしの

〈大島桜〉と〈江戸彼岸〉を交雑させてできたという〈里桜〉の代表品種で、現在日本各地で最もよく見られる桜。江戸・染井（現在の文京区駒込）の植木屋が「吉野桜」として売り出したが、紛らわしいので「染井吉野」と改められた。葉が出る前に花が咲き、最初は淡紅色だが開花するにつれて白くなる。〈江戸桜〉ともいう。春の季語。

如才なく咲きたる染井吉野かな　茨木和生

空知らぬ雪　そらしらぬゆき

⇩「雪のことば」の〈空知らぬ雪〉

蚕豆の花　そらまめのはな

「蚕豆」はアフリカ北部からカスピ海方面の原産で、天平年間にインド僧がもたらしたといわれるマメ科の一、二年生の野菜。四月ごろ花びらに大きな濃紺の斑点のある赤紫色の蝶形の花を咲かせる。花が終わったあと太い豆の莢(さや)が上向きに空に向かってつくところから「空豆」とも書く。「蚕豆の花」は春の季語。

そら豆の花の黒き目数知れず　中村草田男

た行

大根の花　だいこんのはな

「大根」は中央アジアの原産で紀元前に中国に伝わり、日本には八世紀以前に渡来していたといわれるアブラナ科の一年草ないし二年草。大根を知らない人はいないが花を見たことのある人は少なく晩春、畑の隅に種取り用などとして残されていた茎の先に白または淡紫色の十字花を心なしか寂しげに咲かせる。石川啄木に「宗次郎に／おかねが泣きて口説き居り／大根の花／白きゆふぐれ」。〈春の七草〉の一つで「すずしろ（清白）」のこと。「大根の花」「花大根」は春の季語。なお、アブラナ科の一年草の〈諸葛菜〉ないし紫花菜を〈花大根〉ということがある。

大根の花が最も蝶集め　中村瑞穂

泰山木　たいさんぼく

北アメリカ東部の原産で明治初年に渡来し、各地の庭園や寺院の境内などに植えられたモクレン科の常緑高木。樹高二〇メートル以上に聳える。五、六月ごろ直径二〇センチほどの〈蓮〉の花に似た大きな白クリーム色の美花を開くが、裏に鉄銹色の密毛の生えた光沢のある葉の茂りのせいで樹下からは見えにくい。「泰山木の花」は夏の季語。

泰山木離れて花のあまた見ゆ　木津柳芽

大輪　たいりん

花の大きさが普通の花より大きいこと。菊作りなどで大きな花を咲かせるには、苗が生長する過程で摘芯し、さらに蕾がついたら順次余分の蕾を掻き取り、最終的に一輪だけを残して大きく咲かせるという。

田植花　たうえばな

田植の時季に咲く花。特定の花ではなく、たとえば東北地方では〈花菖蒲〉、新潟県・長野県地方では「谷空木」、岡山県地方では〈卯の花〉というように地方ごとに種類は異なる。夏の季語。

田打桜　たうちざくら

開花を合図にして苗代作りなどの農作業を始める花のことで、〈桜〉に限らず〈辛夷〉〈白木蓮〉を「田打桜」と呼ぶ土地も多い。

高嶺桜　たかねざくら

北海道や本州中部以北の亜高山帯に生え初夏、赤褐色の葉と同時に淡紅色ないし白い五弁の小花をつけるバラ科の落葉中高木。〈嶺桜〉ともいう〈山桜〉の一品種。

高嶺の花　たかねのはな

見上げて憧れながら、手に入れることのできない物や人。

滝桜　たきざくら

一九二二年に〈桜〉の樹としては初めて国の天然記念物に指定された、福島県三春(みはる)町にある樹齢千年超の〈江戸彼岸〉系の「紅枝垂桜」のこと。四月中・下旬、樹高一二メートルの八方に拡げた枝に咲き満ちた無数の薄紅色の花が、滝のように流れ落ちると見える光景から「三春滝桜」と呼ばれる。岐阜県本巣市の「根尾谷淡墨桜(うすずみざくら)」、山梨県北杜市の「山高神代桜(じんだいざくら)」とともに、「日本三大桜」といわれる。

竹の花　たけのはな

「竹」は、中国原産で日本各地の山林に植栽され、「真竹(まだけ)」「淡竹(はちく)」など六〇〇におよぶ種類があるというイネ科タケ亜科の常緑植物。高さ一〇メートル以上、稈(かん)の直径一〇センチ前後で常に青々と直立した姿は、瑞祥植物として神霊の依り代とされ、地鎮祭の斎竹(いみたけ)、正月の門松、七夕飾りなどに用いられる。「竹の花」は六〇年ないし一二〇年周期で咲くといわれ、花の後に枯れると言い伝えられている。二〇一九年四月二十三日付の「徳島新聞」は、小松島市の農家の竹林で約二〇〇本の竹が花を咲かせたと報じた。花は稲穂に似ていて枝先に無数につき、開花直後は薄緑色だが咲き終えると茶色になったという。

立葵　たちあおい

地中海沿岸のトルコないしシリア原産といわれ、五万〜六万年前のイラク北部のネアンデルタール人の墓からこの花を死者に手向けたと思われる痕跡が発見されている。十一世に十字軍によってヨーロッパにもたらされ、日本へは室町時代に渡来したとされるアオイ科タチアオイ属の越年草。茎が二メートル以上まっすぐ伸びるところから「立葵」の名がついた。葉は五裂した心臓形で初夏、紅・桃色・白・黄色などの華麗な花を下から咲き昇らせ、高い花穂を形づくる。花言葉は「野心」「高貴な美しさ」。

立葵咲き終りたる高さかな　高野素十

橘　たちばな

日本列島の九州から四国にかけての多く海沿いの暖地に自生するミカン科の常緑低木。五、六月ごろよい香りのする白色の五弁花を咲かせ、花後につく果実は黄色く熟すが酸味が強く食用には向かない。『万葉集』巻十八に「**橘は花にも実にも見つれどもいや時じくになほし見が欲し**」、橘は花も見たし実も見たけれど、さらにいつまでももっと見ていたいものだ、と大伴家持が橘(たちばなの)諸兄(もろえ)とその家の繁栄を寿(ことほ)いで詠んだ。平安時代以降、御所の紫宸殿(ししんでん)の階(きざはし)の右（西側）に植えられていた橘は、左側の〈左近の桜〉に対して〈右近の橘〉と呼ばれ、芳香のある花が愛賞された。「橘の花」「花橘」は夏の季語。

行きすぎて橘かをる御門かな　野村泊月

橘月　たちばなづき

橘の花が咲く月で、旧暦五月の異称。

蓼　たで

タデ科の一年草の総称。俗に〈赤まんま〉と呼ばれる〈犬蓼〉、「蓼食う虫も好き好き」の「柳蓼」など種類が多く、各地の湿地や川原に生えて夏から秋、濃淡の紅や白い小花の花穂を垂らす。ただ「蓼」といえば葉の形が柳に似ていて「本蓼」「真蓼」とも呼ばれる「柳蓼」を指すことが多い。「蓼の花」は秋の季語。

蓼咲いて余呉の舟津は杭一つ　三村純也

立花　たてばな

梅・松などの花木を花瓶・花器に立てて生け、仏前に供える生け花。また室町時代の華道の初期の写実的な表現法をいい、のち池坊専好(いけのぼうせんこう)によって発展・大成された〈生け花〉の表現法。⇩〈立華(りっか)(花)〉

種蒔き桜　たねまきざくら

東北地方などで春、苗代に種を蒔くころに開花する〈辛夷(こぶし)〉のことをいう。

多年草　たねんそう

冬になって地上の葉や茎は枯れても、地中の根や地下茎は三年以上にわたって生きていて、毎年春になると芽を出す草本植物。

玉椿　たまつばき

〈椿〉の木を長寿の象徴などとして和歌に詠むときの美称。平安時代の歴史物語の『栄花物語』木綿四手(ゆうしで)に「ときは山おひつらなれるたま椿君がさかゆく杖にとぞきる」、常磐山に連なり生えている長寿の効験のある椿の木をあなたがますます坂を栄え上ってゆくときの杖にと願って切るのです、と。春の季語。

玉椿百をかぞへてのち淋し　愛下千鶴

手向花　たむけばな

神前・仏前・墓前に捧げ供える花。

ダリア　Dahlia

メキシコないしグアテマラの原産で、一七八九年にメキシコで植物園長をしていたセルバンテスが種をマドリードの宮廷植物園に贈ってヨーロッパ中に伝わったというキク科の多年草。やがて多くの観賞用品種が作り出され、日本へは江戸時代後期にオランダ人によってインド経由で渡来したため「天竺牡丹」の名がついた。花壇や鉢に植えられ初夏から秋、紅・桃色・白・黄色など多彩な花を咲かせる。多数の細い花弁を放射状に伸ばすカクタス咲き、多くの筒状の花弁が整然と球形に並ぶポンポン咲きなどさまざまな種類がある。多彩な花姿から、花言葉は「華麗」「エレガンスと威厳」。夏の季語。

ダリア咲くマチスの赤をふんだんに　福原実砂

単性花　たんせいか

一つの花の中に雄しべしかもたない〈雄花〉、あるいは雌しべしかもたない〈雌花〉のことをいう。一つの花のうちに雄しべと雌しべの両方をもっている〈両性花〉に対する語。〈不完全花〉ともいう。⇩〈両性花〉

探梅　たんばい

〈観梅〉や〈梅見〉が春の季語であるのに対して、「探梅」は冬の季語。その微妙な情趣の違いは、「観梅」が早春梅の開花を知って梅見に行くのに対して、「探梅」はまだ冬のうちに「春信（しゅんしん）（春のきざし）」を探るため綻（ほころ）んだかどうかわからない梅をたずねて冬野を散策するところにある。「探梅」は句作・歌詠を目的とすることが多い。

探梅や遠き昔の汽車に乗り　山口誓子

単弁花　たんべんか

八重咲の〈重弁花〉に対して、花弁が一重の花。⇩〈重弁花〉

たんぽぽ

関東地方に多い「関東たんぽぽ」と近畿以西に多い「関西たんぽぽ」の在来種のほかに明治時代以降に帰化したヨーロッパ原産の「西洋たんぽぽ」がある。各地の野原に生え春から夏、根際から地面に放射状に拡げたロゼット葉の真中に立てた一〇センチほどの花柄の先に黄色ないし白の小花（しょうか）の密集した頭花をつけるキク科タンポポ属の多年草。花と葉の全体を上から見ると鼓（つづみ）の形に似ているところから「鼓草」の別名があり、鼓は「タン・ポポン」と打つところから「たんぽぽ」の名がついたという。また根などを用いた漢方薬「蒲公英（ほこうえい）」に因（ちな）んで漢字で「蒲公英（たんぽぽ）」と書く。英名「dandelion」は古フランス語の「dent de lion ライオンの歯」に由来し、葉の縁がライオンの歯のようにギザギザしているからという。花後に個々の小花が白い絮毛（わたげ）のついた実となり風に乗って飛ぶ。その絮毛で占いをするところから、花言葉は「神託」また「別離」。春の季語。

行けどたんぽぽ行けどたんぽぽ蝦夷広し　菖蒲あや

千草　ちぐさ

秋野に咲くいろいろな草の花。「八千草」ともいい、ただ〈草の花〉ともいう。『貫之集』第三に「**秋の野の千くさの花は女郎花（おみなえし）まじりておれる錦なりけり**」、秋の野に咲き乱れるたくさんの花の中には女郎花も見えてさながら混じり織りの美しい錦だ、と。明治時代から親しまれている小学唱歌で、里見義（ただし）訳詞のアイルランド民謡「庭の千草」に「**庭の千草も虫の音も、枯れて寂しくなりにけり**」。秋の季語。

身のまはりは草だらけみんな咲いてゐる　種田山頭火

父子草　ちちこぐさ

北アメリカ原産の帰化植物で各地の野原や路傍に生え四、五月ごろ、一〇～二〇センチほどの花柄の先に茶褐色の小さな花をつけるキク科の多年草。〈母子草（ははこぐさ）〉に似ているが母子草はふっくらとして花が黄色いのに対して、「父子草」はやや小ぶりで痩せており花も地味なところからその名がついたという。春の季語。

たまさかに子と野に出れば父子草　轡田進

茶の花　ちゃのはな

「茶」は、中国西南の雲南地方原産といわれ平安末期、日本臨済宗の始祖の栄西（えいさい）が種を宋から持ち帰ったとされるツバキ科の常緑小高木。「茶」は二つの変種に分化し、東方へ進出したタンニンの少ない「中国種」は緑茶として用いられ、南へ広がった葉が大きくタンニンの多い「アッサム種」は紅茶にされた。日本各地の茶畑や生垣で晩秋から初冬、中心に金色の雄しべが密集した五弁の白花を開く。科名どおり〈椿〉や〈山茶花〉に似た花姿だが派手さはなく、「侘び」「寂（さ）び」を感じさせるとして茶人や俳人に好まれる。花言葉は「追憶」。「茶の花」は冬の季語。

茶の花や働くこゑのちらばりて　大野林火

茶花　ちゃばな

茶席の床（とこ）の間（ま）などに生ける季節の花。〈置花〉〈掛花〉など簡素な様式で、華やかなものよりも「侘び」「寂び」あるいは「冷え」「痩せ」の感じられるものが好まれる。

中性花　ちゅうせいか

〈額紫陽花（がくあじさい）〉の中央に集まった小花を囲んでいる装飾花や〈向日葵（ひまわり）〉の周縁の「舌状花」のように、雄しべ・雌しべが退化して生殖機能を失っている花をいう。

虫媒花　ちゅうばいか

昆虫の媒介によって受粉が行われる花。昆虫を引き寄せるため花は目立つ色をし、強い匂いを放ち蜜腺（みっせん）が発達して、花粉には粘着性があり昆虫の体に付きやすくなっているものが多い。

チューリップ　tulip

中央アジアから小アジア原産のユリ科の球根植物で、最初トルコ・オスマン帝国で栽培されていたが、十六世紀にヨーロッパに渡ると、王侯貴族に愛されて品種改良が進み多くの園芸品種が生まれた。特にオランダでは「チューリップ狂時代」が過熱し、一六三六年には稀少な球根の値は馬車一台プラス普通の市民の十八年分の年収に相当したという。が、その異常なバブルも一年で弾けて相場は暴落し破産者が続出した。日本へは幕末に渡来し明治以後本格的に栽培された。「チューリップ」は四、五月ごろ、三〇センチほどの花茎の先に赤・黄・紫・白など色鮮やかな鐘形の花を一つ上向きに咲かせる。一重と八重があり花弁の先が尖った百合咲き、花弁に切れ込みのあるフリンジ咲きなど多様多彩。花言葉は「まじめな愛」「思いやり」。また、赤花は「恋の告白」で、不吉といわれる黄花は「高慢」。春の季語。

ベルギーは山なき国やチューリップ　高浜虚子

弔花　ちょうか

葬儀などのとき、死者の霊前に供える生花(せいか)や花輪。

頂花　ちょうか

葉の付け根に咲く「腋花(えきか)」に対して〈チューリップ〉のように花柄の先端に咲く花をいう。〈向日葵(ひまわり)〉などキク科の花も花柄の先端に花がつく形では同じに見えるが、キク科の花は実際は中心の管状花の集まりの周囲を舌状花が囲んだ〈小花(しょうか)〉の集合体であり、「頂花」とは違い〈頭花〉ないし「頭状花」という。⇩〈頭花〉

鳥媒花　ちょうばいか

鳥が媒介して花粉を雌しべの柱頭に運び受粉する花。熱帯地域ではハチドリなどに媒介される「鳥媒花」は多いが、日本では〈椿〉の受粉にメジロが関わる程度だという。

重陽 ちょうよう

「陽数」の極である「九」が重なる旧暦九月九日のこと。「重九(ちょうきゅう)」ともいい「五節句(旧暦一月七日・三月三日・五月五日・七月七日・九月九日)」の一つである「菊の節句」をいう。中国では漢代以降この日に菊酒を飲み、さらに詩を賦す風習が加わった。それが日本に伝わり奈良時代ごろから宮中で観菊の宴が催され、民間でも九月を収穫の月として祝った。秋の季語。

重陽の風雨に菊を起しけり　安藤橡面坊

❖花のことわざ・慣用句：蝶よ花よと
子どもを慈(いつく)しみ大事に育てること。とくに女の子についていう場合が多い。

散椿 ちりつばき

花は散るとき樹上で壊れ一ひらずつ散るものが多いが、〈椿〉は花冠ごと梢を離れ地面に落ちてぽたりと音を立てる。〈落椿(おちつばき)〉ともいう。春の季語。

赤椿咲きし真下へ落ちにけり　暁台

落ざまに虻(あぶ)を伏せたる椿かな　夏目漱石

散り花 ちりばな

咲き終わって地面に散っている花。鎌倉時代末の類題和歌集『夫木抄』の巻四に「**苔(こけ)の上の庭の散り花いくかへり嵐につけてふりかはるらむ**」、庭の苔の上に散っている花びらは、強風に吹き散らされるたびに幾度入れ替わっていることだろう、と。

散る桜 ちるさくら

〈桜〉は散っても美しいといわれ、日本人は「散る桜」までも句歌に詠んできた。〈飛花(ひか)〉〈桜吹雪〉は花散らしの強風に吹かれて激しく舞い散る桜だが、水原秋櫻子は「しずかに散るのなら『散る桜』とおだやかに言うのがよい」といっている（『俳句歳時記』）。さらに散ったあとにまで心を寄り添わせ、〈花屑〉〈花の塵〉〈花筏〉あるいは「桜しべ」〈葉桜〉にいたるまで愛おしんできた。春の季語。

散る桜残る桜も散る桜　良寛

ちるさくら海あをければ海へちる　高屋窓秋

珍花　ちんか

見たことのない珍しい花。季節初めに咲いた見なれない花。

ちんぐるま

本州の中部以北から北海道の高山帯に分布するバラ科の落葉小低木で、草本に見えるが茎に年輪のある木本（もくほん）の〈高山植物〉。雪が解けた窪地に群生し七、八月、一〇センチほどの花茎の先に梅の花に似た五弁の白い花をつける。花が終わると固く閉じていた筆先のような雌しべがほぐれ、毛のはえた風車のような実になり、その形が稚児車（ちごぐるま）に似ているとして名前がついた。夏の季語。

チングルマむらがり咲いて未知の夜へ　飯田龍太

月見草　つきみそう

これまで「月見草」と呼ばれてきた花は三種あり、一つは本来の白い花が咲く「月見草」、あとの二つは花が黄色い〈大待宵草（おおまつよいぐさ）〉と〈待宵草〉である。本来の「月見草」はメキシコ原産で江戸時代末の嘉永年間に園芸植物として渡来したアカバナ科の越年草で、夏の夕方四弁の白い花が夕月のように咲くところから「月見草」の名がついた。翌朝までにしぼんでしまう〈一夜花〉で、しぼむと濃い紅色になる。繁殖力が弱く野生化することなく消えてしまった。したがって現在「月見草」と呼んでいるのは同じ北米原産の帰化植物で、明治時代初期に渡来し夏の夕方黄色い花を咲かせる

「大待宵草」ないし「待宵草」である。「大待宵草」「待宵草」を含めて花言葉は、夕方人知れず咲く花姿から「ものいわぬ恋」。夏の季語。

　月見草灯よりも白し蛾をさそふ　竹下しづの女

月雪花　つきゆきはな

⇩「月のことば」の〈月雪花〉

造り花　つくりばな

紙や布でこしらえた造花。『栄花物語』月の宴に「**いろいろの造花**(つくりばな)**を植ゑ、松竹などをえりつけて、いとおもしろし**」、八月十五夜に清涼殿で観月の宴をしようと潮が満ちてきた州浜の形を造り、いろいろの造り花を植えつけ松竹などもあしらうと実に趣がある、と。

辻が花　つじがはな

麻や苧(からむし)で織った生地に草花模様を描絵(かきえ)にした帷子(かたびら)や帯。植物の葉や花を藍と紅で大胆に描いた絵模様を絞り染めにした着物またその技法をいう。室町・安土桃山時代から江戸時代初期まで盛んに行われたが、その後失われ「幻の花」といわれた。現在、草花などの絵文様を絞り染めにした着物地を「辻が花」といっている。立原正秋に「辻が花」の化身のような美しく気丈な女性を主人公にした同題の短編小説がある。夏の季語。

　辻が花笑ひ顔でも似ぬならば　一茶

つつじ

北半球全域に自生し日本では北海道から九州へいたる山野や庭園で春から夏、朱赤・紅紫色・白・橙色など色とりどりの漏斗状(じょうご)の〈合弁花〉を咲かせるツツジ科ツツジ属の低木の総称。〈山つつじ〉〈蓮華(れんげ)つつじ〉〈深山霧島(みやまきりしま)〉〈白八入(しろやしお)〉〈さつき〉など野生種・園芸種を合わせると八〇〇種とも一〇

○○種をはるかに超えるともいわれる。『古今集』巻十一に「**思ひ出づるときはの山の岩つつじ言はねばこそあれ恋しきものを**」、思い出すときは常磐の山の岩つつじで、言わないからこそ平静に過ごしているけれど言葉にすれば恋しくてたまらなくなる、と。漢字では「躑躅」と書くが「躑」も「躅」もともに「立ちすくむ」「足踏みする」という意味で、中国で「蓮華つつじ」の類を食べた羊が歩けなくなった、あるいは有毒であることを知って食べるのをためらうことから「躑躅」の字を当てたという説がある。〈アザレア〉を「西洋つつじ」と呼ぶことがあるが、逆に西洋では日本の「つつじ」を「アザレア」という。花言葉は赤いつつじが「愛の喜び」、白いつつじが「初恋」。春の季語。

躑躅燃え遠の白根に雪のこる　草間時光

椿　つばき

東北地方から九州にいたる沿岸各地に自生する〈藪椿〉と、日本海側に多く分布する〈雪椿〉が代表する日本原産の「椿」は、「藪椿」の学名を「カメリア・ジャポニカ Camellia japonica」というとおり我が国が世界に誇る花木。古く『古事記』仁徳天皇の条には「**烏草樹の木　其が下に　生ひ立てる　葉広　五百箇真椿　其が花の　照り坐し　其が葉の　広り坐すは　大君ろかも**」、南燭の木の下に生え広い葉がたくさん繁っている神聖な椿の花のようにお顔は照り輝き、姿は椿の葉のようにゆったりした大君でいらっしゃいます、と皇后石之日売命は天皇を椿の美しい花と常緑の神聖な葉にたとえて称賛している。『万葉集』巻十九には「**奥山の八つ峰の椿つばらかに今日は暮らさねますらをの伴**」、奥山のあまたの峰に咲く椿のようにとどこおりなく今日の日を過ごされよ勇者たち、と。そのように日本文化と切っても切れない深いかかわりをもつ「椿」は、「藪椿」「雪椿」〈山椿〉〈乙女椿〉〈侘助〉等々多彩な美花で冬の終わりから桜の後まで日本の春を彩るツバキ科の常緑高木の総称。木偏に春の「椿」は和製漢字で、中国表記にしたがって「海石榴」とも書く。句歌では〈寒椿〉〈散椿〉〈夏椿〉〈玉椿〉〈つらつら椿(つばき)〉など多様に展開する。豪奢な花姿をしていながら匂いのないところから、花言葉は「謙遜な美徳」「控え目なやさしさ」。春の季語。

落ざまに水こぼしけり花椿　芭蕉

赤い椿白い椿と落ちにけり　河東碧梧桐

茅花　つばな

全国の荒野や河川沿いの草地に群生するイネ科の多年草「茅萱(ちがや)」ないし「茅(ち)」の花穂

⦿椿姫――娼婦の純愛

十九世紀半ばのパリを舞台にして「椿」と「白百合」をキーワードにした二つの対照的な悲恋物語が書かれて今に伝わっている。一つは、放縦で不品行な暮らしをしていた一人の美しい高級娼婦が生涯にただ一度真面目な恋をし、そのために死んでいく悲恋を描いた『椿姫』。もう一つは、フランス・ロワール地方の美しい谷間に繰りひろげられる清らかな伯爵夫人と溌剌たる青年貴族の熱愛を描いた『谷間の百合』（六五七ページ参照）。

当時の歓楽の都パリには大金持ちの貴族を相手に享楽的な日々をおくる高級娼婦たちがいた。なかでも際立って美しいマルグリット・ゴーティエはまだ二十歳で、不品行な生活にもかかわらず気高さと清らかさを失わない稀有の女性だった。毎晩のようにのこと。「茅萱」は四、五月ごろ茎の先についた槍の穂先のような鞘を破って銀白色の花穂を出す。その「茅花（ちばな）」が「茅花（つばな）」に転じた。「砂糖黍」の近縁種なので地下茎や穂をかむと甘みがある。『万葉集』巻八に「**茅花抜く浅茅（あさじ）が原のつほすみれ今盛りなり我（あ）が恋ふらくは**」、甘い茅花を味わおうと引き抜いている茅野（かやの）にいま壺菫が盛んに咲いていて私の恋心も盛んに募るばかりです、と。春の季語。

狂ひても女茅花を髪に挿し　三橋鷹女

壺菫　つぼすみれ

全国の野山の日当たりのよい草地に生え春、丸いハート型をした葉の間から伸ばした花柄の先に白ないし菫色の小花を咲かせるスミレ科の多年草。唇形の花弁の内側に紫の線条がある。清少納言は『枕草子』に「草の花は」として「**…あさがほ。かるかや。**

馬車で劇場や舞踏場に乗りつける彼女の桟敷席には、かならず好物のボンボンと椿の花束が置かれていて、人びとは彼女を「椿姫」と呼んだ。

地方出の純朴な青年アルマン・デュバルは、ある日街で見初めたマルグリットの虜となる。彼女が肺に重い病をもっているのを心配したアルマンは毎日のように彼女の容体を聞きに出向いた。のちにそのことを知ったマルグリットは心を打たれ「毎日見舞に来て名前も告げずに帰って行ったのはあなたでしたのね」と感謝を告げた。けれどあなたのような優しい人は私のような女にかかわってはいけないと諭したが、アルマンの真心には心を動かされ、花束から紅い椿を抜き取って与えると逢瀬の申し出を受け入れるのだった。

こうして次第に心を許し合うようになった

菊。壺すみれ…」と数えあげている。「壺菫」の名は花の後ろにある短い距(きょ)（蜜腺の突起）が壺のように見えるからという説もあるが、よく庭の隅の坪に生えているからだともいう。各地でふつうに見られる薄紫色の花を咲かせる「立壺菫」の略称とされることもある。春の季語。

その中にちいさき神や壺すみれ　高浜虚子

つぼみ

花芽がこれから咲こうと膨(ふく)らみつつある状態。漢字では「蕾」ないし「莟」と二様に表記し、「蕾」は花びらが重なっている形を表わし、「莟」は花びらが開こうとしているようすを示す。

詰草　つめくさ

全国の畑や草地に群生し春から夏、花軸の先に白ないし赤の花をつけるマメ科の多年草〈白詰草〉と〈赤詰草〉のこと。江戸時

二人は、虚飾のパリを去って景色のいい田舎で暮らし始める。しかし、そんな夢のように幸せなある日、突然アルマンの父親が姿を現す。息子が娼婦と同棲していると知り、家の名誉のために二人を別れさせに来たのだ。ある夜アルマンが帰宅するとマルグリットの姿が消えていた。留守の間に何があったのか？　心当たりの行く先に手紙が残されていた。そこには「あなたがこの手紙を読むころには自分はもうほかの男のものになっているでしょう。…たとえ束の間でも、あなたはマルグリット・ゴーティエという堕落した女を心から愛してくださいました。その女はあなたのおかげで一生のうちにただ一度だけ、本当に幸せな日々を過ごすことができたのです」と書かれていた。狂ったように捜し回ったアルマンがようやくパリで見つけたマルグリットは、

代にオランダからガラス製品などが舶来したとき、梱包材として詰められてきた干し草の種が地に落ち路傍に進出したところから「詰草」の名がついた。「オランダ紫雲英（げんげ）」ともいい、英語名は〈クローバー〉。
⇩〈白詰草〉〈クローバー〉

爪草　つめくさ

各地の庭や路傍に生え春から秋、線形の細い葉の中に白い五弁の小花を咲かせるナデシコ科の一年草あるいは二年草。「爪草」の名の由来は葉の先がとがっていて鳥の爪のような形をしているからとも、葉の形が剪（き）った爪の形に似ているからともいう。

露草　つゆくさ

路傍の草地や林の中の湿地など日本中どこにでも生えているツユクサ科の一年草。夏から秋、鮮やかな瑠璃色ないし縹色（はなだいろ）（薄い藍色）の一日花をつける。古くは「つきく

毎晩芝居や舞踏会にでかけては浴びるように酒を飲む、前以上のすさんだ生活をしていた。あんなに嫌っていたN伯爵に身をまかせて。絶望と屈辱に胸を引き裂かれたアルマンはマルグリットへの復讐に暗い熱情を燃やす。賭博で作った大金で彼女の同輩の娼婦を愛人にし、出合うたびにむごい言葉と残酷な態度でマルグリットを侮辱した。そのたびに彼女は悲しそうな目でアルマンを見つめるだけで、何も言わなかった。

やがて彼女は姿を消し、傷心のアルマンも東方へ旅立つ。旅先でアルマンは、マルグリットの病状が重いことを知る。手紙を書くとすでに死期の迫ったマルグリットから返事と手記が届いた。手記の中には、彼女の突然の心変わりの、何人（なんぴと）も涙なしには読めない本当の理由が書かれていた……。

哀れにも気高く生きて死んだ女性の短い一

さ（月草＝搗き草）」といい花を搗いた汁を衣に摺りつけて青く染めたからという。が、何回か水洗いすると色はすぐ褪せてしまう。『古今集』巻四に「**月草に衣は摺らむ朝露に濡れてののちはうつろひぬとも**」、月草の花で衣を摺り染めにしよう、朝になり露に濡れて色が褪せてしまってもいいから、と。相手の将来の心変わりを予感しながらもいまの幸せをつかもうとするいじらしさを詠う。『古今集』は、『万葉集』に入っていない歌を載せることを基本方針にしていたが、この歌は『万葉集』の巻七にも採られている。藍色の美しい花色から「藍花」ともいい、「蛍草」という異名は藍色の花から突き出た黄色い蕊が蛍を思わせるからか。花言葉は「懐かしい関係」。秋の季語。

つゆくさの瑠璃はみこぼす耕馬かな　西島麦南

生を描いたデュマ・フィスの『椿姫』は、多くの読者の共感を集め、その後歌劇にも脚色されて、今日まで長い人気を博している。（この項、小著『花のことば辞典』より再構成）

つらつら椿　つらつらつばき

「つらつら」は漢字で書くと「列列」で、たくさん連なり咲いている椿。『万葉集』巻一に「**河上のつらつら椿つらつらに見れども飽かず巨勢の春野は**」、川のほとりに椿が連なり咲いていて、つらつらと念入りに見つめていても見飽きることのないこの巨勢（現在の奈良県御所市）の春の野は、と。「つらつら椿」が念入りにという意味の「つらつら」を呼び出すための序詞として用いられている。春の季語。

真夜中はつらつら椿別の顔　森景ともね

❖花のことわざ・慣用句：露は尾花と寝たという

露を含んで美しくなびく秋野の薄を男女の恋になぞらえて粋に唄いなした江戸の端唄。「露は尾花と寝たという　尾花は露と寝ぬという　アレ寝たという寝ぬという」と男を露、女を尾花に見立てて恋の隠し事を詮索したあげく「尾花が穂に出てあらわれた」、隠しきれなくなった尾花が穂（頬）を赤らめたのでみなに知れてしまった、と下げがつく。第二連は「蝶は菜種と寝たという　菜種は蝶と寝ぬという　アレ寝たという寝ぬという　蝶は菜種に舞い遊ぶ」と。

釣鐘草　つりがねそう

キキョウ科の〈蛍袋〉「釣鐘人参」など、釣鐘型の花をつける草花の総称。とくに初夏のころ、淡い赤紫色ないし白色の提灯のような花を釣り下げて咲かせる「蛍袋」をいうことが多い。「提灯花」ともいう。夏の季語。

蜂の寄る釣鐘草のうつぶせに　白雄

釣忍　つりしのぶ

夏、シダ植物の「忍」の根茎で円球などを作り、緑の葉に風鈴などを配して軒から吊るして涼感をかもす吊るし飾り。夏の季語。

廻るだけ廻りてもどる釣忍　下村梅子

釣花　つりばな

草花を生けた花器を上から釣り下げる〈生け花〉の表現法の一つ。

蔓ばら　つるばら

細く長く伸びた蔓性の枝をフェンスやアーチにからませて仕立て、咲いた花を観賞する〈薔薇〉。英語で「クライミング・ローズ」。

石蕗　つわぶき

太平洋沿岸では福島県以南、日本海側では石川県以南の海沿いの暖地に自生するキク科ツワブキ属の常緑多年草。光沢と厚みのある蕗に似た葉ゆえに「艶葉蕗」ないし「厚葉蕗」と呼ばれていたものが「つわぶき」に転訛したという。晩秋から冬、丈の高い花柄の先に鮮やかな黄色の菊に似た〈頭花〉をつける。略して「石蕗」ともいう。石庭や茶亭の庭などに植えられ、飛び石沿いや蹲踞の陰などで緑の葉を絶やさず花をつけるところから、花言葉は「困難に負けない」「愛よ甦れ」。「石蕗の花」は冬の季語。

　石蕗咲きぬ網干す蜑に踏まれつゝ　山口草堂

手活けの花　ていけのはな

①己の手ずから生けた花。②公娼制度があった時代に娼妓や芸妓を身請けして自分の妻や妾にすることを言った。

デージー　daisy

⇩〈雛菊〉

摘花　てきか

果樹や野菜の栽培で、開花した花の一部を摘み取ってしまうこと。残った花に養分を行き渡らせ、果実や野菜が立派に稔るよう調整するための作業。

鉄線　てっせん

中国原産で安土桃山時代以前に渡来した蔓植物で、観賞用に庭や鉢に植えられ初夏、花弁化した六枚の白い〈蕚〉を開くキンポウゲ科の落葉低木。他物に巻きつく葉柄が針金のように固いところから「鉄線」の名がついた。「鉄線花」ともいい〈クレマチス〉と交配改良されて今日では紫色の花も多い。花形が似ていて白または淡紫色の大形の八枚の蕚を開く〈風車花〉も同属。「クレマチス」と同じく深い内面性を感じさせるところから、花言葉は「精神の美」、また昔のヨーロッパではよく宿の玄関先に植えられ旅の安全を祈ったところから「旅人の喜び」「安全」。夏の季語。

山月を遊ばせて白鉄線花　有働亨

❖花のことわざ・慣用句：手がけ次第の菊作り

菊は昔から、ほうっておいても時期がくればひとりでに花が咲くとされる。だが、人が丹精すればその分だけさらに美しく咲くともいわれ、百手かければ百手分だけ正直に効果が表れるという。万事に通じる心がけかもしれない。

鉄砲百合　てっぽうゆり

沖縄から奄美諸島の海岸に自生するユリ科の多年草。直径一〇センチ以上、長さ一五センチ以上もある大きな漏斗状の白花の花弁の先が少し反り返り、花の形が昔の「ラッパ銃」に似ているところから「鉄砲百合」の名がついた。香り高く目をみはるほど美しい花は、横向きないしやや斜め上向きに咲く。十九世紀中ごろシーボルトがヨーロッパに紹介して以後、西欧では復活祭を飾る「イースターリリー」として圧倒的な人気を誇っている。夏の季語。

百合といふ百合が鉄砲百合の島　宮津昭彦

手毬花　てまりばな

本州中部以南の野山に自生する〈藪手毬〉の園芸品種として初夏、多数の白花を毬状に咲かせるレンプクソウ科の落葉低木。白い〈紫陽花〉に見えるが、紫陽花の花が実際は〈萼〉なのに対して「手毬花」は花弁。「手鞠花」とも書き、「大手毬」ともいう。夏の季語。

雨の日は雨の色得つてまり花　山田佐人

天蓋花　てんがいばな

異称が多い〈彼岸花〉の呼び名の一つ。「天蓋」は天井から下がって仏像などの上を荘厳(しょうごん)する笠。秋の季語。

影法師ながし天蓋花の径　藤田ひろむ

天道花　てんとうばな

主に近畿以西で四月八日の仏生会(ぶっしょうえ)の日に竿の先につつじ・石楠花(しゃくなげ)・空木(うつぎ)などの花を結んで「花の塔」ないし「高花(たかはな)」を作って立てる習俗。生誕釈迦仏を祝うためともいわれるが、元来は稲作に関連し神霊を山から田に迎える農耕儀礼ともいわれる。「天頭花」とも書き、昔は初夏の季語だったが、近年は春の季語。

てんと花へ虻入り村の昼餉(ひるげ)どき　金子篤子

デンドロビウム　Dendrobium

東南アジアを中心に北は日本から南はニュージーランド、西はインドまで世界中に分布し樹上や岩に着生するラン科セッコク属の洋蘭の総称。日本古来の〈石斛(せっこく)〉は近縁種。観賞用の園芸品種が数多く栽培され、円柱状の茎の節から伸びた花柄の先に赤紫・白・黄色などの華麗な花序をつけ、花言葉は「わがままな美人」。

頭花　とうか

花軸の先に花が一個つくという点では〈菊〉も〈チューリップ〉も同じだが、実際には「菊」や〈向日葵(ひまわり)〉などキク科の花は、花冠の中心に小さな管状花が密に集まりその周囲を舌状花が囲む構造になっている。このように一つの花に見えて実際は多数の〈小花(しょうか)〉の集まりからなる「頭状花序」を「頭花」という。一方「チューリップ」は正真正銘の一つの花で、この場合は〈頂花〉という。「頭花」は「頭状花」ともいい〈偽花〉ともいう。

桃花水　とうかすい

中国で桃の花が咲く旧暦三月ごろ、雪解け水や春の雨で河川が増水することをいう。中国・盛唐の杜甫「南征」に「春岸桃花の水、雲帆楓樹の林／生を偸みて長く地を避け、遠きに適かんとして更に襟を霑す」、桃の花咲く春の岸辺を流れる川は雪解け水で水かさを増し、雲のように白い帆が楓樹の林の間を抜けて行く。戦乱を逃れ生き永らえてきた杜甫は、大暦四年（七六九）春、南の衡州に旅立とうとしているが、老病の悲哀が胸に迫り涙が流れて衣服を濡らす、と。

冬至梅　とうじうめ

冬至のころに咲かせる園芸品種の早咲きの梅。〈福寿草〉などをあしらって正月用の盆栽仕立てとする。「とうじばい」とも。冬の季語。

忘れずに日日霧吹いて冬至梅　下田文子

満天星　どうだん

伊豆半島以西から四国・九州の山地に自生するツツジ科の落葉低木。庭園や生垣にも植えられ四、五月ごろ、〈鈴蘭〉に似た白い小さな壺型の花を鈴生りに咲かせる。漢名の由来は、道教の仙人のこぼした霊水がこの木にかかると数多の珠となって「満天の星」のように輝いたからという。和名「どうだん」の由来は、枝の分岐する形が松明を燃やす「結び灯台」に似ていてその「灯台」が転訛したとするが、「胴乱」が転じたとの説もある。「満天星つつじ」ともいい、秋の紅葉も美しい。「満天星の花」は春の季語。

満天星の花地に落ちて地の星に　中嶋蘭女

東洋蘭　とうようらん

主としてヨーロッパで品種改良された園芸品種の〈洋蘭〉に対して、日本と中国で古くから愛好されてきた〈春蘭〉〈石斛(せっこく)〉〈風蘭〉〈紫蘭〉などの総称。

❖花のことわざ・慣用句：十日の菊

旧暦九月九日の「菊の節句」の翌日に咲いた菊。絶好の機会を逸して役に立たないことのたとえとしていう。「六日の菖蒲(しょうぶ)（五月五日の端午の節句の翌日の菖蒲）」と対にしていうことが多い。秋の季語。

三井寺や十日の菊に小盃　許六

遠山桜　とおやまざくら

遠くに見える山腹に咲いている桜。十三世紀半ばに成立した勅撰集の『続後撰集』巻二に「**見わたせば松もまばらになりにけりとを山さくらさきにけらしも**」、見はるかすと松の木がまばらになったのは、遠くの山の桜が咲き出したからだな、と。

十返の花　とかえりのはな

百年に一度つまり千年に十度花が返り咲くという〈松の花〉のこと。「十返」とは百年に一度の開花が十返繰り返すほど永きに渡ってという意味で、家の繁栄や長命をことほぐ寿詞。十五世紀中ごろの勅撰集の『新続古今集』に「**十返の花咲きぬらし松山の梢を高み積る白雪**」、千年に十回花が咲くという十返の花が咲いたようだ、松山の梢高く積もっている白雪、と。実際には松は毎年四月ごろ、新芽の先に花とも思えない紫色の二、三個の雌花と下の方に米粒のような茶色の雄花をつけて花粉を風に飛ばす。春の季語。⇩〈松の花〉

十かへりのこゑやたえせん松の花　鬼貫

時の花　ときのはな

折々の時節にふさわしく咲いている花。いま時めいて栄えているもの。『万葉集』巻二十に「時の花いやめづらしもかくしこそ見し明らめめ秋立つごとに」、いまの時節にふさわしい花がさらに素晴らしく咲いているのでこうしてご覧になり心を爽やかにしてください、秋の訪れるたびに、と。

常磐桜　ときわざくら

サクラソウ科の〈桜草〉ないし「プリムラ・オブコニカ」の別名。各地の高原などに生え四月ごろ、二〇センチほどの花柄の先に淡紅紫色の花を咲かせる。栽培品種も多く、早春から咲き始め涼しい場所なら夏まで咲くほど花期が長いので「常磐桜」と呼ばれる。春の季語。

どくだみ

古来漢方薬として消炎作用など十の薬効があるといわれた〈十薬〉の和名で、「毒痛み」ないし「毒を矯める」意から「どくだみ」の名がついたという。各地の日陰や湿地ならどこにでも生え六、七月ごろ、心臓形の葉の間から四弁の白花に見える総苞片を開くドクダミ科の多年草。十字形の苞の中心に立つ淡黄色の花穂が本当の花。異臭があり、漢字で書くと「蕺草」。子どものころ庭の隅や野原で見た花や臭いの記憶から、花言葉は「白い記憶」。夏の季語。⇩〈十薬〉

どくだみや真昼の闇に白十字　川端茅舎

時計草　とけいそう

南米のペルーないしブラジル原産で江戸時代初期に渡来し、複雑な花の形が長針・短針・秒針まで備えた時計の文字盤に似ているとして「時計草」の名がついた。夏から秋にかけて直径八センチほどの薄紫色の複雑な構造の花を咲かせるトケイソウ科の常緑の蔓生多年草。英語では「パッションフラワー passion flower」と呼ばれ「パッション」はキリストの受難の意で、キリストが受けた五つの傷などを表わしているとされる。英名の「受難の花」から、花言葉は「神聖な愛」「信仰」。夏の季語。

鐘撞（かねつき）の窓に開くや時計草　花晩

常夏　とこなつ

中国原産で古くに渡来し「唐撫子」の異名をもつ〈石竹〉の園芸変種で、花弁の縁に深い切れ込みのある濃い紅色の花を咲かせるナデシコ科の多年草。夏のイメージの緋色の花を春から秋まで長い期間にわたって咲かせつづけるので「常夏」の名がついた。『古今集』巻三に、隣の家から常夏の花が欲しいと言ってきたのであげるのは惜しいんだけどと軽口を歌にして添え「**塵をだに据ゑじとぞ思ふ咲きしより妹と我が寝（ぬ）る常夏の花**」、小さな塵さえつかないように大切にしているのです、咲いて以来愛（いと）しい妻と共寝する床とも思う常夏の花なのだから、と。「常夏」の咲く旧暦六月を「常夏月」といった。夏の季語。

常夏咲き目もとはにかみ羅漢像　三島静子

常初花　とこはつはな

常にいま咲いたばかりと思われる清新で美しい花。『万葉集』巻十七に「**相見れば　常初花に　心ぐし　めぐしもなしに　はしけやし　我が奥妻**」、顔を見るといつも咲きたての花のようで、心が苦しいとか見るといたわしいということもなく、愛おしくてたまらない心の奥の我が妻よ、と。

常花　とこはな

いつまでも変わらずに咲いている花。永久に散らない花。『万葉集』巻十七に「**橘は**

常花にもがほととぎす住むと来鳴かば聞かぬ日なけむ」、橘は「常葉の木」といわれるように葉が散ることのない常緑の木だが、そのうえ花も散らない常花の木だったらいいのになぁ。杜鵑が住みつこうと来て鳴けば声を聞かない日はないだろうに、と。

土佐水木　とさみずき

高野山にも自生するといわれるが、主としてその名のとおり高知県の山地の特産とされる、ミズキ科ではなくマンサク科の落葉低木。蛇紋岩の岩地などに生え三、四月ごろ、葉が出る前の枝に薄黄色の半開の花が五～八個くらい連なって穂状に咲き垂れる。春の季語。

土佐みづき山茱萸も咲きて黄をきそふ　水原秋櫻子

飛梅　とびうめ

平安時代前期、宇多・醍醐二帝に仕えて栄達した右大臣菅原道真は、藤原氏の最大の政敵として憎まれ左大臣藤原時平の讒に遭い大宰権帥に左遷された。都を去るとき日ごろ愛でていた梅の木に向かって「**東風吹かばにほひおこせよ梅の花主なしとて春を忘るな**」と詠むと、梅はそのあと主人を追って大宰府へ飛び道真邸の庭に根付いて花を咲かせたという。現在、福岡県太宰府市太宰府天満宮の庭にある梅の木がその「飛梅」の子孫だとされる。

ドライフラワー　Dried flower

自然のままの草花を乾燥させ観賞用の花束や婦人服の飾り、室内装飾などとしたもの。風通しのよい日陰に干したり人工的な乾燥材を用いるなど製作法も進化して、生花とは異なる独特の風合が広く受け入れられるようになっている。

虎の尾　とらのお

北海道から九州まで各地の野山や高原に自

生し六、七月、一本立ちした茎の先に〈桜草〉に似た多数の白い小花を総状に咲かせるサクラソウ科の多年草。弓なりに垂れた一五センチほどの花総(はなぶさ)は末端が少し上にはね上がり、全体の形が動物の尻尾に似ているところから「虎の尾」の名がついた。地方によっては「犬のしっぽ花」「猫のしっぽ」ともいう。「虎尾草(とらのお)」とも書き、小高い丘に群生するので「岡虎尾(おかとらのお)」ともいう。江戸時代の図入り百科事典の『和漢三才図会』に「**六月、茎の端に花をつく。きはめて細白く穂のごとく、末窄(すぼ)く獣の尾に似る。ゆゑに名づく**」とある。西洋では十字架を担わされてゴルゴタの丘を登る汗まみれのイエスにハンカチを差し出した聖女ヴェロニカにまつわる花とされ、花言葉は「神聖」「女性の誠実」。夏の季語。

虎尾草に水やり一日外に出でず　小熊一人

虎尾桜　とらのおざくら

〈大島桜〉を基にした園芸品種の〈里桜〉で、新葉にやや遅れて淡桜色の花を咲かせる。「会津五桜」の一つとされる福島県会津美里町の「虎尾桜」が有名。江戸時代前期の俳句歳時記『滑稽雑談(こっけいぞうだん)』巻之六に「虎尾桜」は「**八重桜なり、此樹(このき)の類(たぐい)かならず枝条屈蟠(くつばん)して、花の茎みじかく、枝上に葉と花と斑(まだら)たり、故に虎尾(とらのお)の名ありといへり**」、葉と花が斑に見えるから「虎の尾」と名がついた、とある。狂歌師の蔦細道(つたのほそみち)は「**虎の尾と呼べる桜の花なれば雪と散りても踏むを恐れよ**」、「虎の尾」という名の桜だから雪のように散り敷いた落花でも踏むのは気をつけた方がよい、と。

鳥兜　とりかぶと

自然界では魚の河豚(ふぐ)に次ぐ猛毒をもつといわれるキンポウゲ科トリカブト属の多年草。

秋の野山で花茎の先に碧紫色の特異な形の花に見える〈萼〉を総状につける。五枚の萼の上部のものは鳥の頭の形をしていて、舞楽の奏者のかぶる烏帽子（えぼし）に似ているともいわれ「鳥兜」の名がついた。「兜花」ともいう。また修道僧のかぶるフードのような花姿から、花言葉は「人間嫌い」、また猛毒から「復讐」。秋の季語。

とりかぶと霧の奔流湖（うみ）に消ゆ　堀口星眠

な行

投入　なげいれ

草花を様式などにとらわれず、また人手をあまり加えず自然のままで多様な花器に生ける表現法。季節の花を「一輪挿し」にする茶花などもその一例で、室町時代末に始まり江戸時代を経て現代生け花へと続いてきた生け方。

名残の花　なごりのはな

①春が過ぎようとしている時季にまだ咲いている花。多く〈桜〉をいう。鎌倉時代末の勅撰集『玉葉集』巻二に「春をしたふ名残の花もいろくれぬ豊浦（とゆら）の寺の入相（いりあい）の空」、逝く春を惜しんで咲き残っている桜に夕闇

が迫り、豊浦寺は夕空の下、と。春の季語。
⇩〈残花〉

西行庵名残の花のゆくへ知れず　辻美奈子

②連句で「名残の折」に詠む花。〈匂いの花〉ともいう。歌仙では花の定座に詠む花。

梨の花　なしのはな

実の小さな野生の梨は日本にも自生するが、栽培種の梨は中国原産で飛鳥時代以前に渡来したとされる。四月ごろ葉と同時に〈桜〉よりすこし大きな白花をつけ、八月ごろ多汁の実をつけるバラ科ナシ属の落葉果樹。花期が桜の直後なのであまり注目されないが、雪にもまがう純白の花姿は中国では美人の喩えとされる。中唐の白居易の「長恨歌」に「**風は仙袂を吹き飄飆として挙り、猶霓裳羽衣の舞に似たり。玉容寂寞として涙欄干たり、梨花一枝春雨を帯ぶ**」、安禄山の乱の渦中で鍾愛の楊貴妃を失った玄宗皇帝の深い失意を慰めるため、死者の魂を呼び戻すことのできる道教の仙人に海中の仙郷の楼閣を訪ねさせると、そこに楊貴妃そっくりの仙女がいた。皇帝の使いが訪ねてきたと知り驚いて寝所から出てきた仙女の服の袂を風が吹き翻すさまは、さながらかつて貴妃が曲を作って歌い舞った舞姿そのもので、物も言わず頬を涙に濡らしている顔は、まことに一枝の梨の花が春の雨に悩む風情だった、と。花言葉は「愛情」。「梨の花」〈梨花〉は、春の季語。

甲斐がねに雲こそかかれ梨の花　蕪村

薺　なずな

全国どこでも路傍の草地や空地に生え三月ごろ、花茎に白い小花を下から上へ咲き上らせ二、三〇センチほどの花穂を作るアブラナ科の越年草。花後につく六、七ミリほどの実が三味線のバチの形をしているので

「ペンペン草」の異名がある。「薺」は〈春の七草〉の一つで「薺の花」は春の季語。花言葉は「君を忘れない」。

薺咲く道は土橋を渡りけり　平井照敏

❖花のことわざ・慣用句：親の意見と茄子(なすび)の花は千に一つも徒(あだ)はない
茄子は、咲いた花はすべて実になり無駄花は一つもない。そのように両親が子どもに意見することで無益なものなど一つもない。

茄子の花　なすのはな

「茄子」は、インド原産で中国を経て渡来したナス科の一年生野菜。四月から十月ごろまで次々に、花弁が五裂ないし七裂した薄紫色の花を下向きにつけ、花後に紫黒(しこく)色(しょく)の実が生る。「なすび」ともいい「茄子の花」も実も、夏の季語。

茄子の花朝(あした)の心あたらしく　阿部みどり女

夏椿　なつつばき

本州の福島県・新潟県以南の山林に自生し七月ごろ、直径五、六センチほどの椿に似た五弁の白花を咲かせるツバキ科ナツツバキ属の落葉高木。一日であっけなく散る〈一日花〉。白い花の清浄さ、また古い樹皮が剝がれたあとの赤褐色の木肌が、釈迦入滅のとき傍に生えていたという二本の「沙羅双樹」に似ているとして〈沙羅(しゃら)〉ともいう。清らかで儚い花姿から、花言葉は「愛らしさ」。夏の季語。⇩〈沙羅〉

撫子　なでしこ

〈秋の七草〉の一つであるばかりか、清少納言が「草の花は　なでしこ、唐(から)のはさらなり、大和のもいとめでたし」(『枕草子』六七)と書きつけているように、日本を代表する草花ともいえるナデシコ科の多年草。

本州以南の野山・川原に自生し夏から秋、花弁の縁が糸状に細裂した優美な淡紅色の花をつける。亡くなった妻を偲んで大伴家持は「**秋さらば見つつ偲へと妹が植ゑしやどのなでしこ咲きにけるかも**」、秋になり花が咲いたら見てわたしのことを偲んで、と遺言して妻が植えた庭の撫子がいま咲き初めた、と（『万葉集』巻三）。「撫子」の名は、花の優しさと美しさが思わず幼子の頭を撫でたくなるような慈しみを感じさせるところからついたという。山上憶良は「秋の七草」に数えたが、古歌では「撫子」の和歌は秋部・夏部両方にあり、俳句歳時記でも秋の季語とするもの夏の季語とするもの両様ある。河原によく咲いているので〈河原撫子〉の異名があり、また日本女性の象徴として〈大和撫子〉ともいい、花言葉は「純愛」「貞節」。

大阿蘇の撫子なべて傾ぎ咲く　岡井省二

菜の花　なのはな

アブラナ科の二年草「油菜」の花のこと。地中海沿岸ないし北ヨーロッパ原産といわれるアブラナ科の原種が、古く弥生時代に中国を経て渡来した。早春から三、四月ごろ鮮やかな黄色の十字花の薹が田畑や野を一面に埋めつくし、かつてはその「菜種」から灯油や食用油を採ったが、のち収穫量の多い「西洋油菜」に取って代わられた。現在「花菜」として花屋の店先に並ぶのは、葉が明るい緑色をした「ちりめん白菜」の「菜の花」が多い。待ちに待った春の訪れを告げるところから、花言葉は「小さな幸せ」「快活」。春の季語。

菜の花の中を浅間のけぶりかな　一茶

波の花　なみのはな

厳寒期の海辺で強風のため岩場に叩きつけ

られた怒濤が、白い綿状の泡となって花のように舞い散るものをいう。紀貫之『土佐日記』の一月二十二日の項に「**けふ、海荒げにて、磯に雪降り、波の花咲けり**」と。また『古今集』巻五に「**草も木も色変はれどもわたつうみの浪の花にぞ秋なかりける**」、草でも木でも秋になると赤や黄に色が変わるものだけれど、荒磯に砕けて散る波の花は白いままで秋などありはしない、と。冬の季語。

波の花ぶつかり合ひて松が枝に　千田一路

一方、水面に散った花を揺らす波のこともいい、『平家物語』灌頂巻の後白河法皇の詠「**池水にみぎはの桜散りしきて浪の花こそ盛(さかり)なりけれ**」、池の端の桜が散り敷いて水面にできた花筏(はないかだ)を波が盛んに揺らしている、と。さらに、温泉から採取する硫黄沈殿物を「湯の花」というのと同様、海水から作る塩のことを「波の花」という。

南天　なんてん

中国原産で古くに渡来し、関東地方以西から四国・九州の山地に自生するメギ科の常緑低木。「難を転ずる」との縁起かつぎから庭木に植えられ六月ごろ、茎の先に白い小花を多数つけた円錐花序を作る。十一月ごろ実が赤熟して正月飾りなどに用いられる。魔除け・厄除けの意味から、花言葉は「福をなす」。「南天の花」は夏の季語。

南天の花屑受くる石のくぼ　柏原眠雨

南蛮煙管　なんばんぎせる

秋に一五～二〇センチほどの花茎の先につく筒形の花姿が、南蛮人の燻(くゆ)らしているパイプに似ているので「南蛮煙管」の名がついたハマウツボ科の一年生寄生植物。〈すすき〉・砂糖黍などイネ科植物や〈茗荷〉などの根に寄生する。淡紅紫色の花がうつ

むいて咲くようすが物思いしている人を連想させるところから、古来の日本では〈思草〉といった。秋の季語。⇩〈思草〉

照り翳り南蛮ぎせるありにけり　加藤楸邨

香菫　においすみれ

南ヨーロッパ、西アジアから北アフリカにかけての原産で早春、芳香のある濃い紫色の花を咲かせるスミレ科の耐寒性多年草。「スイート・バイオレット」ないし単に「バイオレット」と呼ばれ、明治時代に渡来し観賞用に鉢や花壇に植えられた。花言葉は、「控え目」「臆病」。春の季語。

匂ひすみれ乳足りし嬰の深眠り　福川悠子

匂いの花　においのはな

俳諧・連句では二つ折りにした懐紙に句を書いてゆくが、最後の名残の折に詠みこむ花のこと。〈名残の花〉ともいう。

贋アカシア　にせアカシア（false acacia）

北アメリカ原産で日本へは明治初期に農学者の津田仙（梅子の父）がもたらしたマメ科ハリエンジュ属の落葉高木。五月ごろ葉の脇から芳香ある白い蝶形花の多数ついた花房を垂らす。和名は「針槐」で、一般にはただ〈アカシア〉と呼ばれ詩歌に多く詠まれてきた。丈夫で寒さにも強いところから街路樹などに植えられ、札幌のアカシア並木はよく知られた。北米の先住民の男が「贋アカシア」の花枝を求愛のしるしとしたところから、花言葉は「プラトニックな愛」「友情」。夏の季語。⇩〈アカシア〉

遠富士にニセアカシアの花ざかり　飯田龍太

針槐咲くや浅間の曇りぐせ　横山草雨

日日草　にちにちそう

マダガスカル島ないし西インド原産といわれオランダ経由で渡来し、江戸時代には鉢物や花壇植えとして栽培されていたキョウチクトウ科の多年草。が、日本では冬を越すことができなかったため春蒔きの一年草。真夏の炎天下でも赤紫・赤・白の花を秋まで途切れずに咲かせ続けるところから「日日草」の名がついた。にぎやかに語り合う若者たちを連想させるので、花言葉は「生涯の友情」。夏の季語。

今日をもて日々草の花終る　富岡桐人

日光黄菅　にっこうきすげ

本州の京都府以北の高原に自生し、とくに日光の霧降高原・尾瀬ヶ原などに群生して夏、花軸の先に〈百合〉に似たラッパ型の黄橙色(きだいだいいろ)の花を数個咲かせるワスレグサ科の多年草。同種の〈夕菅（黄菅）〉は夕方咲いて翌日の午前中にしぼむ〈一夜花〉だが、「日光黄菅」は朝に咲き一晩過ごした翌日の夕方にしぼむ「二日花」だという。夏の季語。

日光黄菅触るれば霧の降りてきし　石丸悦子

二度咲き　にどざき

春夏に咲いて本来の花期を終えた花が、初冬の小春日和などに誘われて二度目の花をつけること。いわゆる〈帰り咲き〉のことだが、一年のうちに花が二度咲く「二季咲き」をいうこともある。

二年草　にねんそう

春に種を蒔いて芽を出すと夏秋の間に生長し、さらに冬を越して翌年の春夏に花を咲かせ実をつけ、発芽から枯死するまでに二年を要する草花をいう。秋に種を蒔いて冬を越し翌年の春に開花・結実する草本を「二年草」ということがあるが、生存期間を通算すると一年以内の〈一年草〉であることが多く、このような場合は〈越年草〉と呼ぶのがよい。本来の「二年草」は〈ジギタリス〉など多くない。⇩〈一年草〉

〈越年草〉

韮の花　にらのはな

「韮」は中国原産といわれ古くに渡来し、独特の匂いのある葉を食用として栽培されてきたヒガンバナ科ネギ属の多年草。八、九月ごろ三、四〇センチほどの花茎の先に白い小花を多数つけた花穂を半球形に咲かせる。白い花姿がどことなくさびしげで、残暑の時季に涼感をかもし、俳人の平井照敏は「夕暮れによく似合う」といっている（『新歳時記』）。花びらの先の尖った六弁花が星に似ていて、イエス生誕の場に東方の三博士を導いた「ベツレヘムの星」の異名がある。寝るとき「花韮」を枕元に置き、夢に心に秘めた想い人が出てこなければあきらめるという言い伝えがあり、花言葉は「耐え忍ぶ愛」。「韮の花」「花韮」は夏の季語。

足許にゆふぐれながき韮の花　大野林火

二輪草　にりんそう

全国の山林の樹下や野山の陰地に群生し四、五月ごろ、水かきのついた鵞鳥の足のような形の葉の上に花柄を伸ばし先端に五弁の白い花（萼片）を開くキンポウゲ科の多年草。二本の花柄の先に花が一つずつ合わせて二輪開くところから「二輪草」の名がついた。葉の形から「鵞掌草（がしょうそう）」ともいい、〈一輪草〉によく似ているがやや小さい。まず一輪咲きあとを追うようにもう一輪咲くところから、花言葉は「友情」。春の季語。

片雲やこぼしてゆきし二輪草　矢島渚男

庭梅　にわうめ

中国中北部の原産で江戸時代に渡来し、観賞用に栽培されてきたバラ科サクラ属の落葉低木。四月ごろ葉が出る前に梅に似た一重の淡紅色ないし白色の五弁花を咲かせる。「郁李(にわうめ)」とも書き「郁李(いくり)」ともいう。また、『万葉集』に詠われている「はねず」は「庭梅」のことだといわれる。巻八に「**夏まけて咲きたるはねずひさかたの雨うち降らばうつろひなむか**」、夏を待ち受けるように咲いたはねずは雨に濡れたら色あせてしまうだろうか、と。漢字では「唐棣(はねず)」と書く。春の季語。

庭梅のこぼるるところ陶土積む　庄原葉満子

曙や郁李の匂ふ家の前　青木月斗

庭桜　にわざくら

①家の庭に植えられている桜。〈家桜〉ともいう。②〈庭梅〉の八重咲の変種のことだといわれたこともあるが、現在では「庭桜」は中国中部原産の「一重庭桜」を改良した園芸品種で春、葉が狭く小ぶりながらも淡紅色の八重の花を咲かせる小花木とされている。①②とも春の季語。

庭桜百年と聞く茂かな　大橋敦子

朝夕のこころ平に庭ざくら　菊山享女

葱　ねぎ

中央アジアのアルタイ地方原産で、古くに中国経由で渡来し栽培されてきたヒガンバナ科の食用野菜。晩春、中空で円筒状の緑の葉の間から伸ばした丸い茎の先に多数の白い小花の集合した円球花序の花「葱坊主(ねぎぼうず)」をつける。「葱の花」「葱坊主」は春の季語。

苞がつと破れて葱の花の昼　皆吉爽雨

泊まることにしてふるさとの葱坊主　種田山頭火

猫じゃらし　ねこじゃらし

全国どこでも野原や草地で夏から秋、五、六〇センチほどの茎の先に仔犬の尻尾に似た花穂をつけるイネ科の一年草〈えのころぐさ〉の別名。子どもたちがこれで子猫をじゃらして遊んだことから、主として関東地方で「猫じゃらし」と呼んだ。秋の季語。

秋はまず街の空地の猫じやらし　森澄雄

猫柳　ねこやなぎ

北海道から九州まで各地の川岸や渓流沿いなどに自生し早春、銀鼠（ぎんねず）色のやわらかい猫の毛のような手触りの花穂をつけるヤナギ科の落葉低木「川柳（かわやなぎ）」の通称。庭木にも植えられ、生け花の花材にもされる。春の季語。

薄氷の枝にもまとふ猫柳　中村汀女

捩花　ねじばな

全国の日当たりのよい草地や芝生に生えるラン科の多年草〈もじずり〉の別名。六、七月ごろ、高さ二、三〇センチほどのひょろりと伸びた花茎の上部に小花をらせん状に咲かせる。桃紅色の花は小さいながらも〈蘭〉の形をしていて右巻きないし左巻きにねじれて並ぶので「捩花」の名がついた。小さい花がぐるりと規則正しく巻き上がって咲く姿が一途な思いを連想させ、花言葉は「思慕」。夏の季語。⇩〈もじずり〉

捩花のまことねぢれてゐたるかな　草間時彦

合歓の花　ねむのはな

マメ科の落葉高木「合歓の木」の花のことで、「合歓の木」は全国の野山に生え多数の小葉から成る羽状の葉が夕方になると眠ったように閉じて垂れるところから「合歓の木」の名がついた。「ねぶ」ともいう。『万葉集』巻八に「**昼は咲き夜は恋ひ寝（ぬ）る合歓木（ねぶ）の花君のみ見めや戯奴（わけ）さへに見よ**」、昼間は花咲き夜は恋い寝する合歓の木の花を主人の私だけが見るのか、家来のお前も見なさい、と作者の紀女郎は歌の相手の大伴家持を家来扱いして戯れながら恋を誘いかけている。「合歓の花」は七、八月ごろ、枝先から花柄を伸ばして薄紅色の糸扇のような花をつけるが、花に見える絹糸状のものは雄しべ。羽根状の葉は夜になると閉じ、花は逆に夕方開く。「合歓の花」は、夏の季語。

うつくしき蛇が纏(まと)ひぬ合歓の花　松瀬青々

野茨　のいばら

列島各地の野山に自生し、枝に鋭い棘のあるバラ科の半蔓性落葉低木。初夏、直径二センチほどの芳香ある純白またはクリーム色を帯びた白花を咲かせる。花後に生る実は秋に赤熟し、ホオジロ・ムクドリなどの野鳥がついばむ。「野茨の花」〈花茨〉は夏の季語。⇩〈野ばら〉

野いばらの青むとみしや花つぼみ　飯田蛇笏

凌霄花　のうぜんかずら

中国原産で平安時代前期に渡来したとされるノウゼンカズラ科の蔓生落葉中高木。「霄(しょう)」は「空」ないし「雲」で「雲を凌ぐほど高く伸びる花」の意。民家の庭に植えられ、蔓の節から付着根を出して高い木や塀などによじ登り真夏、橙赤色のラッパ型の花を次々咲かせる。花は散りやすく真夏の朝夕、塀際の路上に赤い花だまりができる。ラッパ型の花がファンファーレのように鳴っているイメージから、花言葉は「評判」「名声」。夏の季語。

雨のなき空へのうぜん咲きのぼる　長谷川素逝

野菊　のぎく

〈嫁菜(よめな)〉〈野紺菊(のこん)〉〈野路菊〉など秋の野山に咲く野生の菊の総称で、〈頭花〉の中心の筒状花が黄色で周囲の舌状花が薄紫ないし白色の小ぶりの可憐な菊花をいう。秋の季語。

野菊摘み明日逢ふ母を思ひけり　野村久雄

野紺菊　のこんぎく

淡い青紫色の〈頭花〉を咲かせて晩秋の山里を清らかに彩るキク科シオン属の多年草。大輪華麗な園芸菊とは違って、人の作為を受けずに気高く咲く日本の〈野菊〉の代表ともいえる秋草。秋の季語。

瞳を澄ますほどの風あり野紺菊　きくちつねこ

野路菊　のじぎく

四国から九州地方の海岸に近い山地や崖に生え晩秋から初冬、直径三、四センチほどの白い花を咲かせるキク科の多年草。日本の〈野菊〉の中で花がもっとも大きいとされる。秋の季語。

野路菊の海風にみな伏して咲く　西岡和子

野の百合　ののゆり

『新約聖書』マタイ伝第六章の「山上の垂訓」の中でイエスは、人は神と富という二人の主人に同時に仕えることはできないと言ったあと、命と衣食に心を煩わせる会衆に対して「野の百合は如何して育つかを思へ、労せず、紡がざるなり。然れど我なんぢらに告ぐ、栄華を極めたるソロモンだに、その服装この花の一つにも及かざりき」、無心に咲いている「野の百合」の清らかで気高い装いの前では、栄華の極致を極めたソロモン王の服装でさえ遠く及びはしないではないか、と諭す。⇩〈アネモネ〉

野萩　のはぎ

庭園や家の庭ではなく秋の野に咲いている野生の萩。秋の季語。

小比丘尼の折て捨行野萩哉　暁台

野ばら　のばら

〈野茨〉をはじめ全国の山野に自生し初夏、棘のある枝に白色まれに淡紅色の芳香ある五弁花を咲かせるバラ科の灌木の〈茨〉類の別称。ゲーテの詩「野ばら」にシューベルトが曲をつけ、「ローレライ」「菩提樹」

などの名訳詞で知られる近藤朔風が邦訳した「野ばら」は「童はみたり　野なかの薔薇　清らに咲ける　その色愛でつ…」と永く愛唱された。花言葉は「素朴な可愛らしさ」「詩情」。「野ばら」「野茨」「茨の花」は夏の季語。⇩〈茨〉

野ばら咲きぬ幼き唄はみな忘れ　橋閒石

糊うつぎ　のりうつぎ

各地の原野や山地の湿り気のある土地に自生し夏から初秋、枝先に〈額紫陽花〉に似た白い花を大きな円錐花序につけるアジサイ科の落葉低木。樹皮の粘液を和紙作りの糊に用いたことと、髄を抜いた枝が中空になるところから「糊空木」の名がついた。北海道に多くアイヌ語で「さびた」という。夏の季語。⇩〈さびた〉

は行

梅園　ばいえん

観梅のためあるいは梅の実を取るために梅の木を多く植えてある庭園・果樹園。〈梅林〉。春の季語。

梅園に野点真紅な傘を立て　長田白日夢

這桜　はいざくら

〈臥竜梅〉のように地を這うごとく花枝を低く延ばしている〈桜〉。平安時代の歌人藤原為忠の『為忠家後度百首』に「いひたつるかたそにふせるはひ桜下行く水に根や浮きぬらん」、評判の、山の片側の崖に低く横たわっている「這桜」は下を流れている水に根が浮いているのだろう、と。⇩

〈侘桜（わびざくら）〉

ハイビスカス　hibiscus

インド洋の島々などに分布するアオイ科フヨウ属の〈仏桑花（ぶっそうげ）〉を原種として、ハワイなどで交雑して生まれた園芸品種の熱帯性常緑低木。沖縄や南西諸島の島々で古くから栽培され、江戸時代初期には薩摩藩から「琉球木槿（むくげ）」の名で徳川家康に献上されたという。ハワイ州の州花であり熱帯の陽光を浴びて、緋色・黄色など原色の径二〇センチにもなる大輪の花を絢爛と咲かせる。五枚のラッパ型の花弁の中心から雄しべ・雌しべが勢いよく突き出す。〈葵〉や〈木槿〉と同種で、和名は「仏桑花（ぶっそうげ）」。花言葉は「デリケートな美」。夏の季語。

海に出るハイビスカスの燃ゆる道　公文東梨

梅林　ばいりん

梅の木が多く植えられている庭園。「うめばやし」とも。春の季語。

暮れそめてにはかに暮れぬ梅林　日野草城

萩　はぎ

『万葉集』には多くの草花が詠まれているが、中でも「萩」を詠んだ歌がいちばん多いとされ、人によって数え方は違うが一二五首とも一四二首ともいわれる。草冠に秋と書いて「萩」という字ができたほどだから、日本の秋を象徴する植物であることに間違いない。山上憶良の秋草の詠に詠われているとおり〈秋の七草〉の筆頭だが、本来は草ではなく丈の低い木を意味する灌木（かんぼく）である。日本中の野山に生え夏から秋、赤紫ないし白の蝶形の小花が総（ふさ）をなして咲き枝垂（しだ）れるマメ科ハギ属の小低木。秋風が吹くと多数の花が咲きこぼれて地面に散り敷く。『万葉集』巻十に「見まく欲（ほ）り我（あ）が待ち恋ひし秋萩は枝もしみみに花咲きにけり」、早く見たいと待ち焦がれていた秋萩が枝いっぱいにびっしり花をつけた、と。
全国の山野で見られる「山萩」はあまり枝垂れず、各地の庭園で見かけることの多い赤紫色の「宮城野萩」はもっとも美しくよく枝垂れる。控え目で寂しげな花姿から、花言葉は「思案」「物想い」。秋の季語。

ほろほろと秋風こぼす萩がもと　召波

萩咲くや馬籠に古りし石だたみ　相馬遷子

❖花のことわざ・慣用句：萩の盛りに良き酒なし

萩は晩夏から秋に咲くので、萩の花を見ながら一献と思っても、夏を越した酒は味が落ちているし新酒はまだこれからだから、旨い酒がないということ。

萩の下露　はぎのしたつゆ

〈萩〉の下葉に置く露のことで、〈荻（おぎ）〉の葉を吹き鳴らす「荻の上風」と対にして秋の深まりを言い表わす表現。『平家物語』藤戸に「さる程に、荻のうは風もやうやう身にしみ、萩の下露もいよいよしげく、うらむる虫の声々に」、秋が深まるにつれ荻の葉を鳴らして吹く風は日ごと強まり萩の下葉に置く露は次第にしきりとなって、虫の声は屋島・壇ノ浦での平家の滅亡の定めを恨むかのように鳴きしきって、と。

萩の戸　はぎのと

①平安時代の清涼殿の前庭に萩が植えられていた一室の通称。襖ないし板戸に萩の絵が描かれていたからともいう。平安時代後期の朝廷に仕えた女官による『讃岐典侍日記（さぬきのすけのにっき）』に「萩の戸におもがはりせぬ花見ても昔をしのぶ袖ぞつゆけき」、部屋の戸に描かれている少しも変わらぬ萩の花の絵を目

にするだけで昔のことが思い出されて涙で袖が濡れるのです、と。②萩が花盛りの庭園で、通路の木戸のあたりに花が咲きこぼれている風情ある光景をいう。秋の季語。

萩の戸を押せば洩れくる五楽章　稲畑廣太郎

萩原　はぎはら・はぎわら

萩の花が野一面に咲いて風に揺れているようす。平安時代後期の勅撰集『後拾遺集』の巻十六に「**秋霧はたち隠せども萩原に鹿ふしけりと今朝見つるかな**」、秋霧が立ちこめて見えなくしているけれど、一面の萩の原の中に鹿が伏しているのを今朝目にしました、と。秋の季語。

萩原や一よはやどせ山のいぬ　桃青（芭蕉）

白山一花　はくさんいちげ

〈一輪草〉〈二輪草〉の仲間のキンポウゲ科の多年草で、本州の中部以北の高山の草原に生え、とくに石川県の白山にちなんで名づけられた高山植物。七、八月ごろ、深い切れ込みのある掌（てのひら）状の葉の間から伸ばした花柄の先に白い花びらのような五、六枚の〈萼（がく）〉を開く。中心の多数の雄しべ・雌しべは黄色。夏の季語。

霧疾しはくさんいちげひた靡き　水原秋櫻子

白山小桜　はくさんこざくら

〈桜草〉と同種のサクラソウ科の多年草で、本州中部以北の主として日本海側の高山の湿地や雪渓などに群生する。七、八月、淡い赤紫の五弁だが深い切れ込みがあるため十弁に見える花をつける。石川県の白山国立公園の大群落はよく知られている。

白梅　はくばい

花が白い梅。「しらうめ」。北宋の文人政治家蘇軾（そしょく）の「七年九月広陵自（よ）り召し還され復（ま）た浴室の東堂に館す」に「**夢は遶（めぐ）る呉山の却月廊（きゃくげつろう）、白梅盧橘（ろきつ）猶お香（かんばしき）**を覚ゆ」、夢は杭州呉山にある梵天寺の却月廊を一巡し、夢から覚めてからも白梅や金柑の香がまだ残っているような気がする、と。「白梅」は春の季語。

白梅や墨芳しき鴻臚館　蕪村

勇気こそ地の塩なれや梅真白　中村草田男

白木蓮　はくもくれん

中国原産で古くから寺院や邸宅の庭に植えられ三、四月ごろ、葉が出る前の枝先に乳白色の大きな花を一つずつ咲かせるモクレン科の落葉高木。花びらが九枚のように見えるが外側の三枚は〈萼〉。花色が紅紫色の「紫木蓮」より少し早く開花する。「はくれん」ともいい、〈木蓮〉の花言葉は「自然への愛」。春の季語。⇩〈木蓮〉

白木蓮ひらききる人来るなかれ　津田清子

葉桜　はざくら

花が散ってみずみずしい新緑が日に輝きはじめた桜の木。夏の季語。

葉ざくらや人に知られぬ昼あそび　永井荷風

芭蕉　ばしょう

関東以西から九州にかけての暖地で古くから観賞用に栽培され、平安時代の『古今集』巻十の物の名を織り込む趣向の「物名」の歌に「いささめに時待つ間にぞ日は経ぬる心ばせをば人に見えつつ」、ちょっぴり機を待っているうちに時が経ってしまった。何度も私の気持ちをあの人が察することができるようにしておきながら、と恋の歌に仕立てながら「笹」「松」「枇杷」と並べて「芭蕉」が詠みこまれている。「芭蕉」は長楕円形の大きな葉をもつバショウ科の大形多年草で夏から秋、葉が重なった葉鞘の芯の先から円柱形の長い花軸を垂らし、基部近くに雌花を、先の方に黄白色の雄花をつけ花には蜜がある。この植物を愛した松尾芭蕉は、それまで桃青と名乗っていた俳号を芭蕉に変えた。「芭蕉」は秋の季語で、「芭蕉の花」「花芭蕉」は夏の季語。

芭蕉野分して盥に雨を聞く夜かな　芭蕉

島の子と花芭蕉の蜜の甘き吸う　杉田久女

蓮　はす

インド原産とされ、日本へは〈大賀蓮〉に見るように弥生時代には渡来していたハス科の水生の多年草。池の底を走る地下茎の節から葉柄を伸ばし夏の明け方、水面に出した花柄の先に淡紅色ないし白色の清麗な花を一つ咲かせる。『古事記』雄略記に赤猪子という少女と天皇との交情が描かれている。雄略天皇はあるとき三輪川のほとりで美しい少女を見初め「いまに宮中に呼ぶからほかの男に嫁ぐな」と言ったが、そのまま忘れてしまった。長い年月がたったある日、見かけぬ老女が参内してきたので「お前はどこのおばあさんか」と聞くと「昔お召しの言葉を賜った赤猪子です。八十年待ち続けて容姿もすっかり老いてしまいました」と述べた。思い出して悔やみ「若いときに共寝すればよかった」と詠んだ天皇の歌に赤猪子がこたえた歌に「**日下江の　入江の蓮　花蓮　身の盛り人　羨しきろかも**」、日下江の入り江の蓮の花、美しく咲いている蓮の花、そのように若さの盛りの人が羨ましくてなりません、と。早朝に開花した蓮の花は午前中にはつぼむ。花弁が落ちると真中の花托は多数の穴のあいた蜂の巣状になるところから「はちす」の異名がついた。泥水の中でも清らかな花を咲かせるところから、花言葉は「神聖」「清らかな心」、また「遠ざかった愛」。夏の季語。

蓮の香や水をはなるゝ茎二寸　蕪村

❖花のことわざ・慣用句：蓮は泥より出でて泥に染まらず

蓮は池の汚泥の中から生えて神々しいほど美しい花を咲かせる。恵まれない境遇の中でも清らかに生きることの貴さをいうことば。「蓮は濁りに染まず」「泥中の蓮」ともいう。

初尾花　はつおばな

その秋初めて穂を出したすすき。『万葉集』巻十に「さ雄鹿の入野のすすき初尾花いつしか妹が手を枕かむ」、牡鹿が入る入野のすすきの初穂の匂い立つように美しいあなたの腕をいつになったら枕にできるだろう、と。

初桜　はつざくら

その春初めての花を咲かせた桜。〈初花〉ともいう。春の季語。

旅人の鼻まだ寒し初ざくら　蕪村

初花　はつはな

各季節ごとにいちばん最初に咲いた花をいう。また草木が生育して初めてつけた花。『万葉集』巻十八に「…春されば　孫枝萌いつつ　ほととぎす　鳴く五月には　初花を　枝に手折りて　娘子らに　つとにも遣りみ」、春になれば小枝に葉が次々萌え出て、ほととぎすが鳴く五月には初めて咲いた花を枝ごと折って、娘たちへ贈り物にしたり、と。またその年の〈初桜〉をいうこともあり、その場合は、春の季語。

初花の薄べにさして咲きにけり　村上鬼城

初花染　はつはなぞめ

〈紅花〉の初花で染めることで、ひときわ深い紅色に染まるとされた。『古今集』巻十四に「紅の初花染めの色深く思ひし心我忘れめや」、紅花の初花で染めた色が深いように、深く思った初めての気持ちをどうして私が忘れることなどあるでしょう、と。

花葵　はなあおい
多く、春から秋にかけて紅・桃色・白・黄色などの美花をつけるアオイ科の多年草〈立葵〉のこと。夏の季語。⇩〈葵〉〈立葵〉

花葵西日さしぬけ一軒家　星野立子

花明り　はなあかり
桜の枝に咲き満ちた花々が互いに映発して夜の闇の中でほのかに明るんで見えること。桜ばかりでなく、〈雪明り〉と同じように、〈白木蓮〉や〈杏の花〉なども白い花がどこからかのかすかな光を集めて暗闇をほのかに照らす。春の季語。

呼びとめて二人となりぬ花明り　五所平之助

花嵐　はなあらし
春は強風の季節で、とくに桜の花を吹き散らす強風をいう。花びらが吹雪のように激しく散る光景のこともいう。

花合せ　はなあわせ
桜の花枝を持った人々が左右に分かれて打ち合ったり、互いの花枝の美しさを競ったりする遊び。さらに詩歌を詠んで優劣を競う。〈花軍〉「花競べ」ともいう。春の季語。

花行脚　はなあんぎゃ
桜の花を求めて山野を逍遥すること。〈桜狩〉。

京の塚近江の塚や花行脚　角川照子

花筏　はないかだ
①川面・池面に散った桜の花びらが流れ漂っていくのを筏流しに見立てた語。室町時代の小歌を集めた『閑吟集』に「吉野川の**花筏　浮かれて漕がれ候よの　浮かれて漕がれ候よの**」、私の恋は吉野川の花筏のようだ。水に浮かんで漕がれ、心浮かれ焦が

れて流れていくんだもの、と。春の季語。

その先の暗渠を知らず花筏　加美明美

②各地の林地の樹陰などに自生し四、五月ごろ、緑に鋸歯のある艶のある楕円形の葉の中央に薄緑色の花をつけ、花後に黒い実となるハナイカダ科の落葉低木。葉の真中に花や実のつく形が、筏に乗っているように見えるので「花筏」の名がついた。春の季語。

花筏蕾みぬ隈なき葉色の面に　中村草田男

花軍　はないくさ

宮廷の侍女や女官たちが二手に分かれて花枝を打ち合う遊び。〈花合せ〉「花競べ」などともいい、唐の玄宗皇帝と楊貴妃が侍女たちを二手に分けて遊んだという故事が伝わる。わが国の謡曲「花軍」は白菊と〈女郎花〉の合戦を描いており、『御伽草子』の「草木太平記」は、美しい吉野の〈八重桜〉への老薄の片想いによって草木が二手に分かれて争う「花軍」を、凝った花尽くしの文体で描いている。春の季語。

花茨　はないばら

〈茨〉は棘のある野生のバラ科の灌木の〈野茨〉「山茨」〈野ばら〉などの総称。花の咲いた「茨」のことを「花茨」という。夏の季語。⇩〈茨〉〈野ばら〉

海へ出る砂ふかき道花いばら　大井雅人

花空木　はなうつぎ

〈卯の花〉の別名で、「花卯木」とも書く。夏の季語。⇩〈卯の花〉

暁けの雲一気に去りぬ花うつぎ　桂信子

花会式　はなえしき

①薬師寺花会式は、三月三十日～四月五日（旧暦の二月一日～七日）に行われる造華法会。梅・桃・桜・椿・百合など十種の造花を飾って国家鎮護・無病息災などを薬師如来に

祈願する。もともとは豊作祈願の行事であったものが「修二会」などと習合したと考えられている。春の季語。

花会式夜空に塔は忘れられ　丸山哲郎

②吉野花会式は、四月十一日・十二日（もとは三月同日）に金峯山寺の満開の桜の下を大名行列・稚児行列が蔵王堂に向かい堂内で鬼踊の式が行われる「花供会式」。山桜を供え餅配りがあり追儺の意味もこめられているという。春の季語。

内陣の鬼の酔ひぶり花会式　植原抱芽

花笑み　はなえみ

花が笑うように蕾が開く。花が咲くこと。『万葉集』巻十八に「**我が待つ君が　事終はり　帰り罷りて　夏の野の　さ百合の花の　花笑みに　にふぶに笑みて**」、私が待っていた君が、任務を終えて帰ってきて、夏野に咲く百合の花のように、満面に笑みを浮かべて、と。「花の笑まい」ともいい、平安時代後期の歌集『永久百首』には「**春くれど野辺の霞につつまれて花の笑まひのくちびるも見ず**」、春が来たのに野辺は霞に包まれていて花がほころんでも花びらも見えない、と。

花朧　はなおぼろ

春霞がかかったような景色の中で、満開の桜がぼうっと朧に見えること。春の季語。

俤を又引き寄せて花朧　稲畑廣太郎

花がある　はながある

世阿弥は『風姿花伝』で「**花は、見る人の心に珍しきが花なり**」といっている。観客の心を捉えるそのような華やかな魅力・個性をそなえている俳優を「花がある」役者という。天性の素質と思われることが多いが、世阿弥は「**花と、面白きと、珍しきと、これ三つは、同じ心なり**」と述べたうえで、

「花とは別にはなきものなり。物数を尽して、工夫を得て、珍しき感を心得るが花なり」、花とは特別のものではなく、長年のたゆまぬ修練と工夫で身につけた「心と態(わざ)」だと結論づけている。

花篝　はなかがり

夜桜見物の華やいだ雰囲気を盛り上げるための篝火。支柱の上に絹ないし紙製の燭台を載せた「花雪洞(はなぼんぼり)」も同様で、京都祇園のものはとくに有名。春の季語。

花篝更けたる火屑こぼしけり　五十嵐播水

花かげ

「花影」と書くと、月の光などによって壁や障子、地面に映る花枝の影。

雀来て障子に動く花の影　夏目漱石

「花陰」と書くと、咲き満ちた花枝の下陰のこと。大村主計作詞の童謡「花かげ」の第一連に「十五夜お月さま　見てたでしょう／桜ふぶきの　花かげに／花嫁すがたのねえさまと／お別れおしんで　泣きました」。

花笠　はながさ

①花の花冠の形を笠に見立てていう。『古今集』巻二十に「青柳を片糸に撚(よ)りて鶯の縫ふてふ笠は梅の花笠」、青柳を片糸にして撚り合わせた糸で鶯が縫いあげるのは梅の花という花笠です、と。いっぽう、頭の上に笠のようにさしかかる花枝のこともいう。②祭りの花笠踊りなどのために生花(せいか)や造花を飾りつけて作る神霊が宿るとされる笠。

花が咲く　はながさく

①雌伏の末、時節に恵まれ成功のときを迎える。「努力の甲斐あってついに花が咲いた」。②盛り上がってにぎやかになる。「昔話に花が咲く」。

花霞　はながすみ
遠くから眺めた何本もの満開の桜の梢が、霞がかかったように煙って見える景色。春の季語。
花霞森の奥より白馬来る　小澤克己

花風　はなかぜ
桜の花にやさしく吹くそよ風。あるいは満開の桜を散り急がせるやや強い春風。『枕草子』の通行本（「三巻本」）よりやや後の写本とされる「能因本」に「**風は嵐。木枯。三月**（やよい）**ばかりの夕暮に、ゆるく吹きたる花風、いとあはれなり**」と。「三巻本」では「花風」のところが「雨風（あまかぜ）」となっていて、「花風」のほうが優雅で文脈に合っているように感じられる。

花簪　はなかんざし
①造花などをつけた簪。花や造花を髪に飾って簪としたもの。
初髪に花かんざしといへる花　後藤比奈夫
②オーストラリア原産で明治時代初期に渡来し春に種を蒔けば初夏に、秋に種を蒔いて越冬させれば翌年の早春、花茎の先に銀白色ないし淡紅色の美花をつけるキク科の多年草。蕾（つぼみ）の姿が簪に似ているところから名がついたという。高温多湿の日本の夏に合わず越年しにくいので一年草と誤解されている。珪素を含んでいて乾いても萎れず花びらはかさかさと音がし、ドライフラワーになってからも色あせない。花言葉は「共鳴」「明るい性格」「変わらぬ想い」。春の季語。
振返る足元にあり花かんざし　須崎孝子

花樺　はなかんば
〈白樺の花〉のこと。四月ごろ、新葉と同時に紐状の紅褐色の雄花をだらんと動物の尻尾のように垂らし、枝先の葉腋に黄緑色の雌花を上向きに咲かせる。春の季語。

満月の黄をしたたらす花樺　森澄雄

花屑　はなくず

桜の散り花が風に吹き寄せられて塵・屑となったもの。〈花の塵〉ともいう。春の季語。

旅衣いづこの花の屑なるや　稲畑汀子

花曇り　はなぐもり

三月末から四月前半ごろの桜の咲く時季に多い薄曇りの空。中国東岸の上海あたりから低気圧が近づき、列島にかかっていた高気圧の中心が三陸沖に抜けたあとに出現するという。朝日新聞社会部編の『雨のち晴れ』によると「やがて、空いちめんに白い『絹雲』が流れ、またたく間に広がって、ベールのような絹層雲に変わってゆく」。すると太陽や月に〈暈〉がかかり、さらに雲がたれ下がって「高層雲」になり、太陽が磨りガラスを通して見たようにボーッとかすんでいる状態、それが「花曇り」である、と解説している。「養花天」ともいい、満開の桜は夜には霞か雲かと見まがうばかりの心浮かれる朧月夜となる。春の季語。

夜に入れば月明かや花曇　高浜虚子

花供養　はなくよう

①四月八日に種々の花で飾った花御堂を作り、誕生釈迦仏に甘茶を注いで釈尊の生誕を祝う灌仏会の行事。②京都の鞍馬寺で四月十八日から二十二日にかけて行われる花供懺法（懺悔の修行）の法要。本尊の多聞天が開帳され、稚児行列・舞・茶事などが催され、人々は桜の造花をかざして長い石段を登って参詣する。春の季語。

つきかはる鐘のひゞきや花供養　百合山羽公

花細し　はなぐわし

古語「くはし」は漢字をあてれば「細し」

ないし「麗し」で、すぐれて美しいこと。つまり「花が美しい」の意で、〈桜〉〈蘆〉にかかる枕詞。『日本書紀』允恭天皇紀の「花ぐはし　桜の愛で　同愛でば　早くは愛でず　我が愛づる子ら」、細やかで美しい桜の花を同じ愛するならもっと早く愛するべきだったのに、そうしなかったのが惜しまれるわが愛する人よ、と。妻となる衣通郎姫との後朝に桜の花を見ながら詠んだこの歌謡は、わが国で最も早く桜を称えた歌とされる。

花心　はなごころ

①花にも心があるとして、花の咲こうとする心。花の心。平安時代中期の勅撰集『後撰集』巻三に「うちはへて春はさばかりのどけきを花の心やなにいそぐらん」、いつまでも春はこんなにのどかなのに、花の心はどうして時を急いで散ろうとするのだろう、と。転じて、花のように陽気な人の心。また、風雅を愛する心。

②花のようにすぐ散ってしまう移ろいやすい心。浮気心。『源氏物語』宿木に「花心におはする宮なれば、あはれとは、おぼすとも、今めかしきかたに、かならず、御心移ろひなんかし」、薫は懐妊した中の君に同情して、匂宮は中の君を心にとめてはいても移り気な人だから、かならず新しい六の宮の方に気持ちが移ってしまうだろうと心配している、と。

花言葉　はなことば

昔から人びとは、花の色や形を見てさまざまな直感や感想を抱いてきた。また、諸々の神話・伝説・故事・詩歌などをふまえて、赤い〈薔薇〉は「愛」、白い〈百合〉は「純潔」、〈菫〉は「謙遜」、〈雛菊〉は「無邪気さ」、〈パンジー〉は「思い」などと、象徴的な意味を託して言い伝えてきた。したがって花言葉には植物分類学のような共通の意味があるわけではなく、国ごと文化ごとに恣意的であり、研究者ごとに相違して多様である。本書でも、参照した図書の最大公約数的で比較的穏当だと思われる一例を紹介したに過ぎない。

花暦　はなごよみ

花の咲く季節を春夏秋冬の順に配列し、名所案内などを付け加えた暦。倉嶋厚が明治から大正にかけての小学唱歌「花ごよみ」を紹介している。「年のはじめの福寿草、／黄金の色の暖く、／つゞいてかをる梅が香に、／うぐひす鳴かぬ里もなし。／ひなの祭の桃の花／ほころびそめて、山々の／桜も咲けば、梨・すもゝ／皆一時に紅白の／花のながめのうるはしさ」。以下、夏・秋・冬の野山に咲く花々が歌われてゆく（『お天気博士の四季だより』）。新年の季語。

花衣　はなごろも

女性が花見に着て行くときの晴れ着をいう。また、桜色の華やかな和服。「花見衣」「花の袖」などともいう。春の季語。

花衣ぬぐやまつはる紐いろ〳〵　杉田久女

花咲爺　はなさかじじい

室町時代から江戸時代に成立したおとぎ話の一つ。「正直じいさん」は犬の手引きで宝物を掘り当てたり枯れ木に花を咲かせて殿さまから褒美をもらったりする。しかし、その真似をした「欲ばりじいさん」には罰が当たるという、正直・無欲に生きることを勧める道徳訓話となっている、

花菖蒲　はなしょうぶ

全国の湿地や水辺に自生するアヤメ科の「野花菖蒲」を改良して生み出された園芸品種で、六、七月ごろ剣状の長い葉の間か

ら伸ばした花茎の先に藍色・紫紺・白・絞り模様などの艶麗な花を咲かせる。五月五日の端午の節句に菖蒲湯（しょうぶゆ）に入れる〈菖蒲〉は名前は同じだがサトイモ科で別種。「花菖蒲」は〈かきつばた〉や〈あやめ〉と同じアヤメ科でよく似ているが、葉の中央を縦に一本強い筋が通っているので区別できる。花言葉は「あなたを信じます」。夏の季語。

花菖蒲紫紺まひるは音もなし　中島斌雄

花吸い　はなすい

小鳥が〈梅〉の花や〈緋寒桜〉の花に嘴（くちばし）を突き込むようにして蜜を吸うこと。そうしているメジロの別名。ヒヨドリも花蜜が好きなのだろうが、ヒヨドリは花ごと食べてしまう。「蜜吸い」ともいう。

鵯（ひよどり）の花吸ひに来る夜明けかな　抱一

花吸いの去りて緋桜いよ紅し　安住敦

花蘇芳　はなずおう

中国原産で江戸時代に渡来し、観賞用に栽培されたマメ科の落葉低木。四月ごろ枝や幹に直接びっしりと蘇芳色（赤紫）の蝶形の花が咲く。「花蘇芳」の名は、花の色が同じマメ科の〈蘇芳（紫荊（すおう））〉から採る染料に似た「蘇芳色」をしているから。「蘇芳（すおう）の花」ともいう。春の季語。

花蘇芳夕映えの空低くなる　阿部貞

花過ぎ　はなすぎ

今年の桜は散ったけれど、まだ花の余韻がただよっている時季。春の季語。

花過ぎの窓にきて鳴く夕雀　牧瀬蟬之助

花すすき

穂が出た〈すすき〉のこと。漢字で書くと「花芒」または「花薄」で、風になびく姿が何かを招いていると見立てられることがある。また、句歌では表に現れる意の「ほに出づ（い）」または「ほのか」「ほ」などを引き出すために用いられる。『古今集』巻四に「秋の野の草のたもとか花薄穂に出でて招く袖と見ゆらん」、秋野が着ている着物の袂なのだろうか花すすきは、穂（本意）を出して私を招いている袖のように見える、と。秋の季語。

花薄風のもつれは風が解く　福田蓼汀

花園　はなぞの

観賞用に四季の花々を咲かせている庭園。『源氏物語』胡蝶に、春たけなわのころ光源氏は六条院の池に舟を浮かべ人々を招いて雅楽の宴を催した。そのとき紫の上が以前秋好（あきこのむ）中宮からたまわった和歌への返歌として夕霧に託して差し上げた歌に「はなぞのの胡蝶をさへやした草に秋まつ虫はうとく見るらむ」、花園の上に舞う蝶までも秋の御殿の下草の間で秋を待つ松虫の中宮さまには疎（うと）ましいとご覧になっていらっしゃるのでしょう、と。このように「花園」は当然春の言葉とされていたが、のちに俳句では秋の草花の咲く「花野」などの連想から「花壇・花圃（かほ）・花畑」とともに秋の季語とされた。ただし高山植物で彩られる〈お花畑〉は夏の季語。

花園に晩涼の蝶一しきり　松本たかし

花染め　はなぞめ

〈露草〉の花で布を藍色に染めること。また桜色に衣服などを染めること。「花染め」はすぐに色が褪せてしまうところから、男の心変わりのたとえとする。『古今集』巻十五に「世の中の人の心は花染めのうつろひやすき色にぞありける」、世間一般の男の人の気持ちというものは花染めの服のようにすぐに変わってしまうものだったなぁ、と。

花大根　はなだいこん

①「大根の花」の別名で「はなだいこ」ともいう。春の季語。

花大根黒猫鈴をもてあそぶ　川端茅舎

②四、五月ごろ青紫色の四弁の十字花を咲かせるアブラナ科の一年草〈諸葛菜〉を、花の形が大根の花に似ているとして「花大根」と呼んでいる。〈諸葛菜〉は土手の斜面や木洩れ日の草地などに野生化し、こぼれ種で毎年咲き「紫花菜」ともいう。春の季語。

長雨や紫さめし花大根　楠目橙黄子

花田植　はなたうえ

その地でいちばん大きな田、あるいは本家の大田で行った共同田植行事。笛・太鼓を囃し、早乙女が田植歌を唄ったり鞍を花で飾った鞍を置いた牛が代掻きをしたりして田植をする。「大田植」「囃子田」ともいう。夏の季語。

花橘　はなたちばな

五、六月ごろよい匂いのする白い五弁花を咲かせるミカン科の常緑低木〈橘〉の花。『万葉集』巻十五に「**わがやどの花橘はいたづらに散りか過ぐらむ見る人なしに**」、わが家に咲いた橘の花はむだに散ってしまっているだろうか、見る人もないままにと。また『古今集』巻三には「**五月待つ花橘の香をかげば昔の人の袖の香ぞする**」。「花橘」「橘の花」は、夏の季語。

橘の花の下にて伊豆の海　甲田鐘一路

花便り　はなだより

花、とくに桜が咲いたことを知らせる便り。〈花信〉。春の季語。

弟の京の人気も花だより　坂東みの介

花散らし　はなちらし

①九州北部・岡山県地方などで旧暦三月三

日の桃の節句に花見をした後、翌日野山に出たり砂浜で磯遊びをしたり草餅や重ね弁当を食べたりして交歓した集いを言った。「磯祭」「磯遊び」などとも。春の季語。②近年、桜を咲かせる風の「花起こし」(「春二番」)のあとに吹く強風雨の「春三番」を「花散らし」ということがある。

❖花のことわざ・慣用句：花づくりは土づくり
春夏に美しい花を咲かせるためには、鉢植の場合も花壇の場合も、前もってよい培養土をつくることが大切だという園芸ことわざの一つ。

花散る里　はなちるさと
①花が散りしきる里村。『万葉集』巻八に「**橘の花散る里のほととぎす片恋しつつ鳴く日しそ多き**」、「しそ」は上に来る語を強調する助詞。橘の花が散っている里村のほととぎすは、報われぬ片恋に苦しみ鳴く日ばかりが多い、と。②「花散里」は光源氏の妻の一人で父の桐壺院の妃の麗景殿女御(れいけいでんのにょうご)の妹、三の君の愛称。五月雨の時季のある日源氏は橘の花が香る麗景殿女御の住まいを訪ねる。ほととぎすの鳴く音を聞きながら語り合ううちに「**橘の香をなつかしみほととぎす花散る里をたづねてぞとふ**」と①の万葉歌をふまえて詠み、そのあと「花散里」のもとへ向かう。この源氏の歌に因んで『源氏物語』第一一帖の巻名となっている。

花疲れ　はなづかれ
花見の人ごみと喧騒の中で過ごしたあとの疲れ。平井照敏『新歳時記』によれば、肉体的疲労ばかりでなく、満開の美しい花に酔った気怠さ、ものうい精神的な気疲れである、と。春の季語。

花疲れ吊革分つ知らぬ人　吉屋信子

❖**花のことわざ・慣用句：花に嵐**
順調に進んでいると見えても急に不都合が生じるのが世の常だというたとえ。「月に叢雲」と対にして「花に風」ともいい、仮名草子『うすゆき物語』に「**世の中は月にむらくもはなに風おもふにわかれおもはぬにそふ**」、世の中は、心に思った人とは結ばれず、それほど好きでもなかった人と添うようになる。ままならないものだ、と。
⇩「❖花のことわざ・慣用句：花発いて風雨多し」

花月夜　はなづきよ
月の光が、繚乱と咲く桜を白々と照らしている美しい夜。春の季語。

チチポポと鼓打たうよ花月夜　松本たかし

花綵　はなづな
西洋で祭りの装飾などに用いる、紐に草花や葉などを編みこんで花の綱のようにした飾り。「花綵（かさい）」ともいい、紋様化して陶器や建築にも用いる。

花時　はなどき
桜が爛漫と咲いているさなか。春の季語。

花どきの飛鳥采女は機を織る　坂内佳禰

花時計　はなどけい
公園や広場の花壇に植えた花で文字盤を作り、内蔵した機械で大きな針を回して時刻を表示する仕掛け時計。

花錦　はなにしき
繚乱と咲き照る桜花を金糸銀糸を織りこんだ豪華な錦の織物に見立てた表現。

花盗人　はなぬすびと

花枝を折って持ち去る花泥棒。鎌倉時代後期の説話集『古今著聞集』に承元四年（一二一〇）正月、衣冠をつけ狩衣（かりぎぬ）の侍を従えた男が宮中の庭に現れて、渡殿（わたどの）の前の八重桜の枝を侍に折り取らせると衣の袖にくるんで持ち去ったことが書かれている。目撃した者によれば、花盗人は高名な歌人の藤原定家だった。よほど見事な花だったのだろう、家に持ち帰り接ぎ木にして咲かせようと折り取らせたのだった。事実がわかると主上は、伯耆という女房に歌を詠ませて定家に遣わした。「なき名ぞと後にとがむな八重桜うつさんやどはかくれしもなし」、あとになってから濡れ衣だなどとは言わせませんよ。御殿の八重桜を折って移植したのが誰かは、花が咲けば隠すことなどできないのですから、と。恐れ入った定家の返歌、「くるとあくと君につかふる九重のやへさく花の陰をしぞ思ふ」、明け暮れ大君にお仕えしている九重の御所、そこに咲いている美しい八重桜さながらのお姿とおかげをいつも敬慕いたしております、と。「はなぬすっと」ともいい、まさに「花泥棒」だが、一面で花を愛するあまりの風雅の行いと見られることもある。春の季語。

花野　はなの

花が咲いている野原のことだが、とくに多様な秋の千草が咲き乱れている秋野のことをいう。萩・女郎花（おみなえし）・撫子・桔梗・野菊など秋の花はどこかつつましく淋しげなものが多い。それが咲き乱れている秋野を見て人びとは花やかさの中に「あはれ」を感じてきた。『古今集』巻十二に「秋の野に乱れて咲ける花の色のちくさに物を思ふ頃かな」、秋野に咲き乱れているさまざまな色をした草花のように、しきりに物思いにふけるこのごろです、と。秋の季語。

暮るゝ日を淋しと見たる花野かな　勝峯晋風

花の兄　はなのあに

春が来るといちばん先に咲く〈梅〉を「花の兄」、秋にいちばん遅く咲く〈菊〉を〈花の弟〉という。為永春水は『春色梅児誉美』の序文で「春水四沢にみつるといふ時をゑがほや花の兄」と、春の訪れを機に「花の兄」である梅を供えて作品の筆を執る決意を述べている。春の季語。⇩〈花の弟〉

花の雨　はなのあめ

桜の花に降りかかる雨。あるいは桜の花が咲くころの雨。また、桜の花びらが散りしきるようすを雨に見立てていう。春の季語。

花の雨やがて音たてそめにけり　成瀬櫻桃子

花の主　はなのあるじ

桜の木を植えた所有者、ないし世話をしている〈花守〉。『源氏物語』幻に、二条の院の対の屋の庭先に今は亡き紫の上の遺愛の紅梅が咲いたのを見て光源氏が詠んだ歌に「植ゑて見し花のあるじもなき宿に知らず顔にて来ゐるうぐひす」、この紅梅を植えて慈しんでいた本人がいなくなった住まいに、それとも知らぬ顔で来て鳴いている鶯、と。

花の色　はなのいろ

花の移り変わって行く色合い。『山家集』上に「花の色や声にそむらん鶯のなくねことなる春のあけぼの」、花がその色を鳴き声に染めつけたからだろう、鶯の鳴く音がひときわ麗しくなった春のあけぼの、と。

朝顔やきのふハしらぬ花の色　正岡子規

花の浮橋　はなのうきはし

水面に散り敷いている落花を浮橋に見立て

ていう。『新後拾遺集』巻七に「わたるべきものともみえず山川に風のかけたる花のうきはし」、渡れるとは思えない山の中の川に風が花を散らして掛けた浮橋、と。

花の台　はなのうてな

①「蓮の台」ともいい「台(うてな)」は物を載せる台のことで、仏が坐す蓮華座。②下から花冠を支える花の〈萼(がく)〉のことをいう。

花の宴　はなのえん

桜・萩・菊など折々の花を観賞しながら催す酒宴。とくに桜を観ながらの「花の宴」が代表的で、九世紀初頭の嵯峨天皇の時代に始まったとされ、『日本後紀』巻二十二の弘仁(こうにん)三年二月の条に「辛丑（十二日）、神泉苑に幸(みゆき)して、花樹を覧(みそなわ)す。文人に命じて詩を賦せしめ、綿を賜ふこと差有り。花宴の節此(ここ)に始まる」と。「綿を賜ふこと差有り」とは、綿が下賜され身分によって差があったということ。その後〈花見〉として徐々に民間に広まり庶民の春に欠かせない歓楽となっていく。春の季語。

花の王　はなのおう

〈花王〉ともいい、花の中で最も優れて美しいもの。国・文化ごとに評価は異なり、中国では〈牡丹〉だといい、わが国では〈桜〉だとする。西洋では〈薔薇〉を「花の王」とすることが多い。

花のお江戸　はなのおえど

「大江戸八百八町」と謳われ、世界でも有数の人口と経済的繁栄・文化的成熟を誇った徳川期の江戸をたたえる形容。

花の弟　はなのおとと

春いちばんに咲く〈梅〉を〈花の兄〉というのに対して、秋が深まって最後に咲く〈菊〉を「花の弟」という。秋の季語。⇩〈花の兄〉

花の香　はなのか

芳しい花の匂い。『古今集』巻一に「花の香を風のたよりにたぐへてぞ鶯さそふしるべにはやる」、春を告げる梅の花の香りを風に添えて、鶯を里へいざなう道しるべとして山に送ります、と。春の季語。

花の香や嵯峨のともしび消ゆる時　蕪村

花の賀　はなのが

桜の時季に合わせて行う古希・喜寿などの賀の祝い。

花の鏡　はなのかがみ

花影を映している川や池の水面を鏡と見立てた語。『千載集』巻一に「かげきよき花の鏡と見ゆるかなのどかにすめるしら川の水」、きれいな花姿を映す鏡に見える、ゆったりと澄んだ白川の水、と。

花の陰　はなのかげ

桜の花枝の下陰。『古今集』序に「大伴の黒主はそのさまいやし。いはばたき木負へる山人の花の蔭に休めるがごとし」、大伴黒主の歌には品がない。言ってみれば薪をかついだ樵が花の陰で休んでいる風だ、と。春の季語。

花の陰謡に似たる旅寝哉　芭蕉

花の風　はなのかぜ

桜の花枝を吹きそよがせて渡って行く春風。

花の風山蜂高くわたるかな　飯田蛇笏

花の形見　はなのかたみ

爛漫と咲いていていまは散ってしまった花を思い出させる手がかり。『平家物語』灌頂巻の大原御幸に「遠山にかかる白雲は、散りにし花の形見なり。青葉に見ゆる梢には、春の名残ぞ惜しまるる」、遠くの山にかかっている白雲は、散った桜を偲ばせるよすがで、若葉となった梢には、逝く春の名残が感じられた、と。

花の顔　はなのかんばせ

花のように美しい顔の形容。「花顔」ともいう。

花の雲　はなのくも

満開に咲き重なった桜の梢が遠くから見ると雲のように見える光景。「桜雲」ともいう。春の季語。

花の雲鐘は上野か浅草か　芭蕉

花の君子　はなのくんし

中国・北宋の儒学者周敦頤の「菊、花の隠逸者也、牡丹、花之富貴者也、蓮、花之君子也」とする「愛蓮の説」に基づき、水底の汚泥の中から気品高く咲く〈蓮〉の花のことをいう。⇩〈隠逸花〉

花の構造　はなのこうぞう

「花」の中でいちばん目立つのはいうまでもなく〈花柄〉の先につく〈花冠〉だが、花冠は〈花弁〉〈雄しべ〉〈雌しべ〉「胚珠」〈萼〉「花托」などから成る。そのような花冠の全体構造をいう。

花の御所　はなのごしょ

足利幕府の第三代将軍義満が造営した邸の通称。庭に多彩な花木や草花を植えたところから「花の御所」と呼ばれた。現在の京都市上京区室町通に面する一帯にあり、「室町殿」ともいわれた。

花の頃　はなのころ

桜の花が咲く頃合ということだが、類語の〈桜時〉〈花時〉よりややゆるやかな印象があると飯田龍太は言う（『日本大歳時記』）。春の季語。

北野坂オランダ坂も花の頃　後藤比奈夫

花の衣　はなのころも

美しく晴れやかな春の装い。花見に着て行く晴れ着や花模様の衣裳のこともいう。『古今集』巻十六に「みな人は花の衣にな

りぬなり苔の袂よ乾きだにせよ」、「苔の袂」は僧衣の袂で、仁明天皇の喪が明け人びとはみな華やかな衣裳に衣替えしたけれど、僧の私は衣替えはできないので、せめて僧衣の袂の涙くらいは乾いておくれ、と。「花の袖」「花の袂」〈花衣〉などともいい、春の季語。

脱ぎあふて若き母娘や花衣　小島延介

花の宰相　はなのさいしょう

〈芍薬〉の別称。〈牡丹〉を〈花の王〉というから、二番目に美しい「芍薬」は「花の宰相」。

花の杯　はなのさかずき

花の宴で重ねる酒杯。

花の魁　はなのさきがけ

数多の花々にさきがけて咲く花、すなわち〈梅〉のこと。

花の柵　はなのしがらみ

山川に散った桜の花びらが、流れ下る途中で堰き止められてできた柵、花だまり。

花の雫　はなのしずく

花からしたたり落ちた水滴。『古今集』巻十の「物名歌」に「**心から花の雫にそほちつつうくひずとのみ鳥の鳴くらむ**」、自分の意志で花の雫に濡れておきながらなぜ「憂く乾ず＝嫌だ乾かない」とばかり不平を言ってこの鳥は鳴いているのだろう、と。「うくひず」は「うぐひす」。

花の下紐　はなのしたひも

花の蕾も結んだ着物の帯紐のようにいずれはほどけるという意味で、蕾のことを「花の下紐」といった。『新古今集』巻一に「**臥して思ひ起きてながむる春雨に花の下紐いかで解くらむ**」、寝ては思い起きても春の長雨を眺めながら物思いしている。結ぼれた蕾は雨に濡れてどうしたらほどけるだろうか、と。ただ「花の紐」ともいう。

花の下臥　はなのしたぶし

桜の花陰で寝ること。天台座主慈円の『拾玉集』（広本）に「**春の山に霞の袖をかたしきていくかに成ぬ花の下ふし**」、春の山で霞を片敷き独り寝してから何日たつだろう花の下で寝て、と。

花のしまき

花びらを激しく吹き散らす強風。〈しまき〉は雪まじりの烈風。『夫木抄』巻四に「**うみかけてひら山颪ゆきかへり花のしまきの波たかくみゆ**」、湖を吹き抜ける比良颪が行き帰りに花を吹き散らし、琵琶湖に白く高波が立っているのが見える、と。

花の定座　はなのじょうざ

連歌や連句の一巻の中で、花の句を詠むべき箇所。懐紙二枚の「歌仙」では、初裏の十一句目、名残の裏の五句目の二か所。懐紙四枚の表裏を用いる「百韻」では、初折・二の折・三の折のいずれも裏の十三句目、および名残の裏の七句目の計四か所。「花の座」ともいう。

花の姿　はなのすがた

①咲いている花の形やようす。『古今集』巻十九に「**秋霧の晴れて曇ればをみなへし花のすがたぞ見え隠れする**」、秋霧がはれたり立ちこめたりするたびに女郎花の花姿が見えたり隠れたりしている、と。②花のように美しい女性の容姿の形容。慈円の『拾玉集』に「**七夕も幾代の秋のほどまでか花の姿もしぼまざるらむ**」、七夕の織女も幾年代の秋までだろうか、花のようなその美しい容貌が衰えないでいられるのは、と。

花の塵　はなのちり

風に散って地をそそ走る桜の花びらをあえ

て塵と見立てた。〈花屑(はなくず)〉。春の季語。

大仏のわけても肩に花の塵　鷹羽狩行

花の露　はなのつゆ

花に宿った露。『新古今集』巻二に「**駒とめてなほ水かはむ山吹の花の露そふ井出の玉川**」、馬を止めて水を飲ませよう、山吹の花からの露がしたたり落ちた井出の玉川、と。また、〈薔薇〉の花から作った香水のことをいうこともある。春の季語。

花の寺　はなのてら

世阿弥作の能「西行桜」の舞台だという説がある京都市西京区の勝持寺(しょうじじ)の別名。桜の僧である西行は小倉山の麓に住んだが、西山に庵をおいた時期もありその跡地が勝持寺になったともいう。勝持寺の境内には、現在でも多くの桜が植えられている。

花の塔　はなのとう

近畿・中国・四国各地で四月八日、お釈迦さまの誕生を祝うためにつつじ・石楠花(しゃくなげ)・空木(うつぎ)などの花を竿の先に結んで塔を造り門口に立てる習俗。元来は春に神霊を山から田に迎える稲作儀礼ともいわれる。「仏生会(ぶっしょうえ)」のときの〈花御堂(はなみどう)〉に相当し〈天道花〉「高花」ともいう。春の季語。⇩〈花御堂〉

花の常磐　はなのときわ

永遠のように、いつまでも美しく咲いている花。平安時代中期の勅撰集『後撰集』巻三に「**かくながら散らで世をやはつくしてむ花のときはもありとみるべく**」、春が暮れると花はみな散るが、このようにいつまでも散らない永遠の花というのもきっとあると思うべきだろう、と。

花の枢　はなのとぼそ

「枢」は戸に錠を鎖(さ)すときの受け穴、転じて扉のこと。「花の枢」とは花にぐるりと取り巻かれた家をいう。『新古今集』巻二十に「これやこの憂き世のほかの春ならむ花のとぼそのあけぼのの空」、これがこの世とは異なる蓮華浄土の春なのだろうか、蓮の花に取り囲まれた扉を開けて仰いだ曙の空、と。

花の名残　はなのなごり

花の散ったあとに残っている花の余韻。多く桜の花についていう。また、散り残っている桜。〈名残の花〉〈残花〉ともいう。春の季語。

茉莉花の花の名残を今朝の秋　山口青邨

花の波　はなのなみ

散って水面に浮かぶ花びらを、波が揺らしているさま。あるいは満開の花枝が風に揺れてうねっているようすを波に見立てた語。

花の錦　はなのにしき

桜が美しく咲くようすを絢爛たる錦にたとえた語。また逆に、艶(あで)やかな錦の衣を美しい花に見立てたことば。『続拾遺集』巻二に「桜色の雲のはたての山風に花の錦のぬきやみだれん」、桜色の雲と見まがう花枝の先に山風が吹きつけたので美しい花錦の横糸が乱れてしまうだろう、と。春の季語。

花の春　はなのはる

①野に里に花々が咲き乱れる春。②花が咲き匂うめでたい初春。新年の季語。

松のひまほのぼの見ゆる花の春　暁台

花の日　はなのひ

十九世紀半ば、アメリカのプロテスタント教会で始まった子どもの日の行事。花の季節の六月第二週の日曜日、信者は花を持ち寄って教会を飾り礼拝し、そのあと子どもたちは花を持って病院や社会施設などを慰問するという。「薔薇の日曜」ともいう。夏の季語。

病室へ花の日の花配らるる　古賀まり子

❖花のことわざ・慣用句：**花の下（もと）の半日（はんじつ）の客（かく）**
「花の下の半日の客　月の前の一夜の友」と対句にして、たとえ半日ほどの短い間でも風雅の時間を共にした人との交遊の貴重さをいうことわざ。

花の衾　はなのふすま
「衾」は寝るとき体に掛ける布製の夜具。体を隠すほど散りしきる花びらを「花の布団」にたとえた語。西行の『山家集』に「**木（こ）のもとに旅寝をすれば吉野山花のふすまを着する春風**」、吉野山を旅して桜の木の下に宿っていると、花の布団を着せてくれる春風、と。

花の父母　はなのふぼ
⇩「❖花のことわざ・慣用句：雨は花の父母」

花の幕　はなのまく
花見の宴の周りを囲う幔幕。春の季語。
花の幕兼好を覗く女あり　蕪村
（「兼好」は吉田兼好だが蕪村とは時代が違う。蕪村は『徒然草』を愛読して『徒然草』から発想した句を多く詠んでいるという）

花の都　はなのみやこ
繁栄を極めている大都市。「花の都パリ」。また、花々が咲いて美しい春の都。

花の下　はなのもと
花が咲いている木の下。平安時代中期の勅撰集『後撰集』巻一に「**鶯の鳴きつる声にさそはれて花のもとにぞ我は来にける**」。また、桜を鍾愛した西行法師に「**ねがはくは花のしたにて春死なむそのきさらぎの望月の頃**」、「花のもと」ではなく「花のした」と詠まれている。

❖花のことわざ・慣用句：花は折りたし梢は高し
目の前の欲しい物を手に入れたいが、力が足りず手が届かない。

花の宿　はなのやど
庭に花々がたくさん咲いている家、また建物の中を花で飾っている宿。『新古今集』巻一に「思ふどちそことも知らず行き暮れぬ花の宿貸せ野辺の鶯」、気の合った友だちとどこことも決めず歩いているうちに日が暮れてしまった、お前さんの梅の花の宿を一晩貸しておくれ野辺の鶯くん、と。春の季語。

花の雪　はなのゆき
枝に白い花が咲き満ちているのを雪が積もっていると見立てた語。また、舞い散る花びらを雪が降っているさまにたとえた表現。『山家集』下に「花の雪の庭に積もるに跡付けじ門なき宿と言ひ散らさせて」、落花が庭に雪のように積もっても足跡はつけないようにしよう、門がなく人の出入りしない家だと言いふらさせて、と。

花の横雲　はなのよこぐも
遠くから見た満開の桜の白い花枝を、横雲がたなびくさまに見立てた形容。

花の装い　はなのよそおい
花に類(たぐ)えた女性の美しい身なりと容姿。「花の粧(よそおい)」とも書く。春の季語。

花は紅　はなはくれない
⇩「❖花のことわざ・慣用句：柳は緑 花は紅」

花冷え　はなびえ
桜が咲くとまるで花が冷気を運んで来たかのように急に冷え込む。花見の人びとをふるえあがらせる花時の寒気。春の季語。

花冷えや糸は歯で切る小縫物　北野民夫

❖花のことわざ・慣用句：花は桜木 人は武士
花は桜がいちばん美しく、人は武士がいちばん優れている。武士たる者は、強いばかりでなく風雅を解する、花も実もある侍であることが理想とされた。

❖花のことわざ・慣用句：花は根に帰る
華やかに咲いていた花もいずれは萎(しお)れ、葉とともに根元の土に落ちて次の花の肥(こや)しになる。すべてのものは最後には大本に帰るという大自然の理法を説くことば。

花人　はなびと

桜に誘われ花見に繰り出す人々。「桜人」「花見客」「花見衆」などともいう。春の季語。

花人のおかる勘平をどるかな　久保田万太郎

花びら　はなびら

〈花冠〉の主要部を成す〈花弁〉。花には一重咲と八重咲があるが、多くの花は四枚～八枚ほどの「花びら」をもっている。⇩〈花の構造〉。

花房　はなぶさ

藤の花を典型として、花が房状に垂れて咲く「総状花序」。正岡子規に「瓶(かめ)にさす藤の花ぶさみじかければたたみの上にとどかざりけり」。「英(はなぶさ)」とも書く。

藤の房吹かるるほどになりにけり　三橋鷹女

花吹雪　はなふぶき

風に散り飛ぶ桜の花びらを吹雪に見立てた語。〈桜吹雪〉。謡曲「志賀」に「雪ならばいくたび袖を払はまし花の吹雪の志賀の山ごえ」、もしこれが雪だったら何度袖を払ったことだろう、花がまるで吹雪のように散ってくる志賀の山越え、と。春の季語。

花吹雪浴びて一歩を後退る　下村ひろし

❖花のことわざ・慣用句：花発いて風雨多し
愉快なのはほんの一時で、楽しみにはすぐ邪魔が入るものだということ。唐の詩人于武陵の「勧酒」の「花発けば風雨多し／人生別離足る」という詩句を井伏鱒二が和訳した「ハナニアラシノタトヘモアルゾ／「サヨナラ」ダケガ人生ダ」は名訳として知られる。「花に嵐」「花に風」ともいう。

花埃　はなぼこり
強風に巻き上げられ、埃のように地を舞う〈花屑〉。春の季語。

花埃払ひ忽ち主婦となる　稲畑廣太郎

花祭　はなまつり
①釈尊の生誕を祝う四月八日の灌仏会（仏生会）の通称。屋根を花で飾った〈花御堂〉を作りその中に誕生釈迦仏を安置して甘露（甘茶）を灌ぎ祝う。春の季語。

花まつりはてし落花にさまよひぬ　百合山羽公

②年末から新春にかけて愛知・静岡などの県境の奥三河地方で行われる湯立神楽（霜月神楽）の別名。釜に湯を沸かし、神降ろしの神事を行ったあと青少年の各種の舞があり、鬼を調伏してから獅子が釜の湯を四方に撒き、最後に神送りをして鎮めの行事をする。花は〈稲の花〉で、元来は新年を迎える冬祭であり五穀豊穣を祈る神事だったという。冬の季語。

出番待つ鬼が酔ひをり花祭　山田洋々

花見　はなみ
長く厳しかった冬が去りようやく春が来たことを喜び、桜を観ながら飲食をたのしむ習俗。古くは春の農事開始にともなう農耕儀礼だったと考えられ、宮廷で行われていた〈花の宴〉や豊臣秀吉の「醍醐の花見」のような上流階級の行事が民間に広まり、日本の春の代表的行楽となった。〈桜狩〉「観桜（かんおう）」などともいう。「花見客」〈花見酒〉〈花見船〉などみな春の季語。⇩〈花の宴〉

春慶の膳すゑわたす花見かな　許六

観桜の蛤御門開けてあり　後藤比奈夫

花見酒　はなみざけ

花を見ながら飲む酒。花見の宴で酌み交わす酒。春の季語。

吾子なしや花見酒とて夜半にくむ　角川源義

花水木　はなみずき

北アメリカ原産で大正四年（一九一五）に白花が、その二年後に赤花がアメリカから贈られたミズキ科の落葉小高木。公園や街路樹に植えられ四月ごろ、四枚の花びらに見える苞葉（ほうよう）を開く。明治末（一九一二）に東京市長だった尾崎行雄がアメリカに〈染井吉野〉の苗木を贈呈した返礼として、「ドッグウッド」という花木が大正四年に送られてきた。在来のミズキ科の〈山法師〉に似ていたので初めは「アメリカ山法師」と呼ばれたが、のち「花水木」と改められた。四枚の苞葉の先が窪んでいるので「山法師」と区別できる。花期が長いところから花言葉は「永続」。春の季語。なお同じミズキ科の落葉高木〈水木〉の花、〈花みづき〉は夏の季語。

花水木女ふたりの歩を合はす　有馬静子

花みづき

全国の野山で初夏、枝の上に白い小花を時ならぬ雪のように群がり咲かせるミズキ科の落葉高木〈水木〉の花のこと。前項の〈花水木〉と同音なので混同されることも

あるが、〈花水木〉は「アメリカ山法師」の通称で別種であり、春の季語。「水木の花」「花みづき」は夏の季語。⇩〈水木〉

水木咲き枝先にすぐ夕蛙　森澄雄

花見月　はなみづき

桜が咲いて花見をする月である旧暦三月の異称。南北朝期の歌人二条良基撰の『蔵玉集』に「**うす曇空もひとつの花見月なべて心もあくがれぬらむ**」、薄雲に空一面おおわれた花曇りの下で花見する弥生のいま、だれの心もみな桜の花に向かってあくがれ出ているのだろう、と。春の季語。

花御堂　はなみどう

釈尊の生誕を祝う四月八日の「仏生会」に、寺院の山門や本堂の傍に造られる花で飾った小さな御堂。中に安置した誕生釈迦仏に甘露（甘茶）を灌いで拝む。紀元前五六〇年ごろ、インドの浄飯王の妃の摩耶夫人は出産のため生家に帰る途中、花々の咲き乱れるルンピニ園で美しい花を摘もうとしたところ急に産気づいた。すると右脇の下から釈迦が誕生し、天から甘露が降り注いだという。この伝説を再現するように屋根を椿・桜・木蓮・菜の花などで美しく葺いた「花御堂」を造り、中央に安置した誕生釈迦仏に甘茶をかけて祝う。春の季語。

西山の寺といふ寺花御堂　阿波野青畝

花見船　はなみぶね

岸や土手の桜を川や水上から飲食しながら見物するための船。春の季語。

大錨載せて漕出ぬ花見舟　村上鬼城

花筵　はなむしろ

花見の宴会のときに敷く筵。「花蓆」とも書き、〈花毛氈〉などともいう。春の季語。

花莚引きずつてきし水辺かな　野村泊月

花結び　はなむすび

糸・紐・帯などを結ぶとき、見栄えがよくきれいな花形になるような結び方。ほどくときほどきやすいように輪を作って結ぶと花形に仕上がる。結婚祝いは一度きりがいいのでほどけないよう結び切りとするが、出産などの慶事は何度あってもいいのでほどけてもいい「花結び」にする。蝶の形にも見えるので「蝶結び」ともいう。

❖花のことわざ・慣用句：花も恥じらう
花がかなわないと引け目を感じるほど若く美しい女性を形容する慣用句。

花芽　はなめ
将来蕾から花となる芽。花木は花が散ったあと今年伸ばした枝に翌年花となる「花芽」の準備をする。「花芽（かが）」ともいい、葉になる「葉芽（ようが）」と比べると丸い。

花毛氈　はなもうせん
「毛氈」はウールに熱や圧力などを加えてフェルト状にした敷物で、「花毛氈」は花の模様を織り出した毛氈。花見・野点（のだて）などに用いる。「花氈（かせん）」ともいう。

花紅葉　はなもみじ
①美しい四季の自然の代表である桜と紅葉。そのように色鮮やかで愛らしいもの。近松門左衛門の浄瑠璃『鑓（やり）の権三重帷子（ごんざかさねかたびら）』に「**『花紅葉の様な子供を、母めはようも見捨てた』と髪掻撫（かきな）でて泣きければ**」、浅香市之進に嫁入った娘おさゐの、笹野権三との不義密通が濡れ衣とは知らず、離縁され送り返されてきた不憫（ふびん）な孫を哀れみ、おさゐをののしる老父の言葉。②紅葉を花のように美しいと形容することば。

花守　はなもり
桜の木を守って世話をする番人。「桜守」

とも。謡曲「田村」に「見申せばうつくしき玉箒(たまぼうき)を持ち、木蔭を清め候ふは、若し花守にて御入り候ふか」、京の清水寺へはるばる東国から参詣に来た旅僧が、境内の木陰を玉箒で掃いている童子に「あなたは花守ではないか」と語りかける。春の季語。

花守のさらさらと水のみにけり　岡井省二

❖**花のことわざ・慣用句：花も実もある**
咲き出る花が美しく、そのうえ生る実もおいしいということ。外見の立派さに加えて内面も優れており、名実ともに備わっていることとの形容。

花屋敷　はなやしき
①草花や花木を育てて多くの花を咲かせ人々に観賞させる庭園。②東京・台東区浅草の遊園地「浅草花屋敷」（現在は「浅草花やしき」）。

花輪　はなわ
創立祝いなどの祝意や逆に死者への弔意を表わすために、生花(せいか)ないし造花を輪の形に作って式場の前に掲げる飾り物。

花笑う　はなわらう
つぼんでいた花の蕾(つぼみ)が開いて咲くこと。

芥子の花笑ふみんなが揺れるから　つじあきこ

花を折る　はなをおる
①江戸時代中期の有職故実の研究書の『貞丈雑記』に「花を折(おる)と云詞(いうことば)は、人の衣裳などの体其外(ていそのほか)出立のありさまをはなやかににぎにぎ敷(しく)する事をいふ也」とあり、花枝を折って身を飾るように、美しく身なりを装うこと。『曾我物語』巻四の「鎌倉殿、箱根御参詣の事」に「以上三百五十余騎、花をおり、紅葉をかさね、装束ども、綺羅(きら)天をかかやかし、陣頭に雲をおほい」、頼朝

の二所詣(にしょもうで)に付き従う三百五十余騎の隊列は美々しく装い身なりもきらびやかに雲のように集まり行進した、と。②美女を掌中のものとする。

> **❖花のことわざ・慣用句：花より団子**
> 花を愛でる風流もいいけれど、食べて美味い団子が上だ、見栄や体裁より実利を優先したほうがいいというおなじみの警句。

花を咲かせる　はなをさかせる

①にぎやかに盛り上げる。「思い出話に花を咲かせる」②不遇の時期を耐えて成功のときを迎える。「ひと花咲かせる」。

花を添える　はなをそえる

慶事の上にさらに華やぎを加える。「錦上に花を添える」。中国・北宋の政治家王安石の詩「即事」に「**嘉招覆(かしょうかさね)んと欲す盃中の淥(ろく)、麗唱(れいしょう)仍(なお)錦上に花を添ふ**」、めでたい宴席で重ねる美酒の盃にさらに麗しい歌声が花やかさを添えた、と。「淥」は清い水、転じて美酒。

花を吹く　はなをふく

九月九日の重陽の節句で菊酒を飲むとき、盃に浮かべた菊の花びらに息を吹きかける所作。長寿のまじないか。

花を持たせる　はなをもたせる

見せ場や称賛をあえて人にゆずること。

花をやる　はなをやる

華美に装う。贅沢をする。江戸時代初期の俳人松永貞徳に「**紅葉にてまた花をやる桜かなし**」、美しく紅葉して、秋にもう一度華やかに装う桜は哀れ深い、と。

　年々に花をやるなり姥桜　親重

母子草　ははこぐさ

中国・朝鮮半島などに自生し、日本へは農

耕文化とともに渡来したとされるキク科の越年草。各地の原野や路傍に生え四、五月ごろ、高さ二〇センチほどの花茎の先に淡黄色の小花が密集した頭花をつける。〈春の七草〉の「五行」「御形」のことで、白い綿毛におおわれたやわらかな新芽は正月の「七草粥」に入れる。同種の花にやや小ぶりで茶褐色の花をつける〈父子草〉がある。「母子草」は春の季語だが、「五行」「御形」は新年の季語。花言葉は、「無償の愛」。

母子草山々人の世を離れ　飯田龍太

せりなづな御行といひて声のやむ　川崎展宏

はまなす

漢字で「浜茄子」の字を当てることがあるが、花後につける黄赤色の実を海浜の「梨」にたとえた名で、書くとすれば「浜梨」。太平洋側の茨城県以北、日本海側の島根県以北から北海道の海岸の砂地に生えるバラ科の落葉低木で、夏に芳香のある赤紫の花を咲かせる。石川啄木「一握の砂」に「**潮かをる北の浜辺の砂山の／かの浜薔薇よ／今年も咲けるや**」。漢字で「玫瑰」と書いて「はなます」と読んでいるが、本来「玫瑰」は別種。北海道・野付半島に群生地があり、真っ青な海を背景に咲く大群落は比類なく美しい。夏の季語。

はまなすや親潮と知る海の色　及川貞

浜昼顔　はまひるがお

日本各地の海辺の砂浜に自生し五月から七月ごろ、光沢のある厚いハート型の葉の脇に〈昼顔〉によく似た薄桃色の花を上向きに咲かせるヒルガオ科の多年草。波が届かない砂丘の背面などに群落をつくる。ただ「昼顔」と略されることも多い。夏の季語。

浜昼顔漁婦が手筒で子を呼べる　山口琢野

❖花のことわざ・慣用句：薔薇に棘(とげ)あり
あまりに美しいものの背後には、人を欺き傷つける危険なものが潜んでいるかもしれない、という警句。

浜防風　はまぼうふう
中国原産の風邪を予防する薬草である〈防風〉の代用として根を感冒薬として用いられた同じセリ科の多年草。各地の海岸の砂地に自生し初夏、花茎の先に白い小さな五弁花を密集して咲かせる。紫色をした若葉は、香りがよく刺身のつまとして八百屋で売られる。花は夏に咲くが主役は若芽で、単に「防風」といわれることが多い。春の季語。

防風とり怒濤の前にみな黙す　古舘曹人

浜木綿　はまゆう
千葉県・神奈川県以西の海岸の砂地に生え七、八月ごろ、太い花柄の先に花弁の細長い白花を重なり垂らして咲かせるヒガンバナ科の常緑多年草。『万葉集』巻四に「**み熊野の浦の浜木綿百重(ももえ)なす心は思(おも)へどただに逢はぬかも**」、熊野浦の浜木綿の花びらが幾重にも重なり咲くごとく繰り返し心に思いつづけていても直接会うことはできないのだなぁ、と。葉がユリ科の多年草の「万年青(おもと)」に似ているので「浜万年青」の別名がある。海辺に咲く姿が旅心を誘うせいか、花言葉は「どこか遠くへ」。「浜木綿の花」は夏の季語。

浜木綿や青水脈とほく沖へ伸ぶ　山口草堂

早咲き　はやざき
その花の本来の開花時期より早く咲くこと。花期に先がけて咲いていること。

薔薇　ばら
古代バビロニア、エジプト古王朝あるいは

中国古代の殷・周の時代から人々の傍にあり、古代ギリシア・ローマで品種改良を重ねられ、まさに人間の文化・芸術とともに歩んできた花々の女王、それが「薔薇」。白・紅・桃色・黄色から黒まで多種多彩な花が、中春から咲きはじめると初夏を最盛期として秋冬まで咲きつづける、バラ科バラ属の常緑低木の総称。枝や葉柄には棘があり、木立性と蔓性がある。五弁の一重咲き・半八重咲き・花弁が百枚もある八重咲きなど、園芸種や香料を採るための栽培種は何万種にもおよぶ。北原白秋「薔薇二曲」の初連に「薔薇ノ木ニ／薔薇ノ花サク。／ナニゴトノ不思議ナケレド。」、また正岡子規に「くれなゐの二尺伸びたる薔薇の芽の針やはらかに春雨の降る」は古典的名吟。「薔薇」ともいい日本での古名は「うばら」「花茨」。優雅な花姿と香りが世界中で愛されてきたところから、花言葉は「純潔」「愛情」「美人」「神の愛」「熱烈な恋」「キリストの受難」等々何十もある。黄色い薔薇は不吉とされ、花言葉は「嫉妬」「不実」。夏の季語。

夕風や白薔薇の花皆動く　正岡子規

薔薇崩る激しきことの起る如　橋本多佳子

春の七草　はるのななくさ

俗に「芹・薺・御形・繁縷・仏座・菘・蘿蔔、これぞ七草」とうたわれる、正月の「七草がゆ」に入れる七種類の若菜。「御形」は〈母子草〉、「菘」は蕪、「蘿蔔」は大根。

馬鈴薯の花　ばれいしょのはな

植物学の泰斗だった牧野富太郎は、日本では「馬鈴薯」と「じゃがいも」は同一だとしているが実は両者はまったく別の植物で、両者が同じだというのは「馬を指して鹿だといい、人を指して猿だといっているようなもの」で「日本文化の恥辱」だ、とまで論難している（『植物一日一題』）。しかし、今日では「馬鈴薯＝じゃがいも」説は定着してしまっている。「じゃがいも」は地下の塊茎で繁殖するが、ナス科の多年草だから花が終わると稀にトマトに似た実をつける。その実も地下の塊茎も形が馬の首につける鈴に似ているのは事実であるが。初夏に咲く白または淡い紫色の花について評論家の亀井勝一郎は「平凡と言えば、こんな平凡な花はあるまい。しかし、よく見ていると、実に清楚だ。ういういしい百姓の娘の、耳朶のような花だ」と賞している（『馬鈴薯の花』）。「馬鈴薯」は秋の季語、「馬鈴薯の花」は夏の季語。

馬鈴薯の花に日暮の駅があり　有働亨

晩花　ばんか

時季に後れて咲いている花。教師となって松山に赴任する夏目漱石を正岡子規が見送ったときの漢詩「夏目漱石の伊予に之くを送る」に「清明再会を期す　**晩花の残はるるに後るること莫れ**」と。

万花　ばんか

ありとあらゆる多種多様の花。「万華」とも書く。

晩菊　ばんぎく

晩秋に咲くよう仕向けられた遅咲きの菊。花期が過ぎたのに咲き残っている〈残菊〉と、遅く咲くよう手入れされている「晩菊」は似て非なるものなので、句作のときには要注意。秋の季語。

ひとわたり咲く晩菊となりにけり　八木林之助

残菊の一とさかりとも見ゆるかな　清崎敏郎

パンジー　pansy

北ヨーロッパ原産のスミレ科の園芸品種の

総称。紫・黄・白の小花を咲かせる〈三色菫（ヴィオラ・トリコロール）〉を、オランダ・イギリスで直径一〇センチもの大きな花が咲くよう改良した。日本には江戸時代末期に渡来した。秋に種を蒔くと次の年の春から初夏の花壇をにぎやかに彩る。「pansy」の名はフランス語の pansée（思考）に由来し、花姿が物思う人の顔に似ているからといい、花言葉は「物思い」。春の季語。

　パンジーの仔熊の顔に似たりけり　森田峠

バンダ　Vanda

東南アジアの熱帯地域の原産で、空色の地に青紫色の密な網目模様が入った花を平たく咲かせるラン科バンダ属の着生蘭。花名は「まとわりつく」を意味するサンスクリット語の「バンダカ」に由来し、木に着生する性質がある。エキゾティックな美しい花姿から、花言葉は「上品な美」「優雅」。

万朶　ばんだ

「朶」は垂れた枝の意で、咲き満ちた花の重さで垂れ下がった花枝のこと。満開の桜の木を形容する語。

柊　ひいらぎ

固い葉に鋭い棘があり、触れると手が「疼（ひびら）く（ひりひり痛む）」ところから「ひいらぎ」の名がつき、字を「柊」と当てたモクセイ科の常緑小高木。関西以西の山野に自生し、古くは邪気を払う呪力があると考えられた。『古事記』に、東方の荒ぶる神・まつろわぬ人どもを平定するよう倭建命（やまとたけるのみこと）に命じた景行天皇は「ひひらぎの八尋矛（やひろほこ）を給ひき」と。節分の夜、邪気を払うまじないに柊の枝を鰯（いわし）の頭とともに軒に吊り下げ、また枝葉の棘で防犯するため生垣などに植えられた。十月から十一月ごろ葉の付け根に芳香のある白い花を数個ずつ咲かせる。花言葉は「私を守ってください」「用心深さ」。「柊の花」「花柊」は晩秋から咲くが、文字面ゆえか、冬の季語。

書斎あり柊の花は夜匂ふ　今井つる女

射干　ひおうぎ

何枚もの剣状の葉が扇を開いたように並ぶ姿が、昔の公卿の持つ「檜扇（ひおうぎ）」に似ているのでこの名がついたアヤメ科の多年草。漢名の「射干（やかん）」を当てて「ひおうぎ」と読ませる。関東以西の各地の山野に自生し七、八月ごろ、暗紅色の斑点のある黄赤色の六弁の花を開き、関西では祇園祭などの祭の花とされる。真黒な実は「ぬば玉・うば玉」と呼ばれ、古歌では「黒・夜」などにかかる枕詞とされた。夏の季語。

射干の花大阪は祭月　後藤夜半

飛花　ひか

風の中で飛び散る花びら。俳諧ではとくに桜の散り花が空中を舞うようすをいう。「飛英」とも。春の季語。

光り出て蝶となりたる飛花いくつ　上田五千石

緋寒桜　ひかんざくら

暖かい沖縄県では一月上旬、関東地方以西では二月ごろ、他の桜に先がけ葉の出る前の枝に紅紫色の花をつける〈寒桜〉。半開の鐘形の花が下向きに咲く。「寒緋桜」ともいい、略して〈寒桜〉ともいう。別名は「薩摩桜」で、「正月桜」「節分桜」などの異名は、旧正月や節分のころに満開になるからという。冬の季語。

緋寒桜見むと急ぎて日暮けり　辺見京子

彼岸桜　ひがんざくら

春彼岸のころ、桜の中ではいちばん早く咲く桜。本州中部以西に多く、巨木になる〈江戸彼岸〉と比べると樹高は五、六メートルほど。葉の出る前の枝に薄紅色の一重の五弁花をつける。「小彼岸」ともいう。春の季語。

彼岸桜に雨きて墨の匂ふかな　きくちつねこ

彼岸花　ひがんばな

自然の森などにはあまり見られず、田の畦（あぜ）や堤防・墓地など人間の暮らしと結びついた場所に生えるところから「人里植物」ともいわれるヒガンバナ科の多年草。九月の秋彼岸のころ、地上にそれらしい葉もないのに突如として地下から四〇センチほどの花茎を立て、その先に蕊（しべ）を横に張った真紅の花を咲かせる。花が終わると葉が多数出て翌春に枯れ、花は葉を見ず葉は花を見ないといわれ「葉見ず花見ず」の異名がある。アルカロイドなどの有毒成分を含む毒草なので作物や土葬の遺体をネズミやモグラの食害から守るため墓地などに植えられたと

⊙秘すれば花

世阿弥『風姿花伝』の終盤の花伝第七「別紙口伝」に登場する奥義ともいえることば。たゆまぬ稽古と公案（工夫）で到達する「誠の花」が表の真理だとすれば、「秘すれば花」とは舞台に「花」を咲かせるための戦略的秘術といえよう。そもそも「花」とは見物の心に「珍しい」という感動を生じさせること。しかし、観客が前もって何か珍しいことが起きそうだと予期していたのでは、いくら珍しいことをして見せても感動は少ない。弓矢の道でも、名将の思いもよらない秘策によってこそ強敵に勝つ可能性が生まれるので、敵が用心しているときに勝つことはむずかしい。敵を油断させておいて勝つのが道理だと世阿弥は言う。諸道芸においても同じで、見物衆の思いもよらない感動を引き起こす策略が肝要で、そ

ころから、〈死人花（しびとばな）〉〈幽霊花〉などの不吉な異名をもつ。「法華経」に出てくる赤花を意味する梵語から〈曼珠沙華（まんじゅしゃげ）〉の別名もある。葉のない茎に真赤な花を咲かせるところから、花言葉は「情熱」「あなた一途に」。秋の季語。

彼岸花光あかるき橋のうら　赤岡淑江

日照草　ひでりぐさ

南アメリカ原産で江戸時代後半に渡来したスベリヒユ科の一年草〈松葉牡丹〉の別名。松葉に似た肉質の葉と小さいながらも〈牡丹〉に似た華麗な花から「松葉牡丹」の名がついた。真夏の日照りの下で赤・紫・黄・白の花を鮮やかに咲かせ、日が陰るとつぼんでしまうところからの異名。夏の季語。⇩〈松葉牡丹〉

日照草麻疹のはやる村はずれ　三谷昭

一目千本　ひとめせんぼん

のためにどの家にも秘伝・秘事というものがある。「秘すること」そのものに大いなる効用があるからだ。要するに家の秘事として「人に知られない」ことがもっとも重要であり、まさしく「**秘すれば花、秘せねば花なるべからず**」。この分かれ目を知ることが肝心だと偉大な演能者であり、同時にリアルな戦略家でもある世阿弥は、秘することの意義を種明かししている。

花の名所吉野の一目で千本の桜が見渡せる絶好の場所。吉野には「下（しも）の千本（口の千本）」「中の千本」「上（かみ）の千本」「奥の千本」など多くの桜を一望できる絶好の観桜ポイントがある。

一夜草　ひとよぐさ

『万葉集』巻八の「**春の野にすみれ摘みにと来し我そ野をなつかしみ一夜寝にける**」

（山部赤人）にちなんで〈菫（すみれ）〉のことをいう。夕方ないし夜に咲いて翌朝にはしぼんでしまう〈月見草〉や〈烏瓜（からすうり）〉の花を〈一夜花〉というのに対して、「菫」はそうではないがこの和歌にちなんで「一夜草」の異名がついた。

一夜花　ひとよばな

〈月見草〉〈夕萱〉〈待宵草〉〈烏瓜〉の花、〈月下美人〉などのように、夕方ないし夜に開花して次の日の朝か午前中にはしぼんでしまう花をいう。

一人静　ひとりしずか

沖縄を除く列島各地の山林の林床などに自生し四、五月ごろ、半開の四枚の葉の間から伸ばした花柄の先に白糸のような花を穂状につけるセンリョウ科の多年草。花には花弁も萼もなく、白い糸のように見えるのはむき出しの雄しべ。樹陰にひっそりと咲く淋しげな花姿が、源義経と吉野山で別れた静御前の哀話を連想させるところから「一人静」の名がついた。「吉野静」ともいう。同属で花穂（かすい）を二、三本咲かせる〈二人静〉がある。花言葉は「隠された美しさ」。春の季語。

きみが名か一人静といひにけり　室生犀星

雛菊　ひなぎく

ヨーロッパ西部から地中海沿岸の原産で、明治初期に渡来したキク科の多年草。「雛菊」は「小さな菊」の意で、英名は「デージー」。春から秋まで新しい花柄が次々に出て、先端に白・桃色・赤などの花を一つ咲かせる。「延命菊」「長命菊」の異名は生命力が強く花期が長いところから。花びらを一枚ずつむしりながら「彼女はぼくを愛している」「…愛していない」と恋占いをする。花言葉は「無邪気」「平和」。春の季語。

雛菊や子の作文に大志あり　大原勉

ひなげし

ヨーロッパ中南部の原産で江戸時代に渡来したとされるケシ科の一年草ないし越年草。秋に種を蒔くと翌年の五、六月ごろ、直径五センチほどの紙でできたような赤・桃色・紅紫色の、華やかだがどこかはかなげな四弁花を咲かせる。漢字で書けば「雛罌粟」で、中国・楚の項羽の愛妃「虞美人」の墓から咲いたとの言い伝えから〈虞美人草〉の異名をもつ。ケシ科だが麻酔作用はなく、花言葉は「慰め」「こころの平静」。夏の季語。⇩〈虞美人草〉

雛罌粟のくづるゝまへの色揃ふ　檀浦蕗子

向日葵　ひまわり

北アメリカ南部から中南米に自生し、徳川時代前期に中国経由で渡来したキク科の一年草。真夏に花茎の先に横向きに咲く巨大な頭花は、太陽の運行につれて回転して行くと信じられて名づけられた。草丈は三メートルに及び葉は大きなハート型をしていて、直径三〇センチにもなる花冠は、周囲の舌状花と中心部の雌雄両性の管状花とからなる。結実すると自重でうなだれ、種子からは食用油などが採れる。「日車」「日輪草」などの異名がある。与謝野晶子に「**髪に挿せばかくやくと射る夏の日や王者の花のこがねひぐるま**」。花言葉は「高慢」「あなただけを見つめます」。夏の季語。

向日葵をふり離したる夕日かな　池内友次郎

氷室の桜　ひむろのさくら

「氷室」は、冬に池などに張った氷を伐り出し夏に使うために山の陰地などに穴を掘って作った保存施設で、「氷室の桜」とはそのような深山に咲いている桜をいう。また氷室に入れておいた桜。

舌鼓打つや氷室の桜狩　尾崎紅葉

姫小百合　ひめさゆり

〈百合〉としてはピンクの花色が珍しいユリ科ユリ属の多年草で、山形・新潟・福島三県にまたがる飯豊(いいで)山地など一部地域にしか分布しない稀少植物。「乙女百合」ともいい、夏の亜高山帯に群生して風に揺れる姿が美しい。環境省のレッドリストで準絶滅危惧種に指定されている。

姫女苑　ひめじょおん

北アメリカ原産で明治初年に渡来したキク科の越年草で、繁殖力が強く日本中の野原や空地のどこにでも自生している帰化植物。初夏から秋遅くまで、分岐した花柄の先に中心の黄色を白い舌状花が取り巻く頭花をつける。路傍や荒れ地でも咲く花姿そのままに花言葉は、「素朴で清楚」。夏の季語。

姫女苑しろじろ暮れて道とほき　伊東月草

姫百合　ひめゆり

関西地方以西の山野に自生し、観賞用に栽培され五月から七月ごろ、花茎の先に濃赤色の径五センチほどの六弁花を上向きに咲かせるユリ科の多年草。黄花もある。草丈はせいぜい一メートルぐらいと小柄なので夏野の中に隠れてしまう。『万葉集』巻八に「**夏の野の繁みに咲ける姫百合の知らへぬ恋は苦しきものそ**」、夏草の繁みの中に埋もれてしまう姫百合のように相手に伝わらない恋は苦しいものです、と。夏の季語。

百日紅　ひゃくじつこう

七月盛夏から秋まで暑熱の時期を百日間咲きつづけるミソハギ科の落葉中高木「百日紅(さるすべり)」の漢名。夏の季語。⇩〈さるすべり〉

百日紅乙女の一身またたくま　中村草田男

百日草　ひゃくにちそう

メキシコ原産で幕末の文久年間に渡来したキク科の一年草。公園や庭や花壇で六月ごろから秋まで長期にわたって、小さい〈菊〉か〈ダリア〉に似た赤・黄色・橙色・薄紫などの多彩な頭花を咲かせつづけるところから「百日草」の名がついた。花言葉は「別れた友をしのぶ」「注意を怠るな」。夏の季語。

百日草百日の花怠らず　遠藤梧逸

ヒヤシンス　hyacinth

小アジアからバルカン半島原産のクサスギカズラ科の多年草で、オランダに伝えられて観賞用に品種改良され幕末の安政年間に渡来した。花壇・鉢植・水栽培などで三、四月ごろ、二〇センチくらい伸ばした花茎に紫・青・桃色・黄色・白などの花を総状に密集させる。北原白秋に「**ヒヤシンス薄紫に咲きにけりはじめて心顫**(ふる)**ひそめし日**」。漢字を「風信子(ヒヤシンス)」と当て、「ふうしんし」ともいう。ギリシア神話に花名になった美少年ヒュアキントスをめぐる太陽神アポロンと西風の神ゼピュロスの恋のさや当ての逸話があり、花言葉は「嫉妬」「悲哀」。春の季語。

園丁や胸に抱き来しヒヤシンス　島村元

氷花　ひょうか

①極寒の地方で、窓ガラスなどに氷の結晶が付着し花のような模様を描いたもの。②草木が凍って日射しを受け、白い花のように輝いているもの。

昼顔　ひるがお

『万葉集』巻八に「**高円**(たかまど)**の野辺のかほ花面影に見えつつ妹は忘れかねつも**」、高円の野辺に咲いているかほ花、その花に面影が二重写しになってあなたのことを忘れることができない、と大伴家持が恋歌に詠った「かほ花」は「昼顔」だという。〈朝顔〉のように園芸種にはならず、全国の路傍の草地や野原に自生し夏の日中、「朝顔」に似たやや小ぶりの薄桃色の花を咲かせるヒルガオ科の蔓生多年草。「朝顔」は朝咲いて午後しぼみ、「昼顔」は昼咲いて夕方しぼみ、ウリ科の〈夕顔〉とヒルガオ科の〈夜顔(よるがお)〉ないし「白花夕顔」は夕方咲いて翌朝にはしぼむ。蔓で絡みつくところから、「昼顔」の花言葉は「コケットリー」「絆」。夏の季語。

昼顔の露に踏み入る二歩三歩　藤田湘子

❖花のことわざ・慣用句：百花繚乱(りょうらん)
多彩多様な花々が一斉に咲き乱れているさま。転じて、優れた人物がいちどきに輩出して活躍することを比喩的にいう。

枇杷の花　びわのはな

日本の野生種の「枇杷」は実が小さく、江戸時代に大きい実をつける品種が中国から渡来してから栽培が盛んになったバラ科の常緑果樹。十一月から一月ごろ、防寒衣を着込んだような茶色の綿毛にくるまれた白い小花をたくさんつける。目立たない地味な花だが、芳香を漂わせ小春日にはミツバチが群がる。気象ジャーナリストの倉嶋厚が明治時代の『尋常小学読本』巻八に載っていた歌「いつしか木々もうらがれて、／さびしきにはのさざん花や、／北風寒きやぶかげに、／びはの花咲く年の暮」を紹介していた（『お天気博士の四季だより』）。六月ごろに誰でも知っている黄色い「枇杷の実」が熟する。「枇杷の花」は冬の季語。

蜂のみの知る香放てり枇杷の花　右城暮石

ブーケ　bouquet

フランス語で小さな「花束」。生花や造花でウエディング・ブーケをつくり結婚式のとき花嫁がもつ。

ブーゲンビレア　Bougainvillea

南アメリカ原産で、十八世紀に新しい植民地を求めて世界周航していたフランス隊によりタヒチ島ないしブラジルで発見されたといわれるオシロイバナ科の蔓生常緑低木。日本では沖縄県地方などの暖地や温室で栽培され、五月ごろから鮮烈な赤紫色の花を咲かせた鉢が花屋の店先に並ぶ。三枚の花弁に見えるのはポインセチアなどと同じ苞葉で、中にのぞく小さな白い筒が実際の花。黄色の苞葉もある。「ブーゲンビリア」ともいい熱帯らしい花姿から、花言葉は「情熱」。夏の季語。

ブーゲンビリア水牛車ゆく西表島　新福ふく

風媒花　ふうばいか

花粉が風で飛び雌しべの柱頭に達して受粉する植物。松・杉・稲などのように花粉は軽く多量で数百メートル離れた雌しべにまで到達する。虫を引き寄せる花被や蜜腺などは未発達のものが多く〈虫媒花〉よりも原始的な形とされる。⇩〈虫媒花〉〈水媒花〉

風蘭　ふうらん

関東地方南部から沖縄にかけての山野に自生し、椎・榎・楠などの老樹や岩に着生するラン科の常緑多年草。七月ごろ咲く白く清楚な花姿は、風に乗って飛来し木や岩に止まった白蝶のように見えるところから「風蘭」の名がついた。江戸時代に「富貴蘭」と称して園芸品種が作られ、十一代将軍家斉が愛好したことから「大名園芸」といわれた。夏の季語。

風蘭や二の滝へゆく岐れ道　鈴鹿野風呂

❖花のことわざ・慣用句：不香の花（ふきょう）
香りのしない花とは、雪を白い花にたとえた言葉。「不匂花（におわずのはな）」ともいう。逆に白い花を雪にたとえて「空知らぬ雪」ともいう。

不完全花　ふかんぜんか

一つの花の中に萼（がく）・花冠・雄しべ・雌しべが全部そろっている〈完全花〉に対して、そのうちのどれかが欠けている花。たとえば雌しべのない雄花ないし雄しべのない雌花をつける〈単性花〉は「不完全花」ということになる。萼（がく）のない花、花冠のない花をつける「不完全花」の植物もある。

福寿草　ふくじゅそう

関東以北を中心とする全国の落葉樹林の樹下に二月ごろから、三、四センチほど伸ばした太短い花茎の先に黄色の重弁の花をつけるキンポウゲ科の多年草。花には蜜腺がないがお椀型をした花冠の中心に太陽光を集めてその暖かさで虫を呼ぶ。向日性があり日が沈むと花は閉じる。花後に伸びる葉はニンジンの葉に似ている。江戸時代にはお盆に植えて正月の床飾りとしたことから〈元日草〉「正月花」などの異名がある。名前の福・寿の文字から、花言葉は「幸せを招く」。新年の季語。

福寿草家族のごとくかたまれり　福田蓼汀

藤　ふじ

蔓がそばの木に右巻きに絡む「藤」と左巻きに絡む花房の短い〈山藤〉の二種があるとされ、いずれも日本特産のマメ科フジ属の蔓生（まんせい）落葉木本。本州以西、四国・九州の山野に自生する。観賞用に庭園や寺社の池辺などに藤棚を作って植栽され、四、五月ごろ薄紫色の蝶形をした優美な多数の花を総状（そうじょう）に垂れ下がって咲かせる。『万葉集』

巻八に「恋しけば形見にせむと我がやどに植ゑし藤波今咲きにけり」、恋しくなったら思い出すよすがにしようと家の庭に植えておいた藤の花がいま咲きはじめた、と。『枕草子』八八に「めでたきもの」として「色あひふかく、花房ながく咲きたる藤の花の、松にかかりたる」、松の木に絡んで松葉の緑と対照的に映えているのが美しい、としている。風に揺れるさまが人を招いていると見て、花言葉は「歓迎」「やさしさ」。春の季語。⇩〈山藤〉

　髪に挿し藤の簪（かんざし）重きこと　加田由美

藤棚　ふじだな

公園や池畔などに木や竹で作った棚をしつらえて藤の蔓（つる）を這わせ、咲いて垂れ下がる花房を観賞する。春の季語。

　藤棚の隅から見ゆるお江戸かな　一茶

藤波　ふじなみ

垂れ下がった藤の花房が春風にうねるように揺れるようすを波になぞらえた表現。「藤浪」とも書く。『方丈記』に「春は藤波を見る。紫雲のごとくして、西方にほふ」、作者鴨長明が晩年を送った京都・日野の草庵から、春は風に揺れる藤の花房が見え、臨終のときに仏菩薩が乗って迎えにくる紫雲のようで西方浄土の匂いがする、と。春の季語。

　藤波のゆるるにうつらうつらせり　松崎鉄之介

藤袴　ふじばかま

山上憶良の〈秋の七草〉の歌に「萩の花尾花葛花（くずはな）なでしこが花をみなへしまた藤袴（ふじばかま）朝顔が花」と詠われ、名前は知っているが実際に野に咲いている姿を見た人は少ない絶滅危惧種のキク科の多年草。秋、茎が分岐した先に淡紅紫色の花を箒（ほうき）のような形に咲かせる。枯れた葉に芳香があり『古今集』

巻四に「宿りせし人の形見か藤袴忘られがたき香に匂ひつつ」、野辺で一夜を過ごしたあなたの形見でしょうか、藤袴が忘れがたい香りをただよわせています、と。花言葉は「あの日のことを思い出す」「ためらい」。秋の季語。

すがれゆく色を色とし藤袴　稲畑汀子

不整斉花　ふせいせいか

一枚一枚の花びらや萼の形・大きさがそろっていない花。〈つつじ〉や〈桜〉のようにそろっている花は「整斉花」で、〈金魚草〉のような「唇形花」や〈菫〉のような花弁の大きさが不ぞろいの花をいう。

豚草　ぶたくさ

北アメリカ原産で明治時代に渡来し、各地の野原や河川敷に繁茂している帰化植物のキク科の一年草。七月から九月ごろ、深い裂け目のある蓬に似た葉の間から伸ばした花軸の先に緑ないし黄色の小花を穂状につける。多量の花粉を風に乗せて飛ばす風媒花で、夏秋の花粉症の原因となる。生える場所・花期・帰化植物であることなど全体的に〈背高泡立草〉と似ているが、「豚草」は草丈が一メートルほどで背が低く葉の形も違う。夏の季語。

戦に敗れ豚草のみおごる　上村占魚

二人静　ふたりしずか

〈一人静〉と同じセンリョウ科の多年草だが、白い小花の密生した花穂を二本立てるので「二人静」の名がついた。「一人静」にやや遅れて五、六月ごろ咲き、花穂はときに一本あるいは三～五本になることもある。「一人静」の花穂が白糸の重なりに見えるのに対して、「二人静」の花穂は雄しべの花糸が丸まるので米粒がついているように見える。二本の花穂が、謡曲「二人静」で静御前の霊とその霊に憑かれた菜摘(なつみ)女(め)の二人が舞うさまを思わせるところからその名がついた。春の季語。⇩〈一人静〉

道のべやふたりしずかに山の蝶　石川桂郎

不断桜　ふだんざくら

三重県鈴鹿市の白子(しろこ)観音の境内にあって、十月下旬から四月上旬まで花を絶やさず咲かせつづける〈里桜(さとざくら)〉の一品種。〈山桜〉と〈大島桜〉の種間雑種と考えられ、冬でも落葉せず白色の五弁花を咲かせる。国の天然記念物に指定されている。

仏花　ぶっか

〈菊〉〈竜胆〉など仏壇や墓参のとき仏前に供える花。お盆のときに供える〈みそはぎ〉などの〈盆花(ぼんばな)〉や〈精霊花(しょうりょうばな)〉も「仏花」だろう。〈彼岸花〉を「仏花(ほとけばな)」という地方もある。

仏桑花　ぶっそうげ

中国南部からインド洋諸島の原産といわれるアオイ科の常緑低木。江戸時代に渡来した当初は「扶桑花」と称されたものが「仏桑花」に転じたといわれる。〈木槿(むくげ)〉〈葵(あおい)〉などと同種で、交配を重ねて〈ハイビスカス〉の親種になったとされる。晩夏に真紅の花びらの中心から花柱をぬっと突き出した大型の華麗な花を咲かせる。白・黄・橙色もある。夏の季語。⇩〈ハイビスカス〉

けふの暑さ思ふ朝戸出の仏桑花　林原耒井

冬菊　ふゆぎく

冬の日だまりの中で咲いている菊をいい、多く西日本の海辺に自生する「野路菊」を原種として培養した小菊類のこと。古歌に「霜菊」「霜見草(しもみぐさ)」〈雪見草(ゆきみぐさ)〉などとして詠まれた。〈寒菊〉のことをいう場合もある。冬の季語。⇩コラム「⦿「寒菊」と「冬菊」の区別」

冬菊のまとふはおのがひかりのみ　水原秋櫻子

冬桜　ふゆざくら

冬に咲く桜には一、二月ごろまだ冬のうちに咲く早咲きの〈寒桜〉と、十一月から一月ごろ咲く遅咲きの「冬桜」がある。群馬県藤岡市の「三波川の冬桜」は十二月ごろ桜山公園にあるおよそ七〇〇〇本が花盛りとなり、国の天然記念物となっている。桜というより梅に似た白く小さな花は寂しくも哀れに美しい。別名を「小葉桜」といい〈山桜〉と「豆桜」の雑種とされる。冬の季語。

うつし世のものとしもなし冬桜　鈴木花蓑

冬菫　ふゆすみれ

早春に咲く〈菫〉は寒さに強く、「立壺菫」〈香菫〉〈パンジー〉など日当たりがよければ冬に咲いている菫も多い。冬枯れの野の日溜りなどでいち早く春が間近いことを伝えて咲く。「寒菫」とも。冬の季語。

ほそぼそと冬のすみれの咲きにけり　室生とみ子

冬薔薇　ふゆそうび

〈薔薇〉は四季咲きのものも多いので、暖かい土地なら冬になっても咲いているものがある。霜や木枯らしに傷めつけられ葉は変色し数少なくなっているが、それでも咲いている花は哀しい美と矜持さえ感じさせる。〈冬薔薇〉「寒薔薇」ともいう。冬の季語。

霙れしが暖雨となりぬ冬薔薇　志田素琴

冬椿　ふゆつばき

立春前のまだ冬のうちに開花した早咲きの椿。〈寒椿〉ということもあるが、本来の寒椿は〈山茶花〉を母種として交雑したツバキ科の常緑低木をいう。冬の季語。⇩〈寒椿〉

朝は日を存分に吸ひ冬椿　星野麦丘人

冬の梅　ふゆのうめ
まだ寒気厳しい冬のさなかに咲いた梅。〈早梅〉〈寒梅〉〈冬至梅(とうじうめ)〉など冬に咲く梅の総称。冬の季語。
冬の梅きのふやちりぬ石の上　蕪村

冬の花　ふゆのはな
①冬に開花する〈山茶花(さざんか)〉〈シクラメン〉〈水仙〉〈福寿草〉〈梅〉などの総称。②木立の枝や葉に白く積もった雪を花に見立てた語。平安時代中期の勅撰集『後撰集』巻八に「**松の葉にかゝれる雪のうれをこそ冬の花とはいふべかりけれ**」、松の葉に降りかかった雪の白く積もった梢こそ冬の花というべきなのだ、と。

冬薔薇　ふゆばら
⇩〈冬薔薇(ふゆそうび)〉。
冬薔薇は色濃く影の淡きかも　水原秋櫻子

⊙夏目漱石は「椿」が嫌いだった?

椿は、花が終わると散るのではなく、花冠ごと人が首を刎ねられたようにポトリと落ちるので武士には嫌われたという俗説はよく知られている。

夏目漱石の『草枕』十に「あれ程人を欺(だま)す花はない。余は深山椿(みやまつばき)を見る度にいつでも妖女の姿を連想する。黒い眼で人を釣り寄せて、しらぬ間に、嫣然(えんぜん)たる毒を血管に吹く。欺かれたと悟った頃は既に遅い。向う側の椿が眼に入った時、余は、えゝ、見なければよかったと思った」とある。漱石の分身とも思える『草枕』の主人公の画工(えかき)の椿嫌いはかなりのものであることがわかる。

ところで漱石の日記に、明治四十四年七月十日、大学で哲学を教わったお雇い外国人教師のケーベル先生の住まいを訪問したくだりが書かれている。そのとき出た話題のメモの中に「○椿がきらひの話」とある。『草枕』の主人公があれほど椿を嫌ったのは、もしかしたらケーベル先生の椿嫌いが漱石に影響を与えたせいかもしれない。デュマ・フィスの『椿姫』は、絶世の美しさで評判のパリの高級娼婦が一生に一度のまじめな恋をし、そのために死んでいく悲恋が人々の胸を打ったが、のちにオペラでも上演されてヨーロッパ中に大好評を博した。だが西欧では以来、椿には「贅沢な女」ないし「商売女」のイメージがつきまとったから、潔癖なケーベル先生は嫌悪し、先生を敬愛する漱石もそれに倣ったのかもしれない。

冬牡丹　ふゆぼたん

〈牡丹〉はふつう初夏と秋に咲くが、春の蕾は摘み取り秋の蕾の開花を遅らせ、温室に入れたり藁で霜囲いをしたりして真冬に咲くよう仕向けた牡丹。花は夏咲きに比べると小さいが、十二月から一月ごろ、雪の積もった囲いの中で華麗に咲く光景はほかで見られない独特の風情をかもす。〈寒牡丹〉ともいう。冬の季語。⇩〈寒牡丹〉

風吹いて花ひろがりぬ冬牡丹　橋本鶏二

芙蓉　ふよう

四国から九州南部、琉球諸島に自生するアオイ科の落葉低木で、七月から九月ごろ淡紅色ないし白色の大きな五弁花を開く。花の艶麗な美しさと一日でしぼむ儚さが相まって、美女を「芙蓉の顔」とたとえる。朝は白く咲きはじめ昼過ぎに淡紅色となり、夜には酒の酔いが回ったように紅色に変わる八重咲きの園芸品種を〈酔芙蓉〉と呼んで賞する。秋の季語。

祖母恋しうすべに芙蓉咲く朝は　岡田日郎

プラタナス　Platanus

小アジアないし北アメリカ原産のスズカケノキ科の落葉高木。十六、七世紀の西欧で街路樹に用いられ、日本へは明治時代に輸入されて庭園や街路樹に植栽された。五月ごろ葉腋（葉の脇）に球状の薄緑の雌花と黄色の雄花をつける。秋に茶褐色の実となり垂れ下がる形がむかし修験者の着た「篠懸衣」の丸い飾りに似ているので〈鈴懸〉の和名がついた。花言葉は「天才」。「プラタナスの花」は、春の季語。

プラタナス咲いて遠嶺のやさしかり　椎橋清翠

フリージア　Freesia

南アフリカの喜望峰原産で切り花や鉢植にされ、春を告げる花として広く親しまれているアヤメ科の多年草。早春、〈水仙〉に似た葉の中から伸ばした花茎がほぼ直角に屈曲した先に、黄色・紅・紫・白などの小ぶりの漏斗型の花を上向きに咲かせる。芳

⦿ flower と blossom

英語で「花」を意味する単語に「flower」と「blossom」の二つがあることは中学生なら知っている。二つある理由について倉嶋厚『お天気博士の四季暦』は、「十一～十四世紀ごろ英国では二ヵ国語を使っていた時代があり、上流階級はフランス語の花のフルール、下層階級は英語本来のブロスマを用いたのが、今日まで尾を引いている」と記している。英和辞典を引くと、**flower** はカーネーションやチューリップなど茎の先に咲く観賞用の草花に多く用い、**blossom** は木に咲く花で花後にりんごや梨などの果実をつける花の場合とされている。

香のある明るい花姿から、花言葉は「純情」「あどけなさ」。春の季語。

　書かぬ日の日記の上にフリージャ　神蔵器

プリムラ Primula

中国西部からヒマラヤ地方に分布し十九世紀末、ヨーロッパのプラントハンターによって西欧に紹介されイギリスなどで品種改良されたサクラソウ科の多年草。「プリムラ」とはラテン語で「最初」を意味し、ヨーロッパで春いちばんに咲く花の意が込められている。日本の〈桜草〉に対して「西洋桜草」と呼ばれ四月ごろ、桃色・紅紫色・青・黄色など多彩な花色で鉢植えや花壇をにぎわす「プリムラ・ポリアンサ」「プリムラ・オブコニカ」など多くの園芸品種の総称。春の季語。⇩〈桜草〉

　プリムラや眩暈のごとく昼がきて　岡本眸

噴雪花　ふんせつか

〈雪柳〉の漢名。「噴雪」は雪を噴き出したように波などが白く泡立つさまの形容。早春、枝に雪か白波のように白い小花をびっしりと咲かせるところからの名。春の季語。

瓶花　へいか

平らな水盤や花器に花を盛りつけるように生ける〈盛花(もりばな)〉に対して、深い花瓶や壺に花材を挿しこんで生ける生け方。

へくそかずら

漢字で「屁糞葛」というひどい名がついたわけは、茎葉に悪臭があるから。各地の日当たりのよい草地や藪に自生し七月から九月ごろ、白い筒状花の内側が暗紅紫色の花冠をつけるアカネ科の蔓生多年草。「灸花(やいとばな)」の別名は、花の見た目がお灸をすえた跡のようだからともいう。花の形がお灸の艾(もぐさ)に似ているからともいう。花言葉は、やはり異臭ゆえか「人嫌い」。夏の季語。

へくそかづらてふ名にも似ず花やさし　新倉美紀子

ベゴニア　Begonia

熱帯から亜熱帯地域に分布するシュウカイドウ科ベゴニア属の多年草の総称で、木立性のものと山葵（わさび）のような根茎性のもの、また球根性のものがある。十五世紀以降プラントハンターによってヨーロッパにもたらされ観賞用として盛んに栽培されてきた。本来は熱帯の花だが園芸化されて夏から秋、桃色・紅・黄色・白などの花が房となって美しく咲きつづける。斬新な模様の葉を観賞するものもある。「ベコニア」ともいうが、正しくは「ベゴニア」。〈秋海棠〉は同種同属だが古くから日本にあるので「ベゴニア」とは区別している。夏の季語。⇩〈秋海棠〉

ベゴニアの花がサラダに巴里祭　いさ桜子

へちま

熱帯アジア原産といわれ「唐瓜（とうり）」ないし「糸瓜（いとうり）」の別名のあるウリ科の蔓生（まんせい）一年草。「とうり」の「う」ないし「いとうり」の「い」が脱落して「と瓜」と聞こえるのを、江戸っ子が洒落て、いろは歌で「と」は「へ」と「ち」の「間（ま）」にあるから「へちま」と呼んだという説がある。漢字で「糸瓜」と書き、夏に黄色の五弁の花を咲かせその後大きな実をつける。茎から「へちま水」を取り化粧水や痰をおさえる去痰（きょたん）薬にし、実から「へちまたわし」を作る。正岡子規の遺句に「**糸瓜咲て痰のつまりし仏かな**」。「へちまの花」は夏の季語。

古希以後のひと日大事に糸瓜咲く　岸風三楼

ペチュニア　Petunia

アルゼンチン、ブラジルなどの原産で明治時代に渡来したナス科の一年草ないし多年草。園芸品種が多く花壇や鉢植で四月から十月ごろまで、〈朝顔〉に似た漏斗状の径一〇センチほどの紫・赤紫・白などの花を咲かせる。「衝羽根朝顔」の和名があり、夜になるとよく匂う種類もあり、花言葉は「心が休まる」。夏の季語。

バイエルの五番ペチュニア風に揺れ　乾節子

紅花　べにばな

地中海沿岸ないしエジプト原産といわれ古くに渡来し、紅色染料の原料にされたキク科の一年草ないし越年草。七、八月、草丈一メートルほどの花茎の先に黄色がかった橙色の、形が〈薊〉に似た頭状花を咲かせる。名前の割に花は赤くなく、摘んだ花を陰干しにし藁灰などの灰汁に漬けさらに酢を加えると紅色が発色する。茎の先端に開いた花から順に摘み取るので〈末摘花〉の異名がある。花言葉は「化粧」、また『源氏物語』の赤鼻の醜貌ながら一途に光源氏を愛した姫の「末摘花」にちなんで「愛する力」。「紅の花」ともいい、夏の季語。

行すゑは誰肌ふれむ紅の花　芭蕉

弁慶草　べんけいそう

中部地方から九州までの野山に自生し初秋、赤桃色の五弁の小花を星がまたたくように密集させて咲かせるベンケイソウ科の多年草。やや白っぽい緑色をした葉は鎧を思わせる多肉質で引き抜いてもしおれず、切った葉茎を土に挿すと根付く強い性質から、武蔵坊弁慶にたとえられて名がついた。秋の季語。

歌棄や星のごと咲く弁慶草　角川源義

ポインセチア　Poinsettia

メキシコ原産でメキシコ公使を務めたアメリカの外交官ポインセットが発見して持ち帰り世界中に広まったことから「ポインセ

チア」の名がついたトウダイグサ科の常緑低木。秋まで鉢で育ててから温室に入れると、クリスマスごろには緑の苞葉(ほうよう)が真紅の花びらのようになり「クリスマス・フラワー」として人気がある。苞葉の中心に黄緑色の小花が数個咲くが目立たない。伝説の赭毛猿(あかげざる)の猩々(しょうじょう)にちなみ「猩々木(しょうじょうぼく)」ともいう。花言葉は「聖夜」「祝福」。冬の季語。

ポインセチア第九合唱高まれり　清水凡亭

芳信　ほうしん

他人の手紙の尊称。また、花が咲いたという知らせ。中国・北宋の文人政治家蘇軾(そしょく)の「関景仁(かんけいじん)が紅梅を送りて栽(さい)するを謝す」に「**年年芳信紅梅に負(そむ)く、江畔垂垂(すいすい)又開かん**と欲す」、毎年の花便りの節には紅梅に負いている、今年も江畔に垂れ下がってまた花を開こうとしていると聞いている、と。

鳳仙花　ほうせんか

中国南部から東南アジアの原産で夏から秋、葉の付け根に伸ばした花柄の先に赤・桃色・白・紫紅色などの花を咲かせるツリフネソウ科の一年草。花後についた実に触れると突然はじけたように果皮がめくれあがって種を飛ばす。花言葉は「短気」。秋の季語。

鳳仙花いまをはぜよとかがみよる　太田鴻村

宝鐸草　ほうちゃくそう

各地の野山や山林に自生し四、五月ごろ、葉の付け根から伸びた花柄の先に三センチほどの白花を、筒を吊り下げたように咲かせるイヌサフラン科の多年草。白い花の縁がうっすらと緑みを帯びて美しい。筒状の花の形が寺社の堂塔などに吊るす「風鐸(宝鐸(ほうちゃく))」を連想させるところから「宝鐸草」の名がついた。〈狐の提灯(ちょうちん)〉ともいう。夏の季語。

群れて低き宝鐸草の花覗く　山田みづえ

防風　ぼうふう

⇩〈浜防風〉

朴　ほお

北海道から九州にいたる山腹の樹林に自生し五月ごろ、大きな若葉が六、七枚車座に開いた中央に黄白色の径一五センチほどの大輪の花を咲かせるモクレン科の落葉高木。下からは枝葉にさえぎられて見えないが、高所から見下ろすか谷を隔てて眺めると豪奢で清楚な白花が見える。「朴の花」は、夏の季語。

渓とざす霧にただよひ朴咲けり　相馬遷子

木瓜　ぼけ

中国原産で平安時代に渡来したといわれるバラ科の落葉低木で、庭木や生垣に植えられ三月ごろ、緋色・白・薄紅色の〈梅〉に似た五弁花を開く。花は枝から直（じか）に咲いたように花柄は短く褐色の枝には棘（とげ）がある。春を呼び出すように咲くところから、花言葉は「先駆者」。「木瓜の花」「花木瓜」は春の季語。

野路暮れて却つて遠き木瓜あかし　篠田悌二郎

蛍袋　ほたるぶくろ

北海道南西部から九州までの各地の野道や草むらに自生し六、七月ごろ、分岐した花茎の先に釣鐘（つりがね）型の愛らしい花を下向きにつけるキキョウ科の多年草。花の色は淡紅色・淡紫色・白などがあり、昔子どもたちが釣鐘の中に蛍を入れて遊んだところから「蛍袋」の名がついたとも、「提灯」のことを「火垂（ほたる）」というからともいう。〈釣鐘草〉ともいう。花言葉は、教会の鐘との連想から西欧では「哀悼」「おしゃべり」。夏の季語。

蛍袋は愁ひの花か上向かず　鈴木真砂女

牡丹　ぼたん

中国北西部の原産で、奈良時代の聖武天皇のころに渡来したといわれるボタン科ボタン属の落葉小低木。観賞用に栽培され大輪の豪華な花姿から〈花王〉「花神」「富貴草」などの異名をもち四、五月ごろ、紅・淡紅・白・黄色などの直径一五センチにもなる八重の絢爛たる花を咲かせる。中国・中唐の白居易の「牡丹花を惜む」に「**惆悵す階前の紅牡丹、晩来唯両枝の残れる有り。明朝 風起らば応に吹き尽すべし、夜衰紅を惜みて火を把りて看る**」、残念ながら階段の前の紅牡丹はもう僅かに二枝残っているばかりだ。明日の朝にでも風が吹けばみな散りつくしてしまうだろう。それを惜しんで灯をともし夜までじっくり賞翫した、と。「ぼうたん」ともいい「花王」の異名どおり名句が多い。花言葉は「風格」「高貴」。夏の季語。

牡丹散てうち重なりぬ二三片　蕪村

白牡丹といふといへども紅ほのか　高浜虚子

ぼうたんの百のゆるるは湯のやうに　森澄雄

牡丹桜　ぼたんざくら

〈大島桜〉をもとにした園芸品種の〈里桜〉の一種で、一般の桜の時季にやや遅れて四月中旬から五月上旬ごろ、径五センチほどの淡紅色の重弁の優雅な花をたわわに咲かせる。〈八重桜〉の別称。春の季語。

散る時の牡丹桜のはげしさよ　高浜年尾

布袋草　ほていそう

ブラジルなど熱帯アメリカの原産で、明治中期に渡来したミズアオイ科の浮遊性多年生の水草。「布袋葵」ともいう。池や金魚鉢などで栽培され夏から秋、薄紫の六弁の美花を咲かせる。浮袋の役をする膨らんだ葉柄の中央部が七福神の「布袋様」の腹を連想させるところから名がついた。繁殖力が旺盛で水田や湖沼にはびこり、農作業や船の航行の障害となることもある。夏の季語。

紫の花の畳の布袋草　小西須麻

仏の座　ほとけのざ

①〈春の七草〉の一つで早春、田の畔(あぜ)などで葉を仏像の円い蓮華座のように地に張り付けた形に開くキク科の越年草。和名は「小鬼田平子(こおにたびらこ)」。葉の円座の中央に立てた花茎の先に六〜九弁ほどの黄色の頭花をつける。新年の季語。

野寺あれて跡にやはゆる仏の座　貞徳

②畑地や日当たりのよい路傍に生え三〜六月ごろ、茎を抱くように対生した二枚の葉の付け根から伸びた花柄の先に、赤紫色の花をつけるシソ科の越年草。葉に載ったように咲く花姿を蓮華座に立つ仏像と見たてて名前がついた。茎の周りに葉が二、三段つくので「三階草(さんがいぐさ)」の別名がある。

ほととぎす

関東以西から九州の山地に分布するユリ科の多年草で、晩夏から初秋に咲く白花の花弁の内側に斑点があり、それが鳥の杜鵑(ほととぎす)の腹の模様と似ているところから同名で呼ばれる。ただし漢字で書く場合は鳥と区別するために「草」の字を加え「杜鵑草(ほととぎす)」「時鳥草」と表記する。花言葉は、夏から晩秋まで花期が長いところから、「永遠」。秋の季語。

時鳥草風曲りくる切通し　正木千冬

盆梅　ぼんばい

盆栽仕立てにして鉢に植えた〈梅〉。春の季語。

盆梅の花より幹に魅せられて　鈴木佐和子

盆花　ぼんばな

お盆のとき死後世界で苦しんでいる先祖の霊を慰めるために精霊棚（しょうりょうだな）に供える花。かつては野から〈萩〉〈桔梗〉〈撫子（なでしこ）〉〈女郎花（おみなえし）〉などを摘んできて供えた。〈精霊花（しょうりょうばな）〉ともいう。秋の季語。

盆花のひとかかへ買ふ朝の市　呉服元子

ま行

マーガレット　marguerite

スペイン領カナリア諸島の原産でフランスで園芸改良され、明治初年に渡来したキク科の多年草。観賞用に庭や公園に植えられ六月ごろ、深い切れ込みのある葉の間から伸びた花柄の先に、中心の黄色を白い花びらが取り囲む清楚な頭状花をつける。二〇枚ほどもある花びらを一枚ずつ引き抜きながら「好き、嫌い、好き…」と占うところから、花言葉は「恋占い」「真実の愛」。夏の季語。

讃美歌のマーガレットの風に澄む　堤剣城

❖花のことわざ・慣用句：誠の花

『風姿花伝』の中で世阿弥は、十二、三歳ごろは声に張りがあり、形（なり）も稚児姿だから何をしても幽玄に見える。が、それは一時的な「時分の花」に過ぎない。そのことを心得てたゆまぬ稽古と公案（工夫）を重ね、四十四、五歳のころには「誠の花＝真実の花」を身につけるように精進すべきだ、と言う。そして「誠の花」を得ることができれば「**誠の花は、咲く道理も、散る道理も、心のままなるべし。されば、久しかるべし**」、花を咲かせる道理も散る道理も自由自在に味得し、しかもいつまでも失せることはない、と。⇩「時分の花」

真菰　まこも

茨城県の潮来（いたこ）や利根川べりが有名だが、湖沼や水辺ならどこでも群生するイネ科の多年草。晩夏から秋、薄紫色の小花を多数つけた花穂が風にちらちらとそよぐ姿にえもいわれぬ風情がある。「真菰の花」「花真菰」は秋の季語。

水郷の月夜なりけり花真菰　森澄雄

松の花　まつのはな

「松」は「黒松」「赤松」「五葉松」などマツ科マツ属の植物の総称で四月ごろ、新芽の先に紫色の二、三個の雌花をつけ芽の根元に茶色の粒々の雄花をつける。雄花は風に乗せて花粉を飛ばし、雌花はやがて松ぼっくりとなる。美麗な花弁もなく地味で気づきにくいせいか、花は百年に一度咲くと思われ〈十返の花〉の異名をもつ。「十返」とは百年に一度の開花を十返（じっぺん）繰り返すということで、それほどの永きにわたって家が繁栄するようにとの寿詞となっている。「松の花」は春の季語。⇩〈十返の花〉

松の花きのふはここに潦(にわたずみ)　山口誓子

(「潦」は雨上がりの水たまり)

❖**花のことわざ・慣用句：待つ間が花**
欲しいものも、手に入れたらああしようこうしようと想像しているうちが楽しいので、実際に自分のものになってしまうと大したことはないということ。「待つうちが花」ともいう。「見ぬが花」「言わぬが花」も同様。

❖**花のことわざ・慣用句：松高ければ藤長し**
絡む松の木が高いほど藤の花房も長く立派に垂れるように、頼る相手が有力者であるほど大きな恩恵が得られるという成句。「寄らば大樹の陰」。

松葉牡丹　まつばぼたん

南アメリカ原産で江戸時代末期に渡来したスベリヒユ科の春まき一年草で、夏の炎天下に赤・紅紫色・黄色・白の華やかな花を咲かせる。葉が線形・多肉質で松葉に似ているのと、日中だけ咲く〈一日花〉が直径三センチほどと小ぶりながら〈牡丹〉に似ているので「松葉牡丹」の名がついた。夏の日射しに耐えて咲くので〈日照草(ひでりぐさ)〉ともいい、一度植えると絶えることなく毎年咲くので「不亡草(ほろびんそう)」の異名がある。花言葉は「可憐」「無邪気」。夏の季語。

松葉牡丹に塵もとゞめず寺の庭　赤星水竹居

松虫草　まつむしそう

全国の山地や高原の日当たりのよい草地に生え八月から十月ごろ、花茎の先に美しい薄紫色の頭花をつけるスイカズラ科の越年草。花名の由来は、花弁の落ちたあとの形が昔巡礼者の持っていた松虫の声に似た音のする松虫鉦（まつむしがね）に似ているからといい、または松虫の好みそうな草むらに咲くからともいわれる。花の色の紫が悲しみの色だから、花言葉は「恵まれぬ恋」。秋の季語。

松虫草咲くを仔馬は道とせり　内藤吐天

待雪草　まつゆきそう

ヨーロッパから西南アジアの原産で、明治時代に渡来したヒガンバナ科の球根草〈スノードロップ〉の和名。二月ごろ一五センチほどの花柄の先に「雪の雫」のような清楚・可憐な白花をつける。〈雪の花〉ともいう。春の季語。⇩〈スノードロップ〉

木漏れ日に春をいざなう待雪草　遊雀

待宵草　まつよいぐさ

チリ原産で江戸時代に渡来し、夕方開花して翌朝しぼむアカバナ科マツヨイグサ属の越年草。夏の日暮れに夕月のように白い美花を開く〈月見草〉がほとんど姿を消して以後、同じころ日本に渡来し同じように夏の夕方開花する「待宵草」や〈大待宵草〉を現在では「月見草」と呼んでいる。〈宵待草（よいまちぐさ）〉ともいう。ただし「月見草」は花が白いのに対して「待宵草」は黄色。夏の季語。⇩〈大待宵草〉〈月見草〉〈宵待草〉

覚えあり待宵草の大磧（かわら）　佐藤鬼房

茉莉花　まつりか

インド原産で江戸時代初期に薩摩藩から徳川家康に献上されたというモクセイ科の常緑低木。甘い芳香のある白花を咲かせる種類は「ジャスミン」と呼ばれ、ウーロン茶に入れてジャスミン・ティーとする。夏の季語。

茉莉花を拾ひたる手もまた匂ふ　加藤楸邨

マドンナリリー　Madonna lily

地中海南東沿岸のパレスティナ付近原産といわれ、聖母マリアの純潔を象徴するユリ科ユリ属の〈白百合〉。清らかな白と芳醇な香りでキリスト教の復活祭には欠かせない花。聖書にちなんだ「受胎告知」「聖母子」などの絵画には聖母の傍らに描かれていることが多い。

豆桜　まめざくら

一般の桜に後れて五、六月ごろ、白ないし淡紅色の小さく素朴な花を下向きに開くバラ科の落葉小高木。富士山麓や伊豆・箱根地方に自生し「富士桜」「箱根桜」ともいう。

豆の花　まめのはな

「豆」は人間の歴史とともに古く種類も多い。花が注目されるのは春に咲く「蚕豆(そらまめ)」と「豌豆(えんどう)」、そして夏に咲く「隠元(いんげん)」「豇豆(ささげ)」「鉈豆(なたまめ)」などであろう。いずれの花も赤紫・白・薄紫・赤など多彩な色をした蝶形花で、畑でそよ風に舞い踊る姿が美しい。幸田露伴は「豆の花は皆やさし」と評したうえで、都の歌人たちはこのような好ましい花をなぜ和歌に歌わずに千年も過ごしてきたのかまったく腑に落ちない、と訝しんでいる(『花のいろいろ』)。〈豌豆の花〉〈蚕豆の花〉はともに春の季語。「豆の花」は春の季語にも夏の季語にも採り上げられている。⇨〈豌豆の花〉〈蚕豆の花〉

峡の家したたか豆を咲かせけり　野村喜舟

マリーゴールド　marigold

メキシコ原産のキク科タゲテス属の園芸品種で、「フレンチ・マリーゴールド」「アフリカン・マリーゴールド」などの総称。花壇に植えられ六月ごろから晩秋にかけ橙赤色ないし黄橙色の頭花を次々に咲かせる。「フレンチ・マリーゴールド」は和名を「万寿菊」といい、同属のコスモス咲きの品種を〈孔雀草〉ないし「波斯菊(はるしゃぎく)」ということともある。「マリーゴールド」とは「聖母マリアの黄金の花」の意で、花言葉は「信頼」だが、黄花は不吉とされ「嫉妬」。夏の季語。

マリーゴールドに画室の窓は開かれて　船井蒼硯

マルメロ　marmelo

イランないし中央アジアの原産で江戸時代前期に渡来したバラ科の落葉高木で、秋には同属の〈かりん〉に似た黄色の洋梨型の実をつける。「マルメロ」はポルトガル語で、漢字では「榲桲」と書き「西洋かりん」ともいう。五月ごろに咲く〈木瓜(ぼけ)〉の花に似た淡紅色の五弁花の美しさについて幸田露伴は次のように絶賛している。谷中の家の庭にあったが、初めは名前も知らず枝ぶりや幹に瘤(こぶ)があるのが気に入らなかった。しかし、ある日の雨の晴れ間に二つ三つ咲いたのを見て、「花は淡紅(うすくれない)の色たぐふべきものも無く気高く美しくて、いやしげ無く伸びやかに、大(おおき)さは寸あまりもあるべく、単弁(ひとえ)の五弁に咲(ひら)きたる、極めてゆかし」と（「花のいろいろ」）。花言葉は、果実の魅力から「誘惑」「多産」。「マルメロの花」は春の季語。

マルメロの花咲き遠く吾は来し　山口青邨

マロニエ　marronnier

ヨーロッパ南部から地中海沿岸の原産で、パリやマドリードのマロニエ並木が有名なムクロジ科の落葉高木。樹高二、三〇メートルにもなり五、六月ごろ、枝先にやや赤みを帯びた白い小花を密集させて円錐形に咲かせる。わが国では「西洋栃の木」と呼ばれるが、日本の街路樹や公園に植えられている「マロニエ」は同科の「栃の木」であることが多い。花言葉は「天才」。「マロニエの花」「花マロニエ」は夏の季語。

ペガサスの像にマロニエ花高く　竹腰朋子

まんさく

北海道から九州までの山地に自生し山にまだ雪が残る早春、葉が出る前の小枝に黄色いちぢれたリボンのような花を多数つけるマンサク科の落葉低木。花弁が四枚、萼片が四枚、雄しべも四本である。ほかの花木に先がけて「まず咲く」ところから「まんさく」の名がついたというが、漢字では「満作」ないし「万作」と当てる。「満作」は花が枝に隙間なくびっしりと咲くようすを「豊年満作」に見立てたからという。「金縷梅（まんさく）」と書くこともあるが、日本の固有種で本来漢名はなく誤用だと辞書はいう。花言葉は、春の復帰を意味する「幸福の再来」。春の季語。

まんさくや沫雪のこる院の谷　羽田岳水

曼珠沙華　まんじゅしゃげ

東南アジアに多く分布し中国を経て渡来したとされるヒガンバナ科の多年草で秋、各地の田の畦（あぜ）や川堤、寺院の庭や墓域などに真赤に群がり咲く。秋彼岸に合わせて地に突き刺さったような四〇センチほどの緑の花茎の先に、真紅の六枚の花弁を強く反り返らせ、蕊（しべ）を長く突き出した花が五、六個咲く。「曼珠沙華」とは梵語で「天上に咲く赤い花」の意とされ、花後に線形の葉を出し、花は葉を見ず葉は花を見ないので「葉見ず花見ず」ともいわれる。〈彼岸花〉の別名で、〈死人花〉〈幽霊花〉などの不吉な異名もある。花言葉は「悲しき思い出」。秋の季語。⇩〈彼岸花〉

まんじゅさげ蘭に類（たぐ）ひて狐啼（な）く　蕪村

蜜柑の花　みかんのはな

「蜜柑」は、秋冬におなじみの橙色の実をつけるミカン科ミカン属の常緑果樹の総称。

五月ごろ、白い花弁の先端が少し内側にくぼんでいる直径五センチほどの五弁花を開き、あたりに甘い香りを漂わせる。「蜜柑の花」「花蜜柑」は、夏の季語。

駅降りてすぐに蜜柑の花の中　加倉井秋を

水木　みずき

各地の野山に自生し、春の芽吹きのとき多量の水を吸い上げるため、枝を切ると樹液がしたたるところから「水木」の名がついたミズキ科の落葉高木。五、六月ごろ水平に伸びた枝に白い小花を密集して咲かせる。名前のまぎらわしい〈花水木〉は「アメリカ山法師」の通称で別種。〈花水木〉は春の季語だが、「水木の花」〈花みづき〉は、夏の季語。⇩〈花みづき〉

一風にさはだつ森の大みづき　品田美須子

水芭蕉　みずばしょう

本州中部以北から北海道の山地の湿原に生えるサトイモ科の多年草。春から初夏、黄緑色の棍棒のような肉穂花序を仏像の光背に似た「仏炎苞」という白い花のような苞葉に包んで伸ばす。とくに群馬と福島の県境にある尾瀬沼は有名で、時季には大勢の見物人でにぎわう。楕円形の大きな葉は花のあと一メートルにも伸び、バショウ科の〈芭蕉〉の葉を連想させるところから「水芭蕉」の名がついた。花言葉は「美しい思い出」。夏の季語。

峠にはまだ雪消えず水芭蕉　瀧井孝作

水引　みずひき

各地の林地や藪の中に生え夏から秋、鞭のように細く伸ばした枝に赤と白の小花の点綴された三〇センチほどの花穂をつけるタデ科の多年草。花穂は上から見ると赤く、下から見ると白いので、贈答品の包みを結ぶ「水引」に見立ててその名がついたという。立原道造「のちのおもひに」の初連に「夢はいつもかへつて行つた　山の麓のさびしい村に／水引草に風が立ち／草ひばりのうたひやまない／しづまりかへつた午さがりの林道を」と。花言葉は、「感謝の気持ち」「お祝い」。「水引の花」は秋の季語。

木もれ日は移りやすけれ水引草　渡辺水巴

三角草　みすみそう

本州以南の山地に生え早春、葉が出る前の花柄の先に〈桜草〉に似た紅紫色の花を一つつけるキンポウゲ科の多年草。あとから出る光沢のある葉は三裂して先が尖っているので「三角草」の名がついた。近縁種でよく似ている〈州浜草〉の別名ともされ〈雪割草〉とも呼ばれる。春の季語。

三角草濡るる大地のみづみづし　水野正雄

みそはぎ

本州・四国・九州の野山の日当たりのよい湿地に自生するミソハギ科の多年草。七、八月の新旧のお盆のころ、紅紫色の小花を穂の形に咲かせる。〈盆花〉として仏前に供え、精霊棚や迎え火・送り火に水をかけるのに用いるのが禊(みそぎ)を連想させるところから「禊萩(みそぎはぎ)」と呼ばれ、「みそはぎ」に転じたという説がある。〈精霊花(しょうりょうばな)〉「水懸草(みずかけぐさ)」ともいう。秋の季語。

みそ萩や水につければ風の吹く　一茶

三椏　みつまた

中国中南部からヒマラヤ地域の原産で室町時代に渡来し、和紙の原料として栽培されたジンチョウゲ科の落葉低木。枝先が三つに分かれるところから「三股」の名がついた。三、四月ごろ先が四裂した黄色の小さな筒状花を三、四〇個ほど球形に密集させた、蜂の巣状の花序を下向きにつける。「三椏の花」は春の季語。

三椏の花三三が九三三が九　稲畑汀子

❖**花のことわざ・慣用句：三日見ぬ間の桜**

世の中は、三日見ないと散ってしまう桜のように変わりやすいものだという慣用句。江戸中期の俳人大島蓼太の「**世の中は三日見ぬ間に桜かな**」、三日見なかったら桜が咲いていた、時の変化は早いものだ、という句の「見ぬ間に」を「見ぬ間の」と変えて、桜の花のように変わりやすく儚い世の中のことをいうようになった。

嶺桜　みねざくら

〈高嶺桜〉ともいい、本州の中部以北から北海道の山地に自生するバラ科の落葉中高木。六月から八月、赤褐色の葉とほぼ同時に淡紅色の五弁の小ぶりの花を咲かせる。春の季語。

これよりは牧への山路嶺ざくら　飯田晴子

ミモザ　Mimosa

一般に「ミモザ」と呼ばれている植物には二種類ある。①オーストラリア原産で早春、黄金色の小花の密集した球形の花序を連ねた花房を垂下させるマメ科アカシア属の常緑小高木。「銀葉アカシア」「ミモザアカシア」ともいい、園芸店などでは〈アカシア〉と称している。鮮やかな黄色の花が美しく、西欧では男性が妻や恋人に贈る花の定番。花言葉は「友情」「思いやり」。春の季語。

ミモザ咲く海風春をうながせば　富安風生

②ブラジル原産で江戸時代に渡来したといわれるマメ科の小低木〈おじぎ草〉の別名。学名の「ミモーサ」はギリシア語で「真似」の意味で、お辞儀の真似をするところからの名。漢字で書けば「含羞草」で「眠

草」ともいい、葉にさわると一瞬にして葉を閉じ、さらに触れると葉柄の根元から折れたように垂れ下って眠ってしまう。夏、花茎の先に薄紫の愛らしい小花を毬のように咲かせる。花言葉は「感受性」「羞恥心」。

都忘れ　みやこわすれ

本州・四国・九州の野山に自生するキク科ミヤマヨメナの園芸品種で「野春菊」ともいう。鎌倉幕府追討を企てた後鳥羽上皇の皇子で承久の乱のあと佐渡に流された順徳上皇が、島に咲いていたこの花を見て慰められ、しばし都への未練を忘れたとの言い伝えから「都忘れ」の名がついた。花壇や鉢植にされ晩春から初夏、花茎の先に薄紫・濃紫の頭花を咲かせる。〈東菊〉との別名もある。花言葉は「別れ」。春の季語。

人恋し都忘れが庭に咲き　高橋淡路女

深山霧島　みやまきりしま

五、六月ごろ霧島山・阿蘇山・雲仙岳の九州の山を紅紫色に染めるツツジ科の常緑小低木。群生して葉も花も小ぶりの美花が密集して山腹を覆う。〈霧島つつじ〉は園芸種で別種。夏の季語。

深山桜　みやまざくら

①北海道から九州に至る山の奥深くに自生するバラ科の落葉高木。桜の花期としては遅い五、六月ごろ、やや小ぶりの白い花を総状に咲かせる。春の季語。

②深山に咲いている〈山桜〉。『源氏物語』若紫に「**優曇華の花待ち得たる心地して深山桜に目こそうつらね**」、極く稀にしか咲かない優曇華の花に巡りあえた思いがして、いかに見事な深山桜にも目移りすることなどありません、と詠んで僧都は瘧病から全快し僧坊を去る光源氏を見送る。

❖花のことわざ・慣用句：六日の菖蒲（しょうぶ）

五月五日の端午の節句の翌日の〈菖蒲〉。好機に遅れて間に合わないことのたとえ。『平家物語』巻十一に、梶原景時が源氏の援軍に馳せ参じたとき「西国はみな九郎大夫判官に攻め落とされぬ、今は何の用にか逢ふべき。会（え）にあはぬ花、六日の菖蒲、いさかいはてての乳切木（ちぎりき）かな、とぞ笑ひける」、西国はすべて源義経が攻め落とした。いまごろ駆けつけても何の役にも立たない。端午の節句の翌日の六日の菖蒲みたいなもので、喧嘩が終わってから棒を振り回すつもりかと嘲り笑った、と。「六日のあやめ」ともいう。重陽の節句の翌日の「十日の菊」と対にして「六菖十菊（ろくしょうじっきく）」ともいう。

茗荷　みょうが

東アジア原産で古くに渡来したとされ、各

⊙「故郷の花」と「旅宿（りょしゅく）の花」

明治時代後期の尋常小学唱歌「青葉の笛」（作詞大和田建樹）は源平の争乱にまつわる史話を主題にしている。「一の谷の　軍（いくさ）破れ／討たれし平家の　公達（きんだち）あはれ／暁（あかつき）寒き　須磨の嵐に／聞（き）えしはこれか　青葉の笛」という第一連は〈敦盛草〉と〈熊谷草〉の箇所で触れた平敦盛と熊谷次郎直実の哀話を背景にしている。つづく第二連は「更（ふ）くる夜半に　門（かど）を敲（たた）き／わが師に託せし　言の葉あはれ／今はの際（きわ）まで　持ちし箙（えびら）に／残れるは「花や　今宵」の歌」で、一族もろとも滅亡していった平家の公達　薩摩守忠度（さつまのかみただのり）の最期を哀悼する詞である。源義経の天才的軍略の前に敗色濃く都落ちを迫られた忠度は、年来の和歌の師　藤原俊成（ふじわらのしゅんぜい）の邸の門を叩いた。「俊成卿に申し上げたきことあり、忠度が参っております」

地の樹陰など半日陰の湿地に生えるショウガ科の多年草。晩夏から初秋、地下茎から赤茶色の鞘状の葉に包まれた花穂を出し、黄白色の〈蘭〉に似た気品のある〈一日花〉を咲かせる。「茗荷の花」は秋の季語。

人知れぬ花いとなめる茗荷かな　日野草城

木槿　むくげ

中国原産とされ平安時代には渡来していたといわれるアオイ科の落葉低木。梅雨時から十月ごろまで白ないし紅紫色の〈芙蓉〉に似た美花を咲かせつづける。朝咲いて夜にはしぼむ〈一日花〉といわれ、「**松樹千年終にこれ朽ちぬ。槿花一日おのづから栄を為す…生去死来すべてこれ幻**」という白居易の詩から「槿花一日の栄」という人の世の栄華の仮初にすぎないことをいう成語ができたが、実際には夕方つぼんでも翌朝また開くともいう。西欧での花言葉は、昔

と呼ばわると、声を聞きつけた俊成は、案ずる家人を制して忠度を座敷に迎え対面した。久闊を叙して忠度は「源氏に追われ平家一門の命運も尽きようとしています。それにつけてもお教えいただいている和歌の道で忠度生涯の面目に、いずれ勅撰集の成る折には、この内より一首なりとも入集が叶えば、草葉の陰でどれほど本懐に存ずることでしょう」と言って鎧の引合から自作を記した歌集を取り出し俊成に手渡した。忠度の歌の道への真情を哀れみ俊成が涙を拭うと、忠度は永のいとまを告げ再び馬上の人となって西へと落ちて行った。やがて『千載集』を編纂する時期が来たとき、この日の忠度の風雅の振る舞いを忘れがたく思っていた俊成は、遺作の中から一首を選ぶと集中に採録した。作者名を「詠み人知らず」としたのは、やはり鎌倉幕府をはば

十字軍がシリアから持ち帰った花といわれるところから、「信仰」「信念」。秋の季語。

秋あつき日を追うて咲く木槿かな　几董

無限花序　むげんかじょ

花軸の下から上へ咲き上って行く花のつき方。花軸が伸びつづける限り花が無限に咲き上るのでいう。⇩〈有限花序〉

ムスカリ　Muscari

地中海沿岸から小アジアの原産で四、五月ごろ、一〇〜二〇センチほどの花茎の先に濃い青色の小さな鐘状の花を葡萄の房のように鈴なりに咲かせるクサスギカズラ科ムスカリ属の多年草。群生させると青紫の絨毯を敷き詰めたように美しい。ヨーロッパでは紫色が悲しみを意味するところから、花言葉は「失意」。

無駄花　むだばな

〈雄花〉のように咲いても実にならずに散

かったゆえであろう。「故郷の花」と詞書されたその歌——「さざ浪や志賀の都はあれにしを昔ながらの山桜かな」。

俊成に別れを告げたあと忠度は一谷の合戦に臨み、平家方の大将軍として采配を揮った。源氏の荒武者岡部六弥太は、馬上の忠度を発見すると「よき敵ご参なれ」とばかりに組みついた。忠度は目にもとまらぬ早業で六弥太を取り押さえ首を刎ねようとした。そこへ脇から六弥太の家来が助勢し、忠度の右腕を打ち落とした。これにはさしもの忠度もたまらず、今はこれまでと「南無阿弥陀仏」の名号を十遍唱えるとついに力尽きた。のちに検死の者が忠度の背負っていた箙（矢入れ）を改めると文が結びつけてあり、そこには「旅宿の花」と題し、「行きくれて木の下蔭を宿とせば花や今宵の主ならまし　忠度」と認められていた。

ってしまう花。転じて、努力の甲斐もなく成果が得られなかった行い。〈徒花〉も同様。

六つの花　むつのはな

「雪」の雅称で、結晶が六角形の花びらに見えるところからいう。室町時代の僧侶道興准后による紀行文『廻国雑記』に「**をしなへて草木にかはるいろもなしたれかは六のはなと見るらん**」、あまねく冬の野山には草木以外の何の色もなく、実は雪が六つの花だなどと誰が見るだろうか、と。雪の結晶が六角形をしているという科学的知見は中国の発見で、記紀以来の日本の文献にはない。唐詩などによって〈六花〉「六出」などという語がもたらされ、江戸時代後期に至り古河藩主土井利位の虫眼鏡での観察によって初めて雪の結晶が図写されたという（田村専之助「雪の結晶に関する日本人の初期の知識」）。冬の季語。

（この項、小著『花のことば辞典』より再構成）

紫草　むらさき

「紫草」は、『万葉集』巻一の「**あかねさす紫草野行き標野行き野守は見ずや君が袖振る**」、茜色に映える紫草の群生しているあたりや立ち入り禁止のしめ縄が張ってある区画を、行ったり来たりしながら袖を振って合図しているあなたに番人が気がつかないはずはありませんよ、という額田王の歌で有名なムラサキ科の多年草。かつては各地の野原に自生し初夏、葉の付け根に花柄を伸ばし五弁の白い小花を咲かせたが、現在は絶滅危惧種に指定されている。白い花なのになぜ「むらさき」というかといえば、群れて咲くからとも、紫色の根から染料を採ったからともいう。「紫草」と書いて「むらさき」とも「むらさきそう」とも読む。夏の季語。

武蔵野にむらさき咲くを人知らず　中里秀行

紫式部の花　むらさきしきぶのはな

北海道から九州までの山野に自生し六、七月ごろ、葉の付け根から伸びた花柄の先に雄しべと雌しべが花冠から飛び出した薄紫の小花を密につけるシソ科の落葉低木。秋に五ミリほどの紫色の丸い実が鈴なりになるのを「実紫（みむらさき）」という。「紫式部の花」「花式部」は夏の季語。

男には物足らぬ花花式部　後藤比奈夫

室咲き　むろざき

室は麹（こうじ）を管理したり花木を早咲きさせるために炉で温めた保存場所で、現在の温室やビニールハウスにあたる。暖かくした室や土蔵の中で正月用の〈梅〉などの盆栽を咲かせた。現在では温室で早咲きさせたシクラメン・スイートピー・チューリップなどの春の花々が、冬のうちから花屋の店先に並ぶ。「室の花」ともいう。冬の季語。

室咲きに苺の花もあるあはれ　水原秋櫻子

名花　めいか

えりすぐりの美しい花。一般には〈牡丹〉〈芍薬〉〈海棠〉などの花をいうことが多い。転じて、評判の美人や名高い芸妓をいう。「祇園の名花」「社交界の名花」など。

雌しべ　めしべ

種子植物の種子を作る雌性（しせい）の生殖器官。花の中心にあり、上に花粉を受粉する「柱頭」、下に将来種になる胚珠のある「子房」、上下をつなぐ「花柱」の三つの部分から成る。「雌蕊（めしべ）」とも書き、「雌蕊（しずい）」ともいう。

雌花　めばな

雌しべだけがあって雄しべのない〈単性花〉のこと。⇩〈雄花〉

木犀 もくせい

中国原産で江戸時代に渡来したとされるモクセイ科の常緑低木の総称。九月下旬から十月ごろ、黄橙(きだいだい)色の小花を咲かせる〈金木犀〉、白花の〈銀木犀〉、〈金木犀〉の原種といわれる淡い黄橙色の花の「薄黄(うすぎ)木犀」等がある。いずれも独特の芳香を放つ。幹の表面の模様が動物の犀(さい)の肌に似ているので「木犀」の名がついたといわれる。普通ただ「木犀」というと〈銀木犀〉を指すことが多い。秋の季語。⇩〈金木犀〉〈銀木犀〉

夜霧とも木犀の香の行方とも　中村汀女

木蓮 もくれん

中国原産のモクレン科の落葉低木で、住宅の庭木として植えられ三、四月ごろ、濃い赤紫色の花弁の、内側は白い六弁花を半開の形に咲かせる。「紫木蓮(しもくれん)」ともいい、ただ「木蓮」といえば「紫木蓮」をさす。花の白いものは特に〈白(はく)木蓮〉といい、天に向かって咲くように見えるところから、花言葉は「自然への愛」。春の季語。⇩〈白木蓮〉

木蓮の花びら風に折れてあり　松本たかし

もじずり

全国の日当たりのよい草地や土手などに生え六、七月ごろ、赤紫色の〈蘭〉の形をした小花を花軸の周りに螺旋階段のようにつけるラン科の多年草。漢字で「文字(もじ)摺(ずり)草」と書くが正しくは布にねじれ模様を摺りつける摺込染(すりこみぞめ)に由来するところからの「捩(もじ)摺(ずり)」で、〈捩花(ねじばな)〉ともいう。英名は「少女の巻き毛」の意をもち、花言葉は「思慕」。夏の季語。

小蝶添ひてややに紅濃き文字摺草　東郷喜久子

餅花　もちばな

細かく刻んだ紅白の餅を柳などの枝に花のようにつけて、旧暦一月十四、五日の小正月や節分のときに神棚に供えるもの。豊作や家内安全を祈った。新年の季語。

餅花や母が教へのかぞへうた　勝又一透

❖花のことわざ・慣用句：物言う花・物言わぬ花

「物言う花」とは、すなわち美女のこと。

⇩〈解語の花〉

対して「物言わぬ花」とは、自然の中に咲く普通の花。三十六歌仙の一人源重之の家集『重之集』に「**鶯のこゑによばれてうちくれば物いはぬ花も人まねきけり**」、鶯の鳴く音に誘われて来てみたら、声を出さずに梅の花も人々を招いていた、と。

木香薔薇　もっこうばら

黄花と白花があり、白花は「木香」という〈菊〉に似た香りをもつバラ科の常緑蔓生低木。棘はないが生垣や庭に植えられて五、六月ごろ、八重の小ぶりな花をびっしりと、葉が見えなくなるほど繁く咲かせる。素朴で優し気な薔薇で、花言葉は「純潔」「素朴な美」。

桃の節句　もものせっく

五節句の一つで三月三日、桃の花を飾って女児を祝う雛祭り。中国から伝来した「上巳（じょうし）」の節句と雛人形に穢（けが）れを移して川に流す「人形送り＝流し雛」などが習合した習俗とされる。春の季語。

みよしのの里にも桃の節句かな　梅室

桃の花　もものはな

「桃」は、中国北部の黄河上流域の原産といわれ、古くに渡来し花実ともに日本人にとなっている。

愛されてきたバラ科の落葉小高木。三月下旬から四月、淡紅色ないし白の径三センチほどの五弁の花が葉の出る前の枝に咲きにぎわう。『万葉集』巻十九の大伴家持の「**春の園紅にほふ桃の花下照る道に出で立つをとめ**」は「桃の花」を詠った和歌の絶唱と称しても言い過ぎとはならないだろう。桃の木は悪霊を払う霊木と信じられて「天下無敵」という花言葉があるほか、桃太郎が生まれたように女性の象徴であるところから、「私はあなたのとりこ」という花言葉もある。「桃の花」は、春の季語。

野に出れば人みなやさし桃の花　高野素十

盛花　もりばな

〈生け花〉の表現法の一つで、花の個性を生かし水盤などの平たい器に花材を盛るように生ける生け方。様式にとらわれない写実的な表現法で、現代生け花の基礎の一つ

や 行

八重咲き　やえざき

花びらの数は植物の種類ごとにほぼ決まっているが、雄しべが花弁化するなどして正常のものよりかなり枚数の多い一種の不整形のものをいう。

八重桜　やえざくら

「八重桜」という桜の品種があるわけではなく、四月下旬から五月ごろ、葉が出るのとほぼ同時に薄紅色の径五センチくらいの重弁の花を咲かせる桜の総称。白花や淡黄色もある。多くは〈大島桜〉から作られた園芸種の〈里桜〉で、桜の中ではいちばん開花が遅いが、濃艶にして絢爛。〈牡丹桜〉ともいい、やや小輪の「奈良桜」も八重桜だという。平安中期一条天皇の宮中に「奈良桜」がもたらされたのは、のちに女流歌人として名の高い伊勢大輔が初めて御所に上がった日だった。初お目見えの口頭試問でもあったのだろうか、中宮上東門院彰子は伊勢の前に「奈良桜」の花枝を置き、檀紙と硯を並べさせた。女官たちは新参の伊勢がどう反応するか興味津々に見守った。するとやおら筆をとった伊勢は、中檀紙に何事かをさらさらと書きつけた。中宮が改めて目をとおしてみると、そこに水茎の跡も麗しく認められていたのは、「**いにしへの奈良の都の八重桜けふ九重に匂ひぬるかな**」の歌であった。和歌と伊勢の挙止のあまりのみごとさに御殿中が感嘆の声を放ってどよめいたという。しかし、『徒然草』の作者吉田兼好は「八重桜」が嫌いだったようで、「**八重桜は異様（ことよう）のものなり。いとこちたくねぢけたり。植ゑずともありなむ**」、八重桜は変わりものだ。大げさでひねくれている。自分の家には植えなくていい、などと記している（第一三九段）。春の季語。

奈良七重七堂伽藍八重桜　芭蕉

八重山吹　やえやまぶき

四、五月ごろ鮮やかな黄金色の花を咲かせる〈山吹〉のうちの重弁のものをいう。一重咲きのものはほぼ結実するが「八重山吹」は雄しべが花弁化しているので実はならない。室町中期の武将太田道灌（おおたどうかん）は、ある日鷹狩に出て驟雨に遭い、通りすがりの田舎家で雨具を借りようとした。しかし、応対に出てきた村娘は、山吹の花枝を差し出すばかりで何も言わないので道灌は困惑し立腹した、という話は落語・講談でよく知られている。道灌は娘が「八重山吹」の花枝にこめた古歌の「**七重八重花は咲けども山吹のみの**（実の＝蓑）**一つだになきぞかなしき**」という雨着の蓑さえない貧しい暮らしの悲しみを察することができなかったのだ。のちに娘の真意を知った道灌はみずからの無教養を恥じて勉学に励み、やがて武人としてまた歌人として大成したという。春の季語。

剪り立ての八重山吹の花の照　日野草城

夜会草　やかいそう

熱帯アメリカ原産のヒルガオ科ヨルガオ属の蔓生一年草〈夜顔〉の別名。八月下旬から九月の夕方、真白な漏斗（じょうご）型の〈朝顔〉に似た花を咲かせて翌朝の日の出後にしぼむ。が、曇天だと日中まで咲いていることもあるという。夜開く意の「夜開草」が「夜会草」と表記されるようになったか。秋の季

語。⇩〈夜顔〉

月更けて夜会草風にいたみけり　高田蝶衣

葯　やく

雄しべの先の嚢(ふくろ)状の器官で、花粉を作り中に貯蔵している。花粉が成熟すると裂けて中の花粉を放出する。

矢車草　やぐるまそう

一般に「矢車草」といわれている花には二種類ある。①地中海沿岸地方から小アジアの原産で明治時代中期に渡来したキク科の一年草「矢車菊」の通称。畑地や公園の花壇で五、六月ごろ、高さ五、六〇センチほどの花軸の先に目に沁みるような青藍色の花を咲かせて風に揺れる。花弁の先に切れ込みのある形が鯉幟(こいのぼり)の矢車に似ているところから「矢車菊」の名がつき、一般には「矢車草」と呼ばれている。重弁のものもある。石川啄木の「**函館の青柳町こそかなしけれ／友の恋歌／矢ぐるまの花**」は「矢車菊」だろうといわれる。素朴・可憐な花姿が愛されて、花言葉は「デリカシー」「幸福」。夏の季語。

驟雨来て矢車草のみなかしぐ　皆川盤水

②山地の亜高山帯に自生し六、七月ごろ、黄白色の小花を円錐状に多数咲かせるユキノシタ科の多年草。切れ込みのある掌状の葉が五枚、茎の周囲に輪形につく形が鯉幟の矢車に似ているところから「矢車草」と呼ばれる。

八塩つつじ　やしおつつじ

〈白八入(しろやしお)〉「紫八塩つつじ」などの総称。「八塩（八入）」とは酒を醸(かも)したり刀を鍛えるときに繰り返し手間をかけることで、染料の液汁に何度も漬けて色濃く染め上げたような美しい色をした〈つつじ〉をいう。春の季語。

❖花のことわざ・慣用句❖柳は緑 花は紅
中国・北宋の文人蘇軾(そしょく)の『禅喜集』の「柳は緑、花は紅、真面目(しんめんもく)」に基づく言葉。自然の当たり前の理(ことわり)を再確認する禅的警句。蘇軾は二度の流罪という逆境を経て、深く禅に傾倒した。「柳緑花紅(りゅうりょくかこう)」ともいう。

八手　やつで

福島県以南から沖縄県までの海に近い林の中などに自生するウコギ科の常緑低木。庭木にもよく植えられ晩秋から十二月ごろ、枝先に乳白色の小花を球状に集めた円錐花序をつけ、翌春に黒い実となる。掌(てのひら)形に裂けた大きな葉から「八手」の名がついたが、実際は七裂か九裂で八手は少ない。魔物を追い払う力があると信じられ「天狗の羽団扇(はうちわ)」の異名がある。「八手の花」「花八手」は冬の季語。

生き残る蠅が集へり花八つ手　松田茂代

柳蘭　やなぎらん

北海道から東北地方北部の高地に群生し盛夏から初秋、一メートルほどの花茎の先に赤紫色の花を穂状に咲かせるアカバナ科の多年草。花が〈蘭〉に似ているのと葉の形と花後につく莢(さや)状の実が熟して割れると綿毛のついた種を飛ばすところが「柳」に似ているので「柳蘭」の名がついた。夏の季語。

飛ぶ絮(わた)の山の日返し柳蘭　藤崎初枝

野梅　やばい

野山に自生している梅。梅園に栽培されているのではない野生の梅。春の季語。

野の暮れにひとたびまぎれ野梅咲く　岡田日郎

藪椿　やぶつばき

本州以南の山野や海辺に自生し、一重の小ぶりの愛らしい赤花をにぎわい咲かせる野生の〈椿〉。日本の椿の原種で数多の園芸品種のもとになった。〈山椿〉ともいう。春の季語。

曇る日の紅深々と藪椿　小野郁女

❖花のことわざ・慣用句：やはり野に置け蓮華草
江戸時代中期の俳人瓢水の句「手に取るなやはり野に置け蓮華草」から出たことわざ。「蓮華草」は野山に咲いていてこそ美しいのであって、摘んで持ち帰ってはいけない。何物でもあるべきところにあってこそ本来の良さが発揮される、という諭し。

藪手毬　やぶでまり

関東以西の山野の藪などに自生し、園芸品種の「大手毬」の原種となったレンプクソウ科の落葉低木。五、六月ごろ中央の小花の周りを大きな五弁の装飾花が取り巻く、〈額紫陽花〉に似た白い花をつける。五弁の花びらの一つが極端に小さいので四弁に見える。

山桜　やまざくら

東北地方南部から九州までの山野に自生するバラ科の落葉高木。樹高は一五メートル以上に達して四月上旬から中旬、葉と同時に淡紅色ないし白色の花を咲かせる。淡い花色と赤ないし茶色の輝くような新葉との映り合いがえもいわれぬ情趣をかもす。『千載集』巻二に「**吹く風をなこその関とおもへどもみちもせにちる山桜かな**」、風よ桜に向かって吹いて勿来と思う勿来関の山道を狭く閉ざしてしまうほどに花が散りしきる山桜、と源氏の祖八幡太郎源義家が詠じた。さらに本居宣長は「**敷島の大和心を人間はば朝日に匂ふ山桜花**」と詠み、賀茂真淵は「**うらうらとのどけき春の心より匂ひ出でたる山桜花**」と歌って「山桜」こそ日本の心を象徴する花とした。平地に咲く〈里桜〉に対して各地の山地に咲く「大山桜」〈深山桜〉〈嶺桜〉などをまとめて「山桜」と総称することもあるが、本来「山桜」は独立した一つの種名である。春の季語。

山桜雪嶺天に声もなし　水原秋櫻子

山つつじ

北海道南部から本州・四国・九州の山野に自生し四月から六月、枝先に径三、四センチほどの朱色の漏斗状の花を二、三個つけるツツジ科の半落葉低木。春の葉は花と同時期に出て秋に散り、夏秋の葉は小型で一部越冬するという。漢字では「山躑躅」と書き春の季語。

かけはしやあぶないとこに山つゝし　正岡子規

山椿　やまつばき

本州以南の各地の山野に自生し、各種の椿の園芸品種の原種となった野生の椿。〈藪椿〉。『万葉集』巻七に「**あしひきの山椿咲く八つ峰越え鹿待つ君が斎ひ妻かも**」、山椿の咲く峰をいくつも越えて鹿を待っている夫の、無事を祈りながら身を慎んでいる妻なのです、と。春の季語。⇩〈藪椿〉

山椿高々とある峠かな　河東碧梧桐

大和撫子　やまとなでしこ

中国渡来のナデシコ科の〈石竹〉を「唐撫子」というのに対して、日本の〈撫子〉を強調して「大和撫子」という。清少納言は『枕草子』六七に「**草の花は　なでしこ、唐のはさらなり、大和のもいとめでたし**」、草の花は「撫子」だ。「唐撫子」の「石竹」はいうまでもないが、「大和撫子」は本当に素晴らしい、と記している。秋の季

語。⇩〈撫子〉

山吹　やまぶき

各地の山野の樹陰や清流のほとりなどに自生し四、五月ごろ、枝の先端に直径四センチほどの黄金色の五弁花を開くバラ科の落葉低木。枝の中の白い髄は昔は燈心にし、また子どもが「山吹鉄砲」の弾にして遊んだ。古くから恋歌に詠まれ『万葉集』巻十九に「**山吹をやどに植ゑては見るごとに思ひは止まず恋こそまされ**」、山吹を家の庭に植えてみたら見るたびにあなたのことを思わずにはいられず恋しさが募る、と。〈八重山吹〉「白花山吹（しろばな）」などがある。山吹色の衣服は〈くちなし〉の実を染料として染めるところから、和歌の世界では「山吹」といえば「くちなし＝口無し」を思い浮かべる。一条天皇の中宮定子に仕える清少納言を描いた瀬戸内寂聴の『月の輪草子』に当時の人びとの「山吹」に託した心が描かれている。中宮からの封書を清少納言が開けてみると「ただ山吹の花びらがひとひら包まれていた。つつみ紙のはしに一言《言はで思ふぞ》という言葉だけが記されていた」と。「何も言わずに思いつづける」という意思表示だ、中宮の胸のうちには言葉にするよりずっと激しい想いがたぎっているのだと清少納言は察した、と。輝くような黄金色から、花言葉は「気品」「崇高」。「山吹」は春の季語。

　山吹やひとへ瞼（まぶた）の木曾女　　橋本鶏二

山藤　やまふじ

〈藤〉は日本列島のほぼ全域で見られるが「山藤」は兵庫県以西の野山に自生する。花は藤よりやや大きいが、花房の長さは藤が二メートルにも達するのに対して一〇〜二〇センチと短い。他の樹木に絡みつくとき、藤の蔓は右回りなのに対して「山藤」は左回りに絡むというが、逆の実例もあり定説ではない。「野藤」ともいう。春の季語。

山藤の懸れる摩崖仏仰ぐ　石井桐陰

山法師　やまぼうし

本州・四国・九州の山地の傾斜地や谷間に自生し六、七月ごろ、〈花水木〉に似た四枚の白い総苞片を開くミズキ科の落葉高木。苞の中心に球形に集まった黄緑色の粒々が本当の花。球形の花を法師の坊主頭に、四枚の白い苞を頭巾に見立てて「山法師」の名がついた。白い四枚の苞が印象的なところから「四照花（ししょうか）」の異名がある。「山帽子」とも書く。花言葉は「友情」。夏の季語。

霧深く恥らふごとく山法師　菖蒲あや

山百合　やまゆり

日本特産で百合の中ではいちばん大輪の直径二五センチほどの花を咲かせ、「百合の王者」と呼ばれるユリ科の多年草。白い花びらの内側に散在する赤褐色の斑点を貫いて黄色の筋が放射状に走り、むせかえるような強烈な香りがする。根が食用になるので「料理百合」ともいう。夏の季語。

山百合の匂ふところに女神坐す　松本旭

夕顔　ゆうがお

「夕顔」と呼ばれる植物は二つある。①北アフリカ原産で古くに渡来し、丸い実をむいて「干瓢（かんぴょう）」を作るウリ科の蔓生一年草。晩夏の夕方、葉の付け根から伸ばした花柄の先に五裂した白い合弁花を開き、翌朝にはしぼむ。清少納言は「夕顔は、花のかたちも朝顔に似て、いひつづけたるに、いとをかしかりぬべき花の姿に、実のありさまこそ、いとくちをしけれ」、夕顔は花の形は朝顔に似ていて、併び称しても恥ずかしくない花姿なのに、実の外見が何とも残念だ。せめて「酸漿（ほおずき）」くらいの大きさならよいのに、などと独特の感想を述べている（『枕草子』六七）。夏の季語。

夕顔を蛾の飛びめぐる薄暮かな　杉田久女

②熱帯アメリカの原産で明治時代に渡来したヒルガオ科ヨルガオ属の蔓生一年草。盛夏から初秋の夜、〈朝顔〉に似た径一二センチ以上の漏斗型の白い花を咲かせ翌朝の日の出後にしぼむ。日暮れに咲くので〈夕顔〉とも呼ばれるが、ウリ科の〈夕顔〉と区別するためには〈夜顔〉というのがふさわしい。⇩〈夜顔〉〈夜会草〉

夕化粧　ゆうげしょう

黒い種を割ると白粉のような白い粉が出てくるオシロイバナ科の多年草〈白粉花（おしろいばな）〉の別名。夏から秋まで夕方に花を咲かせるから「夕化粧」の名がついた。英語でも「フォーオクロック（午後四時）」という。同じく夕方に咲く〈待宵草〉を「夕化粧」ということもある。花言葉は、夕方ひっそり花を開くところから「内気」「臆病」。秋の季語。

有限花序　ゆうげんかじょ

花が花茎の下から上へ限りなく咲き上って行く〈無限花序〉に対して、花茎の先から下へと咲き下って行く花のつき方。すでに花茎の長さが決まっているので有限である。⇩〈無限花序〉

夕桜　ゆうざくら

夕方のやわらかな光と風の中で咲いている桜。春の季語。

夕桜折らんと白きのど見する　横山白虹

夕菅　ゆうすげ

北海道から九州まで山地や海辺の草原に生

え七、八月、夕闇の高原に灯をともすように淡黄色の〈百合〉に似た気品高い花を開くワスレグサ科の多年草。立原道造の詩「ゆふすげびと」は、「**かなしみではなかつた日のながれる雲の下に／僕はあなたの口にする言葉をおぼえた／それはひとつの花の名であつた／それは黄いろの淡いあはい花だつた**」と詩っている。夜の間咲いて翌日の午前中にはしぼむ〈一夜花〉。「黄萱」ともいい、高原の名花〈日光黄菅〉は同種。花言葉は「麗しき姿」また「媚態」。夏の季語。

夕菅は胸の高さに遠き日も　川崎展宏

ゆうはな

楮の皮をはいだ繊維から取った糸の木綿で作った白い造花。漢字で書けば「木綿花」で、古代の女性が髪飾りなどにした。『万葉集』巻六に「**泊瀬女の造る木綿花み吉野の滝の水沫に咲きにけらずや**」、泊瀬女が造った木綿花なのだな、吉野の急流が白く泡立って花のように咲いているではないか、と。

夕山桜　ゆうやまざくら

夕景の中に咲いている〈山桜〉、あるいは夕暮れの山に咲いている桜。春の季語。

はゝこひし夕山桜峰の松　泉鏡花

幽霊花　ゆうれいばな

〈死人花〉「捨子花」「天蓋花」など異称の多い〈彼岸花〉のもう一つの別名。

雪椿　ゆきつばき

日本の椿の原種の〈藪椿〉は多く太平洋側の暖地に自生するが、東北・北陸など雪の多い日本海側に野生するのが〈雪椿〉。ツバキ科の常緑低木で、四、五月の雪解けとともに、北の山地に五弁の紅い花を〈山茶花〉のようにやや平らに開いて咲かせる。春の季語。

響き落つ水濁りなし雪椿　岡田日郎

雪の下　ゆきのした

本州・四国・九州の山間の渓流沿いや岩陰に自生するユキノシタ科の半常緑多年草。庭園の水辺などにも植えられて五、六月ごろ、丸くて厚い葉の間から伸ばした花茎の先に白い五弁花をつける。五枚の花弁の上三枚が小さく下二枚が大きい。夏の花なのになぜ「雪の下」と呼ばれるかには諸説ある。冬季に雪の下に埋もれても葉が緑の色を保つからとも雪のように白い花の下に緑の葉があるからだともいうが、白い大きな二枚の花弁の形が「雪の舌」のようで、それが「雪の下」に転じたのではないかという説もある。花の形が鴫の足に似ているので「鴫足草（ゆきのした）」、葉の形が虎の耳を思わせるので「虎耳草（ゆきのした）」などとも書く。夏の季語。

山の井に影こそ沈め雪の下　松尾いはほ

雪の花　ゆきのはな

①雪が降るのを花が散るのにたとえたことばだが、「花のことば」としてみると雪の中に咲いている花。枝に積もった雪を花が咲いたと見ていうこともある。「雪花（せっか）」ともいう。冬の季語。

伊賀大和かさなる山や雪の花　配力

②〈待雪草（まつゆきそう）〉つまり〈スノードロップ〉の別名。

雪見草　ゆきみぐさ

①真白な〈空木（うつぎ）〉の花の別名。②雪が降りだす時季まで花が残っている〈冬菊〉〈寒菊〉の異名。冬の季語。

雪柳　ゆきやなぎ

関東地方以西の川添いの岩の上などに生え三、四月、長くしなった枝いっぱいに雪が積もったように白い小花を咲かせるバラ科の落葉低木。文字どおり雪が柳の枝に積もったように見えるところからの名。散り花が小米を撒いたように見えるので〈小米桜〉ともいい〈雪桜〉ともいう。漢名は〈噴雪花〉。花言葉は「静かな想い」。春の季語。

しなやかに揉みあふ風の雪柳　宮生北辰

雪割草　ゆきわりそう

①中部以北の高山帯に生え夏、一〇センチくらい伸ばした花柄の先に〈桜草〉に似た紅紫色の五弁花を咲かせるサクラソウ科の高山植物。夏の季語。②本州以南の山地の樹林に残雪を割って萌え出し二、三月ごろ、伸ばした花茎の先に白・紅・赤紫などの花をつけるキンポウゲ科の多年草の〈州浜草〉や〈三角草〉の別名。早春の冷たい風に耐えて咲くところから、花言葉は「忍耐」「自信」。春の季語。

息止め見る雪割草に雪降るを　加藤知世子

柚子の花　ゆずのはな

「柚子」は、中国の揚子江上流の原産といわれ、古くに渡来したミカン科の常緑小高木。五、六月ごろ芳香のある白い小花をつける。晩夏に実が生り十一月ごろ黄色くなったものを柚子湯に入れる。香りの高い果皮を香味料にする。ただ「柚」と書いて「ゆ」または「ゆず」とも読む。「柚子の花」「柚の花」「花柚」は夏の季語。

吸物にいさゝか匂ふ花柚かな　正岡子規

ゆすらの花

「ゆすら」は、中国原産で江戸時代初期に渡来したバラ科の落葉低木で、漢字では「山桜桃」と書く。三月下旬から四月、葉とほぼ同時に葉の付け根に白ないし淡紅色の五弁の花を枝に張り付いたように開く。花後に丸く小さな「梅桃」が生り、初夏に赤熟して食用となる。「ゆすらの花」「花ゆすら」は春の季語。

裏木戸に佇むひとや花ゆすら　牧田季子

夢見草　ゆめみぐさ

夢を見ているように美しい〈桜〉の異名。

百合　ゆり

北海道から沖縄にいたる各地の山野や高原に自生し五月から八月、花茎の先に漏斗型で香り高い大型の花を咲かせるユリ科ユリ属の多年草の総称。「百合」の語源については、「百合の王者」といわれる〈山百合〉の、長い花茎の先の大きく重い花冠が風にゆったりと揺れる「揺り」からという説がある。日本には〈鉄砲百合〉〈山百合〉〈鬼百合〉〈姫百合〉など一五種ほどが自生し、花色は白・赤・黄・橙色等々多種多様。花の形によってテッポウユリ系、ヤマユリ系、スカシユリ系、カノコユリ系の四系統に分類される。「百合」は古代から近代まで多くの歌人によって歌に詠まれてきた。『万葉集』巻八には「**我妹子が家の垣内のさ百合花ゆりと言へるは否と言ふに似る**」、あなたのお宅の庭に咲いている百合の花、「ゆり＝後で」というのは「いや」と言うのと同じですよ、と。また「**髪ながき少女とうまれしろ百合に額は伏せつつ君をこそ思へ**」は、明治期の女流歌人山川登美子の代表作として知られる。〈鬼百合〉〈山百合〉の百合根は食用にされる。西欧では白百合は聖母マリアの象徴で、花言葉は「純潔」「威厳」「高貴」。夏の季語。

百合の蕊みなりん〳〵とふるひけり　川端茅舎

宵待草　よいまちぐさ

植物学上の名称ではなく、夏の夕方黄色い〈一夜花〉を咲かせて朝にはしぼむアカバナ科の越年草〈待宵草〉〈大待宵草〉の文学的な呼称。竹久夢二が一九一二年に発表した三行詩「待てど暮らせど来ぬ人を／宵待草のやるせなさ／今宵は月も出ぬそうな」に多忠亮（おおのただすけ）がメロディをつけて大流行した歌曲に基づく。⇩〈大待宵草〉

妖花　ようか

ただ美しいばかりでなく妖しい魅力があることを「妖艶」というが、そのような花。転じて、男を惑わせるような美女。

楊貴妃桜　ようきひざくら

〈大島桜〉をもとにした数多ある〈里桜〉の一品種。〈染井吉野〉などより遅い四月中下旬、薄紅色の重弁の典雅な花を咲かせる。やや小ぶりながら豊満・豪奢な花姿から中国唐代の傾国の美姫「楊貴妃」の名がついた。花びらが一枚ずつ風に舞い散るのでなく、〈椿〉のようにぽたりと落花するという。春の季語。

⊙谷間の百合——聖女の熱情

高級娼婦の思いがけない純愛を描いた『椿姫』（五三一ページ参照）と対照的に、聖女のような崇高な魂をもった美貌の伯爵夫人の心に秘められた熱情を描いて読者の心を深く捉えたのはバルザックの『谷間の百合』だった。

二十二歳の青年貴族フェリックスはルイ十八世の復帰を祝う舞踏会で一人の貴婦人の類まれな美しさに心を奪われる。自制心を失ったフェリックスは婦人の背後に近づくと衝動的にばら色の美しい肩に唇を押しあてる。婦人は鋭い叫び声を発して振り返ったが、涙をたたえたフェリックスの顔を認めると咎めようとはせずにその場から立ち去る。後日フェリックスが改めて探し当てたのは、二十八歳で二児の母ながら、白百合のような美しさをたたえたモルソフ伯爵

風に落つ楊貴妃桜房のまま　杉田久女

陽光桜　ようこうざくら

戦時中教員をしていて多くの教え子を戦争で失った高岡正明が、鎮魂と平和を桜に託すことを思い立ち「寒緋桜（かんひざくら）」と「天城吉野（あまぎよしの）」とを交配して作り出したバラ科サクラ属の落葉小高木。〈染井吉野〉に先がけて一重のやや濃いめの淡紅色の大きな花を咲かせる。「寒緋桜」の緋色を残しているところから「紅吉野（べによしの）」の別名がある。

洋蘭　ようらん

〈カトレア〉〈デンドロビウム〉などヨーロッパなどで品種改良されて日本にもたらされた園芸用の西洋蘭の総称。〈春蘭〉〈風蘭〉〈紫蘭〉などの〈東洋蘭〉に対していう。

洋蘭の黄が濃くなりぬ更けて雪　岡村和典

余花　よか

夫人だった。敬虔で貞潔な夫人は、フェリックスの捧げる熱い慕情を友愛として受けとめようとする。こうして出逢った二つのひたむきな魂は、激しい恋情を中世の騎士と聖女のような崇高な愛に昇華させようと煩悶する。しかし、モルソフ夫人の援助でパリの宮廷に出仕したフェリックスの前に、美貌と奔放さで知られるダドレー侯爵夫人アラベルが出現し、ダドレー夫人は巧みな恋の手管によって、満たされぬ官能に苦しむフェリックスを陥落させる。そんなある日、宮廷で働くフェリックスの耳にモルソフ夫人が死に瀕しているとの知らせが届いた。愕（おどろ）いてモルソフ館に駆けつけた彼が目にしたのは、肉と霊の戦いに全力を使い果たして力尽きようとしている夫人の姿だった。絶え絶えの息の下から、自分の死後にしか開けてはいけないと念押ししてフェリ

室町時代の連歌師里村紹巴（さとむらじょうは）の『連歌至宝抄』「初の夏」の項に「余花とは若葉などに花の残りたるを申し候」、「余花」とは初夏の青葉若葉の候に咲いている桜をいう、と。いっぽう江戸時代の歳時記・季語解説書『華実年浪草』は「残花と出したるは春の中に久しく残るをいふ也」とし、さらに「残花、青葉の花、春にして、余花・若葉の花は夏なるべし。混すべからず」、〈残花〉は咲き遅れて残っている春の桜で、「余花」は若葉のころに咲いている夏の桜だから混同してはいけない、と。「余花」と「残花」と似たような意味だが俳句では区別しているともいえる。「余花」には北国の山深くなどでめぐり会うことが多く、俳人は独特の哀れを感じてきた。夏の季語。いっぽう「残花」は春の季語。⇩〈残花〉

余花に逢ふ再び逢ひし人のごと　高浜虚子

ックスに一通の手紙を託すと、清らかな谷間の百合は、人々の悲嘆のなかアベマリアの祈りにつつまれて息を引き取る。

フェリックスが手紙を開くと、そこには思いもよらぬモルソフ夫人の赤裸々な心の内が綴られていた。すでに母親でありながら夫婦間の愛の喜びを一度も身に感じたことのなかった自分が一瞬のうちに変わったのは、あの舞踏会で肩に突然受けた口づけの熱さが身を貫いたときだったこと。じつは自分は嫉妬深い女で、母からあなたとダドレー夫人との仲を知らされたときからの二か月は、嫉妬に荒れ狂った怖ろしい毎日だったこと。神への祈りさえ私の心を少しもしずめてはくれなかったけれど、心を偽らずに苦しんだ私を哀れにおぼしめして神さまは、わたしを自分の庇護のもとに引き取ることにしてくださったのでしょう、私は

夜桜　よざくら

日没後、灯籠（とうろう）・雪洞（ぼんぼり）・篝火（かがりび）などで照らし出された夜の桜。春の季語。

夜桜を見す城門を開け放ち　蛭川慶

吉野桜　よしのざくら

古来名高い奈良県吉野山の全山の春を彩る〈山桜〉。幕末の歌人八田知紀（はったとものり）に「**吉野山霞の奥は知らねども見ゆる限りは桜なりけり**」と。峯から谷へと「白山桜」を中心とするおよそ三万本が植えられていて、春が深まるにつれて「下千本、中千本、上（かみ）千本、奥千本」と麓から山頂に向かって開花が進む。〈染井吉野〉を「吉野桜」ということがあるが正しくない。春の季語。

み吉野の桜いかにと旅支度　稲畑汀子

宿花　よみはな

本来の開花時期でないときに〈狂い咲き〉した花。〈二度咲き〉、〈帰り咲き〉した花。

いま生命を使い果たし、いこいの場所に向かおうとしています。最後にもう一度あなたにさようならを申します、と手紙は締めくくられていた。

以上の話をバルザックは、いまでは宮廷の顕官となったフェリックスの、現在の愛人 伯爵夫人ナタリーへの手紙の形で語っていく。そこには霊性と肉体の相克を描いた崇高な愛の物語と見えて、実は神の名のもとに抑えれば抑えるほど官能の欲望が増さるという、人間の魂の実相が容赦なく暴かれている。さらに作者はこのあと、ナタリーのフェリックスへの返事の手紙の中でもう一度小気味のよい逆転を仕組み、読者を深いカタルシスへといざなうだろう。

（この項、小著『花のことば辞典』より再構成）

『和泉式部続集』に「**宿花（よみばな）の咲きたるを見**

て」と詞書して「**返らぬは齢なりけり年の内にいかなる花かふたたびは咲く**」、二度と帰ってこないのは年齢だ。それにしてもなんという花だろう、一年の内に二度も咲くとは、と。「妖花」とも書き、一説に「黄泉の花」ではないかと。

嫁菜　よめな

本州中部以西から四国・九州の野原や畦道に自生し七月から九月、三〇センチほどの花茎の先に薄紫色の可憐な頭花をつけるキク科の多年草。真中の管状花は黄色。いわゆる〈野菊〉の代表ともいえる花で、春には若芽を摘んで汁の実やおひたしにしたり「嫁菜飯」にする。花言葉は「隠れた美しさ」「従順」。「嫁菜」は春の季語で、「嫁菜の花」を〈野菊〉の一つとして、秋の季語としている歳時記もある。

紫を俤にして嫁菜かな　松根東洋城

夜顔　よるがお

熱帯アメリカ原産で明治時代に渡来したヒルガオ科の蔓生一年草。晩夏から初秋の夕方〈朝顔〉に似た漏斗型のやや緑がかった香りのある白花を開き、翌朝の日の出後にしぼむ。夕方花が開くので「夕顔」と呼ばれることもあるが、ウリ科の〈夕顔〉は実をむいて干瓢を作る。「夜顔」は夜に開花するので「夜開草」ないし〈夜会草〉の異名があり、中国では月の光を浴びて咲くので「月光草」という。〈夕顔〉は夏の季語で「夜顔」は秋の季語。

夜顔に船出の音をのこしけり　きくちつねこ

夜の梅　よるのうめ

〈梅〉の花はよく香り「暗香浮動」といって夜の闇の中でもまぎれないため、古来「夜の梅」や「闇の梅」が詩歌に詠まれてきた。『古今集』巻一に「**梅の花にほふ春**

へはくらぶ山闇に越ゆれどしるくぞありける」、梅の花が香る春に、その名も暗いくらぶ山を闇夜に越えたが梅がどこに咲いているかがはっきりわかった、と。春の季語。

香を愛づるものとし知りぬ夜の梅　細見綾子

ら行

ライラック　lilac

ヨーロッパ南部の高地に自生するモクセイ科の落葉低木。「ライラック」は英名で、フランス語では〈リラ lilas〉と呼ばれる。寒冷を好み日本でも北海道・東北地方の公園や街路樹として植えられ初夏、芳香のある紫色の四弁の小花を密に円錐花序に咲かせる。印象派の画家や詩人たちに愛され多くの作品に取り上げられている。花言葉は「恋愛の最初の感情」「青春の喜び」。春の季語。⇩〈リラ〉

ライラック天使に石の翼あり　皆吉司

❖花のことわざ・慣用句：落花枝に帰らず
いったん散った花が枝にもどることはないということ。「破鏡再び照らさず（割れた鏡は二度と物を映さない）」と対にして、死んだ者が生き返ることはなく、一旦破局した関係が復縁することは難しい、というたとえ。

❖花のことわざ・慣用句：落花情あれども流水意なし
河水に散った花びらに流れに沿おうとする気持ちはあっても、水はただ無心に流れて行くだけで、花の思いは伝わらないというたとえ。いっぽう「落花流水」とつづめて、男女の一方に思いがあれば、いつかは相手に伝わると、逆に解する場合もある。

落英　らくえい
「英」は「はなぶさ」で、地に落ちた花房をいう。『楚辞』離騒に「**朝に木蘭の墜露を飲み、夕に秋菊の落英を餐す**」、朝は木蓮の葉に置いた朝露を飲み、夕べには落ちた菊花を食す、と。「落英繽紛」は落花が入り乱れて散るさま。

落花　らっか
散り花のことだが、多く〈桜〉が散るのをいう。『太平記』第二巻に「**落花の雪に道紛ふ、片野の春の桜狩り、紅葉の錦を着て帰る、嵐の山の秋の暮**」、鎌倉討幕の二度目の嫌疑を受け関東に護送される日野俊基の、死への旅立ちの情景を描いている。「落花狼藉」は無抵抗のいたいけなものに乱暴を働くこと。春の季語。
幹濡れて己れの落花とどめたり　津田清子

らっぱ水仙　らっぱずいせん
ヨーロッパ原産のヒガンバナ科スイセン属の多年草で三、四月ごろ、三〇センチほどの花茎の先に中心の副花冠がラッパ状に発達した、黄橙色の大輪の花を横向きないし下向きに咲かせる。漢字で書けば「喇叭水仙」。イギリス人は「ダッフォディル」といってとくに愛し、ワーズワースの詩「水仙 The Daffodils」に「われひとり淋しく雲のごとく／谷わたり丘を越え流れゆく雲のごとくさすらいゆけば／はからざりし、眼を射るはひと群れの花／群れつどう金色の水仙花…」と詩われている。花言葉は「受け入れられない愛」。春の季語。

喇叭水仙軍楽隊の楽変はる　平井伊都子

ラナンキュラス　Ranunculus

小アジア原産のキンポウゲ科キンポウゲ属の塊根植物の総称。四、五月ごろ、草丈二〇～五〇センチほどの茎の先に〈アネモネ〉に似た光沢のある一重ないし重弁の美花を咲かせる。十三世紀に十字軍に加わったフランス王ルイ九世がヨーロッパに持ち帰ったとされ、オランダやアメリカ・日本でも改良が重ねられ、大輪・多彩な園芸品種が人気を集めている。明るく華やかな花姿から、花言葉は「あなたは魅惑に輝いている」「名誉」。

蘭　らん

熱帯を中心に世界中に一万五〇〇〇種ほどもあるという〈東洋蘭〉「和蘭」〈洋蘭〉などラン科の植物の総称。〈東洋蘭〉「和蘭」には〈春蘭〉〈紫蘭〉〈石斛〉など、〈洋蘭〉には〈カトレア〉〈シンビデュウム〉〈デンドロビウム〉などがある。それぞれ個性的な花姿を有するが、気品高く清楚な花容と芳香は共通していて、観賞用に広く栽培されている。古くは〈秋の七草〉の〈藤袴〉を「蘭」といい〈東洋蘭〉「和蘭」は竹・梅・菊とともに〈四君子〉と並び賞された。「蘭」は秋の季語。白い蘭の花言葉は「純粋な愛」。

蘭の香や異国のやうな三日の月　一茶

火の性に侍す水の性蘭香る　雨宮昌吉

乱菊　らんぎく

花弁を長大に仕立てた菊の花が咲き乱れているさま。また、花弁を長く乱れさせた菊花をデザインした図案や紋所。秋の季語。

爛漫　らんまん

多彩な花々が咲き乱れていること。「春爛漫」。

花爛漫大河のごとく風わたる　上村占魚

李花　りか

「李の花」。⇩〈李〉

梨花　りか

⇩〈梨の花〉

六花　りっか

雪は結晶が六角形で六弁の花のようだから「雪」のことをいう。〈六つの花〉とも。

立華（花）　りっか

〈梅〉や松などの木や草花を花器に挿して立て形を整え、仏前に供えたり床飾りにする〈生け花〉の表現法。また、室町・桃山時代に始まった花道の基本様式で、花材を花器や花瓶に立てて生け、針金などで形を整える〈立花〉を江戸時代初期に池坊専好らが大成させた表現様式。

離弁花　りべんか

〈梅〉〈桜〉のように花冠のすべての花弁が分離している花。花びらがくっついている〈合弁花〉に対していう。⇩〈合弁花〉

両性花　りょうせいか

一つの花冠の中に雄しべと雌しべを二つともそなえている花。〈桜〉〈菜の花〉など。

⇩〈単性花〉

リラ　lilas

英名〈ライラック〉のフランス語名。ヨーロッパ原産で公園などに植えられ四月から六月ごろ、薄紫色の香り高い小花を穂状に美しく咲かせるモクセイ科の落葉低木。春の季語。

リラ咲いて煉瓦舗道の街古ぶ　有働亨

リラ冷え　リラびえ

北海道では本格的な春の訪れとともに気温が上昇するが、〈リラ〉の花が咲く五月下旬の移動性高気圧に覆われた晴天の夕方、一時的に寒がもどったように冷え込むことをいう。渡辺淳一『リラ冷えの街』に「ラッキーライラック」の話が出てくる。リラの花びらの先端はふつうは四つに切れているが、まれに五つに切れているものを「ラッキーライラック」といい、それを口にして呑みこむと、恋人の心を永久に捉えてしまうのだという。

りんごの花

「りんご」は、西アジアからヨーロッパ東南部の原産で、明治時代初頭に日本で栽培がはじまったバラ科リンゴ属の落葉高木または低木。漢字では「林檎(りんご)の花」と書く。四月から六月ごろ、桃色の蕾から薄紅色の五弁の花が開き、ほころぶにつれて白花となる。夏から秋に稔(みの)る赤ないし緑色の実は偽果で、食べる部分は他の果実のように花の子房ではなく、花柄の先端の「花床」が肥大したものだという。花言葉は、旧約聖書のアダムとイブの伝説から「誘惑」、またニュートンの万有引力のエピソードから「名声」。「林檎の花」「花林檎」は、春の季語。

風軽く林檎の花を吹く日かな　富永眉月
みちのくの山たゝなはる花林檎　山口青邨

竜胆　りんどう

本州・四国・九州の野山に自生するリンドウ科の多年草。九月から十一月ごろまで、二〇～六〇センチほどの花茎の先ないし葉腋に、花弁の先端が五裂した漏斗状の青紫色の美しい花を咲かせる。清少納言は『枕草子』六七で「竜胆は、枝ざしなどもむつかしけれど、こと花どものみな霜枯れたるに、いとはなやかなる色あひにてさし出でたる、いとをかし」、竜胆は枝ぶりなどはうっとうしい感じがするけれど、ほかの花がみな霜枯れた中でひときわ鮮やかな色合いで咲き出ているのはとても見栄えがする、と褒めている。高山帯に生える「深山竜胆」、白花の「笹竜胆」、花が大きい「蝦夷竜胆」、など日本の秋を代表する花で、秋の季語。花言葉は「あなたの悲しみに寄り添う」。

竜胆の花暗きまで濃かりけり　殿村菟絲子

ルピナス　Lupinus

北アメリカないし地中海沿岸の原産で、大正時代に渡来したマメ科ハウチワマメ属の一年草または多年草の総称。庭や花壇に植えられ三月下旬から五月、桃色・赤紫色・黄橙色など多彩な小さな蝶形の花を穂状に咲かせる。花穂は〈藤〉の花房を逆立ちさせたような形なので「昇り藤」「立藤草」の異名がある。昔は薬草・牧草として栽培され、花言葉は「いつも幸福」「想像力」。夏の季語。

並びたるルピナス風の夕岬　福井百合子

レイ　lei

ハワイで古来祭りや宗教儀礼で用いた花輪に由来する、草花や海産品などで作った歓迎の花輪。

れんぎょう

中国原産で江戸時代に渡来したモクセイ科の落葉低木で、公園や生垣に植えられ三、四月ごろ、やや枝垂れた長い枝に鮮やかな黄色の小花をびっしり咲かせて春の到来を告げる。漢字では「連翹（れんぎょう）」と書く。花言葉は「希望」。春の季語。

連翹満開このあかるさはただならず　五味酒蝶

蓮華　れんげ

①インド原産のスイレン科の〈蓮〉の花をいう。「蓮花」とも書く。『宇津保物語』俊蔭に、遣唐使として海を渡る途中で遭難し波斯国（はしこく）の山中を遍歴する俊蔭を山の主が、「あやしう、**蓮花（れんげ）**のはなぞのよりといふ人のありつれば、ははのおんのかなしく、ちぶさのこひしさになむ、ゐてまゐりつる」、不思議にも母の天女がいた蓮花の花園から来たという者がいるので、母の恩がうれしく乳房がなつかしくて連れてきました、ともう一人の山の主に紹介する。夏の季語。

蓮の花開かんとして茎動く　滝沢伊代次

②かつて春の野原一面を紅紫色の花で埋めつくし、緑肥や飼料としたマメ科の二年草〈げんげ〉の通称。蝶形の小花が輪形に咲く姿が蓮の花に似るところから「蓮華草（れんげそう）」を略して「蓮華」という。花言葉は「心が安らぐ」。春の季語。

野道来る母と児の手にれんげの輪　小林玲子

蓮華草我も一度は小供なり　正岡子規

蓮華つつじ

北海道から九州までの各地の高原や原野に群生し四月下旬から六月、朱橙色の花で山腹一面を染め上げるツツジ科の落葉低木。根や花に毒性があり、動物の食害から免れてきたという。春の季語。

牧の牛蓮華つつじは喰まざるや　清崎敏郎

❖花のことわざ・慣用句：六菖十菊（ろくしょうじつきく）

五月五日の端午の節句と九月九日の重陽の節句に間に合わなかった「六日の菖蒲」と「十日の菊」を重ねていう。肝心なときに役に立たないことのたとえ。

蠟梅　ろうばい

中国中部の原産で江戸時代初期に渡来したロウバイ科の落葉低木。「梅」の字がついていて「唐梅（からうめ）」の古名もあるが、梅とは別種。「臘梅」とも書く。庭園や公園に植えられ一、二月ごろ、葉が出る前の枝に半透明の蠟細工のような黄花を咲かせる。花名の由来は、艶のある花色が蜜蠟のようだからとも、旧暦十二月の「臘月」に梅に似た花が咲くからともいう。花言葉は、冬の花の少ない時季に小さな花を控え目につけるところから、「奥ゆかしさ」。冬の季語。

臘梅や雪うち透（すか）す枝のたけ　芥川龍之介

老梅　ろうばい

〈梅〉の老木。春の季語。

老梅の穢（きたな）き迄に花多し　高浜虚子

ローズマリー　rosemary

地中海沿岸の原産で、芳香のある葉が疫病の予防や魔除けになるとして、西洋では葬送の棺に入れたり家々の戸口に飾ったりしたシソ科の常緑小低木。春に咲く花は白・薄紫・青などの唇形花で、枝や葉はラベンダーなどとともに香料として用いられる。和名は「まんねんろう」で、漢字では「迷迭香（まんねんろう）」と書く。花言葉は「愛における貞節」。

わ行

若桜　わかざくら

清新な桜の若木。春の季語。

青空へ精一杯の若桜　劉海燕

忘れ草　わすれぐさ

中国原産の古くに渡来した帰化植物で、ワスレグサ科の常緑多年草の「藪萱草（やぶかんぞう）」の別名。田の畦や道端、川の土手などに生え七、八月ごろ、葉の間から立てた高い花茎の先に橙赤色の〈百合〉の形をした〈一日花〉を咲かせる。中国では若葉を食べると悩みを忘れるといわれ「忘れ草」の名がついたが、日本に入ると花の美しさが憂いを忘れさせるとされ、『今昔物語集』三一に「萱草と云ふ草こそ、其れを見る人、思ひをば忘るなれ」といわれ「忘れ草」と呼ばれた。『古今集』巻十五に「恋ふれども逢ふ夜のなきは忘草夢路にさへや生ひしげるらむ」、恋しく思っていても逢える夜がないのは、夢路に忘れ草が生い茂っていて私のことを忘れさせてしまうせいだろうか、と。「萱（わすれ）草（ぐさ）」と字を当て、「花萱草」ともいう。夏の季語。⇩〈萱草〉

生れ代るも物憂からましわすれ草　夏目漱石

忘れ咲き　わすれざき

春に咲き終わった花が、小春日和のときなどに時季外れに再び咲いていること。冬の季語。〈帰り咲き〉。

駒草の忘れ咲きしも山の霊　阿波野青畝

忘れな草　わすれなぐさ

ヨーロッパ原産で明治時代に渡来したムラサキ科ワスレナグサ属の多年草で五、六月、花茎の先に澄んだ瑠璃色の美しい五弁花をいくつも咲かせる。径六ミリほどの空色の花の中心は、黄色に白くくりがついていて目のよう。英名を「forget-me-not」といい、その昔ドイツの若い男女がドナウ川の岸辺を歩いていたとき、流れてきたこの花を恋人がほしがったので若者は川に入って花をつかんだものの急流に流されて岸に戻れず、花を岸の恋人に投げ与えると「私を忘れないで」と叫んで水中に消えたという伝説から生まれた花の名。北原白秋に「仏蘭西のみやび**少女がさしかざす勿忘草の空いろの花**」。「勿忘草」とも書く。花言葉は当然、「私を忘れないで」。春の季語。

　勿忘草丘はかならず墓抱く　福永耕二

忘れ花　わすればな

本来の花期を過ぎて咲く〈忘れ咲き〉の花。〈帰り花〉も同じ。冬の季語。

　葬送の庭につつじの忘れ花　山口マサエ

綿菅　わたすげ

中部地方以北から北海道の高原の湿地などに群生するカヤツリグサ科ワタスゲ属の多年草で五、六月ごろ、やや寸の詰まった土筆のような淡黄色の花穂をつける。花後に退化した花被片が綿毛となり、白い綿帽子をかぶったような姿になって風に飛ぶ。夏の季語。

　わたすげや湿原の窪夕映えつ　佐久間宵二

棉の花　わたのはな

「棉」の原種はアフリカ、アメリカなどに分布し、繊維植物として日本では奈良時代から栽培されていたアオイ科ワタ属の一年草。七、八月ごろ〈葵〉に似た黄色ないしクリーム色の大輪の五弁の〈一日花〉をつける。花後の丸い実が割れると毛状の繊維をつけた種子が露出し棉を取る。「棉の花」は夏の季語。

泉州や海の青さと棉の花　青木月斗

侘桜　わびざくら

辞書はいずれも「わびしそうに立っている桜」との意味曖昧な語釈をつけている。そして用例として、鎌倉中期の歌集『新撰六帖』の藤原知家「**ふか山の岩根にふせる侘桜**」（『広辞苑』第七版）、また「**ふる山の岩根にふせるわびさくら霞のうちをえこそ立**(たち)**てね**」（『日本国語大辞典』第二版）をあげている。しかし、ある写本を見ると「**ふる山**」ならぬ「**ふか山**」、「**わひさくら**」ならぬ「**ハひさくら**」と見えるものがある。用例として挙げられている和歌の第四・五句「**霞のうちをえこそ立てね**」から推すと、「深山（あるいは古山？）の岩根に伏している〈這桜(はいざくら)〉は霞の中で立ち上がることができないでいる」と解したほうが歌意が通じると思われる。〈這桜〉は一目でわかる姿をしているが、「侘桜」は意味朦朧としていて、そんな言葉があったのかどうかさえ疑われるが。⇩〈這桜〉

侘助　わびすけ

豊臣秀吉の朝鮮出兵の折、加藤清正（あるいは侘助という人物）が持ち帰ったという説のあるツバキ科の常緑低木。秋から寒のころまで、小輪一重の薄紅色の簡素な花をつける〈冬椿〉の一種。庭木として植えられ、茶人が好んで茶花に生ける。侘びた風情と「数寄(すき)」が合わさった「侘(わび)・数寄(すき)」が名の由来だともいわれる。冬の季語。

侘助の落つる音こそ幽かなれ　相生垣瓜人

吾亦紅　われもこう

各地の高原や野山の草地に自生するバラ科ワレモコウ属の多年草。八月から十月ごろ、茎の上方の多数分岐した枝先に暗紅紫色の小花の集合した、桑の実に似た花穂をつける。花弁のように見えるエビ茶色の萼片は上から下へと咲き下って行く。「吾木香」とも書く。花言葉は、夏から秋への変わり目に咲くので、「変化」「移り行く日々」。秋の季語。

吾木香さし出て花のつもりかな　一茶

❖参考文献（ほかに、本文中に注記してある単行本・論文がある）

1. 雪・月・花に共通の文献

【辞事典・歳時記・その他】

『逆引き広辞苑』岩波書店辞典編集部編（岩波書店）
『広辞苑』第七版　新村出（岩波書店）
『日本国語大辞典』第二版　日本国語大辞典第二版編集委員会ほか編（小学館）
『講談社カラー版日本語大辞典』第二版　梅棹忠夫・金田一春彦ほか監修（講談社）
『大辞林』松村明編（三省堂）
『新潮国語辞典　現代語・古語』久松潜一監修（新潮社）
『例解古語辞典』第二版　佐伯梅友・森野宗明・小松英雄編著（三省堂）
『岩波古語辞典』補訂版　大野晋・佐竹昭弘・前田金五郎編（岩波書店）
『新大字典』上田万年・岡田正之・栄田猛猪ほか編（講談社）
『大漢和辞典』諸橋轍次（大修館書店）
『大字源』尾崎雄二郎・都留春雄・山田俊雄ほか編（角川書店）
『中国古典名言事典』諸橋轍次（講談社）
『類語大辞典』柴田武・山田進編（講談社）
『日本語大シソーラス』山口翼編（大修館書店）
『岩波英和大辞典』中島文雄編（岩波書店）
『日中辞典』編集　相原茂（講談社）
『日本大百科全書』（小学館）
『世界大百科事典』（平凡社）
『大事典NAVIX』猪口邦子ほか監修（講談社）
『歌枕歌ことば辞典』角川小辞典35　片桐洋一（角川書店）
『日本大歳時記』常用版　水原秋櫻子・加藤楸邨・山本健吉監修（講談社）
『俳句歳時記　第五版』角川書店編（角川ソフィア文庫）

『俳句歳時記』水原秋櫻子編（講談社文庫）
『基本季語五〇〇選』山本健吉（講談社学術文庫）
『新歳時記』全五巻 平井照敏編（河出文庫）
『合本現代俳句歳時記』角川春樹編（角川春樹事務所）
『お天気博士の四季暦』倉嶋厚（文化出版局）
『お天気博士の四季だより』倉嶋厚（講談社文庫）

【単行本・その他】

『月雪花』芳賀矢一（文會堂書店）
『唐詩散策』目加田誠（時事通信社）
『漢詩一日一首』一海知義（平凡社）
『杜甫全詩訳注』㈠〜㈣ 下定雅弘・松原朗編（講談社学術文庫）
『現代名詩選』伊藤信吉編（新潮社）
『立原道造詩集』杉浦明平編（岩波文庫）
『ギリシア・ローマ神話』ブルフィンチ作・野上弥生子訳（岩波文庫）
『文語訳旧約聖書Ⅰ』（岩波文庫）
『文語訳新約聖書』（岩波文庫）
『日本民謡集』町田嘉章・浅野建二編（岩波文庫）

【引用和歌・日本古典】（出典はそれぞれの引用箇所に注記したが、いちいちの使用テキストは煩瑣になるので省略。すべて以下の全集・叢書・シリーズに所収の書目によった）

『新編国歌大観』（角川学芸出版）
『校註国歌大系』（講談社）
『日本古典文学大系』『新日本古典文学大系』（岩波書店）
『新潮日本古典集成』（新潮社）
『日本古典文学全集』『新編日本古典文学全集』（小学館）
『和歌文学大系』（明治書院）
『校註和歌叢書』（博文館）
『続々群書類従』歌文部（続群書類従完成会）
『全釈漢文大系』（集英社）
『続国訳漢文大成』国民文庫刊行会編
「国立国会図書館デジタルコレクション」

「国際日本文化研究センター和歌データベース」

2. 雪のことば

『北越雪譜』鈴木牧之編撰・京山人百樹刪定・岡田武松校訂（岩波文庫）
『雪』中谷宇吉郎（岩波文庫）
『雪国の春』柳田国男（角川文庫）
『日本の名随筆51 雪』加藤楸邨編（作品社）
『雨のことば辞典』倉嶋厚・原田稔編著（講談社学術文庫）
『風と雲のことば辞典』倉嶋厚監修（講談社学術文庫）
『雪のことば辞典』稲雄次（柊風舎）
『俳句用語用例小事典④ 雨・雪・風を詠むために』大野雑草子編（博友社）

3. 月のことば

『絵のない絵本』アンデルセン／矢崎源九郎訳（新潮文庫）
『月』書物の王国4（国書刊行会）
『夜ふかしするほど面白い月の話』寺薗淳也（PHP文庫）
『月はすごい 資源・開発・移住』佐伯和人（中公新書）
『アポロ13号 奇跡の生還』ヘンリー・クーパーJr.／立花隆訳（新潮社）
『日本の名随筆58 月』安東次男編（作品社）
『星の神話・伝説』野尻抱影（講談社学術文庫）
『星の王子さま』サン＝テグジュペリ／河野万里子訳（新潮文庫）
『星戀』山口誓子＝俳句・野尻抱影＝随筆（中公文庫）

4. 花のことば

「週刊 花百科」全八〇冊 柳宗民・川端敏郎・鳥居恒夫監修（講談社）
『四季花ごよみ』全五巻 荒垣秀雄・飯田龍太ほか監修（講談社）

『季寄せ・草木花』全七巻　山口誓子監修・本田正次解説（朝日新聞社）
『花おりおり』全十巻　湯浅浩史　文／矢野勇　写真（朝日新聞社）
『花屋さんの花事典』学校法人伊東学園　テクノ・ホルティ園芸専門学校監修（ナツメ社）
『俳句用語用例小事典⑩　花と草樹を詠むために』大野雑草子編（博友社）
『和漢三才図会』下之巻（国立国会図書館デジタルコレクション）
『日本の名随筆1　花』宇野千代編（作品社）
『花の季節ノート』倉嶋厚（幻冬舎）
『花の名前』高橋順子　文／佐藤秀明　写真（小学館）
『花ことば』上・下　春山行夫（平凡社ライブラリー）
『花ことば』樋口康夫（八坂書房）
『美しい花言葉・花図鑑』二宮孝嗣（ナツメ社）

あとがき

本書は、編著者にとって『雨のことば辞典』（倉嶋厚・原田稔編著　二〇一四年　講談社学術文庫）、『風と雲のことば辞典』（倉嶋厚監修　二〇一六年　同上）、『花のことば辞典』（倉嶋厚監修・宇田川眞人編著　二〇一九年　同上）を引き継ぐ四部作の最終編です。

『雨のことば辞典』は、新聞記事から生まれた企画でした。一九九八年の梅雨のころ、朝日新聞に、日本は雨の国で日本語の中には雨の名前だけで八〇〇以上もある、という記事が載りました。十数行ほどのいわゆるベタ記事で、読んだときは「へぇ、すごいもんだなぁ」と思った程度でしたが、数日後編集室に当時所属していた辞典局の担当役員だった畑野文夫さんがきて、新聞の切り抜きを見せながら「日本語には雨の呼び名だけで八〇〇もあるらしいぞ」と言って部員の顔を見回しました。辞典にできないかと打診しているんだな、誰かが名乗りを上げるだろう、と思っていました。が、誰も手を上げないのでやむなく部長だった私が「考えてみます」と引き取り、追加取材してみたのです。

すると、たしかに日本語の中には季節ごとに雨にまつわる言葉が八〇〇どころか、一〇〇〇以上もあることがわかってきました。詳しい内容は『雨のことば辞典』をご覧いただきたいのですが、日本語の雨にまつわることばは本当に千変万化で、いずれも陰翳深く情趣にとんだ美しい語ばかりでした。これはぜひ本にしておきたいと思い、「雨の文化誌」を研究していた原田稔さんを誘って原稿を作り、次に日本の気象ジャーナリストの草分けだった倉嶋厚さんを訪ねました。倉嶋さんは、やや弱かった気象災害についての語を補足するとともに、全体の監修を引き受けてくれました。こうして二年後に、辞典ともつかず、エッセイともいえない、前例のない『雨のことば辞典』が誕生したのです。

二〇〇〇年九月に刊行されると、少部数の地味な本でしたが一部の人たちには好感をもって迎えられました。とくに現在の日本には多くの俳句人口があり、そういう人たちが買ってくれたようでした。その後十数年たつうちにはさすがに品切れになり、大量の出版物の中に埋もれていましたが、二〇一三年ごろ当時学術文庫の出版部にいた本橋浩子さんが再発見してくれ、あまり乗り気でない周囲を説得して学術文庫に収録してくれました。するとにわかに息を吹き返して版を重ね、第二作の『風と雲のことば辞典』、第三作の『花のことば辞典』につながりました。

気をよくした私は、いずれ「雪のことば」と「月のことば」まで続刊することがライフワークだと思うようになっていきました。しかし後続企画は暗礁に乗り上げ、断念するほかないとあきらめかけていた折、本の構成を変えて「雪月花のことば辞典」としてまとめたらどうだろうかという案がひらめきました。早速企画書を作って「角川ソフィア文庫」の編集部に提案したところ、ゴーサインが出ました。編集を始めると、第三部の「花のことば」を既刊の『花のことば辞典』と差別化することがいちばんの難問となりました。しかし、新しい資料を用いて増補し、全面的に改稿することによって、差別化することができました。

そのような次第で本書は、最初に『雨のことば辞典』の企画を示唆してくれた元講談社役員の畑野文夫さん、埋もれていた『雨のことば辞典』を再発見し粘り強く学術文庫への収録を実現してくれた本橋浩子さん、そしてKADOKAWAの大林哲也さんと安田沙絵さんのおかげで刊行することができました。四人の方々に厚くお礼を申し述べる次第です。

そして、これまで長きにわたって支えてくれた妻眞理子に感謝します。

二〇二〇年十二月

宇田川眞人

本書は書き下ろしです。

雪月花のことば辞典

宇田川眞人＝編著

令和3年 1月25日　初版発行
令和6年 11月25日　4版発行

発行者●山下直久

発行●株式会社KADOKAWA
〒102-8177　東京都千代田区富士見2-13-3
電話　0570-002-301（ナビダイヤル）

角川文庫 22435

印刷所●株式会社KADOKAWA
製本所●株式会社KADOKAWA

表紙画●和田三造

●お問い合わせ
https://www.kadokawa.co.jp/（「お問い合わせ」へお進みください）
※内容によっては、お答えできない場合があります。
※サポートは日本国内のみとさせていただきます。
※Japanese text only

ISBN 978-4-04-400598-6　C0139

JASRAC 出 2010587-404

角川文庫発刊に際して

角　川　源　義

第二次世界大戦の敗北は、軍事力の敗北であった以上に、私たちの若い文化力の敗退であった。私たちの文化が戦争に対して如何に無力であり、単なるあだ花に過ぎなかったかを、私たちは身を以て体験し痛感した。西洋近代文化の摂取にとって、明治以後八十年の歳月は決して短かすぎたとは言えない。にもかかわらず、近代文化の伝統を確立し、自由な批判と柔軟な良識に富む文化層として自らを形成することに私たちは失敗して来た。そしてこれは、各層への文化の普及滲透を任務とする出版人の責任でもあった。

一九四五年以来、私たちは再び振出しに戻り、第一歩から踏み出すことを余儀なくされた。これは大きな不幸ではあるが、反面、これまでの混沌・未熟・歪曲の中にあった我が国の文化に秩序と確たる基礎を齎らすためには絶好の機会でもある。角川書店は、このような祖国の文化的危機にあたり、微力をも顧みず再建の礎石たるべき抱負と決意とをもって出発したが、ここに創立以来の念願を果すべく角川文庫を発刊する。これまで刊行されたあらゆる全集叢書文庫類の長所と短所とを検討し、古今東西の不朽の典籍を、良心的編集のもとに、廉価に、そして書架にふさわしい美本として、多くのひとびとに提供しようとする。しかし私たちは徒らに百科全書的な知識のジレッタントを作ることを目的とせず、あくまで祖国の文化に秩序と再建への道を示し、この文庫を角川書店の栄ある事業として、今後永久に継続発展せしめ、学芸と教養との殿堂として大成せんことを期したい。多くの読書子の愛情ある忠言と支持とによって、この希望と抱負とを完遂せしめられんことを願う。

一九四九年五月三日

角川ソフィア文庫ベストセラー

俳句歳時記 第五版 春

編／角川書店

一輪の梅が告げる春のおとずれ。季節の移行を慈しんできた日本人の美意識が季語には込められている。初心者から上級者まで定評のある角川歳時記。例句を見直し、解説に「作句のポイント」を加えた改訂第五版！

俳句歳時記 第五版 夏

編／角川書店

夏は南風に乗ってやってくる。薫風、青田、梅雨、炎暑などの自然現象や、夏服、納涼、団扇などの生活季語が多い。湿度の高い日本の夏を涼しく過ごすための先人の智恵が、夏の季語となって結実している。

俳句歳時記 第五版 秋

編／角川書店

風の音を秋の声に見立て、肌に感じる涼しさを新涼と名づけた先人たち。深秋、灯火親しむ頃には、もののあわれがしみじみと感じられる。月光、虫の音、木犀(もくせい)の香――情趣と寂寥感が漂う秋の季語には名句が多い。

俳句歳時記 第五版 冬

編／角川書店

「寒来暑往　秋収冬蔵」冬は突然に訪れる。紅葉や時雨を経て初雪へ。蕭条たる冬景色のなか、暖を取る工夫の数々が冬の季語には収斂されている。歳末から年が明けて寒に入ると、春を待つ季語が切々と並ぶ。

俳句歳時記 第五版 新年

編／角川書店

元日から初詣、門松、鏡餅、若水、屠蘇(とそ)、雑煮など、伝統行事にまつわる季語が並ぶ新年。年頭にハレの日を設けた日本人の叡知と自然への敬虔な思いが随所に顕れている。作句に重宝！　全季語・傍題の総索引付。

角川ソフィア文庫ベストセラー

角川ソフィア文庫ベストセラー

日本語をみがく小辞典　森田良行

豊かな日本語の語彙を自由に使いこなすために。辞書の中でしか見ない言葉、頭の片隅にはあるが使いこなせない言葉を棚卸しし、いつでも取り出せるように簡単整理！　言葉の上手な利用法のいろはを学ぶ辞典。

気持ちをあらわす「基礎日本語辞典」　森田良行

「驚く」「びっくりする」「かわいそう」「気の毒」など、普段よく使う言葉の中から心の動きを表すものを厳選。日本人特有の視点や相手との距離感を分析し、使い分けの基準を鮮やかに示した、読んで楽しむ辞書。

違いをあらわす「基礎日本語辞典」　森田良行

「すこぶる」「大いに」「大変」「なんら」など、普段使っている言葉の中から微妙な状態や程度をあらわすものを厳選。その言葉のおおもとの意味や使い方、差異を徹底的に分析し、解説した画期的な日本語入門。

時間をあらわす「基礎日本語辞典」　森田良行

日本語の微妙なニュアンスを、図を交えながら解説する『基礎日本語辞典』から、「さっそく」「ひとまず」など、「時間」に関する語を集める。外国語を学ぶとき、誰もが迷う時制の問題をわかりやすく解説！

思考をあらわす「基礎日本語辞典」　森田良行

「しかし」「あるいは」などの接続詞から、「〜なら」「〜ない」などの助動詞まで、文意に大きな影響を与える言葉を厳選。思考のロジックをあらわす言葉の使い方、微妙な違いによる使い分けを鮮やかに解説！